U0936053

珍藏本·增订本
纪念版

汉译世界学术名著丛书

道德观念的起源与发展

第一卷

〔芬〕爱德华·韦斯特马克 著
张敦福 罗力群 译

商务印书馆
SINCE 1897
The Commercial Press

Edward Westermarck

THE ORIGIN AND DEVELOPMENT OF THE MORAL IDEAS

In two volumes

Second edition

Copyright © Macmillan and Co., London, 1912

本书根据伦敦麦克米兰出版公司 1912 年版译出

汉译世界学术名著丛书
（120 年纪念版·珍藏本）
增订本出版说明

2017 年 10 月，为纪念商务印书馆创立 120 周年，本馆推出“汉译世界学术名著丛书”（120 年纪念版·珍藏本），计七百种。近五六年来，仰赖学界同人倾力支持，订正旧译，增补新译，拓展新著，积累日多。为满足读者需要，本馆在七百种的基础上，继续推出“汉译世界学术名著丛书”（120 年纪念版·珍藏本·增订本）三百种。至此，“汉译世界学术名著丛书”累计出版，已达千种。

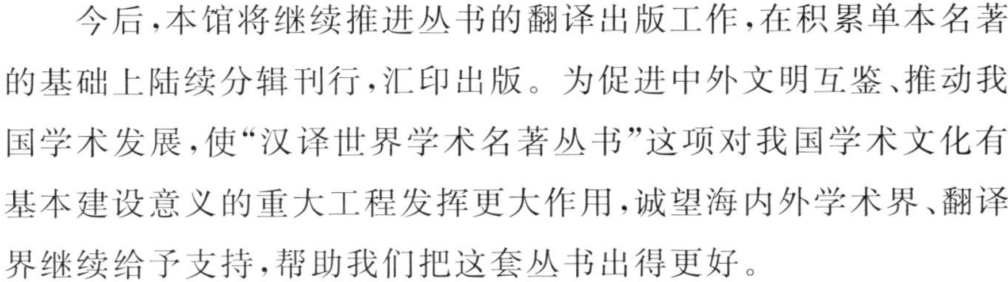

今后，本馆将继续推进丛书的翻译出版工作，在积累单本名著的基础上陆续分辑刊行，汇印出版。为促进中外文明互鉴、推动我国学术发展，使“汉译世界学术名著丛书”这项对我国学术文化有基本建设意义的重大工程发挥更大作用，诚望海内外学术界、翻译界继续给予支持，帮助我们把这套丛书出得更好。

商务印书馆编辑部

2024 年 2 月

汉译世界学术名著丛书
（120 年纪念版·珍藏本）
出版说明

2017 年 2 月 11 日，商务印书馆迎来 120 岁的生日。120 年前，商务印书馆前贤怀揣文化救国的理想，抱持“昌明教育，开启民智”的使命，立足本土，放眼寰宇，以出版为津梁，沟通中西，为中国、为世界提供最富智慧的思想文化成果。无论世事白云苍狗，潮流左右激荡，甚至战火硝烟弥漫，始终践行学术报国之志，无改初心。

迻译世界各国学术名著，即其一端。早在 20 世纪初年便出版《原富》《天演论》等影响至今的代表性著作，1950 年代后更致力于外国哲学和社会科学经典的译介，及至 1980 年代，辑为“汉译世界学术名著丛书”，汇涓为流，蔚为大观。丛书自 1981 年开始出版，历时三十余年，迄今已推出七百种，是我国现代出版史上规模最大、最为重要的学术翻译工程。

丛书所选之书，立场观点不囿于一派，学科领域不限于一门，皆为文明开启以来，各时代、各国家、各民族的思想与文化精粹，代表着人类已经到达过的精神境界。丛书系统译介世界学术经典，引领时代思想，为本土原创学术的发展提供丰富的文化滋养，为推动中国现代学术和现代化进程做出了突出的贡献。

为纪念商务印书馆成立120周年，我们整体推出“汉译世界学术名著丛书”120年纪念版的珍藏本，寄望既利于文化积累，又便于研读查考，同时向长期支持丛书出版的译者、编者和读者致以敬意。

两甲子后的今天，商务印书馆又站在了一个新的历史时间节点上。我们不仅要铭记先辈的身影和足迹，更须让我们的步伐充满新的时代精神。这是商务人代代相传的事业，更是与国家和民族的命运始终紧密相连的事业。我们责无旁贷，必须做好我们这代人的传承与创造，让我们的努力和成果不仅凝聚成民族文化的记忆，还能成为后来人可以接续的事业。唯此，才能不负前贤，无愧来者。

商务印书馆编辑部

2017年10月

译者前言

韦斯特马克及其《道德观念的起源与发展》

一、学术史视野中的韦斯特马克及其著作和理论

芬兰著名人类学家、社会学家和哲学家韦斯特马克(1862—1939)出生于芬兰赫尔辛基,1890 年获得赫尔辛基大学博士学位,先后担任赫尔辛基大学社会学讲师(1890—1906)、道德哲学教授(1906—1918)以及亚波学院(Abo Academy)哲学教授(1918—1930)。他也是伦敦大学社会学教授(1907—1930)。一般认为,涂尔干是法国学术史上第一位社会学教授,也是世界第一位社会学教授,韦斯特马克则是英国第一位社会学教授,是英国社会学的重要奠基人。韦氏一生中从未获得过人类学教职,今天却往往首先被看作人类学家。此中主要原因,或在韦氏的相对主义思想倾向及倚重非西方民族材料的研究方法,而这两方面都是与人类学的整个面相相一致的。

我们也知道,至少从某种意义上讲,马林诺夫斯基是对费孝通影响最大的外国老师,韦斯特马克则是马林诺夫斯基的指导老师。据费孝通的老师兼同门弗思回忆,

马林诺夫斯基感到他与韦斯特马克的学术路数尤为接

近。他常常在著述里对韦斯特马克致谢,(结识韦斯特马克)四分之一世纪后仍回忆,“韦斯特马克的亲自教导和著述对我的影响要超过其他任何科学上的影响”,这些都不是空话(Firth,1957:5)。

马林诺夫斯基认为,“文化理论必须置于所有的人都属于动物这一事实之上”(Malinowski,1960/1944:75,91),由此理论观依稀可见其师风范。不过,最终他没有像韦斯特马克那样用生物进化论统领自己的研究工作,而是得出了一种功能主义的理论——“进化的实质……在于一项制度向其功能的更好适应”(Kuklick,2008)。

很多人理解的生物进化论实际上是拉马克(Jean-Baptiste Lemarck)式的进化论,明里暗里强调进化的进步性和用进废退、获得性状遗传。这里需要对进化论稍做解释。现代进化论仍然以达尔文的进化学说为基本框架。自然选择学说(达尔文,2005)是达尔文进化思想的核心成分,其基本思想是:生物个体之间存在种种差异或曰变异,其中有些变异可以遗传给后代,而有的由遗传而得来的变异、特征有利于生物个体的生存和繁衍,于是有些生物个体就能繁殖更多的子代。于是我们就更易于见到这些遗传特征及携带这些特征的生物个体,即可以说这些生物个体和遗传特征是为自然所选择了的。自然选择学说的核心术语是变异、遗传、(自然)选择等。也可把“自然选择”简单定义为“有差别的繁衍成功”(Mayr,2004:134)。进化主要是通过有机体有差别的繁衍成功来实现的——这一点对于理解自然选择理论特别重要。按照现代进化生物学的观点,进化的实质含义并不带有“进步”的意味。

一般认为，韦氏的主要著作包括初版于1891年的《人类婚姻史》(*The History of Human Marriage*)和初版于1903年和1906年的约1600页的两卷本皇皇巨著《道德观念的起源与发展》(以下简称《道德》)。此外，他还著有《摩洛哥的婚姻仪式》(1914)、《人类婚姻简史》(1926)、《摩洛哥的宗教仪式和信仰》(两卷，1926)、《摩洛哥智慧箴言录》(1931)、《伦理的相对性》(1932)、《早期信仰及其社会影响》(1933)、《西方文明未来的婚姻》(1936)、《基督教与道德》(1939)等。在《人类婚姻史》和《道德》各章节中，关于古今各民族、人群的材料，韦氏可谓信手拈来、旁征博引，给人一种"上九天揽月，下五洋捉鳖"之感。我国哲学学者赵敦华(2006)讲，韦氏是"一个巨人，他的双肩是两部重要著作"，这么说是算不得夸张的。前书是韦氏成名作，出版后即引起轰动，为学术界内外所广泛阅读。

《道德》一书出版后就受到热捧，当时韦氏被看作可与亚当·斯密、斯宾塞、涂尔干等人比肩的学术大师。但到了20世纪20年代末期韦氏晚年的时候，其影响开始衰落。生前曾享有盛名，不久之后却逐渐归于沉寂——这种情况并非孤例，在社会学史上，斯宾塞与帕森斯都曾遭遇过。

不少学者(Allardt，2000；Pipping and Akademi，1982；Wolf，1995：17)认为，韦氏是20世纪初开始的范式转换的牺牲品。一方面，生物学进化论在社会科学领域内失势；另一方面，在欧洲人类学界和社会学界，马林诺夫斯基、拉德克利夫-布朗和涂尔干的功能主义兴起，当时美国社会学正在经历一个本土化、学院化及向欧洲学习的过程，而美国人类学界则兴起了后来被美国学者称为"人类学之父"的博厄斯的历史主义。韦氏以自然选择-进化理论为其基础理论,而无论功能主义还是历史主义,实质上都反对将生物学进化论应用于社会和文化。韦氏的研究方法可称为"比较法",这是19世纪及20世纪初欧洲人类学的主流方法。此种方法的特点在于,研究者把文化分为各种成分、项目,把单个文化里的这些成分、项目一件件抽取出来,进行跨文化的比较,得出一般结论。例如比较不同文化、民族的一夫一妻制、择偶习俗。若读过19世纪进化论学派代表人物泰勒和摩尔根的代表作《原始文化》及《古代社会》,应能明了此方法的特点。但功能主义主张把所研究的文化作为一个整体看待,重视文化内部各成分之间的相互联系,因而根本不同于比较法。我国学界比较熟悉功能主义传人费孝通的《江村经济》,费先生一一论述江村的婚姻、家庭、亲属关系、财产继承、日常生活、职业分化及经济生活等方方面面,自是不同于把各个文化的各个片段都抽出来比较的比较法。而博厄斯(Boas,1940:280)重视挖掘文化、历史的细节,直斥通过比较各个文化来支撑宏大理论的比较法"无法得出明确的结果"。

总之,20世纪初期开始了一场范式转换,社会科学学者研究兴趣转移了,人类学和社会学功能主义、历史主义登台亮相,韦氏的基础理论进化论及基本研究方法比较法都受到了忽视、攻击,韦氏逐渐淡出人们的视野。

至于这场范式转换的原因,则是三言两语很难讲清的。译者认为,一大原因在于,19世纪后期以来人类遭受的重重苦难,特别是两次世界大战、纳粹的种族清洗暴行以及社会下层被剥削和奴役的悲惨命运,使得人们容易贬斥达尔文进化论在社会科学领域的应用。人类的这些苦难表面上是能与达尔文思想和谐共存的。

达尔文(2005;2009)多多少少持有进化也是进步的观点,而进化主要通过生存竞争和自然选择开辟道路,容易诱人把战争等人类苦难看作一种导向进步的、类似于自然选择的过程。(战争和社会下层的苦难不是在消灭不适者、促进文明进步吗?)纳粹的意识形态表面上也是与达尔文和斯宾塞思想相联系的。希特勒在陈述其历史观的时候,明确地把历史看作"人们的生存竞争过程"(Hawkins,1997:273)。这自然为很多人的道德观念和道德情感所不容,于是就把进化思想应用于人类看作洪水猛兽。二战之后,以进化论解释人类的思想更是相当普遍地被污名化为所谓的"社会达尔文主义",被视为一种危险的倾向。另外一大原因在于,人类学早年流行的比较法对研究者的天分要求较高,因此不利于广泛培养人才,把学术传统继承下去。读者试想一下,有两种写作论文的方式:一是到某地做调查,把该地社会生活的方方面面记录下来,以之为基础写成论文;二是在书斋里广泛阅读文献,同时结合自己的田野工作实践,把人类各民族社会生活的某方面(例如婚姻、家庭)一一抽出来比较,最后写成论文。这两种方式,到底哪一种较为容易一些呢?

二、《道德观念的起源与发展》:韦斯特马克更重要的著作

西方学术界往往认为,相较于《人类婚姻史》,《道德》一书是韦斯特马克更重要的著作。在诸多评论中,"里程碑""经典"之类的字眼不时出现。在这部书里,韦氏广泛考察了世界各民族古今以来道德观念和行为的方方面面,并提出了一些富有真知灼见的重要理论观点。韦氏道德理论的核心论点可概括如下。

道德观念表现于道德判断,而道德观念、道德判断根植于道德情感;道德情感是一种报偿性情感(retributive emotions),报偿性情感又来源于自然选择;由于人具有同情的能力,在长期的社会生活和社会交往中,非道德的报偿情感就带上了无私性、一般性、公正性的特征,变成了道德情感,进而促成了种种道德观念、道德判断的出现。具体包括以下几方面的内容:(1)道德概念从根本上说是以道德情感为基础的,道德概念实质上是对存在于某些现象中的引起愤慨或赞同的种种倾向的概括。因此有必要探究这些情感的性质和起源,接着再考虑它们与种种道德概念的关系。(2)道德判断是针对行为或品格而言的,而道德判断在做仔细的考察、教导时,也相应考虑到构成行为和品格的种种成分。(3)道德意识的演化是从不喜欢思考的阶段向喜欢思考的阶段发展,从不开明的阶段向开明的阶段发展。而未开化种族的道德准则在很大程度上近似文明民族中盛行的那些道德准则。在每一未开化社会,习俗都禁止杀人、偷盗。蒙昧人也视慈善为义务,把慷慨赞为美德——事实上,他们关于相互帮助的习俗要比我们自己的严格得多。(4)超自然力量或来世的信仰,对人类的道德观念施加了巨大影响,这些影响的变异也极大。(5)利他情感会继续扩展,而基于利他情感的那些道德戒律也会相应扩展。

例如,某人的这样一个道德判断——“张三无故杀人是不对的”自然就表现了社会反对无故杀戮的道德观念。韦氏说的“道德情感”分为两种基本类型,即道德上的赞同和道德上的反对。所谓“报偿性情感”之“报偿”,指的是对造成快乐、痛苦的原因之反应。韦氏认为,报偿性情感根植于自然选择。例如,某人无故伤害我们,我们感到愤怒,想要惩罚他;某人帮助我们,我们感到感激,想要回报他。容易想象，能产生这些报偿性情感也是有利于我们自身的，不知恩图报、不愿还击他人欺凌的人易于被社会所淘汰。曾国藩在其《家训》中告诫子孙，恩怨颠倒者，不可交往。平凡的话语里包含着古老的智慧。

在韦氏看来，道德情感具有无私性、公正性、一般性的特点。因而，诸如上述因我们受到他人粗暴对待或恩惠而产生的愤怒、报复之情或感激之情，具有具体的指向，也是因我们个人所受待遇而发生，因而虽属报偿性情感，但不属于道德情感。但诸如我们一般性地赞同救助他人的行为之情感，则带有道德情感的基本特点，因而从属于道德情感。韦氏认为，人们所以会产生无私的即不仅仅关系到自我的报偿性情感，乃是因为人具有同情的能力，即对他人的情感、遭遇感同身受的能力。这里所说的"同情"更近于汉语里的"共鸣""共感"，而非"怜悯"。又由于人们生活在社会和共同体内，于是在韦氏看来，最初的道德判断表达的不是孤立的个人的私人情感，而是为整个共同体感受到的情感，即这种情感又带上了公正性和一般性的特征，变成了道德情感。这样一来，社会就自然而然成了道德意识、道德观念的诞生地。

韦氏认为，道德意识、道德判断针对的是人的行为、不作为或疏忽。例如，我们不仅谴责偷盗这种行为，也会谴责有能力制止偷盗却不制止这种不作为，也会谴责疏于照料孩子致使孩子夭折的父母。与人类道德意识、道德判断相关联的行为模式（或曰行为、不作为或疏忽）分为如下六组：第一组直接关系到其他人的利益，关系到他们的生命或身体完整，他们的自由、名誉、财产等，例如谋杀、人祭俗、决斗俗、奴隶制、礼节、产权问题；第二组主要关系到一个人自己的福利,例如自杀、饮食问题、禁欲与苦修;第三组与人类的性关系有关,例如婚姻、通奸、独身俗、同性恋;第四组包括人类对待较低等动物的行为,例如许多民族不忍杀害耕牛;第五组是人类对待死人的做法,例如祖先崇拜、食人俗;第六组包括人类对待超自然存在的行为,基本上指巫术和宗教实践。《道德》一书的主要篇幅、章节就是通过考察古今各个民族、人群的这六种行为模式,进而考察人类的道德观念。

通过对古今各民族、人群的行为模式的考察,韦氏也得到了几点一般看法。第一,各民族、人群的道德观是相似的,都存在诸如禁止杀戮、偷盗,鼓励诚信、友善、慷慨等道德观,这种相似性来源于人性的统一性(例如人们普遍更倾向于喜欢自己熟悉的人和物)。第二,不同民族、人群的道德观也存在种种重大差别,例如有些人群没有谴责遗弃父母的观念,别的人群则会视之为极恶。这些差别往往是由各民族、人群所处的复杂的外部条件,如生活条件、经济条件、性别比的不同造成的。

但在韦氏看来,古今各民族、人群在道德观上的主要差别表现在两点。其一,未开化民族诸如禁止谋杀、偷盗、欺骗,要求互助、友善的道德观只是对本民族、共同体而言的,随着利他主义情感的扩展,各相应的道德观涵盖的范围扩大了,对邻人的义务不断扩展,逐渐涵盖越来越大的人类群体。而关于利他情感的扩展,韦氏的论证逻辑如下。韦氏推测,由于食物匮乏,最初的人类生活在单个家庭里或相互之间有较近血缘关系的较小的家族群体里。韦氏潜在的意思是,如食物不足,并存在各个较大的人群,这些人群必然会为觅食而不断奔波,显然这是不经济的。韦氏如此推测的另一依据是，现存的猿类也往往生活在单个家庭里，但在食物充沛的季节，常能见到猿类组成较大的群体。而男男女女所以能在各个家庭里一起长期生活，根本上又是由于自然选择，即婴幼儿只有在父母照顾较长时间后才能独立生活，愿意结合成家庭照顾子代的人具有选择优势。随着技术、知识的进步，人类逐渐生活在较大的群体里，各个家庭或联合家庭就组成部落，乃至组成部落联盟甚至国家。总之，人类的社会单位基于地域邻近、政治统一、共同血统的观念、共同宗教等因素而不断扩大，又由于人们一般喜欢自己熟悉的东西或属于自己的东西，利他情感自然就扩展了。举例而言，若某位国人见到一个外国人和中国人遇到了同样的困境，如无特殊情况，自然更愿意帮助本国同胞。我们在同等条件下更愿意帮助自己的同乡，也是这个道理。于是随着社会单位和利他情感扩张，人类道德观念涵盖的范围也扩展了。韦氏预言，随着不同民族成员之间交往的增多，不同民族之间越来越熟悉，人们会越来越认识到不同民族的共性，利他情感会继续扩展，普世主义观念会进一步成长。

古今各民族之间在道德观念上的第二个重大差别在于，随着社会、文明的进步，理性对道德观念、道德判断的影响越来越大，人们的道德观念日趋开明。人们趋于不仅仅考虑外部事件（例如杀人），也考虑诸如动机等种种因素，纯粹的喜好、厌恶对人们的影响趋于变小。例如随着文明进步，杀人偿命的观念也在变化，人们倾向于考虑杀人者是否属于故意杀人，等等，在此基础上做出道德判断。

综上，可以看出，韦氏的道德理论具有以下几个基本特点。

其一是经验主义的特点。韦氏认为，道德起源于情感，而情感又源于社会中的个体在漫长历史过程中的自然选择，由此观之，其理论观点属于经验主义的观点,韦氏称得上往往被视为情感主义伦理学家代表人物的大卫·休谟和亚当·斯密的同路人。韦氏在《道德》一书中也专门批驳了认为道德来源于理性认知的理性主义观点。而休谟在其代表作《人性论》(1997:495,510)中专门论述道德的第三卷伊始开宗明义地指出,“道德的区别不是从理性得来的”;“道德宁可以说是被人感觉到的,而不是被人判断出来的”。许多人应该熟悉休谟的名言——“理性是,并且也应该是情感的奴隶……”(休谟,1997:453)。与韦氏相似,休谟也认为,道德依靠同情之心而产生——“广泛的同情是我们的道德感所依靠的根据……”(休谟,1997:628)。斯密(2008)在其巨著《道德情操论》里也强调了情感、同情在道德形成中的核心作用。

这种经验主义的观点看似与现代科学的研究成果更为合拍。著名的《科学》杂志曾经发表一项研究成果。这个研究运用了认知神经科学方法考察人们如何做出道德判断,研究发现,在判断涉及他人的具体的道德难题(是否应该牺牲掉某一个人而拯救其他几个人?)时,大脑中与情感相关的区域变得较为活跃(Greene, et al.,2001)。

其二,韦氏的道德理论带有相对主义的特点。社会文化人类学里盛行的并对社会学、心理学、哲学等学科具有一定影响的文化相对主义观念具有多种表现形式。其弱形式即描述性相对主义(descriptive relativism),强调文化多样性,反对绝对的西方优越观,肯定文化发展较为落后的民族、文化也常常存在先进、可取之处;其强形式即规范性相对主义(normative relativism),反对以超文化的绝对标准(主要指西方标准)衡量、评判异文化,主张接受、容忍所有文化；其极端形式即20世纪70年代以来兴起的认识论相对主义（epistemological relativism），它则更进一步，完全把各种文化并置起来，否认存在客观真理（Zechenter，1997；Spiro，1986）。整个看来，韦氏的观点可归于描述性相对主义。这与其经验主义、情感主义的观点是相联系的。按理性主义观点，由于道德来源于人类普遍的理性能力，由此也存在客观、普遍的道德。但韦氏在《道德》及其后出版的《伦理的相对性》（1932）一书里，都用大量篇幅批驳了这种理性主义观点。《道德》全书铺陈描述了古今各民族、社会的道德观念和相应的行为模式，自是对客观、普遍道德的否定，《道德》一书简直可视为人类道德多样性的百科全书。韦氏反对西方/非西方或文明发展不同阶段的绝对区分，而是常常肯定人类道德的相对性、相似性。例如，韦氏讲到，与文明民族比起来，未开化民族在诸如互助等道德观上甚至更为严格；在现代文明里，现代人仍然像以前时代的人那样，认为本国人的生命比外国人的生命更加神圣，而欧洲殖民者对待当地土著，恰恰就像野蛮人对待其他部落成员那般残忍；关于诚实守信，现代人仍然像以前那样区分对同胞的义务及对外（国）人的义务，涉及国家间关系时，这种区分就特别显眼，而现代人在战时为了获取关于敌人或敌国的情报，对待外国人根本就不讲什么诚实守信，而是采取各种各样的计谋及欺骗性手段；活人献祭在文明发展的最低阶段基本上不存在，只是到了后来此风才日益盛行。不过也当注意，韦氏仍持一种社会、道德进步论的观点。《道德》一书时时区分文明发展的较低阶段、古代文明民族及现代文明。韦氏也认为，随着文明的进步，人类的道德观念渐趋开明，受到理性的影响越来越大。社会、道德进

步论的观点与其相对主义的观点显然是能和谐并存的。

其三,韦氏的道德理论从根本上就受到达尔文自然选择理论的影响。依韦斯特马克,道德观念起源于道德情感,而道德情感根本上又来自自然选择,即进化思想是韦氏道德理论的枢纽。在《道德》一书中,韦氏也具体阐述了为何有些种类的情感来自自然选择。例如,在论述利他主义情感的一章,讲到母爱时,韦氏指出,母爱就是对弱小的幼子的爱;有些动物的幼崽生下来就能独立生存,而这些动物中就无母爱;若幼子果真弱小无助,就需要来自其他个体的照顾,否则物种就无法延续下去。由此,韦氏假定,母爱应起源于对于变异的自然选择过程。韦氏没明确说出的假定应是:母爱这种情感可以遗传;母爱淡漠之女性,其后裔也不会多。在《道德》一书中,较之于对各种习俗、宗教、法律、典故等的铺陈描述,与自然选择学说相关的部分并不算很多,却让人有"于无声处听惊雷"之感。美国著名社会文化人类学家武雅士(Wolf,1995:17)称,"韦斯特马克是第一位,也是很长时间内唯一一位践行社会人类学的真正的达尔文主义者"。信哉此言。

三、今天我们为什么还要阅读韦斯特马克:以扎实的经验事实依据介入人文社科领域重大理论与现实问题的争论,建构新的真知灼见

韦斯特马克作为学者的身份认同主要是哲学家、社会学家和人类学家,他也无愧于被称为历史学家、伦理学家、心理学家和民族志专家,因其涉猎广泛,他对人文社会科学的其他学科也有着广泛而深远的影响。

作为哲学家的韦斯特马克曾对基督教的真理观——只有基督教才拥有绝对真理，正是在这个基础上，科学进步才有可能——做出尖锐批评。他相信启蒙才能带来科学进步。他本人不信任何宗教，他终其一生保持着对神和上帝的不可知态度。在其哲学生涯中，伦理学或称道德哲学是他特别专注的研究领域。但韦氏与其他哲学家的不同之处在于，后者依靠逻辑思辨结合对日常经验的考虑来支撑道德理论，而韦氏同时还使用人类学、社会学方法，主要倚重对古今各民族、人群的众多经验材料的考察。

道德观念的起源与演变通常涉及哲学、社会学、人类学、心理学、民族志、历史学、司法学和神学等众多领域的问题，需要大量的调查研究。韦斯特马克认为，就我们现有的知识状况而言，这个领域中绝大多数主题方面的民族志还十分缺乏。严格地说，这项研究事业对任何人来说都太宏大。他因为从方法论上坚信仅仅有二手民族志文献资料和历史文献是远远不够的，于是选择摩洛哥作为四年实地研究的基地，收集了许多人类学的素材，积数十年之功，精心著就人文社科经典《道德观念的起源和发展》。如同在《人类婚姻史》中所做的一样，韦氏在论述道德问题时，由于其论题、引证之广泛，思想之犀利，当代的研究者在碰到相似论题时，自是可把其论著当作待挖掘的知识和思想的巨大宝库。

韦斯特马克 1891 年提出了著名的韦斯特马克假说，或韦斯特马克效应（Westermarck effect）——“从性欲要求尚未出现，至少尚不明显之时就长期亲密地生活在一起的人，彼此间缺乏发生性关系的倾向，而且一想到这种关系即有一种厌恶感。”（韦斯特马克，2002：643）20 世纪 50 年代后期以来，人类学家施皮罗（Spiro，

1958)、福克斯(Fox,1962)、谢泼尔(Shepher,1971)等人对以色列基布兹集体农庄性行为和婚姻的研究,乃至武雅士(1966;1995;2004)对台湾婚俗的研究,都支持韦斯特马克假说。韦斯特马克的另外一个贡献是,他在英语世界很早就开始使用"同性恋"(homosexual love)这个术语,并对这个领域展开深入讨论,从而开启了性与性别研究中同性性取向、同性性行为研究的先河。

无论在道德观念还是人类婚姻研究领域,正如华莱士所言,"韦斯特马克先生是一位才思敏捷、治学严谨的研究者,他的论据和结论都是值得认真考虑的"。由于他的实力和出色贡献,人们开始重新认识他的价值和意义。1943 年,韦斯特马克学会(The Westermarck Society)成立,以继承其著作中的精髓和事业。该学会出版数种刊物,主要包括《社会学》(*Sosiologia*)、《社会行为》(*Acta Sociologica*)和《韦斯特马克学会会刊》(*Transactions of the Westermarck Society*)。20 世纪 50 年代后期,更有一批学者开始重新关注韦斯特马克的著述,或用美国著名人类学家武雅士(1996)的说法,韦斯特马克开始"复活"了。直到 20 世纪末的几十年间,学界对韦斯特马克思想观点的复兴都清晰可见(Allardt,2000)。

鉴于韦氏著作中经验材料的扎实性和丰富性,任何尝试简要概括其理论贡献的努力都显得困难和过于简单化。因而,译者倾向于鼓励读者去仔细阅读其论著的具体篇章和细节。就《道德》而言,该书涉猎和论述的主题包括但不限于:处理长幼男女亲疏关系、财产处置、杀人、伤害、慈善、慷慨、好客、尊重他人与自尊、利他主义、爱国情操、自律、忍耐和疏忽、对动物的尊重、对真与信的尊重、对诸神的义务、对超自然存在的信仰、作为道德守护者的诸神，等等，领域十分广泛，经验材料十分丰富。盎格鲁-撒克逊人、安达曼人、布须曼人、印度人、易洛魁人、摩尔人、纳瓦霍人、美拉尼西亚人、斯堪的纳维亚人、土库曼人、通古斯人、塔斯马尼亚人、索马里人和肖肖尼人等，世界各地的民族在上述领域中的观念、行为、风俗习惯、生活方式，均被深入翔实地描述、分析和讨论。这些各民族奇风异俗的多样性和丰富性，借助于罗素所说的“参差多态乃幸福本源”，当引发读者慨叹现代化、全球化造成的标准化、单一化的“铁的牢笼”。

人文社会科学研究者要想对这个世界做出重要贡献，必须像韦斯特马克那样掌握扎实丰富的经验材料和事实依据。与《人类婚姻史》类似，韦氏在《道德》一书中针对道德情感、意愿、品格、尊重、伤害、慈善等议题，首先对所要讨论的现象作叙述性说明，阐述该现象在不同民族中的实际情况，进一步探究产生这一现象的原因，包括社会学、生物学、人类学或心理学原因。最重要的是，有些情况下，他表明了自己跟此前或当时某位重要学者的不同观点，以做出新的贡献。这就是所谓站在巨人肩膀上，对“重要的他人”持质疑、批评的态度，并依据经验材料突破前人视野和观点的局限，提出新的不同的看法和理论观点。韦斯特马克曾以涂尔干为例指出，在研究方法上，法国学派的社会学方法已超出合理范围，具有令人不安的扩张倾向(韦斯特马克，2002:29)。就人类婚姻的起源与发展而言，他与达尔文及著名社会科学家摩尔根、弗雷泽、涂尔干等，在诸多问题上均有针锋相对的批评。在《道德》一书中，韦斯特马克审慎考察艾夫伯里勋爵、弗雷泽博士、斯坦梅茨博士等权威人士提出的事实依据和重要观点，比如在对诸神的义务论题上，韦氏勇敢地提出了与弗雷泽些许不同的理论解释。此外，对其他一些重要学者及其观点也做了切中肯綮的对话。关于对真与信的尊重，韦斯特马克驳斥了19世纪法国著名神学家里维尔所谓基督教尤其有助于寻求真理的论调。在神作为道德守护者这一问题上，韦斯特马克批评了罗马帝国时期著名哲学家、史学家普鲁塔克的观点。

《道德》一书英文原著出版后不久，英国著名的《约克郡邮报》(*Yorkshire Post*)曾如此评论："在韦斯特马克博士的笔下，一个在别人看来可能深奥难解的话题几乎变成了诱人的浪漫之旅……"借助此中文译本，希望读者在"旅行"中能有新奇的发现，并获致有益于自己研究工作的灵感和力量。

本书分工如下：张敦福翻译了第一至九章，第十七、二十四、二十七、二十八、三十五、三十九、四十、四十二、四十四、四十六章及序言、导言和索引；罗力群翻译了第十至十六章、十八至二十三章、二十五至二十六章、二十九至三十四章、三十六至三十八章、四十一章、四十三章、四十五章、四十七至五十三章；目录和第二卷附注为两人合译。译稿的校订采取彼此互校的形式。翻译的初步成果获得2013年度教育部哲学社会科学研究后期资助重点项目"(韦斯特马克)道德观念的起源与发展(译著)"(13JHQ005)，特致谢意！译者愿意为翻译过程中出现的错误、疏忽、遗漏等不足和缺憾负责，并期待有提高、完善汉译新版本的机会。

译者

2019年3月

参考文献：

达尔文：《物种起源》，舒德干等译，北京大学出版社，2005年版。

达尔文：《人类的由来及性选择》，叶笃庄、杨习之译，北京大学出版社，2009年版。

费孝通：《江村经济——中国农民的生活》，商务印书馆，2001年版。

斯密：《道德情操论》，王秀莉等译，上海三联书店，2008年版。

韦斯特马克：《人类婚姻史》，李彬等译，商务印书馆，2002年版。

武雅士：《韦斯特马克的复活》，潘蛟译，载《世界民族》，1996年第1期。

休谟：《人性论》，关文运译，商务印书馆，1997年版。

赵敦华：《谈谈道德起源问题》，载《云南大学学报》，2006年第3期。

Allardt, E., 2000, "Edward Westermarck: A Sociologist relating Nature and Culture", *Acta Sociologica*, 430.

Boas, F., 1940, *Race, Language and Culture*, New York: Macmillan.

Firth, R. (ed.), 1957, *Man and culture: an evaluation of the work of Bronislaw Malinowski*, London: Rouledge & Kegan Paul Limited.

Fox, R., 1962, "Sibling Incest", *British Journal of Sociology*, 13(2).

Greene, J., et al. 2001, "An fMRI Investigation of Emotional Engagement in Moral Judgment", *Science*, 293.

Hawkins, M., 1997, *Social Darwinism in European and American Thought, 1860－1945*, Cambridge: Cambridge University Press.

Kuklick, H., 2008, The British Tradition, *A New History of Anthropology*, edited. MA: Blackwell Publishing Ltd.

Malinowski, B., 1960/1944, *A Scientific Theory of Culture and Other Essays*, Oxford and New York: Oxford University Press.

Mayr, E., 2004, *What Makes Biology Unique?*, Cambridge: Harvard University Press.

Pipping, K. & A. Akademi, 1982, "The First Finnish Sociologist: A Reappraisal of Edward Westermarck's Work", *Acta Sociologica*, 25.

Shepher, J., 1971, Mate Selection among Second-Generation Kibbutz Adolescents: Incest Avoidance and Negative Imprinting, *Archives of Sexual Behavior*, Vol. I.

Spiro, M., 1958, *Children of the Kibbutz*, Cambridge: Harvard University

Press.

Spiro, M., 1986, Cultural Relativism and the Future of Anthropology, *Cultural Anthropology*, 1(3).

Westermarck, E., 1912, *The Origin and Development of the Moral Ideas* (*Vol. I*), London: Macmillan.

Westermarck, E., 1917, *The Origin and Development of the Moral Ideas* (*Vol. II*), London: Macmillan.

Westermarck, E., 1932, *Ethical Relativity*, London: Kegan Paul, Trench, Trubner & Co., Ltd.

Wolf, A., 1995, *Sexual and Childhood Association: A Chinese Brief for Edward Westermarck*, Stanford, CA: Stanford University Press.

Zechenter, E. M., 1997, "In the Name of Culture: Cultural Relativism and the Abuse of the Individual", *Journal of Anthropological Research*, 53(3).

目　　录

性，这两个特征之间有着密切的联系——并不是每一种公共习惯都是习俗、都含有义务性，人们的道德水准不能孤立于他们的实际做法——道德观念研究在很大程度上等同于习俗研究——但习俗从来不可能涵盖道德的所有领域，随着道德意识的发展和演变，习俗所不能包括的领域在等比例增加——在文明的低级阶段，习俗是制约人们行为规则的唯一来源——即使那些被描绘成独裁者的帝王也要像他的臣民那样受习俗的制约——在与法律的竞争中，习俗常常得胜——事实证明，法律与宗教联合起来也比不上习俗有影响力——法律本身作为习俗存在比作为律法存在更容易让人遵守——许多法律在成为正式的法律之前是作为习俗存在的——习俗转变为法律——法律作为道德观念的表达——惩罚与赔偿——惩罚的概念——蒙昧部族及其社群对罪犯的惩罚——有些人在司法机构效力——司法制度由早先的私刑制度演变而来——司法制度由早先的私人复仇制度演变而来——公愤不仅体现为惩罚，在某种程度上也表现为复仇的习俗——同态复仇法的社会起源——报复转变为惩罚，以及中央司法和执行权威机构的确立——头人介入司法和审判——受害者或控告者出面执行惩罚，但不是充当审判者的角色——惩罚和司法组织的有无，与一个部族整体文化形态并无直接关联——人们设计惩罚旨在阻碍犯罪的观点——半开化和开化民族刑法典中规定的刑罚，其严厉程度远超以牙还牙的同态复仇——任意妄为地惩罚并非蒙昧部族维系公共正义的普遍特征——立法者认为严惩重罚能有效地预防和阻止犯罪——在公众场合惩罚罪犯的做法——罪犯受到的惩罚在很多情况下实际上比法律条文中恐吓的要轻——早期对犯罪的侦查跟现在相比要少见得多、不稳定得多——对某些罪行施加严惩的主要原因是这类犯罪与专制体制、宗教之间的联系——刑罚也是遏制犯罪的一种手段——但正义给制止罪犯本身留下的余地并不多——一个社会的刑法大抵可以视为社会上流行的道德情

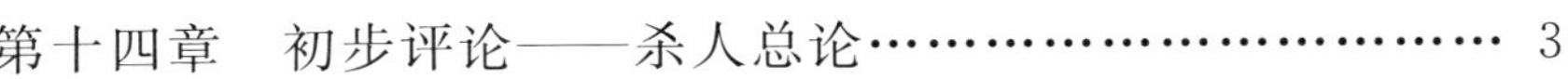

俗还是为妻子留有一定权利——对所谓丈夫对妻子的绝对权威不应过于当真——聘金并不自动赋予丈夫支配妻子的绝对权利——据说最苦的活往往都是由妇女承担——在早期社会，每一性别都有分工——两性之间按规则确立了各种劳动分工，这些规则总的说来与大自然本身的要求相协调——习俗和迷信强调这种劳动分工——这种劳动分工容易误导前来旅行的生人——它赋予了妇女在自己分内之事上的权威——对低等种族中妇女总体上处于几乎完全受支配的状态之一般性说法——一个人群的文明程度可以用其妇女的地位来衡量的看法不正确，至少就文明的早期阶段而言是这样——古代文明人群中妇女的地位——罗马帝国时期基督教倾向于限制给予已婚妇女过多自由——基督教正统反对婚姻应该是夫妻之间基于完全平等的一项契约之学说——对妇女的社会地位与追溯血统的制度相联系之假说的批评——与妻子住在岳父家或岳父所在社群的丈夫的权威——妻子臣服于丈夫，首先是由于男人天性就想行使权力，也由于妇女在个人自立不可或缺的身心素质方面天生就劣于男性——促成男性统治、女性臣服的性冲动成分——但若男性的支配超出了女性之爱的限度，女性就会视之为负担——在男人欺压女人的极端情形下，无论如何，社群总体上会同情她，大众对欺压者的憎恶会导致限制丈夫权利的习俗和法律的出现——受侵犯的妇女会指望身边姐妹们的支持——子女对母亲的情感与尊敬会给母亲带来权力——经济条件对妇女地位的影响——妻子的地位与人们对女性的一般观念相联系——文明程度较先进的民族尤其认为妇女在智力和道德上远逊于男性——文明的进步扩大了两性之间的鸿沟，对妇女地位产生了不利影响——宗教视女性为不洁之人，这也促成了女性地位的贬抑——妇女不许参加宗教崇拜和圣事——妇女不洁的观念使妇女有了对丈夫的隐秘的力量，例如人们认为，妇女比男人更精通法术——妇女的诅咒极为人恐惧——妇女充作避难所——在古

序　　言 v

摆在读者面前的这本书里，有许多关于摩洛哥土著居民中流行风俗和观念的材料。关于这一点，有必要解释一下。我知道，道德观念与巫术信仰、宗教信仰之间存在密切的关系。为了更有益我的研究，我觉得我应该获得某些非欧洲民族的第一手资料。出于各种各样的理由，我选择了摩洛哥作为我田野工作的研究基地。我在那里度过了四年的光阴，主要与当地的乡村百姓生活在一起。那些日子里，我不仅收集了人类学的很多素材，而且还尝试着融入当地居民的生活，尽力熟悉他们的生活方式。我可以斗胆断言，这四年的实地考察确实有助于我认识和理解一个与我们大不相同的民族在文明化的道路上有着怎样丰富多彩的风俗习惯。关于摩尔人的巫术和宗教，我已经积累了很多具体而详细的研究成果，我打算不久后以专论的形式发表出来。

赫尔辛基大学对我的这些研究工作给予了很多物力支持。我同样感激驻扎在丹吉尔的俄罗斯公使、慷慨的 M. B. 德 · 巴卡拉克(M. B. de Bacheracht)，有好几个场合，是他从中襄助，尽管当时我的工作依赖苏丹政府的支持。我的摩尔人朋友、当地土著首领阿伯伊斯萨拉姆 · 伊尔巴克利(‘Abd-es-Salâm el-Baḳḳâli)，自始至终给予我帮助。有了他，当地的农民和山民才接纳和招待我这样一个远道而来的陌生人,这样的礼遇是欧洲人极少能够享受到的,因而弥足珍贵。

斯蒂芬·格温先生(Stephen Gwynn)通读了前十三章并校正了其中的错误,H. C. 明钦(H. C. Minchin)校阅了其余各章内容。根据他们的建议,我对书中不少段落和句子做了修改和完善。我对他们表示最真诚的谢意。我的朋友亚历克斯·尚德先生(Alex. F. Shand)阅读了前面一些章节的实证材料并提出了自己的看法,令我获益匪浅。

通览全书,读者不难发现英国科学和思想给予我的滋养颇多。对这样一份莫大的恩惠,我很难找到合适的语言表达我的感激之情。

爱德华·韦斯特马克

1906年1月于伦敦

第二版序言

vi

本版基本上是第一版的重印，唯一的变化是修改了其中几个表达不准确的地方。

爱德华·韦斯特马克

1912年7月于伦敦

1 # 导　　言

关于写这本书的初衷，有必要简单地交代几句。

作者曾经和一些朋友讨论过这样一个疑问：是否可以善待一个坏人，如果可以的话，该怎样善待他才合适？结果仁者见仁、智者见智，即便经过深思熟虑的探讨，仍然难以达成一致的意见。大家的意见分歧如此之大，以致引发了下面的问题：分歧的根源在哪里？是因为人类知识的缺乏，还是存在某种情感上的因由？这些问题逐渐扩大开来，带来了其他一些疑问：一般而言，人们的道德观念差异很大，另一方面，在很多情况下人们的道德观念又趋向一致，为什么会出现这种情况？进一步说，为什么会出现道德观念这种东西？

那次讨论过后多年以来，作者一直试图寻找这些问题的答案。这本书就是作者研究、思索和探究这些问题的结晶。

书中第一部分探讨了这样一些道德概念：正当、不正当、义务、正义、美德和优点等。读者会发现，作者对道德情感、道德情感的
2 本性、来源及其与各种各样道德概念的关系做了深入细致的考察和调查。人们如何运用这些道德观念对现象做出判断，是随后探讨的问题。这些现象是道德判断的对象。作者认真剖析了这类现象的共同特征，并回答了这样一个问题：为什么某些类型的事实

是道德判断所关注的，而另一些则不是。最后，作者择要对这些现象分类，阐述了与每一类现象相关的道德观念，并力尽所能地给予解释。

这类调查研究不能局限于文明进程中的任何特定阶段，也不能局限于任何特定的社会。就其主题而言，是人类普遍的道德意识和道德观念；因而它通常涉及心理学、民族志、历史学、司法学和神学等众多领域的问题，所需要的调查研究任务之巨、涉猎内容之丰富，乃十分少见。我认为，就我们现有的知识状况而言，所涉及的绝大多数主题方面的民族志还十分缺乏；因而，严格地说，这项研究事业对任何人来说都太宏大；至少，本书作者有这种难担重负之感。要达到完美的地步是不可能的，所能做的是尽力考虑到各种各样的可能性。即便如此，作者自己根据诸多资料所得陈述与结论的正确性也并非无可置疑。作者充分意识到了这样做的诸多不足之处，但还是自信有足够正当的理由把自己的研究成果公之于众。作者认为：人类的认识和思索有一个最为重要的目标，就是超越眼前那种混沌模糊的阶段；这种含混不清的状况已经延续了大约五十年，研究者至少应该给予关注，并在这个领域内给人类带来新的知识。人类学的专题研究需要对所探究的事项进行全面而细致的分析，通过对人类各种风俗习惯的爬梳分析，发现背后的主要原则和规律。

这项研究除了具有理论特色外，还可能具有实用价值。尽管
道德观念根基于人类本性中的情感一边，它也有基本上屈从于理 3
性的一面。关于什么是好的，什么是坏的，什么是义不容辞的，什么是无关紧要的，在这些问题上，现在任何社会中的大多数人都不

假思索地保留和接受了传统的观念。通过追溯道德观念的起源，将会发现:不少道德观念起源于喜欢或憎恶之类的情感,而即便是明察秋毫、充满睿智的评判者,也未能足够重视这一点。另一方面,公众出于无所用心或冷漠,对这类研究不怎么感兴趣,甚至责备作者用那么长的篇幅来叙说如此众多的事实。而且,有可能发生这样的事:引发某种道德判断的原因已经不复存在,这种判断却保留了下来。即便说服一个心无任何偏见的人相信,在现有的事实中再也找不到这种道德判断的根据了,也难以令他改变原有的看法了。

第一章　道德判断的情感起源 4

道德观念最终以情感——或者愤慨，或者赞许——为基础，这是一个不容置疑的事实。然而，某些流派的思想家却试图否认这一点，这种努力当然是徒劳的。某种现象唤起了人的情感，为了更简单地表达这些情感，人们必须使用某些词汇来具体表达相关的道德观念。事实上，人类有史以来就开始使用这类词汇，到了今天依然如此，只不过使用得更频繁罢了。人们从感觉经验中获知，阳光是温暖的，冰是寒冷的。当人们感觉到某种事物给他们带来愉悦或痛苦的感觉时，他们会说这种事物是令人愉悦的，或是使人痛苦的。同样，人们会根据某些行为在人们内心引起的情感如何，去判断和宣称这些行为是好的还是坏的。然而，表明一种具体感觉或内心感受的存在与赋予某种事物或好或坏的品质，完全是两码事。当人们赋予事物某种品质的时候，该事物实际上已经在人的内心留下了印象。一个人说某种东西是温暖或愉悦的，等于他断定该事物易于带给他温暖或愉悦的感觉。与此类似，说某个行为是好的或坏的，最终意味着该行为带给说者赞许或不悦的情感。说这话的人并不一定确证内心深处有这么一种情感存在，也不能确认别人心中会发生这种情感，但这种道德判断本身就能容易让
听者激发某种感情。如此说来，有些现象具有引发道德情感的倾 5

向性,而道德观念基本上是对这类倾向性的概括。

不管怎样,当人们谈起这些道德概念时,并不指向什么明确而具体的内容,那些概括性程度高的词汇更是如此。很多概念与道德情感之间的关系是极其复杂的;人们在使用这些概念的时候,通常表意含混不清;伦理学理论家并没有对这些概念进行细致的分析,反而削足适履地改变这些概念的含义,以便与自己的理论相适应,结果把事情搞得更糟。人们在界定行为的善良或丑恶的含义时,通常没有考虑到这些行为所具有的引发赞许或愤慨情感的倾向性,而更多地注意到了产生这种倾向性的原因,也就是行为中那些引起道德情感的品质。一般而言,好的行为带来愉悦,坏的行为造成痛苦,人们辨别善良还是丑恶的标准就是行为本身有无产生愉悦或痛苦的倾向性。人们很容易在功利主义者身上看到这种语义表达上的混乱。J. 斯蒂芬爵士说的这样一句话就是一个很好的例子:“一般来说,那些被称为正当的行为确实会有益于大多数人的幸福,或者被推想为能够促进大多数人的幸福;而那些被称为不正当的行为确实不利于大多数人的幸福,或者被推想为于大多数人的幸福有害。因而,我认为,这正是‘正当’与‘不正当’概念的含义,正像人们使用‘上’和‘下’概念是基于地心的吸引力一样。只不过,这些概念由千百万人使用了数百年数千年,却不知道它们的真实含义。”[1]边沁也坚持认为,像“应该”“正当”和“不正当”之类的词汇,如果不以功利原则来衡量和解释,就是没有任何意义

① Stephen, *Liberty*, *Equality*, *Fraternity*, p. 338.

的。[①] 詹姆斯·穆勒的观点则是：行为的德性不在于我们所感受或预期的内心情感，而在于行为造成的善恶结果，这些结果早就隐含在行动者的意图中。[②] 他还说，一个理性的功利原理信徒会“因 6
为这个行为是好的”而给予赞许，也会“因为某个行为导致了幸福的结局”[③]而称这个行为是好的。总之，这就颠倒了事物的顺序。恰当的说法是，某个行为之所以被称为是好的，是因为有人对它表示满意；表示满意的这个人是个功利主义者，他是看到该行为导致了幸福的结局才这样表示的。

上述术语使用中的混乱并不影响道德观念的真实含义。约翰·穆勒有一句名言：“能促进幸福的行为就是正当的行为，能导致不幸的行为就是不正当的，并且幸福与否的程度与行为的正当性程度成正比。”[④]认同者确实会用这种观念对某种具体行为的道德特征下断语。但如果他是一个虔诚的功利主义者，他的第一原则至少有一定的情感基础。流传下来的许多道德判断都存在同样的问题。人们运用一些普遍接受的规则，对具体的行为做出判断，凡是符合规则的就认为是正当的，反之则是不正当的。不管这一规则是出自人的独立推断，还是基于人世或神灵的权威，他的道德意识明了这一规则的有效性，这一事实就意味着他从内心和感情上是认可的。

因而，人在任何情况下做出的道德判断都可以追溯到它的情

① Bentham, *Principles of Morals and Legislation*, p. 4.

② James Mill, *Fragment on Mackintosh*, pp. 5, 376.

③ *Ibid*. p. 368.

④ Stuart Mill, *Utilitarianism*, p. 9 *sq*.

感起源，一般人会设想，这样的道德判断同时也具有普遍性或“客观性”的特征。说一个行为是好的或坏的，并不仅仅表达单单某一种情感。随后我们将看到，这种道德判断总是指向更具包容特征的一个情感。它通常模模糊糊地包含着这样一种假设：凡是知道这一行为具体情景和过程的人，只要他具备了“足够成熟”的道德
7 意识，都会认为这种行为是好的或坏的。我们不乐意承认我们的道德信仰纯粹是个人口味方面的问题，我们倾向于认为，那些与我们持不同信念的人是错误的。道德判断的这一特征曾被人用来反驳道德情感起源论，并产生了这样一种信念：道德观念上表现出的特征要靠理性才能洞察。

看到卡德沃思(Cudworth)、克拉克(Clarke)、普赖斯(Price)和里德(Reid)等名字，我们就很容易记起这样一种理论，这种理论认为，正如数字、差异性、因果关系和比例关系一样，行为的道德品格是靠智力来理解的。“德性是外在的、永恒的东西，”普赖斯指出，“正当与不正当，表示出的是行为本身是什么样子。一件事情、一个事物或一桩行为到底是什么样子，既不取决于人的意愿，也不取决于人的地位和权力，而是取决于它的本性，是根据必要性来判断的。一个三角形或圆形是什么样子，它就永远是什么样子，因为外在的规则制约着它……对正当与不正当，善良和丑恶，也应作如是观，即这些概念表达了行为的真实特征。人们用这些概念去判断行为，这些特征必然永恒不变地为这些行为所具备。”[①]由于德性是外在于心灵的真实存在物，所以只能通过人类的理解能力来

① Price, *Review of the Principal Questions in Morals*, pp. 63, 74 *sq*.

洞察。无疑，这种洞察会伴随着情感出现：“一般来说，我们对美德和丑恶的感受，有些表达了欢乐或痛苦，有些展现了愉悦或厌恶，但这些感受只不过是美德或丑恶引起的结果或伴生物，而不是人的理解和感受本身，这两者是不能混为一谈的，正如一个特定的事实（比如毕达哥拉斯献祭）不能与人们发现这一事实带来的快乐混为一谈。”[①]

另外一个教条则认为，道德判断尽管不是“理论真理”的表述，但其所有的意义均来自理性——尽管由于场合不同，我们对这种理性有不同的称谓，有时称呼为“实用的”理性，有时叫作“道德的”理性。西季威克教授就坚持这样一种看法：道德判断中明显使用 8
或暗含的“应当”或“正当”等词汇所表达的基本观念，与表示物理事实或心理事实的观念有着本质的差异。道德判断说的是理智，是人们的认识能力所能理解的那种东西。他这么说是指：“应该是什么表明存在一种可能的知识，也就是说，我认为应当的事情在别的理性人看来肯定也是应当的，除非我搞错了，除非别人没有搞清事情的本来面目。”道德判断包含了道德**真实**，因而“如果被解释为关于当前或将来人类情感或可感知世界任何事实的一种陈述，那就大谬不然了”。[②]

然而，在将道德判断客观化的时候，我们并没有足够的理由把它与理性的世界联系起来。从这种意义上讲，如果这种判断与其他判断之间存在差异的话，这种差异更多地表现在个人经验的领

① Price, *Review of the Principal Questions in Morals*. p. 63.

② Sidgwick, *Methods of Ethics*, pp. 25, 33 *sq*.

域,更多是程度上的差异而不是类别方面的差异。毋庸置疑,感受的或审美的判断是有情感起源的,就是这种判断也宣称具有某种程度的“客观性”。我们说一首曲子美妙动听,不是在说它只给我们自己带来美的享受,而是在做这样一个假设:只要有足够的音乐细胞,任何人都能够欣赏它,并从中得到同样的愉悦。尽管感受判断只起源于主观因素,这种附着在感受判断上的客观性首先来自人类理智构造的相似性。而且,人们更倾向于认为:人在每一种具体情景下的感受越趋于一致,其客观性程度就越高。如果我们说“谈到趣味无争辩”,那是指人的口味存在着极大的差异;即便在这个例子里,当我们提到“口味好”或“口味很差”时,我们也承认有一种“客观的”标准让我们判断是好是歹。另一方面,如果道德判断客观性的外在表现是如此不可靠,以至有必要把它与人类的理性
9 联系起来,那么这种联系部分地基于道德意识的相对一致性。

社会就是一所学校,人们在这里学会了区分好坏善恶。风俗习惯就是这所学校的校长,无论是谁,修的课程都是一样的。最初的道德判断是通过舆论的方式发布出来的;公众的愤慨或赞许构成了道德情感的原型。至于德性的问题,在早期社会实际上不存在不同意见。因而,所有的道德判断最初都具有普遍性或客观性的特征。随着文明的进化和发展,有些个体开始挑战大多数人的意见,公开唱反调,于是意见分歧出现了,一致性在某种程度上被打破。导致这种局面的是这样一些事实:它们虽然丝毫不影响公众坚持的那些道德原则,但在被运用于具体实践时发生了偏差。

很多人用非常简单的方法对一种行为做道德判断。某种类型的行为被贴上了传统的标签,人们通过语言学习并流传这些标签。

看到事物的某些显见特征，认为这些特征令它与其他事物属于一类时，我们通常用说到这类事物的道德判断——一种关于这类事物的标签——来评判这个事物。然而，一个聪明而又尽责的人在做道德判断时会采取截然不同的方式。他会详细考察与行为有关的所有事实和细节，发生这种行为的外部环境和内在条件，行为的动机和结果怎样，等等；多半由于他对具体情景做出了深入细致的调查研究，他的判断就与市井百姓大不相同，尽管他们运用的道德标准完全一致。细致入微而全面的考察无疑有助于改变对行为价值的认识，但在很多情况下，要付出如此艰辛的努力并非易事。这自然使人们的看法更加不一致。因而，由于具体环境——这些环境只具有智力特征，人们对行为的积极效果或者有了把握，或者茫然无知——的差异，每个先进社会里对某类行为的道德判断存在很大差异，但原则上又有一致之处。 10

各种各样伦理学说的倡导者都认为，道德观念的所有差异均起源于此，也会有一些最终的判断标准，每一个能够正确理解它的人都认可这种标准的权威性。按照边沁的说法，功利主义的正确性只受到那些不解其意的人的否认："当一个人与功利原则作对时……如果说他的观点证明了什么的话，不是证明功利原则的荒谬，而是证明他在运用他应该运用的原则时误入歧途了。"[①]在斯宾塞先生看来，"良言懿行对每个人的生活都有所助益"；他相信自己获得了"真正的道德意识"的支持，无论与"前伦理"的情感和谐相

① Bentham, *Principles of Morals and Legislation*, p. 4 *sq.*

处还是发生龃龉,这种道德意识都被或隐或显地认作是公正的主宰。[①] 直觉主义者克拉克则认为,如果一个富有理性的人否认存在必要而永恒的道德差异,“那就好像一个人眼力不错,他一方面能够看到阳光,另一方面却否认世界上有光这种东西存在;或者好像一个人懂得几何学和算术,却对众所周知的直线或数之间的比例关系装聋作哑”。[②] 简而言之,道德问题上的所有不同观点都归因于无知或误解。

对道德判断的智力考量确实具有极大的影响。我们将发现,道德意识在很大程度上是一个从缺乏反省到不断反思、从蒙昧无
11 知到文明开化的演进过程。所有的高级情感都是由认识决定的,“当陈述那些确定的客观情景时,这些情感就油然而生”。[③] 而道德上的启蒙意味着对那种客观情景的真实而全面的表达,它决定了道德情感的特征和性质。如此,从传道授业的角度看,德性就比美更值得探讨,因为现存事实的陈述本身就很具说服力。但是,这样做尽管消解了许多差异,但在有些方面还没有达到一致,而且,即便是对事实做最精确的陈述、最严密的推理,也难以做到完全一致。

一方面,确实存在这样一种情况:某些现象几乎必然地在每个能够清楚感知这些现象的心灵中引起相似的道德情感,但另一方面也存在着不同的情况。要知道,人的情感构造并不像智力构造

---

① Spencer, *Principles of Elhics*, i. 45, 337 *sq.*

② Clarke, *Discourse concerning the Unchangeable Obligations of Natural Religion*, p. 179.

③ Marshall, *Pain, Pleasure, and Aesthetics*, p. 83.

那样一致。有些感受和认识几乎令所有人害怕，但当危险迫近，不管人们对险情的认识是否准确可靠，世上总有人表现出英勇无畏的气概，另外那些人则胆小如鼠。当某些苦痛的情景在眼前发生时，即便是最残酷无情的心灵也会燃起怜悯之情，但人们的同情表现千变万化，差异迥然，这不仅要看同情的对象是谁，跟自己是什么关系，而且人们投入情感的强度也大不相同。对道德情感而言，也是同样的道理。由于情感差异，就不同等级人士的权利和低等动物的权利问题，存在着不同的观点。无疑，这些见解上的差异是不可能通过对事实的深入了解而改变的。只要影响情感倾向的那些条件不变，就很难指望人们达成一致的意见。一个开化的心灵*应该*认识到，一只动物、一个婴儿或一个疯子完全不应该担负责任（或相对而言不应担负全部责任）；这个心灵在做出这种道德判断的同时还*应该*受到行为动机的影响——不论有多么高明的智慧，
不论对事实做出多么细致入微的观察，当低等动物的权益与人的 12
权益发生冲突时，人就不能确定该怎样看待低等动物的权益问题，也不能确定是否应该，是否允许个人只是致力于捍卫本国的福祉，只是提升自己的生活水准，而置其他国家和个人的权益于不顾。西季威克教授说过这样一句很有名的道德格言："我不应该选择自己的小利而舍弃别人的大利。"[①]如果拿这句话说给一个火地人或西南非的霍屯督人听，他们会觉得这不是什么不证自明的公理，而是荒诞不经的昏话。即便是我们这些人也并不是都认同这句话。"别人"到底是谁？为了谁的大利我才不应该坚持自己的小利？是

① Sidgwick, *op. cit*. p. 383.

一个乡下人,一个野蛮人,一个罪犯,一只鸟,还是一条鱼?到底是谁有没有什么差别?也许有人认为:只要人们的道德意识成熟到了一定程度,人们就会在这个道德观念(或其他道德观念)上达成一致的认识了。[①] 然而,接下来的问题是,当我们说到道德意识的成熟时——更不用说对每个案例具体情景的全面了解了,我们实际上指的是要与我们自己的道德信念一致,除此之外并没有别的含义。这些人的看法既失之偏颇,又富有欺骗性,因为,如果它意味着什么的话,那是假设道德判断具有一种客观性,这些判断本身实际上并不具备这种特征;同时,这种看法本身就似乎在证明自己试图假设的东西。因为真理是客观的,当我们谈到某位智士时,可以说他聪敏到足以掌握某条真理的程度;但一个足够聪敏的智士认识到了这条真理,其客观性是不能为事实所证明的。真理的客观性在于所有人对那些自己能够**全面**了解的事实的认可,而当人们对这些事实有了**足够**的知识后,就能够判定它们的客观性了。当一个完美的智士出现的时候,所有人都将顺从他,因为他对现有的事物无所不知;但这时候我们脑子里却形成不了那种具有同样
13 权威的道德意识。如果信奉至善至美的上帝——它会给人类以启示,告诉人类它的意愿——的人们认为,他们在上帝的启示中获得了完美的道德标准,因而与这种标准一致的言行在客观上是正当的,那么我们要问他们这样一个问题:你们所说的"至善至美的上帝"是什么意思?在他们试图回答这个问题的时候,他们不可避免地要假设他们想要证明的客观性是存在的。

① 实际上,这是西季威克教授在与我共同探讨他那个道德格言时给出的解释。

当我们把客观性赋予道德判断的时候，我们就犯了错误；当我们认为这些道德判断不仅具有某种特性，而且表现为量的差异时，这种错误表现得尤其明显。我们认为，无论是好还是坏，都有程度上的差异；义务可以说是迫在眉睫的，也可以说不那么紧迫；美德可以分为小恩小惠和大恩大德。[①] 这些量的差异毕竟是道德观念的最终起源——情感造成的。情感在程度上的差异是无限的，道德情感也不例外。也许有人会提出疑问：同一种行为在两个人心中是否必然引发同等程度的愤慨或赞许？需要说明的是，这种程度上的差异十分微妙，人们在做道德判断时当然不见得表现出来；而通常情况下，道德情感的程度是通过人们在做出道德判断时使用的特殊词汇、语调或表达方式显示出来的。不过，值得注意的是，道德判断中量的差异与特定情景下某种行为引发的道德情感的深浅强弱并不是一回事。我们承认，发生在我们眼前的伤害与我们在书上读到的伤害都是不正当的，这种不正当没有程度上的差异；但前者比后者更容易引起我们愤慨，在我们内心激发的不满情绪更强烈。道德判断在程度上的差异取决于它的对象引起的情感强烈程度，即便是在极其相似的外部环境下，也会出现这些差异。

除了道德判断的相对一致性之外，还有另外一种情况诱使我 14
们赋予道德判断以客观性，那就是道德规范所具有的权威性——不管这种权威性的获得是对还是错。从我们孩提时候起，就有人

① 在随后的一章里，我们将探讨为什么“公正”(rightness)没有程度上的差异。这个概念是与道德法则一致的。形容词“公正的”(right)意指已经履行了义务。

教导我们:有些行为是对的,而另外一些做法是错的。由于道德意识对人类生活的幸福至关重要,人们对此类事实的重视要远比其他事实——尽管它们也与主观观念相关——更甚。在何谓美丑的问题上我们可以有自己的观点,但在何谓对错的问题上,社会并不那么轻易地容许我们拥有或坚持个人见解。我们生活其中的社会流行着某些道德规范,它们不仅得到俗世权威的支持,而且获得神圣权威的支持;对这些道德规范表示怀疑,就等于与宗教教义和公众意见相对抗。因而,关于世界道德秩序的信念对人们心灵的影响一点也不比关于自然秩序的信念差。道德律一直保有这种权威性,无须诉诸外部权威。这种信念与星光灿烂的太空一样让康德心怀敬畏。按照巴特勒的说法,"从本质上讲,良心超越任何力量,它禀赋了至高无上的权威"。① 据说,对于这种至高无上的权威,"最坏的人内心深处默默感受并承认的,丝毫不比最好的人逊色"。② 亚当·斯密则把道德称为"上帝在我们内心的代理人","对违背者,他从不姑息,让他们内心感到羞辱和自责,以此作为对他们的折磨和惩罚;而对顺从者,则总是赐予心灵的宁静、恬适和自我满足"。③ 连哈奇森——他可曾经提出过这样一个问题:为什么人们的道德感受不像口味一样差异迥然——也认为,"道德观注定主宰其他任何一种力量"。④

① Butler, 'Sermon II. —Upon Human Nature,' in *Analogy of Religion*, &c. p. 403.

② Dugald Stewart, *Philosophy of the Active and Moral Powers of Man*, i. 302.

③ Adam Smith, *Theory of Moral Sentiments*, p. 235.

④ Hutcheson, *System of Moral Philosophy*, i. 61.

权威是一个含义不怎么明确的词汇。它可以指真理性知识，也可以指公正地支配别人、使别人顺从的权力。人们赋予道德律的权威通常包含了上述两种含义。道德律的制定者发号施令是为了让人遵守；而且，只有当这些规范被人们遵从的时候，道德律才是富有权威的。而人们也相信他明了什么是对，什么是错，什么是正当的，什么是不正当的，并将他的命令视为道德真理的表达。不过，我们已经明白，后一种权威含有一个错误的假设，这就涉及道德判断的性质问题。这种权威是不能从拥有使别人顺从的权力中推论出来的。撇开道德律制定者的观念和想法不谈，就字眼而论，道德律在其他意义上也并不总是具有至高无上的权威。道德律并非特别地要求得到遵从，被经常违背的道德规范也几乎很少。对道德律的重视并不是行为的重要考虑因素，在多种多样的动机和原因中，道德仅仅是其中之一。有些情况下，它在人的生活中起着主宰的作用，而在另外一些情况下，则像荒漠里的声音一样空洞无力。而且，绝大多数人似乎更害怕同胞的责备和讥笑，害怕执法者威胁的那些惩罚，而不怎么害怕内心中那个“上帝的代理人”。有种看法认为人类喜欢拥有美德胜过其他享乐，人类厌恶恶习甚于其他不幸。[①] 这种观点听起来美妙，可惜只不过是某些道学家的幻想而已。在这样布道的时候，他们实际上把这两个问题混为一谈：人实际是什么样子，人应该是什么样子。

据说，每当出现违背道德规范的行为时，道德律的权威性自身就引起了注意并得到了强调，美德自身就拥有获得奖赏的品质，恶

① *Idem*, *Inquiry into the Original of our Ideas of Beauty and Virtue*, p. 248.

行自身必招致惩罚。然而，准确地说，良心和道德在给予善恶行为以报偿时是很不公平的。一个人越是积德行善，他的道德观念就
16 越敏锐；一个人在罪恶的泥潭里陷得越深，他的道德观念就越钝化。最好的人，良心最敏锐，而最坏的人几乎没有什么良心可言。有人会反驳说，那些习惯于作恶的人固然已经丧失了忏悔怜悯之念，但他们也为此付出了很大代价。[①] 然而，值得怀疑的是，这个代价是否就是对他恶行的惩罚，这种惩罚是否适当。我们提出这个疑问是公允的。还有人提醒我们，就与熟人邻里的情感关系而言，人们因良言懿行而获得奖赏，因恶言恶行而受到惩罚。须知，公众的看法和法官的判断只是针对那些被发现的行为做出的，而且这些评判很少是建立在周密考察案例的基础上。他们生硬地搬出某个道德标准，而这个标准本身就很容易招致怀疑和批评。人们带着感情色彩评判他们的同类，感情也是人类苦乐感受的主要来源，这些感情却很少跟德行发生联系。人们尊敬、称赞、谴责或蔑视一个人的时候很少看他的品行如何，而更多是基于其他因素。人们因拥有才智、胆量、勇气、力量或偶然的成功而受到的赞美，通常逊色于因积德行善而获得的赞美。

尽管存在上述情况，人们赋予道德律的至高无上的权威并非全然是幻想。在那些最好的人心里，确实存在着这种权威，大多数人在名义上也承认它的威力。我这么说并不意味着认可下列说法的普适性：无论实际上是否被遵从，道德律都应该在任何情况下为人所遵从。因为这等于说，应该是什么样就应该是什么样子。但

---

① Ziegler, *Social Ethics*, p. 103.

至少人们从理论上认可：道德——或单独地，或连同宗教一起——具有高于其他任何事物的价值；与体格健壮、精神优良相比，人们更看重行为的正当与善良。人们之所以很少按照这种理论行事，是因为在很多人看来，这种理论与其说是他们内心感受的结果，不如说是来自心灵之外的教诲和启示。这些启示可以追溯到那些内
心充满完美道德理想的大师，由于智慧超群，他们的话语就成了圣 17
者箴言。孔子、佛[①]和基督耶稣就是这样的大师。于是，道德律的权威呈现出来的仅仅是一种高度发达、支配作用很强的道德意识。正如西季威克所主张的那样，道德律很难说“依赖于义务的客观性概念”。[②] 相反，它必须被看作是这个概念的起因——它的起源不仅可以追溯到某些外部权威，而且受到个人道德情感力度的影响。关于这一点，前文已经述及，不再赘述。关于某个事物的概念越清晰明确，越能让人确定这种事物的客观存在；同样的道理，当人们对某种现象做出道德判断的时候，内心产生的道德情感越强，越倾向于认同这种道德判断的客观性，也就是说，赋予它普遍的有效性。狂热分子比任何人都倾向于把他们自己的判断当成真理，伦理道德上的狂热分子同样把他们的道德判断看成颠扑不破的真理。强烈的道德情感使他们成了某种幻想的牺牲品。

如此说来，人们所假定的道德判断的真实性只不过是一种稀

① “在早期佛教理念的形成过程中，除了理想王——权力和正义的化身——之外，另外一个理想也起了重大作用，它涉及这些理念的主宰……它是完美的智者，是智慧的化身，也就是佛。”（Rhys Davids, *Hibbert Lectures on Some Points in the History of Buddhism*, p. 141）

② Sidgwick, *op. cit.* p. 104.

奇古怪的幻想而已,在一般人对这种客观性的理解中是没有什么道德真实可言的。根本原因在于道德观念起源于情感,在于情感的内容不在真理涉及的领域内。不过,我们具有某种情感倒可真可假,某种行为倾向于在我们内心引发道德上的愤慨或赞许之情也可真可假。因此,一个道德判断是真是假,往往看这个判断所指称的对象是否具有判断中所说的那种倾向性。如果我说与邪恶作
18 对是不正当的,但真的与邪恶作对并没有在我内心产生道德上的不赞同之情,那么,我的说法就是错误的。

任何一门科学都是为了发现某种真理,然而,如果不存在普遍意义上的道德真实,科学伦理学的研究宗旨就不是发现和确定人类行为的规律。边沁等人曾经说过,道德原理是不能被证实的,因为道德原理是第一原理,它们只能用来证明其他原理和规则。[①]但道德原理不可证实性的真正原因在于,由于其自身的本性,它们永远不可能是真实的。如果我们用"伦理学"(Ethics)这个词来命名一门科学,那么,这门科学的目的只能是把道德意识作为一种事实来研究。[②]

依俗人之见,伦理主观主义是一种危险的教条,它对道德风尚具有毁灭性的影响,它是各种各样的放荡不羁和自由放任观念的滥觞。如果在一个人看来是正当或好的在所有人看来都正当或

---

① Bentham, *Principles of Morals and Legislation*, p. 4. *Cf.* Höffding, *Etik*, p. 43.

② *Cf.* Simmel, *Einleitung in die Moralwissenschaft*, i. p. iii, *sq.*; Westermarck, 'Normative und psychologische Ethik,' in *Dritter Internationaler Congress für Psychologie in München*, p. 428 *sqq*.

好，如果人人都可以为自己立法，或者根本不以任何规范约束自己，那等于说，每个人都可以随心所欲；如果阻止他这样做，就是对他权利的侵犯，是对他个人自由的束缚——假若有力量逃避这种束缚，没有谁会顺从这种外来的限制。很早以前，诡辩论者就从他们的教义中得出了这个推论。[1] 无疑，迄今为止，这个推论还为后人反复引用。哪个理论家胆敢声称世上没有什么东西可以说是真正正当的或不正当的，这个推论就成了反对他们的论据。

对于这个观点，第一种反对意见认为，科学理论不能仅仅由于出现了可能导致危害的事实就被证明是无效的。不幸的是，在这个世界上，人类生存的环境中确实存在着危险的事物，有些东西可能真的有危险，有些东西真的害人不浅。另外一种反对意见提出

了这样一个疑问，尽管某种科学真理可能给某些人带来许多麻烦， 19
但是否真的就有百害而无一利？就我在这里倡导的伦理主观主义而言，我敢说绝对不是这么一回事。当初人们用于反驳诡辩论的论据和方法在这里一点都用不上。现代的诡辩论认为，每个人的良心都是可靠的向导。我可不赞同这种华而不实的观点。如果我们不得不承认（甚或我们已经承认），任何人，无论是野蛮人、基督徒、罪犯还是圣人，他坚持的观点都是对的，那么伦理道德将真的祸患无穷了。但是，我们没有这么做，我们也不能这么做。我的道德判断只代表我的个人见解，它们来自我的道德意识，它们在评价别人的行为如何如何时，不是从别人的观点出发，而是从我的观点出发，不是参考别人的是非观念，而是根据我自己的是非标准。我

[1] Zeller, *History of Greek Philosophy*, ii. 475.

们大多数人固然承认，对某种行为做判断时，我们也应该把行动者的道德信念考虑在内，看看他关于什么是应该做的观念跟他实际做出的行为之间是否相符。但是，当我们看到一个人所做的行为有违他的良心时，我们可能在谴责他行为的同时，责备他的良心竟然如此这般。所有这些例子都可以用伦理主观主义予以说明和解释。伦理主观主义当然不允许每个人都按照自己的意愿行事，它不支持人们任意胡为，也不鼓励人们做事反复无常。我们的道德意识是我们智力结构的组成部分，我们并不能随意改变它。当我对某种行为表示赞成或反对时，我们是在不由自主地这样做，除此之外我们没有别的选择。当火焰烧着我们时我们不感到灼痛吗？当朋友经受苦难时我们不感到同情和关切吗？是否因为这些现象都是属于主观感受的领域，它们的结果才不那么必然或强烈？同样的道理——为什么因为道德律是我们本性的一部分我们就不该遵从道德律了呢？

对我来说，伦理主观主义不仅不是个祸害，而且可能对人们的
20 道德实践大有裨益。假如那些没有绝对道德标准的人认识到伦理主观主义，他们可能在道德判断上更宽容，更愿意倾听理性的声音。如果说权利有其客观存在的依据，当然自产生之日起，道德意识就在玩着捉迷藏的游戏；而且，除非人类灭绝，这种状态还会一直持续下去。然而，有谁承认这一点呢？一般人总是倾向于相信，心灵是获得是非观念和知识的，他们认为给行为提供可靠指导的是公众的意见。对于业已建立起来的道德规范，总有叛逆者存在。对此，我们固然没有理由遗憾，可悲的是叛逆者寥寥无几，结果要改变那些陈旧的规则往往需要花费漫长的岁月。除了那种俗

见——权利乃既定之事，每个人都可以根据自己的权利调整对事物的看法——之外，还有一种看法越来越大行其道，那就是权利在每个人心中都存在，它既能向外扩张，也能宣称自我的存在；如果有必要的话，它还敢于与整个世界作对。

21

第二章　道德情感的本性

在上一章里我们用概括性的语言表明了这样一种看法，即道德观念基于情感，我们还讨论了一些与这种观点明显相左的说法。现在让我们接下来考察一下道德情感的本性问题。

这类道德情感（moral emotions）可以分为两类：愤慨（indignation）或不赞同（disapproval），与赞许（approval）。它们有着共同的特征，因而它们都属于道德情感，这些特征与非道德情感有着明显的区别。同时，这两类情感又同属于更高层次的一个分类，我称之为报偿性情感。再者，两者在与非道德情感发生联系时的表现存在差异：不赞同与愤怒（anger）和复仇（revenge）同属一系，赞许则与和善的报偿性情感（retributive kindly emotion）——说到其最发达的形式应当是感恩（gratitude）了——紧密相连。一方面，它们可以被看作截然不同的两类道德情感；另一方面，不赞同像愤怒和复仇一样，构成了怨恨的次类，而赞许和感谢一样，是和善的报偿性情感的分支。下面的图示有助于阐明各种情感之间的关系：

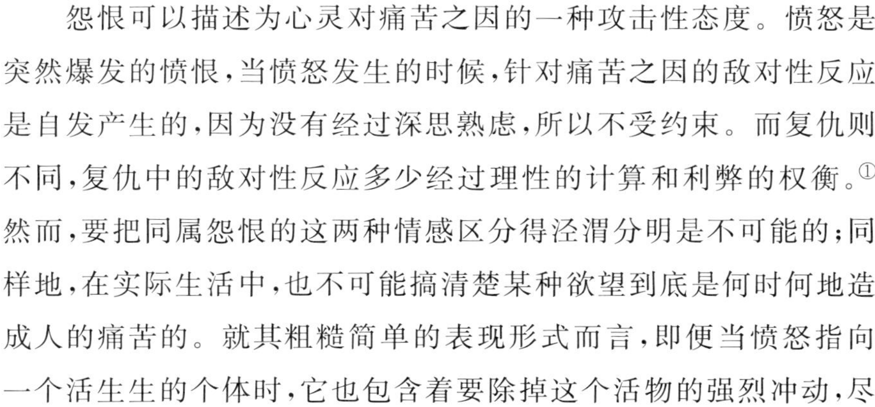

当然，说道德上的不赞同（moral disapproval）是怨恨 22
（resentment）的一种表现形式，说它与愤怒和复仇极其类似，说道德上的赞许（moral approval）是一种和善的报偿性情感并与感恩之情同属一类，这些说法都有待于证实。我希望，对上述所有情感的分析，对这些情感诱因的详细研究，会证明我的分类是正确的。关于这一点，我们所能做的只是对这些情感进行分析。至于对情感诱因的研究，我们将放在道德判断的主题中加以讨论。

怨恨可以描述为心灵对痛苦之因的一种攻击性态度。愤怒是突然爆发的愤恨，当愤怒发生的时候，针对痛苦之因的敌对性反应是自发产生的，因为没有经过深思熟虑，所以不受约束。而复仇则不同，复仇中的敌对性反应多少经过理性的计算和利弊的权衡。[①] 然而，要把同属怨恨的这两种情感区分得泾渭分明是不可能的；同样地，在实际生活中，也不可能搞清楚某种欲望到底是何时何地造成人的痛苦的。就其粗糙简单的表现形式而言，即便当愤怒指向一个活生生的个体时，它也包含着要除掉这个活物的强烈冲动，尽

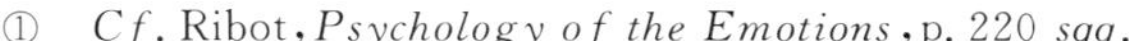

① *Cf.* Ribot, *Psychology of the Emotions*, p. 220 *sqq*.

管这个活物没有任何制造痛楚的想法。[①] 非常引人注目的是,很多鱼会表现出这种愤怒。众所周知,当棘背鱼的领地被别的棘背鱼侵犯时,它们就会非常气愤。当挑衅者激怒它们的时候,这种动物会全身变色,飞快地刺侵犯者,它的每个动作都表现出暴躁而狂怒的样子。[②] 但是,我们很难相信在鱼的心灵中会呈现出刺痛对方的观念。当我们在比鱼类更低级的动物中继续考察时,我们发现这些意动的成分逐渐减少,最终只剩下纯粹的反射动作了。

显而易见,一个因受伤而狂暴的动物会反过身来对付那个真正伤害它的家伙,或者它认为伤害了它的那个家伙。人们都知道,
23 孩子发怒时也是如此。按照苏利教授的说法,"小孩发火的时候会不分左右地猛打一通,把东西扔在地上砸个稀烂,扯开嗓子大声嚎叫,双臂激动地乱舞,全身也躁动不安。所有这些都是被惹恼的儿童爆发狂怒时最可能有的外在表现。"[③]无疑,这种说法很符合实际。但是另一方面,我们熟知的达尔文的小男孩也并非例外,他在生气时由于已经习惯了扔书本,对反击侵犯他的人是有所顾忌的。[④] 根据M.佩雷斯的研究,"孩子快一岁的时候,如果有人、动物或其他没有生命的物体把他们惹火了,他们就会动手打;他们会把玩具、食品、餐具——总而言之,任何在手边的东西——扔向惹他们生气的人。"[⑤]一个野蛮人的怨恨也会呈现出类似的特征。由

① 对此,斯坦利先生的《进化的情感心理学研究》有一些精到的评论,见:Hiram Stanley, *Studies in the Evolutionary Psychology of Feeling*, p. 138 *sq.*。

② Romanes, *Animal Intelligence*, p. 246 *sqq.*

③ Sully, *Studies in Childhood*, p. 232 *sq.*

④ Darwin, 'Biographical Sketch of an Infant,' in *Mind*, ii. 288.

⑤ Perez, *First Three Years of Childhood*, p. 66 *sq.*

于一直有人否认这种相似性的真实存在，也由于存在一些表面上反常的现象需要给予解释，我们有必要对这一事实加以详尽的论述。

斯坦梅茨博士有本著作内容十分广博，[①]该书以复仇为研究对象，对其进行了深入细致的研究，是这一研究领域不可忽视的著作。他在书中最终获得的结论如下：从本质上说，复仇根植于对权力和傲慢的感受。复仇就是由于在这方面受到伤害而引起的，受伤害后自我感觉必然低落，而复仇的目的就是恢复或提升自我感觉。如果复仇直接指向侵犯者本人，则最有利于达成这种目的；然而，复仇并不是非得指向某个确定的目标不可，因为从本质和本原上说，它是“没有任何指向的”。[②]

实际上，我们从斯坦梅茨博士的著作里得知，人类复仇经历第 24
一阶段的特征表现毫无针对性，或者说，在复仇初始几乎没有什么确定的目标。在受到伤害之后，复仇者仅仅通过把痛苦强加于其他人身上达到提高“自我感觉”的目的，不管发泄的对象是有罪的还是无辜的，只要复仇者野性的欲望得到满足就可以了。[③] 毫无疑问，有这样一些事例，即侵犯者本人被刻意当成复仇对象，如果他是同一部落居民，这是最可能发生的；但是，如果将痛苦施

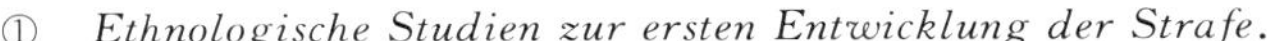

① *Ethnologische Studien zur ersten Entwicklung der Strafe.*

② 严格地说，这一理论并不新鲜。保罗·雷博士在其著作中宣称，复仇是对侵害者强加于受害者“你是贱人”感受的报复。他在该书中说：受伤害的那个人自然不觉得他比别人低贱，因而以抗争回应；他通过对侵害行为的报复，表明他与施害者是平起平坐的，甚至比施害者要高贵得多（Paul Rée，*Die Entstehung des Gewissens*，*ibid*. p. 40）。此前，叔本华也表达了类似的观点（Schopenhauer，*Parerga und Paralipomena*，ii. 475 *sq*.。），只不过斯坦梅茨博士把他的理论阐述得更全面，更富有自己的真知灼见。

③ Steinmetz，*op. cit*. i. 355，356，359，561.

加在这个人而不是别人身上,实际上复仇的情感未必找到了正确的发泄对象。即使是原始人必定也曾发现,直接针对实际犯罪者的复仇行为,不仅能起到遏制他人犯罪的作用,而且是化险为夷的最佳途径。不过,斯坦梅茨博士接着说,不要过高估计这些优越之处,即使是不分青红皂白的报复行为,对罪犯也有一定的阻碍作用。[①] 在他看来,人类早期的复仇行为主要就是"无所指向的"。

斯坦梅茨博士说,接下来第二阶段的复仇就不再那么不分青红皂白了。即使出现了我们称之为自然死亡的事情,野蛮人报复时也要找一个合适的受害者,这是因为他们总是把自然死亡归因于巫术,认为是某个擅长此道的敌人故意作恶造成的。[②] 在这种情况下,那个不幸的受害者是否真的应该对强加于他的行为负责,事实上斯坦梅茨博士对此很怀疑。[③] 不管怎样,人们感到需要选择某个人充当复仇行为的受害者了,这样,"无指向性的"报复行为就逐渐被"有指向性的"报复行为所取代。在野蛮人当中,部落之间的世仇或家族之间的宿怨导致的战争,都不是针对某个罪犯,而
25 是针对这个人所属的群体,针对他的部落和家族。斯坦梅茨博士说,这个连带责任的体系逐渐演变成现代的复仇观念,按照这种新观念,惩罚和报复应当针对罪犯而不是别的什么人。[④] 他认为,在这一漫长的演化过程中,人们这么做的内在驱动力(*vis agens*)源

① Steinmetz, *op. cit.* i. 362.

② *Ibid.* i. 356 *sq.*

③ *Ibid.* i. 359 *sq.*

④ Steinmetz, *op. cit.* i. 361.

自人类认识的发展：人们越来越明白到，遏制罪恶发生的最好办法是惩罚作恶的那个人。[①] 在著作的后半部分，作者对这种功利性的考虑给予了强调。不过，在另外一个地方他又说，直接针对侵犯者的报复特别容易通过有效地羞辱依然洋洋得意的敌人而消除报复者的自卑感。[②]

在叙述复仇的这一演变历史时，作者感兴趣的主要有两点：报复初始阶段的“无指向性”以及它是如何逐渐变成“有指向性”的。在原始社会，如果一个人一点也不在乎他报复的是谁，那么他的报复行为本身就可以没有什么实际意义，它只不过是后期衍生的一个附属物而已。问题是，斯坦梅茨博士能拿出什么证据支持他的理论观点？对于原始人，我们没有直接的经验，现存的野蛮人无论在身体方面还是在智力方面都不能完全代表原始人。不过，尽管人类已经经历了巨大的变化，原始人并未彻底灭绝，原始人的特征仍然遗留在后代子孙的身上。据我们所知的案例，对于原始人报复行为的特征，依然有足够的遗留和残迹帮助我们探询问题的答案。[③]

> 关于“完全没有指向性的报复”这一主题，斯坦梅茨博士列举了许多具有原始人复仇特征遗迹的例子。[④] 1. 奥马哈部落有名印第安人一直被禁止踏进某一交易场所，有一天他贸然进入后被驱逐出来，于是，他愤然宣称将为这莫大的伤害实

① Steinmetz, *op. cit.* i. 358, 359, 361 *sq.*

② *Ibid.* i. 111.

③ *Ibid.* i. 364.

④ *Ibid.* i. 318 *sqq.*

26 施报复，他要“找出什么东西来毁个稀巴烂，结果，他出门碰到了一窝猪，就把母猪和小猪崽统统杀掉，这样，他的满肚子怨气就平息了”。2.同是奥马哈部落，这里的族人认为，如果一个人遭雷击而死却没有得到合适的安葬，死者的灵魂将不能安宁，它会一直游荡在他死去的地方，直到另外一个人遭雷击死在他身旁。3.在一名卢乔印第安人的葬礼上，死者亲属有时会划破自己的身体，或者“怀着对命运的报复”刺伤某些贫穷而不友善的寄居者。4.由于妒忌妻子，纳瓦霍人倾向于把愤怒和恶意发泄到他们偶然遇到的第一个人身上。5.据报道，爱斯基摩人遭受过一次严重的流行病，灾难过后他们发誓要杀掉所有胆敢贸然进入他们领地的白种人。6.在澳大利亚，要是一个小孩不小心伤了自己，小孩的父亲会攻击无辜的邻居，认为这样就能将孩子所受的痛苦转嫁到别人身上，从而减轻孩子的疼痛。7.巴西图皮人会吃掉骚扰他们的虫子和野兽，这都是为了实施报复；如果他们中有人被石块碰伤了脚，他会对石头大光其火，把它砸碎；如果他中箭受伤，他会拔出箭来把它咬断。8.达科他人①为了报复偷窃行为，会去偷小偷或其他人的财产。9.帕米尔的萨拉里人中如果谁家的肉被邻居家的狗叼走了，他就会怒火中烧，他不仅杀掉邻人的那只狗，还会踢打自家的狗。10.在新几内亚，得到坏消息并因此生气的人可以敲打传播消息者的脑袋发泄心中的愤懑。11.在莫图，当地人搭救了两个因沉船而溺水的船员，并把他们安

① 达科他人，北美印第安人的一支。——译者

全地送回莫尔兹比港的家，落难者的朋友会把救人者打一顿，莫尔兹比港人因为损失了船只而愤怒，他们不能容忍自己身陷困境的时候还看到莫图人怡然自得地过日子。12. 在新几内亚还发生了另外一个案例，一个人因为自己的某个发财计划破产，损失了宝贵的财产，就很绝望地杀死了一些无辜的人。13. 在毛利人中有时会发生这样的事：谁要是被谋杀了，他的朋友们会杀掉第一个挡住他们去路的人，不管这个人是朋友还是敌人。14. 也是在毛利人中，那些曾经遭受经济损失的头人会转而抢劫下属的财产以弥补其损失。15. 如果一个毛利人的儿子受伤，他母亲一方——他们认为儿子属于母亲
那一系部落——的亲属会到他父亲家里或村里去掠夺。16. 27
如果一棵树倒在一个库基人[①]身上，他的伙伴会把树砍断；如果有谁从树上掉下来摔死了，库基人会很快把这棵树砍掉。17. 在达吉斯坦的某些地方，当死了人而死因不明时，死者家属可以随便找一个人，宣布这个人就是杀人犯，对他实施报复。

一种理论只有建立在充分的事实根据之上才不会被轻易驳倒，因此我不得不一一列举这些案例。同时我也承认，我几乎从来没有看到过依靠无用的证据而站得住脚的假说。案例7和案例16正好说明了与“无指向性”报复相反的情况，当我们考虑到野蛮人相信万物有灵时，我们就不再对此感到大惊

① 库基人，生活在印度、缅甸和孟加拉国部分地区的部落居民，语言属藏缅语族，历史上各部落之间频繁发生仇杀。——译者

小怪了。在案例 17 中,因为不知道到底是谁犯的错,冤屈理所当然地由随意找到的那个人承担。案例 1、案例 4、案例 10 和案例 12(或许还可以加上案例 11)暗示,在怒火爆发的情况下,无辜者可能会被殃及。案例 1 和案例 12 中都没能抓住真正的罪犯。案例 10 中,被敲打脑袋的那个人被当作引起悲伤和愤怒的直接原因而暂时受些委屈,而案例 11 则兼有嫉妒与忘恩负义的性质。在案例 9 中,怒气主要发在那只“有罪的”狗身上,那只无辜的狗也由于人们的复仇观念而受到牵连。案例 8 和案例 14 说明了对财产损失是如何补偿的,案例 8 还特意提到了小偷本人。案例 6 只是表明,迷信的父亲试图减轻孩子所受的痛苦。至于案例 5,记述者珀蒂托明确地说,当地人认为是白种人惹怒了陶拉克大神,从而引起了流行病。[①]
34 案例 2 中提到的迷信本身固然十分有趣,但在我看来,它与我们正在谈论的问题毫不相干。案例 3 似乎是关于葬礼的,文中提到的对无辜者的刺伤,与其说是与哀痛者的自残相关,不如说是哀痛者自残的另一种方式,因为自残本身就有着祭祀的特征。而且,这个案例中不存在罪犯是谁的问题。最后,在案例 13 中,祭祀的观念是很明显的。这里,斯坦梅茨博士借用了魏茨的观点,后者虽然表述了自己的看法,但并未做出充分而全面的阐述。这个观点最初是迪芬巴赫提出来的。他说,大家正在谈论的这个风俗被毛利人称为 *tuua tapu*,即圣战,或被称为 *tapu toto*,即血战。他这样写道:“如果发生了

① Petitot, *Les Grands Esquimaux*, p. 207 *sq*.

流血事件,就会有一伙人动身出发准备复仇。他们会杀死他们遇到的第一个人,不管他是敌人还是自己部落的族人,即使是自己的亲兄弟也难免罹难。如果什么人都没有碰到,祭司就会从地上拔起一把草扔到河里,并反复念咒语。仪式过后,还要杀死路上碰到的鸟或其他生物作为祭品。人们认为,在确实发生了流血事件的情况下,这样做才尽兴。所有参加仪式的人都是 *tapu*,既不允许抽烟,也不允许吃非本土出产的食物。"[①]这个仪式看起来很像是为了让死者被激怒的灵魂得以安息,[②]也可能是用鲜血重新赋予灵魂以生命和活力。[③] 然而,问题是,对死者的复仇为什么不施加在真正的罪犯身上呢? 对于这一点,斯坦梅茨博士会回答:死者极其渴望复仇,以致不分青红皂白地行动了。[④] 考虑到死者的怨愤,仅毛利人"圣战"的例子就表明,怨恨之发泄确实具有冲动盲目的性质。从迪芬巴赫的描述中我们可以明显看到,被谋杀者的朋友极其看重的是,为了复仇,应该有人立即流血;如果路上碰不到人,那就杀动物,但这样做之前要念一段咒语。根据我的推测,人们之所以这样做,是因为他们相信,死者的愤怒使活着的生命感到恐怖;这种做法也许跟这样一种观念相关,即人

① Dieffenbach, *Travels in NewZealand*, ii. 127.

② *Cf. ibid*. ii. 129.

③ 随后的一个章节将谈到,有些葬礼中是出现这些物品的。达雅克人中,"丧子的父亲会把出门遇到的第一个人杀死,作为葬礼的祭品",他这样做就为归天的亲人找到了一个陪伴其亡灵的侍从(Tylor, *Primitive Culture*, i. 459)。加罗人的做法是,"族群中有大人物死去时,会派遣一队人马,把他们遇到的第一个孟加拉人杀死。在他们的信仰中,众神是接受这种祭品的"(Dalton, *Descriptive Ethnology of Bengal*, p. 68)。

④ *Cf*. Steinmetz, *op. cit*. i. 343.

死了就必须马上偿还血债。毛利人认为,所有死者的灵魂都对活着的人怀有恶意,[①]一个死于暴力的人当然是特别危险的。另外一个案例更明显地表现出渴望即时偿还血债的观
29 念。菲律宾群岛的阿埃塔人有时等不及遭受痛苦折磨的人死去就将其下葬。按照当地风俗,一旦他的尸体被安放在墓穴中,就到了给他报仇的时候。该部落的猎人会带着长矛和弓箭,“杀掉他们碰到的第一个生物,不管是人、牡鹿、野猪还是水牛”。[②] 斯坦梅茨博士还引用了菲律宾群岛上的其他一些例子。其中,一个人死了,他的亲属就出去,把路上碰到的第一个人给杀了,以此给死者报仇。[③] 值得注意的是,菲律宾群岛的居民把鬼看得很坏,他们相信,那些死鬼尤其嗜好残害生命。[④]

斯坦梅茨博士还提到这样一些案例:在澳大利亚的一些部落中,某人死后,这个人的亲属便杀死一个无辜的人为之报仇。[⑤] 在这些案例中,引发复仇的死,即便在我们看来纯粹是自然死亡,在野蛮人眼里也是由巫术引起的,因而,其复仇的对象,就不像斯坦梅茨博士所推测的那样不加任何区分了。斯坦梅茨博士引述了自己研究的一个案例:在惠灵顿的部落

① Taylor, *Te Ika a Maui*, p. 221.

② Earl, *Papuans*, p. 132.

③ Steinmetz, *op. cit.* i. 335 *sq.*

④ Blumentritt, 'Der Ahnencultus der Malaien des Philippinen-Archipels,' in *Mittheilungen der Geogr. Gesellsch. in Wien*, xxv. 166 *sqq.* De Mas, *Informe sobre el estado de las Islas Filipinas en* 1842, *Orijen*, & *c.* p. 15.

⑤ Steinmetz, *op. cit.* i. 337*sq.*

里，死者的生命必须由巫师的生命来赔偿。① 在新南威尔士，在询问完死者的死因之后，“如果死者亲属在想象中已经确定搞清楚了犯罪者的蛛丝马迹”，他们就会下决心对这个人施行报复。② 在澳大利亚中部的土著居民中，“濒临死亡的人会不时跟巫医耳语，告诉他到底是谁施展魔法夺走了他的命，反复念叨这个人的名字”，如果不这样做的话，“人们就得通过其他手段查找谁害了他的命，尽管运用这些手段迟早会有结果，也不费什么劲”。不过，只有在巫医显示给大家谁是真正的凶手之后，才由长老会决定是否实施报复。③ 在西澳大利亚的土著居民中，如果一个人死了，他幸存下来的朋友“会非常急切地寻找”那个施展法术夺去朋友性命的人。④

综上所述，为了论证复仇初始阶段的“无指向性”假设，斯坦梅 30
茨博士列举了很多事实，但这些事实只能表明，在特定的条件下——要么是出于情感冲动，要么是不知道真正的凶手是谁或抓不到真正的凶手——受害者一方才对毫不相干的无辜者施加报复。在受伤害的经历与受害者发泄愤恨的敌对性反应之间，存在着一种极其密切的关系；这个关系相当密切，即使在反应失去了目标的情况下，它仍然要表现出来。正如塞涅卡所说，“愤怒不仅仅

① Hale, *U. S. Exploring Expedition. Vol. VI.—Ethnography and Philology*, p. 115；转引自：Steinmetz, *op. cit.* i. 337。

② Fraser, *Aborigines of New South Wales*, p. 86.

③ Spencer and Gillen, *Native Tribes of Central Australia*, p. 476 *sq.*

④ Calvert, *Aborigines of Western Australia*, p. 20 *sq.*

针对其目标,也针对发泄过程中遇到的任何障碍物”。[1] 在感到愤怒而又无力伤害他人时,许多婴儿会“把头撞向柱子、屋墙甚至地板”。[2] 众所周知,马来人有一帮“胡作非为之徒”,“其中的亡命徒会不分敌友地杀人,无辜者往往遭殃”,他们披头散发、表情疯狂地杀掉或伤害他们遇到的所有人,而不管这些人姓甚名谁。[3] 然而,所有这些都不是报复,而是暴怒,是盲目的狂暴。如果一个人被上级羞辱了,便去羞辱下级,这不算真正意义上的报复。如果不直接针对真正的目标,这只能算是受伤的“自我感受”的发泄,这样发泄情感并不能真正地给予复仇者以安慰。

31 根据风俗习惯,世仇往往涉及某种连带责任。[4] 如果冒犯者与受害者不属于同一家庭,他的亲人就得替他受惩罚;[5]如果冒犯

① Seneca, *De ira*, iii. 1.

② Stanley Hall, 'A Study of Anger,' in *American Jour. of Psychology*, x. 554.

③ Crawfurd, *History of the Indian Archipelago*, i. 67. *Cf.* Ellis, 'The Amok of the Malays,' in *Jour. of Mental Science*, xxxix. 325 *sqq.* 在安达曼群岛,“一个脾气很坏的人为了泄愤毁坏自己或邻居的财物”,这类事情是屡见不鲜的(Man, 'Aboriginal Inhabitants of the Andaman Islands,' in *Jour. Anthr. Inst.* xii. 111)。卡尔尼科巴人在争吵很激烈时,其中一方会把自己的房子砸个稀巴烂(Kloss, *In the Andamans and Nicobars*, p. 310)。只是不能确定,上述案例中被惹火的一方破坏自家财物是被愤怒冲昏了头脑,还是有别的动机和意图。

④ *Cf.* Post, *Anfänge des Staats-und Rechtsleben*, p. 180; Rée, *op. cit.* p. 49 *sq.*; Steinmetz, *op. cit.* i. ch. vi.

⑤ 除了上述引证的资料来源外,还请参阅:Leuschner, in Steinmetz, *Recktsverhältnisse von eingeborenen Völkern in Afrika und Ozeanien*, p. 23(Bakwiri); *ibid.* p. 49 (Banaka and Bapuku); Rautanen, *ibid.* p. 341 (Ondonga); Walter, *ibid.* p. 390 (natives of Nossi-Bé and Mayotte, near Madagascar); von Langsdorf, *Voyages and Travels*, i. 132 (Nukahivans); Forbes, *A Naturalist's Wanderings in the Eastern Archipelago*, p. 473 (Timorese); Foreman, *Philippine Islands*, p. 213(Igorrotes of Luzon); Kovalewsky, in *Jour. Anthr. Inst.* xxv. 113 (People of Daghestan); *Idem*, *Coutume contemporaine et loi ancienne*, p. 248 *sq.* (Ossetes); Merzbacher, *Aus den Hochregionen des Kaukasus*, ii. 51 (Khevsurs)。

者与受害者不属于同一宗族，则他所在的整个宗族要为他犯下的罪恶承担责任；[①]如果冒犯者与受害者不属于同一部落，报复可能会施加到整个部落身上，他部落的任何成员都有可能受影响。[②]

> 布里奇先生说："根据火地人的礼节和风俗，死者的亲属会惩罚与杀人犯有社会关系的任何一个人，让他们每个人的日子都过不好。"为血仇而报复的火地人绝不满足于惩罚杀人犯本人。如果杀人犯所属的土著人交出凶犯，火地人不仅会亲手杀了他，"还要他所有的朋友提供贡品，否则就得挨鞭子抽、挨石头砸"。[③] 在不列颠哥伦比亚和温哥华岛，"父辈之间的仇怨会世代相传，世代友好的家族关系总是具有中断的危险"。[④] 格陵兰人在为死者报复的时候一般要"拿人犯及其子女、堂兄弟或其他亲属的性命抵偿；如果没有子女、堂兄弟或其他亲属，他的邻居和熟人就得把命搭上"。[⑤] 在毛利人中，报复血仇时可能涉及杀人犯的任何一个亲人，而"不管这种亲

① Bridges, in *A Voice for South America*, xiii. 207 (Fuegians). Dorsey, 'Omaha Sociology,' in. *Ann. Rep. Bur. Ethn.* iii. 369. Ridley, in *Jour. Anthr. Inst.* ii. 268 (Kamilaroi in Australia). Godwin-Austen, *ibid.* ii. 394 (Garo Hill tribes).

② von Martius, *Beiträge zur Ethnographie Amerika's*, i. 127 *sqq.* (Brazilian Indians). Crawfurd, *op. cit.* iii. 124 (natives of Celebes). Kohler, in *Zeitschr. f. vgl. Rechtswiss.* vii. 383 (Goajiros of Columbia). *Ibid.* vii. 376 (Papuans of New Guinea). Curr, *The Australian Race*, i. 70. Scaramucci and Giglioli, 'Notizie sui Danakil,' in *Archivio per l'antropologia e la etnologia*, xiv. 39. Leuschner, in Steinmetz, *Rechtsverhältnisse*, p. 23 (Bakwiri). *Ibid.* p. 49 (Banaka and Bapuku).

③ Bridges, in *South American Missionary Magazine*, xiii. 151 *sqq.*

④ Macfie, *Vancouver Island and British Columbia*, p. 470.

⑤ Cranz, *History of Greenland*, i. 178.

32 属关系多么疏远”。[1] 在塔纳人看来,“复仇经常导致罪犯的兄弟或其他亲属被杀掉”。[2] 在卡拜尔人中,“无论凶手是谁,其家庭所有成员都会遭到血腥报复”。[3] 按照伯克哈特的说法,贝都因人“不仅有权惩治真正的凶手,而且还可以惩治他所有的亲人。所有这些,都是 *thár*,即血仇权利不可分割的组成部分。”[4]另一方面,仍是据伯克哈特观察,在贝都因人和努比亚的伊比仍人当中:“贝都因人在复仇时会涉及很多人,杀人犯五代以内的血亲都可能成为复仇的对象。但伊比仍人的复仇不像贝都因人那样扩大化,只有杀人犯的兄弟、儿子或第一个堂兄弟才能替他偿命。”[5]在希伯来人中也发现了依据连带责任复仇的迹象。[6] 这种做法在日本人[7]、韩国人[8]、波斯人[9]、印度人[10]、古希腊人[11]和条顿人[12]中都曾经流行过,有的依然在

① Shortland, *Traditions and Superstitions of the New Zealanders*, p. 213 *sq*. *Cf. ibid*. p. 218 *sq*.

② Turner, *Samoa*, p. 317.

③ Hanoteau and Letourneux, *La Kabylie*, iii. 61.

④ Burckhardt, *Notes on the Bedouins and Wahábys*, p. 85. See, also, Layard, *Discoveries in the Ruins of Nineveh and Babylon*, p. 306; Lane, *Manners and Customs of the Modern Egyptians*, i. 133.

⑤ Burckhardt, *Travels in Nubia*, p. 128.

⑥ 2 *Samuel*, xiv. 7. *Cf. ibid*. xxi.

⑦ Dautremer, 'The Vendetta or Legal Revenge in Japan,' in *Trans. Asiatic Soc. Japan*, xiii. 84.

⑧ Griffis, *Corea*, p. 227.

⑨ Spiegel, *Erânische Alterthumskunde*, iii. 687. Polak, *Persien*, ii. 96.

⑩ Dubois, *Description of the Character, Manners, and Customs of the People of India*, p. 195.

⑪ Leist, *Alt-arisches Jus Gentium*, p. 424.

⑫ *Gotlands-Lagen*, 13.

> 奉行。在过去,威尔士人[1]和苏格兰人把这当作一种生活规则。[2] 现在,在科西嘉人[3]、阿尔巴尼亚人[4]和部分南斯拉夫人[5]中,这种做法依然存在。在南斯拉夫南部的黑山族[6],如果杀人凶手没有被抓住,又没有别的亲戚可以为他抵罪,死者亲属有时会拿他同村或同一地区的居民报复,甚至跟杀人凶手同一宗教信仰、同一国籍的人也会遭殃。[7] 阿尔巴尼亚人也有类似的情景发生,在那里,如果没有人为杀人凶手抵罪,那么某个跟罪犯说过一两句话的人可能就成了复仇的对象,尽管这个人与罪犯没有任何别的关系。[8]

对上述事实做解释并不困难。在论述所罗门岛人时,罗米利
先生说了下面的话:"在需要施加惩罚的案例中,要想捉住真正的 33
罪犯是非常困难的。没有参加过这项令人头疼的工作的人难以想象抓罪犯到底有多么难。"[9]这些话具有广泛的适用性。固然,杀人犯有时会被自己人抛弃,[10]但血亲复仇的机制似乎更经常地暗

① Walter, *Das alte Wales*, p. 138.

② Mackintosh, *History of Civilisation in Scotland*, ii. 279.

③ Gregorovius, *Wanderings in Corsica*, i. 179.

④ Gopčević, *Obaralhanien und seine Liga*, p. 324 *sqq*.

⑤ Miklosich, 'Die Blutrache bei den Slaven,' in *Denkschriften der kaiserl. Akademie d. Wissensch. Philos.-histor. Classe*, Vienna, xxxvi. 131, 146 *sq*. Krauss, *Sitte und Brauch der Südslaven*, p. 39.

⑥ 黑山,位于巴尔干半岛西南部的一个多山的小国。——译者

⑦ Lago, *Memorie sulla Dalmazia*, ii. 90.

⑧ Gopčević, *op. cit.* p. 325.

⑨ Romilly, *Western Pacific and New Guinea*, p. 81. *Cf.* Friedrichs, 'Mensch und Person,' in *Das Ausland*, 1891, p. 299.

⑩ 例如参见:Scott Robertson, *The Kàfirs of the Hindu-Kush*, p. 440。

示：不仅群体的所有成员都或多或少地参加复仇的活动，而且他们还在打击复仇者的战斗中互相保护。杀人经常引发家庭之间、宗族之间乃至部落之间的战争。[①] 战争发生时，整个群体都挺身而出，为罪犯的行为承担责任，因而，支持罪犯的任何同伴都会成为复仇的对象。在被侵犯的一方看来，罪过本身似乎在群体内蔓延。因此，谁要是与罪犯友好，或被认为同情了罪犯，谁就很可能激起报复的情感；在极端的情况下，他就可能替罪犯受惩罚。此外，由于同一群体内部存在着亲密关系，如果报复成功，族人受到了痛击，真正的罪犯将会因此而受辱。如果他死了，受打击的痛苦和屈辱将被认为进入了他的灵魂。威尔金斯先生说："当无法直接打击罪犯本人时，孟加拉人觉得，惩治罪犯的孩子或其他家庭成员就等于惩治了罪犯。"[②]在南斯拉夫人中，当类似的例子发生时，血亲复
34 仇者会先杀死凶手的父亲、兄弟或成年的儿子，"以便给凶手造成沉痛的损失"。只有当这一企图被证明徒劳无功时，人们才会找比较疏远的亲属算账。[③] 幼发拉底河流域的贝都因人更愿意杀死凶手两代以内亲属中的首要人物，而不是取凶手本人的性命抵罪；他们依据的原则是，"你杀了我的同胞，我也要杀你的同胞复仇"。[④]而加利福尼亚的尼西纳蒙人认为，"最厉害、最残忍的报复手段不

① 波斯特博士在其著作中这样讨论血亲复仇："完全表现为两个宗族间的长期内斗。"（Post, *Die Geschlechtsgenossenschaft der Urzeit*, p. 156）不过，从冯·马修斯关于巴西印第安人血亲复仇的描述看，这一说法并不怎么站得住脚（von Martius, *op. cit.* i. 127 *sqq.*）。

② Wilkins, *Modern Hinduism*, p. 411.

③ Krauss, *op. cit.* p. 39.

④ Blunt, *Bedouin Tribes of the Euphrates*, ii. 206 *sq.*

是杀死凶手本人，而是杀死他最要好的朋友”。[①] 这些事例涉及的都是如何补偿幸存者所遭受的损失而不是死者所受的伤害，报复的目的在于剥夺罪犯、惩治罪犯，达到一种与罪犯惩治自身类似的效果。在马雷亚人那里，如果一个平民被一个贵族杀了，那么为此而进行的复仇并不直接针对凶手，而是针对隶属于贵族的某个平民。[②] 在吕宋岛的奎昂尼斯部落，如果一个贵族被一个平民杀了，那么凶手亲属中必定有一个贵族被杀掉来抵罪，而凶手本人则免受惩罚。[③] 在伊格罗特人中，如果一个男子杀死了另一家的女人，那么她的近亲属就会去杀掉凶手家的一个女人，而凶手本人则可以毫发无损。[④] 在所有这些复仇案例中，凶手本人并未被忘得一干二净，但遭受报复的却是与他相关的人，而不是他本人。有这样一个强有力的原则，在伤害与受惩罚之间要严格保持一致。也就是说，要以牙还牙，以血还血。如果把这一原则贯彻到极端，男人就不能为女人抵命，贵族也不能用平民偿命，平民的死亡也不能用贵族的性命赎回。如果盲目遵循这一原则，我们就很难思考什么是罪过、什么是无辜之类的问题。我们以后还会 35
看到，这一原则并非来自复仇本身，而是受其他一些因素的影响。这些因素与复仇的情感混杂在一起，共同促成了复仇行为的发生。

然而，愤怒的特征就是在发泄对象上存在歧视，这一特征有逐

① Powers, *Tribes of California*, p. 320.

② Munzinger, *Ostafrikanische Studien*, p. 243.

③ Blumentritt，转引自：Spencer, *Principles of Ethics*, i. 370 *sq.*。

④ Jagor, *Travels in the Philippines*, p. 213.

渐增强的趋势,即使是那些共同承担责任的情况也不能完全掩饰。豪伊特先生得出了如下结论:在澳大利亚的库尔奈人中,如果一个人被另一部落的人所杀,那么“只杀掉凶手并不算报了仇”,复仇行为不仅仅针对凶犯本人,还针对他所属的整个群体。[①] “只要他们抓不到凶手”,维多利亚西部的土著人就觉得必须杀死他最亲近的人。[②] 至于西澳大利亚的土著人,乔治·格雷爵士有如下评论:“他们惩罚罪犯的首要原则是,如果找不到凶手的话,凶手的所有亲属将受株连;因而,如果抓不到凶犯,犯人的兄弟或父亲将对此负责;如果这些都难以做到,那么任何落入复仇者手中的男性亲属或女性亲属将代他受罚。”[③]在塔米群岛的巴布亚人中,只有在毫无可能抓住罪犯本人的情况下,才会向凶犯的其他家庭成员实施报复。[④] 在世界各地,在各种各样的民族中,都明确地坚持这一原
36 则。[⑤] 如果对这一特殊方面给予更多的关注,原始生活的研究者和观察者可能会发现更多的事例可以支持这一观点。在火地人

① Fison and Howitt, *Kamilaroi and Kurnai*, p. 221.

② Dawson, *Australian Aborigines*, p. 71.

③ Grey, *Journals of Expeditions*, ii. 239.

④ Bamler,转引自:Kohler, in *Zeitschr. f. vergl. Rechtswiss.* xiv. 380。

⑤ Riedel, *De sluik-en kroesharige rassen tusschen Selebes en Papua*, p. 434 (natives of Wetter). Chalmers, *Pioneering in New Guinea*, p.179. Kohler, in *Zeitschr. f. vergl. Rechtswiss.* xiv. 446 (some Marshall Islanders). Merker,转引自:Kohler, *ibid.* xv. 53 *sq.* (Wadshagga)。Brett, *Indian Tribes of Guiana*, p. 357. Bernau, *Missionary Labours in British Guiana*, p. 57. Dall, *Alaska*, p. 416. Boas, 'The Central Eskimo,' in *Ann. Rep. Bur. Ethn.* vi. 582. Jacob, *Leben der vorislâmischen Beduinen*, p. 144. Kovalewsky, *Coutume contemporaine*, p. 248 (Ossetes). Popović, *Recht und Gericht in Montenegro*, p. 69; Lago, *op. cit.* ii. 90 (Montenegrines). Miklosich, *loc. cit.* p. 131 (Slavs). Wilda, *Strafrecht der Germanen*, p. 173 *sq.* (ancient Teutons)

中，当有人要对杀人凶手施加惩罚，而凶手在亲戚或朋友那里避难的时候，就会发生最严重的暴乱。[①] 根据冯·马修斯对巴西印第安人的观察所得，他们的一般规则是，即使杀人引发了部落之间的战争，死者的近亲属也会尽可能杀掉凶犯本人和他的家人。[②] 至于希腊的印第安人，霍金斯先生说，虽然凶手逃脱后他们会对他家庭里的某个无辜者复仇，但他们"在处死罪犯的态度上，总是非常严肃认真的"。[③] 在血亲复仇依然盛行的摩洛哥，情形仍是如此。

斯坦梅茨博士不但没能证明他关于复仇起初是"无指向性"的假设，而且，这一假设与我们关于早期人类复仇最有可能产生的观念差异迥然。就我自己的观点而言，我确信我们可以获得关于原始人类复仇情形的大量知识，但求知的方式不能只限于研究现代依然生存着的野蛮人。我在另外的地方比较详细地论述了这一问题。[④] 现在我只想指出，那些身体上和心理上的一般特性，不仅是人类普遍具有的，大多数与人类有关的动物也具有这些特征。可以设想，这些特征在人类发展历史的早期就已经存在了。现在，关 37
于动物之间，特别是猴子之间的复仇行为，值得信赖的权威人士已经告诉我们很多趣闻逸事，其中的每个案例都表明，复仇显然是针对冒犯者本人发起的。

> 作为"以审慎和精确著称"的动物学家，达尔文叙述了下面的故事："在好望角，一个官员经常骚扰一只狒狒。某个星

① Hyades and Deniker, *Mission scientifique du Cap Horn*, vii. 375.

② von Martius, *op. cit*. i. 128.

③ Hawkins, in *Trans. American Ethn*. Soc. iii. 67.

④ *History of Human Marriage*, p. 3 *sqq*.

期天,那只狒狒看见他正向它走来,它就在地上的洞里倒了些水,并迅速和了些泥巴。当那位官员从身边走过的时候,狒狒熟练地把泥巴扔到官员身上,惹起了许多旁观者的嬉笑。这件事过后很长时间,每当那只占了便宜的狒狒看到倒霉的官员时,就表现出洋洋得意的样子。"[①]罗曼尼斯教授认为,这个例子可以称为"经过深思熟虑的复仇","复仇者预先做了准备,假以时机,他们就获得了满意的复仇效果"。[②] 我认为,这一论述表达的观点比实际包含的内容还要多。无论如何,它记述了动物复仇的一个案例,这个案例也符合斯坦梅茨博士对复仇含义的界定。布雷姆和龙格尔记述了非洲和美洲的猴子、大象甚至骆驼是如何发怒、如何报复的,这些例子也说明了同样的道理。[③] 按照帕尔格雷夫的说法,骆驼的复仇欲望十分强烈,而且在实施复仇前就有预谋,"表现出出人意料的深思熟虑,这与骆驼经常呈现出的冷漠而愚钝的样子大相径庭"。下面的故事发生在一个阿拉伯小镇,这里之所以引述它是因为动物心理学家似乎不关注这类案例。"一个十四岁左右的少年牵着匹身上载满木材的大骆驼,他们从少年所在的村子出发,经过半小时左右的路程到另外一个村子去。骆驼走走停停,有时候会偏离正路,牵骆驼的男孩就不断地抽打

① Darwin, *Descent of Man*, p. 69.

② Romanes, *Animal Intelligence*, p. 478.

③ Brehm, *Thierleben*, i. 156. *Idem*, *From North Pole to Eqtuator*, p. 305. Rengger (*Naturgeschichte der Säugethiere von Paraguay*, p. 52). Watson, *The Reasoning Power in Animals*, especially pp. 20, 21, 24, 156 *sq.*; Romanes, *op. cit.* p. 387 *sqq.*; but also Morgan, *Animal Life and Intelligence*, p. 401 *sq.*

它，他打得很厉害，它觉得他没有权利这么做。它伺机报复，但没有找到合适的机会停下来，只好'默默地等待机会的来临'。时机终于到了，而且恰当其时。几天后，这同一个少年又要役使这头骆驼从外地回自己的村子，不过这回骆驼身上没有驮任何东西。当他们走到半路，到了一个前不着村后不挨店的地方时，骆驼突然停下来不走了。它刻意观察了四周的动静，确信远近的视野中没有什么过路人，于是它向前跨了一步，把那个可怜孩子的头紧紧咬住，用它那张大嘴把他举到半空中，狠命地摔在地上。最后，男孩头盖骨的上半部都被撕破了，脑浆涂满一地。"①我们也获知，大象虽然对侮辱非常敏感，但即使在最痛苦、最心烦意乱的时候，也从未被激怒到伤害无辜的地步。② 在找到合适的对象发泄愤怒方面，动物有时候表现出令人瞩目的辨别能力。谈到下面的内容，就不值得大惊小怪了。有人用棍子戏弄笼子里的狒狒，狒狒很烦，但它不去抓那根棍子，而是去抓骚扰者的那只手。③ 更有趣的是，当某位画家唆使他的仆人假装向大象嘴里扔苹果时，遭到戏弄的大象便对画家采取了报复行动。"仆人这样做惹恼了那头大象。似乎很明白是画家而不是仆人有意对它无礼，大象没有攻击仆人，它两眼盯着画家，从大鼻子里喷出大量的

① Palgrave, *Narrative of a Year's Journey through Central and Eastern Arabia*, i. 40.

② Watson, *op. cit.* p. 26 *sq.*

③ Aas, *Sjaeleliv og intelligens hos Dyr*, i. 72.

水,把画家作画的纸张给弄糟了。”[①]

在这些事实面前,还有谁相信早期人类的复仇在本质上是不分青红皂白的,后来才考虑到社会的利益而逐渐有所区分呢。我这样说绝不意味着,我否认对“自我感觉”的冒犯是引起愤怒的最
39 常见、最有力的诱因。无论在野蛮人[②]还是文明人中都是一样的道理。即使是狗和猴子,在遭到嘲讽时也会发怒。世上再也没有比蔑视我们、轻侮我们的行为更容易引起我们的怒火,激起我们的报复欲望,再也没有比这种轻蔑更难以容忍和宽恕的了。身体遭到打击后,痛楚不久会消失,受侮辱引起的精神创伤却依然存在并要求得到补偿。这条古老的真理经常为人称道。根据塞涅卡的说法,“让我们愤怒的事情绝大部分是精神上的侮辱,而不是肉体上的伤害”。[③] 普鲁塔克认为,虽然不同的人发怒的原因不同,但几乎所有的怒气都是由被蔑视或被无视的想法引起的。[④] 培根则说:“对人的蔑视比身体伤害更能把人推向愤怒的边缘。”[⑤]实际上,要解释各种各样的痛苦是如何引发怒气的,没有必要诉诸不同的原理与规则。在所有案例中,复仇都意味着要抵偿身体上或精

① Smellie, *Philosophy of Natural History*, i. 448.

② Turner, 'Ethnology of the Ungava District', *in Ann. Rep. Bur. Ethn.* xi. 270 (Hudson Bay Indians). Georgi, *Russia*, iii. 205 (Aleuts). Sarasin, *Ergebnisse naturwiss. Forschungen auf Ceylon*, iii. 537 (Veddahs). von Wrede, *Reisein Hadhramaut*, p. 157 (Bedouins). Winterbottom, *Native Africans in the Neighbourhood of Sierra Leone*, i. 211.

③ Seneca, *De ira*, iii. 28.

④ Plutarch, *De cohibenda ira*, 12.

⑤ Bacon, 'Essay LVII. Of Anger,' in *Essays*, p. 514.

神上受到的伤害，要给对方造成痛苦、损失或灾难。复仇情感中的这种愿望既是原始的，也是最本质的。就算在这一动机之上加上提升受伤害的“自我感觉”的愿望，也不妨害这种本质。确实有过一些发泄愤怒但没有满足其利己主义自豪感的例子。[①] 另一方面，受伤害的“自我感觉”的反应也未必首先与施加痛苦有关。如果一个人写了一本书，受到了严厉的批评，他也许会通过写一本更好的书来重塑自己的声誉，而不是采取羞辱批评者的下策。如果他采用了后一种策略而不是前者，他这样做不是为了提升“自我感觉”，更多的是受制于报复欲望的驱使。博厄斯博士告诉我们，当 40
不列颠哥伦比亚印第安人的感情受到伤害时，他就整天抑郁烦闷地坐着或躺着，不吃不喝，而“当他早上起床时，他的第一个想法不是怎么去报仇雪恨，而是怎样才能表明他可以胜过对手”。[②]

成功地发泄了怨恨就能获得满足感，从权力上也感到优越和愉悦。这些都构成了复仇情感的重要组成部分，但绝不是唯一的成分。[③] 由于任何一种愿望的满足都伴随着愉悦，发怒的愿望得到满足后也会带来愉悦。发怒的人或报复者成功地达到了目的，就会为他想惩罚的人遭受到痛苦而高兴。

于是，复仇就形成了情感链条上的一个中间环节，这些情感现象也许应当统称为“非道德怨恨”。在这条长链中，不能缺少任何一环。一种怨恨没有任何明确的愿望要给别人造成痛苦，一种怨

① Bain, *Emotions and the Will*, p. 177.

② Boas, *First General Report on the Indians of British Columbia*, read atthe Newcastle-upon-Tyne meeting of the British Association, 1889, p. 19.

③ *Cf*. Ribot, *op. cit*. p. 221 *sq*.

恨则带有这样的愿望,一种怨恨不仅带有这种愿望,而且有意付诸实施。所有这些情感现象极其紧密地联系在一起,没有人能够说清楚一种怨恨是怎样转化为另一种怨恨的。作为一种精神状态,这些情感共有的标志性特征是对引发痛苦的人或事物采取攻击性态度。

至于它们的起源,进化论者几乎毫无所知。与保护性反应活动类似,怨恨对动物来说是一种保护措施,它是在后来逐渐发展出来的。它的内在目标是消除能够造成痛苦的起因,祛除那些危险的人或事物。当一个动物面对带给自己痛苦的另一个动物时,它可以逃之夭夭,也可以发起攻击。在前一种情况下,它的行为受恐惧的支配;而在后一种情况下,怨恨驱使它奋起反抗。它会采取哪
41 一种态度取决于当时情景下哪种情感真正起决定作用。两者对动物的生存来说至关重要,它们也许还会被视为动物心智结构的构成要素,这种心智结构是通过自然选择的方式在生存斗争中培养出来的。我们已经注意到,打击敌人的冲动起初几乎不受残害敌手观念的左右。但是,成功的打击必然导致敌手受苦。随着智力水平的提高,作为怨恨的重要组成部分,使敌人受苦的愿望就自然而然地生发出来。寻求保护的需要由此在所有形式的怨恨土壤上扎下了根。

> 这种观点并不新颖。达尔文在世之前150年,沙夫茨伯里这样论述怨恨:“尽管它的直接目标就是打击罪恶、惩罚他人,但它显然属于这样一种情感:它为动物自身的利益服务,给它自己创造生存的有利条件;此外,它这样做对整个物种的

生存和发展也有好处。”[1]万由若人[2]也表达过类似的观点。他说，人类易于发怒的原因以及发怒的目的，在于这样也许能更好地预防暴力侵犯，更有效地抵御敌对势力，而有意识的怨恨则是“自然赋予给我们的一个武器，我们可以用它来抵御伤害，预防不公正，规避残忍的迫害”。[3] 亚当·斯密也认为，自然给了我们怨恨的权利，“它是用来保护我们的，而且它只是起保护作用”，是“社会公正与纯洁无辜者的保护神”。[4] 对于怨恨的目的，几位进化论者持非常类似的观点。当然，他们不满足于仅仅说“这种情感是自然赋予给我们的”就作罢，而是尽力去解释它是如何发展起来的。赫伯特·斯宾塞先生说：“对同一物种来说，那些对所受侵害没有任何明显怨恨表示的个体肯定已经趋于灭亡了；而只有那些能够在受到侵害时给予反击的个体才保存下来。”[5]斯坦利先生引用容克的观点评 42
论非洲的俾格米人：“他们对自己表现出的复仇精神感到恐惧。[6] 在其他条件一样的情况下，最富有复仇精神的最有可能在自我保存与自我发展的斗争中取胜。”[7]斯坦梅茨博士曾经批评过这种进化论的复仇说，但在我看来，这种批评是不成

① Shaftesbury, ‘Inquiry concerning Virtue or Merit,’ ii. 2.2, in *Characteristicks*, ii. 145.

② 万由若人，中非的一支土著居民。——译者

③ Butler, ‘Sermon VIII. — Upon Resentment,’ *op. cit.* p. 457.

④ Adam Smith, *Theory of Moral Sentiments*, p. 113.

⑤ Spencer, *Principles of Ethics*, i. 361.

⑥ Junker, *Travels in Africa during the Years* 1882-1886, p. 85.

⑦ Hiram Stanley, *op cit.* p. 180. *Cf.* also Guyau, *Esquisse d'une Morale sans obligation ni sanction*, p. 162 *sq.*

功的。他认为,复仇的情感对动物没有任何用处,而复仇的行为则可能有实际的好处。[①] 根据这种推理,整个精神生活将不受自然选择的影响和制约。这样的推论是建立在身心关系的虚假观念之上的,因而最终得出的因果判断是错误的。

我们的视野应该从非道德的怨恨转移到道德义愤上来。语言表述本身就表明,道德义愤与愤怒是紧密相连的:我们感到愤慨可以基于道德之外的原因,我们可以感到“正义的愤慨”。就外在表现而言,这些情感之间的关系也是昭然若揭的。当这些情感非常强烈时,它们的外在表现就呈现出相似的特征。当一个人感到强烈的道德义愤时,他就会表现出发怒的样子;[②]而且,他的表现也适合广义的愤怒概念。这种关系虽然经常被人忘却,道德学家却确认这种关系的存在。大约在两千年前,波利比奥斯写道:“如果一个身陷危机的人被人搭救,或一个遭遇困境的人得到了别人的帮助,他不仅没对恩人表示感激之情,反而以怨报德,企图加害恩人,那么,当其他人得知此事后,就会设身处地地为这个好人着想,对他报以同情,就会对这个忘恩负义的人表示不满甚至攻击。因此,每当遇到责任的意义与理论之类的问题时,就会生发出一种观念来,而这种观念既是正义的起点,也是正义的终点。”[③]在哈特利
43 的眼里,怨恨和感恩是密切相关的。[④] 亚当·斯密把“公正的观

① Steinmetz, *Ethnol. Studien*, &c. i. 135.

② 例如,请留意米开朗基罗的作品《摩西》。

③ Polybius, *Historiae*, vi. 6.

④ Hartley, *Observations on Man*, i. 520.

众”的怨恨作为其道德情感理论的基石。[①] 万由若人发现，突发的愤怒与有意发作的愤怒之间存在本质的区别：后者有一个自然而正当的目的，即“预防可能发生的伤害或冤屈。”[②]对约翰·穆勒来说，至少正义的情感似乎来自“动物抵制伤害与复仇的欲望，或者在那些值得同情的人面前表现出来”。[③]

像非道德的怨恨一样，道德义愤或道德上的不赞同是一种指向痛苦源头的敌对态度。在下一章我们将看到，二者之间都以类似的方式取决于对“什么是痛苦的源头”这一问题的回答。这一事实既强有力地证明了二者之间的密切关系，也揭示了道德意识的某些主要特征。不仅如此，道德义愤与非道德怨恨在下列方面也有相似之处：在各种各样的情况下，攻击性会针对那些并未造成什么伤害的无辜者而发。在某些血亲复仇的案例中，罪犯的过错往往由群体共同担负；这一证据表明，复仇不仅仅是个人私事，而且像风俗习惯一样具有约束力。由此引起的惩罚——就这个概念的严格意义而言，它比私人复仇习俗更明确地表达了公众的愤怒或道德义愤——通常同样地不分青红皂白。

像私人复仇一样，惩罚会基于同样的原因，在无法抓到犯罪者本人的情况下，施加到罪犯亲属的头上。威廉斯先生说：“在斐济，
人们认可代人受过的做法。”那里曾经发生过这样一件事：一个粗 44
心大意的武士把装了火药的土枪弄走火了，结果误伤了好几个人，他由于害怕而逃跑了。部落首领根据这个案子的具体情况把他判

① Adam Smith, *op. cit. passim*.

② Butler, *op. cit.* p. 458.

③ Stuart Mill, *Utilitarianism*, p. 79.

处死刑，结果，罪犯年迈的父亲被抓起来绞死了。①

在另外一些案例中，一个无辜者替别人抵罪而被杀，不是因为抓不到真正的罪犯，而是基于以牙还牙的规则。惩罚原本是针对罪犯的，但受惩罚更多的是别人。《汉谟拉比法典》中说，“如果建造房子的人建造了一所不牢固的房子，房子倒塌后砸死了主人，那么，建房人就应当被判处死刑”。但是，“如果导致了房主儿子的死亡，那么建房人的儿子就要被处死”。② 同理，“如果一个男子殴打了某位绅士的女儿，导致她堕胎，他就会因此损失十枚银币”。但是“如果那个女人死了，这个男人的女儿就会被处死”。③ 加森先生对存在于澳大利亚迪埃利人中的风俗习惯做了如下报道：如果一个人在打斗中无意杀人，那么，这个案子可能基于相似的原则判决：“如果凶手有哥哥，他的哥哥将替他偿命；如果他没有哥哥，他的父亲将替他偿命。万一他一个男性亲属也没有，就没有什么人代他受过了，他自己必须死。”④

这种做法的极端，就等于无视无辜者所遭受的苦难。这种冷漠的态度与其说是出于铁石心肠，不如说是出于家庭团结的强烈感情。无数显而易见的事例证明，罪犯本人及其家庭成员都因受牵连而共担惩罚，这同样是由于血浓于水的感情在发挥作用。

45 在阿特卡的阿留申人中，在惩罚某些罪犯时遭受株连的

① Williams and Calvert, *Fiji*, p. 24.

② *Laws of Hammurabi*, 229 *sq*.

③ *Ibid*. 209 *sq*.

④ Gason, 'Manners and Customs of the Dieyerie Tribe,' in Woods, *Native Tribes of South Australia*, p. 265.

人如此之广，就连罪犯的妻子也难以幸免。[①] 在奴隶海岸说埃维语的民族中，"如果发现有人利用珩霆和洛科两个神的名义整死或试图整死他人，他将被处死，他的家人则一并贬为奴隶"。[②] 在马塔贝勒人[③]中，如果巫医宣布，有人念咒语伤害了别人，这个人"将立即被处死，他的妻子和整个家庭都会遭到同样的命运"。[④] 在白尼罗河的希卢克人中，"对杀人凶手的惩罚是处死，而他的妻子和家人则被苏丹收领，受苏丹的奴役"。[⑤] 在卡菲尔人[⑥]中，如果所犯的过失冒犯了国王，那么不仅要惩罚犯罪者本人，他全家都跟着遭殃。[⑦] 根据直到现在依然存在的法律条款，马达加斯加的土著人在惩罚某些罪犯时，会把罪犯的妻子儿女当作奴隶役使。[⑧] 按照克劳弗德的观点，在马来群岛的部分地区，父子是不可分割的一体，因而一个人受惩罚，另一个人也要受惩罚。[⑨] 巴厘的法律规定，施行了某些巫术的人将被处死，"如果犯罪事实已经清楚，还要处死他的父亲和母亲，他的子女和孙子女。让他们统统死掉，在这个土地上不再保留任何与他有亲属关系的人。同样地，

① Petroff, 'Report on Alaska,' in *Tenth Census of the United States*, p. 158.

② Ellis, *Ewe-speaking Peoples of the Slave Coast*, p. 225.

③ 马塔贝勒人，居住在非洲津巴布韦的祖鲁人。——译者

④ Decle, *Three Years in Savage Africa*, p. 153.

⑤ Petherick, *Travels in Central Africa*, ii. 3.

⑥ 卡菲尔人，非洲班图人的一支。——译者

⑦ Ratzel, *History of Mankind*, ii. 445.

⑧ Sibree, *The Great African Island*, p. 181. Ellis, *History of Madagascar*, i. 174, 175, 193.

⑨ Crawfurd, *op. cit.* i. 82.

他们的财产也将充公”。[①]

按照中国人的古训,犯罪的责任更多地是由整个家庭共同承担的。对那些弥天大罪而言,罪犯所有的男性亲属都要为他的行为承担责任。如果是叛国罪,罪犯的每一个男性亲属,不论辈分如何,只要跟他住在一个屋檐下,都注定要被处死;年幼的男孩可以免于死亡,但他们活命的唯一条件是变成太监,到皇宫里服役。[②] 在古代墨西哥,反叛者及其共谋者不

46 仅本人被处死,他们四代以内的孩子和亲属还要充当奴隶。[③]按照雅典的法律,渎圣罪者和叛国罪者将连同其后代一起被驱逐出国境。[④] 亚里士多德提到过这样一个渎圣罪的事例,“罪犯的尸骨从坟墓里被挖掘出来,扔到阿提卡的边界外;他的整个家族都被流放到国外,永远不得返回故乡;接着,他所在的城市被清洁了一遍”。[⑤] 马其顿人的法律规定,谋反帝王和君主的人,其家人也应受到惩治。[⑥] 在这一问题上,哈利卡纳苏斯的狄奥尼修斯对希腊和罗马做了比较研究。他宣称,“一些希腊人认为,惩治暴君的时候把他们和他们的儿子一同处死是合乎道理的;而另外一些人觉得,把他们永远地流放到外地就可以了”。罗马人的原则是“如果父亲犯了什么罪,儿

① Crawfurd, *op. cit.* iii. 138.

② Douglas, *Society in China*, p. 71 *sq. Ta Tsing Leu Lee*, sec. ccliv. p. 270.

③ Bancroft, *Native Races of the Pacific States*, ii. 459.

④ Meursius, *Themis Attica*, ii. 2, in Gronovius, *Thesaurus Graecarum Antiquitatum*, v. 1968.

⑤ Aristotle, *De republica Atheniensium*, 1. *Cf. ibid*. 20.

⑥ Curtius Rufus, *De gestis Alexandri Magni*, vi.11.20.

子应当免受惩罚，不管他恰好是暴君的儿子、弑亲者的儿子还是叛国者的儿子”。[1] 不过在马尔西战争和诸多内战以后，人们不再遵守这个原则了。[2] 后来，尽管阿卡狄奥斯明确规定对罪犯的惩罚只涉及罪犯本人，[3]但叛国罪另当别论。他以帝王的仁慈对罪犯的儿子予以宽恕，让他们保留性命，但为了执法严明，他们要继承父辈的叛国罪名。这一难以洗却的污点，表明他们分担了对父辈的惩罚。但是，这还不够，他们也不能继承遗产；他们必须被置于极度贫困的境地，永远遭受饥馑之苦；他们不能享受任何荣誉，也不得参加任何宗教仪式。他们的父辈将遗臭万年，恶名将永远与他们相伴随，把他们的处境搞得极其悲惨，让他们感到活着就要遭罪，倒不如死了才能得到些安慰。[4] 在克努特大帝之前，盎格鲁-撒克逊人如果犯了罪被处罚金，他的孩子，即便是还在摇篮里养着的婴儿，也要被卖作奴隶以支付罚款，因为“贪婪的人认为，孩子同样有罪——仿佛孩子已经具备了判断力似的”。[5] 后来的情形更糟，被剥夺公民权的逃犯，其儿子也没有公民权；这种悲惨局面经由忏悔者爱德华的努力而有所改观——他提出，父亲在被褫夺公民权之前生的儿子不能拥有公民权；而此后出生

① Dionysius of Halicarnassus, *Antiquitates Romanae*, viii. 80.

② *Ibid*. viii. 80.

③ *Codex Iustinianus*, ix, 47.22.

④ *Ibid*. ix. 8.5.

⑤ *Laws of Cnut*, ii. 77. *Cf*. Lappenberg, *History of England under the Anglo-Saxon Kings*, ii. 414; Wilda, *op. cit*. p. 906.

47 的儿子则是合法公民。[1] 中世纪有一条不变的规则，就是要没收冥顽不化的异教徒的全部财产，这一规则建立在以下理由之上：异教徒的罪过如此之大，以致与他相关的所有东西都是不洁的。[2] 罗马教皇亚历山大四世也禁止异教徒两代以内的后裔参加教会礼仪。[3] 由于宗教的影响，私生子不仅被剥夺了继承权，而且还被某些法律条文视为几乎毫无权利的人，其地位与抢劫犯和窃贼无异。[4] 根据中世纪法国的法律，如果一个人自杀身亡，不仅他的财产将被没收，他妻子的私人财产所有权也会被剥夺。[5] 即使到了18世纪后半叶，法国法律还有这样的规定：如果有人试图谋害国王的生命，他的整个家庭将被驱逐出境。[6] 而且，在欧洲各国，直到最近一段时间——在英格兰是1870年——没收财产仍然是惩罚某些罪行（包括自杀）的合法手段。[7] 这意味着，万一抓不到罪犯本人，就强迫他的家人接受惩罚，至少要剥夺他们的财产权。谈到这里，就更不必说在我们生活中常见的“社会关系连带性惩罚”，即父辈的过失给孩子造成痛苦。

① *Leges Edwardi Confessoris*, 19.

② Lecky, *History of Rationalism in Europe*, ii. 36, n. 1. Eicken, *Geschichte und System der mittelalterlichen Weltanschauung*, p. 572 *sq*. Paramo, *De origineet progressu Sancti Inquisitionis*, p. 587 *sq*.

③ Eicken, *op. cit*. p. 573.

④ *Ibid*. p. 573.

⑤ Du Boys, *Histoire du droit criminel des peuples modernes*, ii. 236.

⑥ Hertz, *Voltaire und die französische Strafrechtspflege im achtzehnten Jahrhundert*, p. 27.

⑦ Stephen, *History of the Criminal Law of England*, i. 487 *sq*.; iii. 105.

为了解释这些事实，我们有必要记起以前在复仇的集体责任问题上所说的话。说到中国关于家庭凝聚力的古训，高延博士评论道："从政府的观点看，在这种古训的影响下，家庭而不是个体的人被看作社会最微小的细胞，是国家最基本的分子；每个个体则淹没在家庭生命周期的循环往复中。"[①]这个古训假设，只要家庭中有人犯罪，不管是什么罪行，其他家庭成员在某种程度上就是从
犯。凯姆斯勋爵说："人类的本性并没有邪恶到可以毫不掩饰地惩 48
罚公认的无辜者的地步。人的想象力中有一种奇怪的偏见，它把主犯的品行推延到从犯身上，并为施加不公正的惩罚铺平了道路。对残暴罪行的义愤使这种偏见走得更远，受这种偏见的影响，心智匆匆忙忙地得出这样一个结论：罪犯所有的亲戚都参与了罪行的实施。"[②]我们在古老的民族中也碰到这样一个信仰，那就是"老子王八儿混蛋"，这个信仰被认为符合自然的规律。普鲁塔克说："孩子就像一件艺术品，它身上有生产者的影子。孩子与它的父亲是相像的，因为它不仅来源于他，而且是他的产品。它分享他所拥有的一切，无论是荣誉还是惩罚。没有比这再公平合理的了。"[③]古希腊有一句格言，"如果一个人杀了别人的父亲，却放走了他的儿子，他就是个大傻瓜"。[④] 据此，毁灭罪犯的整个家庭，使其不再产生危害，可能不仅是一种复仇行为，也是预防不测的措施。这对叛

① de Groot, *Religious System of China* (vol. ii, book) i. 539.

② Kames, *Sketches of the History of Man*, iv. 148.

③ Plutarch, *De sera numinis vindicta*, 16. *Cf*. Dionysius of Halicaruassus, *op. cit*. viii. 80.

④ Schmidt, *Ethik der alten Griechen*, ii. 126.

国罪而言尤其有效,因为叛国罪通常需要同谋和帮凶。有很多罪过得到的处罚不仅罪犯本身承受,还殃及其他人。在所有这类罪过中,叛国罪是最普遍、最常见的。这种罪行也最容易引起那些有权惩治者的憎恨。因而,对叛国罪的惩治就与复仇行为紧密相关,施加惩治通常就不做恰如其分的区分和辨别了。而且,由于惩罚扩大到了罪犯家人身上,罪犯所受的惩处就更重了。假如罪行具有亵渎圣物的性质,与罪犯有关的任何人都会被认为是不洁的,罪犯所居住的整个社群也是不洁的。

神在司掌法律与正义时还不如人类的辨别力强。如果是整个
49 群体做的事,他们会让某个人担当责任。社群里有人作恶,他们会拿整个社群问罪。他们会把父辈和祖辈犯下的乱子归罪到他们的孩子和后代身上。

> 西布尧人是沿海达雅克人的一个部落,“他们持有如下观点:一个未婚先孕的女子肯定冒犯了至高无上的权威,而这个权威通常不追究这个女子的责任,而是通过让这个部落的人遭受不幸来惩罚整个部落。于是,他们一旦发现有恋人怀孕,就对他们处以罚金,用一头猪作祭品献给被冒犯的天帝,慰藉它,不然的话,疾病和灾祸就会随之而来。在通过宗教仪式赎罪之前的一个月内,无论谁遭遇了严重的事故或被水溺死,人们都要对他处以大笔罚金。”①按照中国人的信仰,国君如行不义,整个国家都要担当罪责。道或天帝的精灵听从上天的

① St. John, *Life in the Forests of the Far East*, i. 63.

命令对整个国家施加惩罚。[1] 中国最流行的观点是，精灵向凶犯复仇时会给凶犯的后代带来疾病和死亡。[2] 千百年来，丰富的文学作品不断地赋予这种观念新的灵感。当出生的婴儿有残疾或畸形时，日本人会说，孩子的父母亲或祖先一定做过什么大逆不道的事，犯过极大的罪恶。[3] 吠陀时代的印度人请求伐楼拿[4]宽恕他们父辈的罪恶。[5] 吠陀诗人说："神明啊，我们自己犯下的罪，请您怜悯和宽恕；对我自己，请不让我再有不端之举；至于别人的罪过，请不要让我代为抵偿。"[6]根据古希腊神圣报偿的理论，社群成员犯了罪，整个社群就要遭受苦难，父亲犯了罪，儿子就要为他抵罪。[7] 赫西俄德说，如果一个人犯了罪，他所在的整个城镇都要遭受饥馑、瘟疫的惩罚，那里的妇女将不能生育孩子，那里会损失军队和船只。[8]为了抵偿第五辈祖先巨吉斯的罪恶——他杀了自己的主人并篡夺了王位——克洛伊索斯丧失了自己的王国。[9] 库提索洛 50
斯营救了阿塔玛斯——阿开亚人正要代表他们的国家把他当

① de Groot, *op. cit.* (vol. iv. book) ii. 432, 435. Davis, *China*, ii. 34 *sq.*

② de Groot, *op. cit.* (vol. iv. book) ii. 452.

③ Griffis, *Mikado's Empire*, p. 472.

④ 伐楼拿(Varuna)，婆罗门教神名，被称为"宇宙大王"和"秩序的维护者"，即吠陀中的司法神。——译者

⑤ *Rig-Veda*, vii. 86.5. *Cf. Atharva-Veda*, v. 30.4; x. 3.8.

⑥ *Rig-Veda*, ii. 28.9. *Cf. ibid.* vi. 51.7; vii. 52.2.

⑦ Nägelsbach, *Nachhomerische Theologic des griechischen Volksglaubens*, p. 34 *sq.* Schmidt, *op. cit.* i. 67 *sqq.* Farnell, *Cults of the Greek States*, i. 76 *sq.*

⑧ Hesiod, *Opera et dies*, 240 *sqq.*

⑨ Herodotus, i. 91.

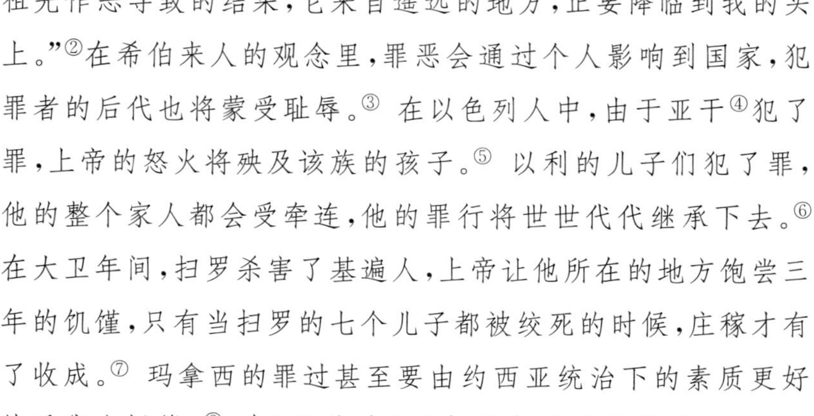

作祭品奉献出去——才熄灭了众神对他后代的怒火。[①] 听到妻子死亡的消息，忒修斯惊叫道：“这种天外来祸一定是某个祖先作恶导致的结果，它来自遥远的地方，正要降临到我的头上。”[②]在希伯来人的观念里，罪恶会通过个人影响到国家，犯罪者的后代也将蒙受耻辱。[③] 在以色列人中，由于亚干[④]犯了罪，上帝的怒火将殃及该族的孩子。[⑤] 以利的儿子们犯了罪，他的整个家人都会受牵连，他的罪行将世世代代继承下去。[⑥]在大卫年间，扫罗杀害了基遍人，上帝让他所在的地方饱尝三年的饥馑，只有当扫罗的七个儿子都被绞死的时候，庄稼才有了收成。[⑦] 玛拿西的罪过甚至要由约西亚统治下的素质更好的后代人抵偿。[⑧] 在《旧约次经》中经常看到这样的文字：嫉

① Herodotus, vii. 197.

② Euripides, *Hippolytus*, 831 *sq*.

③ Oehler, *Theology of the Old Testament*, i. 236. Dorner, *System of Christian Doctrine*, ii. 325. Montefiore, *Hibbert Lectures*, p. 103. Robertson Smith, *Religion of the Semites*, p. 421. Schultz, *Old Testament Theology*, ii. 308. Bernard, ‘Sin,’ in Hastings, *Dictionary of the Bible*, iv. 530, 534.

④ 亚干，以色列犹大支派中的一个人。《圣经·约书亚记》第七章中记载，以色列人进入耶利哥城之后，约书亚吩咐以色列人，不可取迦南地当灭的物，否则就会连累以色列的全营，使全营受咒诅。而亚干因为贪爱，取了衣物和钱财，并藏了起来。后来以色列人与艾城的交战失败，三十六人被敌人杀死，耶和华晓谕说因为以色列人中有人违背了所吩咐的约。亚干最终被取出来，他也承认得罪了神和以色列全族。——译者

⑤ *Joshua*, vii. i.

⑥ 1 *Samuel*, ii. 27 *sqq*.

⑦ 2 *Samuel*, xxi. 1 *sqq*. 撒母耳记下：“大卫年间有饥荒，一连三年，大卫就求问耶和华。耶和华说：‘这饥荒是因扫罗和他流人血之家，杀死基遍人。’”

⑧ *Deuteronomy*, i. 37; iii. 26; iv. 21. 2 *Kings*, xxiii. 26; xxiv. 3. *Jeremiah*, xv. 4 *sqq*.

妒而多疑的上帝把父辈的罪恶归咎于孩子们——直到第三代和第四代子女，[①]从而招致这些人的怨恨。“罪犯给孩子们的遗产必须毁掉，他们的后代将永远遭受谴责。”[②]“必须把邪恶花坛里的种子挖掘出来。”[③]信仰基督教的各民族中也保留着这种观念。教会法规把这种观念视为一个重要原则，人世的司法与公正都要以此为摹本，[④]英诺森三世也曾引用它作为提出一个教皇令——该令批准没收异教徒的财产——的依据。[⑤] 直到最近，苏格兰还流行这样一种信仰：对残暴、欺压和不端行径的惩罚可以以诅咒的形式延及作恶者的后代，直到第三代和第四代。这个信仰不局限于普通百姓，“所有等级的人都受其制约；很多人相信，如果诅咒没有落到第一代或第二代子女身上，它必然会落到接下来的几代人身上”。[⑥] 按照这样一个教条——整个人类都应当为第一对夫妇的罪恶而遭
受惩罚——群体成员共同承担罪犯责任的学说就走到了 51
尽头。

起初，人类把自己所有的精神属性赋予他们的神明，使神明具备了相似的性情，而且，在人类的想象中，这些神明会和自己一样

---

① *Exodus*, xx. 5; xxiv. 7. *Numbers*, xiv. 18. *Deuteronomy*, v. 9. *Cf. Leviticus*, xxvi. 39.

② *Ecclesiasticus*, xli. 6. *Cf. ibid.* xvi. 4; xli. 5, 7 *sqq.*

③ *Wisdom of Solomon*, iii. 16. *Cf. ibid.* iii. 12, 13, 17 *sqq.*

④ Eicken, *op. cit.* p. 572.

⑤ Lecky, *History of Rationalism in Europe*, ii. 37 n.

⑥ Stewart, *Sketches of the Character, &c., of the Highlanders of Scotland*, p. 127.

发怒,一样具有报复心理。于是,在很多情况下,神明对人世的报应也只不过是发一通火而已,正如个人复仇的行为一样,神明在发泄愤怒时也倾向于惩罚冒犯者本人以及与他亲近的人。普鲁塔克甚至认为,对一个城市来说,如果过去的居民犯了罪,神明却要为此对现在的全体居民施加惩罚,那么这个城市应当为自己辩护,因为一个城市是“一个连续性很强的实体,是一种不随时代变迁而改变性质的生命体,他总是对自身怀有同情之念,并与自身保持一致”。因而,“只要这个社群依然保持团结,依然具有凝聚力,它就会为了公众的利益而为这里发生过或正在发生的事情做出回应”。[①] 他还进一步指出,一个人犯了罪,还不能说他是个坏人或罪人,他本性中还必须具备罪恶的种子;神洞察人类的本性,熟知每个人的性情,神更愿意把犯罪扼杀在萌芽状态,而不是等待罪恶的种子生长出来并成熟结果。[②]

神明的报应之所以超出个人的罪过之外,还有一些特殊的原因。人类的怨恨之情何去何从是人生经验的事,而神明的怨恨之情则依赖于推断。有些特别的苦痛来自神谴,是根据所犯罪行的特殊性质厘定的,是神明直接推断的结果;神明的某些推想也能导致这种类型的神谴发生,按照这些推想,某些罪过就其性质而言是不可宽恕的,不惩罚不足以平怨愤。现在,人生经验中的很多事例表明,罪犯本人逃脱了所有惩处,一直到死都逍遥法外;因而,人们自然很容易得出这样的结论:后代人所遭遇的任何严重灾祸,最终

① Plutarch, *De sera numinis vindicta*, 15.

② *Ibid*. 20.

来自天谴，是被触犯的神明在推延其报应的结果。[1] 这个结论就 52
与普通人关于神力的观念非常一致。对于那些不持有人死之后地狱会惩罚恶人这一观念的人来说，神力尤其具有奇效。在那些相信人死后依然热心关怀家人幸福的地方，[2]后代人所遭受的痛苦就是对自己的惩罚。正如高延博士论述的那样，按照中国人的古训，神灵对罪犯的报复可以降临到罪犯的后代身上，这一古训完全符合他们的观念——"对罪犯及其后代的生活最痛苦的惩罚是后世香火不旺甚至绝户，即缺少或没有男性后代，这样他将老无所养，在悲惨与饥饿中度过一生，死后没有人给他装殓尸体，没有人埋葬他，没有人给他举办葬礼，更没有人拿祭品供奉他。"[3]

由于某人犯了罪，有些无辜者不得不承受苦难，这种情况并不总是被视为神灵发怒的直接后果。人们通常把这类情况归因于罪恶的传染性。罪恶被认为是肮脏的东西，经接触可以传染给别人，父母亲的罪恶就可以经接触传染给孩子。

> 塔希提人[4]的葬礼就是这种观念的完美体现。"死者的房子建造起来之后，尸体就被放置在平台或棺材架上，祭司让人在平台落脚的地上或地板上挖个洞。他就在这个洞上面按照死者亡灵的请求向神明祈祷。祷告词的主要意思是，死者的所有罪恶，尤其是其灵魂被召唤的人的罪恶，都安放在了这

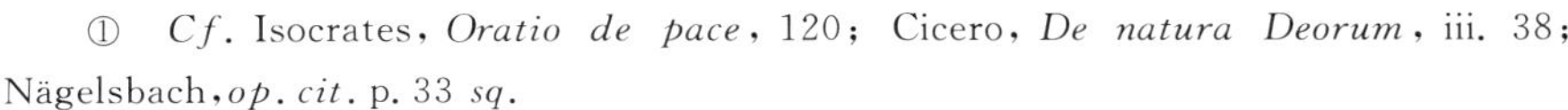

① *Cf*. Isocrates, *Oratio de pace*, 120; Cicero, *De natura Deorum*, iii. 38; Nägelsbach, *op. cit*. p. 33 *sq*.

② *Cf*. Schmidt, *op. cit*. i. 71 *sq*. (ancient Greeks)

③ de Groot, *op. cit*. (vol. iv, book) ii. 452.

④ 塔希提人，南太平洋塔希提岛土著居民。——译者

个洞里,它们丝毫也不会附着在生者的身上,希望这样能使神明息怒。”在葬礼进行的过程中,所有来参加悼念仪式的人必
53 须小心谨慎,因为人们相信死者的罪恶可以污染那些接触过尸体的人。一旦安放罪恶入洞的仪式完毕,所有接触过死者尸体和衣服的人,都要把跟死者有接触的物件埋起来或烧掉,然后跳到大海里把自己清洗得干干净净,这样就免遭死者罪恶的污染了。① 在新西兰的某个地方,“当地人设想可以把部落里所有的罪恶都转移到一个人身上,他们举行这样的仪式:用羊齿植物的枝条把这个人捆绑起来,让他跳到河里,在水中把这些枝条松开,一起随着河水漂流到大海里去,从而把所有的罪恶都带走”。② 易洛魁人每年一月、二月或三月初都举行白狗宴,③根据权威人士的说法,这种白狗宴就是转移罪恶的一个仪式。④ 1755年,白人妇女杰米森女士被印第安人捕获了,通过跟他们接触,她对这个仪式做了如下记录:在议事厅门前把两只洁白无瑕的白狗绞死并吊起来。人们指定十到二十个活跃人物组成一个“委员会”,用来监督仪式的进程。第四天或第五天,“委员会成员把所有的罪恶精灵都收集起来,当下就把它们统统驱赶走,并把部落里所有的罪恶——不管数量多少、程度深浅——都集中到自己身上。到了第八天或

① Ellis, *Polynesian Researches*, i. 401 *sqq*.

② Taylor, *Te Ika a Maui*, p. 101.

③ Beauchamp, ‘Iroquois White Dog Feast,’ in *American Antiquarian*, vii. 236 *sq*. Hale, ‘Iroquois Sacrifice of the White Dog,’ *ibid*. vii. 7.

④ Beauchamp, *loc. cit*. p. 237 *sq*.

第九天，委员会已经在众目睽睽之下把所有罪恶都装入了自己体内。他们把那两只狗取下，其中一个头人熟练地施展魔法，把所有罪恶从他们体内排出来，将它凝聚成一体，然后输送到两只狗身上。这样，狗身上就负载了人的罪恶。人们把狗扔到一堆木头上，点把火把它们烧掉。随着硝烟散尽，罪恶也就伴随着两只白狗销声匿迹了。”[①]印度的巴达加人在举行葬礼时，“一个老者会站在死者身旁，祈祷死者不要进地狱，祈祷世上所有的罪恶都被宽恕，祈祷罪恶转移到小牛身上，这个小牛被放到丛林里去，无须干任何畜力活”。[②] 斯凯勒先生在突厥斯坦的尤基-库尔干看到这样一个老人，他总是不停地祷 54
告，据说他是一个 *iskatchi*，即“专门靠收集死者的罪恶并放置到自己身上为生的人，因而，他一生都在为死者的灵魂祈祷”。[③]

在古老的秘鲁，印加人在承认自己犯的罪行后，要到邻近的河流中沐浴，沐浴时要不断重复这样的套话：“河流啊河流，我今天在光天化日之下坦白了我的罪恶，请您接收它们，把它们带到大海里去，再也不要让它们重现。”[④]根据吠陀信仰，罪恶是一种污染源，它可以玷污别的东西，它可以遗传给后代，

① Seaver, *Narrative of the Life of Mrs. Mary Jemison*, p. 158 *sqq*. *Cf*. Mr. Clark's description，转引自：Beauchamp, *loc. cit*. p. 238。

② Thurston, 'Badágas of the Nilgiris,' in the Madras Government Museum's *Bulletin*, ii. 4. *Cf*. Metz, *Tribes inhabiting the Neilgherry Hills*, p. 78; Graul, *Reise nach Ostindien*, iii. 296 *sqq*.

③ Schuyler, *Turkistan*, ii. 28.

④ Tylor, *Primitive Culture*, ii. 435.

还通过各种各样的方式传染,[1]罪犯可以把它从自己身上赶走,转移到敌人身上,[2]或者调用水神把它冲洗走,让火神把它烧掉。[3] 罪恶可以在各种各样水神的威力下得到清洗和涤荡,它可以被身负水神之功的伐楼拿洗刷干净,[4]也可以被另一水神陀利陀(Trita)洗刷干净,[5]还可以被"众水之神"所清洁。在礼赞这些水神的祷告词中就有这样的话:"啊,水神,把所有的罪恶与虚伪都从我身边带走吧!"[6]基于类似的理由,在后来的婆罗门种姓时代,水就成了"永生的活力之源"。[7]今天的印度人依然相信水具有纯洁生命的神力:没有什么罪恶可憎到恒河水洗刷不净的地步,也没有什么品性肮脏到恒河水冲洗不净的地步。[8] 在恒河沿岸的朝圣之地,印度人举行一种特殊的仪式来净化灵魂和身体,那就是削发。那些犯下滔天罪行的人,那些因良心不安而备受折磨的人,不畏千百里路的跋涉,来到这样的圣地,"当他们把头发削得光光的,用神圣的恒河流水洗头时,他们所有的罪恶都被冲洗掉了"。[9]

① *Atharva-Veda*, v. 30.4; x. 3.8; vii. 64.1 *sq*. *Cf*. Oldenberg, *Religion des Veda*, p. 290.

② *Rig-Veda*, x. 36.9; x. 37.12.

③ *Ibid*. x. 164.3. *Atharva-Veda*, vii. 64.2. *Cf*. Kaegi, *Rig-Veda*, p. 157; Oldenberg, *op. cit*. pp. 291-298, 319 *sqq*.

④ *Cf*. Hopkins, *Religious of India*, pp. 65 n. 1, 66.

⑤ *Atharva-Veda*, vi. 113.1 *sqq*.

⑥ *Rig-Veda*, i. 23.22.罪恶也被视为无穷无尽的烦恼,人们祈求从其禁锢中解脱出来(*ibid*. i. 24.9, 13 *sq*.; ii. 27.16; ii. 28.5; v. 85.8; vi. 74.3; &c)。

⑦ Hopkins, *op. cit*. p. 196.

⑧ Monier Williams, *Brāhmanism and Hindūism*, p. 347.

⑨ Monier Williams, *Brāhmanism and Hindūism*, p. 375.

印度教徒还相信，跟牛接触具有清洁和净化作用，这一点跟印度拜火教徒的仪式有共同之处——他们认为，牛的粪便对所有污秽都具有洁净作用，无论这种污秽是物质的还是道德的。[①] 在荷马时代以后的希腊，个人或整个民族都使用水或其他净化材料祛除自身的罪孽。[②] 普鲁塔克评论道："其他一 55
些东西也具有这种联系与传播的功能，它们可以用令人难以置信的速度跨越极其遥远的距离，把某种东西从一个事物传播到另一个事物身上。"他接着提出了这样一个问题："一个是，从阿拉伯半岛传染过来的瘟疫让雅典人深受其害；另一个是，德尔斐人和锡巴里斯人作奸犯科，报复竟落在他们子孙后代的脑袋上。两者相比，前者是不是比后者更令人惊奇？"[③] 希伯来人每年都要把人的罪恶转移到羊头上，然后把羊赶到荒野中；[④]他们还用喷洒的鲜血或被视为神圣的水洁净身上任何一种污秽。[⑤] 直到今天为止，摩洛哥的犹太人依然在新年到来的那一天到海边或泉水边，把石块扔到海里或泉水中以清除自己的罪恶。赞美诗中说："把我的邪念冲刷得干干净净，把我身上的污秽与罪恶都带走。"[⑥]话中所说绝不只是个简单的比喻，基督教的洗礼本来也绝不只是一个象征。洗礼

---

① Barth, *Religions of India*, p. 264. *Laws of Manu*, iii. 206; v. 105, 121, 124; xi. 110, 203, 213.

② Stengel, *Die griechischen Kultusaltertümer*, p. 138 *sqq.*

③ Plutarch, *De sera numinis vindicta*, 14.

④ *Leviticus*, xvi.

⑤ *Numbers*, viii. 7; xix. 4-9, 13 *sqq.*; xxxi. 23. *Leviticus*, xvi. 14 *sqq.*

⑥ *Psalms*, li 2.

> 的结果是上帝对罪的宽恕,[①]作为圣灵的媒介,水"洗刷了罪恶给人带来的污点"。[②] 基督教著作家曾经清晰地表达过罪恶可以传染的观点。诺洼天就说过这样的话:"一个人的罪恶可以给另外一个人带来污点,违背上帝禁令从事偶像崇拜的做法也会传染给那些本来听从上帝指令的人。"[③]

这种把罪恶物化的观念明显混淆了原因与结果、罪恶与惩罚之间的关系。这种观念把罪恶看作某种充满了有害能量的物质,认为这种能力迟早会释放出来,任何沾染上的人都将遭遇不适甚至毁灭。中国人得病的时候会把病说成是"我作的孽",而不说"是我的罪给予我的惩罚"。[④] 在希伯来语和吠陀梵语中,都是用类似的方式使用罪恶这个词。[⑤] 舒尔茨教授评论道:"在虔诚的以色列人的意识中,罪、恶、罚这几个词的意思直接相关,经常交替使
56 用。"[⑥]先知经常强调,罪恶本身就具有毁灭作恶者的力量。[⑦] 贝尔加涅也指出,在吠陀的罪恶观念中,"存在一种信仰,即罪恶本身就具有必定给作恶者带来惩罚的力量"。[⑧] 由此,人们对待罪恶就像病人对待疾病或病菌、竭力驱走病魔一样,用水洗或火烧的方法祛

① Harnack, *op. cit.* ii. 140 *sqq.*

② *Catechism of the Council of Trent*, ii. 2.10, p. 162.

③ 转引自:Harnack, *op. cit.* ii. 119。

④ Edkins, *Religion in China*, p. 134.

⑤ Holzman, 'Sünde und Sühne in den Rigvedahymnen und den Psalmen,' in *Zeitschr. f. Völkerpsychologie*, xv. 9.

⑥ Schultz, *op. cit.* ii. 306. *Cf.* Curtiss, *Primitive Semitic Religion To-day*, p. 124 *sqq.*

⑦ *Ibid.* ii. 308 *sq.*

⑧ Bergaigne, *Religion védique*, iii. 163. *Cf. Rig-Veda*, x. 132.5.

除掉；人们描述罪恶和疾病时所用的语气和概念都是一模一样的，人们说“恶魔缠身”，也说“病魔缠身”。[1] 所有类型的邪恶都用这种方式物化了。根据葛尔吉的说法，西伯利亚的萨满教徒“把邪恶当作是自我存在的东西，他们有无穷无尽的专用名词来称呼这些邪恶”。[2] 根据摩尔人的观念，勒巴斯(*l-bas*)，或者说“灾祸”，可以通过接触传染，也可以用水冲洗掉或用火烧掉；因而，摩洛哥各地都在黄昏或仲夏用水或火举行每年一次的仪式，目的就是让人、动物和果树洁净，远离灾祸的纷扰。[3] 正如摩尔人通过这种仪式驱 57

---

① Oldenberg，*op. cit.* p. 288.

② Georgi，*Russia*，iii. 257.

③ 驱除邪魔的方法多种多样。弗雷泽博士在其举世无双的《金枝》一书中做了详尽的描述和讨论(*The Golden Bough*，iii. 1 *sqq*)。我毫不怀疑，曾在整个欧洲流行的火与水的仪式就属于这类礼仪习俗。弗雷泽博士说：“对这类火的仪式的最常见的解释来自曼哈特，即火代表着太阳的魔力，此类神奇的仪式旨在确保人、动物和植物享受充足的阳光。”但也应当注意到，无论是欧洲还是摩洛哥，这一仪式还有着净化与涤罪的作用(Frazer，*op. cit.* iii. 238 *sqq*)。同样地，仪式中使用水也有清洁洗涤的效果(Grimm，*Teutonic Mythology*，ii. 588 *sqq*)。另一方面，在弗雷泽博士详尽无遗的描述中，我找不到能使曼哈特的假设站得住脚的事实依据。弗雷泽博士说，“那个时期流行将燃烧着的火轮滚下山的风俗，这看起来很像是在模仿太阳在天空中的样子”(*op. cit.* iii. 301)。在我看来，这是一种净化耕地或葡萄园的做法。请注意下面的说法：在巴伐利亚勒恩山脉一带，“人们点燃用可燃烧物缠绕成的轮子，把它滚下山；手持火把和扫帚的年轻人在田野里竞相追逐……在黑森彼此紧邻的村落里，人们相信，凡是火轮滚过的土地必能免遭冰雹和暴风雨的危害”(*ibid. iii.* 243*sq*)。在黑森的福尔克马森，“有的地方，人们用杂草把焦油桶或轮子缠绕起来，点燃干草后就推下山坡；而在另外一些地方，男孩子们则在篝火晚会中点燃稻草做成的火把，挥舞着火把四处乱跑”(*ibid. iii.* 254)。在明斯特兰，“男孩子们手里拿着燃烧的干草把子遍地跑，这样就能使这片土地来年获得丰收”(*ibid. iii.* 255)。弗雷泽博士说：“把燃烧的火盘(形状像太阳)扔到空中，也具有同样神奇的效果。”(*ibid*，*iii*，301)这里我可能把话题扯远了，需要交代的是，我的一篇论文《摩洛哥的仲夏习俗》讨论过这一话题(Midsummer Customs in Morocco，in *Folk-Lore*，xvi. 27-47)。

除勒巴斯一样,如今的希腊女子会在仲夏夜点燃篝火,纵身跳到火上,并高喊:“我把我的罪恶留这里了。”[①]

与原始人罪恶观念紧密相关的是关于诅咒的看法。事实上,在很多事例中,一种罪恶行为之所以被认为负载着害人的能量,显然是来自对神明的诅咒。诅咒被看作是一种有害的东西,一种令人憎恶的毒瘴,谁沾染上谁就要遭受伤害甚至被毁灭。据说,[②]摩西的诅咒是在以巴路山上落脚的,只要时机成熟,它就下山把惩罚带给人间。[③] 阿拉伯人在被诅咒的时候有时会躺在地上,以便诅咒从身上飞过,这样就能躲过诅咒的打击了。[④] 按照条顿人的观念,诅咒可以在某个地方落脚、安家,可以附着在某个东西上面,可以飞向远方,也可以像鸟儿入巢一样回家。[⑤] 在爱尔兰,民间的老百姓有这样一种观念:“一旦把某个诅咒说出来,它就会在某个东西上面落脚;它能在空气中飘浮七年,任何时候它都能降临到目标身上;如果它的守护神离他而去,它马上就变成某种灾难、疾病或诱惑,对它一直专心追踪的目标施加打击。”[⑥]随后我们还会看到,诅咒可以通过物质媒介传播。在摩洛哥的某些地方,如果一个人

---

① Grimm, *Teutonic Mythology*, ii. 623.

② 《申命记》第十一章的相关记述:“看哪!我今日将祝福与咒诅的话都陈明在你们面前。你们若听从耶和华你们神的诫命,就是我今日所吩咐你们的,就必蒙福;你们若不听从耶和华你们神的诫命,偏离我今日所吩咐你们的道,去事奉你们素来所不认识的别神,就必受祸。及至耶和华你的神领你进入要去得为业的那地,你就要将祝福的话陈明在基利心山上,将咒诅的话陈明在以巴路山上。”——译者

③ *Deuteronomy*, xi. 29.

④ Goldziher, *Abhandlungen zur arabischen Philologie*, i. 29. Wellhausen, *Reste arabischen Heidentums*, p. 139, n. 4.

⑤ Grimm, *op. cit.* iv. 1690.

⑥ *Ibid.* iii. 1227. Wood-Martin, *Traces of the Elder Faiths of Ireland*, ii. 57 *sq.*

在婚床上遭到侵犯却无力施加报复，他将在头上蓄七绺头发，到其他部落里求助。这七绺头发就是阿尔（‘*âr*），一种有条件的诅咒。它首先在头发上落脚，然后转移到他要诅咒的人身上。同样地，一 58
个发誓报血仇的人在实现了誓愿后就可以让所有的头发自由生长了。他的咒语是附着在头发上的，如果他违犯了，诅咒就会落到他本人头上。[①]

一般来说，诅咒会沿着发咒人指引的方向发展。但是，并不是在每种情况下都是如此，不要忘了，它还能够四处传播。古印度人[②]、阿拉伯人[③]和希伯来人[④]中都有这样的信仰：如果一个诅咒冤枉了别人，它就会反过来落在诅咒者头上。爱尔兰人中也流行过同样的信仰，时至今日，景象依然未变。[⑤] 英格兰有句谚语说：“诅咒需要落脚之地，正如小鸡需要栖息之所。”根据柏拉图的论点，对父亲和母亲的诅咒会玷污它所接触的任何东西。如果发现谁用诅咒攻击父母，他就被永远驱逐出他所在的城市和国家，永远没有权利进入庙宇；“如果哪个自由人与他在一块吃喝，自愿与他会面，接触了他的身体，或与他发生了其他关系，除非经过净化，否则这个自由人此后不得进入任何庙宇，不得参加任何集会，也不得再进入这个城市；因为他应当考虑到，他已经被那个诅咒玷污了。”[⑥]“如

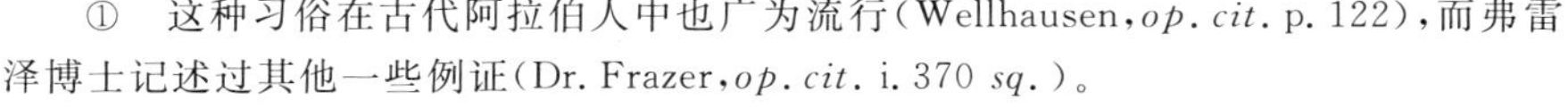

① 这种习俗在古代阿拉伯人中也广为流行（Wellhausen，*op. cit.* p. 122），而弗雷泽博士记述过其他一些例证（Dr. Frazer，*op. cit.* i. 370 *sq.*）。

② *Atharva-Veda*，ii. 7.5.

③ Goldziher，*Abhandlungen*，i. 38 *sq.*

④ *Ecclesiasticus*，xxi. 27.

⑤ Wood-Martin，*op. cit.* ii. 57 *sq.*

⑥ Plato，*Leges*， ix. 881.

果一个邪恶的无神论者对那些代表整个城市做出的祷告、誓言和牺牲置之不理,违背誓约做伪证,其危险将影响整个国民的利益。"[①]基于这样的理由,是否应该禁止朱庇特的祭司立誓？这是普鲁塔克感兴趣的一个问题。罗马人相信,某些可怕的诅咒具有非凡的力量,它不仅影响到它所诅咒的目标,而且利用这个诅咒的
59 人也必定遭遇不幸。[②] 阿林兹人把诅咒看作一种非常恐怖的东西:"他们并不直接迫害他,他已经生活在恐怖之中,感到有必要消除落在身上的毒咒才能在人群中活下去。他感到绝望,于是就被放逐他乡。"[③]按照贝都因人的观念,一个庄严的诅咒只能在远离营地的地方说出,"因为如果在阿拉伯人邻近起咒,诅咒所具有的魔力将危害他们的身体"。[④] 伯克哈特说:"贝都因人的任何诅咒都具有不同寻常的意义。他们似乎赋予诅咒超自然的影响力……即便是在为自身权利辩护的时候,贝都因人也很少能被说服在卡迪(*kadhy*)面前或在酋长或圣人墓前庄严起誓,尽管有时人们要求他这样做;他宁愿交出少量钱作赎金,也不愿意遭受诅咒产生的可怕后果。"[⑤]这对摩尔人同样有效。有条件的自我诅咒在某种程度上被认为会殃及诅咒者,即便诅咒中提到的那个条件是想象出来的,换句话说,即便他自己不破坏誓言。我认为,南摩洛哥被诬告犯罪的柏柏尔人之所以有时在庇护之地脱得一丝不

① Plutarch, *Questiones Romanæ*, 44.

② Idem, *Vita Cassi*, 16.

③ Georgi, *op. cit.* iii. 54 *sq*.

④ Burckhardt, *Bedouins and Wahábys*, p. 73.

⑤ *Ibid*. p. 165.

挂——他们会跑到这个神圣的地方起誓——正是出于这种理由。他们相信，如果他们这样做了，圣人就会惩罚那个控诉人。我的结论是，这个信仰是建立在这样一种模糊不清的观念之上的——赤条条的身子能够防止任何诅咒附体。他们认为，不仅发誓不是好事，在别人起咒的时候在场也不是好事。在大阿特拉斯的德姆纳特，一个人在神殿里发誓之后，他不会沿原来的路回家，因为如果他这么做了，万一他发错誓，他本人和他的家人 60
都要遭殃。

如果诅咒具有传染性，它也自然而然地让传染源自己遭殃。格劳克斯家族从斯巴达彻底灭绝，其结果正是与下面的神谕一致："诅咒之神有一个不知名的儿子，虽然无手无脚，但他追起东西来非常迅速，最后，他终于把追求到的东西据为己有。结果，他毁灭了所有的房屋，也毁灭了整个家族。"[①]厄里倪厄斯父辈的罪孽会殃及子孙后代，[②]而厄里倪厄斯原本只不过是诅咒的化身。[③]《便西拉智训》[④]中说："一个人诅咒太多，他身上必将充满罪恶，祸患和烦扰将始终纠缠他的家人。如果他的诅咒没发生效力，他就不

---

① Herodotus, vi. 86. *Cf*. Hesiod, *Opera et dies*, 282 *sqq*.

② Aeschylus, *Eumenides*, 934 *sqq*.

③ 埃斯库罗斯明确地把厄里倪厄斯冠名为"诅咒"(*Eumenides*, 416 *sq*.。)，而普萨尼亚斯的厄里倪厄斯之名则来自阿卡迪亚语，意思是愤怒(viii. 25.6)。*Cf*. von Lasaulx, 'Der Fluch bei Griechen und Römern,' in *Verzeichms der Vorlesungen an der Julius Maximilians-Universitaet zu Würzburg im Sommer-Semester* 1843, p. 8; Müller, *Dissertations on the Eumenides of Aeschylus*, p. 155 *sqq*.; Rohde, 'Paralipomena,' in *Rheinisches Museum für Philologie*, 1895, p. 16 *sq*.

④ 《便西拉智训》(*Ecclesiasticus*)，亦译《德训篇》。——译者

再清白无辜,他的家人将遭遇不幸。”[①]卡萨里斯在评论巴苏陀人[②]时说:“诺亚的诅咒给含及其后代带来了可怕的后果,对此,他们已经习以为常。”[③]米尔扎布尔的达咖人和马基瓦人相信,一个人发假誓,他的财产和孩子性命将遭受损失;[④]不过,由于我们不知道誓言的内容是什么,因而后来的不幸可能不是诅咒的传染性造成
61 的,而是起誓人祈求降临的灾祸马上在他的孩子们身上应验了。[⑤]
苏门答腊岛的勒姜人中,“任何人如被认为起错誓,人们将仔细记载发生在他本人及其后代身上的所有事故。人们相信,起错誓是造成这些事故的唯一原因”。[⑥] 克伦人中流传着这样一个故事:“从前有个人,他有十个孩子。他诅咒了一个并未伤害过他的同胞兄弟,可是他的诅咒毫无效果,那人不仅没有死去,而且毫发无损。于是,他的诅咒便反过来作用于他,结果,他的十个孩子都因此而死掉了。”[⑦]摩尔人喜欢互相诅咒对方的父母、祖父乃至曾祖父,人们认为,这样的诅咒也会影响到子孙后代。R.泰勒牧师在谈到毛

---

① *Ecclesiasticus*, xxiii. 11. *Cf. ibid.* xli. 5 *sqq.*; *Wisdom of Solomon*, iii. 12 *sq.*, xii. 11.

② 巴苏陀人,非洲南部的一支土著居民。——译者

③ Casalis, *Basutos*, p. 305.

④ Crooke, *Tribes and Castes of the North-Western Provinces and Oudh*, ii. 287; iii. 444. *Cf. ibid.* i. 132.

⑤ 有些部落在发誓的时候会“头顶竹竿”或“手抚大刀,手抚婆罗门的脚,握住母牛的尾巴,手浸恒河之水”。而按照柯鲁柯先生的描述,在别的部族更常见的是,人们会手抚自己的儿子或孙子的脑袋(*ibid.* i. 11, 130, 172; ii. 96, 138, 339, 357; iii. 40, 113, 251, 262; iv. 35)或手臂(*ibid.* ii. 428)发誓或诅咒,意思是假如自己违背誓言将直接导致亲生后代的死亡。科尔人常用的咒语是“我死则犬子不得活”(*ibid.* iii. 313)。

⑥ Marsden, *History of Sumatra*, p. 240.

⑦ Mason, in *Jour Asiatic Soc. Bengal*, xxxvii. pt. ii. 137.

利人时说："让你把自己的父亲烹煮了是一个大魔咒，而让一个人把自己的曾祖父烹煮了则是一个更歹毒的诅咒，因为这个诅咒已经把他后代中的每一个人都牵连进来了。"[①]

因此，根据罪孽和诅咒具有污染性的观念推断，一个无辜者可
能由于别人犯了罪而遭殃，他遭受的痛苦也未必能避免或减轻罪
犯所受的惩罚。像传染病一样，罪恶可能永不止息地蔓延。不过，
正如我们已经看到的那样，罪恶也可以转移，而且这种转移会造成
代人受过的情况发生。同时，不能将这种代人受过的做法与为赎
罪而请人祭祀混为一谈。一个代人受过的普遍做法是，替罪羊被
驱逐出去，或被众人抛弃，而不能结束他的性命。也有例外的情况
发生，其原因看起来无外乎两种：一方面，因受害者身上被认为邪
恶缠身，为了尽可能有效地从整个社群祛除灾难，替罪羊可能被追
杀至死，或被推下悬崖峭壁摔死。[②] 居哈尔的某位菩提亚人捉住 62
一条狗，把它灌醉，"喂它些甜食，然后带着它绕着村子转，再给它
解开绳索。人们就开始用棍棒和石块追打它，直到它断气而死。
这里的人相信，这样做可以保证整个村子一年之内无病无灾。"[③]
另一方面，转移罪恶的做法可能跟祭祀仪式结合起来。对此类
事例，很少有记载下来的资料，其中大部分记录还是含糊不清
的。进一步考察这些事例，我们就会发现，至少在那些广为人知

① Taylor, *Te Ika a Maui*, p. 208.

② 根据《密西拿》，希伯来人中的代人受过者并不被允许丢到蛮荒之地听之任之，而是被推下悬崖杀掉(Robertson Smith, *Religion of the Semites*, p. 418)。

③ Atkinson, 'Notes on the History of Religion in the Himálaya of the N. W. Provinces,' in *Jour. Asiatic Soc. Bengal*, liii. pt. i. 62.

的例子中，这种转移罪恶的行为是发生在受害者被杀之后。在我看来，我们目前谈论的情况，极有可能是两个截然不同的仪式合而为一了，受害者也没有像替罪羊一样被当作祭品，而他一旦成了祭品，就会被当作将人们所沾染的罪恶或所受的灾祸转移出去的导体。

弗雷泽博士掌握着一个替罪羊事例的名单，其中一个以人为祭品的案例是 J. C. 泰勒牧师在尼日尔的奥尼查目睹的。[①] 一位妇女脸朝下被拖向河边，拖拉者边走边喊：“邪恶啊，邪恶！”意在告知过路人不要看这凄惨的一幕。被拖走的祭品将带走尘世的罪恶，于是，这个妇女的身体被残忍地拖曳着，“仿佛这样就可以带走他们罪恶的重负似的”。最后，妇女被淹死在河里。知情者还透露了这样一个消息：一个男人也被当作国王罪过的祭品被杀了。“这样，就有两个人被当作祭品牺牲了性命，而这样做是为了取悦那未开化的神明。他们认为，这样就能够赎回去年违背上帝旨意所犯的罪行。那些在去年犯下纵火、偷盗、通奸、施展巫术、乱伦和诽谤等重罪的人，要交出 28 恩古古斯（ngugus）的罚金。人们用这些钱从内地购买两名体弱多病的奴隶，这些奴隶就成了所有可憎
63 罪恶的祭品，一个奴隶献给土地，另外一个则献给河流。”[②]
我们将在下一章看到，尼日尔人把祭品投入河流是经常发生的事。在英格兰传教士提到的例子中，代人抵偿罪过的

① Frazer, *op. cit.* iii. 109 *sq.*

② Crowther and Taylor, *Gospel on the Banks of the Niger*, p. 344 *sq.*

观念是显而易见的。不过，我并没有发现转移罪恶的真实证据。

此外，弗雷泽博士还提到阿尔巴尼亚的一种风俗，按照斯特拉波的说法，这种风俗在东高加索山脉地区流行。[①] 在供奉月神的庙宇中，养着一批具有某种神圣色彩的奴隶，其中许多人受神的启示已经具备了灵感，并能未卜先知。当其中有人表现出更具有灵感的疯癫状态时，大祭司就用一根圣洁的绳子把他绑缚住，让他在一年之内享尽荣华富贵。到了年底，则把他全身涂满油膏，这样就显得更神圣，也更像个祭品的样子。一个男子用圣剑刺入他的一侧，捅入他的心脏。从死者倒下的姿势，就可以得到整个民众福祉状况的预兆。接下来，尸体被送到一个特定的地点，在这里，作为一种祛除罪恶的仪式，所有人都要在尸体上站一站。[②] 弗雷泽博士认为："显然，最后这一幕表明：如同犹太牧师把手放在动物头上就能将罪孽转移到这个替罪羊身上一样，人们的罪孽已经转移到了死者身上。"[③]不过，依我之见，对斯特拉波所描述的这种涤罪仪式还可以找到另外一种解释。显然，死者一定得被想象为一个具备非凡魔力的人。作为祭品的男人、动物甚至无生命体，都具有这种神奇的力量。目前我们探讨的这个例子中，这个人在被杀之前，肯定就被认为是个具有神性的人了。人们认为，站在他的尸体上，就会被他内心蕴涵的美德懿行所熏陶，

① Frazer, *op. cit.* iii. 112 *sq.*

② Strabo, xi. 4.7.

③ Frazer, *op. cit.* iii. 113.

从而净化了自身，达到了涤罪的目的。按照穆斯林的观念，与一个圣徒在一起，就能够治愈身上的疾病，把病魔驱走，而绝不会把疾病转移到圣徒身上。两者有异曲同工之处。然而，不管现在谈论的这个仪式是否涉及转移罪恶的观念，都没有迹象表明，以奴隶为祭品具有赎罪的性质。希罗多德谈到的埃及以公牛为祭品、易洛魁族人以白狗为祭品的例子，都是同样的道理。在仪式中，埃及人先向神明祷告，然后把公牛杀
64 掉，割下它的头，剥掉它的皮。他们带着牛头，在它上面许下很多誓愿，说出很多祈求保佑的话语。他们祈祷，如果有什么灾祸要降临，不管是针对参加祭祀的人们，还是针对丰饶的埃及土地，都统统降临到这颗牛头上。最后，他们或者把牛头卖给希腊商人，或者把它扔到河里[①]——这表明，真正充当替罪羊的牛头并不被认为是献给神明的祭品。易洛魁族人的做法也一样，人们将罪恶转移到祭品上之前，就得把祭品斩杀掉。这个仪式在易洛魁族人的不同部落中都存在，根据黑尔和摩尔根对这个仪式的记述，祭祀过程中吟唱的赞美诗里并没有提到转移罪恶这回事，只不过是些祈求福祉降临大地的话语而已。[②] 赞美诗的开头是这样的："现在，我们的祭品将使祭祀之礼更加华丽庄严，希望万物之主笑纳这一小小的供奉。当孩子们出现在他眼前的时候，希望他能用祝福装扮他们，赐

① Herodotus, ii. 39.

② Hale, in *American Antiquarian*, vii. 10 *sqq*. Morgan, *League of the Iroquois*, p. 217 *sq*.

> 福给他们。”[①]摩尔根甚至否认烧死白狗与人的罪孽有丝毫联系，他说：“在易洛魁族人的亲属系统中，从来不承认什么赎罪、免罪和恕罪之类的教条。”[②]

我想，我们已经明白了为什么有些案例中的祭品被用作替罪羊。罪孽或邪恶的转移并不被视为一种自然形成的过程，没有神秘力量的襄助是不可能实现的。在南摩洛哥艾特泽尔坦的柏柏尔人中，病人常常到一棵“具有神奇功效的野橄榄树”前拜谒。据说，这棵树是挨着西迪·巴特里拉的墓地长起来的。在那里，人们将一根羊毛绳拴在树枝上，认为这样就能祛除病痛。如果是头痛，就赶紧用这绳子在头上绕三圈；如果发烧，就往绳子上吐口唾沫，把绳子系在树上，同时口中念念有词：“野橄榄树啊，我把感冒留给你了。”他相信，这样就可以把疾病转移到这棵树上了。这是因为树里面有 *baraka*，即圣洁之气。他不会指望将绳子拴在其他那些平平常常的树上会治愈疾病。这可以说是一条普遍适用的规律。在 65
摩洛哥，只要人们将破布系在树枝上，这棵树无疑就被认为是神圣的。同样地，在其他一些认为疾病可以转移的国家，也有类似的做法。我也敢于确信，要将罪孽或邪恶转移到替罪羊身上，通常需要这样或那样神奇力量的襄助。在希伯来人中，转移罪恶的事只有在救赎日才可能发生，并且是由大祭司操持的。[③] 在易洛魁族人中，正是由于某种魔力的作用，人的罪孽才转移到白狗身上。[④] 记

---

① Hale, *loc. cit.* p. 10.

② Morgan, *op. cit.* p. 216.

③ *Leviticus*, xvi. 21.

④ Seaver, *op. cit.* p. 160.

载中曾经记述过这样的事：人们将动物焚烧过后留下的灰烬收集起来，带着它穿过整个村落，把灰烬撒在每家每户的大门上。[①] 从这些事实可以看出，动物本身被认为充满了某种超常的力量。那么，考虑到祭品与所祭祀的神明之间的密切关系，考虑到它由此具备了或多或少的神性，用祭品作替罪羊的想法就难以避免了。不过，这并不会使祭品果真具有赎罪的功效。事实上，我从来没有听说过抵罪的祭品与罪孽转移仪式真正发生关系的事。因此，将罪恶物化的观点很难帮助我们解释这样一些信念：人们的罪过可以通过把另外一个人当作对所触犯之神的供奉而得到救赎。

如果祭品的目的在于使祭祀之人避免可能在神明那里引起的愤怒，那它就具有赎罪的性质了。在许多情况下，人们认为，只有让一个人死掉才能平息神明的怒火。然而，受害的牺牲品并不必然总是真正的罪犯。一个替死者就可以抵挡罪犯的罪过，用作抵罪的祭品就具有代人受过的性质。

66 我们将在下一章看到，以人为祭品是为了挽救祭祀者的性命。例如，在一场战役开始之前，在遭受围困期间，在出海探险前夕，在流行传染病或闹饥荒的时期，或在其他类似的情况下，人们就找个人当作祭品，奉献给那些具有超人力量的神明。人们认为，正是这些神明的意愿左右着人们的前途和命运。然而，就其本性而言，这些祭品并不总是具有赎罪性质。神可能不仅因为被冒犯而置人于死地，还因为他喜欢享用人肉，或者他需要人当他的仆从，或者别的什么谁也不知道的原因。要在每个具体案例中查明祭品是否有

① Beauchamp, *loc. cit.* p. 236.

意赎罪是不可能的；也未必能够确定祭祀者本人是否心知肚明。不过，确实有许多例子表明，供奉祭品的目的就是代人赎罪。

> 在中非东部，“如果一个自由民纵火点燃了湖边的芦草，并在被认定为神的居所旁边引起了一场大火灾，他就可能因惊扰神灵之罪而被当作祭品供奉出来”。不过，如果他拥有众多奴隶，他就能轻易地用一个奴隶代替自己，从而使自己脱身。[①] 据说，奥吉布瓦人中曾流行过一种传染病，他们认为这是由于自身罪孽深重，遭到了神明的惩罚。他们想方设法祛除这种疾病，当所有努力都失败后，“奥吉布瓦人决定，把部族中最漂亮的姑娘找出来，把她放在一条独木舟上，把舟上的船桨收起来，推到海峡里去”。[②] 在雅典西北古国波伊奥提亚，一个醉鬼把狄俄尼索斯·伊果波勒斯的祭司杀了，当地马上就爆发了鼠疫。人们认为这是渎圣罪招致的天谴，德尔斐的神谕指示他们，用一个健康的男孩当祭品就能赎罪。[③] 比布路斯的菲罗关于犹太人的著作中这样记述：“先民中有一个风俗习惯，一旦遇到极大的危险，整个部族将遭到灭绝，为了避免灾难发生，城邦或国家的统治者就把他最可爱的孩子杀掉，奉献给前来复仇的恶魔换取平安。”[④]罪孽能够通过一个无辜
> 者的死亡而得以抵偿，对于这一观念，希伯来人就非常熟悉。67

① Macdonald, *Africana*, i. 96 *sq*.

② Dorman, *Origin of Primitive Superstitions*, p. 208.

③ Pausanias, ix. 8.2.

④ Eusebius, *Praeparatio Evangelica*, i. 10. 40 (Migne, *Patrologia*, Ser. Gr. xxi. 85).

那里的人们说:"一个公正无私的人的死亡,具有赎罪的功效。"[①]谈到摩西,以赛亚书第五十三章第12节中说,"他将命倾倒,以致于死,[②]他也被列在罪犯之中;他却担当多人的罪",为金牛犊赎罪。[③] 以西结受尽苦难,为的是"他或许能洗清以色列的罪恶"。[④] 至于马加比的殉道者,人们的说法是:"为了抵偿民族的罪恶,他们甘愿代受惩罚。通过这些神圣之躯的鲜血和生命,神的眷顾拯救了以色列。没有他们,以色列肯定会招致祸患。"[⑤]当然,在这些案例中,并不存在真正意义上的祭品,但这些故事无疑表明,神的心灵有着相同的品格。事实上,耶稣基督就是为了抵偿男女老少的罪恶而死的,他的死就被认为是一种牺牲,他就成了祭品,人们也是在牺牲的意义上谈论基督之死的。[⑥]

早些时候,人们持这样一种观念:神圣正义未必准确无误地惩罚犯罪者本人,它真正关心的问题是这一惩罚应该落在某个人身上,应该付诸实施。[⑦] 人们自然懂得,犯了罪就应当遭受惩处,有鉴于此,人们"将遭受惩罚与赎罪联系起来。为了抵偿罪过,人们就使用祭品代为受过,以表示忏悔之心。他们论证道:'我违背了上帝的旨意,上帝为了惩罚我,必将带给我苦难。因此,我要宰杀

① Moore, in Cheyne and Black, *Encyclopaedia Biblica*, iv. 4226.

② *Exodus*, xxxii. 32.

③ *Sōlāh*, 14 A,转引自:Moore, *loc. cit.* col. 4226。

④ *Sanhedrīn*, 39 A,转引自:*ibid.* col. 4226。

⑤ 4 *Maccabaeans*, xvii. 22,转引自:*ibid.* col. 4232。

⑥ 见:Moore, *loc. cit.* col. 4229 *sqq.*

⑦ Réville, *Prolegomena of the History of Religions*, p. 135.

羔羊作祭品，以它所受的痛苦为我赎罪。这是我应该做的，也是我必须做的。’”[①]然而，就我的见闻而言，对代为赎罪观念的这种解释，并没有事实依据。那个在人们的谋划下被选作祭品、要遭受痛苦甚至牺牲生命来平息上帝之怒的人，并非随处可见，这样的角色
并非谁都可以扮演。他必须被认为能够代表罪犯所在共同体的利 68
益；按照社会团结的原则，他必须有资格充当整个群体的替身，并为众人所接受。按照天主教会的观念，基督就是以人的才智和能力，作为人类的代表，为了实现圣父的正义，为人类的罪恶而受难的。而在东正教的观念中，人们坚持认为是**神性**在遭受苦难（尽管它是通过人性化的方式受难的），代为赎罪的观念很难立足。正如哈纳克评论所说，“这一濒死的神-人一体者，其实谁也代表不了”。[②] 希腊教会把基督之死看作为人类利益向魔鬼抵赎的结果。这一教义也被天主教神甫接受，尽管这恰恰与他们自己的救赎理论相抵触。[③] 毫无疑问，祭品经常用来救赎和抵罪，换句话说，人们认为神或魔鬼不是通过祭品受难，而是通过人供奉的礼品而获得满足的。对人来说，被侵害的一方往往因为得到了物质赔偿而不再实施报复。在许多社会中，这种化解矛盾与冤仇的方式甚至演变了风俗习惯。神在处理这类事情的时候也会这么做。按照这种观点，受难者并不一定需要与罪犯本人有某种密切的社会关系，尽管他仍然被认为有代人受过的作用。他可以是一个外乡人，一个奴隶，一只动物，甚至是无生命的存在物，只要能够起到救赎作

① Baring-Gould, *Origin and Development of Religious Belief*, i. 387 *sq*.

② Harnack, *op. cit*. iii. 312 *sqq*.

③ *Ibid*. iii. 307, 315 n. 2.

用就可以。在达科他人中,“人们用某种动物作祭品”。[①] 科德林顿博士在谈到美拉尼西亚人的祭祀时说:“有冤仇的双方为了达到
69 和解,就不再追究罪犯本人,而用某个动物取而代之。”[②]提讷弗利的掸人就用山羊、绵羊或飞鸟作祭品,“以平息恶魔的怒火,消除他施加在人身上的罪恶,让人们不再遭受惩罚”。[③] 在诸如此类的情况下,将动物受难或死亡视为代受惩罚,是近乎荒唐的。对于希伯来人的赎罪行为,丘南教授的论述十分恰当,[④]他说:“按照以色列人的观念,耶和华因此仁慈宽厚才允许用动物的灵魂代替祭祀者的灵魂作供奉。在此,并非罪孽转移到所供奉的动物身上。动物身上的鲜血是清白的、纯洁的,这个样子还将保持下去。有一个很具有说服力的事实鲜明地支持了这一观念,那就是动物的鲜血是被供奉在祭坛之上的。耶和华接受它,表明了上帝的仁慈……也不能断言用作祭品的动物能够代人抵罪,从来没有听说过这回事。无论如何,这是一种界定得非常清楚的观念,比以色列人自己塑造的观念还要清晰。而且,这种观念与穷人可以用 1/10 伊法细面粉作祭品的规则并不矛盾。”[⑤]还应该注意到,祭品的净化效果归功于与祭品鲜血的接触。大祭司会把祭品的鲜血涂抹或喷洒在祭坛上,“使它远离以色列人的不洁,使它纯洁而神圣”。[⑥]

---

① Schoolcraft, *Indian Tribes of the United States*, ii. 196.

② Codrington, *Melanesians*, p. 127.

③ Percival, *Land of the Veda*, p. 309 *sq*. *Cf*. Caldwell, *Tinnevelly Shánárs*, p. 37.

④ Kuenen, *Religion of Israel*, ii. 266 *sq*.

⑤ *Leviticus*, v. 11 *sqq*.

⑥ *Ibid*. xvi. 18 *sq*.

综上所述，一个清白无辜的人因别人的罪恶而经常被人或神灵惩处，对这一事实应从当时当地的具体背景来说明和解释。这种说明和解释也绝不会与我们的主题——道德义愤在本质上是指向嫌疑犯的——相矛盾。在许多情况下，按照连带责任的原则，受难者是因为跟罪责有关——即使他事实上是无辜者——或者因为人们认为他适合充当犯罪者所在共同体的代表人物才遭到惩罚的。在 70
另外一种情况下，他被认为被具有传染性的罪孽或诅咒所玷污而不再清白。此外，社会团结的原则也可以说明代人赎罪作祭品的功效。只不过在许多事例中，用来抵罪的祭品仅仅具有赎金或贿赂的性质。

我们关于道德义愤正确指向的主题丝毫没有被客观事实驳倒。另一方面，这一主题得到了下列主张的强烈支持。该主张认为，在辨别力和同情心充分发挥作用的情况下，道德良知会反对对无辜者施加刑罚。无论对人对神，在关于公平、正义和怨恨的问题上，都可以在很多地方听到这种主张。

孔子教导我们，父亲的罪恶不应算到善良的孩子身上。[①] 柏拉图设定的规则是，“父辈遭受的耻辱和惩罚不应当牵连子代”；恰恰相反，如果子代能够很好地避免父辈的冤屈，他们应该感到荣耀，人们应当因为这种高尚品德赞美他们，因为“他们能够在弃恶从善的道路上果敢、坚定而令人钦敬”。[②] 根据罗马法，“先辈的罪

① Lun Yü, vi. 4. *Cf*. *Thâi-Shang*, 4.

② Plato, *Leges*, ix. 854 *sqq*. 柏拉图指出，有个情况是例外：那些从子代到父辈、祖父辈连续好几代都被判处死刑的家庭，“除了法定留下的之外，城邦要将他和他的财物毫无保留地驱赶回他的祖籍”(*ibid*. ix. 856)。这一条款无疑基于功利主义的考虑：那些全然邪恶的家族，其子女必被认作城邦的灾难和麻烦。

过或对先辈的惩罚不能使子孙蒙羞”。[①] 塞涅卡说:“再也没有比把父辈的矛盾和仇怨算计到后代身上更不公正的事了。”[②]《旧约全书·申命记》告诫人们:“不应当因为儿子犯了罪就把父亲处死,反之亦然。如果是当死之罪,每个人都应当用自己的生命抵
71 偿。”[③]立法者很渴望把血亲复仇限定在真正的罪犯身上。《古兰经》禁止血亲复仇伤及无辜。[④] 在英格兰,根据埃德蒙法典,人们在报复血亲之仇时不能伤害到凶手的整个家族,除非他们犯了包庇罪。[⑤] 同样地,在13世纪的瑞典,法律也把血亲复仇的对象限定在罪犯个人身上。[⑥] 我们在斯拉夫民族的法典中也看到了同样的限制条款。[⑦]

下面我们来看看关于神灵复仇的情况。根据《阿达婆吠陀》记载,阿耆尼[⑧]宽恕了一个人的荒唐和罪恶,避免了伐楼拿发怒,他也就免除了父母所犯罪过带来的恶果。[⑨] 泰奥格尼斯问:“永生的王啊,那些不为非义之人,不犯邪恶之事,不发歹毒之誓的善良之

① *Digesta*, xlviii. 19.26. *Cf. ibid.* xlviii. 19.20.

② Seneca, *De ira*, ii. 34. *Cf.* Cicero, *De officiis*, i. 25.

③ *Deuteronomy*, xxiv. 16. *Cf.* 2 *Kings*, xiv. 6.

④ *Koran*, xvii. 35.

⑤ *Laws of Edmund*, ii. 1.

⑥ Nordström, *Bidrag till den svenska samhälls-författningens historia*, ii. 103, 334, 335, 399. Wilda, *op. cit.* p. 174.

⑦ Kovalewsky, *Coutume contemporaine*, p. 248.在黑山,丹尼尔一世做了这样的规定。(Post, *Anfänge des Staats-und Rechtsleben*, p. 181)

⑧ 阿耆尼(Agni),即火天,是吠陀教及印度教的火神。——译者

⑨ *Atharva-Veda*, v. 30.4. *Cf.* Macdonell, *Vedic Mythology*, p. 98.

辈，却得到了如此不公平的遭遇，这哪有公正可言？”[①]根据彼翁[②]，神灵因父亲的罪孽而惩罚儿子，比医生因父亲或祖父有病而给其子孙开药治疗还要可笑。[③] 早期的希腊人认为，诅咒可以遗传到后人身上，在后人那里发挥作用。如今，这种观念演变为另外的信念，即诅咒之所以跨好几代好发生效力，是因为后代人犯下了新的罪恶。[④] 后人还认为，那些禁止被放逐者——他们犯了罪，留下了恶名，被苏拉剥夺公民权，并被驱逐出境——之子当候选人，禁止他们进入参议院的人，必定是不公正的，应当遭受众神的惩罚。正如哈利卡纳苏斯的狄奥尼修斯所说：“随着时间的推移，这种伤害
无辜者的不义之举受到了惩罚。他们从荣耀的巅峰，跌落到耻辱 72
的低谷；而且，除了妇女之外，这个民族没有一人活到今天。”[⑤]在希伯来人中，耶利米和以西结破除了关于神灵复仇的古老观念。人人各负其责的法则已经成为人类正义的基本原则，并将扩展到宗教领域。[⑥] “每个人将因为自己的死罪而送命；谁种下灾祸谁遭殃。”[⑦]“作孽之人必将死掉。子不担父之过，反之亦然。善有善报，恶有恶报。”[⑧]

① Theognis, 743 *sqq*.

② 彼翁(Bion)是来自西麦那的田园诗人，生平事迹鲜少人知，全盛时期在公元前1世纪左右，有17首诗存世。——译者

③ Plutarch, *De sera numinis vindicta*, 19. *Cf*. *ibid*. 12; Cicero, *De natura Deorum*, iii. 38.

④ Farnell, *op*. *cit*. i. 77. Maine, *Ancient Law*, p. 127.

⑤ Dionysius of Halicarnassus, *op*. *cit*. viii. 80.

⑥ *Cf*. Montefiore, *op*. *cit*. p. 220; Kuenen, *op*. *cit*. ii. 35 *sq*.

⑦ *Jeremiah*, xxxi. 30.

⑧ *Ezekiel*, xviii. 20. For Talmudic views, see Deutsch, *Literary Remains*, p. 52.

73

第三章　道德情感的本性(续)

上一章谈到,道德上的不赞同属于怨恨的一个亚类,而怨恨就其本质而言,是对认定为痛苦起因的攻击性态度。心智演化的历史进程表明,道德上的不赞同之中的敌对反应有一个发展趋势,就是其实际指向性越来越明确具体。现在,我们将看到,其攻击性越来越被伪饰。

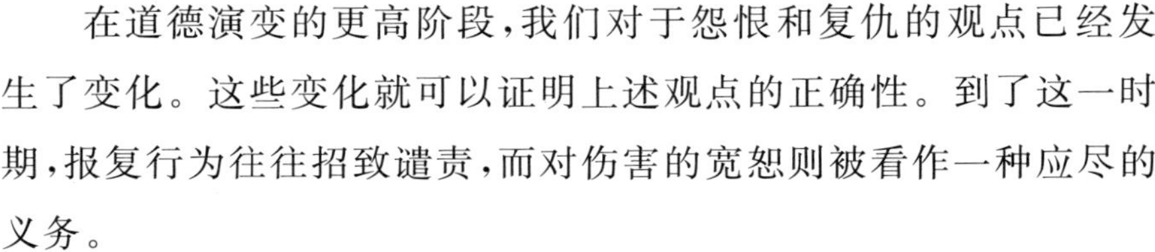

在道德演变的更高阶段,我们对于怨恨和复仇的观点已经发生了变化。这些变化就可以证明上述观点的正确性。到了这一时期,报复行为往往招致谴责,而对伤害的宽恕则被看作一种应尽的义务。

按照这种义务,一个人生活中应遵循这样的规则:忍受敌人的折磨,并对敌人表示友善。不过,早期的道德规范中并不存在这样的规则。

> 斐济人的祷告词往往以这样的请求结尾:“毁灭那些诽谤我们的人。对我们的敌人施以棍棒,应当让他们成批地灭亡,就像秋风扫落叶一样。让敌人走路的时候摔碎牙齿,让他们出门的时候掉到陷坑里。让我们活下来,让敌人死光光。”①

① Fison,转引自:Codrington,*Melanesians*,p. 147,n. 1。

对于这样的祈求，野蛮人并不觉得有什么不当之处。相反，他们视复仇为己任，[①]把宽待敌人看作软弱、怯懦、有失尊严和体面的行为。[②] 其实，这种看法并非野蛮社会独有。《旧约全书》中就认为，人类和神灵都具有报复之心。弥留之际的大卫在病榻之上嘱托所罗门的最后一件事情，就是要把他自己放掉的一个敌人灭掉。[③]《便西拉智训》列举了人们在目睹敌人灭亡时幸灾乐祸的九种理由。[④] 耶和华的敌人不可能指望得到宽恕，他们的命运只能是彻底毁灭。[⑤] 善其友、恶其敌是古斯堪的纳维亚人的格言。[⑥] 希腊人[⑦]和罗马人普遍认为，善其友、恶其敌是理所当然、毋庸置疑的事。按照亚里士多德的说法："勇猛善战的人是不会打败仗的。"向敌人复仇而不是妥协，是正当的行为，因而也是值得尊敬的。[⑧] 西塞罗[⑨]对好人下的定义是："能帮人处且帮人，除非被伤害激起，否则绝不伤

74

① 见下文，关于"血族复仇"。

② *Cf*. Domenech, *Great Deserts of North America*, ii. 97, 338, 438 (Dacotahs); Boas, *First General Report on the Indians of British Columbia*, p. 38; Baker, *Albert N'yanza*, i. 240 *sq*. (Latukas).

③ 1 *Kings*, ii. 8 *sq*.

④ *Ecclesiasticus*, xxv. 7.

⑤ *Cf*. Montefiore, *Hibbert Lectures*, p. 40.

⑥ Maurer, *Bekehrung des Norwegischen Stammes*, ii. 154 *sq*.

⑦ Maury, *Histoire des religions de la Grèce antique*, i. 383. Schmidt, *Ethik der alten Griechen*, ii. 309 *sqq*.

⑧ Aristotle, *Rhetorica*, i. 9. 24. *Cf*. Aeschylus, *Choeophori*, 309 *sqq*.; Plato, *Meno*, p. 71; Xenophon, *Memorabilia*, ii. 6.35.

⑨ 西塞罗，古罗马政治家、雄辩家和哲学家。——译者

> 害任何人。”[1]西利教授评论道,除在家庭生活及与朋友相处外,“人们不但没有宽恕敌人的实际表现,甚至连这样的愿望和想法都没有。要是他们真的宽恕了敌人,他们并不觉得自己做了什么好事。一个人如果能够在临终前,在病榻上回顾一生的时候说,没有人比他更善待友人、仇视敌人了,他就会认为自己是个非常幸运的人。对苏拉来说,这是值得庆贺的福气;对小居鲁士而言,则是色诺芬的最高嘉奖。”[2]

然而,在文明民族中,除了上述对敌复仇的主张与教诲之外,我们还发现了主张宽待敌人的说法。

> 老子说:“要以德报怨。”[3]孟子则教导后人:“慈善大度之人不蓄怒气,对兄弟不心怀怨恨,而是爱之护之有加。”[4]《摩奴法典》[5]中有这样的规定:“如果有人对你发怒,你不要以怒制怒;如果有人诅咒你,你要为他祝福。这样的人方得再
> 75 生。”[6]佛教教规中有这样的话:“冤冤相报何时了,爱念起处则恨消。此古老律则,历久弥坚……对憎恨吾辈之人,不得施

① Cicero, *De officiis*, iii. 19. *Cf. ibid*. ii. 14; but *cf. also ibid*. i. 25.这里说,一个人的温和、得体是最高贵的品德。

② Seeley, *Ecce Homo*, p. 273.

③ *Tâo Teh King*, ii. 63.1.跟善人相比,《太上感应篇》言:除了“受恩不感”,恶人还会“念怨不休”。

④ Mencius, v. 1.3.2.

⑤ 《摩奴法典》,古印度婆罗门教的法律和法规的汇编。相传为“人类的始祖”摩奴所编,实际上,是婆罗门教的祭司根据吠陀经与传统习惯编成。——译者

⑥ *Laws of Manu*, vi. 48. *Cf. ibid*. viii. 313; Monier-Williams, *Indian Wisdom*, pp. 444, 446; Muir, *Additional Moral and Religious Passages, rendered from the Sanskrit*, p. 30.

加憎恨……让众生以爱制怒，以善制恶，以慷慨化贪欲，以真实消谎言。”[①]《帕拉维文书》中的一个篇章中说，我们不应纵情于怨恨，怨愤之情是困扰我们的恶魔，“心含愤怒之人，心中没有善良之念”。[②]

在《利未记》中，憎恨是要遭到谴责的：“你不应在心中憎恨你的兄弟，你不应报复他人，也不应对别人的儿子怀恨在心。”[③]《便西拉智训》——我在前文中引用过他的观点——在另一段话中谈到：“当邻人加害于你时你宽恕他，你有罪孽时也会得到宽恕。”[④]《塔木德》中说：“不报复迫害于己者，遭遇伤害默默承受毫不抱怨者，心怀爱心乐施好善者，面对困苦艰难依然乐观向上者，皆为上帝之友，《圣经》会赞赏他们，他们的荣耀将如日中天。”[⑤]《古兰经》一方面反复宣讲“以牙还牙，以眼还眼”，[⑥]同时又教导信徒，“只有能制怒、善宽恕者方能升入天堂，因为真主宠爱善良之人”。[⑦] 在伊斯兰教的传统中，先知经常挂在嘴边的一句话就是：“切勿人善待我，我方善待人；切勿人压制我，我亦压制人。应当坚决做到，人善待我，

---

① *Dhammapada*, i. 5; xv. 197; xvii. 223. *Cf*. *Jātaka Tales*, i. 22; Oldenberg, *Buddha*, p. 298.

② *Dînâ-î Maînŏg-î Khirad*, ii. 16; xli. 11; xxxix. 26.

③ *Leviticus*, xix. 17 *sq*. *Cf*. *Exodus*, xxiii. 4.

④ *Ecclesiasticus*, xxviii. 2. *Cf*. *ibid*. x, 6; *Proverbs*, xxv. 21.

⑤ Deutsch, *Literary Remains*, p. 58. *Cf*. Katz, *Der wahre Talmudjude*, p. 11 *sq*.

⑥ *Koran*, ii. 190: “Whoso transgresses against you, transgress against him like as he transgressed against you.”

⑦ *Ibid*. iii. 125. *Cf*. *ibid*, xxiii. 98; xxiv. 22; xli. 34.

我亦善待人；人压制我，我不压制人。”[1]戈尔德威厄教授着重指出，穆罕默德对阿拉伯人的传统律法——即敌人是应当仇恨的对象——持反对态度。[2] 赛义德·阿米尔·阿里已经从伊斯兰教学者的著述中收集了多篇不同的文章，这些文章表
76 明，尽管经常遇到相反的说法，但对伤害行径的宽恕对于伊斯兰教精神来说是毫不陌生的。[3] 因此，《勘沙夫经注》的作者描述道：“再次寻求把你赶走的人，给予从你身上夺走什么东西的人，宽恕伤害你的人。因为真主希望你把它完美地根植入你灵魂的深处。”[4]印度伊斯兰教教徒平时经常说的一句话是：“檀香木会在砍倒它的斧子上留下芳香。”[5]莱恩经常听到埃及人在受到对手打击时宽宏大度地说：“真主保佑你”“真主将以善报偿你”“再打我一下吧”。[6]

古希腊和古罗马也有宽恕原则的倡导者。在柏拉图的一篇对话中，苏格拉底说：“不论我们遭受什么样的痛苦，我们都不应对任何人以怨报怨。”尽管他也明智地补充了这样一句话：“这一观点从来没有，也不会为大多数人所赞同。”[7]斯多葛派强烈谴责发怒行为，认为发怒是不自然的，也是不合理

---

① Lane-Poole, *Speeches and Tabletalk of Mohammad*, p. 147.

② Goldziher, *Muhammedanische Studien*, i. 15 *sqq*.

③ Ameer Ali, *Ethics of Islam*, p. 26 *sqq*.

④ *Ibid*. p. 7. *Idem*, *Life and Teachings of Mohammed*, p. 280.

⑤ Poole, *Studies in Mohammedanism*, p. 226.

⑥ Lane, *Modern Egyptians*, p. 314 *sq*.

⑦ Plato, *Crito*, p. 49.

的。“人生来是互相帮助的,而愤怒使人相互毁灭。”[①]“发怒是心灵的一种罪过……它通常甚至比惹他发怒的过错还要罪大恶极。”[②]“那些宽恕别人如同自己每天都在作恶的人,那些避免恶行如同他从未宽恕过他人的人,是最好的人,最纯洁的人。”[③]“如果有人生你的气,你应该对他施以恩惠,以平息他的怒火。”[④]“愤世嫉俗者爱那些能够征服自己的人。”[⑤]

因此,对敌人的宽恕绝不是基督教独有的信条,虽然基督教诞生前后都没有像耶稣那样重视并向信徒反复灌输这一信条。比如,耶稣说:“爱你的敌人,祝福那诅咒你的人,善待仇恨你的人,当有人利用你、迫害你时,不管怎样都为他祈祷、为他祝福。”[⑥]圣彼得对耶稣说:“主啊,我弟兄得罪我,我当饶恕他几次呢? 到七次可以吗?”耶稣回答:“我对你说:不是到七次,乃是到七十个七次。”[⑦]也就是说,无论他多少次对你不好,加害于你,你都要宽恕他。通过这些话,耶稣似乎明确禁止人们施加报复,禁止人们为了自己的利益而发怒。而且,圣 77
保罗也是这样理解耶稣的意思的。[⑧]

① Seneca, *De ira*, i. 5.

② *Ibid*. i. 16; ii. 6.

③ Pliny, *Epistolæ*, ix. 22 (viii. 22).

④ Seneca, *op. cit*. ii. 34.

⑤ Epictetus, *Dissertationes*, iii. 22, 54.

⑥ *St. Matthew*, v. 44. *Cf. ibid*. v. 39 *sq*.; vi. 14 *sq*.; *St. Luke*, vi. 27 *sqq*.; xvii. 3 *sq*.; *St. Mark*, xi. 25 *sq*.

⑦ *St. Matthew*, xviii. 21 *sq*.

⑧ *Romans*, xii. 19 *sqq*.; 1 *Thessalonians*, v, 14 *sq*.; *Colossians*, iii. 12 *sq*.

然而,复仇原则和宽恕原则并不像表面看起来那样根本对立。事实上,后者所谴责的并不是所有种类的怨恨,而只是非道德的怨恨,不是无偏私的愤恨,而是个人的私怨。它禁止报复行为,但并不禁止惩罚。根据《摩奴法典》,犯罪不可避免地会带来惩罚,如果国王宽恕了一个本该严厉打击或处死的窃贼或行凶者,那么罪恶就会落到国王头上。[①] 如果说老子反对施加各种苦难的话,那是因为他坚信,在一个治理良好的国家里,不会出现惩治人的事情,因为这样的国度已经消灭了犯罪现象。[②] 中国有本书叫作《功过格》,书中主张,不对伤害进行报复是一种美德。书中补充道:"如果一个人的父母受到伤害,他却忘了报仇,那就是大错特错了。"[③]耶稣也肯定是个富有正义感和义愤之情的人。看来他从未原谅教法主义者对天国的冒犯;他告诉自己的门徒,如果谁对他的弟弟犯了罪而没有去教堂忏悔,就应该把他看作外邦人和异教徒。[④] 基督教著作家反复强调:耶稣教导人们宽恕自己的敌人,但并不禁止对伤害别人的行为心怀憎恨。托马斯·阿奎那说:"善良的人容忍恶行是有限度的,超过了这个限度就不合适了。对他们自身造成的伤害,他们可以耐心忍受,但不能容忍加害于上帝和邻人的行
78 为。"屈梭多模则说:"自己有什么委屈都可以忍受,这样的行为是值得赞扬的。但是,如果对伤害上帝的行为假装不知道,那就是对上帝最大的不敬。"[⑤]事实上,至少基督教并没有改变亚里士多德

---

① *Laws of Manu*, viii. 316, 346 *sq*. *Cf*. *Gautama*, xii. 45; *Âpastamba*, i. 9.25.5.

② Douglas, *Confucianism and Taouism*, p. 204.

③ 'Merits and Errors Scrutinised,' in *Indo-Chinese Gleaner*, iii. 153.

④ *St. Matthew*, xviii. 15 *sqq*.

⑤ Thomas Aquinas, *Summa Theologica*, ii.-ii. 108.1.2. *Cf* Lactantius, *De ira Dei*, 17.

学派主张——愤怒既不允许过度,也不允许不足;而且,我们应当对某些事情感到愤怒——的有效性。[1] 正如普鲁塔克所说,我们甚至认为,那些对可恨之事不怀憎恨的人是可恨的;有人称赞斯巴达国王查瑞拉斯是个和善的人,听者回答说:"查瑞拉斯即便对坏人也不苛刻,他怎么能是个好人呢?"[2]对这种回答,我们应当有同感。另外,我们在道教[3]、印度教、佛教[4]和基督教[5]教义中,除了看到宽恕原则之外,还能看到对邪恶最后审判的信念,先验的因果报应信念。这些原则和信念的根基在于,不正当之事应当遭到怨恨。

不难看出,为什么睿智而富有同情心的思想不赞成基于个人动机的怨恨和报复。这样的怨恨容易导致行为失当,它常常毫不公正、毫不适当地指向那些本来不应该受怨恨的对象,而且往往走极端。正如万由若人所说:"我们所处的境况十分奇怪,对于我们自身受到的伤害,除了我们亲眼看到的之外,再也看不到更多真实的情况了。"[6]"就好像身体在雾中看起来高大些一样,对于勃然大怒之人,我们无可奈何!"有句古老的箴言告诫人们,生气的时候不要做惩罚别人的事。[7] 道德意识受同情心的影响越大,对于被视
为不当的报复性伤害的谴责就越严厉;而且,它的首要目的似乎在 79

① Aristotle, *Ethica Nicomachea*, ii. 7.10; iii. 1.24; iv. 5.3 *sqq*.

② Plutarch, *De invidia et odio*, 5.

③ Douglas, *op. cit*. p. 257.

④ *Dhammapada*, i. 15, 17; x. 137 *sqq*.

⑤ *Cf*. *Romans*, xii. 19:"主说:'申冤在我,我必报应。'"

⑥ Butler, 'Sermon IX.—Upon Forgiveness of Injuries,' in *Analogy of Religion*, &c. p. 469.

⑦ Plutarch, *De cohibenda ira*, 11. Montaigne, *Essais*, ii. 31(*Œuvres*, p. 396).

于防止诸如道学家吩咐人们爱敌人之类不公正的事情。实际上,如果一个人仅仅由于自己是被冒犯的一方而对冒犯行为表达了道德上的义愤,那么谴责这个人就是荒谬的。我们允许他表达义愤,他甚至可以比客观公正的观众表现出一副更义愤填膺的样子,而过度宽容和仁慈则常常受到指责。像亚里士多德一样,我们坚持认为,“在侮辱面前低头,或对朋友所受的侮辱视而不见,就是奴性的体现”。[①] 我们也赞同儒家的行为准则:所受的伤害不能用和善仁慈来抵偿,要用公平和正义来抵偿;除了那个该受憎恨的人之外,谁都不应当成为仇恨的对象。[②]

道德家主张,不公正的怨恨应当受到抑制。这一禁令几乎没有给行为评价带来什么新鲜的东西。这些禁令只代表着道德发展过程的较高阶段,其早期阶段早已在原始社会就开始了。即使是视复仇为己任的野蛮人,也将某些特定情况下的复仇看成是错误的。[③] 我们将要看到,以牙还牙的限制性规则就是一个很好的例子。

道德的侵犯性特征已经变得富有伪装性了。这不仅是因为人们对怨恨和报复采取了更加审慎的态度,还在于这种新变化代表着一种高级的道德意识类型,表达侵犯行为的方式也变得多样化了。在这种情况下,仅仅为了报复而让别人遭受苦难是应当遭到谴责的,人们也立下了这样的规则:不应当仇恨作奸犯科者,而应

① Aristotle, *Ethica Nicomachea*, iv. 5.6.

② *Lun Yü*, xiv. 36. 3; xvii. 9. 1, 5; xvii. 24. 1. *Douglas*, *Confucianism and Taouism*, p. 91. *Cf*. *Chung Yung*, x. 3; xxxi. 1; xxxiii. 4.

③ 关于达科他人,普雷斯科特断言:“有很多事例表明,印第安人会说:反击和报复是错误的,他们总是尽量避免。”(Schoolcraf, *Indian Tribes*, ii. 197)

当仇恨罪恶本身。

惩罚或多或少如实反映了社会的道德义愤，这与报复行为在外表上有相似之处；它是对伤害行为的回报，它让那些伤害他人者遭受痛苦，或至少试图达到这样的目的。有这么一种观点，认为如 80
果有人犯了罪，他就必须为此遭受痛苦。长期以来，这种观念被视为理所当然。多数人持这种观念，也有一群理论家为这种观点摇旗呐喊。在他们看来，惩罚是对公正失衡的补偿、救赎或重建。他们只是试图给这一简单事实做出哲学上的解释和认可，对惩罚的真正本质却常常摸不着头脑。然而，给人带来痛苦——即便是给罪犯带来痛苦，也不是道德意识所赞成的。对那些同情人类痛苦的睿智心灵而言，一个政权如果肆意折磨罪犯，不仅是不合理的，而且是残酷的。不过，当报复性惩罚已经付诸实施，惩罚本身就会受到辩护。换一个眼光看，惩罚本身并不是目的，而是达到目的的一种手段。人们实施惩罚，不是因为有人已经犯罪，而是为了不再有新的罪恶出现。惩罚的目的或者在于预防犯罪，或者为了改造罪犯，或者通过消灭或孤立罪犯，使他从物质条件上不再可能犯新的罪恶。

其实，古希腊和古罗马就有过这些观点。[1] 按照柏拉图的观点，一个理智的人惩罚别人，或者是防止他陷入罪恶的深渊，或者是为了给罪犯改正的机会。[2] 亚里士多德认为，惩罚

① *Cf*. Laistner, *Das Recht in der Strafe*, p. 9 *sqq*.; Thonissen, *Le droit pénal de la république Athénienne*, p. 418 *sqq*.

② Plato, *Protagoras*, p. 324. *Idem*, *Politicus*, p. 293. *Idem*, *Gorgias*, p. 479. *Idem*, *Leges*, ix. 854; xi. 934; xii. 944.

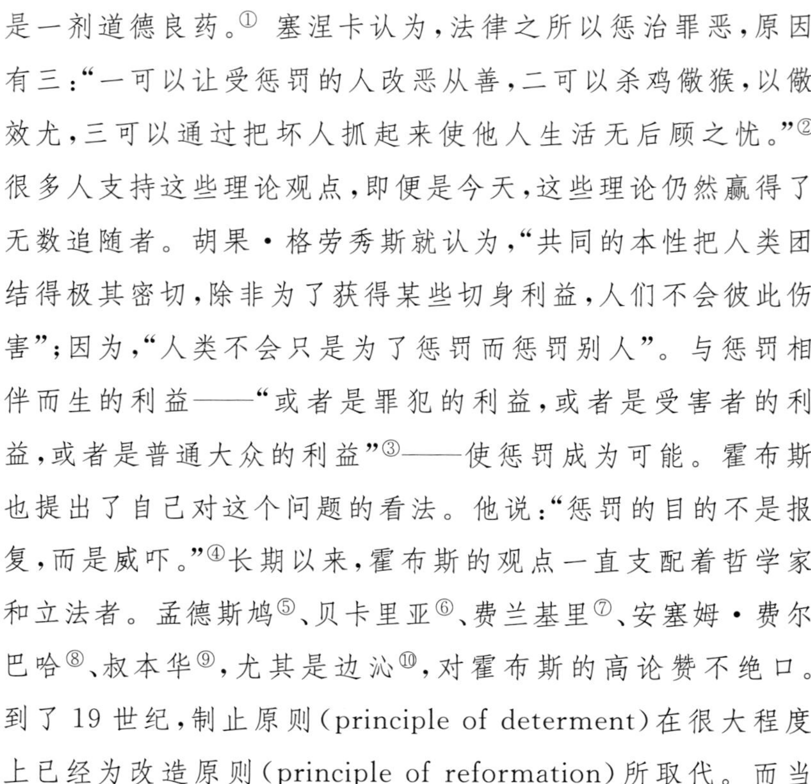

是一剂道德良药。[1] 塞涅卡认为,法律之所以惩治罪恶,原因有三:“一可以让受惩罚的人改恶从善,二可以杀鸡儆猴,以儆效尤,三可以通过把坏人抓起来使他人生活无后顾之忧。”[2]很多人支持这些理论观点,即便是今天,这些理论仍然赢得了
81 无数追随者。胡果·格劳秀斯就认为,“共同的本性把人类团结得极其密切,除非为了获得某些切身利益,人们不会彼此伤害”;因为,“人类不会只是为了惩罚而惩罚别人”。与惩罚相伴而生的利益——“或者是罪犯的利益,或者是受害者的利益,或者是普通大众的利益”[3]——使惩罚成为可能。霍布斯也提出了自己对这个问题的看法。他说:“惩罚的目的不是报复,而是威吓。”[4]长期以来,霍布斯的观点一直支配着哲学家和立法者。孟德斯鸠[5]、贝卡里亚[6]、费兰基里[7]、安塞姆·费尔巴哈[8]、叔本华[9],尤其是边沁[10],对霍布斯的高论赞不绝口。到了19世纪,制止原则(principle of determent)在很大程度上已经为改造原则(principle of reformation)所取代。而当

① Aristotle, *Ethica Nicomachea* ii. 3.4.

② Seneca, *De clementia*, i. 22. *Cf. Idem*, *Deira*, i. 19.

③ Grotius, *De jure belli et pacis*, ii. 20.4 *sqq*.

④ Hobbes, *Leviathan*, ii. 28, p. 243.

⑤ Montesquieu, *Lettres Persanes*, 81.

⑥ Beccaria, *Dei delitti e delle pene*, *passim*.

⑦ Filangieri, *La scienza della legislazione*, iii. 2.27, vol. iv. 13 *sq*.

⑧ von Feuerbach-Mittermaier, *Lehrbuch des gemeinen in Deutschland gültigen Peinlichen Rechts*. p. 38 *sqq*.

⑨ Schopenhauer, *Die Welt als Wille und Vorstellung*, ii. 683 *sqq*.

⑩ Bentham, *Principles of Morals and Legislation*, p. 170*sq*. n. 1:“惩罚最重要的目的不外乎杀一儆百。” *Idem*, *Rationale of Punishment*, p. 19 *sqq*.

> 代某些犯罪学家还像他们的祖先一样,[①]坚持用惩罚手段压制罪犯的观点。他们认为,应当使用"绝对地或相对地消灭罪犯"的方法遏制犯罪。在极端情况下,可以把罪犯处死;而在通常情况下,要把罪犯关押在疯人院里,或者判处终生流放或一段时间的流放,或者禁止他跟邻人交往。[②]

这些不同理论的倡导者一致谴责报复性惩罚。居友说,失去社会防范的基础,"惩罚就像犯罪一样应当受到谴责,并且……如果立法者和法官有意对罪犯施加惩罚,他们就跟罪犯同流合污了"。[③] 就我自己的观点而言,我坚信:那些冒险让社会防范理论或罪犯改造理论生根开花结果的人,不但被这些理论的反对者视为罪恶,而且被这些理论的支持者视为大逆不道,这种罪恶甚至比

他们要惩罚的罪犯还要严重。我希望,简短概括一下那些结果就足 82
以证明,惩罚几乎不只受功利考虑的影响,也受制于报偿性情感,而后者是基于道德上的不赞同。

看来,应当把通过消灭罪犯来抑制犯罪的原则抛弃掉了,因为它与**惩罚**罪犯并无直接关系,尽管它提出了一个制裁罪犯的建议——这固然是个很出色的建议。把罪犯与同类隔离开——更不用说处死他们了——的确是在惩罚他们,但是,按照我们正在讨论的原则,这种惩罚不是**有意**实施的。另一方面,就其通常意义而言,惩罚总是涉及对他人施加痛苦的意向——不管是什么样的痛

① See von Feuerbach-Mittermaier, *op. cit.* p. 40.

② Garofalo, *Criminologie*, p. 251 *sqq.* Ferri, *Criminal Sociology*, p. 204 *sqq.*

③ Guyau, *Esquisse d'une morale sans obligation ni sanction*, p. 148.

苦,也不管是谁来遭受痛苦。当我们为了防止恶狗再度危害人而把它拴起来时,我们不是在惩罚它;同样地,我们也不会把疯子关进疯人院,以为这就算惩罚他了。

按照制止犯罪的原则,惩罚罪犯被视为增强公共安全的一项措施,接受惩治的罪犯就要为公众的福祉做出牺牲。但是,为什么只惩治罪犯本人呢?要有效地遏制罪犯,在惩治罪犯的同时把他们的孩子也处治了,不是更安全可靠吗?如果公正的观念来源于惩罚导致的结果,那么株连式的惩治方法就无所谓有失公正了。对于把父辈的罪过牵连到子女身上的做法,人们只提出一个异议,那就是:这样的惩治措施过于苛刻;无辜的孩子竟然毫无价值。我也不明白法律为什么不允许我们的法官效法他们的埃及同事——在处理一宗错综复杂的案件时,埃及法官会杖笞一个显然无辜的

83 人,希望在棍棒之下,真正的罪犯被激发出恰悯之情,从而自首。[①]而且,如果惩罚的目的只是防范和遏止罪恶,那么,要限制那些最强烈的犯罪动机,就应当使用最严厉的惩罚措施。因而,在受到巨大诱惑的情况下,或情急之下发生的伤害行为,应当受到特别严厉的惩罚;而弑亲罪比其他类型的杀人罪更容易得到宽宥,因为弑亲的影响只涉及父母与子女之间的感情。问题是,道德意识赞成这一点吗?

再者,如果按照改造罪犯的原则调整惩罚措施,其结果难以预料,在某些例子中会出现令人非常惊讶的结局。再没有比习惯成性的流浪汉和酒鬼更难以改过的。同时,生活经验也表明,最容易

---

① Burckhardt, *Aradic Proverbs*, p. 103 *sq*.

改造的罪犯常常是那些罪行非常严重的人。按照改造理论,后者应当很快释放,而那些大错不犯、小错不断的人则可能被关押终生。而且,如果犯人一点改过自新的可能性都没有了,就没有任何理由惩罚他了。[①] 因此,人们同样可以质问改造主义者:为什么不采取更人道的方法替代肉体惩罚的下策?为什么不想办法改进人的品格?

这些招致如此异议的理论竟能吸引这么多聪明的忠实信徒,看起来似乎很奇怪。至少,这些理论必定具有一定的合理之处。如果惩罚一方面来自道德义愤,另一方面常常被解释成遏制犯罪或改造罪犯的手段,那么很显然,这些目的与道德义愤的报偿性目的之间必然存在某种联系。在一定程度上,必定有某些事实填补了报偿理论与其他惩罚理论之间的空白。

制止主义把惩罚视为防止犯罪的手段。犯罪总是涉及承受痛 84
苦的问题,而且人们力图防止的也是痛苦。同样地,引发怨恨之情的也是痛苦。因而,人们所怨恨的行为与法律按照制止原则予以惩治的行为之间,必然存在某种普遍的联系。不过,遏制犯罪的欲望与怨恨之间有更多相似的地方。怨恨不仅由痛苦引起,而且对引发痛苦的源头持敌对态度,怨恨的内在目的就是铲除源头,预防痛苦。这样,如果惩罚针对的是罪犯本人且不过于苛刻的话,一种道德义愤之下的行为就类似于为防止犯罪而实施的惩罚。

① *Cf*. Morrison, *Crime and its Causes*, p. 203; Durkheim, *Division du travail social*, p. 94.

改造主义者会使用改进罪犯思想的手段清除其头脑中的犯罪念头。道德义愤会让罪犯感到悔恨,其目的也是清除有意伤害别人的源头。大家普遍认可的道德主张是,悔过之后就应当得到宽恕。

> 按照中国刑法典,无论谁造成的伤害,如果这种伤害可以修复或赔偿,只要他自觉地向地方长官认罪,他就能获得自由与赦免,不过他还是要及时清偿债务。[①] 在马达加斯加,按照1828年制定的法律,“如果罪犯主动检举自己的罪过,应减免一半罚金”。[②] 根据拜火教[③]教义,赎罪的一个基本要素就是悔过,就是坦白承认自己的罪过,并反复朗诵忏悔仪式中的套语——忏悔文柏得达(Patet)。[④]《摩奴法典》中说:“按照罪过
> 85 的性质,如果罪犯坦白了罪过,表明了忏悔之心,他最终可以像蛇蜕皮一样免除罪责……作孽之后悔过的人可以免罪,只要他下决心不再作恶,只要他真的想到‘我再也不这样做了’,他就能得到净化。”[⑤]按照《梨俱吠陀》中的说法,伐楼拿会严厉惩治那些冥顽不化的罪犯,而仁慈地对待那些悔过自

---

① *Ta Tsing Leu Lee*, sec. xxv. p. 27 *sq*.

② Ellis, *History of Madagascar*, i. 386.

③ 拜火教即琐罗亚斯德教(英文:Zoroastrianism,波斯文:مزدیسنا)是在基督教诞生之前中东最有影响的宗教,是古代波斯帝国的国教,也是中亚等地的宗教。琐罗亚斯德(Zarathustra),又译查拉图斯特拉(前628年~前551年)是该教的创始人。该教是摩尼教(明教)之源,中国史称祆教、火祆教、拜火教。琐罗亚斯德教的教义一般认为是神学上的一神论和哲学上的二元论。琐罗亚斯德教的经典主要是《阿维斯塔》,意为知识、谕令或经典,通称《波斯古经》。——译者

④ Darmesteter, in *Sacred Books of the East*, iv. p. lxxxvi.

⑤ *Laws of Manu*, xi. 229, 231. *Cf*. *ibid*. xi. 228, 230.

新的人。悔恨的痛苦呼声会传达到高高在上的伐楼拿那里，在他面前，罪犯通过忏悔解除沉重的罪责。[①] 同样地，宙斯也宽恕那些悔过者。[②] 在赎罪问题上，最能反映犹太教基本主张的一个词就是忏悔。孟弟福先生说，没有哪位老师“能像拉比们那样尊崇忏悔的地位和力量。在他们眼里，没有什么罪过不能通过真诚的忏悔得到上帝的宽恕”。[③] 犹太教法典里有这么一种说法，在天堂和地狱之间只有两指宽的距离。罪犯只要虔诚悔过，天堂之门对他永远开放。[④] 如果一个人造成伤害后就有悔过表现，耶稣会命令使徒宽恕他：“如果你的兄弟侵犯了你，你可以指责他；如果他悔过了，你就宽恕他。如果他一天之内侵犯你七次，而这七次他都回过头来找到你，对你说‘我悔过’，那么，你就要宽恕他。”[⑤]

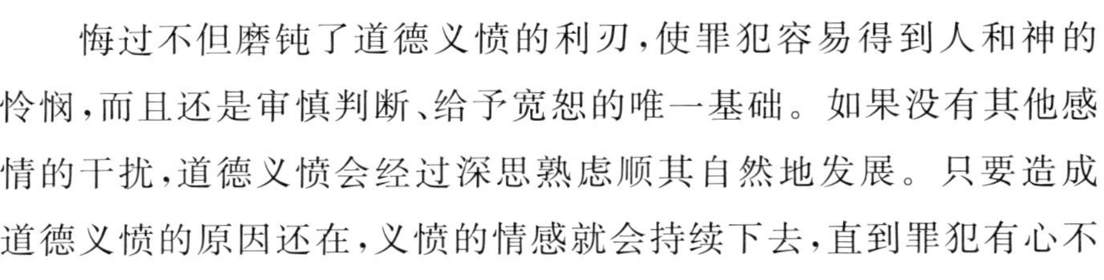

悔过不但磨钝了道德义愤的利刃，使罪犯容易得到人和神的怜悯，而且还是审慎判断、给予宽恕的唯一基础。如果没有其他感情的干扰，道德义愤会经过深思熟虑顺其自然地发展。只要造成道德义愤的原因还在，义愤的情感就会持续下去，直到罪犯有心不再作恶；而且，只有在坦白了罪行并表示悔过之后，他才有心不再

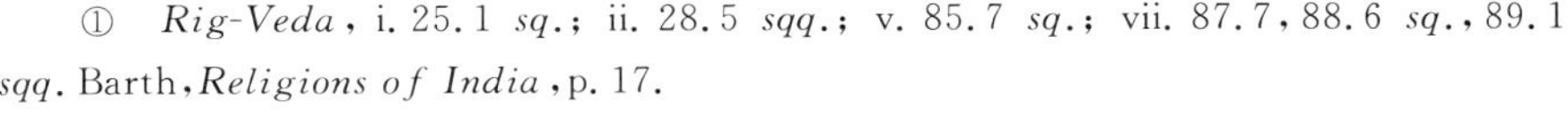

① *Rig-Veda*, i. 25. 1 *sq.*; ii. 28. 5 *sqq.*; v. 85. 7 *sq.*; vii. 87. 7, 88. 6 *sq.*, 89. 1 *sqq.* Barth, *Religions of India*, p. 17.

② *Ilias*, ix. 502 *sqq.*

③ Montefiore, *op. cit.* pp. 524, 335 n.

④ Deutsch, *Literary Remains*, p. 53. *Cf. ibid.* p. 56; Katz, *Der wahre Talmudjude*, p. 87 *sq.*; Kohler, 'Atonement,' in *Jewish Encyclopedia*, ii. 279; Moore, 'Sacrifice' in Cheyne and Black, *Encydopœdia Biblica*, iv. 4224 *sq.*

⑤ *St. Luke*, xvii. 3 *sq.*

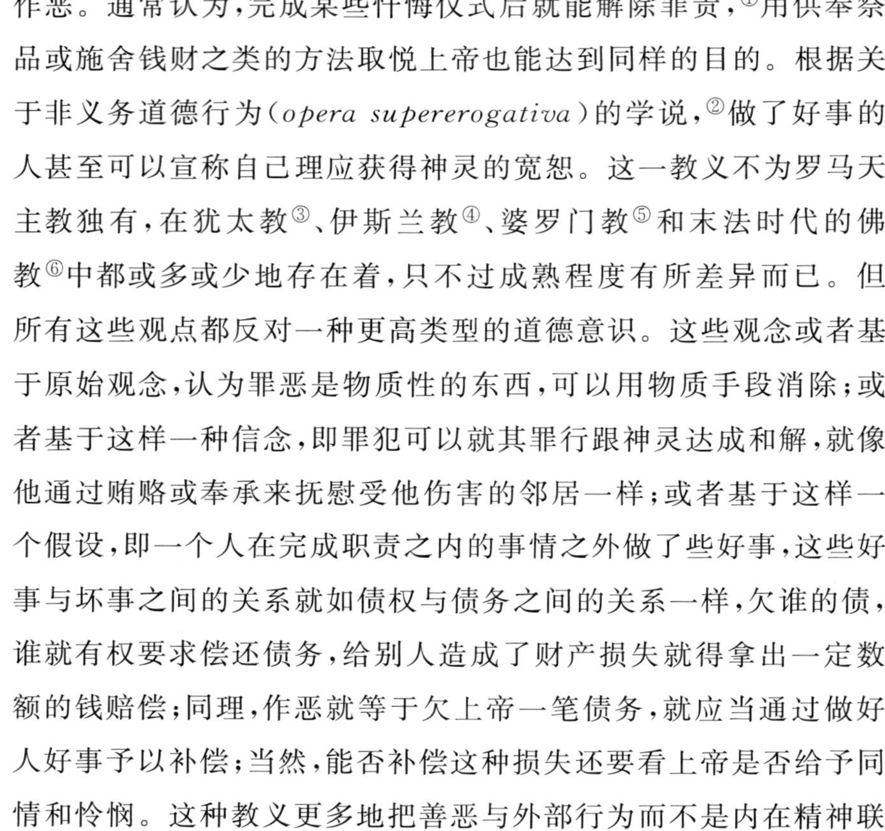

86 作恶。通常认为,完成某些忏悔仪式后就能解除罪责,[①]用供奉祭品或施舍钱财之类的方法取悦上帝也能达到同样的目的。根据关于非义务道德行为(*opera supererogativa*)的学说,[②]做了好事的人甚至可以宣称自己理应获得神灵的宽恕。这一教义不为罗马天主教独有,在犹太教[③]、伊斯兰教[④]、婆罗门教[⑤]和末法时代的佛教[⑥]中都或多或少地存在着,只不过成熟程度有所差异而已。但所有这些观点都反对一种更高类型的道德意识。这些观念或者基于原始观念,认为罪恶是物质性的东西,可以用物质手段消除;或者基于这样一种信念,即罪犯可以就其罪行跟神灵达成和解,就像他通过贿赂或奉承来抚慰受他伤害的邻居一样;或者基于这样一个假设,即一个人在完成职责之内的事情之外做了些好事,这些好事与坏事之间的关系就如债权与债务之间的关系一样,欠谁的债,谁就有权要求偿还债务,给别人造成了财产损失就得拿出一定数额的钱赔偿;同理,作恶就等于欠上帝一笔债务,就应当通过做好人好事予以补偿;当然,能否补偿这种损失还要看上帝是否给予同情和怜悯。这种教义更多地把善恶与外部行为而不是内在精神联

---

① 见上文第 53 页及以下。(参见页码均为原书页码,即本书边码。——编者) Heriot, *Travels through the Canadas*, p. 378 (ancient Mexicans). Adair, *History of the American Indians*, p. 150. Krasheninnikoff, *History of Kamschatka*, p. 178. Williams and Calvert, *Fiji*, p. 24.

② *opera supererogativa* 指道德上正确但人们没义务去做的事。——译者

③ Montefiore, *op. cit.* p. 525 *sqq.*

④ *Koran*, xi. 116. Sell, *Faith of Islám*, p. 220 *sq.* 根据伊斯兰教义,有大功则不计小过,而大过则必悔悟方能得到宽宥(*ibid.* p. 214)。

⑤ Wheeler, *History of India*, ii. 475.

⑥ *Indo-Chinese Gleaner*, iii. 150, 161, 164. Davis, *China*, ii. 48.

系在一起。补救意味着对已经发生的损失做出赔偿。损失可以通过给予相应的好处得以补偿,但对于恶来说,是不能补救的。恶只能被宽恕,并且只有在作恶者的思想经历了激烈的向善转变后,即作恶的念头让位于忏悔的条件下,才能获得道义上的宽恕。[1] 因 87
而,改造论禁止为了赎罪而供奉祭品的做法,也禁止把赎罪当成一种市场交易;在其他一些比较高级的宗教形态中我们也发现了类似的改造运动。改良后的婆罗门教宣称,悔过是赎罪的唯一方式。[2] 在旧约《诗篇》中记载着这样一种观点:上帝不因接受多少烧熟的供品而高兴,它高兴的是看到了一颗因悔恨而破碎的心。[3] 这种观点已经成为犹太法学家拉比的主流思想,他们中的大多数把悔过看作赎罪或获得宽恕不可缺少的条件。[4] 谈到这里,让我们同时回忆这么一件事:那个命令他的使徒宽恕其兄弟罪行的人,在发布命令的同时还提出了这样一个条件,"如果他悔悟的话"。[5]

悔过能够平息道德义愤,悔过也是获得宽恕的唯一正确方式。这不是因为这样的义愤有什么特别的道德特征,而是因为它是怨恨的一种形式。这一点被如下事实所证实:一个满腔怒气或试图报复的人容易被冒犯者真诚的道歉打动。正如亚里士多德所说,

---

① 天主教的道德主义者当然并未忽略这一点,但即便是最诚挚的愧悔也不如补偿或赔偿更能确证他的正当(*cf.* Manzoni,*Osservazioni sulla Morale Cattolica*, p. 100)。赎罪包括抱愧、忏悔和清偿,抱愧则主要指"乐意补偿的心愿"(*Catechism of the Council of Trent*, ii. 5.22)。

② Goblet d'Alviella, *Hibbert Lectures on the Origin and Growth of the Conception of God*, p. 263.

③ *Psalms*, li. 16 *sq.*

④ Moore, *loc. cit.* col. 4225.

⑤ *Cf.* Martineau, *Types of Ethical Theory*, ii. 203.

人会因为那些犯了错误的人坦白自己的过错并表示悔过而感到宽慰,“我们惩罚有过失仆人时的不同态度就是一个很好的证据:对那些犯了错却矢口否认并胆敢顶嘴的仆人,我们往往施加严厉的惩罚;对那些承认自己的过失并有悔过表现的仆人,我们心头的怒气就会消解”。[①] 让我们拿一个野蛮社会的例子来说吧。按照克里斯琴先生的说法,加罗林岛上的居民“是个喜欢报复的民族,他们在行动之前总是耐心而平静地等待机会的来临。不过,他们把和解视为高贵的事情。在处理这类事情的时候,有一种容易观察
88 到的礼仪:侵犯者呈上一份礼物(*katom*)并致歉,受伤害的一方接受一根甘蔗——这让他们感到荣耀与满足,于是事情了结了。”[②] 在复仇的情况下,人们允许用外在满足或物质赔偿的方法取代真诚的忏悔,而对敌人的羞辱足以平息燃烧的怒火。但是,对那些富有反省意识的人而言,复仇并不是那么容易满足的。这样的人希望把引发他复仇的那个源头清除掉。亚当·斯密评论说:怨恨所要达到的主要目的,“与其说是让我们的敌人也感受一下痛苦的滋味,不如说是让他们意识到,他为过去的行为感到悔恨,并感到不值得用那种方式对待他所伤害的人”。[③] 培根则说:“看起来,报复的快乐不是去如此这般地伤害侵犯者,而是让他悔悟。”[④]

现在,我们可以看到惩罚的真正目的是改造罪犯这一观点的

① Aristotle, *Rhetorica*, ii. 3.5.

② Christian, *Caroline Islands*, p. 72.

③ Adam Smith, *Theory of Moral Sentiments*, p. 138 *sq*.

④ Bacon, 'Essay IV. Of Revenge,' in *Essays*, p. 45. *Cf*. Montaigne, *Essais*, ii. 27 (*Œuvres*, p. 384).

根源了。这一观点只是强调了怨恨中最人道的因素,要求罪犯不再产生犯罪的念头。因而,改造原则本身根源于报偿性原则。这就解释了这样一个事实:补偿的获得是需要通过施加痛苦才能实现的;否则,我们就难以找到合理的解释。怨恨之情只有在遇到悔过的情况下才让位于宽恕,而碰到罪犯难以改过自新的情况则不然。因而,即便是改造主义者也不会把冥顽不化当作免除罪责的合法基础,尽管这一点恰好与他关于所有惩罚真正目的的理论相龃龉。

因而,制止理论和改造理论最终拥有一个共同的感情根源,这 89
种感情首先引导人们对其同类施加惩罚。这一点却被这些理论的倡导者忽略了,而他们自己就经受着他们所反对的原则的影响,因为他们并没有掌握其中的真谛。如果能得到正确的理解,怨恨本来具有的阻止犯罪的作用就能有所发挥;如果经过深思熟虑,怨恨就会把施加痛苦看作一种手段而不是目的。怨恨不仅使惩罚变本加厉,而且易于把遏制犯罪或改造罪犯——或二者兼有——视为惩罚的正当目的。而对道德怨恨而言,最紧要的是抵制罪恶,惩罚的直接目的总是让社会义愤得以表达。

现在,可能有人会认为,人们无权伤害邻居来发泄心中的道德怨恨,除非能从中得到某些利益。如果是多种多样的其他感情,我们将坚持认为,感情中的意动不应该被允许发展为一种明确的意欲或行为;而且,就道德上的不赞同固有的攻击性而言,也应作如是观。这种观点源于惩罚的功利主义学说。这些学说反对毫无目的地给人施加痛苦,反对报偿性正义的原始观念,反对那些很难超越普通人低级情感的理论。因而,这些学说标志着道德意识已经发展到一个高级而精致的阶段;而且,如果制止原则和改造原则招致几乎所有人的反对,是因为其他因素和条件在起作用,而不是惩罚的实用性要求在起作用。我们已经看到,为了获得正当的认可,它们无视下列事实:惩罚既不应该超越道德上的不赞同制定的界限,也不应该施加在无辜者身上,就算施加惩罚,也应该与罪行的性质与程度相当,对那些听从劝诫的人不应当处罚得反而比那些
90 无可救药的惯犯还严厉。这些理论看起来也夸大了惩罚对罪犯的遏制作用和改造作用,[①]而在另一方面,却以一种过于狭隘的观点看待惩罚的社会作用。惩罚作为一种措施和手段,无论其声音能否让人产生畏惧,无论能否唤醒沉睡的意识,都以通俗易懂的语言传达了社会的看法,那就是告诫人们什么事情是不该做的。它在公共道德方面给人们一个严峻的教训;而且,用别的手段是难以达到如此好的效果的。报复是义愤的自然表现,人们很难找到那些没有激发起怨恨迹象的攻击性行为。当然,就法律意义而言,惩罚是公众复仇的唯一形式,也是最具体的形式;确实存在这种可能性,即没有实施报复情况下的社会舆论会比惩罚还要有效。[②] 无疑,惩罚与社会舆论相结合,不仅遏制了一部分人犯罪,还会起到一定的社会教化作用。J. 斯蒂芬爵士评论道:“对任何罪行而言,法律判决与公众道德情感之间的关系就如同印封与热蜡之间的关

① 关于以惩罚达成阻止效果的局限,参阅:Ferri,*op. cit*. p. 82 *sqq*.。关于本能的罪犯以及惯犯对道德观念的愚钝,以及自责和同情心的缺乏,请见:Havelock Ellis,*The Criminal*,p. 124 *sqq*.。

② *Cf*. Locke,*Essay concerning Human Understanding*, ii. 28.12 (*Philosophical Works*,p. 283); Shaftesbury,‘Inquiry concerning Virtue and Merit,’ i. 3. 3, in *Characteristicks*,ii. 64.

系一样。有了这层关系,在其他情况下一次短暂惩罚就可了结的罪犯,就转化成为一个永久的最终审判。”[①]最后,不容忽视的是,即使惩罚给罪犯带来的巨大痛苦——通常有些愿望和要求没有通过惩罚得到满足——尚不足以实现正义和公平,但对犯有严重罪行的人施加惩罚能够满足大多数人的愿望;如果让罪犯逍遥法外, 91
则更容易出现其他严重后果。公众义愤可能以另外一种不常见的方式——如处以私刑——发泄出来,这些报复方式就更没有指向性和针对性了。另外,如果公众的愿望和要求长期得不到满足,这些正当要求就会萎缩,社会道德标准就会相应地遭受损失。

然而事实上,不要相信惩罚只是或将只是受制于社会效用的考虑——即便是在道德情感所认可的合法范围内。报偿性愿望如此强烈,如此自然,以至我们不由自主地遵从它,对它的被遵从也不会提出强烈的反对意见。根据我们有权惩罚罪犯的理论,我们之所以施加惩罚是因为这样能够提高公众的满意度。这种学说与其说是为了给刑罚提供理论基础,不如说是满足了公众对正义与公平的需求。再者,这种理论探讨的仅仅是惩罚的外部行为,而不是引发惩罚的内在感情。它谴责的是报偿性行为,而不是报偿性欲望。

同时,情感自身的攻击性因素已经发生的变化,结果有可能——部分地由于发泄渠道变得狭窄了——掩饰它的本质。怨恨

① Stephen, *History of the Criminal Law of England*, ii. 8i. *Cf*. Shaftesbury, *op. cit*. ii. 64:“关于惩罚与奖励,它们的成效并不受将带来的惧怕或好处的影响;作为一种天生的、自然的对美德的尊重,以及对邪恶的不齿,它们是经由公众对人类行为或认可、或憎恶的公开表达唤醒或激起的。”

指向了侵犯行为的起因,广义而言就是指向侵犯者本人。不过,好好反思一下整个事情的经过,我们就会不得不承认,真正的祸根不是侵犯者本人而是他的意愿。因而,经过深思熟虑的、有指向性的报复总是针对侵犯者的意愿而不是侵犯者本人。我们已经看到,报复者要给侵犯者造成痛苦,这是祛除引发报复者痛苦起因的主要手段,也就是说,报复是为了祛除侵犯者的恶意。如果对深思熟
92 虑的报复行为而言大致如此的话,道德义愤则尤其如此,因为道德义愤更容易受同情心的影响,比非道德怨恨更具指向性。由这一事实可以推论,我们愤恨的应当是罪恶,而不是作恶的人。敌对性反应应当集中指向侵犯者的意愿,而侵犯者的感觉和判断只不过是实施意愿的工具而已。不过,严格来说,几乎没有什么希望能让这种愿望得以实现。西季威克教授的评论很有道理,他说,尽管道德学家试图严格区分“指向行为”的愤怒与“指向行动者”的愤怒,值得怀疑的是,以普通人的能力而言,在实践中是否真的能够保持这种区分。[①] 侵犯的意愿与痛苦的感受不能看成是两种截然不同的存在,不能因为其中一个出了错误就惩罚另一个。侵犯者本人应当担负责任。敌对性行为之所以指向侵犯者的意愿,是因为只有这样才能祛除痛苦的源头。从远古时代起,对痛苦源头的攻击性态度一直与以眼还眼的本能欲望密切相关;再者,尽管我们承认,只要它试图祛除痛苦的源头,这种欲望——这是一种根深蒂固的欲望,后来它可能发展为意愿——在道德上就是合理的,我们也禁不住沉溺于这种欲望的满足之中。正是这种以眼还眼的本能欲

① Sidgwick, *Methods of Ethics*, p. 364.

望成为道德义愤的最重要特征。无此,道德谴责与是非观念就不会存在;我们就不会谴责坏人了,就会把坏人跟有毒植物看成是一样的。道德判断之所以关涉意欲主体(volitional being)或及其行为,不仅因为他们是掌控意欲的,而且在于他们是能够敏锐地感知的。不管我们怎样把义愤集中在行为上,感觉敏锐的行为者都赋予了它独特之处。就我所知,富有同情心的人断言:一个错误的行 93
为只是让他们感到悲伤而不是愤慨。不过我相信,尽管悲伤在心理上占据了支配地位,如果仔细考察,还是能够发现敌意的因素存在,不管这种因素多么细微,它毕竟是内心固有的。道德义愤的强烈程度固然不能总是用报复者伤害侵犯者的真实愿望来衡量,但看来仍然跟报复者让侵犯者经受痛苦的分量有关。除了实用的考虑之外,我们中有谁会同情罪犯受罚如同同情无辜者受罚呢?这是一个非常有趣的事实:以高级形态的道德意识徒劳无益地谴责低级欲望的满足,而前者可是从后者发展演变过来的。这就像一个出身低微的人,不管他通过自身努力,在言谈举止方面获得了多大的改进,他都抹不去脸上的血统标签。

从心理上说,怨恨是遭受痛苦时针对痛苦源头的敌对性态度,而和善的报偿性情感则是感到快乐时针对快乐源头的友好态度。在愤怒的低级形态中,除了祛除痛苦源头的强烈愿望之外,几乎不存在引发别人痛苦的明确愿望;同样地,在和善的报偿性情感的低级形态中,除了友好地对待快乐的源头并尽力保护外,也几乎没有让别人快乐的明确愿望。当这种和善的报偿性情感包含了以快乐回报别人给予快乐的明确愿望,而受惠者同时能感受到他自己就是施惠对象时,这种情感就称为感谢。我们经常发现,有一种情感经常与感谢混杂在一起,那就是歉疚(indebtedness);歉疚是这样一种情感:某人受到某种恩惠,就感到自己欠了一份债,就把那个
94 施惠者看成债权人。歉疚之情甚至被当作感谢之情的本质所在或基本条件之一;[①]但我这里所理解的感谢却不包含这层意思。心存感激之情是一回事,感到有义务表示感谢是另一回事。"自我感觉"沮丧,或感到受了屈辱,通常也伴随着回报恩惠的感谢之情;但它当然不是感谢本身的一个因素。

在动物界,和善的报偿性情感要比怨恨少见得多。很多动物身上连一点和善的报偿性情感的影子也没有,即便是那些有所表现的物种,也不过是乏善可陈。每个人都能把动物惹恼,但只有在个别动物身上才能唤起它们和善的报偿性情感。划分这种感情的界限是,在什么条件下才导致广义的利他情感——关于这个问题,我将在其他地方论述。事实上,人际交往之情(social affection)本来就具有报偿性。群居动物因为彼此为伴而感到快乐,有了这种快乐,它才对自己快乐的源头——它的同伴——表示友好并建立亲密的关系。互惠是人际交往之情的题中应有之义;它不只是对另外一个人表达友好之情,而是对一个被想象为朋友的人表达友谊。

和善的报偿性情感有一个内在的目标,就是保护快乐的给予者。由此可以设想,为了回报感受到的快乐而给予别人快乐的明

① Horwicz, *Psychologische Analysen*, ii. 333:"没有这种感激之情,就不会表达任何感念之意。"*Cf*. Milton, *Paradise Lost*, iv. 52 *sqq*.

确愿望，应归因于这样一个事实：这种愿望有助于从物质上实现上
述目标。这一点与报复性行为有极其相似之处。我们已经看到，
受到伤害后就会产生一种加害于侵犯者的明确愿望，这种愿望是
怨恨的构成因素，因为这种愿望有助于实现怨恨的内在目标——
祛除那引发痛苦的源头。由于自然选择能够说明怨恨起源的问
题，它同样可以用来解释和善的报偿性情感的起源。这两种情感 95
状态对心理都是有益的：通过怨恨之情可以祛除祸患，通过和善的
报偿性情感可以确保实惠。在不同物种身上，这两种情感的普及
性程度之所以差异迥然，在于这样一个简单的事实：群居只对某些
物种有好处，并不是对所有的物种都有益；而且，即便是群居动物
也有很多敌人，朋友则寥寥无几。

在某些情况下，和善的报偿性情感会指向与给予快乐者毫无关系的个人。原来，刺激和反应之间的关系如此密切，以至那个感到快乐的人生发出一种让他人都快乐的愿望。[①] 但这种毫无指向性的反应并不经常出现，它只不过是我们这里所关注的情感的一个分支。另外，在找不到施惠者或已经回报施惠者的情况下，和善的报偿性情感通常还把感受到的实惠给予与施惠者有密切关系的人。不过，在这种情况下，对施惠者的感谢就是真正的动机了。

大家可以无须置疑地承认，道德上的赞许——就我的理解，这种情感的外在表现是道德上的表扬或奖赏(moral praise or

① 心情愉悦的人乐意看到身边的人都面带笑意，这也是事出有因的，赫恩博士在其著作中已经指出这一点：从别人的表情中，他希望得到更多的滋养，并增强他当下的感受(Hirn, *Origins of Art*, p. 83)。

reward)——是一种与感谢之情密切相关的和善的报偿性情感。[①]并没有什么表面看来相互矛盾的事实能够掩饰这种情感的友好特征,而对于道德上的不赞同而言,其敌对性特征则容易被掩饰。一般而言,把一种好处让渡给别人并不是一件坏事,除非这种让渡在事实上侵犯了某人的权利,或这种让渡与正义感背道而驰。道德上的赞许有时会张冠李戴,一个人做了好事反而去赞扬另外一个
96 人,但这种事情并不否认以下事实:这种情感本来是指向给予快乐者的。这正如对无辜者的惩罚——当然,这种事情并不经常发生——并不否认道德上的不赞同本来是指向痛苦制造者的。无功受禄与无辜受罚的情况有类似之处,对这两种情况的解释也可以找到相似的理由。

家族凝聚力就是这样一个很有说服力的理由,无论是有人犯罪还是有人立功,整个家庭都荣辱与共。

> 马达加斯加的法律规定,为君主或国家尽过特殊义务的人,其子孙后代,其家庭别的支系,均可免除罪责。[②] 根据中国人的观念,任何个人的美德懿行,都不仅使他本人过上荣华富贵的生活,还能使他的后代人沾光——除非某个后代人太不争气,自己犯了罪。正所谓前人栽树,后人乘凉。[③] 中国政

---

① 至于感激与道德上的赞许这两种情感之间的关系,哈特利(Hartley, *Observations on Man*, i. 520)与亚当·斯密(Adam Smith, *Theory of Moral Sentiments*, *passim*)已经有所论述。

② Ellis, *History of Madagascar*, i. 376.

③ Giles, *Strange Stories from a Chinese Studio*, i. 426. n. 3; ii. 384, n. 63. Doolittle, *Social Life of the Chinese*, ii. 398.

> 府的做法是倒过来的,谁要是成了杰出的人物,政府要给他死去的双亲加封贵族称号。[①] 印度业已开化的土著都熟悉这样一种观念:死者会分享生者的美德(*punya*)与罪恶(*pâpa*);在给行好事者馈赠礼物的仪式中,几乎都有这样一句客套话:"为了彰显捐赠人及其父母的美德。"[②]

不过,美德懿行在别人身上的替代功效并不只限于同一家庭的成员。

> 在《梨俱吠陀》的一首赞美诗中,我们发现有这样一种观点:一个人拥有美德懿行或笃信神明,他的邻人就会因此而受益。[③]《帕拉维文书》中说,要是有谁一点也不能做善事,那么
> 别人做善事的超额部分就有他的一份,他也可以因此得益。[④] 97
> 中国人相信,有道明君的仁慈大度会保佑整个国家和平安康。[⑤] 耶和华允诺,假如在罪恶之地索多玛[⑥]能够发现十件好事的话,他绝不会摧毁这个地方。[⑦] 实际上,替代性奖赏或替代性满足的原则远比代人受过原则普遍。犹太神学中就有大量的记录,提到代表恶人接受正义之举好处的事,而以祭品赎

① Giles, *op. cit.* i. 305, n. 6. Wells Williams, *Middle Kingdom*, i. 422.

② Barth, *Religions of India*, p. 52, n. 4.

③ *Rig-Veda*, vii. 35.4.

④ *Dînâ-î Maînôg-î Khirad*, xv. 3.

⑤ de Groot, *Religious System of China* (vol. iv. book) ii. 435.

⑥ 根据《旧约》记载,索多玛是一个耽溺男色而淫乱的城市。这座城市位于死海的东南方,如今已沉没在水底。——译者

⑦ Genesis, xviii. 32.

> 罪的事情则谈得很少。[①] 伊斯兰教徒根本不知道代人受罚可以是一种赎罪手段,他们会诵读着《古兰经》或向穷人施舍,把美德让渡给死者,有些不能亲自到麦加朝拜的人则央人代理。[②] 基督教神学本身就坚持这样的观点:世人的拯救有赖耶稣基督的热心和美德;很早的时候人们就相信,殉教者或圣徒的美德会让其他教徒受益无穷。[③]

要解释这些事实以及与此类似的例子,必须考虑到很多方面的事情。做好事是令神明愉悦的,根据愤怒让位于喜悦的原则,自然诱使他宽恕恶人的罪行。不仅同一家庭成员之间存在很强的凝聚力,同一社会单位的成员之间也具有这种凝聚力;因而,个人的美德可能让他所属的整个社群受益。天主教神学家论证道,既然我们通过同样的洗礼获得了新生,既然共同分享了圣餐,尤其是我们吃的是同样的肉——耶稣基督身上的肉,喝的是同样的水——耶稣基督身上流淌的血,我们就共同属于同一实体的成员。"因为脚不只行使它作为脚的功能,它还对眼睛有益;眼睛不只是为了看东西,看东西也不只是为了自己,而是为了身体所有部位都很好地发挥作用;所以我们相信,令一个人满意的事情同样会让所有教徒
98 满意。"[④]人们还相信,美德同罪恶一样,也可以像物质一样转移给他人。在上巴伐利亚,人们在摆放死人时会把一个面饼放在死者

① Robertson Smith, *Religion of the Semites*, p. 424, n. 1.

② Lane, *Modern Egyptians*, pp. 247, 248, 532. Sell, *op. cit.* pp. 242, 278, 287, 288, 298. *Cf.* Wallin, *Första Resa från Cairo till Arabiska öknen*, p. 103.

③ Harnack, *History of Dogma*, ii. 133, n. 3.

④ *Catechism of the Council of Trent*, ii. 5.72.

胸膛上,目的是吸收死者的美德,这个饼子是要由死者的近亲属吃掉的。[①] 我们听说,在英格兰北部某地区,如果埋死人的同时有个小孩在受洗,那么人们相信死者身上无论有什么美德都被转移到了这个孩子身上,因为上帝不允许任何“善良而美好的东西”埋葬在地下,不允许这个世界丢掉这些美德,而这些“善良而美好的东西”最有可能进入了那个恰好正在接受洗礼的小孩体内。[②] 和诅咒一样,祝福也被当作一种物质性的东西,具有相应的能量;善无须费力获取,只要跟善有联系就得到它。祝福是可以遗传的:“身正不怕影子斜,上帝保佑正直的人,他的孩子也会和他一样得到祝福。”[③]

无疑,神明由于善者的美德而宽恕罪人成了一个越来越妥洽的做法,而为了恶人的罪过惩罚无辜早就不合时宜了。这表明,神明的同情战胜了愤怒;在神的所有品性中,仁慈与怜悯是高等一神教最看重的。真主安拉说:“谁做了好事,就会得到十倍的奖赏,我给予他的奖赏比这还要多;谁做了什么样的恶,必将招致同等的报复,不然的话我就宽恕他。”[④]不管怎么说,更发达的道德意识很难赞同这样一种观点:因为有人行善就宽恕恶人,对善行的奖赏应当给予行善者之外的任何人。替代性奖赏原则或代人受过原则都是不正确的;在这些原则下,不该被忽略的恶行被忽略了;这些原则是建立原始粗糙的善恶观念之上的。我们已经看到,有一种理论 99

① *Am Urquell*, ii. 101.

② Peacock, ‘Executed Criminals and Folk-Medicine,’ in *Folk-Lore*, vii. 280.

③ *Proverbs*, xx. 7.

④ Lane-Poole, *Speeches and Table-Talk of Mohammad*, p. 147.

把善恶跟外部事实而不是内心事实联系起来,并推想恶行可以弥补,而具有洞察力的道德评判只有在作恶之后有悔过表现的情况下才给予宽恕。如果一件好事不能抵偿一件坏事,即便是同一个人做了件坏事又做了件好事,那件坏事也不能由别人做的好事抵偿。我们在很多地方都听到过替代性奖赏的反对意见,这些意见主张,道德奖赏应当给予真正的行善者。以西结批评过这样一种陈旧的观点:孩子龇牙咧嘴是因为父亲吃了酸葡萄。他教导人们,父亲因正直受到上帝赐福,作恶多端的儿子是不能跟着叨光的。[①]《古兰经》里说:"要警醒,没有人该享受他人的功德,也不该代人抵过。"[②]我们可以用佛教《法句经》[③]里的一段话把我们的所有结论做个总结:"自己作恶自己受;自身清白自纯洁。纯洁与污秽皆由自取,无人能净化他人。"[④]

① *Ezekiel*, xviii. 5 *sqq*.

② *Koran*, ii. 44.

③ 《法句经》是阅读范围最广的现存佛经典籍,其文以诗歌形式呈现,广受佛教徒以及非佛教徒的喜爱。——译者

④ *Dhammapada*, xii. 165.

第四章　道德情感的本性(完) 100

我们已经看到道德上的不赞同是怨恨的一种形式，道德赞许是和善的报偿性情感的一种形式。还有一个问题有待我们进一步考察，即这些感情在哪些方面区别于与之相似的非道德情感——道德上的不赞同如何区别于复仇，道德赞许如何区别于感谢——换句话说，作为**道德**情感，它们具有什么明确的特征。

那些把智力作为道德观念来源的人都有一种共同的观点，认为道德情感只是道德判断的结果，而且在每个道德判断中，道德情感的特征是由判断的谓词决定的。我们知道，智力活动过程结束的时候，当行动根据某种道德概念进行明确的分类时，这时，也只有在这时，赞许或者是不赞许的感情才会马上出现，其情景视具体情况而定。[1] 例如，当我们听说一个杀人案时，在对这种行为感到道德义愤之前，我们必须弄清它的错误程度。

诚然，一种道德判断会伴生一种道德情感，发现某种行为模式具有激发义愤或赞许的倾向，也易于引起这样一种感情——如果以前没有这种感情也就罢了，如果已经有了这种感情，这种感情则会

---

① Fleming, *Manual of Moral Philosophy*, p. 97 *sqq*. Fowler, *Principles of Morals*, ii. 198 *sqq*.

101 得以强化。此外,道德判断的谓词及其先导——道德判断的概括性话语——也确实可以给它产生的赞许或不赞许增色,使它不同于包含道德情感在内的感情的一般特征。例如,义务和正义的概念,就无疑具有自己的意蕴。但即使是这样,道德情感也不能被描述为由道德判断引起的怨恨或者和善的报偿。这种定义将是一种无意义的文字游戏。无论与道德判断相伴而生的是什么样的感情,如果没有道德情感事先发挥作用,都不能做出这样的判断。前文已经述及,道德判断的谓词基本上是建立在对具有引起某种道德情感倾向的现象的概括之上的;因此,一种道德情感的标准无论如何都不能依赖于它借以产生的道德判断。但同时,作为道德情感的明确表达,道德判断会自然地帮助我们发现这些感情的真正本质。

道德判断的谓词总是包含着一种无偏私(disinterestedness)的观念。当说一种行为是善的或恶的时,我的意思是指它的善恶是完全独立的,与我没有任何利益关系。道德判断里当然会有自私的动机;但那时,它要伪称作是无偏私的,这表明无偏私同样是道德概念的一个特征。这是连那些自私自利的享乐主义者都承认的,这些人坚持认为,我们是从自爱出发而赞许或谴责一些行为的。按照赫尔维蒂的说法,对报酬的爱才是一个具有德性的人喜欢的德性之爱;然而每个人都伪称是为了德性自身而去爱它,“每个人都习惯这么说,但没有一个人心里这么想”。[①]

如果道德概念本来是对某类现象引发道德情感的倾向性的概
102 括,并且同时包含着无偏私的观念,我们必须断言,那些现象引发

① Helvetius, *De l'Homme*, i. 263.

的感情要被看作是无偏私的。对于这个事实,我们或多或少地能从各种伦理学理论家及道德实践大师的格言里找到回应。功利主义者要求当事者在处理自身幸福与他人幸福的关系时,应当像“毫无偏私而又仁慈的旁观者那样公正无私”;[①]塞缪尔·克拉克制订的“正义的原则”指出,“我们对待每一个人,要和在相似的环境下我们期望他应当对待我们那样”。[②] 康德信奉,“只能按照那些同时可以变成普遍性法则的准则行事”。[③] 按照西季威克教授所谓的公理,“最要不得的是,宁要自己较小的善而不要他人较大的善”。[④]圣经中说,“爱邻如己”,[⑤]并且,“无论人们如何对你,你都要一如既往地对待他们”。[⑥] 同样的内容也反映在印度的《摩诃婆罗多》中,其中说道:“人不能对别人做出他自己厌恶的事情;正义都可以用这一句话概括;其余的按照意愿行事。对于拒绝、馈赠,对于幸福和痛苦,对于是否愉快和惬意,如果设身处地地着想,就能够按照适当的规则行事。”[⑦]孔子也有过相似的话。[⑧] 子贡问曰:

① Stuart Mill, *Utilitarianism*, p. 24.

② Clarke, *Discourse concerning the Unchangeable Obligations of Natural Religion*, p. 201.

③ Kant, *Grundlegung zur Metaphysik der Sitten*, sec. 2 (*Sämmtliche Werke*, iv. 269).

④ Sidgwick, *Methods of Ethics*, p. 383.然而,就像我们上述看到的,这种所谓的“定理”不是对道德情感无利害的一种恰当的陈述。

⑤ *Leviticus*, xix. 18. *St. Matthew*, xxii, 39.

⑥ *St. Matthew*, vii. 12. *Cf. St. Luke*, vi. 31.

⑦ *Mahabharata*, xiii. 5571 *sq.*, in Muir, *Religious and Moral Sentiments, rendered from Sanskrit Writers*, p. 107. *Cf. Panchatantra*, iii. 104 (Benfey's translation, ii. 235).

⑧ *Lun Yü*, xv. 23. *Cf. ibid.* xii. 2; *Chung Yung*, xiii. 3.

“有一言而可以终生行之者乎?”子曰:“其恕乎。己所不欲,勿施于
103 人。”孔子在另外一次谈话中说,这个规则对他来说不仅有否定的意义,而且还有肯定的意思。他说,在君子的生活方式中有四件事是尚未做到的:所求乎子,以事父;所求乎臣,以事君;所求乎弟,以事兄;所求乎朋友,先施之。像要求儿子服侍自己一样地服侍自己的父亲,像要求臣子服侍自己一样地服侍君王,像要求兄弟服侍自己一样地来服侍兄长,像要求朋友对自己所做的那样来为如何对待朋友树立一个榜样。[1]

这个“金科玉律”不是回敬规则,尽管后者有时也被讨论到。[2] 它不是在说,“对别人去做他们希望对你做的事”,而是说,“对别人去做你想要做的事,或者要求他们这样对你”。它使我们认识到这样一个事实:道德规则是普遍规则,它应该被遵守,不受任何私虑影响。如果表述为一种命令,我们对待邻居的态度,就应当像在非常相似的情景下我们想要他对待我们的那样。它完全等同于说“履行你的义务”,这个句子把重点放在义务这个概念中包含的无偏私上。圣奥古斯丁曾说,“像你被对待的那样去对待别人”,这句话放之四海而皆准。迄今为止,他的话都是正确的。[3]

无论如何,无偏私不是道德怨愤和道德赞许区别于其他的非道德愤恨及和善的报偿性情感的唯一特征。实际上,无偏私本身

① *Chung Yung*, xiii. 4.

② Letourneau, *L'évolution religieuse dans les diverses races humaines*, p. 553.

③ St. Augustine,转引自:Lilly, *Right and Wrong*, p. 106。

就有一种大度与宽容的品格，它体现了道德情感的特征——明显的不偏不倚。如果我宣称对朋友或敌人实施的一种行为是善的或恶的，这意味着我假定了这样一个前提：这一善或恶的判断与我实施行为的对象事实上是敌是友无关。相反地，如果我判定某个朋 104
友或敌手实施的一种行为是善的或恶的，这意味着我认可这一假定：这种行为是善是恶与我对行为人的友谊或敌对感情无关。所有这些都意味着，怨恨或和善的报偿性情感迄今为止均为道德情感，这种情感均不受当事人之间特殊关系的影响，无论对当下行为的实施者还是实施对象均如此。同时，在实际生活中道德情感未必总是不偏不倚、公正无私。大家对此能做到心照不宣，或不是有意识地唱反调就足够了。事实上，我们通常给不同的个体、不同的阶级成员赋予不同的权利，由于与当事人形成的关系的影响，我们难免介入个人的同情或反感；那些权利可以是道德权利，在严格意义的术语上讲，这种情感就不仅仅是偏好了；也就是说，某些我们假定不偏不倚的判断认可了我们的权利观，我们就更容易坚持这种权利的正当性，即使我们没有意识到这样做不公平。相似地，蒙昧人谴责针对他自己部落成员所犯的谋杀，而赞扬针对其他部落的同类凶杀行为，他的谴责或赞扬当然会受他与受害者或杀人犯关系的影响。他不会如此推理：杀死他自己部落成员是要受到谴责的，杀死外部落的人是值得赞扬的。无论如何，他的谴责和赞扬必定被看作是道德情感的表达。

最后，道德情感具有某种普遍化的意味。我们以前已经注意到，一种道德判断通常暗含了一些模糊的假设，即它一定被每个既 105

充分了解事件情景又具备“足够发达的”道德意识的人所共享。然而，我们已经看到这个假设是虚幻的。因此，不能把它看作是道德判断的必要条件。尽管不能妄称道德判断必然是“普遍化的”或“客观的”，但也不能推论它们仅仅是个人的判断。即使那些对其局限了然于心的人也不得不承认，当他说一种行为是善的或恶的，他所表达的不仅仅是一种个人化的观点，他的判断是有所参照和依据的，其中不仅有他自己的感情，也体现了他人的感情。于是他会想，假如他周围的那些人知悉相关情境并具备他那样敏锐的判断力，他们也会这样认为，这样感同身受的。这种感情使他的赞许和怨恨有了些许普遍性，成为一种公众共有的赞许和怨恨；不过，这种感情绝不可能在纯粹个人的感激之念或报复之情中找到。

在此前的两章和这一章中，我已经尝试对道德情感进行分析，其中的观点不仅对基于他人行为生发的感情有效，而且对基于自身行为而生发的感情同样有效。出于痛苦，道德上的自我谴责是对自我的敌意心态；出于愉悦，道德上的自我赞许是对自我的友善和慈爱。真正的悔恨尽管集中在感受者的意愿上，它依然或明确或模糊地包含着经受苦痛的欲求。有心悔过者会记得他所犯的
106 错，他想清楚地认识过错的严重性；他想这么做，不仅是因为他想要变成一个更好的人，还因为内心感到刺痛能给他带来抚慰。福曼先生说，如果从良心上意识到自己犯有过错，菲律宾岛民会毫无怨恨地接受一顿鞭笞，“即便他不是很确信是否能证实这是个过

错，他也会期待着有个机会让对自己的怨恨发泄出来”。[①] 我们可以真确地感觉到对自己的憎恨，我们可能期望遭受体肤之痛以惩罚自己犯下的过错；[②]同样地，有这样一些例子，犯有死罪的人主动向当局者自首，甘愿接受法律的制裁，他们这样做是为了获得良心的安宁。[③] 然而，人虽有心惩罚自己，一般而言仍会天生地规避痛苦，结果良心的刺痛感就变得钝化了。极其懊悔导致的自杀在蒙昧人中时有发生，[④]这种情况与其被看作一种自戕，不如说被看作结束剧痛的出路；在罪人自我折磨的背后通常潜伏着对天堂福祉的向往。自我赞许也不仅仅表示喜欢自己的所作所为，同时也是对自我的友善态度。举例来说，这样一种态度是诸多道德情感的根源，它引发人们去想：自己这样做应该受褒扬和奖赏。

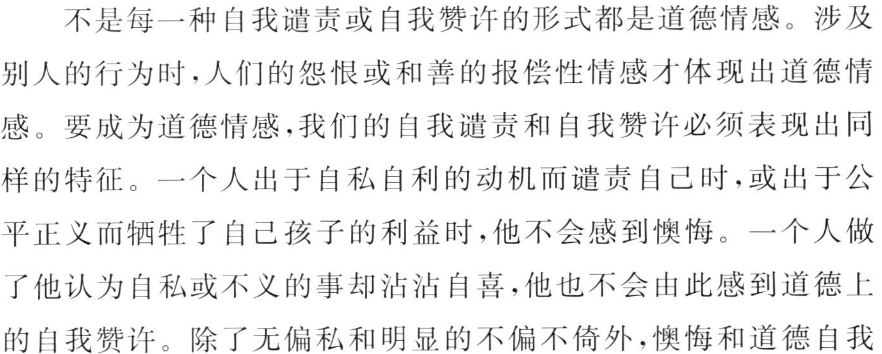

不是每一种自我谴责或自我赞许的形式都是道德情感。涉及别人的行为时，人们的怨恨或和善的报偿性情感才体现出道德情感。要成为道德情感，我们的自我谴责和自我赞许必须表现出同 107
样的特征。一个人出于自私自利的动机而谴责自己时，或出于公平正义而牺牲了自己孩子的利益时，他不会感到懊悔。一个人做了他认为自私或不义的事却沾沾自喜，他也不会由此感到道德上的自我赞许。除了无偏私和明显的不偏不倚外，懊悔和道德自我

① Foreman, *Philippine Islands*, p. 185. *Cf.* Hinde, *The Last of the Masai*, p. 34; Zöller, *Das Togoland*, p. 37.

② *Cf.* Jodl, *Lehrbuch der Psychologie*, p. 675.

③ von Feuerbach, *Aktenmässige Darstellung merkwürdiger Verbrechen*, i. 249; ii. 473, 479 *sq.* von Lasaulx, *Sühnopfer der Griechen und Römer*, p. 6.

④ 见下文，关于“自杀”。

赞许也具有某种普遍性。正如鲍德文教授认为的,无论是对于别人还是对于自身,道德上的赞许或不赞许,“如非为社会上多数人共享,绝不会达到它的最佳状态”。[①] 实际上,我们对自己的行为的道德判断几乎与外部社会不可分割,似乎存在一个站在局外的裁判,公正地裁决着人间万象。

① Baldwin, *Social and Ethical Interpretation in Mental Development*, p. 314.

第五章　道德情感的起源 108

我们已经看到，愤恨与和善的报偿性情感均有助于促进感受者的个体利益，两者的这种效用很容易被理解。这种解释对道德情感而言同样有效，只要它们是和善的报偿性情感：道德上的不赞同引发的敌意针对的是造成痛苦的原因，而道德赞许引发的友善指向愉悦的因由。但我们依然需要找出道德情感区别于其他的、非道德的、报偿性情感的因素，发掘产生这些因素的根源。首先，我们将如何解释道德情感的无偏私？

我们必须区分无偏私的报偿性情感得以产生的不同情境和条件。首先，因为另一个人受到伤害或得到恩惠，我们可能感到无偏私的愤恨或者无偏私的和善的报偿性情感，我们对这个人的痛苦和幸福报以同情，我们善意地关心他的福祉。当然，我们的报偿性情感总是对我们感知的痛苦或幸福的反应；这一点，无论对道德情感还是对报复之念、感激之情都适用。接下来要回答的问题就是，为什么我们相当无偏私地因为邻人被伤害而感到痛苦和愤怒，因为他受到恩惠而感到幸福并赞许？

某一种行为引发旁观者的幸福感或痛苦感，部分地源于这些 109
感情与其外部表现间的密切联系。看到一张快乐的脸，就容易生发愉悦之情；看到遭受苦痛的身体则容易心生痛楚。在每一种情况下,旁观者的感受都是情感再产生的结果:他看到了当事者的身体和表情,他理解当事者的感受,由于双方之间业已建立起来的亲近关系,他的同情之心被唤起。

对别人痛苦和幸福的同情也可以产生于紧密的因果联系,产生于对某一种行为或情景及其通常引发的情感之间联系的认识和了解。看到有人遭受鞭笞就会感到痛苦,尽管这顿刑罚还没有在受害者身上造成什么可见的后果。当上述两种联系同时出现时,人们生发出的同情当然会比仅仅一种联系发挥作用时更强烈。正如亚当·斯密所说:“一般的哀痛所表达的只是受害者的苦楚,它引发的与其说是真正的、感同身受的同情,毋宁说是探究对方处境的好奇心以及对他表示同情的某种意向。”[①]另一方面,由因果联系引发的同情会通过观察和理解被同情者痛苦或幸福的外部表征而极大地加强。

110 但仅产生于上述联系的同情并不是通常所理解的同情。仅从联系中产生的同情也可能对它的直接原因产生一种仁慈的或敌对的反应:一张笑脸经常激起对微笑者的友爱之情,而“看到遭受苦难的身体或表情,通常引发对受害者的忧虑不安”。[②] 在这种情况中,是他人本身而不是施惠者或加害者被视为同情的原因。仅仅从上述联系的角度看待同情,这种同情就失去了最重要的特征,用流行的术语讲:它缺少亲切感。[③]

---

① Adam Smith, *Theory of Moral Sentiments*, p. 7.

② Leslie Stephen, *Science of Ethics*, p. 243.

③ 里博特教授(Ribot, *Psychology of the Emotions*, p. 233)和尚德先生(Shand, 'Sources of Tender Emotion,' in Stout's *Groundwork of Psychology*, p. 198 *sqq.*)对同情与好心肠之间的区别做过精彩评论。

同情这个词在其一般用法上，与利他主义情感或关爱——一种对他人关切并且随时表现出来的精神气质——协同共进。只有这种情感[1]才会引导我们对邻人仁慈友善。这种情感包含着一种倾向或意愿，并且在充分发展后，会激发一种与他们同甘共苦的热望。受其影响，我们的同情不再仅仅局限于人际联系；我们积极参与这种情感的产生过程，我们把注意力集中到所爱的人的感情、外在表现和生活环境上，关注其中任何一个细节。我们渴望了解他的欢乐和痛楚，以便和他同欢乐、共患难；特别是当他有需要的时候，我们能行动起来，去安慰或帮助他。利他主义情感不仅仅是同情的意愿；最重要的是做善事的意愿和实际行动。后者更应该被 111
看作前者的原因而不是结果；正如亚当·斯密坚持主张的那样，[2]对他人的关切和慈爱不只是习惯性的同情，也不是它的必然结果。固然，没有关切和慈爱辅佐的同情会引导一个人去安慰身处苦痛的邻人，而不至于假装看不见；但他这样做不是出于对受苦者的同情，而只是为了摆脱自己目睹此情此景的痛苦感受。也不能假定，这种利他主义情感只能通过同情强化才促成伸手相助的行动。看到旅行者经受着伤痛，一个自私的伪君子感受到的痛苦一点不少于一个乐善好施、见义勇为者；然而，见义勇为者不会一走了之，他有帮助受伤者的愿望，如果他没有半路停下来救助的话，他的愿望

① 我在这里使用的情感（sentiment）一词，其意义与尚德先生在“性格与感情”一章中的主张相同（Shand，‘Character and the Emotions，’in *Mind*，N. S. v. 203 *sqq.*），这个用法也被斯托特教授采纳（Stout，*op. cit.* p. 221 *sqq.*）。情感实际上不能在刹那之间感受到；“它们是复杂的心理意向，假以机缘，它们将引发丰富多彩的感情”（*ibid.* p. 223 *sq.*）。

② Adam Smith，*op. cit.* p. 323.

将不会得到满足。对利己主义者来说,对受害者提供安慰只是他抑制同情之痛的一个手段;反过来也可以这么说,对利他主义者来说,同情之痛促使他给予受害者抚慰和帮助。利他主义者想知道、想感受邻人的痛苦,因为他真切地想帮助他。为什么心肠最好的人最快乐?因为他们想到的是减轻同伴的不幸,而不是沉浸在不幸所激起的同情之痛中。

显然,有利他主义情感相伴的同情——通常意义上的同情——易于产生无偏私的报偿性情感。当我们看到邻人沉浸幸福或遭受痛苦时,我们在某种程度上会把那施惠者或加害者看作是造成此状的根源,尽管在程度上未必等同于我们自身受惠或受害。在所有与人类相伴的动物种类中,我们都可以很容易地发现它们
112 所具备的利他主义情感。一个哺乳动物的母亲对它孩子敌人的敌意丝毫不逊于对自己的敌人。在群居本能已经发展为社会感情的社会性动物当中,[①]任何群体成员的敌人都会遭到其他成员的愤恨;它们团结起来共同御敌,这无疑源自共同感受到的愤怒。对于被圈养和被驯化的动物而言,有许多关于这种感情的动人心魄的例子,甚至出现这种情况:当它们朝夕相处但并非同类的动物遭受伤害时,它们也会明显地表现出强烈的憎恨之情。罗曼尼斯教授的㹴犬“不管何时何地,只要看到有人袭击别的狗,不管当时是在户内还是户外,不管是远还是近——它都会冲上去干涉,以一种最具威胁的姿态咆哮和撕咬”。[②] 达尔文曾谈起伦敦动物园里的一

① 随后的章节将讨论人际交往之情(social affection)与群居本能(gregarious instinct)之间的联系。

② Romanes, *Animal Intelligence*, p. 440.

只美洲小猴子，当它看到一只壮硕的狒狒袭击饲养员时，便冲上去营救，厉声尖叫，张嘴撕咬，最终吓跑了狒狒，它的饲养员朋友才得以安全逃脱。[①] 非常相似的例子是，狗会猛烈攻击任何袭击甚至是触碰它主人的人。威廉斯牧师提到这样一个故事，在利物浦有一只狗把正在遭受虐待的猫从几个小恶棍手里解救出来：它冲进小混混群中，狂怒地撕咬，结果把他们吓得无影无踪；那只猫流着血，似乎失去了知觉，它叼着猫带回自己的窝，让它在干草上躺好，喂养它、照料它。[②] 在人类这一物种中，这类共同感受的愤恨之情在很早的年龄段就开始了。苏利教授曾提到，一个不到四岁的小男孩看到任何动物受害都会感到激愤。[③]

随后的章节将详细论述人类的利他主义情感。我们有理由相 113
信，自古以来在人类中流行的不仅有母爱，而且在一定程度上还有父爱、夫妻之爱。当生活条件的改善有助于早先家庭的扩展时，当群居生活的主要障碍——食物的匮乏——被克服时，更广泛的社会感情就涌现出来；当人们发现社交有益身心后，交往便成了人们的生活习惯。现在依然有一家一户而不是以部落形式生活的蒙昧部族，但我们迄今尚未发现除了家庭生活以外毫无其他社会组织生活的情况。后来的发现只不过进一步证实了达尔文的论点：一块偏僻的荒野上尽管只有几个家庭在那里生活，但他们总是和居

① Darwin, *Descent of Man*, p. 103. *Cf*. Fisher, in *Revue Scientifique*, xxxiii. 618. 梅德温船长提到另一个很少见的例子：两条猎狗相依为命地相处多年，其中一条为同伴的死亡而实施报复（Medwin, *Angler in Wales*, ii. 162-164, 197, 216 *sq*.）。

② Williams, *Dogs and their Ways*, p. 43.

③ Sully, *Studies of Childhood*, p. 250.

住在同一地区的其他家庭保持友好的联系;出于共同防御的目的,他们偶尔会聚集在一起郑重其事地讨论和谋划。[①] 但生活在这样大的共同体中的通常是低等种族,共同体的所有成员出于相同的利益和感情团结在一起。比较而言,家庭组织形式只是极少的例外。在通常情况下,这类共同体中普遍存在的是人们之间的和睦相处、彼此友善、互帮互助和团结友爱。关于这一点,随后的几页将给出大量证据。梅尔维尔先生关于马克萨斯食人族的评述在一定程度上可以作为一个典型引用。他说:"他们的生活中很少出现对事件和问题观点不一的情况……他们在所有的行动上都能步调一致,每件事都能圆满地处理,结局往往皆大欢喜。"[②]当群体中有一人被伤害,大家毫无例外地表示愤恨,并在公开场合集体表达出来。正如罗伯逊很久以前观察到的一样:"在一个小的共同体中,每个人都是其中不可或缺的分子,一人受到伤害或侮辱,跟自身的尊严受到侵犯、自身的安全受到损害毫无二致。如此,复仇的欲望
114 一个挨一个地传染,很快就爆发。"[③]提到澳大利亚的蒙昧部族,法伊森先生评论道:"对这些蒙昧人来说,整个部族就体现在个体身上,而个体对部族敬畏有加。这个部族遭到任何攻击,每个人都认为是自己面临伤害,这时,全体成员会抱成一团奋起反击。"[④]尽管这类群体中的每个人都把其他成员的敌人视为自己的敌人,并多

① Darwin, *op. cit.* p. 108.

② Melville, *Typee*, p. 297 *sq.*

③ Robertson, *History of America*, i. 350.参阅克利福德关于"部落之自我"的理论(Clifford, *Lectures and Essays*, p. 290 *sqq.*)。他说:"在蒙昧部族,不管是有人欺负他本人还是欺负他的部落,他都会感到同样地受伤害。"(*ibid.* p. 291)

④ Fison and Howitt, *Kamilaroi and Kurnai*, p. 170.

多少少会表达憎恶之情,但没有人否定这种集体愤恨中的无偏私因素。

然而,我们对称为“同情之怒”的解释还不够完整。正如我们所看到的,这种情感可以是对同情之痛的一种反应;但它也可以直接产生于对愤怒迹象的认知。严格来说,在前一种情况下,同情之怒不依赖于受伤害者个体的感情而独立存在;可能我们代表他感到了愤恨,他自己却浑然不觉。在后一种情况下,同情之怒是一种经由反思的情感,不依赖于酿成原初情感的根源而独立存在。比如,当听到大街上群狗咬架的尖叫声,四面八方的狗都跑向现场,每只狗显然都准备好了随时撕咬其他狗。在前一种情况下,同情之怒是经由同情之痛这个中介引发的,它与受到的伤害密切相连;在后一种情况下,它可能是同情自身的一种反映,而引发同情的根源则是看不到的。在狂怒的人群里,人们通常会因其他人发怒而愤怒。为什么会这样呢?这是个极少有人提及的问题。这种形式的同情之怒具有相当重要的意义,它既可成为产生道德观念的根源,也可成为传播道德观念的媒介。老师教导学生说某种行为是
错误的,就等于把那种行为看作表达道德怨恨的适宜的对象,教师 115
的目的就是在学生的思想中激发相似的愤怒。聪明的老师在激发此类不赞许之情时并不诉诸任何权威;但不幸的是,在许多情况下,他做不到这样;一个非常明显的原因是,当下的道德责任通常是三令五申强制要求的。众所周知,孩子在很大程度上是根据父母的管教而形成对与错的观念;[①]正如霍布斯所说,“人类通常像

① *Cf*. Baring-Gould, *Origin and Development of Religious Belief*, i. 212.

孩子,他们除了从父母、主人那里接受调教外,不会有别的善恶观念和行为原则”。① 众怒被触犯而爆发,或整个社会群起攻之以示惩罚,凡此种种,都属于这种情况。无论在起源上多么自私,不管引发它的个人动机怎样,同情之怒总会在一定程度上趋于无偏私;也就是说,每个个体不仅出于自己的立场和利益而愤怒,同时也会对其他人的愤怒有反应。

表达愤恨的每一种方式都可传达情感。除了惩罚这个手段外,
116 语言的使用特别值得关注。听到有人说某个词语本身就足以激起道德上的不赞同,像“杀人犯”“小偷”“懦夫”这样的话,不仅指涉某些行为本身,也表达了对这类行为的羞辱。怎么说一个人不诚实都不要紧,如果被称为“撒谎者”,他就会感到很不光彩;用一些表意强烈的词汇,表明说者有意把听众的同情之怒激发到最大程度。

我们迄今所考察的无偏私愤恨的所有例子都可归在同情之怒的名下。但另外一些情况不属此列。愤恨并不总是由某人遭受伤害引发;它可能直接或间接地源自这个生命体的任何苦痛感受。与我们同情别人遭受苦难明显不同,在许多情况下,我们反感一个人的行为,而他实际上丝毫未妨碍我们的利益。在人类的心灵中有贝恩教授所谓的“无偏私的反感”,即“我们从情感上表现这种厌恶,这基于我们不虑及自己的利益,其程度如同我们感同身受地表达同情与友爱”。② 与此类似,旨趣、品位、习惯和观念的差异也导致人们之间的嫌恶,我们将会看到,这些差别对道德意识的形成至

① Hobbes, *Leviathan*, i. 2, p. 76.

② Bain, *Emotions and the Will*, p. 268.

关重要。当某一种实际无害的行为使我们感到厌恶和恐惧时，我们会觉得那个人在伤害别人、劫掠财产或污人清白。这里，我们的愤恨还因为目睹别人的嫌恶之感而变本加厉。我们很容易被我们邻人的好恶所影响。就如塔克所说的："我们觉察邻人的喜好，会不知不觉受到习染；他们厌恶的东西，也很难让我们喜欢。"[①] 117

我们已经看到，来源于利他主义情感的同情不仅可以产生无偏私的愤恨，也可以产生无偏私的报偿性友善。当我们因邻居受到恩惠而欣慰时，我们自然会善意地对待施恩者。正如同情之怒可能出自对愤恨之情外部迹象的认知一样，同情的报偿性友善也可能来自目睹到这种报偿性友善的外部表达。语言传达情感既可以通过褒奖之言，也可以通过谴责之语。奖赏和惩罚一样，一经出现就容易再生产同样的感情。而且，人类既有无偏私的嫌恶之情，同样也有无偏私的喜爱之情。

这样，找到了无偏私的报偿性情感的起源，也就可以部分地解释道德情感的起源。但正如我们已经明白的，无偏私不是道德愤怒和道德赞许区别于其他报偿性情感的唯一特征：一种道德情感被认为无偏私，或至少不是有意的偏私，它就有了公众共同分享的意味。然而，我们现在必须解决的问题不是报偿性情感是如何变得明显无偏私或如何带上普遍色彩的，而是无偏私、大白于天下般的公正及其普遍化为什么成为所谓的道德情感区别于其他报偿性情感的特征。问题的答案在于这样一个事实：社会是道德意识的发源地；最初人们表达出的那些道德判断，不是孤立个体的私人感

① Tucker, *Light of Nature Pursued*, i,154.

118 受,而是更广大的社会成员普遍共有的感情。在这个意义上,部落习俗是最早的道德戒律和行为规则。

习俗已被界定为公共习惯,是某一群体、种族、国家或社会阶级共有的习惯。习俗既是一种习惯,同时也具有别的意义。它不只是经常地重复某种行为,它也是一种行为规则。就如西塞罗所说,习俗是“人们内心的戒律和箴言”。[①] 谈到习俗,我们会说“习俗驱使”或者“习俗要求”人们怎样怎样,并称它是“严苛无情的”和“不可动摇的”。有时甚至出现这种情况,当习俗允许某一阶级的人做哪些事时,它实际上立下了规矩,即他们那样做不应受到任何干扰。

习俗规则作为判定对与错的道德规则而被接受。[②] 蒙田说:“我们所说道德规章产生于自然,来源于众人追随的习惯。”[③]有一次,豪伊特先生跟一位澳大利亚土著青年谈论仪式中的食物禁忌时,试探着说:“当你饥饿难耐时,你碰巧抓到一只母负鼠,如果周围没有年长者看见,你偷偷吃掉它没什么问题吧?”年轻人回答道,“我不会那样做,那是不对的”;他说,这样做等于无视当地人的习俗,等于犯错;除此之外,他给不出其他的理由。[④] 伯诺先生这样说英属圭亚那的印第安人:“他们关于善恶的道德感完全是从祖辈

---

① Cicero, *De Officiis*, i. 41.

② *Cf*. Austin, *Lectures on Jurisprudence*, i. 104; Tönnies, 'Philosophical Terminology,' in *Mind*, N. S., viii. 304.冯·耶林把德国的习俗定义为“民众生活中自己养成的义务性的习惯”(*Von Jhering*, *Zweck im Recht*, ii. 23);冯特也表达过类似的观点(Wundt, *Ethik*, p. 128 *sq*.)。

③ Montaigne, *Essais*, i. 22 (*Œuvres*, p. 48).

④ Fison and Howitt, *op. cit*. p. 256 *sq*.

的风俗习惯继承而来。他们前辈的信仰、前辈的所作所为必定是正确的，要是谁的想法和做法别出心裁，那简直是大逆不道。”[①]在格陵兰异教徒眼里，“只要有违爱斯基摩巫医订下的律法和习俗”，
就都是不道德的、邪恶的。当丹麦传教士试图令他们意识到自己 119
的道德观念时，结果是“他们构想的善恶观念与欧洲人的好恶不谋而合，也与欧洲人的习俗和法律一致”。[②] 罗利也如此断言：“像绝大多数野蛮人一样，非洲人并不把罪恶视为对上帝的冒犯，而只是对他们国家法律和习俗的冒犯。这正是他们的罪恶观。”[③]巴龙加人把偷工减料地对待公众普遍认可的习俗称为 *yila*，在他们眼里这样做是万万不可的，是禁忌。[④] 幼发拉底河的贝都因人“在区别是非时从不诉诸良心或真主的意愿，而仅看习俗怎么样”。[⑤] 根据《摩奴法典》，从无法追忆的远古时代，习俗就代代相传地承继下来，这些习俗“被称为美德懿行”。[⑥] 希腊的习俗观念是 τὸνόμιον，它表明了道德和习俗的紧密联系；同样的还有ἔθος，ἦθος和ἠθικά这些词汇。拉丁语中的 *mos* 和 *moralis*，德语中的 *Sitte* 和 *Sittlichkeit* 都表达了这个意思。[⑦] 更重要的是，在早期社会，习俗不只是道德

---

① Bernau, *Missionary Labours in British Guiana*, p. 60.

② Rink, *Greenland*, p. 201 *sq*.

③ Rowley, *Religion of the Africans*, p. 44.

④ Junod, *Ba-Ronga*, p. 477.

⑤ Blunt, *Bedouin Tribes of the Euphrates*, ii. 224.

⑥ *Laws of Manu*, ii. 18.

⑦ 关于这些词语的历史，见：Wundt, *op. cit*. p. 19 *sqq*. 。风俗习惯中表现出道德特征的其他事例，见：Maclean, *Compendium of Kafir Laws and Customs*, p. 34 (Amaxosa); Macpherson, *Memorials of Service in India*, p. 94 (Kandhs); Kubary, *Ethnographische Beiträge zur Kenntniss der Karolinischen Inselgruppe*, i. 73 (Pelew Islanders); Smith, *Chinese Characteristics*, p. 119。

规则,并且只要人们一想到道德规则,唯一进入脑海的就是习俗。蒙昧人的所作所为很符合黑格尔的理论命题:道义和良知非私人独享。下面关于提讷弗利�румын人的说法很典型,兹引用如下:"单独的个体极少在观念或行为上有超乎寻常之处,他们无论作恶还是行善,均跟从周边的绝大多数人。他们是以群体而非个人的形式思考。"[①]

120 不服从习俗的行为会激起公愤。特别是在文明的低级阶段,习俗是管制民众的强硬而专断的铁律,破坏和违背习俗不仅遭到众人的羞辱,而且通常还会被处以肉体的刑罚。格雷爵士说,"相信蒙昧部族的人被赋予了思想或行为的自由,这是一个很明显的错误";[②]有关世界各地所有蒙昧时代部落生活的大量事实都证实了这一判断的真确。[③] 习俗约定的规则既然是一种道德规则,违反习俗所引起的愤怒自然就是一种道德情感。更为重要的是,一个人义不容辞的所有义务均表现在他所属的社会习俗里,道德愤

① Caldwell, *Tinnevelly Shanars*, p. 69.

② Grey, *Journals of Expeditions in North-West and Western Australia*, ii. 217.

③ Tylor, 'Primitive Society,' in *Contemporary Review*, xxi. 706. *Idem*, *Anthropology*, p. 408 *sq*. Avebury, *Origin of Civilisation*, p. 466 *sqq*. Eyre, *Journals of Expeditions into Central Australia*, ii. 384, 385, 388. Curr, *The Australian Race*, i. 51. Mathew, 'Australian Aborigines,' in *Jour, and Proceed. Roy. Soc. N. S. Wales*, xxiii. 398. *Idem*, *Eaglehawk and Crow*, p. 93. Taplin, 'Narrinyeri,' in Woods, *Native Tribes of South Australia*, pp. 35, 136 *sq*. Hawtrey, 'Lengua Indians of the Paraguayan Chaco,' in *Jour. Anthr. Inst.* xxxi. 292. Murdoch, 'Ethnological Results of the Point Barrow Expedition,' in *Ann. Rep. Bur. Ethn.* ix. 427 *sq*. (Point Barrow Eskimo). Holm, 'Ethnologisk Skizze af Angmagsalikerne,' in *Meddelelser om Grönland*, x. 85. Nansen, *First Crossing of Greenland*, ii. 295. Johnston, *British Central Africa*, p. 452. New, *Life, Wanderings, and Labours in Eastern Africa*, p. 110 (Wanika). Scott Robertson, *Káfirs of the Hindu-Kush*, p. 183 *sq*.

怒的特征显然要在它和习俗的联系中寻找。习俗最突出的特征就是它的普遍性。违反习俗必然引起公愤；因此，这种普遍性也使道德上的不赞同获得了同样的意味。习俗一经形成就很难改变，它不会顾及个人的偏好。承认习俗的有效性，就隐含地承认了习俗对你、对我及对社会上所有人具有同样的约束力。这也就包含了无偏私性：不管我个人是不是直接牵涉这个行为，我都承认，违背习俗就是犯有过错。这也包含了明显的公正：我对该行为的谴责是独立于我与当事人的个人关系的；或至少，我不知道任何这类个人关系会影响到我的谴责。无论道德源自哪里，这一点都是有效 121
的。尽管习俗通常植根于公众的同情之怒或公众的无偏私嫌恶，它们也可能源自偏袒和自私自利。起初，社会的领导者可能会由于发现某些做法对自己不利而提出禁止。在习俗压制妇女的社会，这种习俗当然可以追溯到男性的自私上。在认可奴隶制的地方，当然不能指望对待奴隶公正无私。然而，如同前面的例子，在这里，不管我的身份地位如何，我都认为这些习俗是正当的，我甚至猜想作为当事人的妇女和奴隶自己也与我有同样的观点。这种猜测绝不是虚幻的妄想。在正常的社会条件下，主要由于上等人的愤怒更容易获得人们的同情，一个地方的习俗会被主体社会自愿地服从，并被主体社会认可为正当。按照马斯登的说法，苏门答腊岛上的勒姜人“出于偏袒和自爱，一个没有财产、家庭或亲戚朋友的人从不把自己的生命价值看得与家境殷实、有头有脸的人士一样”。[1] 一个规则无论多么自私、偏袒，一旦制定者的自私和偏

① Marsden, *History of Sumatra*, p. 247.

祖销声匿迹,它就会变成真正的习俗,成为普通的道德规则。

可能有人认为,从道德愤怒与习俗的关联中得出这种特征,意味着这与我们最初的假设——道德情感是所有道德判断的根源——相矛盾。但事实不是这样。只是因为违背习俗会引发愤怒和怨恨,习俗才成为道德规则。就其伦理方面而言,习俗只不过是把情感倾向的概括,应用到某些行为模式中,并代代相传。公愤则
122 居于这类情感的最底端。习俗(*mos*)构成了义务和责任的规则,它的命名即来自这类道德情感。

公愤是道德不赞同的范例;同样地,表现在齐声颂扬中的公众赞许是道德赞许的范例。和公愤一样,公众赞许有着普遍性、无偏私性和明显的公正性等特征。但这两种感情中,公愤是习俗的根基,它能造成当事人受惩罚,因而给人的印象更深刻。由此,*moral*(道德)这个词与*mos*(习俗)的语源学关联便不足为怪了,这总意味着社会规则的存在,违反了就会招致公愤。对于道德赞许及其情感,我们按照同理以此类推即可。

尽管道德上的不赞同和道德赞许作为公众感受的集体情感在人类感情体系中占据一席之地,在任何特定社会里两者并非总是形影不离。随着文明的进步,同一社会成员内部观念上全体一致的局面被打破了。对社会上流行的道德观念挑刺的人出现了,他们虽然属于这个共同体,却从个人情感出发,批评那些条条框框。他们可能同样表现出无偏私性和明显的公正性——这种异端有别于既成的、占据主流的道德观点,它其实在很大程度上来自于这一信念:“公众情感大公无私乃一场虚幻”。我们将会看到,道德意识
123 的进化是无偏私与公正演化发展的过程;它倾向于权利的平等化,

倾向于同一道德规则应用到更广大的人群和范围；并且这个过程在很大程度上受下述努力的影响：心智高尚的个体会提升公众的观念以符合他们自己的是非观。而且，我们已经注意到，个人道德情感甚至不缺乏普遍化的意味，这种普遍性在众多人一致感受的愤恨或赞许中表现得十分突出。不过，尽管遭到部族的驱逐和迫害，道德异端人士可能并不认为自己只是在兜售纯属个人的是非观念。[①] 甚至在势单力薄时，他也会感到他的信念至少为理想社会所共享，那些和他一样洞见问题所在的人，那些与他同样富有同情心和正义感的人，实际上都站在他这一边。这样，这些道德情感最终仍作为公共情感而存在——即便并非现实，至少是一种理想。

最早的道德情感是公众情感，这一事实意味着，道德意识的最初形式不可能像人们经常宣称的那样，"是个人自己的良心"。根据马蒂奴博士的观察，只有从我们自己的经验中推论，才能看出他人行为的内在根源；但他的观察绝不能保证他的结论——道德意识在根源上是做自我评价的，而不是先对我们的同胞做出批评而曲折地达到这个目的[②]——是正确的。可能包含在自责和自我赞许的感情里的道德因素，与其他非道德因素混淆到如此程度，以至只能通过审慎的抽象才能加以辨别，而这个过程要在他人情感顾及我们行为或我们的情感顾及他人行为的条件下进行。人们有悔恨的道德情感，这预设人心早就存在着对与错的观念，并能把这种

① *Cf.* Pollock, *Essays in Jurisprudence and Ethics*, p. 309.

② Martineau, *Types of Ethical Theory*, ii. 29 *sqq*.

124 是非观念应用于自己的行为。因此,除非道德观先得自另一种来源,否则永远不可能把它看作广义自我谴责感情的一种特殊形式或一个因素。后悔和懊悔如此相似,在某些欧洲语言中二者甚至就是一个词。[1]

从以上论述可以明显地看出,道德怨恨是一种极其古老的人类情感形式,其根源甚至可以在比较低级的动物界找到,这些群居动物(social animal)能够通过同情心感受到这种怨恨。作为一种道德规范,这个风俗无疑起源于人类历史十分久远的时期。以后我们会看到,野蛮人的风俗遭到侵犯时,经常明确地表示愤怒。各种各样的资料表明,较低级的种族也有正义感——这是所有道德情感的精华。关于低级种族没有悔恨之情的看法,[2]不仅缺乏事实依据,也与已有事实相矛盾。实际上,即使在我们中间,真正的悔恨也是一种深藏不露的情感,因而不可能指望蒙昧部族毫不掩饰地把悔恨之情表露出来。我们已经看到,悔恨需要一定的抽象能力,也需要内心情感建立在极其公正的基础上,因此,这种感情必须在最高级的道德意识中去寻找,而在最低级的道德意识中没有容身之地。但是,如果说蒙昧人连一点道德心都没有,这不仅与我们从他们遵循的风俗习惯中得出的结论大相径庭,也与旅居者努力探究此问题答案时的直率评论相矛盾。豪伊特先生问一个澳大利亚青年:如果你家老人不在身边,你是否会吃一只带着幼崽的

① 正如瑞典语中的 *ånger* 一词。

② Avebury, *Origin of Civilisation*, pp. 421, 426.

母负鼠；[1]显然，这个青年负责任的回答表现出对道德规范的尊重。正如法伊森先生所说，这种回答“突出地表现了回答者的‘道德情感’，而约翰·卢伯克先生却否认蒙昧部族有这种情感”。[2] 125
施莱登博士宣称，他在与工作所在地居民的交往中发现，黑人的义务感一点都不比欧洲人差，甚至比欧洲人强烈。[3] 谈到万尼卡人[4]时，纽先生说：“良心就像全能上帝的代理人一样活在人们的心灵中，人们做什么事情都要征得它的同意，否则它会拷问你的灵魂。它可能钝化，可能麻木，也可能受到抵制，而最容易发生的是受到压抑，但它一直存在。”[5]阿布塞曾请几名贝专纳人谈谈黑人是否具有道义感。这些贝专纳人回答说：“是的，他们都有。”“那么，他们是如何表达这种道义感的？”“他们做了好事不留名，犯了罪就感到痛苦。”“你所说的犯罪指的是什么？”“盗窃，这是偷偷摸摸、胆战心惊的状态下犯的罪；还有杀人，一个人犯了杀人罪，就算反复洗刷也难免留下悔恨。”[6]华盛顿·马修斯先生讲述过纳瓦霍人的故事，其中有这样一段话：“这个故事告诉我们，编故事的人很清楚悔恨会造成多么巨大的痛楚，即使是那些不具备犯罪性质的行为，如某些不仁不义不孝之举，也会导致悔恨。”[7]

---

① 见上文第 118 页。

② Fison and Howitt, *op. cit.* p. 257 n.

③ Hübbe-Schleiden, *Ethiopien*, p. 184 *sq.*

④ 万尼卡人，生活于东非的土著部落。——译者

⑤ New, *op. cit.* p. 96.

⑥ Arbousset and Daumas, *Exploratory Tour to the North-East of the Colony of the Cape of Good Hope*, p. 322.

⑦ Matthews, 'Study of Ethics among the Lower Races,' in *Journal of American Folk-Lore*, xii. 7.

在蒙昧部族是否具有道德情感的问题上,艾夫伯里勋爵表达了不同的观点。在他看来,即使是现代的蒙昧部族也似乎“毫无道德情感可言”。他还说,“除了根据旅行者的直率陈述,也根据他们评论中透露出的本意,他只能得出这种结论;尤其具有说服力的是,低级种族极其缺乏忏悔之心与悔恨之
126 情”。[①] 这一主题相当重要,有必要详细考察艾夫伯里引为论据的那些事实。

内伯斯先生指出,得克萨斯州的克曼奇族中,“没有哪个人的行为会被认为是犯罪,不过,每个人都按照自己的判断行事,除非遇到更高权力,比如大家公认的首领的制约”。另外一名著作家写道:“这些印第安土老帽连一点道德意识都没有。”按照卡萨里斯的说法,巴苏陀人的道德观念“完全依赖社会秩序,任何政治组织的解体都会立时导致退步,只有重建秩序才能恢复到原有的状态”。在中非和其他地区土著人的描述中也可以看到类似的观点。比如,在詹纳及其周边地区,“只要城镇首领的权力被剥夺了,居民就会无所适从,整个社群生活会立即陷入无政府状态,到处都是一片混乱局面,直到新委派的继任者上台,这一切才告结束”。达马拉人“似乎没

---

① Avebury, *op. cit.* pp. 414, 426. 艾夫伯里勋爵引用伯顿的观点说,正如约鲁巴的黑人中发生的一样,东非人的观念中并没有良心这个东西,“悔恨”这个词表达的仅仅是他们差点犯下死罪。谈起巴凯里人的野蛮无知,冯·德·斯坦恩博士做出如下判断:“好与坏的观念仅模模糊糊地存在于对待他人是否有礼、是否得体上,经由奖赏或惩罚而引发的道德意识,则是完全缺失的。”(von den Steinen, *Unter den Naturvölkern Zentral-Brasiliens*, p. 351)利波特则在《人类的文化史》中坚持这样的看法:“自然人的良知不是自责,而是恐惧”。(Lippert, *Kulturgeschichte der Menschheit*, i. 27)

有明显的是非观念”。塔斯马尼亚人“没有任何道德观念”。艾尔在谈到澳大利亚人时说，“关于什么是正义、什么是公平这类抽象问题，他们一点意识也没有”。有位传教士发现，要向那些土著人传达关于罪恶的观念简直比登天还难。坎贝尔先生说，卡查里人“自己的语言中没有罪恶、虔诚、祈祷和忏悔这样的词”；而另一个印度土著部落则“没有什么道德意识可言”。艾夫伯里甚至引用了这样一段话佐证他的观点，大意是汤加岛人在表达罪恶和不义时所用的词句“同样适用于其他事情”。据一些传教士说，南美大查科的印第安人“对是非不加区分，因而对现世与未来的惩罚和奖赏既不害怕也不寄予希望，对一些超自然的力量也不怀有神秘的恐惧之念”。最后，艾夫伯里指出，这些土著的宗教——除了一些较为高级种族的宗教外——并不涉及道德方面的问题，在伦理道德上也没有什么影响力，而且，神明一直被认为是一种邪恶，他们对来世的最初信念就与奖赏和惩罚毫不相干。[①]

艾夫伯里勋爵提到的许多事实中，早就包含了道德情感的因素，并不像他所说的那样，一点道德情感都没有。要想搞清楚为什么神灵不让人们有是非观念是很困难的。我们从
《旧约》中知道，可能存在一个既无天堂也无地狱的道德律。127
关于克曼奇族的说法只是意味着，他们非常重视个人自由。政治组织解体时期，各民族之所以普遍陷入社会失序的状态，是因为这些政治集团凝聚起来的基础非常脆弱，也意味着道

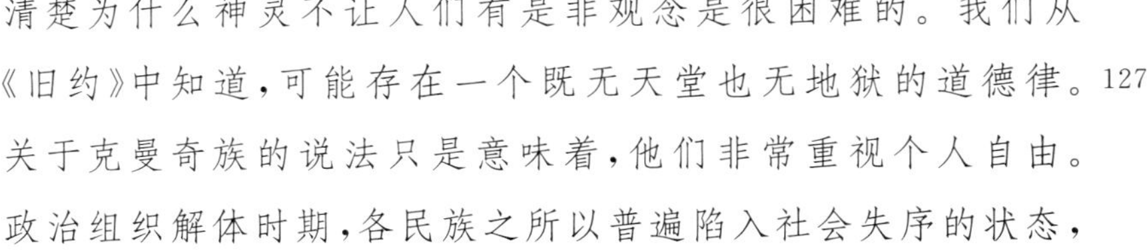

① Avebury, *op. cit.* p. 417 *sqq.*

德观念与道德实践之间存在某种差距。在摩洛哥,苏丹去世后全国立即陷入无政府状态;然而,人们仍然信守《古兰经》的道德原则,仍然遵循那些更苛刻的古代习俗。至于巴苏陀人,卡萨里斯明确地说,他们在道德上是有罪恶感的,他们用表示丑陋、损失、亏欠、无能为力等意思的词汇来表达这种感觉;[①]阿布塞曾经听到一个巴苏陀人这样谈论一起不公正的司法判决:"判官有权有势,所以我们只能保持沉默;如果判官软弱无能的话,我们早就一哄而上,大声抗议他的不公正了。"[②]更进一步说,一个民族可能意识不到"抽象意义上的"公正,也没有"严格意义上的"道德观念。对于西澳大利亚人,昌西先生明确指出:他们拥有强烈的正义感。他还举了一个例子证明自己的观点。[③] 最近,权威的资料这样评论中部澳大利亚的居民:尽管他们的道德规范与我们非常不同,"但不能否认,他们的行为也受道德规范的制约;就已经知道的情况来说,任何违反道德规范的事,都确实受到了严厉的惩治"。[④] 关于汤加人,马里纳说:"跟我们相比,他们的荣誉感和正义感除了程度上有所不同,其他方面并没有什么差别;他们把一些事情看得更荣耀些,而把另外一些事情看得更不光彩。"他还在另外一个地方说,"汤加人关于荣誉和正义的观念……得到了很好的界定,这些观念在人们心目中稳定、持久而普遍",尽管他们并

① Casalis, *Basutos*, p. 304.

② Arbousset and Daumas, *op. cit.* p. 389.

③ Brough Smyth, *Aborigines of Victoria*, ii. 228.

④ Spencer and Gillen, *Native Tribes of Central Australia*, p. 46.

不全然按照这些观念行事。[①] 关于美洲印第安人“无论如何没有道德观念”的说法，如果与已知的他们的社会生活和道德生活相比对，这种说辞就显得非常怪诞。例如，贝专纳人就宣称，他们“内心有一种强烈的正义感”。[②] 当然，关于道德观念如何构成的问题，可能存在不同的观点。如果认为罪恶观念或其他神学观念是道德观念的本质，那么，不仅那些最不开化 128
的种族缺乏这种观念，人类社会的大部分都缺乏这种观念。当传教士和旅行者否认野蛮人拥有道德观念和道德情感时，他们似乎主要指与自己相似的道德观念和道德情感。

在这个问题上，恰好有一种相反的观点，这种观点坚持认为，许多蒙昧部族和野蛮民族是有正义感的。曼先生在谈及安达曼岛人时说：“他们在与我们交往时表现出的一些显著特点让我们相信，他们基本上不缺乏荣誉感，他们还有一些模模糊糊的正义观念。”[③]道尔顿上校发现，涩谷加高原上的科瓦人在发生纠纷时，“大都争先恐后地承担自己应有的罪责，其份额不多也不少。这伙人中最年长的总是把导致纠纷的罪责揽到自己身上，并极力为年轻人开脱责任，说他们年龄小，还不能为自己的行为负责。”[④]根据维尼亚密诺夫的说法，阿留申人“天生喜欢公正”，如果发生了不公正的伤害事件，他们心

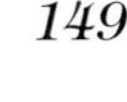

① Mariner, *Natives of the Tonga Islands*, ii. 159, 163.

② Buchanan, *Sketches of the History, &c., of the North American Indians*, p. 158.

③ Man, in *Jour. Anthr. Inst.* xii. 92.

④ Dalton, *Descriptive Ethnology of Bengal*, p. 230.

中会留下难以磨灭的印象。[①] 柯尔本是当今公认的权威人士，[②]他这样谈论霍屯督人："他们对于正义观念的精到和敏锐足以令基督教国家的人们汗颜。"[③]曾经令传教士大惑不解的是，祖鲁人"在数百年不接触天启真理和基督教教义的情况下，竟仍然保持着完整而健全的精神世界，他们辨别真理与正义的能力还是那么强，他们在日常交往中还是那么坚持原则"。[④] 佐勒把这些特点归因于黑人培育了良好的正义情感。他说："没有一个欧洲人，至少没有一个欧洲儿童，能够像他们那样敏锐地区分出惩罚的公正与否。"[⑤]欣德先生评论说："黑人有一个最显著的特点，就是对正义的感受非常敏锐。对于应当承受的惩罚，他们没有丝毫怨恨；因为这样就能够实现高于一切的正义与公平。马萨伊人就非常注重正义感的培养。"[⑥]迪
129 芬巴赫这样描述毛利人："他们天生具备一种强烈的正义感。他们反而正是从我们这些外来人那儿学会了做违反禁令的事，学会了文过饰非以便逃避惩罚。"[⑦]在贝都因人中，正义是一种经常赢得尊重的美德，而且，"对那些有权的人来说，做不公正的事几乎是不可能的"。公共舆论很快就能说明一切，如果谢

① Veniaminof，转引自：Dall，*Alaska*，p. 398。

② 哈恩评论道，欧洲人一直怀疑柯尔本的报告，这是毫无道理的（Theophilus Hahn，*The Supreme Being of the Khoi-Khoi*，p. 40）。

③ Kolben，*Present State of the Cape of Good Hope*，i. 301. *Cf*. *ibid*. i. 339.

④ 转引自：Tyler，*Forty Years among the Zulus*，p. 197。

⑤ Zöller，*Kamerun*，ii. 92. *Cf*. *Idem*，*Das Togoland*，p. 37.

⑥ Hinde，*The Last of the Masai*，p. 34. *Cf*. Foreman，*Philippine Islands*，p. 185.

⑦ Dieffenbach，*Travels in New Zealand*，ii. 106.

赫企图践踏法律，他马上就会落得众叛亲离的下场。[1]

公众的赞许情感远不如公众的怨恨情感引人注目。公众的这些情感大都具有交感性，交感性怨恨的倾向总是与人际交往之情有关，具有交感特征的和善的报偿性情感却不然。在比较低级的动物中，后一种感情似乎根本不可能产生；可悲的是，人类所具有的这种情感也有许多欠缺之处。一般来说，对敌人的怨恨本身就比对朋友和善的报偿性情感强烈得多。至于这些情感的交感方式，利他主义的情绪更容易被痛苦的景象而不是快乐的景象激发。[2] 考虑到这种情绪基本上是保护物种生存的一种手段，这么说就没有什么值得大惊小怪的了。此外，具有交感特征的和善的报偿性情感有一个强大的对手，即羡慕与嫉妒，这些情感很容易让人对做好事的人和受益者均怀有敌意。正如一位古代作家所说："许多人能与朋友共患难，但当朋友发达时却心怀嫉妒。"[3]尽管这些情况妨碍了具有交感特征的和善的报偿性情感，却不能阻止某种情况——当整个社会都从中获益——下的公众赞许，与上述公众的本能趣味也毫无关系。于是我想，我们可以放心地下结论说： 130
在某种程度上，即使在人类社会早期，公众赞赏和道德上的赞许就已经存在了。如今的蒙昧部族的道德意识里不仅有谴责，也包含了赞赏。关于这一点，下面几个章节中记述的众多事实就是很好的证明。

---

① Blunt, *Bedouin Tribes of the Euphrates*, ii. 224 *sqq.*

② *Cf.* Jodl, *Lehrbuch der Psychologie*, p. 686.

③ Schmidt, *Ethik der alten Griechen*, i. 259.

131 第六章　主要道德概念分析

我们曾经假设，道德概念在本质上是对唤起道德情感倾向的一定现象的概括。我们还进一步假设，存在两种类型的道德情感——怨恨与赞许。如果这些假设成立，怨恨或赞许一定是所有道德概念的基础。如果当真如此，那么我想，我们可以从这一章开始，把道德概念解析得更加明朗清晰。本章将分析那些主要的道德概念。

我们的分析将涉及文明人内心中业已形成的道德概念。尽管英语中大多数具有代表性的道德评价术语在其他欧洲语言中有对应的词汇，我却不敢斗胆断言，它们在何种程度上在非欧洲语言中也有对应的词汇。所有现存的民族都有道德情感，即便是最低级的部落也是如此。这一点，就跟他们有自己的风俗习惯一样确定无疑。而且毫无疑问的是，他们会在语言中把这种情感表达出来。但是，他们的情感状况如何，是否达到了经由概括可以与道德概念连接起来的地步，则是另外一回事。许阿德斯这样评论火地人："他们几乎没有任何抽象思维，很难准确定义他们所说的'好人'和'坏人'究竟是什么样子；毫无疑问的是，他们对好、坏，对他们加诸

个体或对象的这些属性的抽象性没有概念。”[1]加利福尼亚的卡罗 132
克人语言虽然词汇丰富，但据说并没有与“美德”这一概念相对应的词。[2] 印度中部高地土著人的语言中，“似乎没有表达抽象概念的词汇，仅有的几个词汇还是从印度语中借用过来的……他们用以表达宗教仪式、道德品质以及几乎所有生活艺术的术语都是印度语”。[3] 对汤加岛人的语言有过仔细研究的马里纳发现，“这里没有专门表达美德、正义、人道等人类高级品德的词汇，也没有表达相反含义——如罪恶、不公正、残酷等——的词汇”。他补充道：“他们固然可以用某种方式表达这些概念，但这些表达形式同样适用于其他事物。说一个人品德高尚，或说一个人是好人，他们说，*tangata lillé*（他是个好人），或者 *tongata loto lillé*（他是个好心人）。但是，*lillé*（好）这个词，跟我们所说的 virtuous（品德高尚的）不同，它还可以用于形容斧头、独木舟或其他什么东西。”[4]对于博特尼湾和杰克逊港附近的澳大利亚土著人，科林斯写道：“显然，他们具有**好坏**不同的观念；表现尤其突出的是，他们在自己的语言中对这些特征非常重视。”对从来没有吃过的鱼，他们就说 *wee-re*（坏的）；对袋鼠，他们就说 *bood-yer-re*（好的）。这些表达方式不仅用于形容他们感官感知到的特征，也用于多种多样的好的事物与坏的事物，这些表达法还是他们用来表达是非观念的唯一一对术语。“他们的敌人是 *wee-re*，他们的朋友是 *bood-yer-re*。

① Hyades and Deniker, *Mission scientifique du Cap Horn*, vii. 251.

② Powers, *Tribes of California*, p. 22.

③ Forsyth, *Highlands of Central India*, p. 139.

④ Mariner, *Natives of the Tonga Islands*, ii. 147 *sq*.

我们一提同类相食的事,他们就毛骨悚然,并说这是 *wee-re*。一看到我们中有人因虐待他们而受到惩罚或责骂,他们就表示满意,并说这是 *bood-yer-re*——这样做对。"[①]

133 考虑到即使欧洲语言也使用像"好""坏"这样的一般化词汇表述道德品质,似乎可能的是,道德概念本来与其他一些包容性很强的概念没有明显的区别,只是通过缓慢的演进过程,才呈现出比较明确的形式。同时,我们无须指望在词汇表里找到这一演化过程的源头何在。我们有足够的理由相信,野蛮人在实际生活中是能够区分人的"坏"和食物的"坏"的,尽管他们在概念上还没有明确地加以区分。正如冯特教授所说,"语言现象中的道德进化过程是容不得逆转的:观念本身与表达它们的载体不同,无论在什么地方,语言外在标志的形成总比它代表的内在行为要晚些"。[②] 语言在概括东西时是不精确的,仅仅表面相似的不同现象就足以让人用同一语言符号表示。试比较一条线的直和一个行为的正直,你也可以鉴别一下观点上的错误和行为上的错误。请注意以下句子中动词 ought 的不同含义:"They ought to be in town by this time, as the train left Paris last night"(火车昨晚就离开巴黎了,现在他们本该到镇上了);"If you wish to be healthy you ought to rise early"(如果你希望身体健康,你就该早点儿起床);"You ought always to speak the truth"(无论什么时候,你都应该说实话)。可以看出,尽管这些句子中的谓词 ought 具有共同的

① Collins, *English Colony in New South Wales*, i. 548 *sq*.

② Wundt, *Ethik*, p. 36 (English translation, p. 44).

含义——都与规则相关，[①]但我们绝不能认为，这就是 ought 道德意义的本质，也不能以为，这给我们提供了追溯其起源的线索。

抛开与我们主题无关的所有词源学问题不管，[②]我们将在道 134
德概念的分析中努力考察表达这些道德概念的词汇是如何应用，以及是在什么情况下应用的，这有助于我们确定每一个道德概念的真正意义。我们把讨论的范围限定在道德判断中用作谓词的那些代表性词汇。如果我们能够成功地证明，它们从根本上要么起源于道德愤慨，要么起源于道德赞许，那么，其他道德概念的起源问题就迎刃而解了。

一种现象如果具有引起道德愤慨的倾向，就可以用“坏”(bad)这个词直接表达出来；具有坏的某些特殊种类特征的心理倾向，称之为“邪恶”(vice)。与“坏”(bad)这个词密切相关的是“错”(wrong)。但这两个词在用法上是有区别的。“坏”既可以用于一个人的品行，也可以用于一个人的行为，但“错”只能用于人的行为。之所以存在这种区别，是因为道德上的“错”这个概念是以道德法则为标准的，违反了道德法则就被认为是“错”的。另外，在制定道德法则的时候，我们要禁止的只是某种类型的行为，我们不能强迫别人具备这样或那样的品性。

道德法则是通过“应该”(ought)这个词表达的。在现代伦理

---

① *Cf.* Stephen, *Liberty*, *Equality*, *Fraternity*, p. 343 *sq.*

② 在我看来，用语言学的方法检验道德概念向来无功而返。这一点，从贝恩斯先生的著作(*The Idea of God and the Moral Sense in the Light of Language*)就能看得出。

学中,这个概念在道德谓词中通常占据着核心地位。它所体现的观念常常被看作是最终的、不可再分析的,用西季威克教授的话说就是,这个概念“太基本了,容不得给予任何正式的定义”。[①] 我认为,西季威克教授的这个观点不仅没有把事情简单化,反而成为道德逻辑思维中普遍混乱的主要起因。

在我看来,“应该”这个词绝不是一个简单的概念,即便它有自己独特的韵味,但还是可以条分缕析地分解下去的。首先,它表达了一种意欲(conation)。当我感到我应该干一件事的时候,我会感受到干这件事的冲动,尽管最终决定我行动的可能是一些相反
135 的冲动。当我对另一个人说“你应该干这事或那事”时,也一定包含着在一定方面影响他行动的意图。“义务”(duty)的道德意义虽等同于“应该”,但“义务”的意欲成分并不十分明显。

与意欲特性密切相关,“应该”还具有祈使性的倾向。尽管人们在使用“应该”时经常表达祈使性含义,但“应该”不一定是祈使性的,祈使性也未必是它的本质。我们谈到“应该”这个词时,在象征意义上可能被称为一个命令,但用一个现在时态的命令表述已经发生的行为是不合适的。人们经常说的“你本该把这事或那事干完了”,不能称为一个命令。

“应该”所表达的意欲是由下列观念决定的:应该完成的行为到现在还没有完成,或将来也不可能完成。也正是这种行为未完成的观念决定了,“应该”具有道德谓词的情感特性。做了不该做的事,忽略了不该忽略的事,都容易唤起道德愤慨之情——这是

① Sidgwick, *Methods of Ethics*, p. 32.

“应该”概念所包含的最基本的事实。每一个道德判断都隐含着一
个否定的说法。如果我们的脑海里不出现规则这回事，没有人会
突发奇想要制定出一条道德规范。我们可以把使徒的话[①]反过来
说：没有违反规则的事，就无所谓规则。有人问梭伦为什么不制定
刑罚来惩治杀害自己父亲的人，他回答说，恐怕没有什么人会犯这
样的罪行吧。[②] 同样，神道教徒根据远古时期的日本人被描述为
一个没有道德戒律的民族这一事实，推论称他们是纯洁和神圣
的。[③] 正是“应该”的禁止性特征传达给“义务”这样一种观念：它
反对康德伦理学著名论断中表达的那种意向；这种特征也使边沁 136
把“应该”这个词本身看作“一种令人感觉不舒服、令人生厌的东
西”。[④] 正是“应该”与“错”之间的内在联系把义务推向人类道德
思想的显著位置，而在这个领域，道德悲观主义一直占据主导地
位。总是把幸福看作一种自然状态的古希腊人从来不提义务，他
们把美德看作最高的善(Supreme Good)；而把人看作在罪恶中降
生并成长起来的基督教则主张，道德是关于义务的显学。于是，康
德的绝对命令(categorical imperative)成为道德乐观主义的反动，
这种道德乐观主义再次表现了对美德的偏爱，认为世界上或人性
中的任何东西最初都是美的、善的。[⑤] 同样值得注意的是，自我满
足的情感——它与按照规定义务行事后的意识密切相关——在普

① *Romans*, iv. 15.

② Diogenes Laërtius, *Solon*, 10. Cicero, *Pro S. Roscio Amerino*, 25.

③ Griffis, *Religions of Japan*, p. 72.

④ Bentham, *Deontology*, i. 10.

⑤ Ziegler, *Social Ethics*, pp. 22, 75 *sq*.

通人的语言中没有特别的称谓,而与自我满足相反的情感——“悔恨”——却是我们非常熟悉、又与众不同的。前已述及,[①]这并没有“很好地显示出人类的道德状况如何如何”,倒是说明了义务概念自身的真实含义和重要意义。

所以,我们并不一定要在赞许情感里面寻找这一(“应该”)概念的起源。无疑,对尽职尽责的人我们会表示称许,但义务观念并不包含称赞。不做不被赞同的行为与履行被称赞的行为之间并没有矛盾。“应该”和“义务”仅仅表达了这样一种情况:不履行某种行为会引起别人的不赞同,对履行行为的后果却未置一词。凭良心行事的人拒绝别人因此举向他表示敬意,他会说,“我只是尽了
137 自己的义务”。义务是一个“苛刻的立法者”,它以惩罚相威胁,却不承诺任何奖赏。[②]

这样,“应该”和“义务”的观念就与“坏”和“错”有着同样的起源。就行为的道德品质而言,说一个人应该做一件事,与说一个人不做这件事就是坏的或错的,是同一回事。换句话说,不做这件事就有引起道德不赞同的倾向。

一个很流行的看法是,“错”的反面就是“对”(right),它们确实是一对反义词,但仅仅在肯定的道德评价范围内才如此。我们不能把无责任能力的生命,如动物或婴儿的行为称为“对”,尽管这

---

① Murray, *Introduction to Ethics*, p. 108.

② 此前,约翰·穆勒在对詹姆斯·穆勒著作(James Mill, *Analysis of the Human Mind*, ii. 325)的一个注释中曾注意到义务与不赞许之间的内在联系。*Cf.* also Bain, *Emotions and the Will*, ch. 15, and Gizycki, *Introduction to the Study of Ethics*, English adaptation by Stanton Coit, p. 102 *sq*.

些行为没有什么过错。我们也不能把有责任能力生命体在道德意
义上的中性行为说成是“对”，除非我们特别希望通过这么一个说
法表明，道德评价就应该是正面的。一个被许可的行为当然不错，
而且迄今为止它还被说成是对的；不过，说人们有权利这样做可能
更准确些。在严格意义上，形容词“对”是指中立性行为之外的情
况。在特定情况下，一个对的行为是**最恰当**的行为，如果采取了其
他行为，就是错的。这样，“对”就与“应该”紧密联系在一起，但
“对”与“义不容辞的/必须的”(obligatory)并不一样。我不能完全
赞同西季威克教授的观点：“承认一个行为是‘对’的，包含了说话
者有权威发出这种指示。”[①]对与不对，要看所说的行为是否与道
德法则一致；形容词“对”意味着义务必须得到履行。极其“义不
容辞的”事情当然是对的。但“对”根本无意把极为“义不容辞”
的事情与一般的义务区分开来；而且，当我们说到超越义务之外 138
的东西时，往往包含履行一定的义务。对于这种东西，我们除了
承认它“对”之外，还可以说点别的什么，但不能说它“更对”。对
没有比较级。一项义务要么被履行了，要么还没有履行，而且除
非它被完美地履行了，否则它就是错的。错和善都有程度上的
差异，就像道德愤慨可以强也可以弱一样，但“对”没有程度上的
区别。

对的行动就是履行了义务。这一事实说明，许多伦理领域著作家的脑子里普遍存在一种错误的观点；他们认为，“对”与道德赞

① Sidgwick, *op. cit.* p. 106.

许具有某种内在联系。[1] 选择对的做法可能会让我们满足,并在我们内心唤起一种赞许的情感。这种情感可能是我们指出一个行为是对的动因,而且,我们做出这样的判断本身就可能蕴涵着称赞。“那是对的”,这样一种表达方式通常意味着,它表达了称赞之情。但是,这并不是说“对”的概念本身与道德赞许密切相关,也不是说“对”本身就包含了称赞。它仅仅意味着,一个单词里表达了一定的概念——义务得以履行的概念内,另外附加上赞许之情。我们认为,欠债还钱、恪守信用、不杀人、不抢劫、不说谎是完全正确的行为。由此显而易见的是,“对”本身并不包含赞扬,尽管做这些行为还是不做这些行为通常不会在我们内心引起道德赞许之情。

于是,“对”的概念——它意味着,如果发生相反的行为模式,就肯定是错的——的道德意义归根结底来自于道德上的不赞同。考虑到“对”通常被认为是肯定的、正面的,“错”则恰恰相反,上述结论可能显得奇怪。但我们必须记住,语言与大众关于这类事情
139 的观念都发端于道德法则与道德命令的观念。至关重要的是,必须避免那些易于引起道德愤慨的行为模式。人们试图通过戒律和禁令来制止这些行为,这些戒令还常常警示人们,要对违犯者施加惩罚来强化这些禁律。整个道德纲纪和社会规范都是建立在命令基础上的;风俗习惯是关于行为的准则,法律也是。所以,命令概

---

① Hutcheson, *Essay on the Nature and Conduct of the Passions and Affections, with Illustrations on the Moral Sense*, p. 279. Clifford, *Lectures and Essays*, pp. 294, 304 *sq*. Fowler and Wilson, *Principles of Morals*, ii. 199. Alexander, *Moral Order and Progress*, p. 399.

念自然应该在大众的道德观念中占据至高无上的地位。服从命令是对的，违反命令则是错的。但是，做了命令禁止的行为，或者没有做律令要求做的行为，就会引起愤慨之情，这一事实正是产生命令的原因所在。

上面我已经提到 right 作为形容词的情况，下面说说它作为名词的情况。right 作为名词，表示某种**权利**，无论其含义怎么变化，它都表达了一种根植于道德不赞同情感的观念。有权利做一件事就是被允许做这件事。要么是成文法允准他做这件事——这时候我们叫作法律权利，要么是道德法则允许他做这件事——这时候我们叫作道德权利。换言之，有道德权利做一件事即意味着，做这件事不会犯错。但一般说来，“权利”的概念包含了更多的意思。一种行为是被允许的，做这种行为不会犯错，从这一事实通常可以推论，这种行为不应该被阻止，不应当在施行这种行为的过程中设置障碍。而且，在很大程度上，这一不可侵犯性就包含在权利概念之中。一个人有权利活着，并不仅仅意味着他要养活自己并不犯什么错，更主要的是，它还意味着如果其他人要妨碍他活着就犯错了，意味着他们不能杀他，有义务让他活命；更进一步讲，还意味着他们有义务帮助他好好活着。为了建构他自身的权利，目前讨论的义务必须是对**他本人**的义务。说某项权利属于 A，不只是说 B 要尽什么义务，而是说 B 要对 A 尽什么义务。看看下面的例子，这个道理就显而易见了。杀掉某人的奴隶被认为是对奴隶本 140
人的伤害，因而可能会遭到谴责。在这个例子里，不杀奴隶就是对奴隶尽的义务。杀了另一个人的奴隶会给奴隶主造成损失，因而可能遭到谴责。在这个例子中，不杀奴隶就是对奴隶主尽的义务。

在后面的例子中，我们很难说不杀奴隶的义务建构了奴隶的生命权利——只能说它建构了奴隶主让奴隶活命的权利，因为如果杀死奴隶，就剥夺了奴隶主的这个权利。

属于一个人的权利这一概念，含有其他人应向他尽义务的意思。这种情况极其常见，因而有必要指出，还存在这样一些并不包含这层意思的权利。例如，一个人有保卫祖国的权利，但这并不意味着如果敌人防止他这么做，敌人就犯错了。但另一方面，对那些拥有权利的人来说，这些权利对他们而言不过是义务而已。一项权利并不总是指一个人可以做某件事或不做某件事。说一个人有权利要求国家给予奖赏，仅仅意味着他的国家有义务奖励他。说父亲有权利要求孩子们服从他，仅仅意味着他的孩子们有服从父亲的义务。说一个人有权利保护自己身体完好无损，仅仅意味着损伤他的身体是错误的。毫无疑问，这些权利如受到妨害会引发维护权利的行为：一个人有权利索要他应当得到的那份奖赏；父亲有权利要求孩子们服从他，因为这是理所当然的事；身体受到损害的人有权利保护自身安全。不过，索要奖赏、要求服从、反抗伤害的权利当然与获得奖赏、被子女遵从、不受他人伤害的权利不同。

141 一般来讲，有权利就有与之相应的义务。如果这么说，我们一定记住，与权利“相对应”的义务事实上或者包含在那项权利中，或者与那项权利是一回事。属于某人的权利观念与对他的义务观念是一致的，权利与义务的同一性因而蕴涵其中。在下列意义上，权利和义务就不同了：把坚持行使自己应有的权利看作一种义务，尽管这种看法一直受到鼓舞。[①] 如果有人妨碍我行使权利，对我来说不容忍对我的伤害无疑被认为是一种义务，而这种事情跟权利概念毫无关系。至于做一件事的权利同时也是做这件事的义务的主张，也应作如是观。这种主张来自这么一种说教——没有什么东西在道德上是中性的，也没有什么超越于义务之外的事情。换句话说，能担负责任者的所有行为要么是不错的，要么是合乎义务的。即使这些说教在心理上是正确的——事实并非如此——即使行使权利与履行义务总是同时发生（相合），权利概念与义务概念也不能等量齐观。按照权利的本意，A 的权利可能是 B 对 A 的义务，但 A 的权利不会是 A 对 B 或其他人的义务。

与错误（wrongness）和正确（rightness）概念紧密相关的是不义（injustice）和正义（justice）概念。不义实际上就是一种错误。不义总是指对某个人不正义；这意味着对这个人不好，冤枉或委屈了他，妨害了这个人的权利。同样，正义就是一种正确，它意味着对某人尽了应尽的义务，也意味着与权利相对应的义务得以履行；[②]我们说按照正义的“要求”，应该履行义务。如果不做某件事就是错误的，那么做这件事就是正确的；同理，从严格意义上讲，如 142
果不做某件事是不义的，那么做这件事就是正义的。正如形容词“正确”一样，形容词“正义”有时用意也比较广泛，它可以用来表示某事物“不是不义”。非义务的“不错误”行为几乎不能被否认是“正确的”，由此，非义务的“不是不义”行为也难以被否认为“正义

① Alexander, *op. cit.* p. 146 *sq.*

② 根据《查士丁尼法学总论》，“正义就是赋予个人一致且永久的权利”（*The Institutes of Justinian*, i. 1.1）。

的”,即使正义不要求做出这些行为。

同时,“不义”和“正义”不只是妨害权利或尊重权利的别称。无论何时,只要我们称一种行为“不义”,我们就是在强调这种行为有所偏袒或有失公允(impartiality)。我们不把杀人和抢劫称作是不义的,而是认为这些行为犯了错、犯了罪,因为这些行为的错误性质与犯罪性质已经将其有失公允之处掩盖了。但是,当我们想到这些杀人犯和抢劫犯置邻人权利于不顾,肆意作恶时,我们应该马上认识到这些行为是十足的不义。我们认为,用“不义”这个术语来形容惩治无辜、袒护罪犯的法官和独吞利润、剥削雇工的老板是再恰当不过的。另外,当我们用严格意义上的“正义”术语形容、描述某种行为时,我们是指,不做这种行为就是把过分的偏好显示给某人。无疑,正如亚当·斯密所说:“通常,我们静坐不动、无所事事,就能履行正义的所有准则。”[①]同样不可置疑的是,总是避免妨害他人人身安全、损害邻人财产、败坏邻人荣誉的人,也可以说是正义地对待别人。在这个案例中,我们几乎不用形容词“正义的”,只是因为没有理由强调包含在反向行为模式中的偏袒。另一方面,我们说它是正义的,是因为我们更重视正义要求无辜者不能代罪犯受过,雇主应当支付给雇工应得的报酬。

143 应当注意到,正义所要求的公允指在公认的权利秩序框架下的公允,无论这些权利本身的渊源是否存在不公允之处。如果大家认为所有的孩子都有权利——即使这种权利是有条件的——获得均等份额的遗产,父亲却把他的财产都留给了最宠爱的儿子,这

① Adam Smith, *Theory of Moral Sentiments*, p. 117.

个父亲的行为就是不义的。如果两个人都有权利分享经营所得的利润，其中一人却把它独吞了，那他的做法也是不义的。在一个把奴隶制看成是道德的并允许奴隶制存在的社会里，打奴隶并不必然被视为是不义的事，而打自由人则为不义。不过，正义允许在出现不平等权利的事例中，应按照不超越权利本意所能容忍的程度处理。每个守法公民都有免受恶意伤害的权利，惩罚因犯罪而丧失这一权利的人可能是正义的，但过分严厉、过分残酷地惩治他，就使他的生存状况跟其他人相比呈现出严重的不平等，就是不义的。

在与惩罚和奖赏的关系中，正义独特而突出的地方在于对公允义务的重视。一个人的权利在很大程度上决定了他的行动。在其他条件等同的情况下，罪犯与无辜者并不享有奖赏、名誉、自由、财产和生命不被剥夺、不被妨害的同等权利，守财奴、利己主义者与捐助者、慈善家之间也没有同等的权利可言。“正义”与“不义”这两个术语所强调的，就是由这些不同行为导致的权利上的差异。在这些案例中，如果上述两类人的权利都是平等的，就会出现不公正的局面。当一个罪犯被监禁的时候，我们会说他罪有应得，关押他是“合乎正义的”，是“公正的”；我们的意思是他并不是过分不公的牺牲品，他是因犯罪而丧失了自由的权利。当我们谈起某位捐助别人的好心人被“公正地”奖赏时，我们是指并没有有失公允地
给予他远比别人多的好处，因为他已经获得了被奖赏的特殊权利。144
严格地说，惩罚或奖赏的“正义”包含了更多的东西。我们已经看到，严格意义上的“正义”总是指，履行义务与行使权利相当，不履行义务就是漠视这种权利。如果一个人受到奖赏是件合乎正义的

事,那么他就应该得到这份奖赏;奖赏他是份义务,履行了这个义务就是公正地对待他。另外,如果一个人受到惩罚是合乎正义的,他就应当受到惩罚;如果他没有受到惩罚,对其他人来说就是不公正的。如果在惩治罪犯时出现了冤枉好人的事情,对所有受惩罚者来说就是不公正;因为罪犯应当得到惩罚,现在却发生了这样的事情,他们免于受伤害、抵制被冤屈的权利就被妨害了,事情就朝着有利于恶人的方向发展。有同等罪行的人,有的受到了惩罚,有的却逍遥法外;对那些受到惩罚的人来说就是不公正的,他们有权利要求按照同等罪行、同等责任的原则得到公平的处治。报偿性正义可能容许报偿行为有一定程度的变化。但在同样情况下,正义要求所有罪犯都应当受到同样严厉的惩罚,因为他们的罪行对他们权利有着同样的影响。

“不义”强调的是一定行为模式的不公允,不义总是包含着对这一不公行为的谴责。跟其他所有类型的错误一样,“不义”显然是一个建立在道德上的不赞同情感之上的概念。“正义”的概念也是如此,无论它指的是没有履行一定义务就会发生“不义”的局面,还是单纯指“并非不义”的行为模式。不过,人们在使用“正义”一词时还有别的意思,它以赞扬的口气强调了某种行为的公允妥洽。完全做到不偏不倚、让每个人都各得其所是很不容易的,在个人利
145 害关系问题上尤其如此。考虑到这一点,做事公正的人自然会受到别人赞扬,对公正的人加以赞扬因而也是自然而然的事。因此,“正义”也被称为美德,甚至是“所有美德的皇后”。[1] 然而,所有这

① Cicero, *De officiis*, iii. 6.

些并不意味着道德赞许之情已经进入了正义概念中。它仅仅指人们用这个词来表达一定的概念——我们已经看到，这个概念的重要性最终来自道德上的不赞同，再附加上道德赞许之情。正义概念本身并不涉及道德赞许之情，从这一事实——说某一行为“仅仅是合乎正义的”，并没有赞扬的意味——可以看得出来。

现在，我们可以从上述本源于道德不赞同的概念转向本源于道德赞许的概念。在这些概念中，最应当提到的是“好”(good)。[①]

“好”这个概念可用于各种各样的事物，但在不同的情况下表达的意义也有差异，不过，所有被称为“好”的事物都有一个共同的特征。斯宾塞先生坚持认为，[②]这一特征跟某种给定的目标几乎没有什么联系。诚然，一把好刀能切东西，一杆好枪能击中遥远的目标。不过，我看不到任何道德意义上的“好”，看不到这些物件适合任何预定的目的；而且，我们说某种行为“好”，当然不是说它“对每个人的生活都适宜”。“好”仅仅表达了对某种事物所具备品质的赞许或表扬。一所房子被称为“好”，是因为它住起来让人称心

146

① 贝恩教授对道德意识的观念颇具法学意义，他认为：“真正的好的行为与自我牺牲之举……超出了原本的道德领域，可以构成一个独立的领域。”(Bain, *Emotions and the Will*, p. 292)涂尔干教授在《社会分工论》中也表达过类似的观点(Durkheim, *Division du travail social*)。最近，拉格博格博士在一篇值得关注的论文中也表达了类似的见解(Lagerborg, ‘La nature de la morale’, *Revue Internationale de Sociologie*, xi. 466)。涂尔干教授认为：“把属于义务的行为与被敬慕的行为放在同一类型讨论，在方法论上是站不住脚的，这样的话就没任何规矩可言了。”(p. 30)但我从中并没有看到人们在日常用语中是如何以规则检验道德的。相反，众所周知的是，像“善良”“美德”这样的词汇尽管并未指向任何道德规则，却一直指涉道德品质。

② Spencer, *Principles of Ethics*, i. 21 *sqq*.

如意；一瓶酒为人称道，是因为它口味宜人；一个人被人夸奖，是因为他有良好的道德品行。作为一个道德称号，“好”包含了一种道德赞扬，这种赞扬是道德赞许情感的外在表达。由于具有引起这种情感的倾向，“好”这个称号就与道德评价问题紧密联系在一起。

普通人通常把“好”与“对”相提并论，但这种观点是不正确的。父亲抚养年幼的孩子，确实做得对，抚养孩子是他责无旁贷的事，但我们不能说他抚养孩子就是做了件好事，或者说他这样做很好。我们也不能因为一个人不杀人、不抢劫就说他是个好人，尽管他的行为是对的。至少在一定意义上，对与错的对比关系是相互矛盾、彼此反驳的，而好与坏的关系只能是互相对立的。每一个不犯错的行为——假设它在道德评价中处于积极、正面的范围内——就是对的；但每一个不坏的行为并不必然是好的。正如我们说一件事“不坏”，但也拒绝说它“好”，我们反对把仅仅履行义务称之为“好”，尽管与之相反的行为模式可能是坏的。另一方面，对履行义务表示赞扬时不用模糊的伦理概念。换句话说，做某件事的那个人得到表扬，不做这件事的那个人就会受责备。对同一件事，说它是对的与说它是好的不同，事实上表明了我们看待事物的不同角度。由于道德赞许表达了一种善良的心态，对一个人来说，对别人做对的行为不吝认可、大方致谢就是值得赞赏的。由于自我吹嘘是容易遭人反感的，因此一个人做自我判断时，采取有别于自吹自
147 擂的方法可能更合适。他可以说：“我已经尽了义务，我做了我该做的事。”但他最好不要说：“我做了件好事。”这种方法就不会引起别人反感或责备。如果他说“我就是个好人”，那就特别令人生厌

了。真正的好人甚至拒绝别人夸他好："你为什么称我是良善的？除了上帝以外，没有一人是良善的。"[1]

"善良"(goodness)是对道德赞扬的概括性表达，而"美德"(virtue)则表示一种以某种善良为特征的心理倾向。习惯节制的人拥有忍耐的美德，习惯公正的人拥有正义的美德。当一个人被称为"有美德的"，人们将这个称号赋予他时，或多或少清楚地表示，他是在善良的某些方面拥有美德。人们把完美的善良赋予上帝，但不能称上帝具有这样那样的美德，而是称上帝是好的。

亚里士多德认为，一个人在内心冲动不发生冲突的情况下就不能表现出美德懿行，这样的美德是不完善的。另外一些人则持相反的观点，他们认为，美德从本质上表达的是努力、抵抗力和制胜信念。有人把美德描绘成"痛苦的调节器"；[2]按照康德的说法，美德"在奋斗中起着道德调控的作用"。[3] 但我认为，美德并不在逻辑上或事实上先于奋斗而存在，美德也并不因为缺乏练习或根本不努力而有所削弱。一种美德包含了做或不做某类行为的意向，这种美德丝毫不会因这样的事实——当事人感受不到别的、有竞争意义的冲动——而削弱。固然，一个人可以通过艰苦奋斗、征服困难而表现出更多美德：除了通过自我克制获得的美德之外，还有自我克制的美德本身。能够强有力地抵御诱惑并获得成功，这本身就是一种美德。比如，能够养成克服强烈性欲的习惯，就表现出良好的心理品质，这就是一种美德，一种有别于贞洁的美德。然

① *St. Matthew*, xix. 17.

② Laurie, *Ethica*, p. 253 *sqq*.

③ Kant, *Kritik der praktischen Vernunft*, i. 1.3 (*Sämmtliche Werke*, v. 89).

148 而,即便是这种抵制诱惑冲动的美德也并不多么伟大,在其他条件不变的情况下,这要看克敌制胜的难度所占的相对比重是否增加了。我们可以看看,当两个具有同样强烈性欲的人面对同等条件的诱惑时,谁能够真正过贞洁的生活。那个因意志力强盛而不须付出很多奋斗就能够克制欲望的人,无论在保持贞洁方面还是在自我约束方面都不逊于对方。假如这两个人面对的是不同程度的诱惑,那个能够战胜更强大诱惑的人就表现出更好的自我约束能力;另一个人尽管可能具备同等的美德,但比较而言,他的贞洁就不那么明显了。他可能有很多优点(merit),然而优点未必与美德(virtue)成正比。

总体而言,美德是对那些值得赞扬的心理品质的宽泛概括。由于美德的刻板印象特征,对个人来说很容易发生这种情况:一个人拥有某种美德并不意味着他拥有优点;至少从文明的道德意识看,美德不是衡量一个人道德价值的根据。为了正确看待一个人品格的价值,我们必须考虑到他本能欲望与行为动机的强度。某些方面的美德就没有考虑到这一点。例如,一个洁身自好、滴酒不沾的人拥有节制的美德,另外一个人嗜好喝酒,但通过努力克制战胜了喝酒的强烈欲望,他也赢得了节制的美德,这两个人的节制美德并没有差异。一个人为了获得大家的赞扬而表现出勇敢的样子,另外一个人在遭遇危险的时候总是把勇敢应对当作一种义务,前者的勇敢美德丝毫不比后者低下。获致美德的前提条件是,在实际生活中付出努力和经受考验。我们不能说,滴酒不沾的人拥有节制的美德,也不能把没有一分钱可花的人推崇为节俭持家的楷模。当我们赋予某人某种美德时,总是给予他某种程度的赞扬;

如果我们对一个做了该做的事情的人说“你有这方面的美德”，那可不是在赞扬他，而是在讽刺他。

有人尝试调和亚里士多德和康德在美德与努力之间关系上的 149
不同观点，认为美德是赢得的和谐，而优点就是去赢得这种和谐。[1] 这等于说，一个人自然拥有的美德是他自己经过奋斗而获得的。但事实并非总是如此。谁能断言节制、仁慈或公正的人只有通过内心斗争才能获得这种美德。至少，有些人从一开始就天然地具有某些美德，还有一些人只需付出一丁点努力就能够获得某些美德。

关于美德与义务的关系，已经有了很多讨论。有人说，“它们在外延上有共同之处，前者通过人的精神活动的品质描述行为，后者通过行为的本性描述行为”；[2]有人认为，它们表达了同样的理想，不同的是，美德在表达这种理想时诉诸主观，义务在表达这种理想时诉诸客观；[3]还有人说，美德的本意是“美德是与履行义务相适切的品质”，“只有履行了义务才能谈得上美德”。[4] 同时，也有别的观点认为，“区别是否美德的一个显著特征似乎存在于义务之外的东西”，“尽管每一种美德都是对义务的履行，履行义务都是美德，但对某些行为来说，使用‘有道德的’这个词比用‘美德’更自

① Dewey, *Study of Ethics*, p. 133 *sq*. Simmel, *Einleitung in die Moralwissenschaft*, i. 228. *Cf*. also Shaftesbury 'Inquiry concerning Virtue and Merit,' i. 2. 4, in *Characteristicks*, ii. 36 *sqq*.

② Alexander, *op. cit*. p. 244.

③ Grote, *Treatise on the Moral Ideals*, p. 22. *Cf*. Seth, *Study of Ethical Principles*, p. 239.

④ Muirhead, *Elements of Ethics*, p. 190 n. *

然些”。[1] 西季威克教授在“美德与义务”一章中对此做了详尽的论述,让我们再次引用他的观点:“对那些履行义务的行为和一般人看来义务之外的任何好的行为,我觉得最好用‘有道德的’这个词;同时应当承认,‘美德’显然通常用于后一种场合。”[2]

那些认为“义务”概念不能被进一步分析的人,那些没有真正认识到这一概念重要性的人,会对义务与美德的关系感到十分困
150 惑。这并不值得大惊小怪。一个人没有杀人、抢劫、赖账的习惯,他对其他义务也总是尽力履行,我们并不称这种人拥有美德。我们固然把贞洁、节制和正义称为美德,但我们认为一个人保持贞洁、节制和正义是义不容辞的。待人好客、慷慨大方、乐施好善超越了严格意义上的义务范畴,对这些品格我们也称之为美德。亚历山大教授说:“美德与义务之间的关系是错综复杂的。”[3]西季威克教授认为,“在通常的用法上,这两个术语似乎彼此包含了对方所没有的一些东西”。[4] 然而,两者之间的关系事实上并不复杂,因为二者除了都与“错误”(wrong)相反之外,并没有其他内在联系。说某件事是一项义务,意味着不做这件事容易引起道德愤慨;说某件事是一种美德,则暗含着做这件事容易引起道德赞许。美德实际上包括了义务范畴中相当大的一部分内容,这完全是因为美德是一种心理品质。单个的公正之举或表示感谢的行为并没有什么值得赞扬的,即便如此,我们仍然会赞赏秉持正义与表示感谢的习惯。

① Alexander, *op. cit.* p. 243 *sq.*
② Sidgwick, *op. cit.* p. 221.
③ Alexander, *op. cit.* p. 244.
④ Sidgwick, *op. cit.* p. 219.

义务与“优点”(merit)之间的关系也并不复杂。正如“好”和“美德”概念一样,“值得赞赏的”(meritorious)这个概念源于道德赞许之情。不过,“义务”概念只是表达了能够引起这类情感的倾向性,而“值得赞赏的”这个词表明,它所指称的对象是值得赞扬和嘉奖的,也有正当的权利获得这种赞扬;换句话说,这个对象应当被认为是好的。这使得“值得赞赏的”这个词比“好”更具有强调意味,但同时以特殊的方式限制了它的适用范围。说某件事早该做了,意味着这件事还没有做;同理,“值得赞赏的”这个词暗含着,人们还没有给予这个“好”以应有的认可。对某种行为模式来说,如果根本不可能存在相反的行为模式,要说这种行为模式是一项义务就毫无意义了。因而,对某种世人皆认为美好的行为赋予美德 151 并对行为者大加赞赏就荒诞不经了。这么说,“值得赞赏的”这个词包含了某种限制。如果称上帝的行为——按照人们的设想,这种行为的美好之处是无限的——是“值得赞赏的”,无异于是对上帝的亵渎,因为这样说就意味着上帝的善良与美好是有限的。

“值得赞赏的”这个词强调了值得表扬的一面,很多伦理学家反对这一点。有人把这个词认同为“超越义务的”(super-obligatory)——对很多人来说,这个概念指的是值得憎恶的事情。不过,从上述可知,这两个概念显然不一样。由于履行一项义务可能被认为是好的行为,它也会是应该被认可为好的行为。事实上,义务与优点之间存在某种对立。我们只对那些表现中等水平以上的人给予表扬,我们认为只有这些人才值得表扬;[①]对于表现中等

① 用亚历山大教授的话说,就是“美德本身就表明了它与庸常之间的距离”(*op. cit*. p. 196)。

以下的人，我们则给予谴责。我们并不认为那些履行了义务——这种义务很少有人违背，否则将受到谴责和惩罚——的人应该得到表扬。我们也不认为一个人做了他喜欢做的事情就应该得到表扬；由于违背一条通常受遵从的道德命令总要受到谴责和惩罚，在一般情况下，履行一项义务并没有什么值得赞赏的。尽管绝大多数被认为值得赞赏的行为超越了义务的范围(在普通人心里就是这么看的)，我们还是经常倾向于把优点赋予那个严格履行义务的人，只不过很多人在同样的情况下没有履行这一义务而已。这表明义务与优点之间的对立并不是绝对的。优点这个概念本身就不包含这种对立的意思。

152 我承认，我并没有很好地理解那些把“值得赞赏的”与“超越义务的”等同起来的著作家的真正意图。他们对“优点”这个术语所表明的重要心理事实是否视若无睹？还是他们把这一事实看成了与饱受文明启迪的道德意识不相协调的怪物？有些行为具备优点，要给予表扬和奖赏，应该得到表扬和奖赏。就我个人而言，我不明白这样的道德意识怎么能够认识不到这一点呢？单纯从神学的观点来看，可以为拒绝接受优点称号的行为辩护，但这只适于涉及人与上帝之间关系的时候。显然，一个正在犯罪、正在堕落的人，即便是竭尽全力去做，也不会被上帝看成是好人，也没有什么优点可言。如果一个人以超人的完美标准衡量同伴的行为，自我劝慰说，凡人不能善始善终地做好该被认可为好的所有事情，并努力压抑自然的道德赞许情感以及由此生发出来的要求，这就几乎毫无公正可言了，也几乎没有这种可能。

超越义务的问题与优点的问题大不相同。除了义务之外，一个人是否可以做更多的事情，换句话说，有没有那种不是义务、同时做了又叫好的事情？答案要看义务指令的内容是怎样设定的，我们因而可能有各种各样的回答，但这并不影响义务的概念本身。如果我们认为，每个人都必须尽最大努力增进所有人的幸福，我们也必须坚持，除了自己的义务之外，每个人都不能再做什么好事。如果我们认为“自我实现”或自身自然功能的发挥就是人的基本义务，我们也可以得到同样的结论。正如普赖斯所说的，在所有这些例子中，“以超越义务为目标，与以违背义务为目标是一样的，过犹
不及，做得过多跟做错事是一回事”。[①] 然而，不可否认的是，那些 153
持相似观点的人实际上有两种义务标准：在一种标准中，他们把自己喜欢的某种生活理想当作义务，用以抽象地衡量他人及其行为；在实际生活中，他们用另外一种标准指导自己的道德判断，评判自己及邻人的行为。尽责的人在道德判断中会严于律己、宽以待人，这部分是因为他有自知之明，[②]部分是因为他当然担心自己偏狭不公。他明白，即便是做好应该做的事情就已经很难了；对于自身的缺点，他也有了很深的感受。这样，他可能真的不愿意表明他能够做超出义务之外的事情。但我不明白，他怎么能够有意识地否认，自己没有做那些值得赞扬的壮举却并不为此自责。

西季威克教授评论道：“我们不能否认，在某种意义上，一个人应当力所能及把他认为极好的行为当作义务来履行。”[③]在我看来，这不是理所当然的事，义务观念自身从来没有这类东西。我们

---

① Price, *Review of the Principal Questions in Morals*, p. 204 *sq*.

② *Cf*. Sidgwick, *op. cit*. p. 221.

③ *Ibid*, p. 219.

千万不要把道德律法与道德理想混为一谈。义务是道德的底线，最好的人的最高道德理想是道德的顶峰。那些用“应该”一词概括道德全部内容的人，把道德的底线与顶峰看作一回事，但在我看来，道德不能够承受如此宽泛的担当。实际的情况可能更糟糕。对“超越义务”的认可不仅没有贬低道德理想，反而对道德理想是一种鼓舞；无论如何，对“超越义务”的认可使我们更有可能为道德律法辩护，更有可能公正地执行道德律法。如今，一个公认的原则是，执法不严，法律的重要性就受到损伤。如果最高道德理想的实现有赖某项道德律法的统治，那么这样的道德律法只不过
154 是形同虚设，而道德将一无所获。在切望履行义务之上，还有一种自由而高尚的志向，那就是实现某种理想；如果实现不了这种理想，他既不会受到责备，也不至于追悔莫及。那些满脑子义务训诫的人易于变得心地偏狭而艰涩冷硬，经验不是表明了这一点吗？

一般来说，那些否认除了义务之外还有什么东西值得给予道德赞扬的人，也易于否认认真负责的人的行为中存在道德冷漠(indifferent)的东西。“超越义务”与“道德冷漠”有一个共同点，即它们都“义务感极强”(ultra-obligatory)，而且对前两者的否认表明，他们都倾向于把道德律法看作道德意识的唯一事实。在道德评价的问题上，即便功利主义也不能一以贯之地容许冷漠的做法，因为两种相反的行为是很难产生完全一样多的幸福的。任何伦理学理论都不能无视，已经有不少人费尽心思却徒劳地表明：“冷漠”只不过是一个流行而粗俗且经不起全面检验的概念。齐格勒教授带着嘲讽的口吻提问：“人们对吃喝这类表现于外在的行为真的可

以表现出道德冷漠吗？饮食过量、室外健身时间太长、无所事事地闲待着过久，在道德上无关紧要吗？另一方面，由于禁食搞得体弱多病，整日整夜在家待着以致患有怪癖，这在道德上是被允许的吗？是健康的做法吗？”[①]这样的争论包含了混淆之处。吃喝，吃喝过量或过少，在道德上并不具有多么重要的意义。这一事实也 155
并不妨碍人们担心别人道义上的议论会影响到自己吃喝与否以及吃喝多少。布拉德利先生的看法是：“那些无关紧要的细节应该存在，这一点是对的。但我有义务根据我个人的选择形成自己的品性。因而，不要把那些细节作为义务强加于人；这样，在任何细枝末节上我都尽了自己的义务。”[②]这个说法也容易导致误解和混淆，因为现实情况可能多种多样。把某些行为看作跟道德无关可能很对。这是一回事。而做出这些行为是另一回事。如果说有义务承认某些行为跟道德无关，又怎么能够同时把做出这些行为看成义务呢？

到达同一目标的路径是多种多样的，其做法是否在道德上冷漠只与当事者选择的路径和方式有关，但还不至于重要到影响目标达成的程度；因而，如果说某种做法被视为在道德上冷漠的话，这种冷漠也仅仅是暂时的。[③] 布拉德利先生说：“如果我的道德义务是从一个城镇去另外一个城镇，有两条道路都同样的好，我选择走哪条道对我尽这个道德义务无关紧要，我在尽义务就行。我选

---

① Ziegler, *op. cit.* p. 85.

② Bradley, *Ethical Studies*, p. 195, n. 1.

③ Simmel, *op. cit*, i. 35 *sqq.* Alexander, *op. cit.* p. 50 *sqq.* Murray, *op. cit.* p. 26 *sq.* Bradley, *op. cit.* p. 195 *sq.*

择道路 A 到达目的地是尽义务,但你可能认为经由道路 B 到达目
的地才算尽义务。我选择道路 B 也可能遇到同样的情况。但如
果我两条道都不走,那就等于逃避义务。”上述说法虽然符合事实,
但并不构成有说服力的论证。“你应该到那个城镇,并应该经由道
路 A 或道路 B”,由这个说法可以推断,以下两种选择都是错误
的:一是根本就不到那个城镇去,二是经由 A 和 B 之外的别的道
156 路到那个城镇。在某种给定的时刻,你可能被允许说还是不说,写
还是不写,读书还是不读书,等等;但不管被允许做的范围多广,你
个人能够做的必定有个限制。不过,这个论断包含一个误解,它曲
解了“道德冷漠”的真实含义。“冷漠”直接指向某些或某个具体的
做法或行为,或者与这些做法相反的行为,而不是这个人那一时刻
所有的行为和做法。一个人所有的行为从来就说不上道德冷漠不
冷漠。但这并不意味着他一生的所作所为没有对错之分,也不是
说他一生就没做过什么不义之举。当一个人杀害另一个人时,他
157 确实在尽各种各样的义务:不偷窃,不撒谎,不通奸,不自杀,等等。
这里的“不义之举”只能用于特定场合的行为。当我们讨论道德上
的冷漠与否时,怎么不能基于同样的道理呢?

这里,终于有人出来说话了:“所谓的道德冷漠指的是这样一种情况,即道德准则是件很个人化的东西,每个人厘定的标准和最终的判断是不一样的。”[①]这一论断让人关注下面的事实:不仔细考察个人的境遇和环境,就不能随意判断某行为是否是道德上的冷漠;而那些被认为道德冷漠的大多数行为,实际上并不然。这当

① Martensen, *Christian Ethics*, p. 415.

然不是说道德冷漠的话题毫无意义，应当弃而不谈。丝毫不关注这个问题将导致道德上的极端不宽容。真的尝试这样做的人会发现，他自己会成为令人最无法容忍的人，他也会发现自己过的生活是不可忍受的。幸运的是，这样的人从来没存在过。尝试以道德不道德的眼光审视每个尽心尽责生活者的微不足道的一言一行，徒具理论幻想外壳，毫无实际意义；这样做将只能把“义务”当作偶像膜拜，对之卑躬屈膝、歌功颂德而已。

第七章　道德观念在习俗和
158 法律中的表现

道德观念是通过道德判断得以表达的。迄今为止，我们已经检视过这类道德判断中的谓词，并对道德概念的重要性和道德概念的起源进行了探讨。现在，还有一个更为庞大的研究任务摆在我们面前。我们将把注意力转向道德判断的主题，这些主题之下的很多现象，都容易在不同民族、不同年龄的人中引起道德谴责或道德赞扬。我们将探讨所有这些现象的共同特征。我们将把最重要的几种现象进行分类，分门别类地研究由这些现象反映出来的道德观念。为了达到上述两个目标，我们不仅要深入分析考察，还要回答所有科学研究都会追问的终极问题：为什么？不过，在着手开展这一重大任务之前，我们必须确定好未来的航线。我们怎样才能详尽地洞察人类的道德观念呢？

在回答这个问题的时候，我们没有必要详细论述那些非常直白的信息，比如直接经验、道德格言辑录、谚语、文学作品、哲学著作和教规中的道德观点。从进化的观点看，对我们的研究有着最广泛的重要性的是部落和民族的习俗与法律。这一章就以此为基点展开讨论。

159 我们已经看到，从严格意义上讲，习俗不仅指某个团体的习惯，同时还包括了道德规范的内容。习俗具有习惯性与义务性，这两个特征之间有着密切的联系。对某个惯例来说，无论其基础是什么，无论这个基础多么微不足道，那些浅薄的、不具反省能力的心灵仅仅因为很少出现背离习俗的做法，就不会乐于赞同逆习俗而动。正如塔克所说："普通人经常说的一个观点是，必须这么做，应该这么做，因为人们一直这么做。"[1]孩子们尊重祖传的惯例，[2]野蛮人也是这样尊崇古训。"如果你问一个卡菲尔人他为什么这么做，他会回答——'我怎么知道呢？我们的祖先一直都是这么做的呀。'"[3]由于害怕落下坏名声，现在的爱斯基摩人一言一行都遵循风俗习惯，对此，他们提出的唯一理由是"古代因纽特人就是这么做的，因而我们也必须这么做"。[4] 阿留申人"如果被发现做事跟别人的路数不一样，就会感到羞愧"，[5]一个普通的欧洲人害怕自己显得特立独行。这些事例让我们认识到，都是习惯的力量在起作用。

另一方面，并不是每一种公共习惯都是习俗，都含有义务性；有些惯例尽管在社会上相当普遍，但每个人可能都对它抱着谴责的态度。研究道德观念的学者必须慎重对待人们的习惯。不过，当他没有理由下结论说某个特别的习惯应当具有义务性时，他可以，可能还会一直相信这个习惯或者是得到许可的，或者反对意见并不总是那么真切——不管人们已经确信这个习惯多么不道德。160

① Tucker, *Light of Nature*, ii. 593. *Cf.* also Simmel, *Einleitung in die Moralwissenschaft*, i. 65 *sqq*.

② Sully, *Studies of Childhood*, p. 280 *sq*.

③ Leslie, *Among the Zulus and Amatongas*, p. 146.

④ Hall, *Arctic Researches*, p. 569.

⑤ Dall, *Alaska*, p. 396.

在一个谎言盛行的社群当中,诚实不会被看作神圣的职责;在一个性道德遭到普遍破坏的地方,公众的指责经常带有矫饰的意味。人们的道德标准离不开生活实践。社群的善恶观念与个人的观念遵循同样的规则。《塔木德》中说:“同样的罪行犯两次,你就会认为犯这种罪完全是被允许的。”[①]因而,一个民族内在信念的研究,也要关注它的“恶习”,因为对公开声称的观点和看法来说,“恶习”有着不可低估的补充价值。

习俗的指导原则就是道德的指导原则。显然,道德观念的研究在很大程度上就是对风俗习惯的研究。但同时必须记住,习俗并不囊括道德领域的所有内容,而且,未被囊括的领域和范围将随着道德意识的发展不断扩大。作为义务规则,习俗仅仅是道德赞许的间接表现;表现的方式是,宣称某些情况下的善应当获得奖赏。但即便是在需要赞扬的情况下,习俗在阐明美德方面也并不总是值得信赖的;习俗包括礼节,而礼节最具欺骗性。出于礼貌,礼节会逼迫我们去称赞一个根本不值得称赞的人,去感谢一个根本不值得感谢的人。而且,习俗只能规范外部行为。它能够容忍各种各样未公开表达的意见和观点,它不谴责异端的思想,只谴责异端的行为。在某些情况下,它要求应该做某些行为或不做某些行为,假使这个要求没有得到满足,也不会在意做或不做的动机。再者,如果没有遵循习俗规定的做事程序,按照一般规则——这些规则很少考虑到个性化的情况——与违规行为有关的情感表现会马上被草率地处理掉。但总的看来,由这类情形引起的习俗与道

① Deutsch, *Literary Remains*, p. 58.

德之间的不和谐，要比实际情况更具有表面性。更确切地说，这种 161
不和谐更多的是不同道德标准之间的不和谐。与习俗一样，不假思索的道德意识较少关注行为的内在方面。它不询问一个人在星期天去教堂是出于虔诚的宗教信仰还是怕舆论谴责；它不探究一个人待在家里是出于安逸舒适还是信仰不同及避免伪善。在人类文明发展的早期阶段，关于习俗的规则就是关于义务的规则。只有文明的进步才能减弱它的影响。

最后，在某一群体习俗中表达出来的道德观念，并不必然为每一个成员所接受。就当前的问题而言，那些把道德看作在一个民族的习俗中"客观"形成并否认个人拥有自己的道德观的人，可能把这看成一件微不足道的事。但是，从我拥护的主观主义观点来看，个人信念需要得到与公众观点同样的考虑，而且在很多情况下，它更值得尊重，因为它体现的道德标准经历了反思、心灵净化和精神磨炼，更公正无私。而在较落后的文明阶段，人们更多地受感情而不是思想的引导，很难鉴别不同种类的道德观念。那时，多数人的观点就成了所有人的观点，一个社会的习俗被它的所有成员当作义务来遵循。

在原始社会，习俗代表着法律。即使在社会组织业已有所发展的地方，习俗仍然是保持人们行为的唯一准则。[①] 领袖人物的

① Cranz, *History of Greenland*, i. 170. Dall, *op. cit.* p. 381 (Tuski). Dobrizhoffer, *Account of the Abipones*, ii. 95. Shooter, *Kafirs of Natal and the Zulu Country*, p. 101 *sq*. Holden, *Past and Future of the Kaffir Races*, p. 336. Mungo Park, *Travels in the Interior of Africa*, p. 16. Scaramucci and Giglioli, 'Notizie sui Danakil,' in *Archivio per l'antropologia e la etnologia*, xiv. 39. Earl, *Papuans*, p. 105 (Arru Islanders). Forbes, *A Naluralist's Wanderings in the Eastern Archipelago*, p. 473 (Timorese). Dalton, *Ethnology of Bengal*, p. 51 (Manipuris). Rockhill, *Land of the Lamas*, p. 220 (Eastern Tibetans).

162 **权威并不必然与制定法令的权力相关。即使那些被描绘成独裁者的帝王也要像他的臣民一样受习俗的制约。**

苏门答腊岛的勒姜人“不承认头人有制定他们认为合适的法律的权利,也没有修改或废止古老习俗的权利,相反,他们固守并十分珍惜这些祖传的习俗”。在他们的语言中没有表示“法律”的词,当头人宣布他们的决定时,人们听到的不是“依据法律”,而是“按照习俗”。[①] 埃利斯认为:“马达加斯加人对习俗的崇拜来自传统或祖先的传说……这种崇拜对公众和个人的习惯都有影响。对一个迷信的民族来说,尽管君主在其他方面是无拘无束的,但当他试图打破远古以来就建立起来的规则时,习俗对他的限制比任何人都要强烈。”[②]阿散蒂的国王尽管被描绘成独裁者,他仍然有义务遵循本民族从远古时代沿袭下来的风俗习惯。谁蔑视这一义务,谁想改变古老的风俗,就要付出失去王位的代价。[③] 温伍德·瑞德先生特别提到达荷美人说:“非洲人有时会拥有一个开明的君主,就像古代野蛮人拥有圣人和教士一样。但是,人们头脑里从来没有想过要改变那些从远古时代就流传下来的神圣习俗。”[④]在巴苏陀人中,“头人有权在必要的情形下制定法律和颁布法令”,但他们认为,法律(*molaos*)不如“惯常做法”

① Marsden, *History of Sumatra*, p. 217.

② Ellis, *History of Madagascar*, i. 359.

③ Beecham, *Ashantee and the Gold Coast*, p. 90 *sq*. *Cf*. Stuhlmann, *Mit Emin Pascha ins Herz von Afrika*, p. 523(A-lūr).

④ Reade, *Savage Africa*, p. 52 *sq*.

(*mekhoas*)强大,"惯常做法"才真正构成了国家的法律。[①] 在古代爱尔兰人中,有资格、有权力颁布新法令的君主是不存在的,国王是部落大会的首领,他的职责是保证固有的习俗为人们所遵循。[②]

在与法律的竞争中,习俗常常得胜。在印度,尤其是印度南部 163
地区,"在很大程度上,习俗总是比成文法占据更优越的地位"。[③] 在兰纳德的案例中,审判委员会明确宣布:"就印度的法律制度而言,习惯法明显比成文法重要。"[④]在罗马,法官们的座右铭是,可能违背习俗的法律将被废除或废止;[⑤]在现代社会,苏格兰也信奉同样的信条。[⑥] 而且,即使当习俗不能正式废除法律时,它也会对执法过程产生一定的影响。根据欧洲国家的法律,一个人在决斗中杀死了对手,将被视为杀人罪;但是,在那些有决斗传统风俗的地方,法律的禁止是无效的。在欧洲大陆是这样,在英格兰也是这样;18 世纪,一位见闻广博的作家断言,他"在英格兰,从没见过公正的决斗受到法律制裁的情况"。[⑦] 在这个例子中,法律是无效

① Casalis,*Basutos*,p. 228.

② *Ancient Laws of Ireland*,iii. p. lxxxvi. *sq*. Cherry,*Growth of Criminal Law*, p. 33.

③ Burnell,转引自:Nelson,*View of the Hindū Law*,p. 136。

④ Mayne,*Treatise on Hindu Law and Usage*,p. 41.

⑤ *Institutiones*,i. 2.11. *Digesta*,i. 3.32.

⑥ Mackenzie,*Studies in Roman Law*,p. 54.

⑦ Bosquett, *Treatise on Duelling*, p. 80. *Cf*. *A Short Treatise upon the Propriety and Necessity of Duelling*. 该书 1779 年在巴斯印制。不过,1808 年间,坎贝尔少校因在决斗中杀死博伊德船长被判处死刑且随即被处死(Storr,'Duel,' in *Encyclopcedia Britannica*,vii. 514)。

的,因为它事实上对习俗无能为力。但在法律不合时宜时,习俗会显示出它的优越性。这时,在公众的努力争取下,新的习俗将涌现出来,以反抗过时的法律。因而,与早期法律和司法实践相反,现在某些欧洲国家盛行这样的习俗,即判处死刑但不执行。即便是"恶习"也会削弱法律的权威。中国民间最广为人知的恶习,可能就是贿赂和赌博了。中国刑法明确规定,应惩罚有贿赂行为和赌
164 博恶习的人。但是,据道格思教授所言,"如果严格按照法律办事,那么毫不夸张地说,每 100 名官员中就会有 99 名被清洗掉"。[①] 关于恶习削弱法律效力这一原则,我们还可以找到其他一些例证。

事实证明,法律与宗教联合起来也比不上习俗有影响力。伯顿爵士这样描述贝都因人:"尽管古兰经中记载过某些法律条文,却遭到人们的公开轻视,正是古老的 *Kazi al-Arab*(即阿拉伯人的最高审判者)形成了极其严格有效的规范体系。"[②]土库曼人经常生活在高压统治下,但左右他们生活的是那些并不显眼的东西,无所不在地发挥着作用,那就是 *deb*——"习俗"或"习惯法"。这方面的权威人士说:"很明显,在与伊斯兰教长达八个世纪的斗争中,'习俗'或'习惯法'几乎毫发无损。许多被伊斯兰教禁止、被毛拉猛烈攻击的习惯法都还保留着远古时候的样子。"[③]

事实上,法律本身如果能做成习俗的样子比做成律法的样子更容易让人遵循。黑格尔评论说:"有效的国家法律被书面化并编

① Douglas, *Society in China*, p. 82.

② Burton, *Pilgrimage to Al-Madinah and Meccah*, ii. 87.

③ Vámbéry, *Travels in Central Asia*, p. 310 *sqq*.

撰成册后，就不再是习俗了。”[1]有些情况下，从未正式颁布过法律，只有特权阶层才了解和执掌这些法律，不过人们仍尊敬和遵从这些法律。[2] 普通百姓没有必要学习法律，在他们的生存环境中，习俗是可靠的指路灯，人们愿意在习俗指导下做事。培根说得好：“习俗是人生最主要的司法官。”[3]古人也说过这样的话：“习俗是所有人的君王。”[4]

许多法律在成为正式的法律之前是作为习俗存在的。雅利安 165
人的法律书籍就是在古老习俗的基础之上编撰而成的。梅恩先生认为，印度法律就是以习俗为基础的，这种习俗不仅早在婆罗门教之前就存在，而且独立于婆罗门教。[5] 希腊语中的 *νουος* 既指习俗，也指法律。把这两层含义合而为一，用一个词表示，并非由于希腊人语言的贫乏，根源在于，在希腊人的观念中，法律正是而且也应该是民族风俗的成果，不多也不少。[6] 大部分罗马法是在祖制（*mores majorum*）的基础上制定出来的；《查士丁尼法学总论》明确指出：“长期流行并得到使用者认可的习俗，就具有了法律的性质。”[7]古条顿人和古爱尔兰人的法律与这种情况类似。[8]

习俗转变为法律不只是个仪式。同习俗一样，法律也是行为

---

① Hegel, *Philosophie des Rechts*, § 211, p. 199.

② Rein, *Japan*, p. 314.

③ Bacon, ‘Essay xxxix. Of Custom and Education,’ in *Essays*, p. 372.

④ Herodotus, iii. 38.

⑤ Mayne, *op. cit.* p. 4.

⑥ Ziegler, *Social Ethics*, p. 30. Schmidt, *Ethik der alten Griechen*, i. 201.

⑦ *Institutiones*, i. 2.9.

⑧ Joyce, *Social History of Ancient Ireland*, i. 181.

规范。但是,习俗是通过习惯建立起来的,它以模糊的方式受到舆论的制约;而法律是由立法机关制定的,具有明确的内容;正如奥斯汀所说,立法就是要借统治者或统治者集团之口向臣民颁布。[①]变成法律后,习俗就有了明确的具体内容和制裁措施,这便于执行。这个变化看起来既来自社会效用的考量,也来自人们的正义感。西塞罗认为:"法律为了实现公正与公平而制定的,它对所有人永远用同一个声音说话。"[②]从这些观点可以看出,有必要转变成法律的习俗是十分有限的。许多习俗内容太模糊、太不确定,以
166 致很难成为清晰明白、中规中矩的法律。[③] 对另外一些习俗来说,或者背离习俗所激起的公众愤慨太微弱,或者对公共福祉的意义微不足道,也不宜进入立法层面。还有一些习俗在不知不觉中存在着,人们都理所当然地遵循这些习俗,从来没有人背离这些习俗,也从来没有引起立法者的注意。

以习俗为基础的法律自然表现出法律制定时代流行的道德观念。另一方面,虽然这些法规现在仍然存在,但它们未必真实反映了后来人的观念。法律甚至比习俗还要保守。尽管习俗对舆论有保护作用,它依然随着舆论的变化而变化。甚至在极其尊重祖先习俗的野蛮人中,也极有可能引进一些改变。例如,中澳大利亚阿兰达人的传统表明,对习俗随着时代发展而变化这一事实,人们相当认同。[④] 但是,当古老的习俗以法律形式固定下来之后,它就能

① Austin, *Lectures on Jurisprudence*, i. 87, 181, &c.

② Cicero, *De officiis*, ii. 12.

③ *Cf*. Aristotle, *Ethica Nicomachea*, v. 10.6.

④ Spencer and Gillen, *Native Tribes of Central Australia*, p. 12 *sqq*.

够在舆论发生变化、新习俗得以引进的情况下保存下来。梅因爵士评论说，在所有进步社会中，社会需要和人们的观念总是或多或少地超前于法律。“没准哪一天我们可以弥合二者之间的差距，但这个差距总是趋于重新出现。”[1]

对一个民族来说，道德观念在习俗中的体现要比在法律中广泛且深远。大量的习俗从来没有变成法律，这一事实必然导致上述结果。与习俗一样，法律只是直接表达了什么是必须做的，它几乎从不处理与美德有关的问题，即便是间接涉及的情况也极少发生。中国人有一种奖赏和纪念有功之臣和道德高尚之民的做法，就是给他建一个牌坊，授予他很高的荣誉称号；[2]日本人和韩国人 167
则以金钱、银杯或纪念碑的形式奖励那些堪称孝顺楷模的人；他们论证道，既然法律惩治了犯罪，也应该奖励德行。[3] 在欧洲，我们对做出杰出贡献的人物授予头衔，让他们享受很高的荣誉，给他们很丰厚的报酬，等等。但这些奖赏的分配并不受法律的制约，通常也跟道德无关。

跟习俗一样，法律只涉及公开的、明显的行为或不作为，法律丝毫不关注行为的思想或心理的方面，除非这种思想的表达或心理的表现真的触犯了法律。然而，随后我们会发现，尽管这构成了法律与开明道德意识的本质区别，但对我们理解无反思的心灵的道德判断有着明显的助益。

作为一个概括性的、同时严格界定内容的行为规范，法律不像

---

① Maine, *Ancient Law*, p. 24.

② de Groot, *Religious System of China* (vol. ii. book) i. 769, 789 *sq*.

③ Griffis, *Corea*, p. 236.

习俗那样专门对每一种情况都做出规定,以满足正义的要求。然而,这些不足之处在立法初期几乎没有人感觉到;那时,几乎没有人考虑行为背后的动机是什么;在立法的后期阶段,法官被赋予更大的裁量权,这一困难就迎刃而解了。例如,英格兰的刑事处罚历史表明,它经历了这样一个转变:起初的体制根本不赋予法官裁量权,在后来的体制下,除了那些仍然被判处死刑的罪行案,如严重的叛国罪、谋杀罪,在所有的案件中都不限制法官的裁量权。[1] 因而,对于我们来说,研究司法实践及其演变过程就是研究法律的必要补充。

与习俗一样,代表舆论的法律只是特定社会成员道德观念的可靠体现。另一方面,在某些情况下法律又不同于习俗,它表现的
168 是少数人甚至是某个人的思想观念和意志,也就是说,它代表统治力量的思想和意志。很显然,文明的立法者施加于野蛮人的法律,可能与野蛮人自己的是非观念大不相同。例如,当我们根据条顿人的早期法律书籍研究他们的道德观念、道德情感时,我们必须慎重地把来源于罗马或基督教的因素放在一边。同时还须记住,一个民族的道德意识会逐渐地与外来法律相适应。如果法律比舆论超前——条顿人的罗马法显然如此——法律会通过唤醒他们沉寂的情感,或者教育他们具备更好的辨别能力,从而把公众的思想提高到立法者的水准。我们都已经认识到,当一件事被禁止和惩罚之后,正因为被禁止和惩罚的缘故,人们会把这样的事看成是错误的、应该受惩罚的。

① Stephen, *History of the Criminal Law of England*, ii. 87.

最后，法律可能禁止那些从某种道德观点上看起来无关紧要的事情。比如，在英格兰，法律规定婚礼只能在特定的时间和地点举行，法律禁止种植烟草等，就是这样的例证。法学家把犯罪行为区分为自然犯（*mala in se*）和法有所禁止之罪（*mala quia prohibita*）两种，前者指即使没有被法律禁止也是错误的，后者指只是因为非法才是错误的。

法律通过判定某作为或不作为有错或有罪来表达行为规范，也就是说，法律要警告人们，谁犯罪谁将遭受痛苦的惩罚。法律并不是在任何情况下都直接以刑罚实施威慑[①]——我之所以说直接，是由于所有的法律都具有强制性，而所有强制性都在某阶段诉诸惩罚。[②] 为了实施业已建立的法律，统治集团会用制裁及其后果加以威慑，但制裁会考虑到对受害者的补偿和伤害者的苦楚。169
对后者而言，制裁就等于惩罚。尽管补偿与惩罚的区分十分重要，但也不是绝对的。除非人们把某种罪行或类似的罪行归咎于他，一个人伤害了另一个人并非必须要赔偿；另一方面，如果他不得不赔偿，对他的惩罚已经包括在里面了。而且，伤害者遭受惩罚的痛苦必须看作一种补偿，因为它满足了受害者渴求复仇的愿望。根据边沁的观点，复仇的快感"是一种收获，它让人想起参孙之谜——甜蜜来自恐怖，虎穴里面才有最好的蜂蜜"。[③] 在受害方被

① "不是所有最高统治者都能确保他的命令得到执行；有时候，人们制定律法时实际上并没有多少将之实施和执行的想法。"（Pollock, *Essays in Jurisprudence and Ethics*, p. 9 *sq.*）

② *Cf.* Stephen, *op. cit.* i. 2.

③ Bentham, *Theory of Legislation*, p. 309.

允许决定伤害者是否受惩罚或(在一定限度内)应施加何种惩罚的情况下,惩罚显然更多被看作一种补偿手段。无论如何,受害方被授予了这个特权,这一事实表明,公众出于同情产生了某种程度的怨恨。任何形式的惩罚,在本质上都是社会中不满情绪的一种表现。[①] 因而,研究道德观念就具有极其重要的意义,这种研究也要求我们缜密谨慎地思考问题。

我所说的惩罚并不是包含侵犯者受苦的每一种情况,我只指这样一种情况:人们确切无疑地以社会——他毕竟是这个社会永久的或暂时的成员——的名义,对他施加惩罚。关于惩罚的最终目的是什么,无论人们的观点怎样,这个定义都有效。惩罚的最终目的(或假定的惩罚目的)不论是改造罪犯、制止犯罪
170 还是偿还损失,其直接目的总是让侵犯者遭受痛苦。如果对罪犯的改造是通过催眠术之类进行的,我们就不应该把这种改造方法称为惩罚。

一种常见的观点认为,照字面意义来看,刑罚起源于晚近,这种社会制度产生于人类早期个人复仇或家族复仇的习俗,并逐渐地取而代之。对研究欧洲和东方国家法律的学者来说,这一观点似乎有合理之处,但是,我们将看到,文明种族的早期历史易于使人错误地看待惩罚的演变与发展。即使在野蛮民族,公众的愤慨

① "Die Missbilling ist das Wesentliche aller Strafe" (von Bar, *Die Grundlagen des Strafrechts*, p. 4). "La peine consiste dans une réaction passionnelle d' intensité graduée" (Durkheim, *Division du travail social*, p. 96).

之情也是决定对其严加惩罚还是仅仅声讨了事的重要力量。[①]

有时，野蛮人在惩罚罪犯的时候会在公众面前羞辱他。

> 在格陵兰岛，公民大会就是审判法庭，同时，这里还召开全国运动会，进行娱乐表演。除了死刑罪外，公民大会还用nith-song的方式处治各种各样的罪犯和违反公序良俗的行为：当着在场的所有人，人们通过歌舞表演，把冒犯者的错误告诉大家，把对方的美德赞扬一番。[②] 在北极圈内外的其他一些部落中，也发现了相同的风俗，只是偶尔有少许不同之处。[③] 我们知道，这些民族很敏感，由此可以推断，他们要给予的惩罚绝不轻微。在格陵兰岛，"某个人仅仅由于他的亲属说的一句话伤害了他，就跑到深山里，至少好几天不露面。这种情况不时发生。"[④]北美印第安人过去常常用当众开玩笑的方式惩罚犯有轻微罪过的年轻人，在谈到这一风俗时，阿代尔说："他们宁愿被折磨死，也不愿承受重演罪行之辱。"[⑤]

在其他例子中，整个社群都可以同仇敌忾地向罪犯施加肉体惩罚。 171

① See Steinmetz, *Ethnologische Studien zur ersten Entwicklung der Strafe*, ii. 327 *sqq*.; Makarewicz, *Évolution de la peine*, *passim*.

② Rink, *Eskimo Tribes*, p. 24 *sq*. *Idem*, *Greenland*, pp. 141, 150. Cranz, *op. cit*. i. 165 *sq*. Holm, 'Ethnologisk Skizze af Angmagsalikerne,' in *Meddelelser om Grönland*, p. 87.

③ Kane, *Arctic Explorations*, ii. 128 *sq*.

④ Nansen, *Eskimo Life*, p. 267 *sq*.

⑤ Adair, *History of the American Indians*, p. 429 *sq*.

在澳大利亚某些部落中,当一个当地人因某种违规行为而招致部落不满时,按照习俗,他就要"接受惩罚":他站在视野可及的地方,手里拿着盾牌,整个部落的成员同时或接连不断地朝他投掷矛。尽管伤害致死的情况时有发生,但接受惩罚的人通常老于此道,他能够熟练地躲闪,以免受到严重的伤害。然而,这样一种特别的惩罚措施,也要遵守一定的规矩,比如,投掷矛的精确度和力量在很大程度上取决于部落成员对罪行凶残程度的看法。[①] 在昆士兰西北部和中部的土著人中,尽管每个人都可以在一定限度内为所欲为;但如果他有违反规矩的行为,"不仅受害人或其亲属要和他算账,在某些情况下,整个营地的人都要找他算账。因而,作为一个整体,营地具有议事会的功能,它有责任厘定针对不同罪行的惩罚措施。如果是谋杀和乱伦,就判处死刑,这种死刑还可能需要通过自掘坟墓活埋的方式执行;如果有人在营地辖区内肆无忌惮地使用战斗武器,就把他腿打瘸,通常的办法是膑足。"再者,如果一个妇女成了人人嫌的角色,尤其是当这里的女性都厌恶她时,她的女性伙伴们将猛烈地攻击她、锤打她,而男人在这种场合下是不能干涉的。[②] 在维多利亚的班格朗部落,"谁要是受了冤枉后在夜里对着整个营地大声控诉,而整个营

① Hale, *U. S. Exploring Expedition. Vol. VI. Ethnography and Philology*, p. 114. *Cf.* Eyre, *Journals of Expeditions of Discovery into Central Australia*, ii. 388; Collins, *English Colony in New South Wales*, i. 586; Brough Smyth, *Aborigines of Victoria*, ii. 295.

② Roth, *Ethnological Studies among the North-West-Central Queensland Aborigines*, pp. 139, 141. Curr, *The Australian Race*, i. 61 *sq*.

> 地的人都安静地倾听到了他的冤屈，人们将马上审问那个被控告的人。被选来参加审理的男男女女都对这个事件的看法畅所欲言，如果大家一致认为冤情属实，被告就得接受习俗所判定的惩罚。”[①]在西部维多利亚的很多部落里，“如果一个人品行恶劣，总给部落制造麻烦，人们将召开会议，判处他死 172
> 刑”。[②] 在姆蓬圭部落，如果一个人谋杀了另一个人，他将被判处死刑，方法把他溺死或活活烧死，执行死刑的不是他的近亲属，而是整个部落的人。[③] 哈得逊湾的爱斯基摩人中，“当一个人品质十分恶劣，以致整个社群都容不下他的时候，他将被禁止跨入这里的棚屋，不得与其他人一起分享食物，也不能跟其他人有任何交往。然而，只要他不威胁到其他人的生命，人们几乎不会在意他。要是他犯有谋杀罪，几个男子会伺机袭击他，常见的方法是用乱石把他砸死。这些执行死刑的人从不掩饰他们的行为，因为社群的舆论支持他们这样做。”[④]

很多部落会把那些行为激起极大民愤的人驱逐出部落，而另外一些部落宣布这样的行为是非法的。

> 在奇佩维安人中，“部落社会秩序的维持全靠舆论”。头人没有权力对罪行施加惩罚，尽管他偶尔会放逐那些行为特

---

① Curr, *Squatting in Victoria*, p. 245.

② Dawson, *Australian Aborigines*, p. 76.

③ Burton, *Two Trips to Gorilla Land*, i. 105.

④ Turner, 'Ethnology of the Ungava District,' in *Ann. Rep. Bur. Ethn.* xi. 186.

别恶劣并威胁到公共安全的人。[1] 萨利什人,或称弗拉塞德印第安人,有时把那些臭名远扬的罪犯从他们所属的部落或集团中驱逐出去,以示惩罚。[2] 埃·斐·伊姆·特恩爵士对圭亚那印第安人的美德赞不绝口,但也有例外的情况发生;他补充说,只要他们犯了罪,“这些人不久就会被处死或驱逐出部落”。[3] 在幼发拉底河流域的贝都因人中,“如果罪行极其恶劣,将按照法律对其处以最严酷的惩罚——把罪犯从部落中驱逐出去”。[4] 贝尼·姆扎布人也是这样。[5] 在苏格兰高地,即便是今天,舆论影响惩罚的例子依然很普遍,在舆论压力下,有些罪犯甚至被迫流亡在外。[6] 据报道,很多野蛮人生
173 活的地方都对性犯罪者施加驱逐出境的惩罚;[7]斯坦梅茨博士提到过其他驱逐出境的例子。[8] 在某些案例中,把罪犯驱逐出境被视为使部落免受玷污的方法,并不仅仅具有字面上的惩罚意义。[9]

与驱逐这一惩罚措施密切相关的是宣布非法。冯·弗雷德说,哈德拉毛的贝都因人会给被驱逐者三天的缓刑期,如果

① Richardson, *Arctic Searching Expedition*, ii. 26 *sq*.

② Hale, *op. cit*. p. 208.

③ Im Thurn, *Among the Indians of Guiana*, p. 213.

④ Blunt, *Bedouin Tribes of the Euphrates*, ii. 206.

⑤ Chavanne, *Sahara*, p. 315. Tristram. *Great Sahara*, p. 207.

⑥ Stewart, *Highlanders of Scotland*, p. 380.

⑦ Westermarck, *History of Human Marriage*, p. 61 *sqq*.

⑧ Steinmetz, *op. cit*. ii. ch. 5.

⑨ 见下文,关于“杀人”。

错过了这个期限，任何部落成员都可以处死他。① 在怀安多特人中，最轻微的惩治方法是，如果罪犯继续进行与其已有罪行类似的犯罪活动，任何人杀死他都是合法的；而最严重的则是，部落里任何人都有责任在遇到这个罪犯的时候把他杀掉。② 在古代条顿人中，宣布非法最初是整个国民向罪犯提出的宣战，直到后来才转变成迫使罪犯服从法律权威的常用措施。③

不过，最常见的情况是，对罪犯的惩罚是由具有司法权的一些人而不是整个社群来执行的。事实上，不仅文明种族有法官和法庭，野蛮民族也有这样的制度，在这种制度下，由年长者或头人组成的议事会往往行使审判的功能。④ 即便是澳大利亚土著人那样

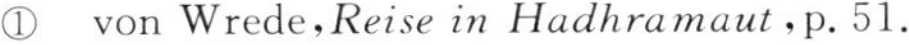

① von Wrede, *Reise in Hadhramaut*, p. 51.

② Powell, 'Wyandot Government,' in *Ann, Rep. Bur. Ethn.* i. 68.

③ Pollock and Maitland, *History of English Law before the time of Edward I.* i. 49.

④ Petroff, 'Report on Alaska,' in *Tenth Census of the United States*, p. 152 (Aleuts). Morgan, *League of the Iroquois*, p. 330. Powell, in *Ann. Rep. Bur. Ethn.* i. 63, 66 *sq.* (Wyandots). *Idem*, 'Sociology,' in *American Anthropologist*, N. S. i. 706 (North American tribes). Schoolcraft, *Indian Tribes of the United States*, i. 277 (Creeks). von Martius, *Beiträge zur Ethnographie Amerika's*, i. 88 (Brazilian Indians). Cook, *Journal of a Voyage round the World*, p. 41 (Tahitians). Lister, in *Jour. Anthr. Inst.* xxi. 54 (Bowditch Islanders). Codrington, *Melanesians*, p. 345 (Solomon Islanders). Hunt, in *Jour. Anthr. Inst*, xxviii. 6 (Murray Islanders). Kohler, in *Zeitschr. f. vergl. Rechtswiss.* xiv. 448; Senfft, in Steinmetz, *Rechtsverhältnisse*, p. 448; Kubary, 'Die Ebongruppe im Marshall's Archipel,' in *Journal des Museum Godeffroy*, i. 37 (Marshall Islanders). *Idem*, *Ethnographische Beiträge zur Kenntnissder Karolinischen Inselgruppe*, p. 73 *sqq.*; *Idem*, 'Die Palau-Inseln, in *Journal des Museum Godeffroy*,' iv. 42 (Pelew Islanders), von Kotzebue, *Voyage of Discovery*, iii. 208 (Caroline Islanders). Worcester, *Philippine Islands*, p. 107 (Tagbanuas of Palawan). Marsden, *History of Sumatra*, p. 217 (Rejangs). （接下页注释）

的落后民族,也拥有自己裁定违法犯罪事宜的机构。

174 谈到中澳大利亚的土著部落,斯潘塞和吉伦评论说:"如果有人违犯了严格的婚姻法,那就不是他'个人的力量'所能处理得了的。由部落首领组成的小组或由相关人员组成的小组会同长者一起磋商,经过一段时间的磋商之后,如果确定犯

(接上页注释) von Brenner, *Besuch beiden Kannibalen Sumatras*, p. 211 (*Bataks*). Forbes, *A Naturalist's Wanderings in the Eastern Archipelago*, p. 243 (Kubus of Sumatra). Man, *Sonthalia*, p. 88 *sq*. Cooper, *Mishmee Hills*, p. 238. Macpherson, *Memorials of Service in India*, p. 83 (Kandhs). Stewart, in *Jour. As. Soc. Bengal*, xxiv. 609, 620 (Nagas, Old Kukis). Dalton, *Ethnology of Bengal*, p. 45 (Kukis). Forsyth, *Highlands of Central India*, p. 361 (Bygás). Shortt, in *Trans. Ethn. Soc.* N. S. vii. 241 (Todas). Batchelor, *Ainu and their Folk-Lore*, p. 278; von Siebold, *Die Aino auf der Insel Yesso*, p. 34. 在下列引文中,也谈到了非洲的很多事例:Nachtigal, *Sahara und Sudan*, i. 449 (Tedâ). Petherick, *Egypt, the Soudan, and Central Africa*, i. 320 (Nouaer tribes). Beltrame, *Il Fiume Bianco*, p. 77 (Shilluk). Laing, *Travels in the Timannee*, &c. Countries, p. 365 (Soolimas). Mungo Park, *Travels in the Interior of Africa*, p. 15 *sq*. (Mandingoes). Leuschner, in Steinmetz, *Rechtsverhältnisse*, p. 22 (Bakwiri). *Ibid*. p. 47 (Banaka and Bapuku). Tellier, *ibid*. p. 175 (Kreis Kita, in the French Soudan). Bosman, *New Description of the Coast of Guinea*, p. 331 (Negroes of Fida). Casati, *Ten Years in Equatoria*, i. 158, 163 (Akkas, Mambettu). Stuhlmann, *Mit Emin Pascha ins Herz von Africa*, p. 523 (A-lūr). *Emin Pasha in Central Africa*, p. 89 (Wanyoro). Baskerville, in Steinmetz, *Rechtsverhältnisse*, p. 193 (Waganda). Beverley, *ibid*. p. 214 (Wagogo). Lang, *ibid*. p. 253 *sqq*. (Washambala). Desoignies, *ibid*. p. 279 *sq*. (Msalala). Decle, *Three Years in Savage Africa*, pp. 71, 73, 74, 487 (Barotse, Wakamba). Junod, *Les BaRonga*, p. 155 *sqq*. Burton, *Zanzibar*, ii. 94 (Wanika). Holub, *Seven Years in South Africa*, ii. 319 (Marutse). Kohler, in *Zeitschr. f. vergl. Rechtswiss*. xiv. 316 (Herero). Andersson, *Lake Ngami*, p. 197 (Ovambo). Rautanen, in Steinmetz, *Rechtsverhältnisse*, p. 340 (Ondonga). Kolben, *Present State of the Cape of Good Hope*, i. 86, 297 (Hottentots). Kohler, in *Zeitschr. f. vergl. Rechtswiss*. xv. 333 (Bechuanas). Casalis, *Basutos*, pp. 224, 226. Maclean, *Compendium of Kafir Laws and Customs*, pp. 35, 110. Holden, *Past and Future of the Kaffir Races*, pp. 333, 336. Shooter, *Kafirs of Natal*, p. 99 *sq*.。

人有罪并决定将他处死——这个案例绝不全是假想的，生活中可能真有其事——随后长者就安排执行判决，为此，他们还组织了一个名为 *ininja* 的团体。”[①]我们在澳大利亚大陆的很多地方都听到过类似的议事会。约翰·弗雷泽博士在对新南威尔士土著人的描述中说：“澳大利亚的长者与生活经验丰富者组成的长老会——原始居民的参议院和国会——有权对触犯法律的部落成员判罚。”部落首领就像司法官一样，坐下来审理呈报到他们面前的所有案子，如随意暴露圣物，向岳母告发妻子的通奸行为等。部落甚至还有执法者。同时，许多冤 175
情在没有头人干预的情况下就由当事人自行解决了。比如，一个人从邻居家中偷东西，或两个男子为争夺一个女子而争吵，在因这类事情引起的搏斗中，一个人把另一个人的脑袋打破了，事情发展到这里就了结了。[②] 纳里涅里部落有一个名叫 *tendi* 的审判理事会，它由长者组成，由部落头人执掌；理事会中如果有人去世了，健在的成员就会从部落中再挑选一个合适的人接替他。“任何犯人都要被带到审判理事会接受审问。如果不同部落之间发生了杀人案，受害方部落的成员会将杀人犯的朋友带到理事会，一起接受审判。经过充分的审讯后，如果确认杀人罪成立，将根据罪行的恶劣程度对罪犯施加惩罚。”[③]在澳大利亚的另一个部落贡迪奇马拉人中，世袭的头人“会出面解决部落内部所有的争端和分歧，在听取了

① Spencer and Gillen, *op. cit*. p. 15.

② Fraser, *Aborigines of New South Wales*, p. 39.

③ Taplin, 'Narrinyeri,' in Woods, *Native Tribes of South Australia*, p. 34 *sq*.

双方陈述后,他就会判定如何处理案子,没有人会对他的判决提出异议”。[①]

我们发现,在澳大利亚土著人中,有些情况下是整个社群对罪犯施加惩罚,而在另外一些情况下则是由那里的法庭或首领对其施加惩罚。毫无疑问,后者是从前者演变而来的,这里有许多例子足以证明这种不同制度之间的转变。据说,在昆士兰西北部和中部的土著人中,如果发生了谋杀、乱伦、身体暴力之类的大案,年长者的看法只是对舆论有“影响”。[②] 从操作程序上看,让所有人都参与到惩罚罪犯的活动中是很困难的,对规模大的社群来说,更是容易带来诸多不便,司法工作由此自然地落在首领或头人的手中。但是,司法权

176 在社会的确立也有不同的起源。看来,司法制度通常不是从早先的私刑发展而来的,而是由以前的私人复仇制度演变过来的。

个人复仇或家族复仇,就其本身而言,当然是私人复仇情感的表现,而不是公众复仇情感及道德愤慨的体现。但这种情况与复仇习俗不同。在下面一章我们可以看到,报仇雪恨不仅被看作一种权利,而且经常被看作被害者亲属应当履行的义务。因而,在没有杀人罪的情况下,复仇就被认为是一种义务。例如,在澳大利亚的奇维加部落,死者亲属会根据罪行的严重程度用矛刺伤罪犯一次或多次;或者等受害者恢复体力后,用矛亲手刺伤罪犯。我们的权威人士补充道:“人们安分地遵守这些法规,这种状况从来没有改变过;无疑,如果有必要,部落成员会组织起来以强化这些法规

---

① Fison and Howitt, *Kamilaroi and Kurnai*, p. 277.

② Roth, *op. cit.* p. 141.

的权威性。”[1]复仇成了一种义务，这一特征会令忽视这一义务的人招致不满。一个肩负复仇义务的人如果没有履行这一义务，必然立即遭到谴责；这种谴责部分地表现为对他的轻视，尤其是人们怀疑他懦弱时，更容易采取蔑视的态度。不过，很明显，在公众责难的背后显然有着看到侵犯者遭受苦难的愿望。社会确实会支持复仇者用这样或那样的方法达到报复目的，可以引用下面一些例子证明。在谈到火地人时，许阿德斯说：“比如我们听说过，杀害妻子的嫌犯，以及被某个家庭起诉的人，有时在一两年后被杀死并倒在受害者父母的脚下。这是一个正义的行动而不是复仇的了断。另外我们还必须记住，在这种情况下，凶手被所有人抛弃，会受到死刑的威胁，而且他只能活相对来说很短的时间。”[2]在中爱斯基 177
摩人中，“除非发生了血仇事件，人们不能随意惩罚犯法者”，如果一个人犯了杀人罪或因其他暴行被人深恶痛绝，“为了实现社会正义，任何人都可以将他杀死。如果谁要向罪犯复仇，他必须逐一询问他的同胞，是否每个人都认为犯人罪该万死。如果所有的回答都是肯定的，他就可以杀掉这个万夫所指的恶棍，任何人都不得再对他进行报复。”[3]在格陵兰人中，如果发生了极其残暴的杀人事件，尽管复仇是受害者近亲属的事，全村的男子都可以联合起来惩治杀人凶手，直到把他杀掉。[4] 在野蛮人中，同样值得注意的是，在那些主要由整个社群施加惩罚的犯罪中，乱伦显得尤其突出。

① Fison and Howitt, *op. cit*. p. 282.

② Hyades and Deniker, *Mission scientifique du Cap Horn*, vii. 240 *sq*.

③ Boas, ‘ Central Eskimo, ’ in *Ann. Rep. Bur. Ethn*. vi. 582.

④ Nansen, *Eskimo Life*, p. 163.

我认为,出现这种局面的主要原因是,要想自然而然地指定个人为此复仇是难以做到的。

因而,公众愤慨不仅表现在惩罚中,某种程度上还表现在复仇习俗中。在上述两种情况下,社会都要求侵犯者为他做出的行为经受苦难。严格地说,复仇习俗与惩罚之间的关系不像通常想象的那样是父母与孩子的关系,而是一种类似于旁系血亲的关系。它们有共同的祖先,也就是说,它们都来自公众怨恨之情。

舆论要求复仇为受害者考虑,但另一方面也要有可操作性。在一些案例中,公众怨恨对局外人来说可能太淡薄,太受制于其他冲动,在另外一些案例中则过于浓厚。我们经常发现,复仇事实上受到这样一个规则的制约,就是要求受害者受到的损害与侵害者接受
178 惩罚时遭受的苦难等值。有时,这一规则要求一命偿一命;①有时要求偿命者要与死去的人在等级、性别或年龄上是同等的;②有时要求杀人者要跟被杀者以同样的方式毙命;③有时,受害者遭受过什

① Krause, *Tlinkit-Indianer*, p. 245 *sq*. Macfie, *Vancouver Island and British Columbia*, p. 470. Foreman, *Philippine Islands*, p. 213 (Negrito and Igorrote tribes in the province of La Isabela). Low, *Sarawak*, p. 212 (Dyaks). von Langsdorf, *Voyages and Travels*, i. 132(Nukahivans).

② Jagor, *Travels in the Philippines*, p. 213 (Igorrotes). Blumentritt,转引自:Spencer, *Principles of Ethics*, i. 370 *sq*. (Quianganes of Luzon)。Munzinger, *Ostafrikanische Studien*, p. 243(Marea). *Koran*, ii. 173.

③ von Martius, *op. cit*. i. 129 (Brazilian Indians). Wallace, *Travels on the Amazon*, p. 499 (Uaupés). Schoolcraft, *Indian Tribes of the United States*, iii. 246 (Dacotahs). Steller, *Kamtschatka*, p. 355. Hickson, *A Naturalist in North Celebes*, p. 198 (Sangirese of Manganitu). Fraser, *Journal of a Tour through Part of the Himālā Mountains*, p. 339 (Butias). Ellis, *History of Madagascar*, i. 371. Munzinger, *op. cit*. p. 502 (Barea and Kunáma). de Abreu, *Canary Islands*, p. 27 (aborigines of Ferro).

么样的痛楚和折磨，施害者也要遭受同样的苦痛。[1] 与复仇相比，怨恨则不具备这种要求完全对等的特征。[2] 在造成的痛苦和引起的反应之间，无疑有个比例关系；在其他条件等同的情况下，造成的伤害和苦痛越严重，引发的反应就越强烈。一个人受到的冒犯越严重，他越想以同样深重的伤害实施报复。但是，怨恨并不那么精确地锱铢必较，因而造成的伤害和报复行为之间可能存在很大的差距。[3] 正如托马斯·布朗爵士所言，一个被仇恨冲昏头脑的人“在设想复仇时是不讲任何规矩的，他会因被打掉了一颗牙齿而要取对方的头颅，但一觉醒来，这些冲动可能会被忘得一干二净”。[4] 如果对等原 179
则并不适于怨恨本身，一定有别的因素掺和进来，导致当事人决定怎么办。我相信，其中一个因素就是自尊；想要压制自己的气焰，不去羞辱侵犯者，自然意味着他的雅量和自重。不过，伤害与复仇之间除了这种质性的对等外，同态复仇（*Lex talionis*）[5]还要求分量上

① Im Thurn, *op. cit.* p. 213 *sq.* (Guiana Indians). *Glimpses of the Eastern Archipelago*, p. 86 (Bataks). Arbousset and Daumas, *Tour to the North-East of the Colony of Good Hope*, p. 67 (Mantetis). Munzinger, *op. cit.* p. 502 (Barea and Kunáma). Post, *Afrikanische Jurisprudenz*, ii. 27 (various other African peoples), de Abreu, *op. cit.* p. 71 (aborigines of Gran Canaria).

② *Cf.* Tissot, *Le droit pénal*, i. 226; Steinmetz, *Ethnol. Studien zur ersten Entwicklung der Strafe*, i. 401; Makarewicz, *op. cit.* p. 13.

③ von Martius, *op. cit.* i. 128 (Brazilian aborigines). Calder, in *Jour. Anthr. Inst.* iii. 21 (Tasmanians). Forbes, *A Naturalist's Wanderings in the Eastern Archipelago*, p. 473 (Timorese). Sarasin, *Forschungen auf Ceylon*, iii. 539 (Veddahs). Jacob, *Das Leben der vorislâmischen Beduinen*, p. 144 *sq.*

④ Browne, *Christian Morals*, iii. 12, p. 94.

⑤ 同态复仇法，即“以牙还牙，以眼还眼”的原则；同态复仇法的原则在古巴比伦《汉谟拉比法典》和古罗马《十二铜表法》中均有反映。——译者

的大致对等;这一点,无疑有着社会根源。你给别人造成了多大的伤害,你就要付出多大的代价偿还别人;否则,超出的部分就不值得了。如果这个解释是对的,对等原则一定局限于特定的社会群体;根据早期的习俗和法律,只有同一社会的成员才享有同等的权利。谈到圭亚那印第安人普遍存在的一报还一报的做法,埃·斐·伊姆·特恩爵士明确指出:“这些规则当然主要存在于那些反反复复彼此交往的同一部族中。”[①]我们发现蒙昧部族在涉及其他部落的关系时,同样施用这一原则。其中的因由,部分在于这一原则能够使他们在心灵上形成强大的凝聚力;部分在于部族之
180 间发生复仇的危险时,他们希望把冲突和伤害限制在合理的范围内。

复仇所适用的这一规则,有助于我们理解由报复转变而来的惩罚,以及特别司法权威的确立。只要复仇掌握在个人手中,就不能确保侵犯者一定会得到报应;另一方面,也不能确保复仇所造成的惩罚是足斤足两的或有无区别对待。

受伤害的一方可能太弱小,或者无力为自己报仇。他的解决之道就是求助于酋长。酋长自身固然有兴趣介入这一事端——他当然可以因为伸出援手而期待获得丰厚的报酬;[②]而且,只要大家都希望施害者为此受到苦痛,酋长必定会介入。在桑威奇群岛,受害者的家人和朋友——在当地,有人被殴打或被杀害,公众会一致同意应予报复——如果因为太弱小,不能亲自报复侵害者,他们就

---

① Im Thurn, *op. cit.* p. 214.

② Steinmetz, *Rechtsverhältnisse*, p. 311. *Cf.* Brunner, *Deutsche Rechtsgeschichte*, i. 165.

会求助于当地的头人或本国的国王。[①] 据埃明·帕夏记载，如果杀人犯逃跑了，被害的万由若人的近亲会向部落头人求助，请求对罪犯施以惩处。[②] 巴西的印第安人如果被侵犯，有时会把这个案子投诉到头人面前；不过，他们很少这么做，因为他们觉得，不能亲自复仇是件丢脸的事。[③] 司法制度赋予巴苏陀头人这样的权力："要确保无亲属且无能力为自己辩护和复仇之人得到公平和正义。"[④]古希腊早期城邦为孱弱无助者提供特别的照顾，否则他们
是很难报仇雪恨的。[⑤] 在中世纪，贫困或弱小者会得到国王的保 181
护；正如杜·布瓦所观察到的，皇室进行司法干预，"对弱者来说是一件好事，对被压迫者来说同样也是一个帮助"。[⑥]

因此，对无力报复者所受伤害的愤恨，有助于建立一个中央级司法与执行机构，而对不当和无节制报复之对象的天然同情，无疑也导向类似的结果。这种感情通过建立亚格对等规则，以及更有效地，通过将案件交予一位比受害人或其友人更无偏私、更有区分能力的法官来阻止无差别报复，进一步对报复做出了限定。肯布尔如此评论条顿人的世仇："且不说因个人私仇导致的共同体的损失，人们的道德感更会因这样的事实而震撼：如果任由个人来评估如何补偿受害者所遭受的伤害，将导致一个更大的过错，并且这个过错会比他已经遭受的还要严重。在根据施害者和受害者的力量

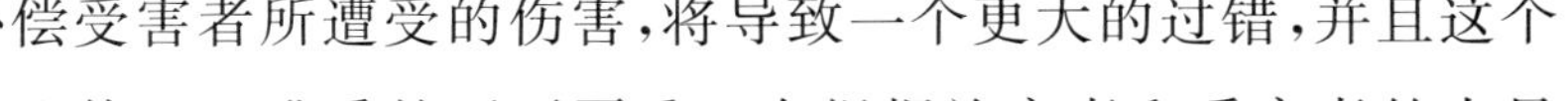

① Ellis, *Tour through Hawaii*, p. 429.

② *Emin Pasha in Central Africa*, p. 86.

③ von Martius, *op. cit.* i. 132.

④ Casalis, *op. cit.* p. 226.

⑤ Leist, *Graco-italische Rechtsgeschichte*, p. 372.

⑥ Du Boys, *Histoire du droit criminel de l'Espagne*, p. 237.

大小决定惩罚多寡和轻重的前提下,所谓‘以眼还眼、以牙还牙’的规则也是不能照搬照用的。”[①]在巴厘岛,法官会介入告发者和被告发者的纠纷,“以避免对此人不分青红皂白的敌意和仇恨,同时清楚地判定另一个人犯罪的严重程度”。[②] 克劳弗德在讲述马来半岛土著人的风俗时说:“法律甚至禁止人们干扰和妨碍一场看似公平合理的吵架。”[③]我们获悉,克伦人在拿法律评判自己时,总以
182 为自己是对的,人们也并不干涉他;“除非他犯了有违克伦人正当观念的事,除非有长者出面干涉,村落里有别的乡邻出言劝阻,否则他是意识不到自己在犯错的”。[④] 巴苏陀人的酋长会“保护其成员不受歧视和区别对待,公正合法地解决这类案例,因而他备受尊重”。[⑤] 在加利福尼亚的加利诺穆罗人中,对杀人者的复仇既可以取其命,也可以金钱赔偿;尽管有这两个选择,复仇者“并不能任凭个人意愿不负责任地行事”,处置和惩罚罪犯的事是由头人来做的。[⑥]

人们有心让罪犯遭受痛苦,并使他经受的苦痛跟他所犯下的罪行相当。除了这两个因素,还有另外一个重要的因素促使人类选择以惩罚取代复仇,司法制度也由此得以改进。对每个社会而言,具有重要意义的是人与人之间的和平共处。尽管复仇制度有

---

① Kemble, *Saxons in England*, i. 268 *sq*.

② Raffles, *History of Java*, ii. p. ccxxxvii.

③ Crawfurd, *History of the Indian Archipelago*, iii. 120.

④ Mason, in *Jour. Asiatic Soc. Bengal*, xxxvii. pt. ii. 145. *Cf*. MacMahon, *Far Cathay and Farther India*, p. 188.

⑤ Casalis, *op. cit*. p. 226.

⑥ Powers, *Tribes of California*, p. 177.

助于减少犯罪,[①]但也可能造成社会动荡与失序,从而产生巨大的破坏。当复仇超出习俗所容忍的限度,必定导致反复仇。冯·哈克斯特豪森这样谈起奥塞梯人:“如果报复造成的伤害不超过最初的伤害,事端就了结了;如果超出了原初的伤害,另一方就会重新挑起事端,新的祸患将再次来临。”[②]血仇习俗当然不意味着,针对无理杀人罪的复仇者反而成了报复的对象;[③]但是,在法庭缺失的情况下,对罪行做出判决并不是件容易的事,而且在实际过程中, 183
激情的力量和影响可能超越习俗占据上风。事实上,世仇通常经由一系列的杀人案而结成,而且复仇本身就可以引发一个新的修正、补偿行为,如此循环往复,直到敌视和对立成为难以改变和缓和的常态。[④] 长此以往,其中牵涉的家庭和整个社会都会受到伤

① Taylor, *Te Ika a Maui*, p. 96 (Maori). Im Thurn, *op. cit.* pp. 213, 330 (Guiana Indians). Burckhardt, *Bedouins and Wahábys*, p. 84 *sq*; Blunt, *Bedouins of the Euphrates*, ii. 207; Layard, *Discoveries in the Ruins of Nineveh and Babylon*, p. 305 *sq*. (Bedouins). Kohl, *Reise nach Istrien*, i. 409 *sq*. (Montenegrines). Stephen, *History of the Criminal Law of England*, i. 60 (Anglo-Saxons). Nordström, *Svenska samhälls-författningens historia*, ii. 228 (ancient Scandinavians). Steinmetz, *Ethnol. Studien zur ersten Entwicklung der Strafe*, ii. 125 *sqq*.

② von Haxthausen, *Transcaucasia*, p. 411.

③ 对西维多利亚的土著人来说,一命偿一命之后,血仇就结束了(Dawson, *op. cit.*)。格陵兰岛人中,如果复仇的对象“是个臭名昭著的罪犯,其血腥行为遭人憎恨,或他无亲无故,复仇之后这事也就算了断了”;但更常发生的是,复仇者本人会因此送命(Cranz, *op. cit.* i. 178)。贝都因人中,“如果被害人的家庭报复,将要杀死罪犯的两口家人。如果其中一人被杀,这事就可以了结,双方可以和平共处地生活;但由于仇恨和业已发生的复仇,双方之间的争执还会重来”(Burckhardt, *Bedouins and Wahábys*, p. 86)。雅各布博士在其著作中有类似的观察:“认为流血总会带来新的流血的观点是错的。如果已为死者杀了人,事情便了结了。”(Dr. Jacob, *Das Leben der vorislâmischen Beduinen*, p. 144) *Cf*. Achelis, *Moderne Völkerkunde*, p. 407, ii, I.

④ Nelson, 'Eskimo about Bering Strait,' in *Ann. Rep. Bur. Ethn.* xviii. 293. Miklosich, 'Blutrache bei den Slaven,' in *Denkschriften d. kaiserl. Akademie d. Wissensch. Phil.-hist, Classe*, Vienna, xxxvi. 132; &c.

害,因此人们应当找到某种方法阻止血族复仇。人们采用的方法之一就是以金钱赔偿取代血腥复仇;另外一个办法是把案子交由具有法定权力的权威机构审判。卡萨里斯告诉我们,他经常听到巴苏陀人这么说:"如果我们内部不断发生自己报仇雪恨的事情,那么村落和镇子很快就消失了";他还说,对混乱与失序的恐惧导致人们允许头人比部落中的其他任何人拥有更多的权利。①

正如所期待的那样,唯有经过漫长的过程和步骤,复仇才让位于惩罚,私自复仇者才被法官和公共执法者取而代之。在蒙昧的
184 部族生活中,头人据说是不管司法之类事务的。② 而在其他一些部族中,他也只是出出主意,或被请求做做仲裁;③有时,被伤害的一方既可以选择自己出面报复,也可以选择请头人主持公道;④有时也会发生这样的情况:头人身负的司法权力据称是名过于实。⑤

① Casalis, *op. cit.* p. 225. *Cf.* Boyle, *Adventures among the Dyaks of Borneo*, p. 217; Marsden, *op. cit.* p. 249 *sq.* (Rejangs).

② Keating, *Expedition to the Source of St. Peter's River*, i. 123 (Potawatomis). Richardson, *Arctic Searching Expedition*, ii. 27 (Chippewyans), Carver, *Travels*, p. 259 (Naudowessies). Dobrizhoffer, *Account of the Abipones*, ii. 103; &c.

③ Lewis and Clarke, *Travels to the Source of the Missouri River*, p. 306 *sq.* (Shoshones). Powers, *Tribes of California*, p. 45 (Karok and Yurok). Dunbar, 'Pawnee Indians,' in *Magazine of American History*, iv. 261. Arbousset and Daumas, *op. cit.* p. 67 (Mantetis). Ellis, *Yoruba-speaking Peoples of the Slave Coast*, p. 300 (Tshi and Ewe-speaking peoples of the African West Coast). Burckhardt, *Bedouins and Wahábys*, pp. 68, 70. Blunt, *op. cit.* ii. 232 *sq.* (Bedouins of the Euphrates). von Haxthausen, *Transcaucasia*, p. 415 (Ossetes).

④ Ellis, *Tour through Hawaii*, p. 429. Williams and Calvert, *Fiji and the Fijians*, p. 23. Forbes, *A Naturalist's Wanderings in the Eastern Archipelago*, p. 473 (Timorese).

⑤ Falkner, *Description of Patagonia*, p. 123. Anderson, *Lake Ngami*, p. 231 (Damaras).

值得注意的是，在好几个案例中，受害者或控告者会出面执行惩罚，只是他们不能充当审判者的角色。

澳大利亚的一些部落社会中，“被控告犯有重罪的人，需要在整整一个月内天天到审判委员会当面陈情，如有违背则会被处死。如果发现犯有私罪，他将被浑身涂白，而后全副武装的控告者及其朋友站在距离他 50 步左右的位置，纷纷向他投掷长矛和回旋镖，而他只能以一面轻盾防御。”[①]在大多数情况下，密苏里的阿里卡拉印第安人会将杀人犯处以死刑，而司法者会把执行死刑的事交给被害人最近的亲属代理。[②] 至于巴厘的土著人，莱佛士说：“法庭裁定的对施害者的惩罚，会别出心裁地交由受害的一方或其朋友执行。”[③]在阿富汗的某些地方，“如果被侵害的一方向酋长抱怨，或者酋长听到过杀死人的消息，他首先提出以钱抵命的具体方案，尝试让双方达成和解；但是，如果受害者态度决绝，不接受这一和解做法，酋长将把这个案子交由国王，国王会命令审判此案；如果施害者被判有罪，死者的亲友就被赋予了执行刑罚的权力”。[④]尼亚萨湖和坦噶尼喀湖附近的居民中以及班图部落中，通常发生情况是，“杀人者被当场捉住并被判有罪，他会被交给被害者的亲属处置，他们有权把他处理掉”。[⑤] 类似的做法在米什米 185

① Fraser, *Aborigines of New South Wales*, p. 40 *sq*.

② Bradbury, *Travels in the Interior of America*, p. 168.

③ Raffles, *op. cit.* ii. p. ccxxxvii.

④ Elphinstone, *Kingdom of Caubul*, ii. 105 *sq*.

⑤ Macdonald, in *Jour. Anthr. Inst.* xxii. 108.

人[1]、巴塔克人[2]和坎查岱人[3]等部落中都很流行。早期的斯拉夫人[4]、条顿人和英格兰的法典也认可这种做法。[5] 根据晚至1231年圣伯丁修道院批准阿尔克城公布实施的法律条文，当有人犯有故意杀人罪时，会把罪犯交给被害人的家属，由他们把他处死。[6]

尽管无数案例表明，惩罚和司法制度取代此前的复仇制度可以被视为社会发展的结果，但这种惩罚和司法组织的有无，跟一个部族所达到的总体文化状态并没有直接的、明确的对应关系。即便是在那些蒙昧的部族中，我们也可以看到由整个社群居民或单独成立的司法机构实施惩罚的案子。另一方面，欧洲和远东诸国家的历史也告诉我们，复仇制度与比较高级的文化形态之间并非水火不容的关系。[7] 现在看来，其中的因由明显不同寻常。在一个小型的蒙昧部落，社群所有成员之间经常往来，结成一体，对任何个人造成的伤害马上就能被所有的部落成员感受到。由松散的社会单位构成的国家，尽管形成了同一政治体系，但其成员之间几乎没有什么交往可言，他们对别人的私事是漠不关心的，其情境便

---

① Cooper, *Mishmee Hills*, p. 238.

② von Brenner, *op. cit.* p. 212.

③ Georgi, *Russia*, iii. 137.

④ Macieiowski, *Slavische Rechtsgeschichte*, ii. 127.

⑤ Wilda, *Strafrecht der Germanen*, p. 167. *Lex Salica*, 68. *Laws of Cnut*, i. 53. *Leges Henrici I*. lxxi. I.

⑥ *Leges villœde Arkes ab abbate. S. Bertini concessœ*, 28 (d'Achery, *Spicilegium*, iii. 608).

⑦ 见下文，关于"血族复仇"。

与小规模的部落社会大相径庭。在小型部落社会，公共的怨恨因而更容易被激发，这样的社会也能够更迅速地应对危及内部和平与安全的紧急情况。

我们的观点——惩罚主要是公众愤慨的表达，因此跟另外一种理论存在分歧；后面这一理论认为惩罚的主要目的不仅应该是，而且事实上也一直是预防犯罪。我们甚至获悉：以此为目的的惩 186
罚，主要根源于人们的道德意识；惩罚不是正义感的结果，相反，正义感是惩罚引致的结果；经由国家实施惩罚，某些行为就逐渐被认为是罪有应得的，换句话说，这些行为本来就是不合道义的。[1]

有些证据似乎印证了惩罚有助于阻碍犯罪的观点。我们发现，半开化和开化的民族刑法典中规定的刑罚，其严厉程度远超同态复仇法中的“以眼还眼、以牙还牙”。

> 谈到阿兹特克人，班克罗夫特先生说：“正如德拉古[2]法条一样，这里的法律条文绝大多数带有血淋淋的味道，即便是轻微的犯罪，也会受到极其严厉、极其残忍的处罚。”[3]会被处以死刑的情况甚至包括：男人像女人那样着装，或女人打扮得像男人；[4]老师不能说清学生学习进展的实际状况；[5]清除或

① Rée, *Ursprung der moralischen Empfindungen*, p. 45 *sqq*. *Idem*, *Entstehung des Gewissens*, p. 190 *sqq*.

② 德拉古，古希腊政治家、立法者，其法条以严苛闻名，即便鸡毛蒜皮的轻罪也如同重罪那样被处死。——译者

③ Bancroft, *Native Races of the Pacific States*, ii. 454.

④ Clavigero, *History of Mexico*, i. 358.

⑤ *Ibid*. i. 359.

改变公权机构设置的地界。[①] 如果奸夫为了保命反而把女方的丈夫杀掉了,那么他身上会被涂上盐和水,用文火慢慢烤炙,这样他即便想快点死去也不能得逞。[②] 古代秘鲁人的律法不会因罪行不同就网开一面,处死是最常见的刑罚。[③] 中国刑法典虽然不像18世纪的欧洲那么苛刻,但下列情况仍然会被处以死刑:窃贼第三次作案而且情节更严重;犯有前科、被处墨刑者改变或去除原墨者;[④]私铸铜钱;[⑤]对那些最邪恶
187 的犯罪,“凌迟”将是应得的惩罚;这种处罚以人类罕见和难以想象的残酷程度,最大限度地加重和延长罪犯遭受的痛苦。[⑥] 在日本,直到1871年维新改革之前,“对罪犯的惩处是严酷的;死刑司空见惯;对那些犯有重罪者,执行死刑前还要让罪犯饱受酷刑折磨”。[⑦] 根据摩西律法,诸如违背主日禁忌[⑧]、求助于巫术[⑨]、偷吃用于祭祀的动物的肉[⑩]、嗜血[⑪]、侵犯女性(“尽管她是因不洁而被隔离”)[⑫]、各种各样的性侵犯[⑬]之类的

① Clavigero, *History of Mexico*, i. 355.

② Bancroft, *op. cit.* ii. 465 *sq*.

③ Garcilasso de la Vega, *First Part of the Royal Commentaries of the Yncas*, i. 145, 151 *sq*.

④ Wells Williams, *Middle Kingdom*, i. 512.

⑤ *Ta Tsing Leu Lee*, sec ccclix. p. 397.

⑥ *Ibid*. sec. ccliv. p. 269 n.

⑦ Reed, *Japan*, i. 323. Thunberg, *Travels*, iv. 65.

⑧ *Exodus*, xxxi. 14.

⑨ *Leviticus*, xx. 6.

⑩ *Ibid*. vii. 25.

⑪ *Ibid*. vii. 27.

⑫ *Ibid*, xviii. 19.

⑬ *Ibid*, xviii. 6 *sqq*.

冒犯行为，都要被处死。《摩奴法典》规定应处以极刑的犯罪行为包括：伪造皇家法令、贿赂王室大臣；[1]闯入王室仓库、军械库、寺庙，或偷窃大象、马匹、战车；[2]窃贼、赃物和作案工具等人赃俱在时被抓获；[3]小偷小摸作案第三次被捉；[4]一位妇人，尽管可能自身优秀或亲戚里有可以依仗的大人物，但如果未能履行对主人该尽的义务，仍将被抛弃到饿狗常来常往的地方，被吞食掉，而犯有同样罪过的男子则被放在烧红的铁床上烫死。[5]

直到近代，加重刑罚依然是欧洲立法的特征。13世纪晚期，英国法律条文中规定有七项罪名被处以极刑，它们分别是：叛国罪、杀人罪、纵火罪、强奸罪、抢劫罪、入室盗窃罪和重大盗窃罪；随后，列入极刑名单的罪名激增。[6] 从王政复辟到乔治三世驾崩，在长达160年的时间里，不少于187种名目不同、程度各异的罪名被列入刑法典；1837年，200种罪名被移出死刑单名录，但剩下的被处极刑的罪名，跟13世纪的极刑名录几乎是一模一样的。[7] 直到1808年，扒窃仍是被处以死

刑的罪行；[8]偷马，偷牛，偷羊，从有人居住的房子里偷窃，伪 188

① *Laws of Manu*, ix. 232.

② *Ibid*. ix. 280.

③ *Ibid*. ix. 270.

④ *Ibid*. ix. 277.

⑤ *Ibid*. viii. 371 *sq*.

⑥ Pollock and Maitland, *op. cit*. ii. 511.

⑦ May, *Constitutional History of England*, ii. 595. Mackenzie, *Studies in Roman Law*, p. 424 *sq*.

⑧ Pike, *History of Crime in England*, ii. 450.

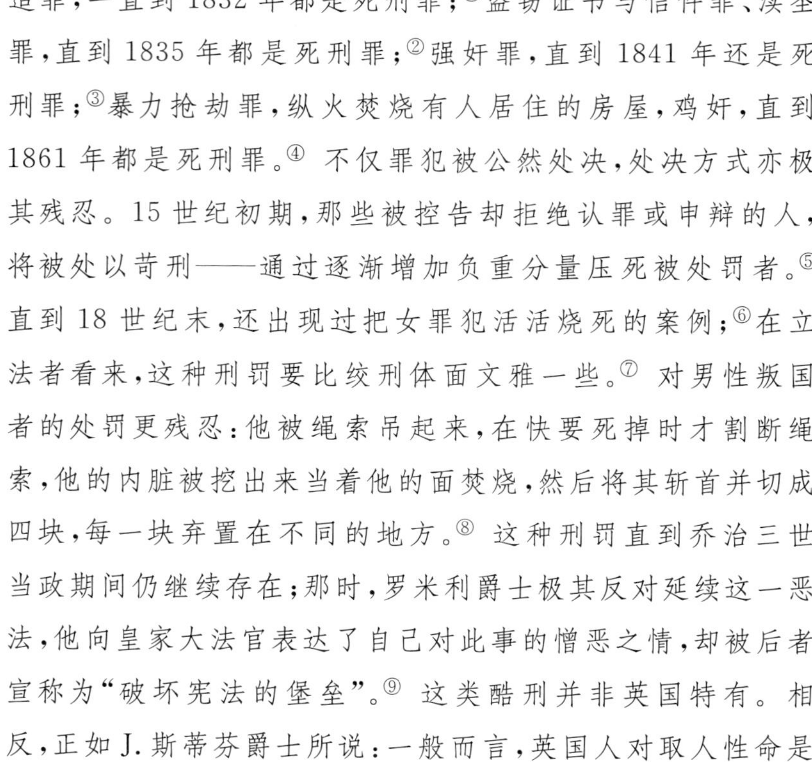

造罪，一直到1832年都是死刑罪；[①]盗窃证书与信件罪、渎圣罪，直到1835年都是死刑罪；[②]强奸罪，直到1841年还是死刑罪；[③]暴力抢劫罪，纵火焚烧有人居住的房屋，鸡奸，直到1861年都是死刑罪。[④] 不仅罪犯被公然处决，处决方式亦极其残忍。15世纪初期，那些被控告却拒绝认罪或申辩的人，将被处以苛刑——通过逐渐增加负重分量压死被处罚者。[⑤]直到18世纪末，还出现过把女罪犯活活烧死的案例；[⑥]在立法者看来，这种刑罚要比绞刑体面文雅一些。[⑦] 对男性叛国者的处罚更残忍：他被绳索吊起来，在快要死掉时才割断绳索，他的内脏被挖出来当着他的面焚烧，然后将其斩首并切成四块，每一块弃置在不同的地方。[⑧] 这种刑罚直到乔治三世当政期间仍继续存在；那时，罗米利爵士极其反对延续这一恶法，他向皇家大法官表达了自己对此事的憎恶之情，却被后者宣称为“破坏宪法的堡垒”。[⑨] 这类酷刑并非英国特有。相反，正如J. 斯蒂芬爵士所说：一般而言，英国人对取人性命是

① *Ibid*. ii. 451. Stephen, *History of the Criminal Law of England*, i. 474.

② Pike, *op. cit*. ii. 451. Stephen, *op. cit*. i. 474.

③ Stephen, *op. cit*. i. 475.

④ *Ibid*. i. 475.

⑤ 关于施加这种刑罚与折磨的方法，见：Andrews, *Old Time Punishments*, p. 203 *sq*.。

⑥ *Ibid*. p. 198. Stephen, *op. cit*. i. 477.

⑦ Andrews, *op. cit*. p. 192.

⑧ Holinshed, *Chronicles of England*, &c. i. 310. Thomas Smith, *Commonwealth of England*, p. 198.

⑨ Andrews, *op. cit*. p. 203. 此前，惩罚叛变者的方法是用开水烫死；该刑罚被亨利三世采纳，也用来惩罚下毒的罪犯（Holinshed, *op. cit*. i. 311）。

满不在意的，但他们通常不喜欢采用残酷的刑罚。[1] 在欧洲大陆很多地方，车裂、活活剖尸、火钳撕裂等，直到 18 世纪还在施行。

如果把这些刑罚跟蒙昧时代的做法做比较，会是件饶有兴味的事。这种任意妄为的惩罚并非蒙昧部族维护公共正义的普遍特征。

在一些未开化的部族中，死刑是闻所未闻的；[2]在另外一 189
些部族中，死刑也只适用于极少数十恶不赦的罪行。在格陵兰人中，“除了杀人犯，别的罪犯是不被处以死刑的；人们会认为是女巫施展了魔法才使得被害者丧命，杀人犯因而会得到宽宥”。[3] 阿留申人对杀人犯和出卖部落共同体秘密的叛徒施行死刑。[4] 在萨摩亚和新几内亚，只有谋杀犯和通奸者才被处以极刑；[5]巴塔克人公开抢劫和谋杀，只有在不能拿钱赎罪的情况下才被处死；[6]只有犯叛国罪和试图暴力伤害国王

---

① Stephen, *op. cit.* i. 478. *Cf.* Thomas Smith, *op. cit.* p. 193 *sq.*

② von Siebold, *Ethnol. Studien über die Aino auf Yesso*, p. 35; Batchelor, *Ainu and their Folk-Lore*, p. 284. Dalton, *op. cit.* p. 115 (Kakhyens). Marsden, *op. cit.* p. 248 (Rejangs of Sumatra). Riedel, *De sluik-en kroesharige rassen tusschen Selebes en Papua*, p. 103 (Serangese), Worcester, *op. cit.* pp. 413, 492 (Mangyans and Tagbanuas). Kubary, ‘Die PalauInseln,’ in *Journal des Museum Godeffroy*, iv. 42 (Pelew Islanders). de Abreu, *op. cit.* p. 152 (Canary Islanders). Fritsch, *Die Eingeborenen Süd-Afrika's*, p. 322 (Hottentots).

③ Cranz, *op. cit.* i. 177.

④ Petroff, *loc. cit.* p. 152.

⑤ Turner, *Samoa*, p. 178. Chalmers, *Pioneering in New Guinea*, p. 179.

⑥ Marsden, *op. cit.* p. 389.

的库基人才被处以极刑。[①] 未经女子丈夫的同意与之发生奸情的米什米人会被处死,包括谋杀在内的所有其他类型的犯罪则均以罚金的形式了结;不过,如果罚金不能及时到付,罪犯会被聚众肢解。[②] 迪斯坦特先生的发现表明,唯一导致卡尔尼科巴人"死刑"的因由是疯癫。[③] 苏里玛人中,"谋杀是唯一被处以死刑的罪名"。[④]在刚果土著人中,"据说只有投毒和通奸这两种罪才会被处死"。[⑤]博斯曼这样记述菲达王国:"这里适用于极刑的情况极少,一种是谋杀罪,一种是与国王或他手下大人物的妻子通奸。"[⑥]万尼卡人中,谋杀和不当运用巫术会被处以极刑;[⑦]瓦戈戈人[⑧]和瓦沙巴拉人[⑨]中,只有巫术和魔法才涉死罪。按照巴苏陀人的法律,任何一名杀人犯都应该被处死,但实际上通常都以罚没财产的方式取而代之;屡教不改的盗窃犯依法应被砍头,但通常处以罚金,叛国罪和反叛
190 当政者被罚没的金额更大而已。[⑩] 卡菲尔人中,只有侵犯头人的妻子和屡教不改地施行巫术这两项罪行才可能被处死刑,而实际执行过程往往草草了事;如果不借助超自然的力量害死

① Dalton, *op. cit.* p. 45. Stewart, in *Jour. As. Soc. Bengal*, xxiv. p. 627.

② Griffith, *ibid.* vi. 332.

③ Distant, in *Jour. Anthr. Inst.* iii. 6.

④ Laing, *Travels*, p. 365.

⑤ Tucker, *Expedition to Explore the River Zaire*, p. 383.

⑥ Bosman, *op. cit.* p. 331.

⑦ New, *op. cit.* p. 111.

⑧ Beverley, in Steinmetz, *Rechtsverhältnisse*, p. 215.

⑨ Lang, *ibid.* p. 259.

⑩ Casalis, *op. cit.* p. 228.

人，就连谋杀罪也难以列入死罪。[①]

在司法过程中，蒙昧部族似乎也不喜欢在处以极刑之前折磨犯人。毛利人公开声称他们反对英国人处死罪犯的做法，即首先告诉犯人将被处决的消息，然后让他们静静地待在狱中数个日夜，最后才缓慢地把他们带上绞刑架。毛利人说："如果有人犯有死罪，我们会射杀他，或砍掉他的头颅，但我们事先并不告知他要这样做。"[②]科德林顿博士这样描述彭特科斯特岛偶尔发生的火刑："在激战中，如果一个大人物对敌方极其愤怒，他会把受伤的敌人烧死。当和平降临后，为了维护国家的安宁，头人命令所有人都规规矩矩地做事；如果有人因犯罪破坏了这种平静与安宁，诸如犯有强奸罪，犯人会被捆绑在树上，周围堆满干柴，被活活烧死。人们这样做，是为了向敌方证明，他们极其憎恨这种恶行。当然，这个过程并非表明人们在冷静地执法，而是制造恐怖，并让人们在恐怖中厌恶那种恶劣行径。当报道人向我描述现场火焰冲天、痛苦的声声尖叫时，那种恐怖又重现在他的声音里和面孔上。"[③]跟信仰基督教而又冷酷无情地烧死女犯人和巫术女嫌犯的欧洲相比，这个故事就显得不那么索然无味了。

有足够的证据表明，处在高级文明阶段的社会，其所施加的惩罚也更严苛，人们认为这样做对整个社会有益。至于立法者，他们

① Maclean, *Compendium of Kafir Laws and Customs*, p. 35 *sq*.

② Yate, *Account of New Zealand*, p. 105.

③ Codrington, *op. cit*. p. 347.

通常声称:严惩重罚能有效地预防和阻止犯罪。

秘鲁的印加人认为,惩罚轻微无异于给作奸犯科者以自信心,“若惩罚首次犯罪行为时小心翼翼,罪犯作案第二次、第三次就感受不到惩戒的威慑力,也就看不到罪犯是需要历尽
191 艰辛才能根除恶念的”。[①] 根据1679年公布的康熙大帝的敕令,清帝国刑事制度的主要目的就是“防范暴力与伤害,抑制过度的欲望,让人们诚实守信、不伤害他人,保障共同体生活的和平与安宁”。[②]在《摩奴法典》中,惩罚被认为是保护众生的武器:“如果国王不坚持不懈地惩罚罪有应得之人,强者将如烤鱼般炙烤弱者,乌鸦将叼食祭祀上的蛋糕,狗也会吞吃祭礼中的肉食,下等人将霸占和篡夺上等人的位置。由于毫无罪恶之念的人是难以找到的,只有惩罚才能保证这个世界的秩序;唯有人们惧怕被惩治,整个世界才有喜乐可言。”[③]即便众神、檀那婆、乾闼婆、罗刹、鸟神和蛇神,也因惧怕惩罚才有享受愉悦的可能。[④] 在中世纪的法典文本中,惩罚经常被认为旨在防止犯罪。[⑤] 在近代,直到18世纪末期,立法者心中

① Garcilasso de la Vega, *op. cit.* i. 151 *sq.*

② *Ta Tsing Leu Lee*, p. lxvii.

③ *Laws of Manu*, vii. 14, 15, 20-22, 24 *sq.*

④ *Ibid.* vii. 23.

⑤ *Leges Burgundionum*, Leges Gundebati, 52:“与文明阶层相互间的不一致可能导致的胡作非为相比,更正确的是,通过惩罚少数人,将多数人导向正途。”*Capitulare Aquisgranense An.* 802, 33:“这种罪行必须受到严厉的惩罚,以使其他人害怕犯下同样的罪行”(Migne, *Patrologiæ cursus*, xcvii. 230)。*Chlotar II. Edictum de Synodo Parisiensi*, 24:“有关此罪行,看到罪犯遭受的酷刑,其他人是不应该再干出类似的罪行来的”(Migne, *op. cit.* lxxx. 454)。其他例子参见:Brunner, *Deutsche Rechtsgeschichte*, ii. 588, n. 6。

依然保留着惩罚应当激发畏惧之心的观念。

很明显，在公开场合施刑也体现了同样的观念。[1] 小偷小摸会被戴上颈枷手枷以便让人嘲笑，有污言秽语、满口脏话恶习的人则被放在马桶椅上示众，而尚健在的人会清楚地记得犯人在大街上被公开鞭打的情景。赖特先生说："绞刑架或树上吊着一个人，这在乡间如此常见以致成了一道自然的风景。"[2]法庭经常 192
残忍地指使行刑者在罪犯作案的地方附近对其施行绞刑，然后挂在那里示众，"旨在以儆效尤"；为了让吊着的尸体保存得足够长久，以更有效地示众，在把他放进绳索悬吊之前先用焦油浸泡全身。[3] 断肢在中世纪相当流行，这主要归咎于这样一种观念："让罪犯活活地受煎熬比把让他立马送命更能引起公众对正义的敬畏。"[4]

现在让我们来考量一下，这些活生生的经验与事实与我们的主张——惩罚本质上是公众愤慨情感的表达——是否真的冲突。

首先需要看到的是，实际上罪犯受到的惩罚在很多情况下比法律条文中宣称的要轻。在中国，执法之前会做足架势，但实际操作时总是宽容仁慈得多。[5] "很多法律条文在制定时主要是为了

---

① Günther, *Die Idee der Wiederverdeltung*, i. 211 *sq*. n. 31.

② Wright, *History of Domestic Manners and Sentiments in England during the Middle Ages*, p. 346.

③ Holinshed, *op. cit.* i. 311. Blackstone, *Commentaries on the Laws of England*, iv. 201. Cox, 'Hanging in Chains,' in *The Antiquary*, xxii. 213 *sq*.

④ Strutt, *View of the Manners*, &c. *of the Inhabitants of England*, ii. 8.

⑤ Staunton, in his Preface to *Ta Tsing Leu Lee*, p. xxvii. *sq*.

吓唬民众,规定的惩罚通常比真想让罪犯领受的要重,其结果是给皇帝留下了宽宥怜悯的余地,即所谓的'法外施恩'。"[①]在欧洲中世纪,犯罪分子通常能够获得宽恕;如此下来,制定刑事法规时严苛,比如尽可能多地把诸多罪名定为死罪,巡视法庭判处时则从缓从轻。大约在18世纪早期,英格兰处以死刑与被判死刑的比例很
193 小,"真的按照原判处死的,实际上不到二十分之一"。[②] 诸多事实表明,法律条文与实际执行之间的这一距离,其大小受到立法者制造恐惧理念轻重的影响,以惩处手段阻止和预防犯罪的刑法原则也有自身的局限。人们已经看到,法律规定过于严苛,会妨碍其执行。"社会很不喜欢法律规定的那些残暴罚则。犯罪行为的受害者,看到血流出来就畏缩,因而不忍心继续执行处罚;法官建议从轻发落;司法者会忘记此前的宣誓,罔顾事实地宣判无罪。"[③]尽管有这么多打折扣的事,绞刑吏仍然总是有很多案子要处理。安德鲁斯先生说,18世纪早期几乎每天都有人被绞死,其罪行无外乎"伪造钱币、使用假币和一些我们通常觉得不值得大惊小怪的事"。[④]

值得一提的另外一种情况是,早期对犯罪的侦查跟现在相比要稀少得多、不稳定得多,更不用说破案了。[⑤] 这里有个很实用的理由,"要想让惩罚超过犯罪的价值,需要花很大工夫确定其分量、

① Wells Williams, *op. cit.* i. 392 *sq.*

② Stephen, *op. cit.* i. 471. May, *op. cit.* ii. 597.

③ May, *op. cit.* ii. 597.

④ Andrews, *op. cit.* p. 218. *Cf.* Olivecrona, *Om dödsstraffet*, p. x.

⑤ *Cf.* Morrison, *Crime and its Causes*, p. 175.

比例,但这些细节通常很难把握”。[①] 侦查的稀少也会由于单纯的情感上的原因而导致重罚。当十个或二十个人犯罪,只有一个被捉住时,公众蓄积已久的愤怒就会在这个人身上爆发,他就成了替罪羊。

不过,对某些罪行施加严惩的主要原因是这种犯罪跟专制体
制、宗教之间的联系。[②] 法律禁止的行为之所以被处罚,不只是由 194
于行为本身的内在特征,而且也在于它的不合法性。最初,法律是公众情感的表达,惩罚的严重程度取决于违法者激发的公众愤慨,而与法律如何禁止无关。但如果法律是由专制统治者确立的,或被归在神圣立法者名下,情况就大不相同了。这种情况下的法律倾向把犯罪不仅看成是针对受害者个人和整个社会,而且看作是对王权及其神灵的冒犯和反叛。违法乱纪行为就会被视为违背显贵的意愿,会招致立法者的愤怒,因而被重罚。但是,不管惩罚多严苛,独裁者对违法犯罪的处罚并非个人怨恨的爆发。在古代邦国,国王备受尊崇;有时,这种尊敬还带有深厚的宗教意味。他被看作是神圣的,他的法令代表正义和公理。任何一种违反他律法的行为,均容易引发公众的愤慨,他也就由着心境和意愿对罪犯施加处罚。而且,由于犯罪行为被认为会招致掌权者的愤怒,为了避

① Bentham, *Principles of Morals and Legislation*, p. 184. *Cf*. Paley, *Moral and Political Philosophy*, vi. 9 (*Complete Works*, ii. 371).

② 涂尔干教授在一篇值得关注的论文中曾经指出这一点(‘Deux lois de l'évolution pénale’, *L'année sociologique*, iv. [1899—1900], p. 64 *sqq*.),当这一章节付梓之后,我就熟知了其中的内容。孟德斯鸠则评论道:“很容易得出结论:在所有欧洲国家,或几乎所有欧洲国家,当人们更接近自由时,刑罚就减少;或者是当人们离自由更遥远时,刑罚便会增加。”(*De l'esprit des lois*, vi. 9[*Œuvres*, p. 231])

免这种王权之怒转嫁到整个共同体头上,公众在处罚时会更急切地施用最残忍的手段。在这类例子中,由于罪犯反叛了上帝和宗教,由于他把整个共同体置于邪恶力量的残害之下,内心对于惩罚的恐惧当然与对罪犯的真切痛恨结合在一起了。

195 有许多事实依据可以用来支持上述解释。低等种族通常并不对犯罪施加严惩,不过,专制统治的国度会发生例外的情况。

> 按照阿散蒂法典,即便犯了鸡毛蒜皮的罪行也可能被处死。[①] 在马达加斯加,"从前所有的罪行几乎都会招致死刑"。[②] 在乌干达,常见的刑罚包括"放火烧死、用利器砍成碎块、收处罚金,以及在 *mvuba* 或 *kaligo* 那样的地方关禁闭、断肢。犯人被挖掉一只眼甚或两只眼,或被割掉耳朵,都是极为常见的"。[③] 瓦苏库马部落的酋长对子民有着生杀予夺的权力,要是谁违背他的指令,或者他断定某些行为邪恶、该罚,必然就会有死刑发生。[④] 在桑威奇群岛,"酋长可以处死任何犯有罪行的人,没有谁认为自己有权干预"。[⑤]

在美洲和亚洲的专制国家,法律厘定的惩罚与独裁政府的宗教特征有着明显的联系。根据加西拉索·德拉维加记述,秘鲁人最常见的刑罚就是死刑,"犯人不会因为干了什么不法行为受处

---

① Ellis, *Tshi-speaking Peoples of the Gold Coast*, p. 166.

② Ellis, *History of Madagascar*, i. 374.

③ Ashe, *Two Kings of Uganda*, p. 293. *Cf*. Wilson and Felkin, *Uganda and the Egyptian Soudan*, i. 201.

④ Kollmann, *Victoria Nyanza*, p. 170 *sq*.

⑤ Ellis, *Tour through Hawaii*, p. 431.

罚，但假如他违背了被尊为上帝的 Ynca 的戒律，则另当别论”，在这种情况下，即便是最轻微的犯罪也足以致死。[1] 在中国，皇帝被尊为天子，代表上天统治所有的国家，他具有无上的权力和权威，具有最高的立法权和执法权。[2] 按照古代日本人的观念，“一个好 196
的日本人有义务效忠于天皇，对天皇唯命是从，更不会怀疑天皇的命令。天皇是神，是众神的代理人，因而政教合一乃浑然天成之事”。[3] 在罗马，刑法曾经在很长时间内以温和适中闻名，但随着专制主义的发展，[4]刑法逐渐变得严酷起来。独裁者苏拉不但未经任何形式的审判就把数千公民处以死刑，剥夺他们的人权，而且在科尔内利刑法典中为罪大恶极者制定了所谓“水火禁绝”(*aqua et ignis inierdictio*)的刑罚。后来的皇帝引进了新的更为残酷的死刑措施，如把罪犯活活烧死或扔给野兽吃掉，等等；同时，像吓跑马群或牛群这样的过失也以死罪论处。[5] 在中世纪和近代欧洲，随着王室权力的日益膨胀，刑法也愈发严酷。每一罪行都被视为与国王作对。事实上，妨害国王安宁成了整个英格兰刑法的基础。例如，作为君主特权的赦免权的起源，在于国王会受到某项罪行的伤害，并由此放弃索要赔偿。[6] 总之，国王不仅被视为社会正义的

---

① Garcilasso de la Vega, *op. cit.* i. 145.

② Wells Williams, *op. cit.* i. 393.

③ Griffis, *Religions of Japan*, p. 92. *Cf. Idem*, *Mikado's Empire*, p. 100.

④ *Cf.* Livy, x. 9; Polybius, vi. 14; Gibbon, *History of the Decline and Fall of the Roman Empire*, v. 318, 326.

⑤ Mackenzie, *Studies in Roman Law*, pp. 408, 409, 414. Gibbon, *op. cit.* v. 320. *Cf.* Mommsen, *Römisches Strafrecht*, p. 943.

⑥ Cherry, *Growth of Criminal Law in Ancient Communities*, pp. 68, 105.

源泉,而且被看作天国立法者与审判者在尘世的代表。[①]

未开化社会已经发现的许多事例证明,在惩罚与对超自然197 力量的信仰之间存在某种关系。[②] 违反习俗就遭受严酷的惩罚,这显然起源于迷信。根据埃利斯记载,在波利尼西亚,“人们遵守禁忌非常严格,简直可以说是令行禁止,任何违反禁忌的人都将被处死,除非他与某位有权有势的人物,如祭司或头人有非亲即故的关系”。[③] 在托雷斯海峡西部部落中,“如果在入会仪式过程中犯规,将按渎圣罪处死”。[④] 在林肯港的土著人中,妇女和小孩不得看到任何入会仪式,“按照古老的习俗,任何不合时宜的好奇都被处以死刑”。[⑤] 马萨伊人相信把牛奶煮沸会导致母牛断奶,这是当地一个相当严厉的习俗,“谁要是被发现把牛奶煮沸了,就要缴纳巨额罚金来补偿。如果他真的没钱,他将因侮辱了神圣的母牛而用自己的鲜血洗清罪责”。[⑥] 对乱伦与其他性犯罪常常处

---

① Henke, *Grundriss einer Geschichte des deutschen peinlichen Rechts*, ii. 310. Abegg, *Die verschiedenen Strafrechtstheorieen*, p. 117. Du Boys, *Histoire du droit criminel de l'Espagne*, p. 323.

② Steinmetz, *Ethnol. Studien zur ersten Entwicklung der Strafe*, ii. 340 *sq.* 涂尔干教授和莫斯强调过惩罚与宗教之间的联系,参见涂尔干(*Division du travail social*, p. 97 *sqq.*)和莫斯('La religion et les origines du droit pénal,' in *Revue de l'histoire des religions*, vols. xxxiv. and xxxv.)。但涂尔干教授夸大了这一联系的重要意义,据他称:“很显然,惩罚的权力最初来源于宗教。”(p. 97)

③ Ellis, *Tour through Hawaii*, p. 394. *Cf.* Olmsted, *Incidents of a Whaling Voyage*, p. 248 *sq.*; Mauss, in *op. cit.* xxxv. 55.

④ Haddon, 'Ethnography of the Western Tribes of Torres Straits,' in *Jour. Anthr. Inst.* xix. 335.

⑤ Schürmann, 'Aboriginal Tribes of Port Lincoln,' in Woods, *Native Tribes of South Australia*, p. 234.

⑥ Johnston, *Kilima-njaro Expedition*, p. 425.

以死刑，这主要是由于宗教或迷信的影响。[①] 在很多渎圣罪的案例中，人们把罪犯当作祭品奉献给怨气未消的神灵。[②]

在希伯来人的观念中，对冒犯神灵的罪行施加报复是人的义务。每个犯罪行为都是对上帝律令的违背，都同样应当受到惩罚，而且，对那些不敬上帝的人处以多么严厉的惩罚都不为过。[③] 这些理念被基督教会和信奉基督教的政府所采用。[④] 克努特法典规 198
定，“一个信奉基督教的国王根据事情发展的可能结果为上帝的愤怒复仇，不管这种复仇行为多么残酷都是正当的”。[⑤] 这一原则直到近代依然发挥着威力，刑法在后来变得日益严酷也主要是由于这个原因。18 世纪，这一原则被与之相对立的新原则——“对神要敬重，永不亵渎。”[⑥]——所取代，这一变化被视为立法迈向人性化至关重要的成就之一。

对犯罪实施惩罚，是因为犯罪不仅对个人造成了危害，而且是对某个专制的或非凡的立法者的冒犯，也是对上帝的冒犯。由上述事实可以推知，即便某些惩罚表面看来是为了严厉制裁，在很大程度上也可以视为公众怨恨情感的表达。这种情感未必要求以眼还眼，以牙还牙。以牙还牙的报复法是以权利平等为先决条件的，

① 见下文，关于“性道德”。

② 见下文，关于“人祭”。

③ *Cf*. Robertson Smith, *Religion of the Semites*, p. 162 *sq*.

④ von Eicken, *Geschichte und System der mittelalterlichen Weltanschauung*, p. 563 *sqq*. Abegg, *op. cit*. p. 111 *sq*. Wilda, *Strafrecht der Germanen*, p. 530 *sq*. Günther, *op. cit*. ii. 12 *sqq*. Henke, *op. cit*. ii. 310 *sq*. Brunner, *op. cit*. ii. 587.

⑤ *Laws of Cnut*, ii. 40.

⑥ Montesquieu, *De l'esprit des lois*, xii. 4(*Œuvres*, p. 282).

但它既不适用于不涉及个人关系的犯罪,也不适用于针对国王或神灵的犯罪。公众的要求可能超过以眼还眼、以牙还牙的限度;同样地,也有达不到这个程度的可能。总体来看,与同一刑法体系中的其他罪行相比,对这种罪行惩罚的程度或多或少真实地反映了特定罪行所激起的愤慨程度。尽管如此,我们一定不要把不同民族刑法严峻程度上的差异作为衡量谴责罪犯严厉程度的可靠指标。我们前面已经看到,道德愤慨的强度不能完全由对罪犯施加痛苦的热望决定。当怨恨之情经过精敲细打之后,对罪犯施加痛苦的行为就被视为解决问题的手段而不是目的了。

我说了那么多,当然并非想否认,刑罚除了在一般意义上是公众愤慨的反映之外,也是遏制犯罪的一种手段。刑法的作用在于
199 预防,其目的是禁止和警示,而以刑罚相威慑就是它手中的武器。但一般而言,法律所禁止的行为多半是错误的,会遭到舆论的谴责。正因为它们是错误的,在任何时代惩治这些行为都是公正合理的。确实存在这样的案例,法律惩治行为本身并不易引起公众的怨恨;也有这样一些案例,惩罚的严厉程度与罪行引发的怨恨程度并不一致。为了达到某些值得达到的目的,国家有权牺牲个人利益。在没有什么犯罪行为发生的时候,国家有权这么做;当预先警告后还发生犯罪时,国家更有理由这么做。不过,就刑罚而言,把这种权利授予国家的情况仍然相当有限。惩罚某人并不简单地意味着他必须为了公众利益遭受痛苦;惩罚总是与耻辱联系在一起。因而,正义给单纯威慑留下的余地并不多。J.斯蒂芬爵士评论道:“你不能惩罚日常社会实践中的舆论并未猛烈且明确地谴责的事情。真要这么做只会暴露十足的伪善,而且肯定会招致激烈

的反对。”[①]经验证明，过度依赖严刑峻法防止犯罪，在实践中行不通，这样的严刑峻法最终将被废止。吉本斯说得好：“每当犯罪引发的恐怖不如刑罚裁决的那般可怕时，严酷的刑法就不得不让位于人类的共同情感。”

以下几章将引用大量资料，表明刑罚如何真实地反映怨恨之情，以及如果不与正义感紧密联系，单单从社会效用角度解释刑罚是多么站不住脚。举例来说，对明显只因偶然而失败的犯罪企图 200
的处罚，应轻于对已实现的犯罪的处罚，如果这不是因为前者引发的愤慨较轻，那又是因为什么呢？吓止一个人尝试谋杀邻居所需的惩罚，难道不与吓止他实际犯下谋杀罪所需的惩罚等同？有任何理由认为，一个未遂犯对社会的危害比实施了犯罪的人要小吗？我们将会看到，与刑事责任有关的所有事实表明，刑罚的基础是怨恨，而不是制止犯罪；怨恨也是对大量犯罪事实给予不同程度惩罚的基础。[②] 费尔巴哈与其他人曾经发表过这样的观点：根据威慑原则，刑罚既不应当过于苛刻，也不应当过于温和，刑罚应达到恰好足以制止犯罪的程度。[③] 不过，如果真的严格执行这种原则的话，有些处罚，尤其是针对小过错的处罚，将不那么宽大仁慈；而在实际上，法律对这些小过错完全无力控制，人们对待这些过失也并不苛刻。再者，如果怨恨与惩罚之间没有什么内在联系的话，我们

① Stephen, *Liberty, Equality, Fraternity*, p. 159. *Cf.* Mommsen, *Römisches Strafrecht*, p. 91 *sq.*

② *Cf.* Durkheim, *Division du travail social*, p. 93 *sq.*

③ von Feuerbach, *Ueber die Strafe als Sicherungsmittel vor künftigen Beleidigungen des Verbrechers*, p. 83. von Gizycki, *Introduction to the Study of Ethics*, p. 188.

怎么解释古代法典偏重以眼还眼、以牙还牙、以命偿命的原则[1]呢？我们知道,制约复仇习俗的可总是这个原则呀!

这样,一个社会的刑法大抵可以视作社会上流行的道德情感的真实反映。我认为,如果从高级的道德观点上深究,法律难免会暴露出这样那样的道德缺陷;那些把法律独立于伦理道德、建立一个独立王国的企图,只不过是在为这些缺陷寻找借口而已。法律
201 即便再精致也不能向我们表明道德意识会怎样。但要把法律变得精致起来是很难的,刑法基本上处于一个缺乏自省的粗野的心灵的水准。如果哲学家和法理学家想更好地为人类服务,最好是劝说人们,不但改进道德观念,而且尽可能增益法律条文,而不是在诡辩法律至高无上、法律应独立于正义等问题上浪费才智。

① 就这一论题,参阅:Günther,*op. cit. passim.*

第八章 开化的道德判断
主题的一般特征 202

研究道德判断的主题需要进行全面的调查，这种调查成为此项研究工作的主要部分。正如前文所说，我们将首先探讨那些倾向于唤起道德谴责或道德赞许的现象的一般特征，然后再讨论这些现象的独特之处；对每一个案例而言，我们的调查既与历史有关，又可以找到解释这些现象的理由。不过，这一章既与历史无关，也不试图做出解释。在探讨道德评价的不同因素对演化进程中道德判断的影响之前，似乎需要从开化的道德意识角度审视道德评价主题的一般特征。这样一来，我们就能够从一开始把那些在心智发展的低级阶段难以辨别的因素区分开来，同时也可以确定将来讨论中要使用的那些专业术语。

人们通常认为，道德判断是依据行为（conduct）和品格（character）做出的。这是一个简便的表达方式，但对这些术语还需要解释一番。

行为有时被界定为“为达到目的而经过整饬的行动（act）”，[1]有时也被界定为既为达到目的而经过整饬，又具有某种明确意愿

---

① Spencer, *Principles of Ethics*, i. 5.

203 的行动。[①] 后面那个定义对我们目前讨论的话题而言太过狭隘,因为这个定义把与道德判断有关的很多现象排斥在行为的范围之外。前面的定义也存在同样的问题,而且,这个定义宽泛得有些过头,与道德判断从来没有任何关系的大量现象都被包括了进来。不管怎么说,尽管没有一个定义把行为局限在那些真正能够引起道德情感的现象上,“行为”这个术语至少暗示了发生道德评价的可能性,因而这个概念很难适用于那些明显不负责任的人所做的“为达到目的而经过整饬的行动”。最好还是先确定一下“行动”这个词的含义。

按照边沁的说法,行动可以分为外在行动(external acts)与内在行动(internal acts),或分别称之为身体行动(acts of the body)与心理行动(acts of the mind)。“按照这种区分,打人是一种外在的或表面的行动,而想打人则是一种内在的或内部的行动。”[②]但这种用法既不为大多数人所接受,也有许多不便之处。“行动”这个词指意图之外的某些东西,同时也指肌肉动作之外的某些东西。想打人并不是行动,癫痫发作时的动作也不是行动。

行动包括事件(event)与引发事件的直接心理起因。人们通常所说的事件被认为是外在行动(outward act),但这一概念看起来过于狭隘,因为一项心理事实(mental fact)有意造成的结果——比如一种感觉,一种思想,一种如高兴或悲伤或生气的情感——都可以恰当地称为一种行动。可能有人会反对说,我把行

① *E. g.*, Mackenzie, *Manual of Ethics*, p. 85.

② Bentham, *Principles of Morals and Legislation*, p. 73.

动及其结果混淆起来了，而且我所说的“事件”正如奥斯汀一直坚持的意见一样，只是指身体动作。奥斯汀自己也承认，当他想表达“行动及其结果”的时候他必须提到“行动”这个词，因为“那些看起来是行动名称的，绝大多数就是行动的名称，这些名称与行动的结果紧密相连，要丢弃说话中的这种表达方式，并非我们的能力所能 204
企及”。[①] 我认为，所谓行动的结果，只要是有意造成的，都可以单独地称为行动，或行动的一部分。

外在行动这一表达方式暗示，行动也可能有其内在的方面。巴特勒说，意图(intention)“是行动本身的一部分”。[②] 我所理解的意图是指，下定决心把关于某个事件的念头付诸实施；因而，一个行动只有一个意图。有些作者把行动的意图分为两种：当前的意图与长远的意图。假设有这么一个暴君，他的敌人为了逃脱他的残暴统治而跳海，为了对他施加极其残忍的折磨，暴君把他从海里救出来，他虽然可以避免被淹死，却逃脱不了严刑拷打。这些作者认为，这个故事中，暴君当前的意图是把敌人从海水里救出来，而长远的意图则是狠狠地折磨他。[③] 既然这样，我认为我们将不得不区分两种行动，其中，第一种行动是引发事件——这个事件属于第二种行动——的手段，而且，当前者完成的时候，后者还处于准备状态。进而，还有人区分出直接的行动意图与间接的行动意图：

---

① Austin, *Lectures on Jurisprudence*, i. 427, 432 *sq*.

② Butler, 'Dissertation II. Of the Nature of Virtue,' in *Analogy of Religion, &c*. p. 336.

③ Mackenzie, *op. cit*. p. 60. 这个例证借用自：Stuart Mill, *Utilitarianism*, p. 27 note。

“一辆列车上载有一个皇帝和其他乘客,一个无政府主义者想炸掉列车,他的直接意图可能只是想把皇帝炸死,但他也有了想让列车上其他乘客送命的间接意图。因为他知道,皇帝被炸死的同时,其他人也难以幸免。”①这样,我们就有了两种意图,而且就我所理解的而言,如果这个无政府主义者成功地实现了他的意图,我们也有了两种行动,即(1)炸掉列车,与(2)杀死皇帝;前者甚至未必包括
205 后者。不过,我看不出这里有任何杀死他人的意图。西季威克教授坚持认为,在这个案例中,若认为这个无政府主义者“不打算”杀死其他人,是很荒谬的;②但之所以这么说,理由无外乎两条,一是语言的暧昧,二是人们把心理事实(psychical fact)与对于这个事实的道德评价混淆起来了。说这个无政府主义者是“无意的”,并以此作为减轻他罪孽的借口,可能是很荒谬的;当他只想炸毁列车,根本没有理会到由此可能导致的各种后果,若说他除了杀死皇帝外还想杀死其他乘客,也很难站得住脚。他明知会使乘客处于极其危险的境地;如果我们说他有令乘客面临如此危险境地的意图,我们所说的他的行动也就包含了危害众人的成分。

道德判断可以只谈意图,而不必在意这种意图是否付诸实施。而且,我们对于行动的道德判断并不真的涉及事件,而是涉及意图。任何学派的道德学家似乎都同意这一点。③ 即使在行动的道德与行动者(agent)的道德价值之间做出严格区分的约翰·穆勒

① Mackenzie, *op. cit.* p. 61. *Cf.* Sidgwick, *Methods of Ethics*, p. 202, n. 1.

② Sidgwick, *op. cit.* p. 202, n. 1.关于“间接意愿”,也可参见:Bentham, *op. cit.* pp. 84, 86。

③ Sidgwick, *op. cit.* p. 201.

也承认,“行动的道德完全依赖于其意图”。[①] 事件只有表明了具有决定意义的意图才具有道德价值。从道德的观点来看,决心在长远的未来做某件事与决心立即做某件事有很大差异。不管一个人犯罪或做好事的决心多么大,一想到即将发生的事件,就可能在最后的关键时刻改变主意。俗话说得好:“通向地狱的道路是用良好的心愿铺就的。”一般来说,外部事件会直接诱发我们的道德情感;的确,没有人做坏事或做好事,就不可能产生道德意识。因而, 206
即使道德判断真的涉及行动的最终意图,人们依然根深蒂固地倾向于根据行动做出道德判断。在这方面,偏离术语业已确定下来的用法既不方便,也没有什么益处。作为道德判断的主题,所谓的“行动”一直被理解为事件再加上产生事件的意图;经过恰当的反思之后,即便由于某些偶然情形导致行动没有完成,根据行动做出的道德判断对最终意图来说也会被认为是有效的。把这两点铭记在心,照此方法使用这些术语,就不会产生误解了。

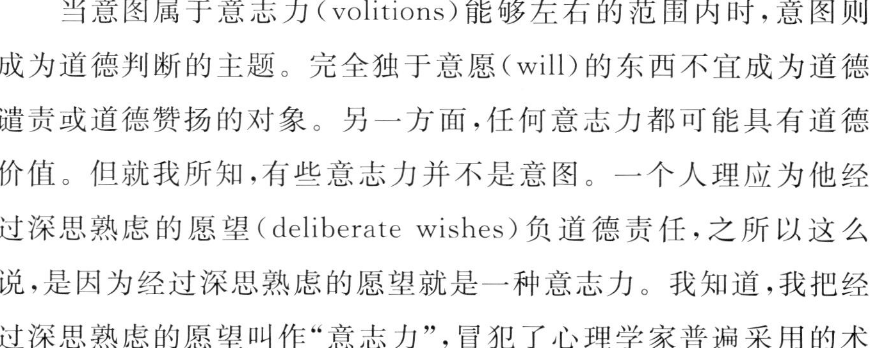

当意图属于意志力(volitions)能够左右的范围内时,意图则成为道德判断的主题。完全独于意愿(will)的东西不宜成为道德谴责或道德赞扬的对象。另一方面,任何意志力都可能具有道德价值。但就我所知,有些意志力并不是意图。一个人理应为他经过深思熟虑的愿望(deliberate wishes)负道德责任,之所以这么说,是因为经过深思熟虑的愿望就是一种意志力。我知道,我把经过深思熟虑的愿望叫作“意志力”,冒犯了心理学家普遍采用的术

① Stuart Mill, *Utilitarianism*, p. 27 note. *Cf*. James Mill, *Fragment on Mackintosh*, p. 376.

语学规则。然而,作为道德判断的适当主题,经过深思熟虑的愿望与决断(decision)的关系如此密切——不仅从道德的观点看如此,从心理学的观点看也是如此——以至必定有一个概念可以把两者都表达出来。在意愿这一范围内,深思熟虑的愿望与决断一起单独构成一个领域。与只有意欲冲动的情况相对照,它们是一个人品格与意愿的表现。深思熟虑的愿望和决断一样,代表了他的“真实自我”。有人争辩说,一个人可能决心干一件事,却希望出现相反的结果。洛克评论道:“一个我不能拒绝其要求的人可能迫使我采用说服的手段让另一个人接受他的要求,但我只能说,我可能说
207 服不了别人。显然,在这个例子中,意愿与欲望是背道而驰的。我的意愿驾驭着我的行动朝这方向走,而我的欲望却朝着别的方向引导,真可谓南辕北辙。”[①]但在这种情况下,我要么不打算说服那个人,但为了卸掉负担,又得说些看起来有些说服效果的话;要么试图说服他,但同一时刻我不能有意地企盼自己愿望落空——尽管在这之前或之后,我可能有这种盼望。我们不能在试图做某件事的同时有意地希望不做这件事。

如果承认道德判断只是凭借意志特征对行为发表看法,则似乎不能否定,此类判断也基于行为的动机。我所理解的“动机”指的是那种“引发”意愿的意欲。[②] 动机本身可能是意欲,但也可能

① Locke, *Essay concerning Human Understanding*, ii. 21. 30 (*Philosophical Works*, p. 219).

② 斯托特教授说:“动机是模糊的。它可以指在深思熟虑中发挥作用的各种意欲。或者,它可以指我们的决定已经形成之时,从心理上赋予的理由和根据。”(Stout, *Groundwork of Psychology*, p. 233 *sq.*)前文意义中的“动机”,并非我在此的意指。另一方面,必须看到不仅存在形成决定的动机,而且还包括有意的或蓄意的愿望。

不是。如果是的话，它就很明显属于道德评价的范围。行为的动机甚至可能是某种意图，而这种意图可以属于别的行为。当布鲁图斯为了拯救他的国家而援手杀死恺撒，拯救国家是导致他付诸行动的理由，因而也是意图杀死恺撒的动机。意图通常成为动机这一事实，导致一些著作人得出行为的动机构成行为本身的一部分这一结论。

不论是否有意，动机都不是道德评价的合适主体；不过，动机 208
间接地对道德判断造成很大的影响。设想一个人饥肠辘辘时为了果腹未经允许吃了别人的东西，他这个行为的动机是无关意志力的欲望——口腹之欲，因而是不能从道德上加以评价的，对此行为做道德判断的人必须考虑到这一点。在同等情况下，因为饥饿难忍，他就不必有负罪感。对情感中呈现的行为动机和意向也是如此。一个人在怒气冲冲的状态下犯罪跟在冷静的状态下犯同样的罪相比，就不怎么应该受指责。因而出于责任感而善待敌人就比出于友爱而善待朋友更值得嘉许。在非意志力所能左右的欲望驱使下，谁都不该因自己的所作所为受到责备或褒扬，除非这种压力来自于选择，或者通过预见可以避免这一压力。但是，个人会因未拒绝这一冲动，或允许那种冲动影响他的意愿，而去作恶或行善，这样就应该给予责罚或奖赏。

固然，对某些行为做出的道德判断通常不怎么考虑动机；[1]造成这种状况的原因，是常见的道德评判的浅薄。首先，引发道德愤慨与道德赞许的事实是明摆着的，而行为的意图尽管表现在行为

---

① *Cf.* James Mill, *Fragment on Mackintosh*, p. 376; Sidgwick, *op. cit.* p. 364.

本身中,动机则未必如此,也未必外显。但一个认真负责的判断不能像俗人之见一样满足于庸常、表面和肤浅。约翰·穆勒说,“动机与行为的德性无关,而与行动者的价值极其相关”,[①]这一著名
209 论断在行为和行动者之间做了区分。“把要淹死的同伴从水里救出来的人的作为是合乎道德的,不管他这样做的动机是出于责任,还是希望他的付出得到报偿。”对这样的判断,不能毫无保留地接受和认可。他当然应该把同伴从水里救出来,但同时,他这么做应当出于一个更好的动机,而不是为了得到金钱的酬谢。“背叛信任自己的朋友是一种犯罪,即便他的目的是报偿欠了很大人情的另一个朋友。”[②]这个判断还说得过去;但是,如果他这种背叛是为了获得私利,他的负罪感肯定应当更为深重。意图和动机在经受道德评判时应当看作一个整体,而不是彼此分离的两个东西。我们对某个行为的憎恶未必与对行为人的道德谴责存在对等关系;有的人干的事危害极大,但可能出于无知。恰当的说法是,我们厌恶某个行为,只是因为它指向的那个人具备了道德主体的能力。我们听到狼吃小孩会极其嫌恶和痛恨,但我们不能从道德上谴责那只狼。

意愿不仅与做事有关,也与避免做事相关。意愿不仅可能构成行为的一部分,还可以构成忍耐、克制的一部分。不作为(forbearance)与做某事的行为在道德上具有同等意义,不作为的意愿即等同于行动的意图。洛克说:“当让你走路、让你说话时,

① Stuart Mill, *Utilitarianism*, p. 26.

② *Ibid*. p. 26.

你能够纹丝不动地静坐，一言不发，这样的不作为需要心意决绝，这样不作为的结果可能跟行动、作为具有同等重要的意义。如此考虑，则不作为很可能传达出行为的内涵。”[①]但是，如果把所有的不作为都叫作行为，就很难说是正确的了。边沁把行为 210
分为实际去做和疏忽不做或不作为两类，[②]这种区分并不值得推荐。我不把“不做”称为某种行为，也不把试图不做看作某种意图。[③] 但事实是，不作为有着清楚的意愿，在这个意义上，它可以是道德判断的话题，正如行为中的意图是道德判断的话题一样。

愿意不做某事必须和不愿意做某事区分开；不作为必须跟疏忽区分开。就疏忽（omission）这个词的严格意义讲，是没有意愿参与其中的。按照奥斯汀的说法，它指“没去做该做的事，当时也没注意到这事还没做”。[④] 而道德判断不仅关涉做事和行动，关涉不作为，而且关涉了疏忽。这点十分重要，它在我们的道德判断中经常以独特的方式出现，只是说来奇怪，伦理学的著作家极少注意到这一点。有一种观点认为，疏忽之受到谴责，被谴责的其实是其意愿，而不是缺乏这个意愿；疏忽是坏事，不是因为这个人没有做事，而是因为他干了别的事，“他处于一个非我所愿的情景下，却因

---

① Locke, *op. cit.* ii. 21, 28 (*Philosophical Works*, p. 218).

② Bentham, *op. cit.* p. 72.

③ *Cf.* Clark, *Analysis of Criminal Liability*, p. 42.

④ Austin, *op. cit.* i. 438.

为被置于那种情景而受到谴责”。[1] 在后面的这个例子中,这个人
211 当然不该因为他不能做自己“难以想望”的事而受谴责;不过,说疏忽仅仅因为做了其他一些事情而受谴责,无疑是一种心理学上的谬误。设若有人忘记履行一项义不容辞的责任,比如还债,人们指责他并非因为他做了什么事,而是因为他忘记了做该做的事。他被指责没有做到该做的事,是因为他没有想到该做的事;他受指责的是他的健忘。换句话说,他的过错在于疏忽。

与疏忽大意(negligence)相关的是漫不经心(heedlessness),这两者之间的差异实际上并没有看上去那么大。疏忽大意的人忘记做本该做了的事,只是他没想起来该做这事;而漫不经心的人做了他本来不该做的事,因为他没考虑过做这事的可能后果。[2] 在后面的例子中,有行为发生;而在前面的情况下,无行为发生。但对两种情况的道德判断都关涉注意力的缺失,换句话说,即无意愿。疏忽大意的人错在没有想到应该做的事,漫不经心的人错在没想到他干的事会造成什么后果。说到轻率鲁莽(rashness),由

---

① Alexander, *Moral Order and Progress*, p. 34 *sq.* 西季威克也主张:“道德赞许或道德上的不赞同最直接而恰当的对象似乎就是意欲——其表现是在思想上已经肯定或很有可能出现某种结果。”(*op. cit.* p. 60)就粗心大意而言,严格来说“只有在有意忽视职责而导致疏忽的情况下”,人们才从道德上谴责行动者。罗马天主教道德哲学家也持有类似的观点(Göpfert, *Moraltheologie*, i. 113)。再者,宾丁认为有的人并不清楚他要干什么就有了某种意欲,这种情况也会造成粗心大意。他另外还说,意志不能为此结果负责(*Die Normen*, ii. 105 *sqq.*)。不过我们很快会看到,缺乏意欲可能就是意志不足造成的,意志因而被视为未预计事件的起因。要说某人有意干某事,却说他不清楚自己心存干这事的意欲或意志,显然是荒诞不经的。

② 在日常的用法中,“疏忽大意”的含义是模糊不清的、不明确的。它通常也指“漫不经心”或“粗心大意”(carelessness)。我在这里,是按照奥斯汀著作(*op. cit.* i. 439 *sq.*)中的原义使用它的。

于注意力不集中或不充分，也会出错，只是他不够谨慎小心；轻率鲁莽的人错在注意力不够集中。[1] 疏忽大意、漫不经心、轻率鲁莽，都可归于“粗心大意”(carelessness)这个范畴。

然而，我们的道德谴责只关涉意志力缺陷相关的无意愿(not willing)，而不关心智力和其他一些当事人无法为此负责的情况。
我们把“意愿”当作强有力的起因，不仅因为事件是人有意而为，而 212
且因为我们认为当事人可以凭借意愿阻止此事发生。正如意愿可以发挥作用一样，罪过也可能受到非自愿动机的影响。因而，就粗心大意而言，有良心的判官必须细查这样一个事实：心理状况不是意愿所能左右的。不过，要把这一规则付诸实践是再难不过的事。

在很多情况下，同样困难的是判定个人的行为是否出于有心，是否事先知道这一行为意味着什么，是否了解行为的后果；也很难判定这个行为是否出于粗心大意，甚至是比粗心大意更糟糕的情况。对那些没有完成分内该尽的义务但留意到这一点的人来说，“疏忽大意”这个词当然太温和了；而知晓自己行为可能造成祸患的人，是不能用“粗心大意”打发了事的。不过，即便在这种情况下，直接被谴责的可能是无意愿，而不是缺乏注意力。我们看看下面的例子：我可能想到该做理所应当做的分内之事，我并没有下定决心不做，但我可能只是没付诸行动；同样地，一个人在酒醉的状态下把家里的房子给毁了，他可能清楚他在干什么，但他开始这么做时可能并不知道会造成如此大的恶果，即他可能并非有心毁了

---

① Austin, *op. cit.* i. 440*sq.* Clark, *op. cit.* p. 101.

这个家。在这两个例子中，受到道德谴责的既不是疏忽大意，也不是漫不经心，也不是任何特定的意愿，而是对个人职责的不重视，或对家庭利益的不尊重。同时，从有意识的疏忽转变到不作为，从不愿意做转变到不开心地做，是容易发生的，也是中性的。因而，是否意愿之间的区分在伦理上看可能就没什么实际意义了。由此，某些被预见到的结果，当然地或可能地被归于“意图”这个词的
213 范畴，[①]通常是“意图”的某个特别类型——“拐弯抹角的意图”“间接的意图”“真实的意图”等；[②]只不过，如前所述，用这个术语也很难说是恰如其分的。当无政府主义者引爆乘载皇帝和其他乘客的火车，意在杀死皇帝时，他知晓这种行为同时给别的乘客带来的恶果。同样地，对大多数犯罪来说，他想做的事与他做的事违反法律，有着明显的区分；就罪犯而言，虽然他知悉自己的行为是非法的，但在实施这一行为时并非有意违法。正如培根所说：“没有人会为了犯错而犯错，他犯错是为了自己得到利益、愉悦、荣誉之类的东西。”[③]

无意愿，如同意愿一样，不仅会招致道德谴责，也会带来道德称赞。比如，我们可能称颂那些不做损人利己之事的人，因为在同样的情景下，对庸常之辈而言这事可能是莫大的诱惑。他没想到相反的做法，因而他不做损人利己之事可能归于他的意愿，这一点丝毫不减损他的美德。极通常的情况是，道德称赞关涉已知的衍

① *Cf*. Sidgwick, *op. cit*. p. 202.

② Bentham, *op. cit*. p. 84. Austin, *op. cit*. i. 480. Clark, *op. cit*. pp. 97, 100.

③ Bacon, ‘Essay IV. Of Revenge,’ in *Essays*, p. 45. *Cf*. Grotius, *De jure belli et pacis*, ii. 20.29.1：“恶人岂能一无所图。”

生结果或副产品，而不是指向行为本身。冒着生命危险去救别人的美德，确乎在于这样的事实：他知悉这一风险，但这种危险并未阻止他对别人施救；一个慷慨仁慈做善事的人，其美德确实在于他拿财物给别人救急时，因此失去了自己的财产。从严格意义上讲，在这些例子以及类似自我牺牲、达成好结果的情况中，其美德在于对这类衍生的善举听之任之。在更少见的情况下，道德称赞给予 214
这样的人：他的行为会施惠于曾经伤害他的人，他不会无动于衷，而是依然伸出援手，而庸常之辈在这种情况下只会对施害者表示愤怒。

道德判断要考虑的所有这些因素，都可以归于“行为”这个术语之下。通过某人在某种情形下的品行，我们能看到某种意向，或看到他缺乏某种意向。对于某项行为、不作为或疏忽，如果我们联系所有的可能影响其道德特征的情形来看待它，我们能看到，它常常表达出某种意向，不过并非总是或必然如此。为了准确地了解整个的情形，不仅有必要考察事件本身，而且有必要考量当事人的品性，唯此，这个人的意愿才被看作一个连续的整体。[①] 严格说来，道德判断的主题是人的意愿，不管其中有无意志力发挥作用；由于人的意愿与品性是统合在一起的，对他任何具体案例中所作所为的判断都有必要看到这两者的一体性。只有在我们认为某个人的行为是其品性——该品性直接或间接地源于意愿——的结果或外在显示时，我们才把责任追溯到他身上。休谟指出：“就其性

① 亚历山大说：“品性无非是行为中表现出来的各种征象。”(*Cf.* Alexander, *op. cit.* p. 49)“品性”一词也可能含义甚广。根据约翰·格鲁特，一个人的品性“是他思想、感受和行动的惯有的方式”(John Grote, *Treatise on the Moral Ideals*, p. 442)。

质而言,行为是暂时的、容易消亡的;如果不是这个人品性和性情作为'根由',行为好也不能够给他增加尊荣,行为坏也不能让他声名狼藉……他不应为此担当责任;如果没有意愿与品性这些持久的、恒常的东西发挥作用,他就不可能成为道德惩罚或复仇的对
215 象。"[①]因而,作为道德评价的主题,品性和行为之间存在着十分紧密的联系。判断某人在特定情境下的行为时,要评判他的品性;评判他的品性时,也要看他的行为如何。

应当注意到,道德判断不仅针对行为和品性,而且基于感情和观点。比如,在很多情况下怨恨被认为是有错的,爱敌人则被嘉许和褒扬,对异教徒的惩罚再严苛也不为过。但即便是在这种情况下,谴责或赞扬的对象事实上仍是意愿。表达怨恨的人之所以被责备,是因为他的意愿没有控制好自己的感情,或者他内心的敌意导致了如此明确的意愿。很常见的是,愤怒中的暴躁、友好中的善意可以发展成施加伤害或恩惠的意愿;"怨恨"和"爱"这些词本身通常既用来表示情感,也用来表示真实的意愿和心态。从征兆上看,某种感情的表露或节制也会导致道德判断,或成为道德判断的对象。他听到朋友遭受不幸的消息却表现得无动于衷,我们认为这表明他的品性是冷酷无情的,我们自然会责备他。当然,我们也可能误解了他。如果他有能力,可能正是这个人最早出手阻止不幸的发生。我们在做道德判断时,是从通常的情况出发的。

① Hume, *Enquiry concerning Human Understanding*, viii. 2 (*Philosophical Works*, iv. 80). *Cf. Idem*, *Treatise of Human Nature*, iii. 2 (*ibid.* ii. 191). See also Schopenhauer, *Die beiden Grundprobleme der Ethik* (*Sämmtliche Werke*, vol. vii.), pp. 123, 124, 281.

至于观点和信仰，因为被认为依赖于意愿，可以说包含着责任。通常情况下，观念和观点本身并不如其表达方式或其外在后 216
果更能引起道德愤慨；不管怎样，严格地说，谴责针对的要么是这类行为，要么是形成这种观点的意愿。天主教神学和基督教神学都认可的是，心怀某种信仰，或什么信仰都没有，从来不应该成为被指责的缘由。托马斯·阿奎那指出，无信仰之罪“处于跟信仰对立的地位，或特立独行，跟周边的信众差异迥然，甚至鄙视信仰”；这种无信仰本身是智力的问题，而造成无信仰的根由则是意愿的问题。他还说，对那些从未听说过信仰为何物的人来说，无信仰并不具有罪的性质，“对神圣世界的这类无知，是父辈的罪过造成的，因而不应招致惩罚”。[①] 沃德洛博士也表明了类似的观点：“《圣经》从来不主张谴责对其从未耳闻的事情一无所知的人，也不会责备不相信其不了解之物的人……如果不信神是由于心底厌恶真理，或者说缺乏到达正确和良善的意志，不信神才被看成罪过。只有在故意忽视、从心底对事实和真理反感时，无知才是犯罪。”[②]对明摆着的事实闭上眼睛假装看不见，可能是极其恶劣的；如果眼睛睁不开了，看不到任何东西，那他就不该受到任何指责。

在仔细考察道德意识、达成上述初步的结论之后，我们就能够从进化论的角度继续讨论道德判断主题的详细内容了。

① Thomas Aquinas, *Summa Theologica*, ii. -ii. 10.1 *sq*.

② Wardlaw, *Sermons on Man's Accountableness for his Belief*, & *c*. p. 38.

第九章　意愿作为道德判断主题以及外部事件的影响

217

道德谴责与道德赞扬的唯一合适对象是意愿。无论这对于道德来说多么显而易见，要下结论说道德判断一直而且必然与意愿相关，则相当草率。许多事实表明，这样的道德判断大都受到外部事件——要么与人的行为有关，要么由人的行为导致——的影响。

许多材料谈到，有人分不清故意伤害与意外伤害。这些资料大多涉及复仇与赔偿的问题。

> 根据冯·马修斯的记述，阿拉瓦克人“在血亲复仇时总是盲目行事，以致多次发生这样的事情：一次意外伤害导致了死亡事件，报复的结果是加害者和受害者双方的家庭同归于尽”。[①] 据特恩讲，圭亚那印第安人中要是发生了极其轻微的伤害，即使这种伤害不是故意的，也必须让加害者经受同样的痛苦以补偿受害者。[②]阿代尔在其著作中说，北美印第安人在复仇时有一个恒久不变的规则，人们把这个规则看得如此重要，以致发生过这样的事：一个小孩在用玩具弓箭在繁茂的玉

---

① von Martius, *Beiträge zur Ethnographie Amerika's*, i. 693 *sq*.

② Im Thurn, *Among the Indians of Guiana*, p. 214.

米地里打鸟，不小心让另一个孩子受了点轻伤，“受伤的孩子会把仇恨铭记在心，按照风俗，他会极其认真、热切地观察那个犯事小孩的一言一行，直到找准机会，以同样的方式实施报复”。[1] 南非的翁东加人[2]，俾斯麦群岛[3]的尼桑岛民和马绍尔 218
群岛[4]的某些居民，在报血仇时也不区分故意杀人和意外杀人。在卡西人中，“只要死了人，无论是意外死亡还是蓄意谋杀，无论是死在战场上还是被秘密处死，总会导致各方之间结为世仇”。[5] 早期希腊人的血仇报复似乎同样不分青红皂白。[6] 至于条顿人的血亲复仇，维尔达坚持认为，即使是在史前时期把意外杀人者处死也很难说是一种好风俗，[7]但有足够的理由相信，那里的风俗习惯从来没有反对过这么做。按照巴德尔神话的说法，意外事故不能构成残害生命的理由。洛基给霍德尔槲寄生树枝，让他仿效其他神灵的做法，并把槲寄生树枝投向巴德尔，以此表示敬意。霍德尔不知道槲寄生树枝的威力，这么一投就把巴德尔杀死了。按照我们的观念，霍德尔虽然杀了他的兄弟，但因为他事先一无所知，他完全是无辜的；然而，复仇者瓦利像所有日耳曼人常做的那样，发誓如果不把霍德尔杀掉就绝不洗头和梳头。值得注意的是，人

① Adair, *History of the American Indians*, p. 150.

② Rautanen, in Steinmetz, *Rechtsverhältnisse*, p. 341.

③ Sorge, *ibid*. p. 418.

④ Kohler, in *Zeitschr. f. vergl. Rechtswiss*. xiv. 443. 另外参见：*Idem*, *Shakespeare vor dem Forum der Jurisprudenz*, p. 188。

⑤ Fisher, in *Jour. Asiatic Soc. Bengal*, ix. 835.

⑥ Rohde, *Psyche*, pp. 237, 238, 242.

⑦ Wilda, *Strafrecht der Germanen*, p. 174.

们有时要求故事的叙述者解释一下为什么阿萨神族没有马上惩罚霍德尔;而他的解释是,他们聚集的地方是个神圣的场所。[1] 直到晚近时期,我们还能看到类似观点的痕迹。诺曼人最早的习惯法明确宣称,如果谁不幸杀了主人,他就得死。[2] "亨利一世之法"中有这么一段话说,如果A从树上掉下来时不幸砸死了B,那么B的男性亲属必须为他报仇,他可能会爬上树落下来砸在A身上。[3] 这个听来稀奇古怪的故事恰当地表明,人们对道德观念差异的理解和接纳与日俱增:虽然还没有胆量直接废止古老的风俗习惯,但已经开始避开那些老黄历。[4]

219 坎德人[5]中,"可以原谅的杀人罪与一般杀人罪所付出的赔偿是类似的"。[6] 其他蒙昧族群或野蛮社会也是这种情况。[7]

不管怎么说,这种在蓄意伤害与意外伤害之间不加区分的做法不限于复仇与赔偿的情况。早期人类在实施惩罚时同样不分青

① *Snorri Sturluson*, 'Gylfaginning,' 50, in *Edda*, p. 59. *Cf*. Brunner, *Forschungen zur Geschichte des deutschen und französischen Rechtes*, p. 489.

② Pollock and Maitland, *History of English Law before the Time of Edward I*. ii. 482.

③ *Leges Henrici I*. xc. 7.

④ Pollock and Maitland, *op. cit*. ii. 471.

⑤ 坎德人,印度的一支土著居民。——译者

⑥ Macpherson, *Memorials of Service in India*, p. 82.

⑦ Crawfurd, *History of the Indian Archipelago*, iii. 123. Ellis, *Ewe-speaking Peoples of the Slave Coast*, p. 223. Munzinger, *Ostafrikanische Studien*, p. 502 (Barea and Kunáma).

红皂白。

在兴都库什的卡菲尔人中:“谋杀、情有可原的杀人行为与发生口角时由于过失而致人死亡一样,被归为同一类犯罪,接受同样的惩罚。这时候从不考虑有可能减轻罪责的具体情况如何,而只需问一个简单的问题:这个人是否杀了那个人?这类犯罪得到的处罚是极其严厉的:要么向被害人家属抵命,要么所有财产被抢夺一空并永远流放。”[①]帕金斯为我们讲述了一个从阿比西尼亚那里听到的故事:一个男孩爬树时突然从树上掉下来,正好砸在树下小伙伴的头上,结果小伙伴立即死掉了。这个不幸惹祸的男孩被判处用以死者同样的方式抵命。也就是说,死者的哥哥爬上树,然后冲向那个惹祸的男孩,直到把他砸死为止。[②]喀麦隆部落也难以辨别意外死亡的具体情境,结果是,“过失杀人者必须被处死。此后,按照他们自己的说法,双方的亲友都表现出同样的悲痛。[③]孟拉德说,在阿克拉黑人中,过失杀人与蓄意谋杀受到的惩罚同样严厉。[④]

然而,如果认为人类文明早期,人们通常只考虑业已造成的伤害,而丝毫不考虑行为者的意愿,那就大错特错了。即便是在私人

① Scott Robertson, *Káfirs of the Hindu-Kush*, p. 440.

② Parkyns, *Life in Abyssinia*, ii. 236 *sqq*.

③ Richardson, ‘Observations among the Cameroon Tribes of West Central Africa,’ in *Memoirs of the International Congress of Anthropology*, Chicago, p. 203. See also Leuschner, in Steinmetz, *Rechtsverhältnisse*, p. 24 (Bakwiri); *ibid*. p. 51 (Banaka and Bapuku).

④ Monrad, *Guinea-Kysten og dens Indbyggere*, p. 88.

220 赔偿习俗中,我们也经常发现:人们能够把故意的、可预期的伤害与无意的、不可预期的伤害区分开来。对蓄意谋杀采取血仇报复,对意外死亡则施用赔偿,这样的例子屡见不鲜。[①] 有时候,部落头人或政府会干预过失杀人案件的处理,以保护杀人者免受死者家属的迫害。

> 在非洲的瓦波科莫人中,伤害行为有无意图对复仇具有重要影响。[②] 对塔米群岛的巴布亚人来说,对谋杀案进行血仇报复是司空见惯的事,但对于意外杀人案并不一定要报血仇:意外杀人者只需做出赔偿并离开社群一段时间就可以了。[③] 按照那马瓜霍屯督人的习俗,受害方应当接受意外杀人者的赔偿。[④] 在阿尔巴尼亚人[⑤]、斯拉夫人[⑥],在历史上其他欧洲人[⑦]当中,在古代尤卡坦人[⑧]以及伊斯兰教法[⑨]中,我们发现了同样的原则。在阿尔及利亚的卡拜尔人中,"虽然习俗从不允许故意杀人案的受害家庭宽恕罪犯,但它总是允许宽恕的致死情况,就几乎永远只因疾病和事故而造成的死亡"。他

---

① *Cf.* Kohler, *Shakespeare vor dem Forum der Jurisprudenz*, p. 188, n. 1.

② Kraft, in Steinmetz, *Rechtsverhältnisse*, p. 292.

③ Bamler,转引自:Kohler, in *Zeitschr. f. vergl. Rechtswiss.* xiv. 380。

④ Fritsch, *Die Eingeborenen Süd-Afrika's*, p. 363.

⑤ Gopčević, *Oberalbanien und seine Liga*, p. 327.

⑥ Miklosich, 'Blutrache bei den Slaven,' in *Denkschriften der kaiserl. Akademie der Wissensch. Philos. histor. Classe*, Vienna, xxxvi. 131.

⑦ Leist, *Græco-italische Rechtsgeschichte*, p. 324. *Ancient Laws of Ireland*, iii. p. cxxiv. 关于古条顿人,见下文第 226 页。

⑧ de Landa, *Relacion de las cosas de Yucatan*, p. 134.

⑨ *Koran*, iv. 94. *Cf.* Sachau, *Muhammedanisches Recht nach Schafiitischer Lehre*, p. 761 *sq.*

> 们举行特殊的仪式，通过这个仪式，死者家属宽恕了过失杀人
> 者，但这种宽恕必须是在各方一致同意的情况下做出的。仪
> 式过后，这个杀人犯就成为死者(Kharuba 或 gens)的一员。[①]
> 在奥马哈人[②]中，"当一个人意外地杀了另一个人时，头人会
> 从中调停，把他解救出来。他在随后的日子里要像真正的蓄
> 意杀人犯一样接受惩罚，只不过这段苦日子只有一两年的光
> 景"。[③] 按照古希伯来人的法律，对蓄意杀人案，受害者有进 221
> 行私人复仇的权利和义务，但对于过失杀人案，应适用特殊的
> 规则：在意外情况下发生的杀人案，杀人者可以逃往另外一个
> 城市避难，只要他在那个城市生活下来，他就能够避免血仇报
> 复。[④] 在古罗马，意外杀人者似乎一直面临着血亲复仇的危
> 险，但努马颁布的一条法律改变了这种局面。按照这条法律，
> 意外杀人者应奉献出一只公羊当祭品，代替他向死者赎罪和
> 赔偿。[⑤]

对有些民族来说，即便是蓄意谋杀案，也接受赔偿的做法；如果杀人者并非蓄意犯罪，赔偿的价格更低。[⑥]

据鲍迪奇说："在阿肯族人中，过失杀人者要赔偿死者家

① Hanoteau and Letourneux, *La Kabylie*, iii. 68 *sq*.

② 奥马哈人，居住于今美国内布拉斯加州东北部的印第安部落。——译者

③ Dorsey, 'Omaha Sociology,' in *Ann. Rep. Bur. Ethn*. iii. 370.

④ *Deuteronomy*, iv. 42. *Numbers*, xxxv. ii *sqq*. *Joshua*, xx. 3 *sqq*.

⑤ Servius, *In Virgilii Bucolica*, iv. 43. *Cf*. von Jhering, *Das Schuldmoment im römischen Privatrecht*, p. 11.

⑥ Beverley, in Steinmetz, *Rechtsverhältnisse*, p. 215 (Wagogo). Dareste, *Nouvelles études d'histoire du droit*, p. 237 (Swanetians of the Caucasus).

> 属5盎司黄金，并支付举办葬礼的所有费用；如果是蓄意谋杀案，杀人犯要赔偿20盎司黄金外加一个奴隶；不然的话，杀人犯及其全家都要到死者家里当奴隶。”[①]古爱尔兰的法律规定，无论是意外杀人还是故意杀人，杀人犯都要支付一笔罚金给受害者亲属；而在受害者亲属表示愤怒的杀人案——我们称之为“蓄意犯罪”——中，杀人犯要支付双倍的罚金。[②]

在许多野蛮人的惩罚措施中，也能看出来故意伤害与意外伤害之间的区别，尽管在我们看来十分清白无辜的人也可能背上某种黑锅。

> 谈到西澳大利亚的土著居民，格雷爵士说：“如果一个本地人故意把另一个本地人杀了，他们会处死凶手或所能找到的凶手的任何一个朋友。如果一个本地人无意中杀了另一个本地人，那就要根据当时的具体情景处罚。”惩罚可能很重。“比如，对某些案犯以矛行刑的过程中，如果行刑人刺穿犯人
> 222 的大腿时意外伤及大腿动脉，结果犯人不治而死，那么行刑者就得自己刺穿自己的双腿。”[③]根据查尔姆斯博士的记述，在新几内亚，谋杀罪要处以极刑，而过失杀人则以罚金赎罪即可。[④] 在姆蓬圭人中，“故意杀人、情有可原的杀人和意外杀人之间很少或根本没有区别，但如果这些杀人案发生在头人

---

① Bowdich, *Mission from Cape Castle to Ashantee*, p. 258, n.

② Cherry, *Growth of Criminal Law in Ancient Communities*, p. 22.

③ Grey, *Journals of Expeditions of Discovery in North-West and Western Australia*, ii. 238 *sq*.

④ Chalmers, *Pioneering in New Guinea*, p. 179.

或非常富有的人身上，就另当别论了”。[①] 卡菲尔人的法律规定，对财产的损害如果被证明确实出于意外，就不怎么需要赔偿；但如果对人有意外伤害，而且伤害严重，情况则大不同。因而，“故意杀人案与其他种类的杀人案似乎很少区别，或不存在什么区别；但在完全意外的杀人案中，不能强硬地要求赔偿且非支付全额罚金不可”。[②] 在阿鲁尔，如果发生了意外伤害，要对受害一方予以赔偿，还要上交头人一笔罚金。对杀人凶手最重的惩罚当然是处死，但如果不能证明凶手是蓄意杀人，就应当允许他赎命。[③] 马萨伊人把过失杀人或伤人看作恩该（*N'gai*）的意愿”，是“不可知的力量”在起作用；在这种情况下，“长者会安排如何对受害者（若是男子）或其近亲属赔偿。如果被意外杀掉的是名女子，凶手的所有财产就判为归她的近亲属所有”。[④] 根据麦克唐纳牧师的说法，中非东部的土著人“知道意外伤害与故意伤害的区别”。[⑤] 马达加斯加附近贝岛和马约特岛的土著人也有这种辨别能力。[⑥]

不但如此，许多野蛮人的故事表明，他们对意外伤害他人的人采取完全宽恕的态度，或不做任何惩罚，尽管他们可能会要求伤害者赔偿财产损失。

---

① Burton，*Two Trips to Gorilla Land*，i. 105.

② Maclean，*Compendium of Kafir Laws and Customs*，pp. 113，67，60.

③ Stuhlmann，*Mit Emin Pascha ins Herz von Afrika*，p. 524.

④ Hinde，*The Last of the Masai*，p. 108.

⑤ Macdonald，*Africana*，i. 11.

⑥ Walter，in Steinmetz，*Rechtsverhältnisse*，p. 393.

我们得知,宾夕法尼亚州的印第安人“对所有情况都能做出冷静的判断,他们能准确地或尽力准确地区分过失行为与
223 有意行为。对于第一种行为,他们说,他们谁都可能做这样的事,因而不值得大惊小怪,也不应当予以惩罚;相反,第二种行为带有恶意,是故意的,也是预谋好的,应该受到应有的惩罚。”[①]在马绍尔群岛,只有当受害者是权贵人物,如部落头人或头人的家庭成员时,才对过失伤害加以惩处。[②] 在塔米群岛的巴布亚人中,“意外伤害不会受到惩罚。犯人通常坦白自己的所作所为,并向受害者道歉。如果他损坏了贵重物品,他必须照价赔偿。”[③]在瓦查加[④],对意外伤害也不施加处罚;但如果谁的财产由此受到损坏,那就要赔偿其价值的一半。[⑤]今天,霍屯督人对意外伤害并不总是大加惩罚,即便这个意外造成了人身伤亡。[⑥] 在瓦沙巴拉族,人们只要求对有意伤害别人或由于粗心大意伤害了别人的行为承担责任。[⑦] 在西非的一些地区,如果一个男子、女子或孩子做了什么错事自己却不知道,结果损坏了别人的财产,“若能证明这一行为确实出于无知,而这种无知并没有犯什么大罪,那么按照法律,就不

① Buchanan, *North American Indians*, p. 160 *sq*.

② Kohler, in *Zeilschr. f. vergl. Rechtswiss*. xiv. 448.

③ Bamler,转引自:Kohler, *ibid*. xiv. 381。

④ 瓦查加,东非一部落土著。——译者

⑤ Merker,转引自:Kohler, *ibid*. xv. 64。

⑥ Kohler, *ibid*. xv. 353.

⑦ Lang, in Steinmetz, *Rechtsverhältnisse*, p. 261.

能惩罚他(或她)。这样的处理方式,符合当地人的正义观念。①

即使在那些达到了高度文明的民族中,自身没有任何过错而招惹了什么事情的无辜者也经常受到法律的惩罚。面对这样的事实,蒙昧部族的司法区分特殊情形的上述事例就更有意思了。

中国法律有这样一个原则:"在完全意外情况下杀人或伤人的,都被允许向死者或伤者家属支付罚金,作为杀人或伤人的处罚,并以此赎命。"②但也有例外的情况:任何杀死自己父亲、母亲、 224
祖父或祖母的男子以及杀死丈夫父亲、母亲、祖父或祖母的女子,"尽管完全出于意外,也将被痛打一百大板,并终身流放到离家乡三千里之外的地方。如果在完全意外的情况下伤害了他们,被宣判有罪的人将被痛打一百大板,并流放三年;另外,这类案犯不能像普通的意外伤害案犯那样,可以通过支付罚金的方式赎罪。③但是,意外杀死主人的奴隶"却必须被处死"。按照惯例,每年都有一个固定的时间把这些奴隶绞死。④ 中国法律还有一个特点,对在意外情况下犯罪或过失犯罪的人,要给予特赦,免除他们的罪责,以彰显执政者的宽大与恩典。⑤

① 金斯利小姐为丹尼特著作撰写的导言,见:Dennett's *Notes on the Folklore of the Fjort*, p. xi。

② *Ta Tsing Leu Lee*, sec. ccxcii. p. 314.

③ *Ibid*. sec. cccxix. p. 347. *Cf*. *ibid*. sec. ccxcii. p. 314.

④ *Ibid*. sec. ccxiv. p. 338.

⑤ *Ibid*. sec. xvi. p. 18.

《汉谟拉比法典》规定:“如果一个人在与人发生口角时打伤了人,那么这个人必须发誓说‘我不是故意打他的’,在这种情况下,他必须担负所有的医疗费用。如果打死了人,他也必须就事实发誓。如果他出身高贵,他必须赔偿 1/2 迈纳白银;如果他出身寒门,他必须赔偿 1/3 迈纳白银。”[1]

我们已经谈到过,希伯来人法律的目的一方面是保护过失杀人者,使他能够躲避血仇报复,给他提供避难所;另一方面也要惩罚他,迫使他为自己制造的流血事件做出赔偿。[2] 避难所很重要。如果他在大祭司死亡之前离开避难所在的城市,前来报血仇的人可以杀掉他,[3]而这种情况下的杀人并不犯罪,这时候也不准许他用赎金赎回自己的财产。[4]

225 根据《摩奴法典》,“损坏他人财物者,无论有意还是无意,都必须给物主满意的赔偿,还要交给国王与损失物品等价的罚金”。[5]而且,意外杀死婆罗门者,需要承受各种各样的惩罚才能赎罪,[6]而故意杀害婆罗门者连赎罪的可能性也没有。[7]

狄摩西尼[8]曾称赞,雅典人的法律对过失杀人者的惩罚要比

① *Laws of Hammurabi*, 206 *sqq*.

② Goitein, *Das Vergeltungsprincip im biblischen und talmudischen Strafrecht*, p. 25 *sq*. Keil, *Manual of Biblical Archæology*, ii. 371.

③ *Numbers*, xxxv. 26 *sqq*.

④ *Ibid*. xxxv. 32.

⑤ *Laws of Manu*, viii. 288.

⑥ *Ibid*. xi. 73 *sqq*.

⑦ *Ibid*. xi. 90. *Gautama*, xxi. 7.根据某些权威人士的观点,故意杀害婆罗门者可以通过极其严苛的苦修赎罪(毕勒尔翻译《摩奴法典》的注解,见:*Sacred Books of the East*, xxv. 449)。

⑧ 狄摩西尼,古希腊雄辩家。——译者

对谋杀犯的惩罚轻得多。对谋杀者的惩罚是处死，但在判决公布之前，凶手有权逃离国土、终身流放他乡以逃脱死刑。过失杀人者只需流放他乡比较短暂的时间，直到死者亲属满意即可。[1] 随后我们将看到，这条法规的真正目的与其说是惩罚过失杀人者，不如说是把他从死者灵魂的迫害下解救出来，并在社群中祛除他留下的污点。不过，雅典人的法律并不能代表早期的观点。法内尔博士论述道：为了审判过失杀人案，在帕拉丁建立了法庭，有关这一法庭的组织结构与传说故事表明，那些古代习惯和做法是很容易得到改进的地方。[2] 早期的罗马法——尽管它在成熟时期严格贯彻执行科尔内利原则，即“在攻击行动中，要检测动机，而非结果”[3]——似乎也同样不分青红皂白。[4] 意外杀人者需要赎罪的观念仍然在十二铜表法留下了模糊的痕迹。[5]

古代条顿人的法律中有这么一条原则，“无知犯罪者，要自知 226 255
改正”。这句由所谓“亨利一世之法”的设计者发布的格言，[6]无疑是从英格兰人的古谚语翻译过来的。[7] 在这一具有重要影响的历史时期，法律把 *vili* 与 *vadhi* 区分开来，认为故意杀人要比意外

① Demosthenes, *Contra Aristocratem*, 71 *sqq*. p. 643 *sq*.

② Aristotle, *De republica Atheniensium*, 57. Farnell, *Cults of the Greek States*, i. 304.

③ *Digesta*, xlviii. 8.14.

④ von Jhering, *Das Schuldmoment im römischen Privatrecht*, p. 16. Mommsen, *Römisches Strafrecht*, p. 85.

⑤ Mommsen, *op. cit*. p. 85.

⑥ *Leges Henrici I*. xc. 11.

⑦ Pollock and Maitland, *History of the English Law before the Time of Edward I*. i. 54.

杀人恶劣得多，前者可能结下世仇，后者则不会留下后患。故意杀人者至少要用受罚（*wite*）和偿命钱（*wer*）赎罪，而过失杀人者只需给死者家属偿命钱，而不必受到官方惩罚。[①] 维尔达对条顿人法律的热情，导致他错误地认为所支付的偿命钱只是赔偿损失；[②] 实际上，支付偿命钱也是一种惩罚。[③] 在这种习俗中，过失杀人总是带有犯罪的特征。当杀人罪成为死罪时，法律就把过失杀人作为惩罚的对象。不过，人们不是把过失杀人者处死了事，而是建议国王“慈悲为怀地宽恕”他。中世纪后期的英格兰就是这种情况。[④] 直到晚近时期的法国也是如此。[⑤] 当英国人修改法律时，新的条款规定：过失杀人不再被视为需要宽恕，而是继续被当作一种犯罪对待。对这种罪行的惩罚是没收财产。直到一个世纪之后的1828年，还有严格按照上述罚则执行的罪案，而那时，相关的法律条款已经被废止了。[⑥]

在早期文明阶段，如果说人们总是过于注重行为外在方面的
227 重要性，那么他们的神灵则有过之而无不及。

黄金海岸说齐语的民族相信，萨萨邦苏神“乐于毁灭、处死所

① Wilda, *op. cit.* p. 545 *sqq.*, 594. Brunner, *Forschungen*, p. 498 *sq. Idem*, *Deutsche Rechtsgeschichte*, i. 165. Pollock and Maitland, *op. cit.* ii. 471.

② Wilda, *op. cit.* p. 578.

③ Geyer, *Die Lehre von der Nothwehr*, p. 87 *sq.* Trummer *Vorträge über Tortur*, *&c.* i. 345. Brunner, *Forschungen*, p. 505 *sq.*

④ Bracton, *De Legibus et Consuetudinibus Angliæ*, fol. 134, vol. ii. 382 *sq.*; fol. 104b, vol. ii. 152 *sq.* Brùnner, *Forschungen*, p. 494 *sqq.* Biener, *Das englische Geschwornengericht*, i. 120, 392. Pollock and Maitland, *op. cit.* ii. 479.

⑤ Beaumanoir, *Les coutumes du Beauvoisis*, 69, vol. ii. 483. Esmein, *Histoire de la procédure criminelle en France*, p. 255.

⑥ Stephen, *History of the Criminal Law of England*, iii. 77.

有冒犯他的人,即使这种冒犯可能是偶然的、无意的”;但假如事情发生在同一个族群的同一群人身上,习俗却要求对意外伤害以赔偿一笔钱的方式了断,即便意外伤害致死也是如此,更不用说轻微伤害了。[①] 金斯利小姐说,她自身的经历使得她并不赞同丹尼特先生关于弗约特人的说法,即吃了被禁食物者会由于不知情而免于一死。她所知道的情况支持了梅罗拉的说法:那人尽管因不知情而误食,但也会被处死,不然就会受到严厉的处罚。她说:“事实确实如此。在非洲,人世的法律有这么一条规定,人在无知的情况下犯法,不应当被判定有罪,不应当受到惩罚;但在灵界的法律中,我从来没有发现有这样的条款。在那里,你触犯了神灵,除非你能够熄灭神灵的怒火,否则就要受到惩罚。说自己不知情或喝醉了酒,都不足以减轻处罚。”[②]奥马哈人相信,人即便在不知情的前提下吃了图腾物,也要遭受惩罚:他本人,他的妻子和子女都会染上疾病。[③]

谈到古埃及人的神圣动物,希罗多德说:“谁杀死了这些动物,若是蓄意而为,就将他处死;若是过失犯事,要按照祭司判罚的数额交纳罚金。但无论是谁杀死了朱鹭或鹰,不管有意无意,都必须被处死。”[④]根据中国刑法,“毁灭或破坏举行圣典或帝王礼仪用祭坛、坟陵者,无论有意无意,均痛打一百大板,并终身流放在两千里

① Ellis, *Tshi-speaking Peoples of the Gold Coast*, pp. 35, 301.

② 金斯利小姐为丹尼特著作撰写的导言,见:Dennett, *Folklore of the Fjort*, p. xxviii。

③ Frazer, *Totemism*, p. 16.

④ Herodotus, ii. 65. *Cf*. Pomponius Mela, 9.

228 之外的地方”。[①] 这些案例反映了这样一个观念,愤怒的神灵假借人类之手对侵犯者施加惩罚。

神道教徒如果在不知不觉中犯下什么过错,会向神灵祈祷,请求宽恕。[②] 根据吠陀赞美诗,无论是谁触犯了伐楼拿永恒的法令,不管有意无意,全知全善的伐楼拿都会被激怒,灾难、疾病与死亡将降临到这个人头上。[③] 谁无意中犯了罪,就要祈求伐楼拿宽恕,[④]即便是在睡梦中梦见自己犯罪也要这么做。[⑤] 吟者至富(*Vasishtha*)因为在不知情的状态下违心地触犯了神灵的命令,事后他内心充满了虔诚的悔恨和真切的悲痛。[⑥]《摩奴法典》说:“所有圣哲都主张,过失犯罪者只需采用一种方式即可赎罪,那就是吟诵吠陀经;而故意犯罪者则要经受各种各样的苦修才能赎罪。”[⑦] 今天的印度教徒,“三个再生族中的任何一个人,如果出于无知而饮酒,只需重新执行最初的圣礼,就足以洗清所有罪恶,获得完全的新生了”。[⑧]

在希腊文学作品中,有几个意外触犯神圣戒律的故事,犯罪者一点也不知道所作所为的性质。其中最著名的就是俄狄浦斯。亚克托安因看见了狄安娜而受到惩罚。斯巴达国王普萨尼亚斯向宙

---

① *Ta Tsing Leu Lee*, sec. clviii. p. 172.

② Selenka, *Sonnige Welten*, p. 210 *sq*.

③ *Cf*. Kaegi, *Rigveda*, p. 66 *sq*.; Oldenberg, *Die Religion des Veda*, p. 289.

④ *Rig-Veda*, v. 85.8.

⑤ *Ibid*. vii. 86.6; x. 164.3.

⑥ *Ibid*. vii. 88.6. *Cf*. Kaegi, *op. cit*. p. 68.

⑦ *Laws of Manu*, xi. 45 *sq*. *Cf*. *Vasishtha*, 20.

⑧ Rájendralála Mitra, *Indo-Aryans*, i. 393.

斯·菲修斯奉献祭品，为其意外杀死少女而赎罪。[1]

巴比伦的赞美诗人认为，他在遭受痛苦的原因，在于某一位神 229
灵在对他发怒。他大声疾呼："我不知道我这样做是犯罪。我不知道我这样做违犯了法律。我自食其果竟不自知。在我不知不觉中，罪恶毁坏了我。内心愤怒的神明对我不满；内心激怒的神灵已经在惩罚我。"[2]另外一首赞美诗道："他不知道他对神灵犯下了罪。他违反了神灵和女神的旨意。神灵让他遭受折磨，女神离他远去。"[3]

希伯来的赞美诗中也有这样的呼吁："谁能理解我犯下的罪过呢？请你帮我洗净这难以开口的过错吧。"[4]根据孟弟福先生的见解，如果无意间犯下的过错侵犯了正义与圣洁之身耶和华，神将惩罚他，就像惩罚故意犯罪者那样。[5] 要用刑法处治那些有预谋的罪行，而"由于无知犯下的罪恶，可以祈求上帝的宽恕"，并且可以通过奉献祭品的形式赎罪。[6] 谈到犹太人祭祀制度的发达与成熟，摩尔教授评论道："根据《密西拿》[7]，一般的做法是，任何犯罪行为，如果出于有意，就判处死刑；如果出于无知或粗心大意，就需

① Farnell, *op. cit.* i. 72.

② Zimmern, *Babylonische Busspsalmen*, p. 63.

③ Sayce, *Hibbert Lectures on the Religion of the Ancient Babylonians*, p. 505. *Cf.* Mürdter-Delitzsch, *Geschichte Babyloniens und Assyriens*, p. 38.

④ *Psalms*, xix, 12.

⑤ Montefiore, *Hibbert Lectures on the Religion of the Ancient Hebrews*, p. 103. *Cf. ibid.* p. 515 *sq.*

⑥ *Leviticus*, iv. 22 *sqq.*; v. 15 *sqq.* *Numbers*, xv. 24 *sqq.*

⑦ 密西拿(Mishna)，希伯来语音译，原意为"教导"；《密西拿》是犹太教口传律法集《塔木德》的前半部和条文部分。——译者

要献祭赎罪(*hattāth*)。这类罪行包括乱伦、偶像崇拜、吃动物(内脏的)脂肪和仿制圣典上使用的熏香,最常见的违背道德规范的行为则不包括在内。”[①]拉比们也坚持认为,谁发假誓,即便是无意的
230 行为,也是一种罪恶,要受到责罚。[②] 我们在中世纪基督教的教义中看到了类似的观点。圣奥古斯丁制定了这样一个原则,[③]“除非有犯罪意图,否则言辞无罪”;教会法采纳了这一原则,[④]但人们并不总是不折不扣地恪守这条准则。各种各样的赎罪规则都要求被证明犯罪的人接受惩罚以赎罪,并以他最高的信仰发誓不再重犯,以防他日后食言。[⑤] 在另外的情况下,基督教会也会让那些完全出于过失而犯罪的人通过苦修忏悔。如果有人完全出于意外犯了杀人罪,他必须以苦行赎罪——一般情况下,根据英格兰的赎罪规则,苦修一年;[⑥]按照欧洲大陆的赎罪规则,则苦修五年[⑦]或七年[⑧];而按照西奥多(托名)赎罪规则,意外杀死自己父亲或母亲者,苦修

---

① Moore,‘Sacrifice,’ in Cheyne and Black,*Encydopædia Biblica*,iv. 4205.

② Montefiore,*op. cit.* p. 558.

③ St. Augustine,*Sermones*, clxxx. 2 (Migne,*Patrologiæ cursus*,xxxviii. 973).

④ Gratian,*Decretum*, ii. 22.2.3.

⑤ *Pœnitentiale Bedæ*, v. 3 (Wasserschleben, *Bussordnungen der abendländischen Kirche*,p. 226). *Pœnit. Egberti*, vi. 3 (*ibid.* p. 238). *Pœnit. Pseudo-Theodori*,xxiv. 5 (*ibid.* p. 593).

⑥ *Pœnit. Theodori*,i. 4.7 (*ibid.* p. 188). *Pœnit Bedæ*,iv. 5 (*ibid.* p. 225). *Pœnit. Egberti*,iv. 11(*ibid.* p. 235).根据教会规定,苦修要坚持五年(*Pœnit. Pseudo-Theodori*,xxi. 2[*ibid.* p. 586])。

⑦ *Pœnit. Hubertense*,2 (*ibid.* p. 377). *Pœnit. Merseburgense*,2 (*ibid.* p. 391). *Pœnit. Bobiense*, 4 (*ibid.* p. 408). *Pœnit. Vindobonense*, 2 (*ibid.* p. 418). *Pœnit. Cummeani*,vi. 2 (*ibid.* p. 478). *Pœnit. XXXV. Capitulorum*,1 (*ibid.* p. 506). *Pœnit. Vigilanum*,27(*ibid.* p. 529).

⑧ *Pœnit. Parisiense*,1 (*ibid.* p. 412). *Pœnit. Floriacense*,2 (*ibid.* p. 424).

十五年，[①]意外杀死儿子者，苦修十二年。[②] 斯多葛主义者甚至明确宣布，外在的行为有其自身的伦理价值，即张扬了行为者内在的善意或恶意；这一教义虽然受到托马斯·阿奎那、波纳文图拉、苏亚雷斯等主要神学家的反对，这些人还是承认，按照上帝的旨意，某些行为经由外在表现出来后，就应当有意料之外的报答，这就是所谓的美德懿行的光环。[③] 在有些情况下，尘世的法律会根据宗教教义惩罚意外伤害行为。谁不小心放火烧了教堂，撒利族[④]将按照刑法严厉处治；而对其他过失纵火者，并不强加刑罚。[⑤] 即便 231
是在今天，俄罗斯刑法还规定，“为了让罪犯的良心得到安宁”，意外杀人者也要经受惩罚才能悔罪。[⑥] 按照《古兰经》的教诲，误杀信徒者应当赎罪：他不仅要向死者家属赔偿抚恤金（死者家属主动提出不要的除外），还要解放某一名信教奴隶获得自由；如果他一文不名，拿不出这笔费用，“就让他连续斋戒两个月，以这种苦修向上帝赎罪”。[⑦]

对这些事实，我们该怎么解释呢？它们真的反映了道德责任的观念吗？它们是否表明，在人类文明的早期阶段，与行为者的意愿无关的外在事件应当成为道德谴责的对象？

---

① *Pœnit. Pseudo-Theodori*, xxi. 18 (*ibid*. p. 588).

② *Pœnit. Pseudo-Theodori*, xxi. 19 (*ibid*. p. 588).

③ Gopfert, *Moraltheologie*, i. 185.

④ 撒利族，4 世纪时法兰克部落的一个族群。《萨利克法典》（拉丁语：*lex Salica*），又称萨利克继承法，是起源于古代西欧法兰克人、萨利部族通行的法典。——译者

⑤ *Lex Salica* (Herold's text), 71. Brunner, *Forschungen*, p. 507, n. 1.

⑥ Foinitzki, in *Le droit criminel des états européens*, edited by von Liszt, p. 531.

⑦ *Koran*, iv. 94.

那些表明在过失伤害与蓄意伤害之间不作任何区分的说法,大多数在说私人赔偿制度。按照这种制度,个人伤害被看作受害者或其亲属不得不亲自处理的问题。当然,这种制度不允许他们随心所欲地对待罪犯;我们已经看到,对罪犯的惩罚或多或少受到习俗的制约。不过,这一制度同时给受害者的个人感情留下了相当大的余地;须知这些情感不可能不偏不倚,辨识起来也绝非易事。在蒙昧部族里,舆论是否要求或容许对意外伤害案复仇,是一般旅行观察者回答不了的问题。早期习俗或法律限制血仇报复的措施之一就是先把过失杀人者的性命挽救下来。注意到这一点,对我们来说非常重要。再者,在许多以惩罚取代血仇报复的案例中,受害方对如何处罚还是有发言权的。例如,在阿比西尼亚,“对
232 谋杀犯的判处是一命偿一命;但是,如果死者亲属同意,法律也准许他以支付罚金的方式赎罪”。[1] 古代瑞典的法律规定,除非得到被害方的同意,否则不能当作过失行为处理。[2] 在英格兰,甚至是在亨利三世统治时期,即便国王同意赦免过失杀人者,但如果死者亲属起诉,也不能保证他免于罪责。[3] 事实上,直到 1741 年,英国王室还颁布诏令说,只要死者亲属提起诉讼,就可以对杀人凶手施加绞刑。[4] 直到今天,英国刑事法庭在处理轻微伤害罪的时候还如此处理:“只有在起诉人不给案子施加压力的情况下”才减轻处

① Harris, *Highlands of Æthiopia*, ii. 94.

② von Amira, *Nordgermanisches Obligationeurecht*, i. 382.

③ *Three Early Assize Rolls for the County of Northumberland*, *sæc. XIII.* p. 98.

④ Amos, *Ruins of Time*, p. 23.

罚，或让起诉人撤诉，自行了结。[1]

在意外杀人案件中，人们认为死者的灵魂是愤怒而冷酷的，它渴望报复，急切地要求偿还血债。亡灵的这种情感应当得到尊重。如果亡灵的愿望得不到满足，将是不仁慈的，也容易引发其他险情。这与人们以命偿命的强烈要求相关。这种关联更有可能表现在这样的案例中：若要赦免过失杀人者或意外杀人者，就得找出另外一个人来替他偿还血债。尼亚萨湖畔的尧人与瓦伊萨人有这样一种风俗："当有人被意外杀害时，杀人犯赎罪的方式是找一个奴隶或亲人'跟随被杀掉的人离世'，杀人犯可以逃脱罪责，而替罪羊要承受处罚。"[2]这种做法实际上由来已久。我们可以这么说，类似的思想也是古罗马法律的基础，该法律就允许无意杀人者拿公羊做祭品替他赎罪。

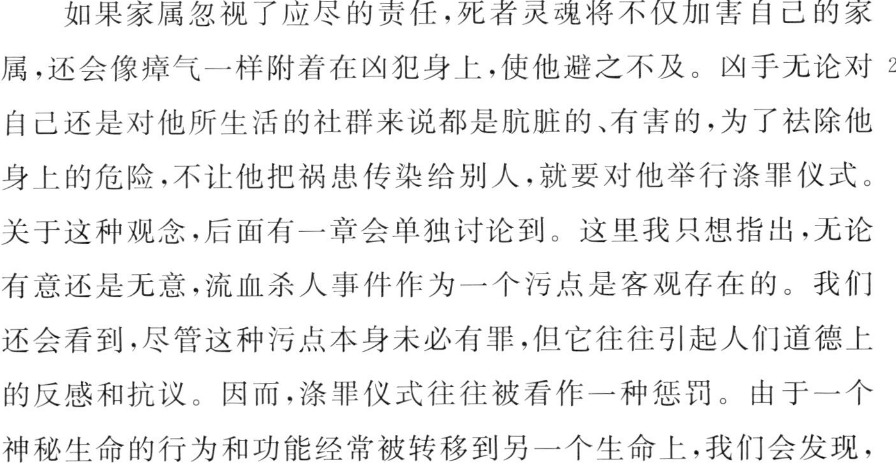

如果家属忽视了应尽的责任，死者灵魂将不仅加害自己的家属，还会像瘴气一样附着在凶犯身上，使他避之不及。凶手无论对 233
自己还是对他所生活的社群来说都是肮脏的、有害的，为了祛除他身上的危险，不让他把祸患传染给别人，就要对他举行涤罪仪式。关于这种观念，后面有一章会单独讨论到。这里我只想指出，无论有意还是无意，流血杀人事件作为一个污点是客观存在的。我们还会看到，尽管这种污点本身未必有罪，但它往往引起人们道德上的反感和抗议。因而，涤罪仪式往往被看作一种惩罚。由于一个神秘生命的行为和功能经常被转移到另一个生命上，我们会发现，

① Kenny, *Outlines of Criminal Law*, p. 23.

② Macdonald, *in Jour. Anthr. Inst.* xii. 108 *sq.*

灵魂施加迫害的观念可以被神灵复仇的观念取而代之。最后,我们还会看到,神灵在逃避被不洁之物传染方面与人相比有过之而无不及。这在很大程度上解释了宗教对意外的、未能预料的杀人流血事件的态度。

在对待意外违犯宗教法规的事件上,宗教是缺乏辨别力的。关于这一点,还有更为普遍的原因。说一件东西是禁忌物,就禁忌这个词的严格意义来说,它是充满神奇力量的;谁吃了它或摸了它,无论有意还是无意,都将受到这一力量的伤害,甚至惨遭毁灭。杰文斯教授的评论很有道理:“禁忌作用的发生总是机械的、呆板的;接触了禁忌物当然就会受到禁忌的影响,这就跟接触水就会染上湿气一样……打破禁忌者的动机对禁忌的作用并没有任何影响;他可能是由于无知违犯禁忌,也可能是为了私利打破禁忌,但禁忌确实忌讳他这么做,并不容置疑地判断他的动机是不敬的、他的行为是恶劣的。”①根据原始人的观念,诅咒或誓言的作用也完
234 全是机械呆板的。因而,一个人在无知状态中发出假誓言,发誓者自己会面临危险,其结局正如他在知情状态中发伪誓一样。至于最严格意义上的宗教犯罪——冒犯了神灵并激起了它的愤怒——应当记住的是,正如一个受害者不能像整个社群居民冷静地判断这件事情一样,当有人违犯了神的法令并把它激怒时,人们自然推想到,它对事情的分析和判断比俗世间公正无私的法官更缺少辨别力,更容易受外部事件的影响。在一个几乎把所有灾难都看作神谴的地方,一个不知自己犯了什么罪的人遭受痛苦时会很自然

① Jevons, *Introduction to the History of Religion*, p. 91.

地推断，是神在为他犯下的某个不明的过错而惩罚他。

我们目前讨论的问题与其他方面的问题有相似之处。一个民族的宗教信念并不能如实地反映民众道德责任的普遍观念。从俄狄浦斯和其他类似传说中推断古希腊人一般会坚持“行为人对意外发生的事件与意识清醒中发生的事担负同样的责任”，就大错特错了。即使是在无知状态下违犯了神圣法律，也会激起极端憎恶而不是一般意义上的道德愤慨。俄狄浦斯出于自卫杀父，乃至娶了自己的母亲，这些都是在他不明了自己与他们真实关系的情况下发生的。底比斯人为这个可怜的人提供了避难之所，神就让他们的国土流行瘟疫，以示惩戒。但按照剧作家的说法，“当时间证明了一切，当人们最终发现他是在不知情的状态下犯罪时”，人们感受到的是恐惧，是对这个可怜人的深切同情，而不再责怪他。[1]此外，在悲剧的后半部分，俄狄浦斯坚持证明自己是清白的：“无论我做了什么，都是在不知情的状态下做的”“在法律面前，我是无罪的”。他郑重地质疑起诉他犯有弑父及乱伦罪的克瑞翁：“噢，无耻 235
的家伙啊，你在责骂谁呀？是我，还是你自己？说什么杀人，说什么乱伦，你把这些不幸都扣在我头上，让我一个人兜着，我真够冤枉的！……请通过神谕告诉我，如果神灵正在把灾祸降临到我父亲的头上，如果他应当死在儿子手中，那时我的父母还没有生育我，我还没有出世，你怎么就责备我呢？如果我生来不幸的话，那么我一出生就跟父亲作对，就杀了他，我那时对自己做的事情可是很无知的啊，你怎么能对一个发生在不知情状态下的过错穷追猛

① Sophocles, *Œdipus Tyrannus*.

打呢?”[1]在对不分青红皂白发泄愤怒、滥施惩罚的神灵的控诉中,没有比这更值得同情的了。

虽然报复情绪和迷信情绪可以解释处理伤害事件中辨别力的缺乏,但是,仍然有大量案件的结局被看作道德愤慨的真诚表达。对于这些案例,首先应该记住,即使是具有反思能力的道德意识也会认为,人们无意做出的、无法预料的伤害,那些难以预见结果的伤害,应该受到责备。我们知道,要搞清楚某个伤害是否以及在多大程度上是由于粗心大意造成的,是相当困难的事;要证明一个伤害是有意还是无意则更加困难。不要指望未受文明教化的人能够敏锐地辨别那些细微差别;更不要指望这类甄别能力和做法在人类早期时代的风俗习惯和法律规范中有所体现。要知道,这些风俗习惯和法律规范是以通常发生的事件为基础制定的,它一点也不容许出现个性化、差异化。按照某种说法,条顿人的正义观念是原始而粗糙的,下面一些事实就部分地解释了这种观点:他们在证明伤害是有意还是无意时困难重重;他们区分不开不幸事件与粗
236 心鲁莽的行为;早期条顿人所谓的不幸事件包含的范围很广,他们把很多该受责备的事情都归在它的名下。[2] 所有这些不仅适用于古代条顿人。我们可以进一步讲,辨别能力越低,越容易对伤害事件做出有罪的推定。在摩洛哥,一个杀人后马上逃跑的人会被认为是故意杀人,不管他实际上多么无辜。条顿人的看法对杀人凶手总是不利的,他不得不把他所做的事情和盘托出,他必须证明自

① *Idem*, *Œdipus Coloneus*, 960*sqq*. (Jebb's translation, p. 155).

② Pollock and Maitland, *op. cit*. i. 55; ii. 475, 483. von Amira, *Nordgermanisches Obligationenrecht*, i. 377 *sq*.

己的行为是出于无意[①]——只有一种例外，那就是他的杀人行为就其性质而言属于无罪的类型。例如，有人肩上扛着长矛，另外一个人在跑动的过程中碰到矛头而受伤，持矛者不应受到责备；如果这类看似偶然的独特伤害事件接二连三地发生，行为人也应当承担责任。[②] 冯·阿米拉评论道，瑞典人观念中的 *vadhaværk*（痛心之事）不只是个消极的概念，它还暗示着与之关联的危险。[③]

既然区分有罪还是无罪如此困难，把所有伤害事件判定为有罪也许是明智之举。根据伯顿爵士掌握的资料，姆蓬圭部族的法官在有意杀人与过失杀人之间不做区分或很少区分，他们认为这样做是为了让人们在人命关天的问题上更小心谨慎。[④] 类似的观念构成了达荷美人法律的基础，当房子失火时，即使是意外失火，该法也首先拿房子的主人治罪。[⑤] 但是，社会使用价值的考虑不是有罪推定的唯一原因，也不是首要原因，还应当考虑到别的因素：当有人受到了不该承受的惩罚时，人们往往表现出漠不关心。 237
在已有伤害的震惊下，缺乏反思能力的心灵顾不得关心其他事情。它不去追问这种伤害是否是事主有意为之，它也没有认真地区分外部事件与人的内在意愿；它总是倾向于认定，这两者是重合一致

① Wilda, *op. cit.* p. 594 *sqq.* Trummer, *op. cit.* i. 345. Brunner, *Forschungen*, p. 500 *sq.* Pollock and Maitland, *op. cit.* ii. 471.

② Wilda, *op. cit.* p. 584. Trummer, *op. cit.* i. 427. Brunner, *Forschungen*, p. 499 *sq.* von Amira, 'Recht,' in Paul's *Grundriss der germanischen Philologie*, ii. pt. ii. 172. Pollock and Maitland, *op. cit.* i. 53 *sq.*

③ von Amira, *Nordgermanisches Obligationenrecht*, i. 377.

④ Burton, *Two Trips to Gorilla Land*, i. 105.

⑤ Ellis, *Ewe-speaking Peoples of the Slave Coast*, p. 224.

的。不能总是说这是不良心理,因为一般来说,人们喜欢什么才会做什么。法国就有一句古老的谚语,“因事知人”;还有一句道德箴言,“见果而知树”。然而,在有些伤害案件中,未受文明教化的人很难马上发现加害者并无恶意。这当然不是说加害者能够逃脱所有的惩罚。生者给别人造成的所有痛苦,包括对痛苦的同情,都会引起对方奋起反抗的冲动。因此,尽管蒙昧人能够区分有意伤害与无意伤害,他们在某种程度上更倾向归咎于无意违禁的犯事者,而这些犯人确实是无辜的。造成这种心理的,只不过是缺乏恰当的反思而已。有些事件不是肇事者故意造成的,事件的发生发展也不是他所能预料的,伤害仅仅是外部环境导致的。如果能够很好地理解这一点,就根本不会引发道德愤慨。对这类与人的主观意愿无关的事件横加指责,简直是荒诞透顶。这样的事件更不应该引发复仇情绪。当人们发现,是完全出于意外的情况让人遭受苦难时,暴怒之火就应该止息。正如有人说过的那样,即便是一条狗也能区别出是不小心被绊倒了还是被人踢了一脚。

早期风俗和法律对意外伤害不加辨别的态度,并不意味着文明人的道德意识与未开化民族的道德意识在道德评价问题上有什
238 么不同。当我们考虑到外部事件对道德评价的影响即便对我们自身也如此巨大时,这一点就显而易见了。亚当·斯密说:“世界是根据事实而不是根据动机做判断的。”“每个人都同意这样一个公理:由于事实不依赖于行为者,它就不应当影响我们对他行为的品性或适切性的看法。但当我们碰到具体事件时,我们会发现我们

对每一个案例的看法和感受都难以与这个公理的教诲一致。”[①]即使是在文明开化国度的刑法中，运气也扮演着非同寻常的角色。根据当前的英国法律，如果一个人无意中伤害了别人，这种伤害还没有达到不能容忍的地步，它所造成的结果也不是他所能预料的，那么他就不必为此承担刑事责任；但是，如果他的行为不仅错误而且有罪[②]，即便法律没有禁止这种错误行为，情形也会大不相同。[③]如果他的无意伤害在一年零一天之内导致受害者死亡，就会被看作谋杀罪；[④]如此，一个非法的行为就变成了重罪。[⑤] 例如，一个人为了偷别人家的鸡而向鸡开枪，结果意外地把主人打死了，他就可能被判处谋杀罪。[⑥] 一个近视眼坐在马车后部驾车快速行驶，不小心撞死了步行的过路人，他也犯了杀人罪。[⑦] 一个鲁莽的人开玩笑似的把一根尚未熄灭的火柴扔到干草垛上，没去想那里是否被点燃、是否造成火灾，结果大火把整个草垛烧个精光，那他就犯有纵火罪。但是，如果他根本无心把燃烧的火柴扔到干草垛上，即便真的着了火，他也可能没有一点罪，“除非大火烧死了人，否则不
能说是杀人罪”。[⑧] 在某种程度上，意外死亡即使是死者自己造成 239
的，人们也可能归咎于别人。无论如何，这是黑尔那个时代的法

① Adam Smith, *Theory of Moral Sentiments*, p. 152.

② 据哈里斯，这一行径在本质上就是罪恶的，而不是因被禁止才被视为罪过（*Principles of the Criminal Law*, p. 156）。

③ Kenny, *op. cit.* p. 41.

④ Stephen, *History of the Criminal Law of England*, iii. 8.

⑤ *Ibid.* iii. 22.

⑥ *Ibid.* iii. 83.

⑦ Harris, *op. cit.* p. 157.

⑧ Stephen, *op. cit.* ii. 113.

律。他说:“如果有人受的伤并无致命危险,但是,或者由于没有及时治疗,或者由于粗心大意,伤口恶化,生了坏疽,或转为热病,坏疽或热病直接导致这个人死亡,那么伤人者就成了杀人犯。”[1]据我所知,英国法律对意外杀人惩罚的严酷程度——事实上,它是古代条顿人法律的遗存[2]——在当今欧洲是独一无二的。比较而言,法国法律[3]和德国法律[4]要宽松得多,奥斯曼帝国的刑法典是这样,[5]伊斯兰教法也大抵如此。[6] 不过,罪犯无意造成了致命的结局,这种情况总会或多或少地影响到他所受的惩罚。

我认为,没有人在深思熟虑后还要坚持让那个意外杀人者的负罪感变本加厉。不过,J.斯蒂芬爵士从道德角度就这个问题为英国法律的严酷性辩护。他认为:“英国法律比法国法律更受欢迎。”他提出了这样一个问题:“一个人有明确的杀人动机,他用刀向别人的胸膛猛烈地刺去;另外一个人根本没有明确的杀人动机,只是对受害者是死是活漠不关心,他也用刀向别人的胸膛猛烈地刺去,这两个人从道德上究竟有什么分别?”[7]也许这当中真的没有什么分别。但是,我胆敢坚持认为,一个人带着明确杀人动机向人开枪,与一个人原本为了偷鸡,却在射杀鸡时意外杀了视野之外
240 的鸡主人,这两者在道德上具有很大的分别。或许有人反驳说,法

---

① Hale, *History of the Pleas of the Crown*, i. 428.

② *Lex Wisigothorum*, vi. 5.6:“如果以拳打或脚踢或任何别的手段对人造成伤害,即便致人死亡的几率很小,也应判处谋杀罪。”

③ *Code Pénal*, art. 309.

④ *Strafgesetzbuch*, art. 226.

⑤ *Ottoman Penal Code*, art. 177. *Cf. ibid.* art. 174.

⑥ Sachau, *op. cit.* p. 761 *sq.*

⑦ Stephen, *op. cit.* iii. 91 *sq.*

律的社会效应就是让人们做事更加小心谨慎。但是，果真如此的话，人们将看到这样的景象：同等危害程度的行为将遭受同样严酷的惩罚，导致相似后果的伤害将受到同样严厉的处罚。对人的生命而言，同样是误杀，向麻雀开枪与向别人家的鸡开枪具有同样的危险性，后一种情况一点也不会因为开枪者的动机是偷鸡而不是捉麻雀而更危险。我认为，真实的情况是这样的。惩罚的严酷程度与行为所激起的众怒是一致的。公众在眼前事实的震惊下丧失了想象力。或者因为自己原本有犯罪念头，或者由于极其漠视别人的利益，抑或由于在不经意中犯了罪，行为人有了负罪感，就成了施加惩罚最合适的对象。由于一般人的心智浅薄粗俗，缺乏辨别能力，行为人所造成的严重后果就被夸大；结果，他遭受惩罚不仅是因为他的意愿发生了错误，还因为他运气不佳。J.斯蒂芬爵士似乎承认这一点。他说，犯罪行为给公众的感情带来了巨大震撼，他们要求罪犯本人遭受的痛苦“应与他给别人造成的痛苦完全相等”“只有提供让最平常、最粗俗的心智能够理解和接受的理由，他的罪才可以免予处罚”。[1] 我不赞成刑法应当满足“最平常、最粗俗的心智”的观点。我认为，这种观点事实上离多数人的公正标准并没有多大距离，它只不过是反映了公众的情感而已。

我们迄今为止仍在研究的案例中有这样一种情况：尽管一个人事实上没有犯罪，但是他无意中造成的外部事件，或者使他应当承受惩罚，或者使他受到了过于严厉的惩罚。但是，运气也会发挥

① Stephen, *op. cit.* iii. 91.

241 相反的作用。由于粗心大意而犯罪的人,如果没有造成危害,通常能避免惩罚;一般来说,如果有犯罪企图却没有得逞,真的受惩罚的话,也要比既成犯罪轻得多。

如今,霍屯督人对心怀犯罪企图的人施加惩罚,只不过惩罚得相当温和。[①] 瓦查加部落也惩罚有犯罪企图的人,但要比既成犯罪温和得多。[②] 马绍尔群岛的一些岛民对有犯罪企图者从不另眼看待,也从不惩治他们。[③] 高加索山脉的奥塞梯人[④]和斯瓦内提亚人[⑤]也是这样做的,古代俄罗斯人的法律[⑥]中也有这样内容的条款。一般而言,条顿人不惩罚有犯罪意图却没有犯罪事实者;如果他们确实要惩治那些心怀犯罪企图却未能得逞的人,也是超乎寻常的温和。[⑦] 古代条顿人法律的这一特征,对于欧洲立法实践具有持久的影响。这种影响主要是通过中世纪意大利的法学家发生作用的,[⑧]他们的理论构成了现代欧洲关于犯罪企图法律条款的基础。与罗马法一致,他们坚持认为,怀有犯罪企图的人应当受到惩罚;他们甚至认为,对于那些怀有极其凶残的犯罪企图的人,应当施加与既成犯罪同等的惩罚。不过,按照他们的理论,一般应该

① Kohler, in *Zeitschr. f. vergl. Rechtswiss.* xv. 353.

② Merker,转引自:Kohler, *ibid.* xv. 63。

③ Kohler, *ibid.* xiv. 448.

④ Kovalewsky, *Coutume contemporaine*, p. 296 *sq.*

⑤ Dareste, *Nouvelles études d'histoire du droit*, p. 237.

⑥ Kovalewsky, *op. cit.* pp. 291, 299.

⑦ Wilda, *op. cit*, p. 598 *sqq.* Zachariä, *Die Lehre vom Versuche der Verhrechen*, i. 164 *sqq.*; ii. 130 *sq.* Brunner, *Deutsche Rechtsgeschichte*, ii. 558 *sqq.* Pollock and Maitland, ii. 475, 509.

⑧ Seeger, *Versuch der Verbrechen in der Wissenschaft des Mittelalters*, p. 8.

从轻处罚，处罚的轻重程度如何，要视实际行为与谋划行为之间的差距有多大而定。[1] 这些观点被后来的立法者普遍采纳。在目前欧洲的法律典籍中，法国刑法典[2]几乎是唯一把犯罪动机视同既成犯罪加以严厉处罚的。[3] 在这类问题上，现代法律制度可溯源 242
到法国；而在亨利四世前的年代，目前的法规仅应用于几个性质特别恶劣的切近犯罪（*conatus proximus*）的案例。[4]

在早期，除了法国刑法典中有关于犯罪动机的规定外，还有其他几种例外的情况。罗马人遵循"为事实所进行的欺诈是可接受的"（*dolus pro facto accipitur*）的原则，[5]至少对恶劣的犯罪动机是如此。[6] 某些与此相似的规则也被古爱尔兰的法律所采纳。对《艾基尔书》规则的评论常给人这样一种印象：怀有害人企图的人与已经害人的人会遭到同样的处罚，除非前者没有造成严重后果。如果具有谋杀动机的人给人造成的身体伤害终生难以治愈，结果导致了对方死亡，他所缴纳的罚金跟谋杀罪一样多；然而，即使伤人者没有谋杀动机，他也要缴纳一半的罚金。[7] 如果他想杀这个

---

① Zachariä, *op. cit.* i. 169; ii. 141. von Feuerbach-Mittermaier, *Lehrbuch des Peinlichen Rechts*, p. 74.

② *Code Pénal*, art. 2："任何开始付诸行动的犯罪企图，如果仅因不可抗拒的环境因素而终止或失败，一概视同犯罪。"

③ Chauveau and Hélie, *Théorie du Code Pénal*, i. 347 *sq*.

④ *Ibid*. i. 337 *sq*.

⑤ *Digesta*, xlviii. 8.7.

⑥ Seeger, *Versuch der Verbrechen nach römischem Recht*, pp. 1, 2, 49. *Idem*, *Versuch der Verbrechen in der Wissenschaft des Mittelalters*, p. 9. Mommsen, *Römisches Strafrecht*, p. 97 *sq*. Apuleius, *Florida*, iv. 20："对犯罪乃至犯罪未遂，宜用血腥的方式惩戒。量刑一定要和罪行相符。"

⑦ *Ancient Laws of Ireland*, iii. pp. cviii. *sq*. 139.

人却误杀了另一个人，除了应该给被害者的亲友赔钱外，还应当因为他有杀人动机而判处罚金，交给他有意杀死却幸而毫发未损的人。[1] 在中世纪末期的英格兰，明显的谋杀动机被看作与谋杀罪行等同。但是，人们觉得这一制度太苛刻了——即使是在通常把重罪判处死刑的年代——因而早在几个世纪以前就将其废止了。[2]

243 这里有一个问题：哪些动机应该受到惩罚？还有一个更基本的问题：构成动机的因素有哪些？对于这些问题，不同的法学家和立法者有不同的答案。[3] 在英格兰，无论犯的是什么罪，无论是重罪还是轻罪，都要受到法律的惩治。[4] 而法国法律[5]和德国法律[6]的法条，除了几个特定的案例外，并不惩治怀有犯罪（*délits* 或 *Verbrechen*）动机者，而这些人在英国法学家看来虽是轻罪，也要受到刑法的惩罚。

再者，如果一个人有犯罪动机，但他实际上根本没有得逞的可能——比如，试图从空空的口袋里偷东西，或误把捣碎的白糖当作砒霜放在水杯里给人喝，企图以此害人——应该惩罚他吗？有很多法律文献都在探讨这个问题。塞涅卡说：“把安眠药水当作毒药

---

① Cherry, *Growth of Criminal Law in Ancient Communities*, p. 32.

② Stephen, *op. cit.* ii. 222 *sq.* Thomas Smith, *Common-wealth of England*, p. 194 *sq.*

③ See Cohn, *Zur Lehre vom versuchten und unvollendeten Verbrechen*, i. 6 *sqq.*

④ Stephen, *op. cit.* ii. 224.

⑤ *Code Pénal*, art. 3.

⑥ *Strafgesetzbuch*, art. 43.

投放者犯有投毒罪。”[1]这种说法似乎得到了罗马法的支持。[2] 在很久以前的英格兰，人们认为企图从空空如也的口袋里偷东西不应承担罪责；[3]但现在，这种做法已经销声匿迹；现在看来，有这种企图的人会被依法起诉。[4] 法国法律[5]和意大利法律[6]不会追究这种动机；根据德国法律书籍中的有些说法，这样的企图是要受到惩罚的；[7]而《德国刑法典》对具有类似特征的动机没有做特别的规定。

最后，动机经历了哪些阶段才转化为犯罪活动？犯罪动机与为实施犯罪而进行的准备活动有何区别？在这些问题上，不同国家的法律规定有很大差异。罗马人认为，两者之间不存在差异。[8]
法国法律把很多犯罪准备活动看作是可以容忍的，英格兰却把所 244
有这些统统当作犯罪动机来惩罚。[9] 在英格兰，被告怀有烧掉干草垛的动机，他为此点燃了火柴，尽管他在被人发现的时候熄灭了火柴，他仍然被认为怀有纵火的犯罪动机。但是，在同一案例中，如果他为了达到目的只是购买了一盒火柴，他就不必承担罪责，因为买火柴的行为远远没有构成犯罪。“罪犯的某些行为表明他不

---

① Seneca, *De beneficiis*, v. 13. *Cf*. *Idem*, *Ad Serenum*, 7.

② Seeger, *Versuch nach römischem Recht*, p. 50.

③ Stephen, *op. cit*. ii. 225.

④ Harris, *Principles of the Criminal Law*, p. 209 n. *c*.

⑤ Stephen, *op. cit*. ii. 225.

⑥ Alimena, in *Le droit criminel des états européens*, ed. by von Liszt, p. 123.

⑦ von Feuerbach-Mittermaier, *op. cit*. p. 76. Cohn, *op. cit*. i. 14.

⑧ Seeger, *Versuch nach römischem Recht*, p. 49.

⑨ Chauveau and Hélie, *op. cit*. i. 357 *sqq*. Stephen, *op. cit*. ii. 226.

仅有犯罪意图(*mens rea*),而且已经着手实施了。[①] 只有当这些行为出现的时候,才能让他承担罪责。”[②]

如果更进一步,我们就触及设想,在这种设想中,没有任何付诸实施的犯罪企图。对此,各国法律都同意这样一个原则:外部事件是构成惩罚必不可少的条件,“没人可以惩罚思想”。[③]

这一事实再次说明了外在行为对道德情感的影响。常人的道德情感几乎不能被沉着而敏锐的反思激起。由于这样或那样的原因,有些外在现象往往在人心中激起了这种情感,但这些情感并不是他所追求的。这些现象必定强行进入了他的内心世界,而且,它们越显得生动鲜明,激发起的情感就越强烈。没有什么比亲身感受到的事实给人留下的印象更深刻了。他固然承认,有犯罪动机是错误的,即便心里有做坏事的愿望也是错误的,但常常需要某个外部事件才能使他警觉或震撼。我认为,这就是人们对有动机而无外在行为的人不予惩罚的本来原因。正如一位中世纪作家所说,“连魔鬼自己都不知道人的思想”,这一事实无疑强有力地支持
245 了“思想不应被审判”的原则。[④] 人们很容易把意外伤害当成犯罪,考虑到这一点,下面这个说法说就显得很难以置信:人们最初是由于证据不足才不惩处仅有犯罪动机者。事实上,关于这一原则,也有少数例外情况。当设想中的犯罪被认为非常恐怖时,只要犯此罪恶的念头被发现,就足以令公众惊愕不已,致使他们要求严

---

① Holmes, *Common Law*, p. 67 *sq*.

② Kenny, *op. cit*. p. 79.

③ *Digesta*, xlviii. 19.18.

④ 转引自:Pollock and Maitland, *op. cit*. ii. 474。

惩此人。

根据中国法律："任何一个被证明怀有动机杀害父母或祖父母的人，任何被证明企图杀害丈夫、公公婆婆及丈夫的祖父母的人，无论是否付诸行动——比如给予一击——是否造成什么伤害，都要被斩首。"[①]这一独特的条款显然源于中国人对父母和祖先的极度敬畏以及妻子对丈夫的绝对顺从。中世纪还有一个例子：异端邪说并未付诸行动，但法律仅仅因为它如异端邪说般思想怪异就施加惩罚。按照朱利叶斯·克拉鲁斯的说法，产生这一例外的原因在于这样一个事实：异端邪说之罪本身包含"思想特别，理念怪异"。[②] 法律不厌其烦地驯化人们的思想，甚至仅凭怀疑就把他们押上审判台。之所以如此，真正的原因是，异端邪说以耸人听闻见长，也容易招人嫌恶。当然，我说这些并不意味着要否认，公正而开明的立法者可以找到更多的依据评判动机是否引发公众愤慨，而不是仅仅关注动机本身。我谈到的不过是事实而已。

关于犯罪的准备活动与未遂的犯罪动机，还会有这样的情况，即行为者在达到关键环节之前可能改变了主意，或者他之所以没
有得逞是因为在最后时刻改变了想法。[③] 但在无数犯罪未遂的案 246

① *Ta Tsing Leu Lee*, sec. cclxxxiv. p. 305.

② Julius Clarus, *Practica Criminalis* qu. 91(*Opera omnia*, ii. 625).

③ 按照下面各国的法律规定，一个主动制止犯罪意念的人根本不应当受到惩罚(see Seeger, *Versuch nach römischem Recht*, p. 50; Charles V.'s *Peinliche Gerichts Ordnung*, art. 178; the French *Code Pénal*, art. 2; the Italian *Codice Penale*, art. 61; Finger, *Compendium desösterreichischen Rechtes—Strafrecht*, i. 181; and, for various German laws, Zachariä, *op. cit.* ii. 311 *sq*, and Cohn, *op. cit.* i. 12 *sq.*)，或者跟没有断念相比，受到的惩罚更温和(Zachariä, ii 239 *sqq.* Cohn, i. 12 *sq.*)。关于这个议题，也可参阅：Herzog, *Rücktrtt vom Versuch und Thätige Reue*, *passim*。

例中,最终显现出来的犯罪动机的可信程度绝不亚于既成犯罪。尤其值得注意的是,对待意外伤害最苛刻的民族在处理有犯罪动机未遂的情况时表现得最温和。对比一下条顿人的法律与罗马人的法律就了然于胸了。对待上述两种情况中的任何一种,前者重视事实,后者则看重人的动机。如果对只怀有犯罪动机的人不做任何处罚,那是因为这样的动机对于公众没有什么影响。如果随着动机走向恶劣,惩罚也趋于严厉,这是因为越切近犯罪目的,激起的愤慨就越强烈。而且,如果对切近犯罪的惩罚比既成犯罪轻,那是因为它激起的愤慨微乎其微。下述事实确证了这一解释:理论家一直企图为关于动机的现行法律寻找更合理的依据,结果徒劳无益,不得不让步。他们最终发现,有必要采用诸如“自然的正
247 义感”的措辞,或者有必要诉诸大众的感情。① 罗西评论道:“我们认为常识和公共道德一直都有共通之处。‘罪恶未遂,因此惩戒当轻’。我基本认同这一与具体事实成比例的思想,公正的感觉,对人类来说是自然而然的。”②没有反思习惯的道德意识就持这种观点。对以思想陶冶情感的人来说,塞涅卡的话说到了点子上:“他

① Lelièvre, *De conatu delinquendi*, p. 361(转引自:Zachariä, *op. cit.* ii. 66, n. 2):“此外,我乐于承认,我在一个实施了罪行的、其罪行要被惩罚的罪犯那里,更愿意少看到某种必然性,而不去追溯到某种清楚的必然性。” Abegg, *Die verschiedenen Strafrschtstheorieen*, p. 65:“我们有必要关注这个地区源于司法原则的对‘个人承担其行为’(*fur seine That*)与其‘应受’(*verdient*)规定情形的具体区别。” Zachariä, *op. cit.* ii. 51:“因此,在个人与全民天然的正义感中,对已完成之犯罪与仅仅试图之犯罪的区别惩罚是有一席之地的……毋庸置疑,绝大多数人对这样的天然感受说不出什么理由;但即便如此,刑法——正是它对众人有效——也必须顾及民众不自觉主张的此等看法。”*Cf.* also Finger, *op. cit.* i. 177.

② Rossi, *Traité de droit pénal*, ii, 318.

已经用剑刺穿了受害者的衣服，虽然没有刺中目标，但这样的人仍与土匪强盗无异。”[①]

道德赞许与道德愤慨一样，都受到外部事件的影响。当我们清楚地认识到，某种行为不能反映一个人的优点时，我们不会表扬他。尽管如此，好的行为产生的益处会诱使我们夸大行为人的善良。另一方面，一个人应当得到的所有回报似乎仰赖于他的成功；怀有好的动机而没有相应的行为，即使只是因为不够幸运而失败，也几乎得不到什么赞扬。休谟评论说：“在我们真实的感情或情绪中，我们禁不住把更多的尊重给予其地位和美德对社会真正有用的人，而不是仅凭借美好的动机和善良的感情赚取他人称赞的人。”

因而，说外在行为对道德评价有影响，只是因为缺乏恰切的反思。鉴于其本性，借助足够的反思和斟酌，道德意识就把意愿看作道德褒贬的唯一合适的对象。说道德品质是内在的，这不是哪个道德学家的发明，也不是哪种宗教的首创。不同国家、不同时代的思想家都认识到了这一点。佛说：“心灵纯洁的人才是真正的教 248
士。”[②]道家的著作《感应篇》[③]中写道：“夫心起于善，善虽未为，而

① Seneca, *Ad Serenum*, 7.

② Hopkins, *Religions of India*, p. 319.

③ 《感应篇》是《太上感应篇》的简称。《太上感应篇》本为道教经典，内容特别强调因果法则，主要是劝人遵守道德规范，时刻止恶修善自利利他。这里“太上”是指“太上者，道门至尊之称也，由此动彼谓之感，由彼答此谓之应，应善恶感动天地，必有报应也。”感应篇是太上劝人作善之书，被誉为“古今第一善书”。此书源出于《抱朴子》，后经宋代李昌龄、郑清之等先贤发扬光大，流通于世，影响深远。——译者

吉种已随之;或心起于恶,恶虽未为,而凶种已随之。"[①]根据《太上感应篇》,意念本身就足以构成恶。[②]《帕拉维文书》通过智慧之神之口说:"活在世间,应心存感恩之念;对身边的每个人,都应当致以美好的祝愿;这比做任何好事都要好得多、伟大得多。"[③]《古兰经》说:"真主不计较你发誓的时候不小心说错了什么话,他在意你内心已有的真实想法。"[④]根据拉比们的说法,罪恶的思想比罪恶本身更可怕,污秽的思想是"邪恶的东西"。[⑤] 墨西哥有句格言说:"如果他用过于好奇的眼神打量女人,他的眼睛就犯了奸淫罪。"[⑥]这句话跟马太福音第五章第28节中的几句话极其相似:"凡看见妇女就动淫念的,这人心里已经与她犯奸淫了。"教会法学家说:"被奖赏的是欲望,而非需求。""用剑杀人是不允许的,但是欲望却可以杀人。""犯罪不会因此而减少,原因很简单,是人们缺乏掌控能力。"[⑦]

① Douglas, *Confucianism and Taouism*, p. 270.

② *Thâi-Shang*, 4.

③ 一个人无心之间做的好事不算好事,而意外中犯下的罪过则是变本加厉的罪恶(*Dînâ-î-Maînôgî Khirad*, lxiii. 3 *sqq*. *Cf*. *ibid*. i. 10)。

④ *Koran*, ii. 225. *Cf*. Ameer Ali, *Ethics of Islâm*, p. 26.

⑤ Schechter, in Montefiore, *op. cit*. p. 558. *Cf*. Deutsch, *Literary Remains*, p. 52.

⑥ Sahagun, *Historia general de las cosas de Nueva España*, vi. 22, vol. ii. 147: "Dice el refran que el *que curiosamente mira á la muger adultéra* con la vista."

⑦ Gratian, *Decretum*, ii. 33.3.25, 30, 29.

第十章　心智无能的行动者 249

我们认为，行动者不仅应为其主观意图负责，也应该为其行动的任何已知后果负责，为因疏忽而产生的任何未知后果负责。不过他不必为任何自己不明了的事情负责。因而，某些行动者——动物、儿童、白痴或疯子——可以全部或者部分地免除道德谴责及法律惩罚。

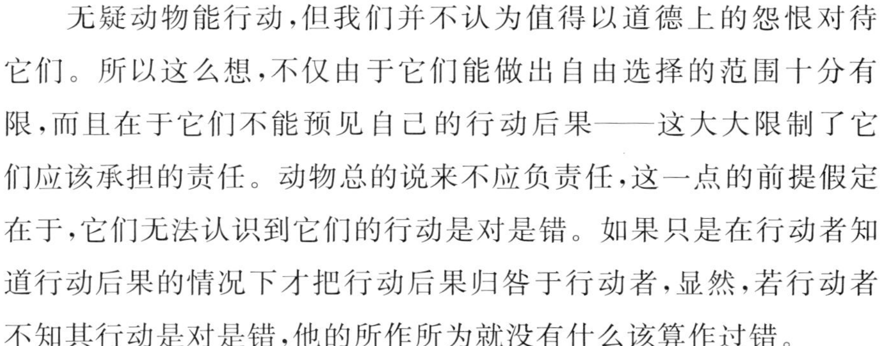

无疑动物能行动，但我们并不认为值得以道德上的怨恨对待它们。所以这么想，不仅由于它们能做出自由选择的范围十分有限，而且在于它们不能预见自己的行动后果——这大大限制了它们应该承担的责任。动物总的说来不应负责任，这一点的前提假定在于，它们无法认识到它们的行动是对是错。如果只是在行动者知道行动后果的情况下才把行动后果归咎于行动者，显然，若行动者不知其行动是对是错，他的所作所为就没有什么该算作过错。

我们知道，通过训练，我们可以教会家养动物达到某行为标准，但这绝不意味着唤醒了它们的道德情感。一些作者相信狗和猿猴有良心，[①]而我们必须记住观察者的推断和被观察的事实不 250

① Romanes, *Mental Evolution in animals*, p. 352. *Perty*, *Seelenben der Thiere*, p. 67. Brehm, *From North Pole to Equator*, p. 298.

是一回事。[1] 动物的所谓良心似乎不过是动物头脑中某一行动之实施与某些后果之发生之间的联系,以及对这些后果的畏惧。[2]

下面是罗曼尼斯教授关于动物“良心”观点的一个最引人注目的例子。按照罗曼尼斯的记述,有一只㹴犬,据悉自幼犬期从未偷过东西。相反,它常常有效地保护财产免遭其他动物和仆人等的侵犯,即使这些动物和仆人是它最好的朋友。罗曼尼斯教授说:“然而,有一次它坐在我正在读书的那间屋子里,很饿的样子。屋子里有一块美味的羊肉排骨,很容易够到。我很惊奇地看着它偷偷把排骨移走,放到沙发下面。不过,我假装没看到,等着看接下来会发生什么。有整整一刻钟,这只㹴犬待在沙发下,一点声音都不出,它无疑正经历着感情冲突的痛苦。然而,最后良心胜利了,它从藏匿处出来了,嘴里叼着偷走的排骨。它穿过房间,把这块食物放到了我的脚旁。它丢下偷走的财物之时,就快速奔回沙发下面,而之后的几个小时怎么哄都无法打动它。而且,在那段时间内,跟它说话或爱抚它的时候,它总是因内疚而亏心地把头移开。总之,我认为,无法想象还有比这更能表现出动物良心的事例;因为……这只㹴犬一生中从未挨过打。”作者接着补充道:“仅仅对惩罚的恐惧甚至也不可看作是促成行动的动机源泉。”[3]如果惩罚可以理解为施加肉体上的痛苦,那么惩罚可

① *Cf.* Lloyd Morgan, *Animal Life and Intelligence*, p. 399.

② *Cf. ibid.* p. 405.

③ Romanes, ‘Conscience in Animals,’ in *Quarterly Journal of Science*, xiii. 156 *sq.*

> 以被看作诱因。但是，几乎可以肯定，狮犬怀疑它的主人对
> 其行为不满，并且对不满或责备之恐惧可能确实是它放回偷
> 走的食物的唯一原因。罗曼尼斯教授注意到，对于“过着上流 251
> 社会日子的”狗来说，“情感上或自尊上受到伤害，能够产生比
> 肉体上的苦痛厉害得多的痛苦”。[①] 但是，对一件行动预期后
> 果的害怕，即使混有羞愧感，跟懊悔这一道德情感仍不是一回
> 事。就过错一词的严格意义来讲，没有迹象表明狮犬意识到
> 其行动是错误的。

然而，尽管在适当思考后，我们中的多数人会否认动物是道德谴责的合适对象，但是人们还是倾向于那样对待它们，仿佛它们就该遭到道德责难一样。顽固拒绝服从主人意愿的狗或马会引起不满的情感，而此情感几乎被认为理所当然；野兽的一些暴行激怒了公众的感情，人们也要求它得到报应。亚当·斯密注意到：“咬人的狗，用角顶人的牛，都会受到惩罚。如果它们导致某人的死亡，除非它们被处死，否则公众及死者亲属都不会满意；这不仅是为了人身安全，在一定程度上也是为死者受到的伤害复仇。”[②]

如果一个动物伤害了我们，人的理性又无法适当缓解我们对此动物的怨恨，我们的怨恨就常常几近转变为愤慨。那么，并不奇怪，在人类文明的较低阶段，人们刻意把动物当作应负责任的行动者对待。吃掉骚扰他的害虫的美洲印第安人这样为其行为辩解：

① *Idem*, *Animal Intelligence*, p. 439.

② Adam Smith, *Theory of Moral Sentiments*, p. 137.

是这个动物咬了他在先，他只是为遭受的伤害报复而已。[①] 以血洗血的习俗常常扩展到动物界。按照麦克雷先生的说法，库基人
252 “具有一种强烈的复仇性情，必须以血洗血。如果老虎在某个帕拉（*Parah*，即村庄）附近残害了任一库基人，整个部落就会武装起来追杀这个动物；老虎如果被杀死，死者家族会举行虎肉宴，以报复它对自己亲属的残暴。如果第一轮追寻后部落没杀死老虎，死者家属必须继续追寻；因为如果不杀死这只或别的某只老虎并举行虎肉宴，他们在村庄里就会陷入名誉扫地的境地，其他居民也不会和他们来往。同样，如果一只老虎残害了正在狩猎的某猎队成员或一批武士中的某人，除非把老虎杀死，否则没有人（不管他们过去取得了怎样的成功与辉煌）会背负这不光彩的标签回到村庄。”[②]关于达雅克人[③]，我们获悉，他们不会故意猎捕一只短吻鳄，除非短吻鳄首先杀死了他们中的某人；“他们说，短吻鳄及其亲属能轻而易举地报复，为什么要侵犯它们呢？不过如果短吻鳄夺走了人命，复仇就成为死者活着的亲属之神圣责任，他们会如司法官员追捕罪犯一般追捕食人者……他们相信复仇女神会追寻此食人短吻鳄；而且不管何时逮到一只，他们深深相信这就是那只犯了罪的短吻鳄或其同谋，因为命运不会允许无辜的大怪兽被人捕捉到。”[④]

---

① Harmon, *Journal of Voyages and Travels in the Interior of North America*, p. 327. Southey, *History of Brazil*, i. 223. *Cf*. Bastian, *Der Mensch in der Geschichte*, iii. 25.

② Macrae, 'Account of the Kookies,' in *Asiatick Researches*, vii. 189.

③ 达雅克人，婆罗洲（一半属马来西亚，一半属印度尼西亚）的原住民。——译者

④ Perham, 'Sea Dyak Religion,' in *Journal of the Straits Branch of the Royal Asiatic Society*, No. 10, p. 221 *sq*. *Cf*. Frazer, *Golder Bough*, ii. 390.

马达加斯加人也绝不会杀死一只鳄鱼，除非鳄鱼杀死他们的朋友或邻居而他们要为其复仇。“他们相信，肆意毁灭这样一只爬行动物，按同态复仇法的原则，接着就会丢掉人命。马达加斯加中部省份以西的以太西湖[①]边的居民通常每年要向鳄鱼发布一个通告， 253
警告它们，如他们的朋友被害，他们会杀死同样多的鳄鱼为死者复仇，也警告好心的鳄鱼不要卷入是非，因为他们与这类鳄鱼没有矛盾冲突，这些鳄鱼只是与夺走人命的邪恶鳄鱼有亲属关系而已。”[②]

动物不仅卷入流血宿怨，也常常牵涉进一般的惩罚。中非的麦姆百图人就发生过类似的事。卡萨蒂提及以下事例——“一只狗追逐并欺负一只山羊，山羊自卫时把角刺向狗，这只可怜的狗不久就死掉了。重要的是，狗的主子有权有势，他把这条狗视为宝物。人们热烈谈论、评论了这个事情的严重性，最后此事提交给国王仲裁。结果宣判，这可怜的山羊要在狗的尸体前被活活屠宰掉，山羊肉供给麦姆百图人（即高级种族）享用，狗肉留给麦格人（即被征服的种族）吃。”[③]按照波莱克的说法，在毛利人中，不敬之罪不仅局限于人，甚至在圣地溜达的猪也会招致死刑。[④] 在东非伊斯兰地区，曾有一只狗因进入清真寺而被公开鞭笞。[⑤] 如一只公牛

① 以太西湖（the Lake Itasy），马达加斯加的第三大湖，处在参差不齐、奇形怪状的旧火山口和玄武岩区。——译者

② Sibree，*The Great African Island*，p. 269.

③ Casati，*Ten Yeays in Equatoria*，i. 176.

④ Polack，*Manners and Customs of the New Zealanders*，i. 240.

⑤ von Amira，*Thierstrafen und Thierprocesse*，p. 30.

或母牛导致某人死亡,博戈人会杀死它。[①] 按照马六甲土著法律,如一头水牛或牧牛"被拴在森林里人们通常不经过的地方,但还是发生了牛角把人顶死的事,那它要被处死";但动物的主人不负责任。[②] 按照希伯来法律,"如一头公牛把一男人或女人顶撞致死,应用石块把公牛砸死";而且,如一男人或女人与一野兽发生性关
254 系,这个人及野兽都要被处决。[③] 根据《祛邪典》[④]的规定,如一只疯狗未吠即咬,重伤一只绵羊或使一人受伤,"此狗应像故意谋杀的情形那样,视创伤严重程度而受惩罚"。[⑤] 无疑柏拉图从雅典习俗或法律中借鉴的思想,构成其《法律篇》中下述规定之基础——"如果一只驮畜或其他动物导致任一人死亡,除非死者是公共赛事中参赛者之类的情况,死者家属可以指定这一地区的监督官来断案,以谋杀罪起诉行凶的动物,宣判之后由死者家属处死动物并把动物尸体扔到外边去。"[⑥]在欧洲一些国家,一直依法宣判动物死刑并公开处决,以补偿它们造成的伤害。也为受指控的动物分配辩护律师,整个诉讼过程,包括审讯、宣判和处决,都遵循最严格的司法程序。[⑦] 这些诉讼似乎自13世纪末以来特别常见,一直延续

① Munzinger, *Die Sitten und das Recht der Bogos*, p. 83.

② Newbold, *British Settlements in the Straits of Malacca*, ii. 257.

③ *Exodus*, xxi. 28 *sq*. *Leviticus*, xx. 15 *sq*.

④ 《祛邪典》(*Vendîdâd*)系《波斯古经》之部分,又称《阿维斯塔》,是古波斯拜火教的圣典。——译者

⑤ *Vendîdâd*, xiii. 31. *Cf*. *Ibid*. xiii. 32 *sqq*.; *Yasts*, xxiv. 44.

⑥ Plato, *Leges*, ix. 873.

⑦ Chambers, Book of Days, i. 127. Pertile, 'Gli animili in giudizio', in *Atti del R. Instituto Veneto*, *ser*. vi. vol. iv. 139.

到 17 世纪；法国的最后一个案例晚至 1845 年发生。[①] 除了家养动物，野生动物也会被审讯。[②] “1565 年阿里西亚人请求驱逐蚂蚱。这桩讼案就提上官方法庭，梅特·马林律师被委派为这些昆虫辩护。他热情地为其“当事人”做了辩护。既然被告已被创生，他力证它们有正当理由吃掉必需的东西。原告律师则引用圣经里提及的伊甸园毒蛇和其他杂七杂八的动物，表示这些动物都招致 255
了严厉惩罚。蚂蚱遭遇了最坏的结果，法庭命令它们离开辖区，并威胁要不断从教堂的圣坛发出教会的禁令，直至它们全部服从法庭的庄严判决。”[③]从较早时期开始，我们就有关于诅咒害虫及讨厌的昆虫并把它们驱逐出教的记录。1120 年，拉昂[④]的一个主教据称把正蹂躏其教区的毛虫驱逐出教，他与前一年兰斯[⑤]理事会诅咒那些不顾教规坚持要结婚的教士使用了同样的措辞。[⑥] 不过，如此诅咒和驱逐出教的做法以前很可能被看作驱逐的法术而不是惩罚。[⑦] 不久以前，当成群的蝗虫糟蹋丹吉尔[⑧]的苗圃的时候，首领瓦赞把一只蝗虫吞进嘴里，以驱逐这些有害动物。

① von Amira, *Thierstrafen*, pp. 2, 15, 16, 28 *sq*. 英格兰似乎很少发生这样的诉讼(*ibid*., p. 15)。不过，我们将会看到，导致某人死亡的动物会作为赎罪奉献物罚没。

② See Chambers, *op. cit*. i. 127 *sq*.

③ Martinengo-Cesaresco, *Essays in the Study of Folk-Songs*, p. 183 *sq*.

④ 拉昂(Laon)，法国一地名。——译者

⑤ 兰斯(Rheims)，法国一城市名。——译者

⑥ Desmaze, *Les pénalités anciennes*, p. 31 *sq*.

⑦ 这是冯·阿米拉的看法。他提出，这些诅咒并不针对普通动物，而是针对人的灵魂或伪装的魔鬼(von Amira, *Thierstrafen*, p. 16 *sqq*.)。不过在我看来，他这个观点缺乏充分证据。

⑧ 丹吉尔(Tangier)，摩洛哥北部港市。——译者

有人提出,中世纪仿照惩罚人的习俗而惩罚动物的做法源于摩西律法。[①] 但是这个假设不能解释此做法为何较晚才出现,也不能说明在某些情况下不付诸死刑的惩罚施加给冒犯人类的野兽这一事实。[②] 看似更有可能的是,此种做法源于古老的欧洲习俗,而此做法在惩罚与复仇之间的关系方面与习俗一致。[③] 依各种所谓雅利安人——希腊人[④]、罗马人[⑤]、条顿人[⑥]、凯尔特人[⑦]、斯拉夫
256 人[⑧]——的习俗或法律,动物若严重伤害了人类,特别是导致某人死亡,就要交给受害的一方或其家族,显然这是为了使动物接受可能的报复。[⑨] 按照威尔士法律,"那是谋杀者由于自身行为而被移交给受害方的唯一情形"。[⑩] 在中世纪后期,这种报复形式在某些情况下转化为惯常的惩罚。这一事实只能意味着,在人类犯罪中虐待招致复仇的原则通过类比的方式扩展到动物造成伤害的

① *Ibid*. pp. 4,47 *sqq*.

② Pertile. *loc. cit*. p. 148.

③ *Cf*, Brunner, *Forschungen zur Geschichte des deutschen und französischen Rechtes*, p. 517 *sqq*.

④ Plutarch, *Vita Solonis*, 24. Xenophon, *Historice Græcæ*, ii. 4.41.

⑤ *Institutiones*, iv. 9. *Digesta*, ix. 1.

⑥ *Lex Salica* (cod. i.), 36. *Lex Ripuariorum*, 46. Grimm, *Deutsche Rechtsalterthümer*, p. 664 *sqq*. Brunner, *Forschungen*, p. 513 *sqq*.

⑦ *Ancient Laws of Ireland*, i. 161; iv. 177, 179, 181. *Welsh Laws*, iv. i. 17 (*Ancient Laws and Institutes of Wales*, p. 391).

⑧ Macieiowski, *Slavische Rechtsgeschichte*, iv. 333.

⑨ See *Lex Wisigothorum*, viii. 4. 20; *Schwabenspiegel*, Landrechtbuch, 204; Dirksen, *Civilistische Abhandlungen*, i. 104; von Jhering, *Geist des römischen Rechts*, i. 123; Hepp, *Die Zurechnung auf dem Gebiete des Civilrechts*, p. 103; Grimm, *Deutsche Rechtsalterthümer*, p. 664; Brunner, *Deutsche Rechtsgeschichte*, ii. 556; *Idem*, *Forschungen*, p. 513.

⑩ *Welsh Laws*, iv. 1.17. (*Ancient Laws and Institutes of Wales*, p. 391).

情况。

关于惩罚动物的目的,有相当多不同意见。一些作者提出,这可能是为了吓阻其他动物带来相似的伤害。[①] 依其他人的说法,杀死动物是为了忘却动物的可憎行为;格拉提安引用圣奥古斯丁的话[②]说:"处死这些牲畜不是因为它们犯下的罪过,而只是为了把这事忘个一干二净。"[③]有一赢得许多支持的理论把惩罚解释成象征性行动,认为惩罚是为了刺激人们的头脑,产生对犯罪的恐惧。[④] 托尼森认为,在雅典,"杀掉动物是为了告诫人们不要杀人,以直观的形式让人们无意之中产生对杀人的巨大恐惧"。[⑤] 也有说法认为,惩罚动物的意图在于威吓那些应为动物行为负责的 257
人,[⑥]或杀死动物是因为该动物危险。[⑦] 但这个问题的真正答案似乎很简单。动物必须按照它引起的愤慨来接受惩罚。人们认为,动物应为自己的行为负责。[⑧] 早期的记录经常把惩罚动物说成是

① Leibniz,*Essais de Theodicée*, p. 182 *sq*. Lessona,转引自:d' Addosio, *Bestie delinquenti*, p. 145。

② St. Augustine, *Quœstiones in Leviticum*, 74 (*ad Lev. xx*. 16):"按教义应杀掉这动物,因为它引起了人之耻辱,而厌恶又唤醒了记忆。"(Migne, *Patrologiœ cursus*, xxxiv. 709)

③ Gratian, *Decretum*, ii. 15. I. 4. *Cf. Mishna*, *fol*. 54,转引自:Rabbinowicz, *Legislation criminelle du Talmud*, p. 116。

④ Ayrault, *Des procèz faicts au cadaver, aux cendres, à la mémoire, aux bestes brutes*, fol. 24. Ortolan, *Éléments du droit pénal*, p. 188. Tissot, *Le droit pénal*, i. 19 *sq*.

⑤ Thonissen, *Le droit pénal de la république Athénienne*, p. 414.

⑥ Du Boys,转引自:d'Addosio, *op. cit*. p. 139。

⑦ Lessona,转引自:*ibid*. p. 145。

⑧ *Cf*. Post, *Die Grundlagen des Rechts*, p. 359; Friedrichs, 'Mensch und Person,' in *Das Ausland*, 1891, pp. 300, 315; and, especially, d'Addosio, *op. cit*. p. 146 *sqq*.:"中世纪时人们惩处动物,是因为人们认为,这动物必定是自由自主行动的,它做了什么事,它也就必定要负责。"

"正义"行动;[①]博马努瓦等人反对上述观点,[②]这只能表明,许多人——即便不是所有人——郑重地接受该观点。从一些细节也可看出,归之于动物的责任与归之于人的责任之间是多么相似。撒利族的一些法律文本把动物说成是"犯罪之源"。[③] 古代爱尔兰的一个律法卷册规定,如一只蜜蜂把某人的眼睛蜇瞎,整群蜜蜂都"应受到惩处","许多蜜蜂受某只蜜蜂罪行的连累而负有责任,尽管它们并未参与攻击"。[④] 年幼也是宣告无罪的一个理由,1457 年发生在拉维格内[⑤]的一个案例表明了这一点。当时一头母猪及其六个幼崽因为杀死一个小孩并吃掉小孩部分身体而受到指控和审判。母猪被认为有罪,并宣判死刑;而考虑到幼崽稚嫩并且是受了母猪坏榜样的影响,它们被宣告无罪。[⑥] 在勃艮第[⑦],人们区别对待一只由敞开的门进入房间的淘气狗与另一只入室偷走了东西的狗。后者被看作入室盗窃,并依据偷窃的罪名来惩罚。[⑧] 累犯也
258 会加重惩罚,[⑨]并且动物中的"主犯"要比从犯受到严厉得多的

① von Amira, *op. cit.* p. 9.

② Beaumanoir, *Les coutumes du Beauvoisis*, lxix, 6, vol. ii. 485 *sq.* Chambers, *op. cit.* i. 127. Lichtenberg, *Vermischte Schriften*, iv. 481.

③ *Lex Salica*, edited by Hessels, coll. 209-212, 215.

④ *Ancient Laws of Ireland*, iv. 179.

⑤ 拉维格内(Lavegny),法国一地名。——译者

⑥ Chambers, *op. cit.* i. 128.

⑦ 勃艮第(Burgundy),法国东南部一地名。——译者

⑧ *Ancien Coutumier de Bourgogne*, 23 (*Revue historique de droit francais et étranger*, iii. 549):"它偷了东西,罪有应得。"

⑨ Pertile, *loc. cit.* p. 148:"根据法官埃莉诺·德·阿伯利亚 1395 年颁布的《撒丁法典》(*Carta de Logu*),损害他人财产的驴子,初犯割掉一只耳朵,再犯割掉另一只耳朵,三犯则为王室法庭没收充公。"*Cf. Vendîdâd*, xiii. 32 *sqq.*

惩罚。[①]

考虑一下即便是有教养的人对待干坏事的兽类也会受到情感影响，就不难理解未开化者的态度。蒙昧人不仅仅只是偶尔在盛怒之下才完全忘却人兽之别，他们总是冷血地这么做。他会认为动物实际上和人基本是一样的。他相信动物和人一样具有情感和智力，和人一样以家族和部落的方式联合起来，和人类部落一样有各种各样的语言，和人一样也具有在肉身死亡后继续活下去的灵魂。他会谈及某些动物是人类的祖先，有些人变成了动物，人和兽类之间会发生婚姻关系。他也相信，屠戮动物的人会受到动物灵魂的报复，或受到其同类的报复——这种报复跟人类复仇的方式很相似，它们肯定要为它们中某一成员受到的伤害而复仇。[②] 如此看来，蒙昧人以牙还牙不是很自然的吗？如果动物也有责任对人复仇，人不也有责任对动物复仇吗？

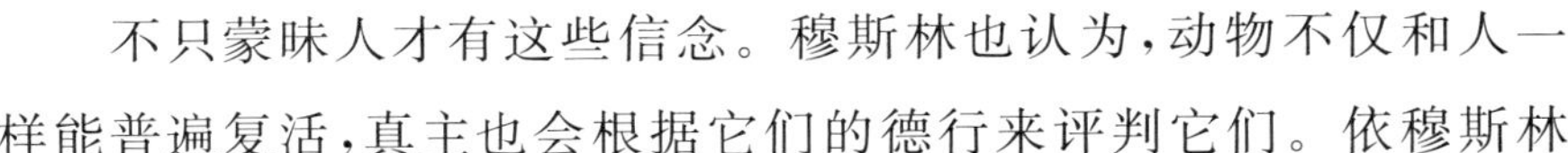

不只蒙昧人才有这些信念。穆斯林也认为，动物不仅和人一样能普遍复活，真主也会根据它们的德行来评判它们。依穆斯林

① d'Addosio, *op. cit*, p. 16.

② Tylor, *Primitive Culture*, i. 467 *sqq*. Frazer, *Golden Bough*, ii. 389 *sqq*. Liebrecht, *Zur Volkskunde*, p. 17. Achelis, *Moderne Völkerkunde*, p. 373 *sqq*. *Idem*, 'Animal Worship,' in *Open Court*, xi. 705 *sq*. Waitz, *Anthropologie der Naturvölker*, ii. 180 (Negroes), von den Steinen, *Unterden Naturvölkern Zentral-Brasiliens*, p. 351. Im Thurn, *Among the Indians of Guiana*, p. 350 *sqq*. Dorman, *Origin of Primitive Superstitions*, pp. 223, 253. Lumholtz, *Unknown Mexico*, i. 331 (Tarahumares). Mooney, 'Myths of the Cherokee,' in *Ann. Rep. Bur. Ethn.* xix. pp. 250, 261 *sq*. Nelson, 'Eskimo about Bering Strait,' *ibid*, xviii. 423. Hoseand McDougall, 'Relations between Men and Animals in. Sarawak,' in *Jour. Anthr. Inst.* xxxi. 173 *sqq*., especially p. 205 *sq*.

259 传统,真主“将在世界末日把动物召集起来,给它们以酬报并展示真主之至善至美和正义。那时真主将为无角的山羊向有角的山羊复仇。”[①]当我们读到《袪邪典》里讲狗有人的八种特征[②]的时候,我们几乎无法怀疑袄教法律也会惩罚伤害了人或其他动物的狗。长期以来,寓言和神话故事郑重讲述着动物如人一般行事的故事。[③]甚至到了今天,在欧洲一些地区,一旦农民去世,通常其继承人要向畜栏里的每头牲畜及蜜蜂宣布所有权改变了;[④]在波兰的一些乡村,人们把地主的尸体抬出房子后,会为他所有的牛解开绳缆,让这些牛向老主人告别。[⑤] 中世纪的时候,有时人们也让动物充当目击证人;一个被控在其房子里犯下谋杀罪的男子曾带着他的猫、狗和公鸡来到法庭,当着它们的面发誓他是无辜的,后来他被宣告无罪。[⑥] 不仅普通人认为动物有智力,根据波菲利[⑦]的观点,所有力图发现有关动物真理的哲学家都承认它们多少具有理性;[⑧]很久之后,一些基督教作家也表达了同样的思想。16 世纪的时候,贝努瓦写道,动物也常说话。[⑨] 17 世纪中叶,希罗宁姆斯·罗拉留出版了一部书,题为《动物常常比人更为理性》。差不多同

① *Koran*, vi. 38. Sell, *Faith of Islám*, p. 223.

② *Vendîdâd*, xiii, 44 *sqq*.

③ 见:*Grimm*, *Reinhart Fuchs*, p. i. *sqq*. 。

④ Ralston, *Songs of the Russian People*, p. 315. Wuttke, *Der deutsche Volksaberglaube der Gegenwart*, p. 428.

⑤ Ralston, *op. cit*. p. 318.

⑥ Michelet, *Origines du droit français*, pp. 76, 279 *sq*. Chambers, *op. cit*. i. 129.

⑦ 波菲利(Porphyry,约 234-约 305),古希腊哲学家,新柏拉图主义代表人物之一。——译者

⑧ Porphyry, *De abstinentia ab esuanimalium*, iii. 6.

⑨ Benoît,转引自:d'Addosio, *op. cit*. p. 214。

时，约翰·克雷尔在其著作《基督教伦理学》里表达了这个看法——动物定然也有近似于理性和自由意志的能力，动物也有近似于善和恶的素质，也应该以奖酬和惩罚之类的东西来对待它们，260
因而动物也被上帝和人类所惩罚。[①] 在我看来，这似乎是对中世纪惩罚动物实践的正确解释，尽管米纳布里发现，人们也把可恶的动物当作邪恶的魂灵之化身并依此惩罚它们。[②] 人们是基于兽类和昆虫也有理性这样简单的理由来报复它们的。

在文明的早期，人们甚至把无生命的物体也当作应负责任的行动者来对待。库基人不仅向杀人的虎寻仇，也向致人丧命的树报仇。"如果由于树上偶然掉下某物把一个人砸死，他的所有亲戚会聚集起来，砍伐那棵树；不管树多么大，他们都会把它弄成碎片，扔到风中，他们说这树正是他们兄弟死亡的原因。"[③]在西维多利亚[④]的土著那里，"如敌人的矛或其他武器杀死了一个朋友，死者亲属总要放火焚烧此矛或武器；但战争中缴获的器械则保留下来由征服者使用"。[⑤] 北美印第安人如被箭击，"会把箭从伤口扯下，折断它并用牙咬，然后把它猛掷向地面"。[⑥] 英属圭亚那印第安人如因坠落在岩石上或岩石砸在他身上而受伤，"要用一些至今在较文明地区也不罕见的理由来责怪岩石"。[⑦] 吠陀时代的诸神诅咒

① Crell, *Ethica Christiana*, ii. I, p. 65 *sq*.

② Ménabréa, *De l'origine de la forme et de l'esprit des jugements rendus au moyen-âge contre les animaux*, p. 35.

③ Macrae, in *Asiatick Researches*, vii. 189 *sq*.

④ 西维多利亚(Western Victoria)，澳大利亚的一个地区。——译者

⑤ Dawson, *Australian Aborigines*, p. 53.

⑥ Robertson, *History of America*, i. 351 *sq*.

⑦ Im Thurn, *op. cit*. p. 354.

261 伤害了他们的树木。[①] 薛西斯一世[②]命令鞭笞达达尼尔海峡三百下,[③]居鲁士大帝[④]通过散布三百六十道沟渠"施行其报复"于金德斯河。[⑤] 普萨尼亚斯[⑥]讲到,塞阿根尼斯[⑦]死后,他的一个敌人每晚都要爬上他的黄铜塑像,粗鲁地鞭笞一阵。然而,最后发生了这样的事,"塑像倒在了他身上,阻止了其无礼行为;他的几个儿子就指控塑像犯有谋杀罪。塔索斯人[⑧]就把塑像沉入海底,此做法与德拉古的看法一致。德拉古在为雅典人起草的有关杀人罪的法律条文里规定,如砸落任一人身上并致其毙命,即使无生命的东西也应被放逐。"[⑨]一如弗雷泽博士所注意到的那样,对偶然致人死亡的无生命物体之惩罚很可能大大早于德拉古。[⑩] 雅典有一专门为此设置的特别法庭。[⑪] 狄摩西尼声称,如一块石头、木头、铁块或任何类似的东西击打了某人并致其毙命,人们搞不清楚何人扔了此物,但人们知道并拥有此夺走人命的物体,就会把此物带到城邦公共会堂的法庭里接受审判。[⑫] 柏拉图在《法律篇》中制定了下面的

① Oldenberg, *Religion des Veda*, p. 518.

② 薛西斯一世(Xerxes I,公元前518—前465),波斯帝国的一位国王。——译者

③ Herodotus, vii. 35.

④ 居鲁士大帝(Cyrus,公元前600—前530),波斯帝国的创建者。——译者

⑤ *Ibid*. i. 190.

⑥ 普萨尼亚斯(Pausanias, 110-180),古希腊地理学家和历史学家,著有《希腊志》。——译者

⑦ 塞阿根尼斯(Theagenes,公元前640—前620在位),古希腊城邦麦加拉的僭主。——译者

⑧ 古希腊一城邦居民。——译者

⑨ Pausanias, vi. 11.6. *cf*. *ibid*. v. 27.10.

⑩ Frazer, *Pausanias*, ii. 371.

⑪ Aristotle, *De republica Atheniensium*, 57. Pausanias, i. 28.10.

⑫ Demosthenes, *Contra Aristocratem*, 76, p. 645.

规则:“如无生命的物体夺走了人命——除非是闪电或诸神发射的致命投掷物——东西掉下来砸死人,或人摔倒时撞在这东西上,死者近亲属当委派近邻充当法官,这样他及其整个家族就可免除罪责。他应把这有罪的物体扔到境外去。”[1]仍承认私下复仇原则的日耳曼法律对待无生命的谋杀者则没那么多繁文缛节。[2] 按照《阿尔弗列德法典》[3],人们在树林里一起工作时,某人使一棵树意 262
外地砸落在另一人身上,并致其非命,如果死者家属在三十天内取走这棵树,树就属于他们所有。[4] 后来,在英格兰,致人非命的东西就“由上帝没收,即由国王——上帝在世间的代理人——没收,以在慈善活动中分配,安抚上帝之暴怒”。[5] 这项法律直至1846年还在实施。[6]

就其中的某些案例而言,由迷信引起的恐惧可能是毁灭或驱逐致人非命之器物的一个动机。一些事实表明,这样的物体被看作危险之源。按照里普利安人的法律,禁止人们使用构成

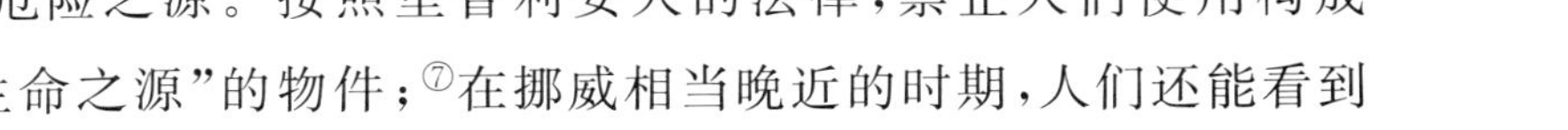

“屠戮生命之源”的物件;[7]在挪威相当晚近的时期,人们还能看到散放四处的曾用来杀人的镰刀、斧头等物体,处于废弃不用的状

① Plato, *Leges*, ix. 873 *sq*.

② See Trummer, *Vorträge über Tortur*, &c. i. 376 *sq*. Brunner, *Forschungen*, p. 521 *sqq*.

③ 《阿尔弗列德法典》(*Laws of Alfred*),中世纪时日耳曼人颁布的一部法律。——译者

④ *Laws of Alfred*, ii. 13.

⑤ Coke, *Third Part of the Institutes of the Laws of England*, p. 57.

⑥ Stephen, *History of the Criminal Law of England*, iii. 78. Pollockand Maitland, *History of English Law before the Time of Edward I*. ii. 473.

⑦ *Lex Ripuariorum*, lxx. I.

态。[①] 对于西澳大利亚的土著，如某人被当地的嘎茨（*ghici*，即木鱼叉）刺死，他的同胞会认为他的灵魂还在致其非命的武器尖端，他们会在埋葬他后把鱼叉焚烧掉，如此灵魂就离开肉身获得自由了。[②] 不过也很显然，如一无生命物体伤害了我们，也容易引起真正的愤恨之情。桌子绊了我们，我们会踢桌子，伤了我们的石头也会被我们诅咒；南森博士说，他横穿格陵兰岛的时候，如雪橇重得拉不动，毁掉这个雪橇会让他“相当满足”。[③] 我们这样行事的时候，仿佛冒犯我们的物体能感受到我们的忿恨，我们暂时也朦朦胧胧地相信它是有生命的。[④] 但我们意识到它的本来面目的时候，
263 我们的愤怒很快就烟消云散了。而在文明早期阶段，人们的做法则不同。他们并不认为伤害他们的物体无感受能力；相反，他们不仅草率地、不假思索地把物体拟人化，也刻意永久地把它们拟人化；因而，他们的怨恨也总是没完没了。艾佛拉瑟恩爵士说：“圭亚那印第安人把他遇到的任何灾祸都归结为最近造成伤害的物体之意图，看到此物体在动，他不由自主地觉得它拥有灵魂。”[⑤]特别是树，经常被认为具有类似于人的灵魂，人们也相应地把它当人对待。[⑥] 普萨尼亚斯写道，据说无生命物体会自行给予人们以正义

---

① Liebrecht, *Zur Volkskunde*, p. 313.

② Salvado, *Mémoires historiques sur l'Australie*, p. 260 *sq*.

③ Nansen, *Eskimo Life*, p. 213 *sq*.

④ *Cf*. Dugald Stewart, *Philosophy of the Active and Moral Powers of Man*, i. 125; Hall, '*Study of Anger*,' *in American Journal of Psychology*, x. 566 *sq*.

⑤ Im Thurn, *op. cit*. p. 354.

⑥ See Frazer, *Golden Bough*, i. 169 *sqq*.

的惩罚；他提及冈比西斯之剑[①]作为与此有关的最好也最著名的
例子。[②] 在英格兰，无生命的凶手会提交给死者亲属，当然不是要
补偿他们遭受的损失，而是给他一个可以复仇的目标。[③] 此物体
称作拉班（*la bane*），意为“凶手”；布拉克顿也称之为“罪犯”。[④] 物
体的主人是否无辜并不重要，惩罚本来就不是针对他的。[⑤] 不过
在一些明白无误的案例中，“凶手”被免除罪责。某人不幸从船上落
水而溺死，如事故发生在咸水中，船只并不会被罚没充当赎罪奉献
物——就像柯克所指出的那样，这是由于船只“在暴风骤雨中、在汹
涌的波浪里”也会遇到巨大危险。[⑥] 而且，如果一个十四岁以下的
男孩由马车或马匹上摔落，马车或马不会被罚没充当赎罪奉献物，264
也不能责怪马车或马，“因为他不能谨慎小心地照顾自己”。但是，
如果一辆马车碾压了他，或一棵树倒下砸中他，或一头公牛顶了
他，这些东西会被罚没，因为它们杀死了他。[⑦] 跟与人有关的情况
一样，动物或无生命物体的活动状态是应考虑的一个重要方面。这
样布拉克顿就区分了把人从身上甩下的马和人从其身上摔落的马，

① 冈比西斯（Cambyses）？—公元前 522 是波斯帝国的一位国王，据说上马时剑鞘破裂，被自己的佩剑刺中大腿而死。——译者

② Pausanias，i. 28. II.

③ Pollock and Maitland，ii. 474.

④ Bracton，*De Legibus et Consuetudinibus Angliæ*，fol. 116，vol. ii. 236.*sq*.

⑤ Holmes，*Common Law*，p. 25.

⑥ Bracton，*op. cit.* fol. 122，vol. ii. 286 *sq*. Coke，*op. cit.* p. 58. Coke，*op. cit.* p. 58. 詹姆士·史蒂芬爵士推测，“赎罪奉献物不适用于海洋，因为英国的地方习俗没有扩展至公海”（James Stephen，*op. cit.* iii. 78）。但柯克明确地讲，就是“在仍属郡县辖区的海湾里”，也不会把船只充作赎罪奉献物（Coke，p. 58）。

⑦ Coke，*op. cit.* p. 57. Hale，*History of the Pleas of the Crown*，i. 422. Stephen，*op. cit.* iii. 78.

倒下的树和人撞上的树;总的规则是,除非可说成是“移动致人非命”,否则一个物体不会被罚没。[①] 如果某人在航行中从船上落水溺死,不仅船只本身,就连船里移动的东西也被看作该人死亡的原因;而放在船只底部的货物则不被认为有罪,因而也不会罚没。[②] 不过,如任何货物摔落砸到某人,致其非命,则罚没货物而非船只。[③] 就像霍姆斯先生所注意到的那样,船只是最常见的运动中被赋予人格的例子。人们不仅在一般用语里把“她”人格化,在法庭上也是如此。在相当晚近的海事案例中,颇有名望的法官宣布诉讼不是针对船只的主人,而是“针对冒犯了人类的船只”。[④]

就像较低级的动物那样,人类在童年的最早阶段也不能形成对和错的观念,因而他们不必为任何行动负责。责任随着道德意识的产生而产生,并随着智力的演进而增长。儿童只能缓慢地发
265 展出判断行动是对或错的能力。儿童很快就明白,某些行动是不许做的,但知道一件行动是被禁止的与认识到它是错的是两码事。知道某道德规则,也不意味着就有能力在某些情形下应用这个规则。也不能期待年轻人的智力像成年人那样能深谋远虑。因而,在童年时期以及青年早期人们完全或部分不需要承担责任。

这种不负责任的情形也被文明国家的法律所认可。在英格

① Bracton, *op. cit.* fol. 136 b, vol. ii. 400 *sq.* Hale, *op. cit.* i. 420 *sqq.* Pollock and Maitland, *op. cit.* ii. 474, n. 4. Stephen, *op. cit.* iii. 77. Holmes, *op. cit.* p. 25 *sq.*

② Britton, i. 2.14, vol. i. 16.

③ Hale, *op. cit.* i. 422.

④ Holmes, *op. cit.* p. 29.

兰[1]、苏格兰[2]和美国[3]，七岁以下的孩子绝对免于惩罚。在其他现代国家，直到九[4]、十[5]、十二[6]或十四岁[7]，人们才开始承担刑事责任。在一些国家，是否惩罚儿童，要在每一案例中裁决。[8] 于是，《法国刑法典》规定，如果认定十六岁以下的人没有识别能力，就不应处罚，如具有识别能力，则按固定比例减轻处罚。[9] 大多数法律在完全不负责任年龄和承担完全责任年龄之间设置了一个过渡期。英格兰法律的一个推定就是，七岁到十四岁的儿童尚未拥有犯罪所必需的知识程度，尽管证据能反驳这个推断；[10]按照德国刑法，如十二至十八岁的人犯了罪，其智力不足以理解自己在犯罪，应宣判其无罪。[11] 其他法律也把某一特定年龄本身当作减轻罪责的理由，有的把上限确定为十六岁[12]，有的确定为十八岁[13]，有的确定为二 266

① Stephan, *op. cit.* ii. 97. *sq.*

② Erskine-Rankine, *Principles of the Law of Scotland*, p. 546.

③ Bishop, *Commentaries on the Criminal Law*, § 368, vol. i. 209.

④ Italian *Codice Penale*, art. 53. Spanish *Código Penal reformado*, art. 8, § 2.

⑤ Austrian (Finger, *op. cit.* i. 110), Dutch (van Hamel, in *Législation pénale comparée*, edited by von Liszt, p. 444), Portuguese (Tavares de Medeiros, *ibid.* p. 199), Russian (Foinitzki, *ibid.* p. 529) law.

⑥ German *Strafgesetzbuch*, art. 55.

⑦ Swedish (Uppström, in *Législation pénale comparée*, p. 483), Finnish (Forsman, *ibid.* p. 565) law.

⑧ French, Belgian, Ottoman law (Rivière, *ibid.* p. 7).

⑨ *Code Pénal*, art. 66 *sq.*

⑩ Stephen, *op. cit.* ii. 98. Kenny, *Outlines of Criminal Law*, p. 50.

⑪ *Strafgesetzbuch*, art. 56.

⑫ Dutch law (van Hamel, *loc. cit.* p. 444).

⑬ Spanish (Código Penal reformado, art. 9, § 2), Swedish (Uppström, *loc. cit.* p. 484), Finnish (Forsman, *loc. cit.* p. 566) law.

十岁[①],有的确定为二十一岁[②]。

罗马法似乎有这个推定:青春期以下年龄的人总的说来缺乏犯罪的行为能力,对于临近青春期的人,则可以视其行为能力的实际表现不按这个推定执行,只是年龄界限并未清楚界定。[③] 据《埃塞尔汇编》[④]:"蛊惑傻瓜的人应为自己的罪行付出代价";注释里又进一步补充道,直到七岁结束,一个人才不是傻瓜,直到十四岁结束,一个人才不是半呆半傻[⑤]——这样的规定与教会法相似。[⑥] 根据伊斯兰法律,以牙还牙的原则只适用于成年人。[⑦] 在中国,不仅年幼影响刑事责任,年迈也影响刑事责任。"罪犯的年龄小于七岁、大于九十岁的,除非是叛国罪或叛乱罪,否则不应受任何处罚。""除非是叛国罪,罪犯年龄小于十岁、大于八十岁的,若犯死

① Austrian law (Finger, *op. cit.* i. 112).

② Italian (*Codice Penale*, art. 56), Russian (Foinitzki, *loc. cit.* p. 529), Portuguese (Tavares de Medeiros, *loc. cit.* p. 199), Brazilian (*Codigo Penal dos Estados Unidos do Brazil*, art. 42, § 11) law. 根据《土耳其刑法》第40条,"未成年人犯罪者,不得以适用于该罪行的刑罚处置"。

③ Clark, *Analysis of Criminal Liability*, p. 70. von Jhering, *Das Schuldmoment im römischen Privatrecht*, p. 42 *sqq.* Mommsen *Römisches Strafrecht*, p. 75. *sq.*《法学阶梯》把成年定义为男性满十四岁,女性满十二岁(*Institutiones*, i. 22)。按照《十二铜表法》,儿童偷盗要受惩处,尽管惩处不如成人那么严重(Gellius, *Noctes Atticce*, xi. 18. 8. Pliny, *Historia naturalis*, xviii. 3)。

④ 《埃塞尔汇编》(*Irish Book of Aicill*),中世纪时爱尔兰的一部成文法典。——译者

⑤ *Ancient Laws of Ireland*, iii. 157.

⑥ Katz, *Grundriss des kanonischen Strafrechts*, p. 8.

⑦ Sachau, *Muhammedanisches Recht*, p. 762. 加法尔·谢里夫说,在印度穆斯林中,未成年男童、女童无论做了好事还是坏事,都由其父母处置(Jaffur Shurreef, *Qanoon-e-Islam*, p. 36)。

罪，则提交皇帝陛下通过特赦处置。”“罪犯年龄小于十五岁、大于 267
七十岁的……若未犯死罪，可以缴纳规定的罚金赎罪，除非因叛国罪、叛乱罪、谋杀某家三个或更多成员、以妖术或毒药杀人而被宣判流放——这类罪犯均应严格依法处置。”[①]

按照早期习俗，犯了伤害罪的儿童有时[②]——并非总是如此[③]——也要按规则接受复仇。甚至在荷马时期的希腊，犯了杀人罪的儿童似乎要终生流放。[④] 在其他情况下，父母要为孩子的所作所为承担责任。[⑤] 例如，在西非弗约特人那里，不仅仅儿童本人要为自身行为承担责任，受害一方如乐意，可以要求儿童的父母做出补偿。[⑥] 至于条顿人，“就像奴隶主之于奴隶一样，父亲要为孩子的行为承担责任，代表孩子受过。举行授予孩子武器的仪式后，孩子就成为社群里有资格携带武器的成员，这时孩子通常就享有某些权利、承担某些责任了；按习俗（并非总是如此），这类仪式发生在十二岁时。”[⑦]按照瑞典古代法律，如案犯年龄小于十五岁，

① *Ta Tsing Leu Lee*, sec. xxii. p. 23 *sq*.

② Senfft, in Steinmetz, *Rechtsver-hältnisse*, p. 449 (Marshall Islanders). Miklosich, 'Blutrache bei den Slaven,' in *Denkschriften d. kaiserl. Akademie d. Wissensch. Philos. - hist. Classe*, Vienna, xxxvi. 131 (Turks of Daghestan). 另见上文第217页。

③ Lang, in Steinmetz, *Rechtsver-hältnisse*, p. 257 (Washambala).

④ *Iliad*, xxiii. 85 *sqq*. *Cf*. Müller. *Dissertations on the Eumenidcs*, p. 95.

⑤ Nicole, in Steinmetz, *Rechtsver-hältnisse*, p. 132 (Diakité-Sarrakolese). Marx, *ibid*. p. 357 (Amahlubi).

⑥ Dennett, in *Jour. African Society*, i. 276.

⑦ Wigmore, 'Responsibility for Tortious Acts,' in *Harvard Law Review*, vii. 447.

伤害罪的处罚要等同于过失伤害罪;[①]同样的处罚标准也出现在
268 爱尔兰中世纪时的法律中,只不过案犯年龄是小于十六岁。[②] 然而,正如我们已经看到的那样,即便是意外伤害也要承担责任。在那些以补偿原则处置罪犯的地方,无法确定父母为孩子承担责任在多大程度上是由于他们认识到孩子无道德责任,或者可以说,父母代孩子承担责任仅仅由于孩子一文不名而无法独立补偿。上述看法的下半部分大体上为早期习俗和法律所采纳,表现为这个事实——对于以惩处作为补偿的情况,不担责任的时期缩短了。英格兰关于十二岁的年龄界限流行于盎格鲁诺曼时期,但后来在刑事案例中摒弃了这一规定。[③] 我们在 1279 年诺森伯兰郡[④]的审判名册中读道:"雷金纳德……四岁,意外杀死了罗伯特……两岁;因年龄尚小,法官准许他活下去,与家人生活在一起。"[⑤]我们也听说稍后的一个七岁以下的儿童不须为谋杀案接受审判。[⑥] 1457 年,一个四岁的幼儿在一桩案件中被认为应担罪责,尽管审判员的话也表现出豁免此幼儿的倾向。[⑦] 从 18 世纪开始,记录的案例包括,一个十三岁的女孩因为杀死了女主人而被处以火刑,一个八岁

① Wilda, *Strafrecht der Gentlemen*, p. 642 *sq*. Nordström, *Bidrag till den svenskasamhälls-författninggens historia*, ii. 73. *Cf*. von Amira, Nordgermanisches Obligationenrecht, i. 375 *sq*.

② Grágás, Vigsloϕi, 32, vol. ii. 63.

③ Wigmore, *loc. cit*. p. 447.

④ 诺森伯兰郡(Northumberland),英格兰一郡名。——译者

⑤ *Three Early Assize Rolls for the County of Northumberland*, p. 323.

⑥ Pollock and Maitland, *op. cit*. ii. 484.

⑦ Wigmore, *loc. cit*. p. 447 *sq*. n. 7.

的男孩因为纵火而被处以绞刑。[①] 1748 年，一个十岁的男孩因杀害一个五岁的女孩被定罪，宣判处以死刑，所有的法官都同意，“为了社会正义”，法律应该按部就班。但结果是，处决缓期执行，最后男孩得到国王赦免。[②] 这些事实以及大陆国家[③]发生的其他类似案例表明，开始负完全法律责任的年龄趋于越来越大。而且，我们 269
有理由希望法律尚未在此事上盖棺论定。

基于智力上无能减轻或免除应付责任之原则，也应用于白痴和疯子。尽管白痴也能获得一些关于一般道德原则的知识，他们却没有能力应用这些原则；[④]并且他们预见其行动后果的能力必定是非常有限的。在一定程度上，同样的说法也可应用于疯子；不过，下一章就会看到，除了心智错乱，还有另一理由来说明他们不应负担责任。

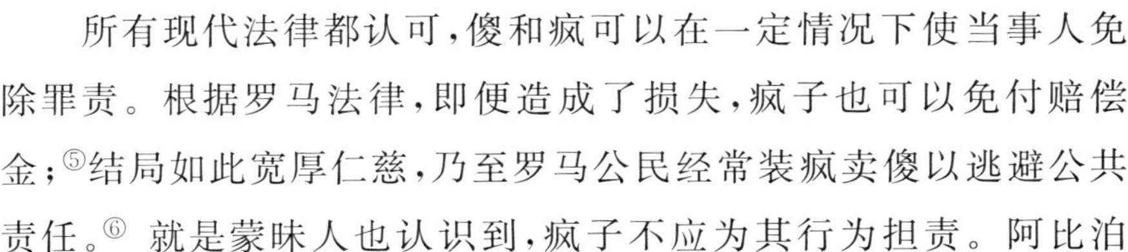

所有现代法律都认可，傻和疯可以在一定情况下使当事人免除罪责。根据罗马法律，即便造成了损失，疯子也可以免付赔偿金；[⑤]结局如此宽厚仁慈，乃至罗马公民经常装疯卖傻以逃避公共责任。[⑥] 就是蒙昧人也认识到，疯子不应为其行为担责。阿比泊

① Wilson, *History of Modern English Law*, p. 124.

② Foster, *Report of Crown Cases*, p. 70 *sqq*.

③ Trummer, *op. cit*. I. 428, 432 *sqq* (Germany). Jousse, *Traité de la justice criminelle de France*, ii. 617; Tissot, *Droit pénal*, i. 30 (France).

④ von Kraft-Ebing, *Lehrbuch der gerichtlichen Psychopathologie*, p. 70.

⑤ von Vangerow, *Lehrbuch der Pandekten*, iii. 36. von Jhering, *Das Schuldmoment im römischen Privatrecht*, p. 42. Thon, *Rechtsnorm und subjectives Recht*, p. 106, n. 70.

⑥ *Digesta*, xxvii. 10.6.

尼人[1]认为,“武力对付丧失心智之人是错误的和非理性的”。[2] 在北美的伯塔瓦托米人[3]中,许多人被认为“蠢”“认识不到犯罪”。[4] 易洛魁人相信,“如某人心智不健全,就不该指责他,至少不该惩罚”。[5] 亨内平称:“他们每年都有可称为愚人节的一天;这天他们假装疯了,从一间棚屋奔向另一间棚屋,如果他们虐待了某人或拿
270 走了某物,第二天他们会说,‘我昨天疯了,我都不知干了些什么。’其他人会接受此解释,不会报复。”[6]美拉尼西亚人“同情疯子,友善对待他们,尽管他们基本得不到治疗”;例如在佛罗里达群岛,一个人疯了,追逐人们,偷东西并藏起来,但“没人谴责他,因为他们知道他已鬼魂附体”。[7] 在西非弗约特人那里,傻瓜和白痴本人不必为其行动负责。[8] 瓦查加人则从宽处理疯子犯罪。[9] 马塔贝勒人相信,疯子被魂灵附体,“从前受国王保护”。[10] 东非土著提及白痴或疯子会说:“他魔鬼附体了。”[11]哈吉[12]阿本萨拉姆·沙贝内称,在豪萨兰[13],“一个人犯了罪,法官判定他已鬼魂附体,就没有处罚”。[14]

① 阿比泊尼人,南美的一支印第安人。——译者

② Dobrizhoffer, *Account of the Abipones*, ii. 234.

③ 伯塔瓦托米人,北美的一支印第安人。——译者

④ Keating, *Expedition to the Source of St. Peter's River*, i. 127.

⑤ Charlevoix, *Voyage to North America*, ii. 24 *sq*.

⑥ Hennepin, *Description de la Louisiane*, Les Mœurs des Sauvages, p. 71 *sq*.

⑦ Codrington, *Melanesians*, p. 218.

⑧ Dennett, in *Jour. African Society*, i. 276.

⑨ Merker,转引自:Kohler, in *Zeitschr. f. vergl. Rechtswiss*. xv. 64。

⑩ Decle, *Three Years in Savage Africa*, p. 154.

⑪ Burton, *Lake Regions of Central Africa*, ii. 320.

⑫ 哈吉(El Hajj),去麦加朝圣过的穆斯林的称号。——译者

⑬ 豪萨兰(Hausaland),近尼日利亚一地名。——译者

⑭ 'Abdssalam Shabeeny, *Account of Timbuctoo and Housa*, p. 49.

精神错乱是由于魂灵附体的看法常常使得白痴或疯子成为宗教崇拜的对象。[①] 马库西人[②]把疯子看作神圣之人。[③] 巴西的帕拉维拉纳人认为白痴被神灵附体。[④] 按照斯库克拉夫特的说法，“在众人之中对疯子尊重有加，是美洲部落的普遍特征”。[⑤] 巴罗隆人[⑥]崇拜疯子，认为他们直接受神影响。[⑦] 古希腊人也认为某类疯狂具有神性，“高于健全的心灵”。[⑧] 莱恩称，现代埃及人通常把白 271
痴或傻子看作“灵魂在天、粗鄙的肉身则混在凡人中的生命；因而他被上苍看作至爱。不管一个受尊敬的圣人犯了什么暴行（有许多人总是违背宗教戒律），这样的行为并不影响其圣名；因为人们认为他是由于精神超凡脱俗才做了那些事——他的魂灵或理性全神贯注于对神之虔敬了——这样他的情感也就如脱缰之马。危害社会的疯子会被关起来，而其他无害的疯子通常被看作圣人。”[⑨] 摩洛哥也存在同样的情况。疯子甚至不必在斋月戒斋——这可是最重要的宗教责任；有个人不是直到日落不进食，而是光天化日之下在大街上大吃大喝，我听到人们宽容地说：“这个可怜的家伙不知自己在做什么，他的精神与真主同在。”[⑩]

---

① *Cf*. Tylor, *Primitive Culture*, ii. 128.

② 马库西人，英属圭亚那的土著居民。——译者

③ Andree, *Ethnographische Parallelen*, *Neue Folge*, p. 3.

④ von Martius, *Beiträge zur Ethnographie Amerika's*, i. 633.

⑤ Schoolcraft, *Indian Tribes of the United States*, iv. 49.

⑥ 巴罗隆人，南非一部落土著。——译者

⑦ Tylor, *Primitive Culture*, ii. 130.

⑧ Plato, *Phædrus*, p. 244.

⑨ Lane, *Manners and Customs of the Modern Egyptians*, p. 237.

⑩ *Cf*. Gråberg di Hemsö, *Specchio geografico*, *e statistico dell'impero Marocco*, p. 182 *sq*.

另一方面,有些地方的人们则以另外的方式对待疯子。西维多利亚的部落民会处死他们,“因为这些部族非常害怕疯子”。[①]在卡尼科巴,据说疯狂似乎是那里判处死刑的唯一原因,疯人会被吊在两棵竹子上绞死;[②]不过这种做法似乎是干掉害群之马的办法,而不是严格意义上的刑罚。瓦沙巴拉人会处死犯了谋杀罪的疯人——据说“这并不是因为他已经犯的罪行,而是为了预防他接下来残害别人”。[③] 达吉斯坦的土耳其人告诉我们,对疯人也适用
272 以血还血的规则。[④]

在中国,疯子应该为其行为负责,尽管刑罚一般会减轻,例如皇帝心情愉悦,犯谋杀罪者只处以戴镣铐监禁。但是,如果疯子蓄意杀死父母或祖父母,就不会轻饶他;他要在犯案所在的乡村或城市刑场被立刻处决,即使疯子已死,也要残忍地将其碎尸万段。[⑤]

按照古代威尔士法律,不应向白痴寻仇,[⑥]国王也不应因白痴的行为而征收罚金。[⑦] 不过,“如果白痴杀了人,其亲属应为其赔付血钱,因为他们本应该阻止他做错事”。[⑧] 根据瑞典地方法律,如果疯子的亲属曾告知公众他疯了,或曾依某些法律用镣铐把他禁锢起来而他后来挣脱了,疯子犯下的伤害罪按意外伤害处置;然

① Dawson, *op. cit.* p. 61.

② Distant, in *Jour. Anthr. Inst.* iii. 6.

③ Lang, in Steinmetz, Rechtsver-hältnisse, p. 257.

④ Miklosich, *loc. cit*, p. 131.

⑤ Alabaster, *Commentaries on Chinese Law*, pp. 93, 96. *Cf.* Douglas, *Society in China*, pp. 72, 122.

⑥ *Dimetian Code*, ii. I. 32 (*Ancient Laws and Institutes of Wales*, p. 200).

⑦ *Venedotian Code*, ii. 28.3 (*ibid.* p. 98).

⑧ *Welsh Laws*, iv. I. 2 (*ibid.* p. 389).

而,如果疯子亲属未曾那么做,则按故意伤害罪处置。[①] 冰岛法律甚至制定这样的规则——如疯子犯谋杀罪,他应受到与心智健全的谋杀犯一样的惩罚。[②] 在爱德华二世和爱德华三世时期的英国,如果一个人犯了罪,至少在谋杀罪的情况下,即使有证据表明他疯了,也并不足以让他无罪释放,不过可以让他得到一个疯狂情况下犯罪的特殊裁定,而他于是就有权利被国王赦免。[③] 实际上,这样的权利意味着认可精神错乱有要求宽恕的权利;但据我们所知,就中世纪及其之后处置疯人的情况而言,我们无法确信精神错乱的罪犯是否逃脱了所有惩罚。根据1315年发生的一个案子,某 273
疯子用小刀弄伤了自己,最后因伤而死;他所有的动产都充公了。[④] 培根伯爵在《法律箴言》里说:"如在行为识别能力年龄以内的小孩子和疯人杀了人,他不必因此而受指控;但如他挖出了别人的眼睛,或造成了相似的人身伤害,就应以侵害罪论处";在上述案例里,"法律考虑受害者受到的实际伤害,而非犯罪者的恶行怎么样"。[⑤] 17世纪初以前的德意志市镇法从未有关于疯子犯罪的特别条款;[⑥]按1605年颁布的汉堡法令,尽管杀了人的疯子不会作为普通凶手惩处,他仍然要接受责罚。[⑦] 在17世纪和18世纪的

① von Amira, *Nordgermanisches Obligationenrecht*, i. 375.

② Grágás, VigsloΦi, 33, vol. ii. 64.

③ Stephen, *op. cit.* ii. 151.

④ Wigmore, *loc. cit.* p. 446.

⑤ Bacon, *Maxims of the Law*, reg. 7 (*Works*, vii. 347 *sq.*).

⑥ Trummer, *op. cit.* i. 428.

⑦ *Ibid.* i. 432.

德国,被认定为白痴和疯子的人并非很少被严惩,有时也处以死刑。① 直至相当晚近的时期,欧洲文明史最黑暗的一页或许就充斥着折磨这些可怜人的文字描述。② 许多白痴和疯子被当作女巫或异教徒而处以火刑,或视同普通罪犯惩处。那些桀骜不驯的疯狂之人,今天本可以舒适地生活在精神病院,那时却被施以鞭刑柱和足枷。莎士比亚提到,疯子需要"一间黑屋和一根鞭子";③绥夫特注意到,如第欧根尼这样有创造力的人,若放到他那个时代,也会被当作疯子对待,即显然面临"放血、鞭笞、关黑牢和做苦役的危
274 险"。④ 埃斯基罗尔⑤的记述,关于贝德兰疯人院和约克疯人院的议会辩论,以及拉罗什富科⑥主编的提交给 1789 年国民议会的报告,都描绘了一幅悲伤的画面——"在监狱里,不管性别、年龄,普通疯子、刑事犯疯子和其他罪犯蜷缩在一起;在疯人院里,疯子永不停歇地活动,抑郁症患者很快由胡言乱语转入癫狂,他们在同一小屋里被拴在一起;在医院里,癫痫患者、淋巴结核患者和疯子比肩接踵睡在一起——这是一幅牢房画面,黑暗、恶臭、潮湿,居住着饥饿、患病、赤裸着的人们,他们被拷打而屈服,或被捉弄而暴怒,

① *Ibid*. i. 438 *sqq*.

② See Tuke, *Chapters in the History of the Insane in the British Isles*, p. 43 *sq*.; Maudsley, *Responsibility in Mental Disease*, p. 10 *sq*.; Lecky, *History of European Morals*, ii. 85 *sqq*.

③ Shakespeare *As you Like it*, iii. 2.

④ Swift, *Tale of a Tub*, sec. 9 (Works, x. 163).

⑤ 埃斯基罗尔(Esquirol, 1772—1840),法国精神病学家。——译者

⑥ 拉罗什富科(La Rochefoucauld, 1613—1680),法国作家,出身大贵族,但反对专制政治。——译者

无所事事者则把此情此景当作游戏和娱乐旁观。”[①]

不管对人类痛苦之冷漠在多大程度上促成了这些暴行和悲剧，草率、迷信和无知起的作用应该大得多。我们已经看到，当某件事刺痛了公众的情感时，事件背后的情境很容易被忽视。想一想中国人如何惩处那些纯粹出于意外而杀死自己父母的人，以及如何惩处杀死自己父母的疯子，也就没有什么可奇怪的了。甚至如斯莫利特这样的著名作家也认为，立法机关剥夺犯下重罪疯人的特殊待遇，让他们像正常人那样“不差分毫地接受法律厘定的罚则”，[②]并非荒唐或非理性。而且，我们也看到，疯狂常被视为魔鬼附体的结果，[③]在别的情况下被视为神的惩罚。[④] 从非基督教徒的

角度来看，这会使疯人成为怜悯或恐惧的对象，而不是怨恨的对 275
象；就像罗马立法者所说的那样，心智错乱的谋杀者不应被惩罚，因为心智错乱本身就是足够重的惩处了。[⑤] 但是在基督教欧洲，直到相当晚近的时期，人们都乐意惩罚疯子这上帝的敌人。人们认为疯子被恶魔附体，或疯子受到的折磨乃是上帝对异端或罪孽的惩罚，[⑥]疯子是可恨之人，罪有应得。最后，我们必须考虑到：人

① Wood-Renton, 'Moral Mania,' in *Law Quarterly Review*, iii. 340.

② Smollett，转引自：Tuke, *op. cit.* p. 96。

③ 另见：Doughty, *Arabia Deserta*, i. 258 *sq.*; Westermarck, 'Nature of the Arab *Ginn* illustrated by the Present Beliefs of the People of Morocco,' in *Jour. Anthr. Inst.* xxix. 254; Andree, *op. cit.* p. 2 *sq.*; Tuke, *op. cit.* p. 1; Pike, *History of Crime in England*, i. 39; von Kraft-Ebing, *op. cit.* p. 5。

④ Plato, *Leges*, ix. 854. Esquirol, *Des maladies mentales*, i. 336.

⑤ *Digesta*, i. 18.14; xlviii. 9.9.

⑥ Wood-Renton, *loc. cit.* p. 339.

们认为疯子的感性低于神智健全的人;[1]我们对疯狂之心智特征了解得很少;于是人们把许多疯人当作心智健全的人来处置,这是因为人们认为他们心智健全,而其他疯人尽管也被认可为疯人,人们要求他们承担责任乃是因为人们认为疯人就得承担责任。涉及疯狂的英格兰法律史令人悲哀地证明,对其的无知令疯人成为律师手中的牺牲品。

1724 年,一名英格兰法官表达了大意如下的看法,免于惩处的人"必须完全丧失理解和记忆能力,不知道自己在做什么,在这些方面不比未成年人、畜类或野兽强"。[2] 自 19 世纪初叶,人们开始把区分正确和错误的抽象思维能力看作责任能力之证明;[3]而在 1843 年迈克诺顿[4]审判以来的现存法律原则中,有关对错的认知问题指的是在特定犯罪时间做出的特定行动,而不是指大概的、含混不清的情况。[5] 这些法律原则当然表明在鉴别疯人上取得了

276 值得关注的进展。但与此同时,面对议会上院就迈克诺顿案件提出的问题,十四位英格兰法官所做的回答仍然显得无知,而今天几乎不会出现这种情况。在回答"如果某人患了妄想症,因而犯了罪,可以因此宽恕他吗?"这个问题时,这些法官的答复的前提假定是,"他只是在一定程度上为幻想所蒙蔽,并非在其他方面也心智错乱",因而"我们应该设想他所妄想的事情真实存在,并在此情境

---

① Wood-Renton, *loc. cit.* p. 339.

② Howell, *Collection of State Trials*, i. 765.

③ Harris, *Principles of the Criminal Law*, p. 18. Kenny, *op. cit.* p. 53.

④ 迈克诺顿(M'Naughten, 1813—1865),苏格兰人,因精神错乱而犯谋杀罪,1843 年接受审判。——译者

⑤ Clark and Finnelly, *Reports of Cases decided in the House of Lords*, x. 202.

下考虑他的责任。例如,如果在妄想症的影响下,他认为别人要夺去他的生命,他按妄想出于自卫而杀了那个人,他就应免于惩处。如果他妄想被害人只是严重损害了他的名誉和财产,他却对这假想敌复仇,结果致其死亡,他就负有罪责。”[1]这个回答的错误不在结论,而在前提。莫兹利教授评论道:“这个假定毫不含糊——一个怀有疯狂妄想的人,能够就此妄想理性地思考和行动;犯罪的时候,如果他的幻想涉及的事真实存在的话,他应该像常人那样有所认知并付诸实施,而且能控制自我;实际上他必定在其非理性上是理性的,在其心智错乱上是心智清醒的。”[2]然而,现代科学的说法却不一样。科学表明,如此的妄想绝不会孤立存在,而总是大脑生病的结果,这就或多或少影响了心智的各种功能,并且,很少有心智错乱之人能够在付诸暴力时完全明了自身行为的性质和特征。[3] 或许这十四位法官的信条的更大缺陷在于根本不考虑心智 277
错乱之冲动产生的影响;不过,我们现在对这个话题并不关心。这里我的目标仅仅在于表明,只要疯人不担责任的理由在于其心智错乱,既然人们认识到了疯人心智错乱,疯人之不担责任通常也就相应被认可了;可以用人们的信仰来解释此规则之例外,尽管这些信仰实质上影响着对疯人的处置,却与责任原则本身没有关系。

① *Ibid*. x. 211.

② Maudsley, *op. cit*. p. 97.

③ Griesinger, *Mental Pathology and Therapeutics*, p. 72 *sq*. Maudsley, *op. cit*. p. 96.

行动者有时处于这样的状态,例如梦游、昏迷或暴怒的时候,他对其所为之了解并不比白痴或疯子多。当然,对于这些状态,下面的规则也成立,即尽管一个人可为其无知负责,却不应为其在无知中的所作所为负责。与生气和暴怒有关的责任问题更适于在其他地方探讨。这里我就要转而考察醉酒的情况。

在喝醉的时候,某人不明了自身行为的性质,或酒精促成了某种强烈的冲动,决定了他的意志,他不负责任或只负部分责任。如他在烂醉如泥的状态下犯了罪,只能指责他在清醒时做的事。如他故意喝醉了才去犯罪,那么就是蓄意犯罪,他同样要负责任,视同他是没喝酒的情况下犯了罪。如他并非因自身的任何过错而喝醉了,例如他不知道也不可能知道使他喝醉的酒会使人醉倒,他也应免于责任。但在其他情况下,如果他对喝酒可能造成的后果掉

278 以轻心、鲁莽草率,或者对此满不在乎,他就负有罪责。这就是关于醉酒理论的清晰表述。但在实践中,很难指望这个理论能准确无误地体现出来。

一般来说,人们承认醉酒是减轻罪责的一个正当理由。我们从许多渠道听说,北美印第安人对醉酒的犯罪者特别宽容。按照夏洛瓦的说法,易洛魁人“对酒鬼的折磨逆来顺受,也不自卫,因为害怕伤害了他们。如果你试图向他们表明这样做是愚蠢的,他们会说,‘为什么我们要伤害他们?他们都不知自己在做些什么。’”更有甚者,“如果某人杀死了跟他同住某一棚屋的另一人,如果他喝醉了(想做这样的事的时候,他们经常装醉),[①]最后的结果只能

① *Cf*. Hennepin. *op*. *cit*. p. 71.

是，他们同情和哀悼死者。‘不幸的是（他们这么说），杀人者不知自己在做什么。’”[1]詹姆士提及奥马哈人时的说法也差不多。[2] 布洛梅提到宾夕法尼亚的土著人时说：“清醒的时候，他们很少会争吵；如果醉酒后发生了争吵，他们随后会原谅说，是酒而不是喝酒的人辱骂了他们。”[3]本杰明·富兰克林告诉我们，一些印第安人醉酒后行为不端，后来就让他们的三个老人来赔不是；“那个能说会道的人承认过错，但把过错归于朗姆酒，接着就竭力为朗姆酒开脱。”[4]如阿兹特克人喝了墨西哥的土产酒后做了讨嫌的事，他们会归咎于酒神或酒本身，根本不追究喝醉的人。事实上，如果谁说了某醉酒之人的坏话，或侮辱了他，他就要因不敬神而受到惩罚——人们认为醉酒之人酒神附体。因而，萨哈冈讲，据说印第安 279
人故意喝醉了才去犯罪，以逃脱罪责，而他们清醒的时候犯下那样的罪则会受惩处，这并非毫无根据。[5]

在印度克伦人中，“并非罕见的是，有人在醉酒后的争斗中被杀死；但按照克伦人的习俗，并不容许对这样的事采取行动。在这类情况下有人死掉，是无法寻求补偿的。克伦人主张，这不是蓄意或恶意杀人；死者或许该跟杀死他的人一样受到指责；人们在喝醉后不应为他们做的事承担责任。”[6]在坎德人中，“不管

① Charlevoix, *op. cit.* ii. 23.25.按照莱斯利的观点，尽管易洛魁人把什么都怪罪在朗姆酒上，他们还是严厉惩处醉酒状态下的谋杀行为（Loskiel, *History of the Mission of the United Brethren among the Indians in North America*, i. 16）。

② James, *Expedition from Pittsburgh to the Rocky Mountains*, i. 265.

③ Blome, in Buchanan, *North American Indians*, p. 328.

④ Franklin, Autobiography, ch. ix. (Works, i. 164).

⑤ Sahagun, *Historia general de las cosas de Nueva España*, i. 22, vol. i. 40.

⑥ Mason, in *Jour. As. Soc. Bnegal*, xxxvii. pt. ii. 146.

伤势多么严重，只要发生在被激怒的极端状态下，或起因于醉后的口角，支付数额不多的赔偿金就够了”。[1] 在马绍尔的一些岛民中，以血洗血的习俗一般并不适用于醉酒后发生的谋杀，人们接受以赔偿了结。[2] 按照东弗里斯兰人[3]的古代法律，如某人醉酒后杀死了另一人，可以“向国王或死者亲属交一笔钱来换取自己的性命”。[4]

罗马法把醉酒当作减轻罪责的一个根据；[5]法理学家马尔西安提及醉酒作为冲动的一个例子，示意不应把醉酒后犯罪者与以冷静清醒的意识盘算自己行动的犯罪者相提并论。[6] 教会法认为，醉酒是值得公道的法官宽宥的一个理由，因为无论如何醉酒状态下做的事都是醉酒者在缺乏清醒意识的情况下发生的。[7] 确

280 实，难道上帝不也对罗得[8]醉酒后犯下的罪孽表现出宽容了吗？[9]

部分依据罗马法的权威，部分依据教会法，中世纪最早的法律界人士遵从这一原则：醉酒是减轻罪责的一个正当理由；这个信条深深植根于后来的法律中，醉酒之人被比作受到睡眠影响之人，醉酒被

---

① Macpherson, *Memorials of Service in India*, p. 82.

② Jung，转引自：Kohler, in *Zeitschr. f. vergl. Rechtswiss.* xiv. 446。

③ 东弗里斯兰人，历史上居住于东弗里斯兰群岛（今属德国）的居民，语言属日耳曼语族。——译者

④ *Das Ostfriesische Land-Recht*, iii. 18.

⑤ *Digesta*, xlviii. 19. 11. 2； xlix. 16. 6. 7. Mommsen, *Römische Strafrecht*, p. 1043.

⑥ *Digesta*, xlviii. 19.11.2.

⑦ Gratian, *Decretum*, ii. 15.1.7.

⑧ 罗得，《圣经》里的一个人物，酒醉后与其两个女儿发生了性关系。——译者

⑨ *Ibid*. ii. 15.1.9.

视为与心智错乱等同。[1] 直到16世纪，人们才感到，醉酒是减轻罪责之理由这一概括性规则还不够。特别是自克拉鲁斯所处时代开始，如下观点开始流行——烂醉如泥可以免除恶意犯罪之惩处，但犯法者仍会因过失而受到惩处，除非发生以下两种情况：第一，他故意喝醉，并意识到可能在醉酒时犯罪，这时醉酒根本就不会当作减轻罪责的理由；第二，他并非因自身过错而喝醉，例如他的同伴把兴奋剂混入他的酒，这时甚至会撤销过失罪这一惩处。[2] 主要是在德意志，这些看法逐渐决定了当地的司法实践，相似看法也流行于意大利、西班牙、葡萄牙和挪威的司法实践。[3] 1824年普鲁士刑法年报报道了一个案例，某人因醉酒时杀死了他的小孩仅被处以一年监禁。[4] 其他国家则按不同原则处置。弗朗索瓦一世[5]颁布的一个诏书宣布，无论如何醉酒不能免于通常的处罚；[6]后来的法国司法支持、应用了这条规则。[7] 法国刑法并没有提及醉酒可以减轻惩处；不过，此严厉规定由刑法的这一原则——醉酒导致暂时性心智错乱，而任何形式的心智错乱都可成为免除惩处之正 281

① Mittermaier, *Effect of Drunkenness on Criminal Responsibility*, p. 6.

② Clarus, *Practica criminalis*, qu. lx. nr. 11 (*Opera omnia*, ii. 462).

③ Mittermaier, *op. cit.* p. 7. Du Boys, *Historie du droit criminel de l'Espagne*, p. 290. Italian *Codice Penale*, art. 46 *sqq*. Spanish *Código Penal reformado*, art. 9. § 6.

④ *Zeitschr. f. die Criminal-Rechts-Pflege in den Preussischen Staaten*, edited by Hitzig, iii. 60.

⑤ 弗朗索瓦一世，法国国王，1515年—1547年在位。——译者

⑥ Isambert, Decrusy, and Armet, *Recueil général des anciennes lois françaises*, xii. 527.

⑦ Mittermaier, *op. cit.* p. 8.

当理由——所缓和。① 在英格兰②、苏格兰③和美国④,自愿醉酒绝不能充作犯罪的借口。黑尔提及醉酒时犯谋杀罪的某人,说道:“按英格兰法律,这样的人不会因自愿招致的疯狂享受任何优待,他应如神志清醒时犯罪那般被判决。”⑤然而,对于行动意图构成犯罪行为之实质的案例,陪审团考虑被告的行事动机或意图时,可以把醉酒纳入考虑。⑥ 按中国法律,醉酒也不影响责任问题。⑦

在文明的较低阶段,各地的人们对醉酒时犯下伤害的过于宽容无疑在某种程度上缺乏预见。他们未能预期醉酒可能导致的有害后果,也不能认识到耽于饮酒的罪责。美洲印第安人是臭名昭著的酒鬼,他们把酗酒看作“快乐的事”。⑧ 在坎德人中,醉酒同样很普遍,“显然他们认为醉酒狂欢不会触怒神”。⑨ 醉酒之人被恶
282 魔附体并因此行事不能自主,这一信念也有助于此人得到开释。⑩
另一方面,在那些不区分神志清醒的犯法者与喝醉的犯法者的地方,由于外部事件搅动了公众的情感,后者的罪责常常被夸大。最

① *Ibid*. p. 12 *sq*. Rivière, *loc. cit*. p. 7.

② Stephen, *History of the Criminal Law of England*, ii. 165.

③ Hume, *Commentaries on the Law of Scotland*, i. 38. Erskine-Rankine, *op. cit*. p. 545.

④ Bishop, *op. cit*. § 400. *sq*. vol. i. 231 *sqq*.

⑤ Hale, *op. cit*. I. 32.

⑥ Harris, *op. cit*. p. 21. Stephen, *Digest*, art. 32, p. 22.

⑦ Giles, *Strange Stories from a Chinese Studio*, ii. 30. N. 2.

⑧ Adair, *History of the American Indians*, p. 5. Catlin, *North American Indians*, ii. 251. Colden, in Schoolcraft, *Indian Tribes*, iii. 191. Prescott, *ibid*. iii. 242. James, *op. cit*. i. 265.

⑨ Campbell, *Wild Tribes of Khondistan*, p. 165. Macpherson, *op. cit*. p. 81 *sq*.

⑩ *Cf*. Dorsey, 'Siouan Cults,' in *Ann. Rep. Bur. Ethn*. xi. 424.

不合理的是，事件对公众的影响如此之大，某些法律不仅处罚醉酒后做的事，也处罚醉酒行为本身。因而亚里士多德告诉我们，立法者对醉酒者的犯罪施加双重惩罚。[①] 查理五世 1531 年颁布的诏令[②]和弗朗索瓦一世 1536 年颁布的诏令就有这样的规定。[③] 在对醉酒的犯法者没有任何怜悯的社会里，如醉酒不伴随伤害性后果，人们是最容易酗酒的——这是顺理成章的事。当然，也可以说，应根据耽于饮酒之人预期到醉酒导致有害后果的程度，判断应受的责罚。也有这种说法，如果宽恕醉酒，假装醉酒或实际醉酒的人所犯下的重罪就会逃脱应得的惩处。一些人甚至坚持认为，醉酒会使人丢掉真实的品格。一个中国故事这样讲道："许多酒鬼说他们第二天早晨记不得前天夜里做的非分之事，不过我告诉你这是胡说八道，这样的事十件有九件乃蓄谋恶意为之。"[④]但是，即使考虑到以上说法，我仍大胆认为，对于许多醉酒以及其他因缺乏先见之明导致伤害的情况，一些法律之极端严苛主要是由于这个事实——立法者更关心外部行为，而不是其内在根源。

① Aristotle, *Ethica Nicomachea*, iii. 5.8.

② Damhouder, *Praxis rerum criminalium*, lxxxiv. 20, p. 241.

③ Isambert, Decrusy, and Armet, *op. cit.* xii. 527.

④ Giles, *op. cit.* ii. 30.

283

第十一章　动机

对于明智审慎的人而言，他做道德判断的时候，若不知悉触发其判断的意欲和动机，他就不会视其判断为最终判断。但一般的道德评价很少关注动机。所谓动机，即人们想要做某些事，或避免做某些事。行动或不作为的意向性原因也并非同样引人关注，它们还常常被隐藏起来。只有在反思介入道德评判的时候，人们才相应考虑这些意向性原因。

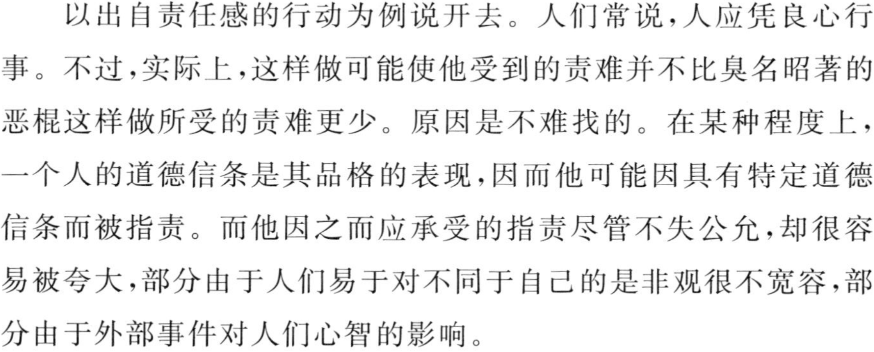

以出自责任感的行动为例说开去。人们常说，人应凭良心行事。不过，实际上，这样做可能使他受到的责难并不比臭名昭著的恶棍这样做所受的责难更少。原因是不难找的。在某种程度上，一个人的道德信条是其品格的表现，因而他可能因具有特定道德信条而被指责。而他因之而应承受的指责尽管不失公允，却很容易被夸大，部分由于人们易于对不同于自己的是非观很不宽容，部分由于外部事件对人们心智的影响。

人们对由强大的非自主意图构成的动机表现出更多的鉴别力。非自主意图绝不体现行动者的品格，而他却不情愿地向它屈服，或者被它搞得一时冲动，失去了自制力。在许多诸如此类
284 的情况下，甚至法律——它认为从责任感出发犯了罪也不能免

除责任[1]——也会或多或少宽容犯下过失之人。

于是，依据法律，在受强迫状态下违法常常成为减轻罪责的一个正当理由。严格说来，不可能依靠强制让人们产生意向性；[2]在强制下行动委实意味着在某种非自愿动机影响下行动，此影响非常之大，普通人只能屈服。诚如亚里士多德所说，人们在以下情况下会宽恕某些行为——“人们做了本来不应做的事，是出于对某些事的恐惧——这种恐惧超过了人性所能忍受的程度。即便如此，还是可能有这样一些事，在受强制状态下也绝不允许自己做，在这种情况下，宁愿经历最痛苦的折磨而选择死亡。”[3]这个原则在某种程度上已经为立法所认可。在许多犯重罪的案例中，如果已婚妇女犯罪时丈夫在场，英格兰法律就推定她是在丈夫强迫下犯罪，并因此免除其罪责，除非证据能驳倒法律的推定；[4]但儿童和仆人在父母或主人的命令下犯了罪，则不会无罪释放。[5] 除了这个有利于已婚妇女的推定，法律也认可，人身或财产遭到威胁而被迫犯罪也可能免除责任，不过这似乎只适用于以下情景：胁迫来自一帮反叛者或暴乱者，并且犯罪者在犯罪活动中是从犯。[6] 相反，在和平时期，尽管某人受到暴力袭击，并且除了杀死一个无辜者没有其

① *Cf*. the case Reg. v. Morby, *Law Reports*, *Cases determined in the Queen's Bench Division*, viii. 571.*sqq*.

② Bradley, *Ethical Studies*, p. 40, n. 1.

③ Aristotle, *Ethica Nicomachea*, iii. 1.7.*sq*.

④ Hale, *History of the Pleas of the Crown*, i. 44 *sqq*. 434. Harris, *Principles of the Criminal Law*, p. 25. Stephen, *History of the Criminal Law of England*, ii. 105 *sq*.

⑤ Hale, *op. cit*. i. 44. Harris, *op. cit*. p. 26.

⑥ Stephen, *op. cit*. ii. 106.

285 他办法逃脱死亡,如果他杀了,他就犯有谋杀罪;“因为这种情况下他宁愿自己赴死,也不该伤害无辜的性命。”[①]法律上曾经有个一般原则,即“对个人危险的恐惧不是卷入非法活动的借口”。[②] 但是,对暴力威胁(*duress per minas*)与通常的强制之间的甄别,英格兰法律要比大多数现代大陆法[③]和罗马法[④]更加严格。意大利一些司法人员甚至抱有这样的看法,即某人因国王或其他大权在握之人的命令而杀人,要免除一切惩处。[⑤] 按照《塔木德》,从法律角度看,因强迫或道德上的恐惧而犯下任何罪过都是情有可原的,只有谋杀或通奸两种情况是例外。[⑥]

另外还可以设想,违法动机在于所谓“迫不得已”的情形。因船只无法承载所有乘客导致有人遇难的经典案例可以很好地说明这个原则。詹姆士·斯蒂芬爵士说:“如果这样的事发生了,无法

① Hale, *op. cit.* i. 51 Harris, *op. cit.* p. 2 *sq.*

② Denman, C. J., in Reg. v. Tyler, reported in Carrington and Payne, *Reports of Cases argued and ruled at Nisi Prius*, viii. 621.

③ *Code Pénal*, art. 64; Chauveau and Hélie, *Théorie du Code Pénal*, i. 534 *sqq.* Italian *Codice Penale*, art. 49. Spanish *Código Penal reformado*, art. 8, § *sqq.* Finger, *Compendium des österreichischen Rechtes—Das Strafrecht*, i. 119. Foinitzki, in *Législation pénale comparée*, edited by von Liszt, p. 530 (Russian law). *Ottoman Penal Code*, art. 42.

④ Mommsen, *Römisches Strafrecht*, p. 653. Janka, *Der strafrechtliche Notstand*, p. 48.

⑤ Janka, *op. cit.* p. 60.但科瓦鲁维亚斯表达了不同观点:“既然不能因恐惧而免除杀戮之责,也不能免除对最轻微的罪孽之惩处。犯了罪就是至恶,不管有多么严重。”(Covarruvias, *De matrimoniis*, ii. 3.4.6.*sq.* [*Opera omnia*, i. 139])

⑥ Benny, *Criminal Code of the Jews according to the Talmud Massecheth Synhedrin*, p. 125.

想象幸存者应该受到法律惩处。”[1]不过，1884 年发生了一件类似案例，幸存者却被惩处。木犀草号游艇遭遇海难，三个男人和一个男孩乘坐一只敞舱的小船逃脱了。在海上漂流了八天，没有任何食物果腹，也看不到被救助的希望，三个男人就杀死了濒临死亡的男孩，吃他的尸体充饥。四天以后，一只路过的船救了他们；到了 286
英格兰后，其中两个男人因谋杀男孩受到审判。辩护意见认为，谋杀行为对维持自身生存是必要的。但是王室上诉法院认为，这样的必要性绝不是蓄意夺去无辜生命的正当理由。不过，后来国王把死刑改判为六个月监禁。[2] 关于这个案例，甚至有这样的说法，即如果男孩有食物，其他人拿走男孩的食物，则他们负有偷盗之罪责。[3] 培根的说法——“偷取食物以暂时果腹既非重罪也非盗窃罪”[4]——并不符合当今法律。[5] 黑尔明确反对培根的主张，他制定了如下规则——“若某人因受食物或衣物匮乏之迫而偷偷摸摸故意窃取另一人的东西，就犯了重罪，按英格兰法律最高可判处死刑；尽管负责审判的法官在此案件里（在其他极端案件里也一样）可凭英格兰法律之授权在宣判前或宣判后缓期惩处违法者，以获得国王的赦免。”[6]布里顿主张，“未到法定年龄的孩子和穷困落魄

① Stephen, *op. cit.* ii. 108.根据培根《法律格言》的第五条，这种情况下杀人也是可理解的（*Works*, vii. 344）。

② Reg. v. Dudley and Stephens, in *Law Reports*, *Cases determined in the Queen's Bench Division*, xiv. 273 *sqq*.

③ *Ibid*. xiv. 276.

④ Bacon, *Maxims of the Law*, reg. 5（*Works*, vii. 343）.

⑤ Reg. v. Dudley and Stephens, in *Law Reports*, *Queen's Bench Division*, xiv. 286.

⑥ Hale, *op. cit.* i. 54.

者由于饥饿而到别人家里窃取价值十二便士以下食物”,应予宽恕。[①] 按照瑞典法典,无法使自己及家庭免于饥饿的穷人如窃取别人的食物,事发两次可以免于惩处,但第三次就要以盗窃论
287 处。[②] 教会法学家说:“法律不应制裁需求”;[③]“是欲望导致了强奸和盗窃,而非需求。”[④]这个原则为基督教教义所认可。耶稣向法利赛人[⑤]说:“经上记着大卫和跟从他的人饥饿之时所做的事,你们没有念过吗?他不是进了神的殿,吃了他和跟他在一起的人不可以吃,只有祭司才可以吃的陈设饼吗?”[⑥]

按照伊斯兰法律,偷窃任何易腐食物都不会砍手,因为食物可能就是用来暂时果腹的。[⑦] 据说,“没有哪位中国官员会给偷取食物果腹的人定罪”。[⑧] 根据赫雷拉的记述,在古代秘鲁,“无故抢劫之人要流放到安第斯山脉,无国王许可不得返回,并且必要时当原价赔偿劫掠之物。偷取食物之人只是受到斥责,无其他任何惩处,但会受命去工作,并被威胁如若再犯,当受背负石头这样非常丢脸的惩戒。”[⑨]我们甚至听说,蒙昧人也把“由饥馑导致的窘迫”当作

① Britton, i. 11, vol. i. 42.

② *Westgöta-Lagen II*. Φiufua bolker, 14, p. 164 *sq*.

③ Gratian, *Decretum*, iii. 1.11.

④ *Ibid*. iii. 5.26.

⑤ 法利赛人,历史上的一支犹太人,标榜墨守传统礼仪。——译者

⑥ *St. Mathew*, xii. 1.*sqq*. 按照《圣经》记载,耶稣的门徒曾在安息日饥饿时“捡起麦穗来吃”,受到法利赛人指责。耶稣此话是为其门徒辩解。大卫是以色列的第二位国王。——译者

⑦ Lane, *Manners and Customs of the Modern Egyptians*, p. 121.

⑧ Giles, *Strange Stories from a Chinese Studio*, ii. 217, n. 5.

⑨ Herrera, *General History of the West Indies*, iv. 337.

减轻罪责的正当理由。在弗约特人中，如老老实实如实交代，因饥饿而抢劫农场则免于惩处；不过，必须补偿损失。① 库克说及塔希提人，“偷取衣物或武器的人通常会处以死刑，吊死或者在海里溺死；但偷取食物的人则仅受杖责。通过这种做法，他们明智地对出自不同动机的相同罪名采取不同的惩罚措施。② 288

一种特殊形式的自我保护就是自卫。在这里，为它辩解的理由不仅在于行动者的动机，还在于他试图阻止的犯罪活动的错误性质。因而，与“由饥馑导致的窘迫”这类情况比较起来，作为自我保护的必要方式，自卫有施加伤害之权利。这一点已经得到更普遍的认可。古人认为，“以暴制暴”是自然权利，③是不成文习惯法；④教会法学家也持这样的看法。⑤ 即使在蒙昧人中也有并非罕见的习俗，即认可自卫以及自卫中杀人之正当性。⑥ 但在另外一些情况下，如何对待自卫这种情况要考虑到外部事件的影响力。在弗约特人那里，尽管自卫中杀人的人可免于惩处，他依然要对业已造成的伤害做出赔偿。⑦ 在霍屯督人那里，自卫可以是减轻罪责的理由，但不能完全免除所有责任。⑧ 其他地方的人们则根本

① Dennett，in *Jour. African Society*，i. 276.

② Cook，*Journal of a Voyage round the World*，p. 41 *sq*.

③ *Digesta*，xliii. 16. I. 27：“以暴制暴是可以的，卡修斯把这当作自然权利。”

④ Cicero，*Pro Milone*，4 (10).

⑤ Gratian，*Decretum*，i. 1.7.

⑥ Merker，转引自：Kohler，in *Zeitschr. f. Vergl. Rechtswiss*. xv. 64 (Wadshagga). Lang，in Steinmetz，*Rechtsverhaltnisse*，p. 257 (Waashambala)。

⑦ Dennett，in Jour. *African Society*，i. 276.

⑧ Kohler，in *Zeitschr. f. Vergl. Rechtswiss*. xv. 353.

不考虑自卫这种特殊情形。[①] 在古代条顿人中,自卫中杀人的人必须得到惩罚;[②]在德意志,也要受惩处,直到中世纪晚期为止;[③]在13世纪的英格兰,可以由王室赦免,但他必须情有可原并首先提请赦免。[④]

289 当然,在自卫中侵犯者想要施加的伤害与被攻击者反过来施加的伤害应是对称的。生命危险就是自卫中可以致人非命的最广为认可的理由。但这不是唯一理由。在瓦坎巴人[⑤]中,"可以杀死夜间进入村庄的小偷";尽管如他被杀死,此事件通常导致死者家族与凶手家族之间的流血宿仇。[⑥] 在乌干达,"杀死夜间擅入他人地盘的窃贼不需负任何责任";[⑦]在处于文明较高阶段的各地人们那里,我们同样能看到这样的规定,即杀死夜间行窃或入室行窃的窃贼不需负责任,尽管杀死白天的窃贼则未必。[⑧] 不过,这样的法

① Steinmetz, *Rechtsverhältnisse*, p. 50 (Banaka and Bapuku). Tellier, *ibid*. p. 176 (Kreis Kita). Marx, *ibid*. p. 357 (Amahlubi). Senfft, *ibid*. p. 450 (Marshall Islanders).

② Geyer, *Lehre von der Nothwehr*, p. 88 *sqq*. Trummer, *Vorträge über Tortur*, *& c. i*. 430. Stemann, *Den danske Retshistorie indtil Christian V's Lov*, p. 659. *Cf. Leges Henrici I*. lxxx. 7; lxxxvii. 6.

③ Trummer, *op. cit*. i. 428 *sqq*. von Feuerbach-Mittermaier, *Lehrbuch des Peinlichen Rechts*, p. 64. 布伦纳注意到,"置人于死地的与其说是杀人的行为,不如说是敌意"(Brunner, *Deutsche Rechtsgeschichte*, ii. 630)。

④ Bracton, *De Legibus et Consuetudinibus Angliœ*, fol. 132 b, vol. ii. 366 *sqq*. Pollock and Maitland, *History of English Law before the Time of Edward I*. ii. 574.

⑤ 瓦坎巴人,东非的一支土著居民。——译者

⑥ Decle, *Three Years in Savage Africa*, p. 488.

⑦ Ashe, *Two Kings of Uganda*, p. 4.

⑧ *Ta Tsing Leu Lee*, sec. cclxxvii. p. 297 (Chinese). *Exoaus*, xxii. 2. *sq*. *Lex Duodecim Tabularum*, viii. 11 *sq*. Plato, *Leges*, ix. 874. *Lex Baiuwariorum*, ix. (viii.) 5. Du Boys, *Histoire du droit criminel de l'Espagne*, p. 288(Spanish Partidas).

律看起来与其说是由于业主夜间相对不容易保护自己的财产，不如说是由于他个人安危遇到更大威胁。[①] 罗马《十二铜表法》允许在夜间窃贼携带武器防身的情况下杀死窃贼；[②]至于白天的窃贼，乌尔比安[③]明确地说，如业主不杀死窃贼自身就有危险，则业主可杀死窃贼。[④] 布拉克顿[⑤]和格劳秀斯确立了同样的规则。后者说："没有谁仅仅因为物品的缘故就应该死掉，例如在我试图用投掷物杀死一个没携带武器的飞贼并因此保护我的财产的时候，会发生这样的事；但是，若我有生命危险，那么，我甚至可以使他有生命危险而消除我的危险；只要我处于生命危险之中，不管是试图保护我的财产，还是夺回财产，或是追捕小偷，我都可以威胁窃贼的生命 290
安全；因为在所有这些情况下，我都在依据我的权利合法地行事。"[⑥]

按照英格兰法律，女人可以杀死试图蹂躏她的人；丈夫或父亲也可以杀死试图强奸他妻子或女儿的人。[⑦] 其他国家的许多法律条款都有类似规定，不管是现代法律还是古代法律。[⑧] 圣奥古斯

① *Cf*. Gregory IX. *Decretales*, v. 12.3; *Mishna*, fol. 72，转引自：Rabbinowicz, *Législation criminelle du Talmud*, p. 122。

② *Lex Duodecim Tabularum*, viii. 12. Cicero, *Pro Milone*, 3 (9).

③ 乌尔比安(Ulpian，约 170—228)，罗马五大法学家之一，其重要理论贡献是公法与私法的划分。——译者

④ *Digesta*, xlviii. 8.9.

⑤ Bracton, *op. cit*. fol. 144 b, vol. ii. 464 *sq*.

⑥ Grotius, *De jure belli et pacis*, ii. 1.12.1.

⑦ Harris, *op. cit*. p. 145.

⑧ Erskine-Rankine, *Principles of the Law of Scotland*, p. 558. *Ottoman Penal Code*, art. 186. Nordström, *Bidragtill den svenska samhälls-författningens historia*, ii. 349 (ancient Swedish laws). Plato, *Leges*, ix. 874.

丁说,法律允许在强奸之前或之后杀死强奸者,一如法律允许杀死试图致人非命的拦路抢劫者。[①] 按照《塔木德》,为了阻止眼看就要发生的谋杀或通奸,可以杀死潜在的罪犯,"以保护无辜者的生命或妇女的名声";但是若犯罪行为已结束,就不能这样取罪犯的性命了。[②]

许多地方禁止其他情形下的私力救济,但权利受非法侵害的丈夫可以处死奸夫和淫妇,特别是在当场捉奸捉双的情况下。这样的习俗在许多未开化社会流行,那里的司法一般由一批老年人
291 或酋长负责。[③] 在古代秘鲁人那里,"一个男人杀死与人通奸的妻子可以免除罪责;但如她犯的是其他过错而被丈夫杀死,这位丈夫就会被处死;如果他地位尊贵,则不必施加死刑,而以其他处罚了结"。[④] 按照中国刑法,"若丈夫发现其妻或妾有通奸行为,如在通

① St. Augustine, *De libero arbitrio*, i. 5 (Migne, *Patrologiæ cursus*, xxxii. 1227).

② Benny, *op. cit.* p. 125. Rabbinowicz, *op. cit.* p. 124.

③ Dalton, *Descriptive Ethnology of Bengal*, p. 45; Stewart, in *Jour. As. Soc. Bengal*, xxiv. 628 (Kukis). Mac-pherson, *Memorials of Service in India*, p. 83; Hunter, *Annals of Rural Bengal*, iii. 76 (Kandhs). Anderson, *Mandalay to Momien*, p. 140 (Kakhyens). MacMahon, *Far Cathay and Farther India*, p. 273 (Indo-Burmese border tribes). Crawfurd, *History ofthe Indian Archipelago*, iii. 130. von Brenner, *Besuch bei den Kannibalen Sumatras*, pp. 211, 213. Modigliani, *Viaggio a Nias*, p. 495. Dorsey, 'Omaha Sociology,' in *Ann. Rep. Bur. Ethn.* iii. 364. Dyveyrier, *Exploration du Sahara*, p. 429 (Touareg). Barrow, *Travels into the Interior of Southern Africa*, i. 207 (Kafirs).不过,在卡菲尔人的盖卡部落,"如果淫妇的丈夫当场杀掉奸夫或淫妇,尽管他是淫妇的丈夫,他也会因谋杀而被罚款"(Maclean, *Compendium of Kafir Laws and Customs*, p. 111)。在瓦坎巴人中,"如果一个男人夜间通奸时被抓,淫妇的丈夫有权杀死他;但如果事情发生在白天,奸夫被伤并诉诸法律,淫妇的丈夫就会被当作杀人犯处置"(Decle, *op. cit.* p. 487)。

④ Herrera, *op. cit.* iv. 338.

奸现场杀死奸夫或淫妇,或同时杀死二人,他不会受到惩处”。[1] 按照尼泊尔法律,在帕尔巴特人中,丈夫保有亲自向侵犯其婚床的苟合行为复仇的特权,而且,除了有身份有教养的婆罗门或手无缚鸡之力的男孩以外,任何人如不用自己的刀剑亲手报复,而是选择向法庭起诉的方式寻求了断,就会蒙上永久的耻辱。[2] 在所有纯伊斯兰国家,“如淫妇的丈夫或儿子在发现奸情后置若罔闻地把这事过去了,按照习俗他必将蒙受奇耻大辱;他会成为整个社会的禁忌,人们会对他唯恐避之不及;他会成为普罗大众的笑料以及家族和朋友的耻辱”。[3] 按照罗马帝国时期《惩治通奸罪的优流斯法》,如已婚女子及其奸夫在女子父亲家里或女子丈夫家里被当场捉奸,女子的父亲有权利当即同时处死他的女儿及其奸夫。另一方面,丈夫则无论如何没有权利杀死通奸的妻子,丈夫也没有权利杀死奸夫,除非奸夫是恶名昭彰之人或身为奴隶,且奸情不是在岳父家而是在他自己家发现的。[4] 不过,在更早时期,似乎丈夫可以杀死通奸的妻子;[5]后来的查士丁尼[6]也取消了优流斯法的严格限制,扩展了通过私力救济报复通奸行为的权利。[7] 依据一部雅典法律,“如果一个男子发现他人与其妻子、母亲、姐妹、女儿或 292

① *Ta Tsing Leu Lee*, sec. cclxxxv. p. 307.

② Hodgson, *Miscellaneous Essays*, ii. 235, 236, 272.

③ Burton, *Sind Revisited*, ii. 54 *sq*.

④ *Digesta*, xlviii. 5.21 *sqq*.

原文中的“Lex Julia”在中文文献中有多种翻译方法,如“朱利亚法”“尤里安法”“尤利乌斯法”等。——译者

⑤ Gellius, *Noctes Atticæ*, x. 23.5. *Cf*. Mommsen, *Römisches Strafrecht*, p. 625.

⑥ 查士丁尼,东罗马帝国一皇帝。——译者

⑦ *Novellæ*, cxvii. 15.

妾——男子与此妾的孩子生下来即为自由民——的奸情之后，杀死了奸夫，不应以谋杀的罪名流放此男子”。[①] 古代条顿人的法律允许丈夫在当场捉奸时杀死其不忠的妻子及奸夫；[②]按照《阿尔弗列德法典》，被妇女的合法丈夫、父亲、兄弟或儿子当场捉奸的奸夫，可以处死，这种灭命之举不会有被报血仇的危险。[③] 然而，在13世纪的英格兰，有迹象表明，当场发现妻子奸情的丈夫不再可以杀死奸夫、淫妇，不过可以阉割奸夫。[④] 依现在的法律，在奸情现场杀死奸夫与吵架时发生的杀人罪同等论处；此时杀死奸夫，丈夫只是犯了过失杀人罪，而若他在事后故意复仇杀死奸夫，则以故意杀人罪论处。这似乎是英国法律里的唯一情形——挑衅，而不是实际发生的殴打，成为把此情此景——使用致命武器杀人行为——判为过失杀人罪论处的充足理由。[⑤] 其他现代法律也有相应的规定。[⑥] 一般说来，明目张胆的通奸并不能成为杀人的正当理由，但可以减轻杀人者的罪责。[⑦] 而按法国刑法，“关于通奸……，丈夫在家发现妻子与奸夫的奸情，当场即刻杀害妻子乃至

---

① Demosthenes, *Contra Arislocratem*, 53, p. 637.

② Wilda, *Strafrecht der Germanen*, p. 823. Nordström, *op. cit.* ii. 62 *sq.* Stemann, *op. cit.* p. 325.

③ *Laws of Alfred*, ii. 42.

④ Pollock and Maitland, *op. cit.* ii. 484.若某位父亲或丈夫发现某男人与其女儿或妻子发生非法性关系，按西班牙中世纪的法律，这父亲或丈夫也有权利阉割奸夫(Du Boys, *Histoire du droit criminel de l'Espagne*, p. 93)。

⑤ Hale, *op. cit.* i. 486. Harris, *op. cit.* p. 145. Cherry, *Lectures on the Growth of Criminal Law*, p. 82 *sq.*

⑥ Italian *Codice Penale*, art. 377. Spanish *Código Penal reformado*, art. 438. *Ottoman Penal Code*, art. 188.

⑦ Günther, *Idee der Wiedervergeltung*, iii. 233 *sqq.*

奸夫，免罪。”[①]而在俄国，尽管法律并不免除丈夫复仇的罪责，陪 293
审团对他还是很宽容。[②]

关于自卫的法律已渐渐变得更为开明，而关于通奸情形下私力救济的法律整体来说变得更加严厉。原因是显然的。丈夫杀死不忠的妻子或其奸夫，这不是自卫，而是为自己复仇；自然，若一个社会不久前才以惩罚取代复仇，这个社会仍然会认可或容忍极端情形下的复仇。原先的关于报复的法律规定在新形势下挥之不去，授予被激怒丈夫的这一特权，不过是原有法条依然发挥作用的情形之一。按照卡菲尔人的习俗或法律，如果杀死了谋杀者，被谋杀者的亲戚只需付一笔很少的罚金。[③] 古代条顿人的法律曾在某一时期禁止私下复仇，但那时他们也并不把以血洗血的复仇者与普通的谋杀者同等看待；[④]甚至教会也承认，这两者之间存在区别。[⑤] 按照古代瑞典人的法律，对刚刚结束的犯罪行为进行迅疾复仇的谋杀者，可以完全免除责任。[⑥] 按照古代瑞典的奥斯哥特法，可把当场抓获的纵火犯立即丢到火里烧死，[⑦]古代挪威法律也允许杀死当场捕获的窃贼。[⑧] 爱恩[⑨]法规定，捕获窃贼的人可以自

① *Code Pénal*, art. 324.

② Foinitzki, *loc. cit.* p. 548.

③ Maclean, *op. cit.* p. 143. *Cf.*, however, *ibid.* p. 110.

④ Wilda, *op. cit.* p. 562. Stemann, *op. cit.* p. 582 *sq.*

⑤ Wilda, *op. cit.* pp. 180, 565. Labbe-Mansi, *Sacrorum Conciliorum collectio*, xii. 289.

⑥ Nordström, *op. cit.* ii. 414 *sq.*

⑦ *Ibid.* ii. 416.

⑧ Wilda, *op. cit.* p. 889.

⑨ 爱恩(Ine)，韦塞克斯(位于英国西南部，中古盎格鲁–撒克逊人所建的王国)的一位国王，公元688—726年间在位，以制定了一批法律而著名。——译者

由处置他，[1]埃塞尔斯坦[2]法暗示，对待窃贼的自然的、适当的处置就是杀死他们。[3] 依据威瑞德[4]国王制定的法律，“若某人杀死了一个正在行窃的老百姓，就让他横尸在那里而无须向其亲属支付赔偿金”。[5] 爪哇法律也规定，如当场抓获窃贼，可依法当场把他
294 处死。[6] 我们现在需要注意，以上情形都暗自认可这一原则，即可以对严重挑衅情况下的应激反应予以特殊对待。允许杀死公然行奸的奸夫、淫妇以及公然行窃的窃贼而不须承担罪责，这是对人类情感的宽容和尊重，而这类情感自然更容易因看到正在进行的事件而生发出来，而不是因仅仅知晓这个事件而引起。出于相似原因，罗马《十二铜表法》对现行盗窃犯的处罚要比非现行盗窃犯严重得多；[7]《阿尔弗列德法典》对在国王宫殿里打架并被当场抓获的人处以死刑，但若该犯当时逃脱并在后来被抓获，则可以赔付罚金了结此事。[8]

人们普遍认可，冷酷残忍地故意伤害，与因受到冤枉或虐待、感情受到极大刺激而一时心血来潮施加伤害，这两者之间存在着分野。有人报道过蒙昧人中发生的一些案例，表明他们也区分了故意杀人和过失杀人。所有文明国家的法律都把情感受挑衅而导

① *Laws of Ine*, 12. *Cf*. Stephen, *op. cit*. i. 62.

② 埃塞尔斯坦(Æthelstan)，英格兰国王，公元924或925—939年在位。——译者

③ *Laws of Æthelstan*, iv. 4.

④ 威瑞德(Wihtræd)，肯特(位于今不列颠岛南部)国王，公元690—725年间在位。——译者

⑤ *Laws of Wihtræd*, 25.

⑥ Crawfurd, *op. cit*. iii. 115.

⑦ *Institutiones*, iv. 1.5.

⑧ *Laws of Alfred*, ii. 7.

致其犯罪作为可减轻罪责的一种情形。

我们知道，澳大利亚纳里涅里人的审判团称作坦迪(*tendi*)，它由氏族的老年人组成，所有越轨者都会交由坦迪审讯。“为了防止某氏族的人在和平时期杀害另一氏族的人，被杀者的同氏族人会把杀人者送到他的朋友们那里，请他们把他带到多个坦迪组成的大审判团去接受审讯。若整个审讯终结以后，发现他确实杀了人，就会根据罪责轻重处罚。若是事先就有蓄谋的故意杀人，就会把他移交给他本人的氏族刺死。若是我们所说的过失杀人，就对其施加鞭刑，或把他从氏族驱逐出去，或强迫他去求助自己母系的亲戚。”[①]在帛琉群 295
岛[②]，如两个土著吵架，其中一个向另一个说“你老婆不是个好东西”，被侮辱的一方就可以用石块惩罚挑衅者，即使后者因此死掉也不须承担责任。[③] 东中非人“知道故意杀人和过失杀人的区别”，尽管对两种罪行的处罚常常并无二致。[④] 在坎德人那里，“不管伤势多么严重，只要是在受到极端挑衅情况下施加的伤害”，就只需付出轻微的赔偿。[⑤] 乔治说：“在通古斯人[⑥]那里，如由事先的争吵引起，过失杀人不适用死刑。不过杀人者会接受鞭刑，并且必须抚养死者的家庭成员：他不

① Taplin, 'Narrinyeri,' in Woods, *Native Tribes of South Australia*, p. 34 *sq*.

② 帛琉群岛，西太平洋加罗林群岛西部的岛群，由两百多个火山岛和珊瑚礁组成。——译者

③ Kubary, 'Die Palau-Inseln,' in *Journal des Museum Godeffroy*, iv. 43 *sq*.

④ Macdonald, *Africana*, i. 172.

⑤ Macpherson, *op. cit*. p. 82.

⑥ 通古斯人，居住在我国东北和西伯利亚东部的诸多民族的统称。——译者

会因此事件受到责备,反而会因此被看作勇士。”[1]在古代秘鲁人那里,“若某人在争吵中杀死了另一人,要搞清的第一件事就是,谁是首先挑衅的人;如死者是挑衅者,处罚就很轻微,具体由国王决定;如相反,就要处决杀人犯,或至少把他永久流放到安第斯山脉、在国王的玉米地里服劳役。犯谋杀罪者则会立即公开处决,即使他是个品行很不错的人。”[2]在尤卡坦[3]和尼加拉瓜的玛雅人那里,受到恶意挑衅而杀人,或非蓄意杀人,可以支付一笔罚金来赔偿。[4]

由摩西律法的某些段落可得出结论:古代希伯来人认为,由于一时冲动而杀死邻居的人不必处以死刑。[5] 而若某人“对待邻居蛮横无礼,用诡计杀死了邻居”,[6]或者他“憎恶自己的邻居,埋伏以待,起而袭击,重击致死”,[7]据说就要处死
296 他。不过,如果“他并非伺机攻击”,[8]或他“本来无冤无仇,只是事出意外地”[9]用刀子捅了邻居,人们允许他到某城市避难。

---

① Georgi, *Russia*, iii. 83. *Cf.* Also Turner, 'Ethnology of the Ungava District,' in *Ann. Rep. Bur. Ethn.* xi. 186.

② Herrera, *op. cit.* iv. 337 *sq.*

③ 尤卡坦(Yucatan),墨西哥一地名。——译者

④ Bancroft, *Native Races of the Pacific States*, ii. 658.

⑤ Goitein, *Das Vergeltungsprincip im biblischen und talmudischen Strafrecht*, p. 33 *sqq.*

⑥ *Exodus*, xxi. 14.

⑦ *Deuteronomy*, xix. 11 *sq.*

⑧ *Exodus*, xxi. 13.

⑨ *Numbers*, xxxv. 22.25.

莱斯特教授提出，在古代希腊的某个时期，针对蓄意谋杀以血洗血是神圣的义务和责任，而非预谋的杀人则可被本要为死者复仇的一方所原谅。[①] 柏拉图区分了两类人。一类人“克制自己的愤怒，不马上进行报复，而是后来才抱着既定目标复仇”，另一类人“不克制自己的愤怒，即刻而无预谋地报复”。后一类人尽管并非无意杀人，但其行为“近于无意”，因此应该比积累并克制自己的愤怒而后蓄意杀人的人承受更轻微的惩罚。[②] 亚里士多德尽管否认“出自愤怒或欲望的行动是非自愿的”，[③]还是认为“愤怒中做出的袭击不应看作蓄意、恶意为之，因为它们并不由被激怒者的意志而起，而是由激怒他的人的意志而起”。[④] 他补充说：“每个人都会同意，不是出自欲望或无论如何欲望很少，这时候做了不体面的事，应比在强烈欲望影响下做了那样的事的人承担更多责任；不是由于冲动而打了邻居的人应比冲动时打了邻居的人承担更多责任。”[⑤]西塞罗同样指出：“对于每一种越轨行为，它是由通常转瞬即逝的冲动引起，还是由恶意预谋而引起，这是个很关键的问题；由一时冲动引起的行为的严重性要比事先预谋的行为轻微。”[⑥]

关于古代俄罗斯法律，科瓦留斯基说：“按照我们古代的

① Leist, *Græco-italischw Rechtsge-schichte*, pp. 325, 352.

② Plato, *Leges*, ix. 867.

③ Aristotle, *Ethica Nicomachea*, iii. 1.21.

④ *Ibid*. v. 8.9.

⑤ *Ibid*. vii. 7.3.

⑥ Cicero, *De officiis*, i. 8.

法律，由于一时冲动，失去理智而使用暴力，自首并坦白交代系受冲动影响，免罪。”[①]按照古代爱尔兰法律，“杀人分为两
297 类，纯粹过失杀人和谋杀，二者的区别在于事先是否有预谋，后一种情形下支付的罚金要两倍于前者”；对于出自法律所认可的愤怒而造成的伤害，罚金相应减少。[②] 古代条顿人也认为，受挑衅状态下一时愤怒而犯错要比冷血地有预谋地犯错承担更轻的罪责；[③]这个看法似乎是他们区分公开杀人和秘密杀人的部分原因。[④] 按照东弗里斯兰人的法律，非预谋杀人者可以用钱偿命，蓄谋杀人者则不能这样。[⑤] 令人费解的是，布拉克顿竟然没注意到蓄意谋杀可能带有的恶意有着程度上的等级差异，他也完全忽略了挑衅问题的存在；[⑥]生活在同一时代的法国法学家博马努瓦在著作《博韦习惯法》里则提到，挑衅可作为减轻罪责的条件，[⑦]教会也持相同样看法。[⑧]柯克在《英格兰法总论第三部分》——该书可看作英格兰刑法的第二个源泉，布拉克顿是第一个源泉——里描述了蓄谋犯罪这一情况，并补充道：“一些误杀发生在突发事件当中，虽然有心但不是事先预谋杀人。对因愤怒而犯法的人应施加较轻

① Kovalewsky, *Coutume contemporaine*, p. 291.

② *Ancient laws of Ireland*, iii. pp. xciii. cx.

③ Wilda, *op. cit.* p. 560 *sqq.*, 701. Stemann, *op. cit.* p. 574. Von Amira, in Paul's *Grundriss der germanischen Philologie*, ii. pt. ii. 174.

④ Wilda, *op. cit.* p. 569. Von Amira, *loc. cit.* p. 173.

⑤ *Das Ostfriesische Land-Recht*, iii. 17 *sq.*

⑥ *Cf.* Stephen, *op. cit.* iii. 33.

⑦ Beaumanoir, *Coutumes du Beauvoisis*, xxx. 101, vol. i. 454 *sq.*

⑧ Gregory III. *Judicia congrua pœnitentibus*, 3 (Labbe-Mansi, *op. cit.* xii. 289).

微的惩处。若由于遭受挑衅而愤怒从而犯罪者，应从轻处罚。”[①]休谟讲，在苏格兰，“非预谋杀人者可以到避难所庇护：他可以逃往教堂或其他圣地；固然可以把他从那里带走审讯，而若能证实他系过失杀人，则应让他安然无恙、毫发无损地返回原处”。[②] 所有现代法律都把某些情形下的挑衅看作减轻罪责的条件。[③] 依据黑山的刑法，严重挑衅情景下甚至可以免除杀人犯的一切罪责。[④]

我们已经指出，受强烈情感影响而行事的人当时无法完全体察其行动的性质和特征，而且，法律之仁慈是“对人类精神之脆弱 298
性、对一时愤怒的妥协——一时的愤怒会使人丧失理性”。[⑤] 不过，情感激烈减轻罪责的主要原因不在于他行事时心智的无能，而是过于强烈的冲动使他整个身心失衡，失去自制力，以致他的意志无法抵制激情。法律的下述规定就体现了以上看法——“挑衅本身并不减轻杀人之罪责，除非被挑衅者由于受到挑衅而在行事之时丧失自我控制能力。”[⑥]

愤怒如此广泛地被认可为减轻罪责的条件，主要是由于挑衅者本人负有责任；道德和法律都考虑了行动者受到何等程度的挑衅。与此同时，不由自主的动机对于意志的压迫本身就可以是减

① Coke, *Third Institute*, p. 55.

② Hume, *Commentaries on the Law of Scotland*, i. 365.

③ Günther, *op. cit.* iii. 256 *sqq.*

④ *Ibid.* iii. 255 *sqq.*

⑤ Foster, *Report of Crown Cases*, p. 315.

⑥ Stephen, *Digest*, art. 246, p. 188.

轻罪责的充足理由。在患有某些精神疾病的情况下,某一病态的冲动或想法就可以专横地控制病人,驱使他做出伤害性行为。他疯了,不过他可能只是没有幻觉,没有明显的心智错乱迹象。他可能为某一想法或冲动所控制而杀死他无法忍耐的某人。或者他可能屈服于病态的冲动而去偷窃,去纵火焚烧房子或其他财产,却没有针对财产所有人的任何恶意,也不想通过所做之事达到什么目的。[①] 病人被驱使所做之事常常是他所憎恶之事,例如母亲杀死自己最喜爱的孩子。[②] 在这样的情况下,道德裁决者当然会认为此行动者无罪,并且,若他被国家法律及其管理者惩处,原因只能在于执法者无知。我们必须记住,在 19 世纪末甚至医学界人士都
299 几乎不了解这种形式的疯狂。[③] 那时,皮内尔惊奇地发现,“许多疯人从未有理解能力受到损害的迹象,却受到本能而抽象的愤怒之控制,仿佛他们有效的生理机能本身就足以支撑他们做出伤害之事”。[④] 毫无疑问,那十四位法官制定了关于疯子之刑事责任的法律,他们没有提及这种非心智错乱的疯狂,因为他们对自己要处理的问题缺乏足够的知识。[⑤]

道德判断首先一般是对具有直接动机的行动做出的,而既然

---

① Maudsley, *Responsibility in Mental Disease*, p. 133 *sqq*. Von Krafft-Ebing, *Lehrbuch der gerichtlichen Psychopathologic*, p. 308 *sqq*.

② Gadelius, *Om tvångstankar*, p. 168 *sq*. Paulhan, *L'activité mentale*, p. 374.

③ Maudsley, *op. cit*. pp. 141.

④ Pinel, *Traité médico-philosophique sur l'aliénation mentale*, p. 156.

⑤ 詹姆士·史蒂芬爵士认为,依照当前的英国法律,若行为人患有疾病,无法控制自己的行为,若不是由于他本人的过错丧失控制力,他的行为就不构成犯罪(James Stephen, *Digest*, art. 28, p. 20 *sq*.)。

反思会影响道德判断，道德判断才相应地考虑动机，这不仅适用于道德谴责，也适用于道德褒扬。每一宗教都有无数例子，人们做“好事”只是期待上天的回报。这意味着宗教具有这个假定，即神不考虑行动动机而裁决行动；因为，若适当考虑到了动机，就不可能把某人仅仅为了自己利益所做的事看作是应得到酬报的。我们知道，中国人“相信诸神能管天下事，他们对诸神的尊崇特别形式化、机械、无所用心”，并且“心之纯净在他们看来似乎并不特别重要”。[①] 依据考德威尔，“印度教徒只关心行动本身，他们声称动机与美德无关”。[②] “服从法律，因为这么做对你有益”，这一论断构 300
成了《旧约圣经·申命记》的基本出发点，这表现在诸如此类的措辞：“你可以得福”“你的日子可以长久”。[③] 说到现代埃及人，莱恩发现，“他们的自白表明，他们施舍的时候，对上苍回报的预期，对同类苦难的怜悯，以及依上帝意志行事的无私愿望，给他们带来同等的激动”。[④] 这样的说法不仅适用于穆斯林，也适用于许多基督徒所做的“好事”。难道佩利不是把善行明确定义为“遵从上帝的意志，为了永久的幸福，为人类做好事”吗？[⑤]

然而，跟古圣先贤细察道德意识的评论相比，上述看法就难以自圆其说了。道德大师总是驳斥这些看法。孔子要求在外部实践中保持内在的真诚，对只满足于杯碟表面清洁的形式主义

① Doolittle, *Social Life of the Chinese*, ii. 397.

② Caldwell, *Tinnevelly Shanars*, p. 35.

③ *Cf*. Montefiore, *Hibbert Lectures*, p. 531.

④ Lane, *Modern Egyptians*, p. 293.

⑤ Paley, *Principles of Moral and Political Philosophy*, i. 7 (*Complete Works*, ii. 38).

嗤之以鼻。[1] 他说:“丧礼,与其哀不足而礼有余也,不若礼不足而哀有余也。祭礼,与其敬不足而礼有余也,不若礼不足而敬有余也。”[2]“夫祭者,非物自外至者也,自中出生于心也。心怵而奉之以礼。”[3]有德之人贡献祭物时“不求其为”。[4] “子曰:‘视其所以,
301 观其所由。’”[5]流行的道教书籍《文昌帝君阴骘文》谆谆教诲净化心灵以准备行善的必要性。[6] 尽管与流行看法——不管动机如何,履行宗教责任总能得到某种程度的酬报——一致,婆罗门教的宗教立法者还是坚持认为,不管履行宗教责任后酬报如何而尽职尽责的人,将在现世及来世享受到最高程度的幸福。[7] 按照佛教的《法句经》,“若人以邪恶之心言行,痛苦将跟随着他,有如车轮跟随拉车之牛的足蹄……若人以清净之心言行,快乐将跟随着他,如影随形”。[8] 景雅各教士在描述蒙古佛教徒时说道:“蒙古和尚承认动机在评估行动中的作用……心灵的态度决定行动的性质。即便是端上一杯凉水这样的小事,只要他态度得体妥洽,仅此一点也就不亚于最盛大的献礼。”[9]关于希伯来人,孟弟福先生讲:“如果晚期的犹太法律在道德训诫中真的只是强调外在行动本身而不是

① *Cf*. Legge, *Religions of China*, p. 261*sq*; Girard de Rialle, *Mythologie comparée*, p. 214.

② *Lî Kî*, ii. 1.2.27. *Cf*. *Lun Yü*, iii. 4.3.

③ *Lî Kî*, xxii. 1.

④ *Ibid*. xxii. 2.

⑤ *Lun Yü*, ii. 10.1 *sq*.

⑥ Douglas, *Confucianism and Taouism*, p. 272.

⑦ Wheeler, *History of India*, ii. 478.

⑧ *Dhammapada*, 1 *sq*.

⑨ Gilmour, *Among the Mongols*, p. 239.

强调精神——我们今天可能这么说，强调外在表现而不是内在品质——我们就很难感受到它总是老调重弹的所谓心灵是善恶之源。还有什么书能比《旧约圣经·历代志》更像法律书呢？但正是在那里，我们发现了心向上帝的最郑重祈求……《旧约圣经·申命记》的快乐主义动机最强，而犹太拉比的这一动机最弱。”[①]在拉比的文献里，没有什么箴言比下面的格言——它位于讨论祭祀法的《密西拿》诸篇章的结尾——引用和应用得更频繁了：“若心向上
帝，只提供很少祭品的人同提供了很多祭品的人是同等的。”[②]耶 302
稣斥责他那个时代伪善的拉比们所犯的错误，《塔木德》同样谴责了这类伪善与谬误。里面说：“在一个人祷告前，让他净化自己的心灵”[③]而且，“以好的动机犯下罪孽要好于以坏的动机遵守训诫”。[④] 拉比埃拉扎尔说：“善行只是按照它包含多少仁爱之心而得到酬报，因为有这种说法——‘给予施舍，做出善行，为你自己播下（酬报的）种子，你会依仁爱之心而得酬报’。”[⑤]要求做好事时要有无私的动机，对于这一教义伊斯兰道德家也并不陌生。《波斯人的道德准则》一书的作者说道：“不管我们给予什么，都应满腔热忱、心存良善……我们如此仅仅是要取悦真主，不要在行动中掺杂任何不良动机，否则将会一无所获。”[⑥]

① Montefiore, *op. cit.* pp. 483, 533. 1 *Chronicles*, xxii. 19; xxviii. 9; xxix. 18 *sq.* 2 *Chronicles*, xi. 16; xv. 12; xvi. 9.

② Montefiore, *op. cit.* p. 484.

③ *Ibid.* p. 174.

④ Nazir, fol. 23 B，转引自：Hershon, *Treasures of the Talmud*, p. 74。

⑤ Succah, fol. 49 B, *ibid.* p. 11.

⑥ 转引自：Ameer Ali, *Ethics of Islâm*, p. 38 *sq.*。

第十二章　不作为和粗心大意

303 ——品格

我们常常注意到，在早期的道德规范里，所谓负面的戒律，即告诉人们什么不应该做的规范，要比告诉人们什么应做的正面的指令显眼得多。主要原因就在于，负面戒律来源于对行动的不赞成，而正面戒律则来源于对不作为或疏忽的不赞成，而人们的愤慨更容易被行动而不是不行动引起。某人做了有害的事，这是比某人不做事而造成危害更为明显的痛苦之源，而且这自然会影响大众的罪恶观念。审慎的判断者当然要小心区分故意和疏忽，而在他看来，不作为在道德上就等同于某项行动。另一方面，缺乏反思的判断者就相对不怎么关心故意的问题，而更多地关心行动和不行动之间的区别。甚至文明国家的刑法也很少关心不作为和疏忽；[①]其中一个原因就在于它们很少引起公众的愤慨。考虑到细节问题，即使认可行善的原则必须在很大程度上留给私人伦理准
304 则来裁决，法律在不作为和疏忽方面也如边沁所言，“能够拓展的空间，似乎远远超出迄今已达到的进展”。他恰到好处地问道：“如

---

① Stephen, *History of the Criminal Law of England*, ii. 113. Hepp, *Zurechnung auf dem Gebiete des Civilrechts*, p. 115 (Roman law).

果某人处于危险之中，那么，在无损于自身的前提下救他免受伤害，为何不是每个人的义务，正如每个人都有避免给他带来危险的义务呢？”①

道德意识审视得越仔细，就会赋予正面戒律越大的重要性。比较《旧约圣经》和《新约圣经》的道德可明白这一点。就像西利教授所发现的那样，②“旧的律法以‘你不应该’开始，新的则以‘你应该’开始。在《旧约》的情况下，年轻人遵守全部法律，就意味着他戒绝了一些行动，而《新约》要求他做一些事：出售自己的商品，给穷人饭吃。《旧约》里的摩西律法谴责罪孽之人，即做了违禁之事的人——犯了罪孽的，应当死去；而在《新约》里，基督断然谴责那些没有做善事的人——‘我饥饿，而你没给我肉吃。’基督习惯于指责的罪孽之人就是什么也没做的人。”基督的寓言不断表明其上述特点，例如从道路另一边通过的某祭司和某利未人的例子；③富人
的例子：他一生清誉，但一个乞丐曾躺在他门口，浑身疼痛，却无人 305
援手，富人由此落下恶名；④不称职的仆人把主人付他的一泰伦钱

① Bentham，*Principles of Morals and Legislation*，p. 322 *sq*. 不过，就是中世纪的立法者也在某种程度上认可这种说法。腓特烈二世的《西西里法典》规定：看到失火或船难而不救助遇害人的，要受惩处；听到受袭妇女尖叫而不救助的，罚四个奥古斯塔尔金币（*Constitutiones Napolitanæsive Siculæ*，i. 28，22［Lindenbrog，*codex legum antiquarum*，pp. 715，712］）。布拉克顿讲，能拯救某人生命却不作为者，不得免于惩处（Bracton，*De Legibus et Consuetudinibus Angliæ*，fol. 121，vol. ii. 280 *sq*.）。教会法的一条原则就是，有能力而不阻止邻人受伤害的人，按从犯处置（Geyer，*Lehre von der Nothwehr*，p. 74. Gregory IX. *Decretales*，v. 12.6.2）。

② Seeley，*Ecce Homo*，p. 176.

③ 在《新约圣经·路加福音》里，耶稣说道，强盗把某人打个半死，然后丢下不管，后来分别有个祭司和利未人路过，看见他，就从路的另一边走了。——译者

④ 此事同样可见于《新约圣经·路加福音》。——译者

藏在餐巾里的例子。然而,说《新约》的道德是“在道德星球上发现了新大陆”[①]则明显属于夸大其词。所有民族的习俗都不仅包括禁令,还包括正面的指令:对朋友慷慨,对穷人仁慈,对陌生人好客。我们将会看到,这些规则都可追溯到我们已知的蒙昧时期的最低阶段。如果说不同阶段有别,那差别也只是程度上的。关于维多利亚的班格朗人部落,柯尔先生注意到,“尽管并非一概而论,在多数情况下,土著居民所受的约束都具有负面特征:不能做这事,不能吃那食物,不能说别人。他在某种状况下该做什么,或他该做的事情,是习俗较少干涉的”。[②]

浅薄的心智倾向于忽略或低估某人或者有意不作为或者疏忽大意而造成的罪过,另一方面,也倾向于夸大某人做正事时由于漫不经心或鲁莽草率造成的伤害。事实上,后者不仅因其所为而应受指责,也因他未能做某事、注意力不集中、没考虑到可能的后果或对行动后果关注不够而应受指责。而肤浅的评判主要依据造成的实际伤害来衡量行动者的过失,甚至在许多情形下,过失本应归结为纯粹不幸之事,却责怪行动者粗心大意。

正如波洛克爵士和梅特兰教授所正确地注意到的那样,说野蛮人不会超出最近事件而追踪因果链条——例如,如果尸体躺在某人的脚下,除非此人曾殴打死者,否则他们不会把死者之死归因
306 于此人——这种说法不符合事实。[③] 在万由若人那里,若一女孩

① Seeley, *Ecce Homo*, p. 179.

② Curr, *Recollections of Squatting in Victoria*, p. 264 *sq*.

③ Pollock and Maitland, *History of English Law before the Time of Edward I*. ii. 470.

死于分娩，勾引她的人也注定要死去，除非他赔付几头母牛以赎救自己。[①] 在瓦坎巴人那里，若某人醉酒时两次犯了杀人罪，部落的尊长或者宣判他死刑，“或者让卖酒者赔偿死者家属”。[②] 按照马六甲土著法律，如把性情恶劣的水牛或黄牛“拴在马路上，而人们习惯于穿行于此，牛顶撞或伤害了某人，应当罚牛的主人一个塔基尔、一个巴哈，并赔付伤者治病所需花费。如某人被牛顶撞致死，牛主应依据《血钱法》支付罚金，因为他把牛拴在不适当的地方而有罪。”[③]据《阿尔弗列德法典》，若某人肩扛一支矛，任何人撞到矛上，持矛者都要支付赔偿。[④] 根据英格兰迟至 13 世纪仍在流行的一条古代习俗，被控杀人者在进行决斗断讼以前，应发誓他没有做什么事情令死者“远离生命，接近死亡”；[⑤]对于某些损害因由的追溯，现代英国律师会毫不犹豫地描述为“太遥远”，而对所谓的“亨利一世法”的厘定者来说，它们并不遥远。[⑥] “应你的请求，我在你处理自己的事务时陪伴你；我的敌人突然来了，杀死了我；你要为我的死亡赔偿。[⑦] 你带我去看野兽展览或一个有趣的疯子，野兽或疯子杀了我，你必须赔偿。你悬挂你的剑，某人碰掉了它，却伤了我，你必须赔偿。”[⑧]在所有这些情况下，你做了某事，促成了死亡或伤害，你因而对不幸事故负有责任。 307

① *Emin Pasha in Central Africa*, p. 83.

② Decle, *Three Years in Savage Africa*, p. 487.

③ Newbold, *British Settlements in the Straits of Malacca*, ii. 256 *sq*.

④ *Laws of Alfred*, 36.

⑤ *Leges Henrici I*, xc. 11. Bracton, *op. cit.* fol. 141 b, vol. ii. 440 *sq*.

⑥ Pollock and Maitland, *op. cit.* ii. 470 *sq*.

⑦ *Leges Henrici I*. lxxxviii. 9.

⑧ *Ibid*. xc. 11. Pollock and Maitland, *op. cit.* ii. 471.

不过,早期习俗和法律急于探查事件的源头,因而它们很容易忽略区分外部原因和内部原因,不能辨别哪里有过失、哪里没有过失;就粗心大意的情景而言,它们也未能判定犯事者的罪责大小。我们也已看到,古代条顿法律区分了 *vili* 与 *vadhi*。按照该法,过失杀人者要比故意杀人者承受较轻的处罚,但实际上两者受到的惩罚别无二致;至于无意之举是否伴有漫不经心或纯属意外,法律根本就不关心。[①] 根据《汉谟拉比法典》,“若医生用青铜柳叶刀治疗某绅士的严重伤势,致其死亡,或用青铜柳叶刀为某绅士去除眼部脓肿的过程中使其失去了眼睛,无论出现哪种情况,都应砍掉这医生的手”。[②] 摩西律法区分了杀人者是否怀恨在心,但没有考虑到粗心大意惹祸与意外事故之间的差别,[③]除非是牛用角把人戳死了。[④] 不过,在这类问题和其他许多问题上,后来的犹太法律取得了重大进展。拉比们费了好大劲区分了纯粹意外的杀人和粗心大意杀人;前者免除一切处罚,后者则要被禁闭在某个避难城里。[⑤] 他们甚至区分了两类案例,即完全由于行动者粗心大意引起的死亡以及死者本人也要承担一些责任的死亡。父亲或教师在惩罚儿子或学生时无意间致其死亡,奉最高议事会之命对罪犯施
308 以肉刑的行刑者无意中致其死亡,这些人都不会被禁闭在某一避

① Wilda, *Strafrecht der Germanen*, p. 578. Geyer, *op. cit.* p. 88. Brunner, *Forschungen zur Geschichte des deutschen und französischen Rechtes*, p. 499.

② *Laws of Hammurabi*, 218.

③ *Numbers*, xxxv. 16 *sqq.* *Deuteronomy*, xix. 4 *sqq.*

④ *Exodus*, xxi. 28-32, 35 *sq.* *Cf.* *Laws of Hammurabi*, 250 *sqq.*

⑤ Rabbinowicz, *Legislation criminelle du Talmud*, p. 173 *sqq.*

难城里，而是免除所有惩处。[1] 不管我们对这些规定还能说些别的什么，它们确实表现出某种明显的洞察力，而粗鄙的立法者在这些方面却缺乏鉴别能力。在英国最古老的记录里，我们看不到对两类案件——死者本人应受谴责的案子和死者无任何过错的案子——的区分，我们倒是看到许多马和船承担了啤酒所应承担的罪责。[2] 有一次，一个喝醉了的马车夫在自己座驾的车轮下被碾成肉饼，马车、马车里的一桶酒、牵引马车的公牛，都被没收充公。[3] 按照奥塞梯人的习惯法，若窃贼偷了一支枪，逃走的路上枪支在他手里走火，窃贼自个儿被误杀送命，窃贼的亲属可以理直气壮地向枪的主人寻仇。[4]

现代法律一般认为，某人因不够谨慎、缺乏远见而造成伤害，就要承担责任，而他是要赔偿还是要受处罚则取决于案件的性质。不过，我们先前已经注意到，对他的处罚不仅仅取决于他犯下疏忽这一过失的程度，或他给同胞带来的危险，而主要取决于引起了多大损害；若没人受到损害，人们就几乎注意不到他的过失。人们在这些事情上的判断受到外部事实极大程度的影响，以致今天我们中许多人仍会认为，若某人做了一件事后紧接着造成了损害，他应为所有损害负责，即使无法设想在那种情况下会有什么先见之明而事先留心。[5] 不久之前，有人举出合理（即便不够充分）的依据 309

① *Ibid*. p. 174. Benny, *Criminal Code of the Jews according to the Talmud Massecheth Synhedrin*, p. 115 *sq*.

② Pollock and Maitland, *op. cit*. ii. 474, ii. 4.

③ *Three Early Assize Rolls for the County of Northumberland*, p. 96 *sq*.

④ Kovalewsky, *Coutume contemporaine*, p. 295.

⑤ Holmes, *Common Law*, p. 80.

表明,在英国法庭上,主张受到人身伤害指控的被告既无过失亦无伤害原告的意图,是无法构成抗辩的。[①] 近些年来,大陆法学家攻击罗马法的无过失即无责任的原则[②]——此原则经或多或少修改后已为现代法律所采纳。[③] 他们说,造成不幸的人应该因此而赔偿,这样才公平,因为被损害的一方"仍要比他清白得多"。他们呼吁"正义感",以强迫街头晕倒并在倒下时弄坏了易碎物件的人赔偿物主损失。[④] 这样,他们通常不过问因意外事故造成的损失,却对造成不幸事故的一个活生生的人穷追猛打。这种例外做法最不合理,不过不难解释它。人们乐于指责做了有害之事的人,不管他是否应受指责;同时,他们倾向于忽略造成伤害的间接的、较遥远的原因,即导致受害人自身行为的别的危害。因而,责任——如果不是罪责的话——就落在做了某事造成痛苦的人身上,即使他只是由于肌肉痉挛性收缩才做这事;而身处被伤害的危险之中的另一方,却更多地被看作"清白无辜"。

罪责或准罪责就这样被归于做了有害之事的无辜之人,而人们却很少谴责或不指责因缺乏远见或缺乏自制而造成损害的
310 人——只要行动后果对他们而言足够遥远。关于这一点,有两个例子。其一,不久以前,许多文明国家还以轻率而宽大的态度看待

① Stanley v. Powell, in *Law Reports, Queen's Bench Division*, 1891, i. 86 *sqq*. Pollock and Maitland, *op. cit.* ii. 475 *sq*.

② von Jhering, *Schuldmoment im römischen Privatrecht*, *passim*, especially pp. 20 *sqq*., 40 *sqq*. Hepp, *op. cit.* p. 106.

③ Forsman, *Bidrag till låran om skadestånd i brottmål*, p. 158 *sq*. Pollock, *Law of Torts*, p. 129 *sqq*.

④ Thon, *Rechtsnorm und subjectives Recht*, p. 106, n. 71.

醉酒;其二,法律和大众舆论仍以可耻的冷漠态度看待生育问题:由于父母的恶习、贫穷和身体之虚弱,生育下一代几乎可以肯定要陷于悲惨境地。人们认为,干预这类事务就是侵犯个人的自由权利,或者就是在上帝的领地指手画脚。而一般说来是不允许人仅仅为了满足自己的欲望去做坏事的,人们恰好就引入上帝为人类各种各样的缺点负责。我推测,对这个以及其他许多同类情况的真正解释是:原因和结果相距如此遥远,短视的眼睛无法清楚看到它们之间的联系。实际上,在裁决有关疏忽或短视的案例方面,文明人的道德意识大概是需要心智训练的。而且,一个人对其行动的可能后果的考虑,对包含在其责任清单里的正面指令的考虑,最能反映这个人道德开化的程度。

人们从一开始就能感受到——不是关乎某种行为方式本身,而是指涉人的行为——道德上的愤慨和道德上的赞许。从这些情感的内在本质看,这一点是显而易见的。就像我们前面所注意到的那样,这些情感的一个最根本的特征就在于它们指向可感受到的行动者。因而这些情感会自然引起对于人品的判断,正如它自然就引起对于人的行为之判断。而且,就是在道德判断直接指向
某明确的行动时,它也注意到行动者的整个意志。真诚的忏悔之 311
后才有宽恕伴随而来,人们也区分了残忍地故意造成的伤害和一时冲动造成的伤害;这表明,人们做道德判断时,倾向于考虑瞬间意欲之外的因素。惩罚第二次和第三次越轨要比惩罚首次越轨更为严厉,这个通行的做法就体现了上述倾向。

在马萨伊人那里,“若某人因某种罪行而几次被定罪,或者他成为众矢之的,就会宣布他为违法之徒,他的财产就会被罚没,他靠近任何定居点或村庄都会被驱赶。除非他能在非马萨伊人部落里找到朋友,不然他就会饿死。”[①]在瓦坎巴人那里,“由尊长来审判谋杀案件;如某人系初犯,就会处以罚金……但若第二次定为谋杀罪,就会立刻处决,判决下来时每个人都会揍他、打他……初犯强奸要被鞭打,并赔偿一头母牛;再犯强奸就会处决。”[②]在北美的怀安多特人那里,“首次犯通奸罪的妇女,就剪去她的头发以示惩罚;累犯会挖掉她的左眼”。[③] 印加人的法律也对初犯较为宽大,对第二次犯罪较为严厉;[④]在米却肯王国,首次偷窃并不受严厉惩处,再次行窃的小偷会被丢到悬崖上去,其尸体任由猛禽啄食。[⑤] 在阿留申人那里,首次偷窃“会施以肉刑;再次行窃会砍掉右手的几个手指;第三次行窃,会砍掉左手,有时也会割掉嘴唇;第四次行窃就要处决”。犯了其他罪,“首次犯罪,由酋长当着社群居民的面予以训斥,若再犯,就要捆绑起来折磨他一段时间”。[⑥] 坎查岱人“会用火烧经常被当场捉获的小偷的手,而如果是首次行窃,小偷要返还所窃之物,离群索居,也不要指

① Hinde, *The Last of the Masai*, p. 108.

② Decle, *op. cit.* p. 487.

③ Powell, 'Wyandot Government,' in *Ann. Rep. Bur. Ethn.* i. 66.

④ Herrera, *General History of the West Indies*, iv. 338 *sqq.*

⑤ *Ibid.* iii. 255.

⑥ Veniaminof,转引自:Petroff, 'Report on Alaska,' in *Tenth Census of the United States*, p. 152。

望别人能帮他什么”。[1] 在阿伊努人那里，“闯入别人的仓库或住处，初犯要被狠狠打一顿；再犯，有时要割掉鼻子，有时割掉耳朵，有时鼻子、耳朵都割掉……两次犯下同一罪行的人，要带着包裹行李被驱逐出家门及其所属的村庄”。[2] 在麦其诺岛民那里，屡次犯下如谋杀或抢劫这样的罪行，通常处以死刑，而初犯只处以罚金。[3] 按照爪哇人尼蒂·萨斯特的说法，若某人犯法，初犯会处以罚金，再犯会处以伤及肉身的惩罚，第三次可能就要处决。[4] 中国刑法规定，被定为偷盗罪的人，初犯要在其左胳膊刺“窃盗”二字，再犯，刺右胳膊，三犯者，按惯例拘禁一段时日后处以绞刑。[5] 在尼泊尔，犯了偷窃罪或轻微的入室盗窃罪，初犯要砍掉一只手，再犯要砍掉另一只手，第三次犯罪就判处死刑。[6] 希罗多德以赞成口吻提及，在古代波斯，甚至国王都不能仅以一项罪行就处死某人。[7] 按照《祛邪典》，罪行的严重性不仅取决于所犯之事的严重性，也取决于犯罪的次数。[8] 在古罗马，累犯也会加重处罚。[9] 按照早期英国法律，第二次定罪于几乎每一种罪行都是死刑或断

① Krasheninnikoff, *History of Kamschatka*, p. 179.

② Batchelor, *Ainu and their Folklore*, p. 285.

③ Hunt, in *Jour. Anthr. Inst.* xxviii. 6.

④ Raffles, *History of Java*, i. 262.

⑤ *Ta Tsing Leu Lee*, sec. cclxix. p. 285.

⑥ Hodgson, *Miscellaneous Essays*, ii. 235.

⑦ Herodotus, i. 137.

⑧ *Vendîdâd*, iv. 17 *sqq*.

⑨ Mommsen, *Römisches Strafrecht*, p. 1044.

肢。[1] 现代欧洲法律通常认可这一原则,即特定罪行的犯罪恶劣程度随再犯次数而加重。

道德判断越是受到反思影响,就会越是审视在那桩行为——
313 道德判断由此引起——当中表现出来的当事人品格。不过,不管道德判断多么肤浅,它总是指向被设想为一持续存在实体的意志,指向被看作快乐或痛苦原因的个人。这既适用于蒙昧人,也适用于文明人。甚至驯养的动物对给予的伤害或好处做出反应的时候,也会根据它们以前关于行动者的经验而采取不同做法。

① Stephen, *op. cit.* i. 58.

第十三章　为什么道德判断针对行为和品格——道德评价和自由意志 314

我们已经从进化的角度检视了有关道德判断问题的一般性质。我们看到，这样的判断实质上针对行为和品格，我们也相应考虑了当道德判断具有鉴别力和启迪性时构成行为和品格的各种成分。而一个重要问题仍然等待回答：为什么是这样？我们不能让自己仅仅满足于这个最基本的事实——只有意志才可说是道德上好或坏。我们必须尝试把它解释清楚。

说了上面这些，就不难找到解释了。道德判断指向行为和品格，这是因为这些判断是由道德情感引起；因为报偿性情感是心灵对于有生命的存在（或按有生命的存在来看待的某种东西）——我们把它当作快乐或痛苦的原因——之或友善或敌意的反应性态度；有生命的存在之所以被看作快乐或痛苦的原因，正是由于我们假定这种情感是由它的意志引起。下面的事实证明我考虑的这个解释是正确的——我们感受到的道德情感以及非道德的报偿性情感指向的现象与道德判断指向的那些现象在本质上极其相似。 315

就像道德愤慨一样，我们感受到的报复的情感只能指向具备感知能力的存在，或针对我们相信具备感知能力的某物。我们可能一时对无生命物体感到恼火，但这样的愤怒不会持续；一旦我们想到这个物体感受不到痛苦,我们的愤怒就消失了。这样的情况甚至出现在动物身上:一条狗与另一条狗在一起玩耍,它撞到了一棵树而疼痛并发怒,一旦它意识到造成它痛苦之物的真实性质,它也会马上息怒了。[①]

有生命的存在物意外造成的伤害与无生命的物体引起的伤害等效。假如我的手臂或脚碰到了我的邻居,而他确信这不是故意的,或事先没预见到,或不是由于我这方面的粗心大意,他当然不会对我感到愤怒。为什么不会呢?贝恩教授这么回答:"我们明白在这个世界上不可能绝对不会受到任何侵犯,我们也明白我们这时或那时会受到他人的意外伤害,我们的头脑就这样受到训练,任凭非故意的伤害随风而去,而不反过来伤害冒犯我们的人以获得满足。"[②]另一种回答可能是,意外伤害绝没有影响被伤害者的"自我情感"。不过,上述两种回答都没触及问题的根本。我们再回到狗的例子上,我们知道,甚至狗都能区分被绊和被踢;这既不是训练的结果,也与自尊感没有关系。[③] 狗那样做的原因在于,狗是由踢它的人而不是绊它的人那里察觉到了敌人的存在。而我的邻居要比狗更清楚,他能区分我身体的一部分和作为一个有意志生命
316 体的我本人,当他发现伤害的来源仅仅在于我的手臂或我的脚时,我就不是应该遭受憎恨的对象了。只有在他人认为某事件是由我

① Hiram Stanley, *Studies in the Evolutionary Psychology of Feeling*, p. 154 *sq*.

② Bain, *Emotions and the Wil*, p. 185.

③ 根据利希滕斯坦,库萨的卡菲尔人也希望大象能做出相似的区分;"如他们杀掉了某头大象……他们就对死象郑重地说,发生的事情纯属偶然,不是故意的,试图摆脱掉对死象的责任。"(Lichtenstein, *Travels in Southern Africa*, i. 254)

的意志引起的时候，他人才会相应地把我归结为事件的原因；并且，只有在我造成痛苦时被看作是有意志的和有感受的人，我才会恰如其分地成为被憎恨的对象。

当我们认识到动物、小孩子、疯子不能判断自身行动性质的时候，我们几乎不会感到要去憎恨他（它）们施加的伤害。既然他（它）们不是故意的，没预见到伤害，他（它）们就不是由他（它）们的行为所引起的伤害的真正原因，何况他（它）们本来就不能预见到伤害。斯多葛学派哲学家说："为什么你对病人的癫狂、疯子的胡言乱语、孩子的肆意攻击逆来顺受？当然，这是因为他们明显不知道他们正在做什么……如果谁为了报复而踢了他的骡子，咬了他的狗，我们还会认为他心智健全吗？"[1]哈特利注意到："随着我们观察能力的提高，生活经验的丰富，分析动物行动能力的改善，我们会发现，兽类和儿童甚至某些情形下的成人，对人们归因于他（它）们的行动没有多少责任或根本就没有责任。"[2]

我们是否会刻意憎恨对方，取决于对方行动的动机。假定某人向我们说谎了。若他这么做是为了拯救我们的生命，我们对他的情感就不会与他为自己谋利而撒谎时一样。而且，如果我们发现伤害了我们的人受到了强迫才那么做，或普通人在某种强烈的无法抑制的非意志性冲动影响下才那么做，我们的愤怒就会减弱或烟消云散。那时，造成伤害的主要原因不是他的被看作持续存在的意志。他的意志不情愿地屈从于他人的意志，就像他的意志

---

① Seneca, *De ira*, iii. 26 *sq*.

② Hartley, *Observations on Man*, i. 493.

不得已而为之一样；或者屈从于某种强大的意向，而此意向并不构成他真实自我之任一部分。他那时只是别人手里的一个工具，或
317 者说他“神经错乱”“举措失态”“心不在焉”。蒙田讲：“我们愤怒的时候，是激情在说话，而不是我们。”[①]古希腊人的宗教心理学把因头脑一时激动而做的事归因于艾特（*Ate*），认为艾特使头脑糊涂并诱使当事人做了在清醒状态下会由衷表示愧疚的事情。有了艾特以后就必然有利特（*Litae*）——谦卑的忏悔祷告，而不管先前做了什么错事，在神和众人面前的利特必然得到回报。[②] 吠陀歌手辩称：“伐楼拿啊，不是我们自己的意志把我们引入歧途，而是一些蛊惑——酒、愤怒、骰子和我们的愚蠢。”[③]在安达曼群岛，由坏脾气或憎恨引起的暴力行为被视为一时“鬼魂附体”的结果，人们此时会认为这位魔障的受害者不必为其行为负责。[④] 就像我们已经看到的那样，人们常常把疯狂归因于魔鬼附体。在古代爱尔兰，人们相信鬼魂附体常常是由恶毒的法术——通常由某督伊德[⑤]施行——所导致，因而在《古制全书》的注解里，疯子常常被描述为“中了魔法”的人。[⑥] 这就意味着，一个人在疯狂状态下做的事不是他本人做的。

难道哈姆莱特会做对不起雷欧提斯的事吗？哈姆莱特决

① Montaigne, *Essais*, ii. 31 (*Œuvres*, p. 396).

② *Iliad*, ix. 505 *sqq*. Müller, *Dissertations on the Eumenides*, p. 108.

③ *Rig-Veda*, vii. 86.6.

④ Man, in *Jour. Anthrop. Inst*. xii. 111.

⑤ 督伊德（druid），古代英国、法国、爱尔兰等地曾流行的督伊德教的僧侣。——译者

⑥ Joyce, *Social History of Ancient Ireland*, i. 224.

不会做这种事。

要是哈姆莱特在丧失他自己的心神的时候，做了对不起雷欧提斯的事，
那样的事不是哈姆莱特做的，哈姆莱特不能承认。
那么是谁做的呢？是他的疯狂。既然是这样，
那么哈姆莱特也属于受害的一方，
他的疯狂是可怜的哈姆莱特的敌人。[①]

我们不仅憎恶行动和意志，也憎恶疏忽，不过我们通常对疏忽的憎恶程度较低；当伤害被归因于缺乏先见之明时，若其他情形相同，我们憎恶的程度就与其粗心大意——我们认为粗心大意也应负有责任——的程度成正比。若某人本来可以凭其意志阻止自己 318
造成伤害，却没有阻止，这么看来他就是造成伤害的原因。不过由粗心大意引起的伤害与由意志引起的故意伤害不是一回事。再者，若行动者在某特定情况下可能具有的先见之明越少，意志对于事件的责任就越小。

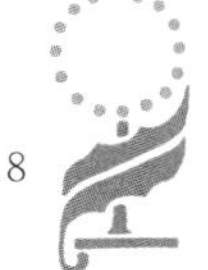

若某人再次施加伤害，我们的憎恶就会加深，并且，当我们发现对手习惯性地恶意伤害我们时，我们的憎恶最为深重。另一方面，我们在前面的章节就注意到，[②]被伤害方并非听不到真诚请求宽恕的祷告。像道德愤慨一样，人们感受到非道德的憎恶时，也考量伤害者的品格。

谈到感激之情，我们发现引起感激之情的情况与引起道德赞

① Shakespear, *Hamlet*, v. 2.

② 见第三章。

许的情况有相似之处。对给我们带来快乐的无生命物体,我们会感受到某种报偿性的喜爱之情;“某人逐渐喜欢上一个鼻烟壶,一个小铅笔刀,他长期以来使用的拐杖,他对它们生发出某种近似于真诚喜爱的感情。”[①]然而,感激与想要使给予者快乐的欲望有关,只有我们的对象本身能感受到快乐,对这些对象的感激才能被合情合理地感受到。再者,经过深思熟虑,我们不会感激纯粹出于意外而使我们受益的人。因为感激指向假定的快乐原因,也因为某人只有具有意志才会被视作原因,感激因而预先假定快乐应当起因于他的意志。出于同样原因,受益一方也把动机考虑进来。正如哈奇森注意到的那样:“被认为道德邪恶的捐赠者提供的赏金,强力敲诈而来的赏金,或出于某种自我利益而授予的赏金,不会收
319 获真正的友善之情;非但如此,还会引起道德愤慨。”[②]像道德赞许一样,感激不仅可由行动和意志引起,也可由意志之缺乏引起——只要这种缺乏来自某良好的意志倾向。而且,与道德裁决者一样,心怀感激之人的报偿性感情受到他对施主品格看法的影响。

于是,决定着非道德的憎恶和感激的认知,就其一般性质而言,恰恰与决定着道德愤慨和道德赞许的认知相似。不管报偿性情感是道德上的还是非道德的,它实质上都指向某有感受的有意志的存在或自我——此存在或自我被视为快乐或痛苦的原因。这就解决了一个问题,那些未能认识到道德判断起源于道德情感的人,必然找不到解决这一问题的办法;而且我认为,那些试图解决

① Adam Smith, *Theory of Moral Sentiments*, p. 136.

② Hutcheson, *Inquiry concerning Moral Good and Evil*, p. 157.

这个问题的人虽然考虑到了各种情形，却从未充分理解它。例如，有人断言，道德褒扬和道德谴责不适用于无生命物体以及那些非自愿行事的人，因为只有“能造成某种效果”，人们才表达这些情感；[①]有人断言，道德判断与强迫问题有关，“因为只有在一个人出乎其自由意志而按道德原则行事的情况下，社会才会肯定他”；[②]有人断言，我们认为疯子不该负责任，因为我们知道“他的脑子有病，不可能仅仅通过道德谴责来改变他的品性，让其品性以后可以成为靠得住的依据”。[③] 如此这般，施加于这些对象的道德褒扬或道德谴责就归结为功利的计算；[④]而实际上，这是由道德情感——它构成了道德判断的基础——的性质决定的。就像约翰·穆勒所注意到的那样（尽管他似乎从未认识到他的反对意见的全部价值），虽然我们带着影响行为的明确意图施加道德褒扬和道德谴
责，“对我们情感的有益后果的预期从来都有助于我们表达这个情 320
感本身”。[⑤]

道德情感的本质也能帮助我们解答另一引起无休止争论的重要问题，即道德责任和一般因果法则并存情景下造成的困惑。有人声称，责任及一般的道德判断，与人类意志由原因决定这一观念不相协调；声称“或者自由意志是事实，或者道德判断是幻觉”。莱

① James Mill, *Fragment on Mackintosh*, p. 370.

② Ziegler, *Social Ethics*, p. 56 *sq*.

③ Clifford, *Lectures and Essays*, p. 296.

④ See also James Mill, *op. cit*. pp. 261, 262, 375.

⑤ Stuart Mill, in a note to James Mill's *Analysis of the Phenomena of the Human Mind*, ii. 323.

斯利·斯蒂芬很好地总结了上述论点——“据说,道德责任意味着自由。一个人只能为他造成的结果负责。现在,某事件的原因也是被促动的结果。如果我既是原因又被促动,促动我的东西就是我行为的原因;我只是力量传播链条上的一个被动的环节。这样一来,因为每一个个体都是某种外在于他的事物之结果,他的责任就真的转换到那个事物上去了。宇宙或第一原因要独自负责,而因为它独自对它自己负责,责任就变成纯粹的幻象。”[1]有人认为,如果决定论正确,与无生命物体比起来,人类并非道德评价的更合适主体;道德褒扬和道德谴责之应用,“本身就像为日出鼓掌、对下雨愤怒那样荒唐”;[2]有德之人应该受到的钦佩只不过是那种“我们公平地给予制作精良之机器”的钦佩。[3] 这些来自决定论的推论并不只是决定论反对者锻造的武器;它们也为决定论的支持者所拥有。理查德·欧文及其追随者认为,因为一个人的品格为他定制出来的,而不是由他自己塑造出来的,因他力有不逮的东西而
321 惩罚他就毫无正义可言。[4] 对约翰·穆勒来说,责任只是出于功利主义目的而施加惩罚。[5] 西季威克教授对自由意志理论持怀疑态度,他也认为,通行的看法——认为惩罚是一种报复——以及关于“美德”“过失”和“责任”的一般观念涉及意志自由这个假定,而且如要使用这些术语,就应在新的意义上使用它们。他

① Leslie Stephen, *Science of Ethics*, p. 285.

② Martineau, *Types of Ethical Theory*, ii. 41 *sq*.

③ Balfour, *Foundations of Belief*, p. 25.

④ Stuart Mill, *Examination of Sir William Hamilton's Philosophy*, p. 506.

⑤ *Ibid*. p. 506 *sqq*.

说："如果把错误的行动以及表现于此行动的不良品质看作先于或外在于行动者的原因的必然结果，对它们所造成损害的一般意义上的道德责任就不能由行动者来承担。同时，决定论者也可以赋予术语'不良品质'和'责任'以清楚明确的意义，而且从功利主义观点来看，也是唯一合适的意义。依此看法，如我证实A对一件有害行动负有责任，我的意思是：以此而惩罚他是正确的；惩罚主要是为了使对惩罚的畏惧阻止他及其他人将来再做相似的事情。"①

如果这些结论是正确的，不管施加惩罚是否有正当理由，从决定论角度看，道德愤慨或道德赞许之情感显然是荒唐的。但是，事实上，决定论者和自由意志论者都能感受到这些情感。他们似乎根本没受到这一观念——人类意志受制于一般因果法则——的影响。情感总是由具体的认知所决定，只有这些认知的影响持续，情感才持续。听说一个朋友遭遇一件恶行，我感到难过；但只要我发现这个传言是假的，我就不再悲伤。我对伤害我的人感到恼火；但只要我认识到伤害纯属意外，我的愤怒就平息下来。一件恶性犯罪引起了我的愤慨，但我听到犯罪者是个疯子的时候，愤慨就会烟 322
消云散。另一方面，不管我多么确信人的行为和品格的细枝末节都是某些原因造成的，也不能阻止我感受到对他的报偿性情感——或者是愤怒或感激，或者是道德愤慨或道德赞许。因此，我的结论是，报偿性情感在实质上并非由自由意志之认知所决定。我认为，斯宾诺莎的下述假定——因为人们认为自己是自由的，所

① Sidgwick, *Methods of Ethics*, p. 71 *sq*.

以他们相互之间能够比对待其他任何事物感受到更多的爱或憎恶——是错误的。[①] 在我看来,认为道德评价与决定论相矛盾的观念,或者是由于没能认识到道德判断起源于情感,或者是由于对道德情感的真实本质认识不够。这样看来,现在就容易解释造成上述观念的错误根源了。

我们已经看到,道德赞许和道德上的不赞同指向的对象是意志,并且,如某人的意志受到非意志的意向之压力,他应负的责任就会减轻。这样,负完全责任就预先假定了没有受到那样的压力,特别是没有受到外界的强迫。因而我们得到这个推断,即负完全责任也预先假定不受因果关系制约,完全受制于外界压力则意味着完全无责任。人们把外在强迫和因果关系混淆起来;这种混淆是由于这个事实,即人们实际上把决定意志的原因看作外在于意志的限制性力量。

大众心理强烈相信因果法则。思考道德问题时,大众心理会认可,这个世界上发生的每一件事都有一个原因;如找不到自然原因,就倾向于用超自然原因来说明事件的发生。而当人类意志介入进来时,因果链条常常尤其晦暗不清;一如斯宾诺莎所说的那
323 样,尽管人们意识到他们有意志和欲望,他们"以其无知,绝不会想到促使他们如此希望、如此欲求的原因"。[②] 因而,在做哲学般的思考时,他们倾向于把自己的行动归因于掌控人类事务的外部力

① Spinoza, *Ethica*, iii. 49, Note.

② *Ibid*. pt. i. Appendix.

量——神或全能的命运——的影响。当然，神和命运[1]可以不以人的意志为工具而实现自己的目的；“意外”发生的后果常常和人们有意为之的后果一样，同样也可以归结于超自然的原因。不过，另一方面，这个事实——一般而言人们做事时意志在先——如此明显，即便是头脑最简单的人都能明白。实际上，这个事实给原始人留下如此之深的印象，以致他们把每一事件都归因于意志。宿命论者虽然承认意欲和行为之间的联系，却只把前者看作外在于行动者的力量的某种工具，正是这种外在力量强迫行动者的意志去实现它的计划。宿命论者还认为，有时这种力量会以行动者本人无法预见的方式达到自己的目标。穆罕默德说：“若真主已命令某人在某地死去，真主就会让他产生这种愿望，让他自己想到那个地方去”；[2]在伊斯兰世界，流行着这么一个说法：“当命运之神降临，她就闭塞了人的耳目。”[3]有时外部力量激发出受害者不可抗拒的某种热情，让他用意志去实现它的指令，例如宙斯促使克吕泰涅斯特拉去杀死阿伽门农；或者一个人的意志本身被看作是服从了外部力量的指令。在瑞典的瓦伦德，如某人被另一人杀死，或杀人者自己在经受着死刑的折磨，妇女会说：“唉，这是他的命，肯定是。”或者说：“可怜的家伙，命真苦。”[4]在巴列维语[5]的一个文本
里，智慧之神说：“即使能够借助于智慧和知识的强大力量，也不能 324

① 某巴列维语文本把命运说成“一开始就注定的东西”，把天意说成神“也会以其他方式传达”的东西（*Dînâ-î Maînôg-î Khirad*，xxiv. 6 *sq.*）。

② Lane，*Arabian Society in the Middle Ages*，p. 6.

③ Burton，in his translation of the *Arabian Nights*，i. 62，n. 2.

④ Hyltén-Cavallius，*Warend och Wirdarne*，i. 206.

⑤ 巴列维语，约在公元 3 世纪至 8 世纪使用的波斯语。——译者

与命运作对。因为，当关于美德或邪恶的命运降临，智者变得缺乏责任感，精明人把他的机巧用于恶行；懦弱的人变得勇敢，勇敢的人变得懦弱；勤奋的变得懒惰，懒惰的变得勤奋。事情就这样命中注定了，因缘充斥其间，任何别的东西都被逐出。"[①]

不仅仅是大众心理才在涉及人类意欲时把原因解释为强迫，甚至像汉密尔顿[②]和曼塞尔[③]这样的哲学家似乎都不能区分决定论和宿命论。劳里教授也说："决定论是较晚使用的术语，披着宿命论的外衣，把问题搞混了……或是自由或是宿命，只能从中间选一个。"[④]当然，那些把决定论等同于宿命论的人才会"把问题搞混"。一个相似的混淆也潜伏在自由意志支持者的主要论点后面。有人说"我应该"意味着"我能"，并且人们不应为他们不能避免的事情负责。若"不能"的意思是强迫，"能"的意思是不受强迫的自由，上述说法就完全是对的。但是，如果人们说"我能"是要表示"我"是第一原因，不受任何其他事物决定，这就肯定不对。

若人们认为某人的意志受一外在于他的力量限制，他显然不应为他在如此限制影响下做的事负责。我们只应为出自我们的意志而做的事负责。在一个腐化社会环境长大的荒淫之徒，要比一直生活在适宜养成美德情境下的荒淫之徒承受较少的指责；再者，若我们听说，某罪犯童年时被一帮窃贼绑架，这些窃贼训练他做扒
325 手这个行当，我们无疑会以某种宽恕之心看待他。不过，在这些情

① *Dînâ-î Maînôg-i Khirad*, xxiii. 3 *sqq*.

② Hamilton, *Lectures on Metaphysics*, ii. 410 *sqq*.

③ Mansel, *Prolegomena Logica*, p. 329 *sqq*.

④ Laurie, *Ethica*, pp. 307, 319.

况下也可以说，虽然当事人的行为主要是由于外部情境对其意志的影响，但这种影响并非不可抵御，他本来可以通过意志的努力把自己从泥潭里拯救出来，因而他不应一点儿责任都不承担。但在受到命运控制的情况下，逃脱绝无可能；强制构成了一种无所不在的力量。因此，激进宿命论的逻辑结果就是否定所有道德责任，拒斥所有道德判断。①

决定论就不是这样。宿命论预先假定某人受外部力量限制，而决定论把此人看作各个方面受制于原因的结果。决定论并不假定他的意志的任一部分先于形塑他的这些原因而存在；他的意志不是受这些原因限制，而是被它们造就。当我们说到某人受外部情境影响或被命运征服，我们把他看作独立于影响他或征服他的东西而存在，我们认为他具有由外到内的内在品格。设若他在不同的生活情境里长大，或命运没有干涉他，他定然会是另外一种样子。但是，假若说造就了他现在的那些原因如果不一样——例如，如果他生养在别的父母家里——，他就会有所不同，这定然是毫无意义的。这表明，我们能够区分一个人的原初自我与部分是先天的、部分是由外部情境造就的自我。他的先天品格从属于他的原初自我；而且，严格说来，认真审视的道德裁决人会仔细考察这个人本身的非自愿的部分，以及外部世界对他施加的压力大小，尽可

① 关于非洲东北部的居民，穆辛格讲："不管是基督徒、异教徒还是穆斯林，他们都认为，生与死、幸与不幸、善与恶都直接受神掌控。"（Munzinger，*Ostafrikanische Studien*，p. 66）也参阅、比较道蒂关于贝都因人的说法（Doughty，*Arabia Deserta*，i. 155）。不过，人在日常生活中并非哲学家，因而通常说来，宿命论者像他人那样，随时会对邻人的行为做出判断。按古代某些作者的说法，命运的力量是有限的，并不能把个人责任排斥掉（See Schmidt，*Ethik der alten Griechen*，i. 59 *sq.*）。

326 能地只是评判先天的品格。[1] 按照宿命论者,内在品格也是受强迫的;因而根本就谈不上个人责任。按照决定论者,内在品格是被引起的;但这无论如何与责任问题没有关系。与审美情感和审美对象之间的关系比较起来,道德情感与内在品格的关系并非更密切。作为一种报偿性情感,道德情感实质上指向有感受的有意志的存在,此存在并不被看作无因之果,而只是看作快乐和痛苦的原因。

① 叔本华在其优秀的著作《论意志的自由》(Schopenhauer, *Sämmtliche Werke*, vii. 83 *sqq*.。)及《论道德基础》(*ibid*. vii. 273 *sqq*.)里强调,道德判断的主题就是内在品格。他讲,内在品格就是一个人的全人之真正的内核,包含着他的善与恶的胚芽。尽管叔本华关于人的品格总是保持不变的说法不正确,在我看来,无可否认,只有在某人的内在品格使得他后来的品格发生变化时,这些变化才可归结于他本人。

第十四章　初步评论——杀人总论 327

我们已经讨论了那些倾向于引起道德谴责或道德褒扬的现象的一般性质。我们已经看到，道德判断针对行为和品格，我们也看到了为什么这样。现在我们要考察从属于道德评价的特定行为模式，并思考不同的人及不同年龄的人如何对这些行为模式做出裁决。

若要事无巨细，这样的探究就不知何时能结束。另外，若要面面俱到，我们就得考察存在于各个种族的所有习俗，因为每个习俗都可视为某条道德规则。而当考虑到人的行为——特别是蒙昧人的行为——受到习俗制约的程度，我们就能看到，要完成这样全面细致的考察显然是不可能的。例如，在万尼卡人那里，“若某人胆敢改进其棚屋的风格，做一条比习俗许可更大的通道；若他穿着比其族人更精致的或风格不同的服装，他马上就会受到惩罚”。[1] 执行仪式的时候，澳大利亚土著的先人习惯于画一条横贯前额的白线，他们的后人也必须照做。[2] 根据南森博士对格陵兰岛民的描
述，他们社群生活中的每一可能的场景都浸淫着传统习俗和一成 328

① New, *Life, Wanderings, and Labours in Eastern Africa*, p. 110.

② Spencer and Gillen, *Native Tribes of Central Australia*, p. 11.

不变的规则;[1]这样的生活形态对许多——尽管不是全部——低等种族来说都是千真万确的。

那么,我们有必要限制自己,只考察比较重要的与人类道德意识有关的行为模式。为了方便起见,可以把这些行为模式划分为六组。第一组包括这类行为、不作为和疏忽,它们直接关系到其他人的利益,关系到他们的生命或身体的健全,他们的自由、名誉、财产,等等。第二组包括另外一类行为、不作为和疏忽,它们主要关系到一个人自己的福祉,例如自杀、克制、禁欲。第三组行动涉及人们的性关系,它部分地与前两组重合,部分地与前两组有别。第四组包括他们对待较低等动物的行为;第五组是他们对待死人的做法;第六组包括他们对待他们认可的、或真实或想象的超自然存在的行为。我们将按照以上顺序分别考察各组行为。由于不满足于仅仅单纯地描述事实,我们还将试图发现在每一特定情形下构成道德判断基础的原则。

人们普遍主张,我们对同胞最神圣的责任就是敬重他们的生命。我敢于相信,这不仅适用于文明民族,也适用于低等种族;而且,若蒙昧人认识到他对邻人总负有道德责任,他也会认为,与施加给他们的其他类型的伤害比较起来,剥夺他们的生命是更严重的罪过。

然而,据说各种未开化的族群认为人的生命非常廉价。

据说澳大利亚的迪埃利人仅仅因为小事就能杀死他们最

① Nansen, *Eskimo Life*, p. 104.

亲密的朋友。[1] 在斐济，人们“完全漠视人类生命的价值”。[2] 329
马萨伊人为了争夺捕获到手的一群牛而打架，结果有人杀害了他的朋友或邻居，但是“一点儿也不妨碍他此后活得快快乐乐”。[3] 在贝专纳部落巴察平人[4]那里，谋杀“很少引起骚动，只有死者家庭受到影响；并且据说谋杀不会给杀人者带来耻辱；杀人者也不会感到不安，只是害怕复仇”。[5] 孟加拉的奥朗人受到了轻微的挑衅就准备要杀人，克罗内尔·道尔顿怀疑他们对此是否具有道德上的愧疚感。[6] 据说，喜马拉雅地区的一些山民把人杀死，仅仅是为了观看受害者流血及其最后的挣扎而获得满足。[7] 在旁遮普西北边境的帕坦人[8]那里，“几乎没有人手上是干净的”，每个人都“计算自己杀人的数量”。[9]

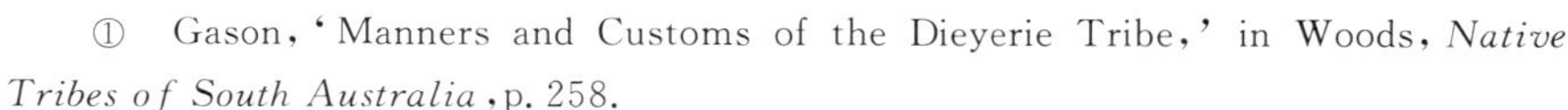

① Gason, ‘Manners and Customs of the Dieyerie Tribe,’ in Woods, *Native Tribes of South Australia*, p. 258.

② Williams and Calvert, *Fiji and the Fijians*, p. 115.

③ Johnston, *Kilima-njaro Expedition*, p. 419.

④ 巴察平人，生活于南部非洲的土著居民贝专纳人的一支。——译者

⑤ Burchell, *Travels in the Interior of Southern Africa*, ii. 554.

⑥ Dalton, *Descriptive Ethnology of Bnegal*, p. 256.

⑦ Fraser, *Journal of a Tour through the Himālā Mountains*, p. 267.

⑧ 帕坦人，主要居住在巴基斯坦西部的一个族群。——译者

⑨ Temple，转引自：Spencer, *Principles of Ethics*, i. 343。关于蒙昧人漠视人类生命的其他事例，见：Egede, *Description of Greenland*, p. 123; Cranz, *History of Greenland*, i. 177; Holm, ‘Ethnologisk Skizze af Angmagsalikerne,’ in *Meddelelser on Grönland*, x. 87, 179 *sq.*; Coxe, *Russian Discoveries between Asia and America*, p. 257 (Alents of Unalaska); Krasheninnikoff, *History of Kamschatka*, p. 204; Steller, *Bcschreibung von dem Landc Kamtschatka*, p. 294; Boyle, *Adventures among the Dyaks of Borneo*, p. 116 (Malays); Powell, *Wanderings in a Wild Country*, p. 262 (aborigines of New Britain); Scaramucci and Giglioli, ‘Notizie sui Danakil,’ in *Archivio per antropologiae la elnologia*, xiv. 26; Wilson and Felkin, *Uganda*, ii. 310 (Gowane); Schweinfurth, *Heart of Africa*, i. 286 (Bongo); Arnot, *Garenganze*, p. 71 (Barotse); Tuckcy, *Expedition to Explore the River Zaire*, p. 383 (Congonatives); Ward, *Five Years with the Congo Cannibals*, p. 105 (Bolobo)。

另一方面,也有一些未开化的族群,据说在他们那里,杀人或谋杀事件几乎闻所未闻。

在奥马哈人[1]那里,“在酒精饮料引入当地以前,没有发生过谋杀事件,甚至人们争吵时也没发生过杀人的事”。[2] 莱昂船长从未听说伊格卢利克[3]的爱斯基摩人之间有杀人的事例。[4] 据布伦奇利,在萨摩亚群岛的图图伊拉岛,二十年里只
330 发生一例暗杀。[5] 锡兰的维达人只知道杀人要处以重刑。[6] 布兰特先生说,幼发拉底河流域的贝都因人“本质上是仁慈的,从不随便杀人。如他在战争中杀了一个人,他宁愿隐瞒这个事实,而不是大声说出去。在部落内部,几乎从未听说过谋杀之类的事,即便是一般的杀人案也闻所未闻。”[7]在喀麦隆的巴克威利人那里,佐勒从未听说过某人曾杀死社群另一成员。[8] 卡利说:“班巴拉人[9]中很少有杀人事件,曼丁哥人[10]中从未发生过杀人案。”[11]在万尼卡人中,“蓄意而残忍的谋杀几

---

① 奥马哈人,北美的一支印第安人。——译者

② Dorsey,‘Omaha Sociology,’in *Ann. Rep. Bur. Ethn.* iii. 369.

③ 伊格卢利克(Igloolik),加拿大一地名。——译者

④ Lyon, *Private Journal*, p. 350.

⑤ Brenchley, *Jottings during the Cruise of H. M. S. “Curacoa” among the South Sea Islands*, p. 58.

⑥ Sarasin, *Ergebnisse naturwissenschaftlicher Forschungen auf Ceylon*, iii. 539. *Cf.* Tennent, *Ceylon*, ii. 444. Hartshorne, in *Indian Antiquary*, viii. 320.

⑦ Blunt, *Bedouin Tribes of the Euphrates*, ii. 203. *Cf. ibid.* ii. 207.

⑧ Zöller, *Kamerun*, i, 188.

⑨ 班巴拉人,非洲马里的一个族群。——译者

⑩ 曼丁哥人,西非一族群。——译者

⑪ Caillié, *Travels through Central Africa*, i. 353.

乎闻所未闻”。[①] 巴苏陀人能享受到绝对的安全，他们那里“路不拾遗，夜不闭户，房门和窗户连门闩和窗闩都不需要”，而且谋杀事件非常少见。[②]

在另外一些情景下，人们很明确地把杀人视为罪过。

南森博士所描述的格陵兰岛民认为，若非情况特殊，杀死同类是惨烈的暴行。[③] 达科他人说，除非是复仇，否则杀死同类是重罪，“因为每个人都有活着的权利”。[④] 布里奇先生说，在火地岛，杀人事件很少发生，因为当地有一个根深蒂固的习俗，认为人的生命是神圣的——“土著不许屠杀同胞；不管杀人犯在哪里，判官都会判决他饿死，或者让众人在光天化日之下活活打死他。”[⑤]安达曼岛民谴责谋杀是羽卜达（*yūbda*），即罪恶。[⑥] 新南威尔士布坦尼湾的土著尽管认为轻微的冒犯就构成了杀人的借口，“若他们相信无正当理由杀人，作为罪行 331

① New, *op. cit.* p. 98.

② Casalis, *Basutos*, p. 301. 关于其他事例，见：Hall, *Arctic Researches*, p. 571 (Eskimo); Dobrizhoffer, *Account of the Abipones*, ii. 148; Turner, *Samoa*, p. 178; Ellis, *Tourthrough Hawaii*, p. 429; Brooke, *Ten Years in Saráwak*, i. 61 (Sea Dyaks); Low, *Sarawak*, p. 133; Marsden, *History of Sumatra*, p. 471 (PoggiIslanders); Steller, *De Sangi-Archipel*, p. 26; Riedel, *De sluik-en kroesharige rassen tusschen Selebes en Papua*, p. 41 (Ambon and Uliase Islanders); von Siebold, *Aino auf der Insel Yesso*, pp. 11, 35; Munzinger, *Ostafrikanische Studien*, p. 532 (Barea and Kunáma); Holub, *Seven Years in South Africa*, ii. 319 (Marutse); Maclean, *Compendium of Kafir Laws and Customs*, pp. 61, 143 *sq.*; Shooter, *Kafirs of Natal*, p. 137。

③ Nansen, *Eskimo Life*, p. 162.

④ Prescott, in Schoolcraft, *Indian Tribes of the United States*, ii. 195.

⑤ Hyades and Deniker, *Mission scientifique du Cap Horn*, vii. 374, 243.

⑥ Man, in *Jour. Anthr. Inst.* xii. 112.

> 还是会受到严厉谴责”。[①] 依据柯尔先生的经历，澳大利亚黑人认为谋杀无疑是罪过，杀人者事后会懊悔；甚至在溺婴或屠宰牲畜之后——二者都是公然进行的，当事人仍会在此后相当长的时间里懊悔莫及、郁郁寡欢。[②]

关于杀人，需要特别注意的是，在早期文明里，人们认为以血洗血不仅是私人事务，也是一种责任；而在此习俗不流行的地方，社群会惩罚凶手，通常的方式是处以死刑。我们会毫不犹豫地接受泰勒教授的看法——“没有哪个已知部落，不管多么低级和残暴，曾经许可人们随意相互残杀。”[③]在每一个社会里，即使这个社会不怎么尊重人类生命，习俗都禁止在某一个圈子内部发生杀人之事。只不过，圈子的范围大小因具体情境不同而具有很大差别。

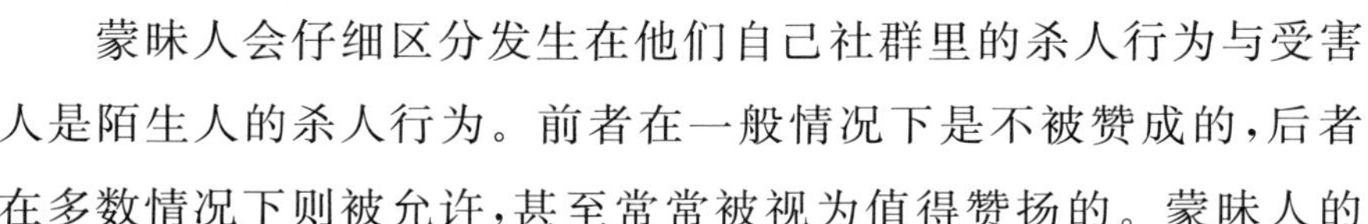

蒙昧人会仔细区分发生在他们自己社群里的杀人行为与受害人是陌生人的杀人行为。前者在一般情况下是不被赞成的，后者在多数情况下则被允许，甚至常常被视为值得赞扬的。蒙昧人的

---

① Barrington, *History of New South Wales*, p. 19. *Cf.* Lumholtz, *Among Cannibals*, p. 126 (natives of Northern Queensland).

② Curr, *The Australian Race*, i. 100, 43 *sq.*。其他事例，见：Keating, *Expedition to the Source of St. Peter's River*, i. 127 (Potawatomis); Siidllarmon, *Journal of Voyages in the Interior of North America*, p. 348 (Indians on the east side of the RockyMountains); Hall, *Arctic Researches*, p. 572 (Eskimo); Mariner, *Natives of the Tonga Islands*, ii. 162; Macdonald, *Oceania*, p. 208 (Efatese); Yate, *Account of New Zealand*, p. 145; Arbousset and Daumas, *Exploratory Tourto the North-East of the Colony of the Cape of Good Hope*, p. 322 (Bechuanas); Fritsch, *Die Eingcborenen Süd-Afrika's*, p. 322 (Hottentots)。

③ Tylor, 'Primitive Society,' in *Contemporary Review*, xxi. 714.

伦理有一个很常见的观念，即认为一个人的主要美德就是在战争中获胜并杀死许多敌人。

> 在兴都库什山脉的卡菲尔人那里，人们既可能认为杀死生人不妥，也可能认为并无不妥；不过，他们几乎不会认为杀 332
> 人是一种罪；另一方面，若杀死同部落的人，人们的看法就会很不一样了。[①] 科里亚克人认为谋杀不是大罪，除非谋杀发生在自己部落内部。[②] 早期的阿留申人认为，杀死同胞就犯了死罪，“但杀死敌人则是另一回事”。[③] 对阿特印第安人来说，若死者不是部落成员，谋杀不过相当于杀了一条狗。[④] 根据冯·洪堡的记述，圭亚那土著居民“讨厌所有不属于他们家族或他们部落的人；他们捕杀跟他们部落处于战争状态的近邻印第安人，就像我们捕杀猎物一样”。[⑤] 在火地人看来，“生人和敌人几乎是同义词”，因而他们不敢造访没有自己朋友并且也不知底细的地方，因为他们很可能被杀死。[⑥] 澳大利亚黑人对不认识的任何男子都怀有强烈憎恶，即便这位男子跟自己是同一种族；并且，只要于己没有风险，就会尽早寻机暗

① Scott Robertson, *Káfirs of the Hindu-Kush*, p. 194.

② Krasheninnikoff, *op. cit.* p. 232.

③ Veniaminof，转引自：Petroff, 'Report on Alaska,' in *Tenth Census of the United States*, p. 155。

④ Sproat, *Scenes and Studies of Savage Life*, p. 152.

⑤ von Humboldt, *Personal Narrative of Travels*, v. 422.

⑥ Stirling, in *South American Missionary Magazine*, iv. 11. Bridges, in *A Voice for South America*, xiii. 210.

杀,把他除掉。[①] 在美拉尼西亚,整个群岛上的居民也是把这样的陌生人当作要杀掉的敌人。[②]

在蛮人岛[③],杀死另一部落成员,即潜在的敌人,“是善行而非罪行”。[④] 对于年轻的萨摩亚人来说,在拼死搏斗中杀死敌手并被自己的酋长公开感谢,意味着实现了平生最宏大的抱负。[⑤] 按照斐济人的信仰,从未杀死过任何敌人的男子,死后在另一个世界将被迫用自己的大棒击打粪便——这是土著人头脑所能想象到的最耻辱的惩罚,因为他们在那里竟然用大棒干那么卑微的事;[⑥]在富图纳群岛,人们认为,若要在未来的幸福生活中有所作为,就必须在战场上抛洒鲜血。[⑦] 在托雷斯海峡西部群岛,“或者通过公平较量,或者通过背信弃
333 义而杀死陌生人,是值得称赞的事情,把战斗中杀死的其他岛屿居民的头盖骨带回来是一种荣耀”。[⑧] 在所罗门群岛[⑨]、新

① Curr, *The Australian Race*, i. 64, 85 *sq*. Mathew, in *Jour. & Proceed. Roy. Soc. N. S. Wales*, xxiii. 398.

② Codrington, *Melanesians*, p. 345.

③ 蛮人岛(Savage Island),1774年,库克船长(James Cook)登上位于太平洋中南部的纽埃岛,由于纽埃人持敌对态度,遂命名该岛为蛮人岛,大部分欧洲人因而不敢驶近该岛。——译者

④ Thomson, *Savage Island*, p. 104. See also *ibid*. p. 94.

⑤ Pritchard, *Polynesian Reminisfcences*, p. 57.

⑥ Seemann, *Viti*, p. 401. *Cf*. Williams and Calvert, *op. cit*. p. 97 *sq*.; Erskinc, *Islands of the Western Pacific*, p. 248.

⑦ Smith, in *Jour. Polynesian Society*, i. 39.

⑧ Haddon, in *Reports of the Cambridge Anthropological Expedition to Torres Straits*, v. 277.

⑨ Romilly, *Western Pacific*, p. 73. Penny, *Ten Years in Melanesia*, p. 46. Codrington, *op. cit*. p. 345.

几内亚岛[1]以及马来群岛的一些地方，收集人头数目最多的人会被部落视为最勇敢的人并享尽荣耀；有些族群甚至在当地男子至少砍掉一个人头之后才允许他结婚。[2] 许多北美印第安人也把自吹拥有人头皮数量最多者看作最受敬重的人。[3] 沙瑞印第安人认为，最高的美德"是让外人流血；除非为恐惧所慑，他们见到外人的正常冲动就是杀死他"。[4] 在楚科奇人[5]那里，"在本家族或种族内部偷盗或谋杀被视为犯罪；但若在其他地方犯下这些罪行，不仅允许，还被视为荣耀而赢得钦敬"。[6] 加拉人[7]也认为杀死外族人值得敬重，而杀死本乡本土人则是犯罪。[8]

同时，在低等种族那里，也有不少事例表明，"你不可杀戮"这一规则也适用于外人。我们在后面的章节会看到，好客是蒙昧世

① Romilly, *Western Pacific*, p. 76.

② Bock, *Head-Hunters of Borneo*, pp. 216, 221, &c. (Dyaks). Bickmore, *Travels in the East Indian Archipelago*, p. 205 (Alfura of Ceram). Dalton, *op. cit.* p. 40 (Nagas of Upper Assam).

③ 著名的剥头皮习俗尽管很常见，但在北美印第安人中绝非普遍(see Gibbs, Tribes of WesternWashington and Northwestern Oregon, in *Contributions to N. American Ethnology*, i. 192; Powers, *Tribes of California*, p. 321)。

④ McGee, 'Seri Indians,' in *Ann. Rep. Bur. Ethnol.* xvii. 132.

⑤ 楚科奇人，居住在西伯利亚最东北部的土著居民。——译者

⑥ Georgi, *Russia*, iii. 183.

⑦ 加拉人，主要分布在埃塞俄比亚南半部的土著居民。——译者

⑧ Macdonald, *Africana*, i. 229. For other instances, see Harmon, *op. cit.* p. 301 (Tacullies); Burton, *City of the Saints*, p. 139 (Dacotahs); Macpherson, *Memorials of Service in India*, p. 94 (Kandhs); MacMahon, *Far Cathay*, p. 262 (Indo-Burmese border tribes); Macdonald, *Africana*, i. 194 *sq.* (Eastern Central Africans); Johnston, *Kilima-njaro Expedition*, p. 419 (Masai).

界的一项重要责任。习俗要求,主人应该款待、保护到他家做客的人,杀死客人就意味着犯下暴行,而这样的惨事几乎不可能发生。再者,涉及不同部族间的关系,我们不能断定战争时允许的事情在
334 和平时期也允许。禁止杀人的规则可以超越部落边界,由于这样或那样的原因,不同部落成员之间才能够彼此友好相处。[①] 一般情况下,我们一定不能假设某蒙昧部落生活在完全与世隔绝的状态,也不能设想某部族总是与其邻居大动干戈。例如在澳大利亚,一个土著部落通常与一个、两个或更多其他部落保持着友好关系。[②] 斯潘塞和吉伦两位先生说,在澳大利亚中部的土著那里,“各个部落之间绝非总是处于相互敌对的状态”;相反,当两个部落在各自疆域边界上相互接触的时候,双方部落成员总是保持着友善的感情。[③] 甚至据称,某些未开化的部族从没经历过战事。锡兰的维达人之间从不发动战争。[④] 根据报告,乌姆纳克岛[⑤]和乌纳拉斯卡岛的最古老居民内部或与其邻居之间从未发生过战争,只是与阿拉斯加的土著打过仗。[⑦] 对于南森博士描述的格陵兰岛民来说,战争“不可理解,也令人讨厌,他们的语言里没有与战争对应的词”。[⑧]

---

① See, *e.g.*, Scott Robertson, *op. cit.* p. 194 (Káfirs of the Hindu-Kush).

② Curr, *The Australian Race*, i. 62 *sq.*

③ Spencer and Gillen, *Native Tribes of Central Australia*, p. 32.

④ Sarasin, *op. cit.* iii. 488.

⑤⑥ 美阿拉斯加州的两个岛屿。——译者

⑦ Coxe, *op. cit.* p. 244.

⑧ Nansen, *Eskimo Life*, p. 162.

从某些与战争有关的习俗可清楚地看到，蒙昧人在一定程度
上重视部落间维护和平生活的权利。南太平洋诸岛居民及北美印
第安人认为，若一方要攻击另一方，必须事先向对方发出通牒，以
便对手能准备好迎战。[①] 他们停战的时候，常常要缔结一个特别
条约，并设计和举行专门的仪式，以使条约生效。[②] 例如，塔希提
人用绿树枝编织一个各边均加上装饰物的环，交换两条小狗，共同 335
制作一块布，然后把环和布供给神，首先违反如此庄重条约的一
方，将受到诅咒。[③] 蒙昧人的习俗也并非总是允许战争期间肆意
杀戮。通常，他们认可不许侵犯来使。[④] 在新南威尔士的土著那
里，部落信使的额头戴着红色的网状物，这样人们就知道他是使者
了，他在敌对部落之间可以安全通行；[⑤]在北美奥马哈人那里，“拿
着和睦烟斗[⑥]的人通常会受到敌人的尊重，就像所谓文明国家的
战争法对待拿着休战旗帜的人那样”。[⑦] 而且，许多未开化部族通
行这样的规则：在战争期间不伤害虚弱无助之人。

萨摩亚人认为，杀戮妇女乃懦夫行径；[⑧]即便是在斐济，

① Hale, *U. S. Exploring Expedition. Vol. VI. Ethnography and Philology*, p. 72 (Micronesians). Gibbs, *loc. cit.* p. 190 (Indians of Western Washington and North-Western Oregon).

② See Farrer, *Military Manners and Customs*, p. 162 *sq.*

③ Ellis, *Polynesian Researches*, i. 318.

④ See Farrer, *Military Manners and Customs*, p. 161.

⑤ Fraser, *Aborigines of New South Wales*, p. 41.

⑥ 和睦烟斗(peace pipe)，北美印第安人用来表示和睦、和平的烟斗，拿在手里作为和平使者的象征。——译者

⑦ Dorsey, ‘Omaha Sociology,’ in *Ann. Rep. Bur. Ethn.* iii. 368.

⑧ Turner, *Nineteen Years in Polynesia*, p. 304.

“开明的一方”也反对杀害妇女，强烈主张“杀害妇女不过是像婴儿那样懦弱而已”。[①] 阿比泊尼人在战争中“通常不伤害不抵抗之人，并带走无辜男孩和女孩，而不是伤害他们”。[②] 一位老年西班牙作者讲到了大加那利岛[③]的关契斯人，“他们认为，在战争中蹂躏、伤害敌方的妇女和儿童是低下、卑鄙的行为；他们认为，这些妇孺软弱无助，并非发泄愤懑的合适目标”；[④]在摩洛哥南部的柏柏尔人及阿尔及利亚的卡拜尔人[⑤]和图阿雷格人[⑥]那里，也流行相似的看法。尽管马萨伊人和瓦基库尤人“长期以来处于拔刀相向的战争状态，他们之间还是有一个协定，约定互不猥亵对方的妇女”。[⑦] 欣德先生说：
336 “马萨伊人发动攻击时从不骚扰妇女，而妇女们则大声为正在战斗的亲戚加油。”[⑧]阿图卡人会让妇女充当间谍，因而妇女在战时就特别危险，但是人们仍普遍认可不应杀害妇女。[⑨] 巴苏陀人认为，战时应尊重妇女、儿童和旅行者，而且不应伤害投降的人，应允许以赎金赎回他们；尽管巴苏陀人并非总是

① Seemann, *Viti*, p. 180.

② Dobrizhoffer, *op. cit.* ii. 141.

③ 大加那利岛(the Guanches of Gran Canaria)，北大西洋上的一个岛屿，属西班牙。——译者

④ Abreu de Galindo, *History of the Discovery and Conquest of the Canary Islands*, p. 66.

⑤ Hanoteau and Letourneux, *La Kabylie*, ii. 76.

⑥ Hourst, *Sur le Niger et au pays des Touaregs*, p. 223 *sq.*

⑦ Thomson, *Through Masai Land*, p. 177.

⑧ Hinde, *The Las of Masai*, p. 6, n. *

⑨ Baker, *Albert N'yanza*, i. 355.

遵守这些规则，公众的声音仍然总是谴责违规者。[①]

有时习俗也要求不应伤害俘虏的生命。

杀戮战俘违背马萨伊人的传统。[②] 在卡拜尔人那里，“伤害战俘，或者把战俘活活囚禁至死，都会惹人愤怒”。[③] 图阿雷格人战后不杀战俘。[④] 在幼发拉底河流域的贝都因人那里，“若解除了武装或下了马，敌人的肉身就是神圣的。他们不把战俘充当奴隶，也不囚禁战俘，只是等待对方像赎回母马那样以赎金赎回战俘。”[⑤]多西先生讲：“奥马哈人和彭加人[⑥]不杀害战俘。宣布和平以后，如战俘想回家，就让他们回家。如不愿回家，就让他们留下来，部落里的人对待他们就如同部落内部成员一样。”[⑦]怀安多特人常常把战俘接纳进部落。“捉到俘虏的战士有收养战俘的优先权。若无人愿意收养战俘，就让他经受一系列磨难，以测试他是否勇敢。若经受考验时他表现勇敢，就会有许多人要认领和收养他；但是若他的表现不够体面，就会处死他。”[⑧]

① Casalis, *op. cit.* p. 223 *sq.* 关于战时人们对女人、老人、儿童的敬重，也参阅理查森的《北极探险》(Richardson, *Arctic Searching Expedition*)第一卷第 367 页关于西爱斯基摩人的叙述，凯特林的《北美印第安人》(Catlin, *North American Indians*)第二卷第 240 页，阿萨拉的《航海》(Azara, *Voyages*)第二卷第 145 页关于巴拉圭人的叙述。

② Hinde, *op. cit.* p. 64.

③ Hanoteau and Letourneux, *op. cit.* ii. 75.

④ Hourst, *op. cit.* p. 207.

⑤ Blunt, *op. cit.* ii. 239.

⑥ 彭加人，北美的一支印第安人。——译者

⑦ Dorsey, 'Omaha Sociology,' in *Ann. Rep. Bur. Ethn.* iii. 332.

⑧ Powell, *ibid.* i. 68.

这样,我们甚至在未开化种族那里也显然看到了所谓“国际
337 法”的踪迹[①]——即使这不是惯例,也至少不是例外。另一方面,不仅出于自卫或复仇,而且出于攫取和战胜,他们随时准备沙场征战,这表明他们多么藐视其他部落的生命。例如,坎德人认为,“若无明确的和平协定,可以合法地单方面与任何部落和国家进入战争状态”。[②] 若有几个蒙昧部族长期生活在和平状态,主要原因似乎不在于他们的道德标准高,而在于缺乏引发战争的诱因。

当我们从低等种族转而考察文化更先进的族群时,我们会发现社会单位变大了,国家取代了部落,把杀人作为最严重罪行而禁止的圈子也相应扩大了。不过,原有的对伤害本国人和伤害外国人的区分留存延续下来。尽管关于杀人的法律没有涉猎这一主题,我们仍然能从人们对待外国人的通常态度推断,大众舆论对于杀害外国人并不是很审慎、公正和讲良心的。近来的历史清楚地告诉我们中国人是如何看待“红毛番”和“洋鬼子”的。在以前,日本人对待其邻居及整个世界的态度就是一种敌人而非朋友的态度。[③] 吠陀的赞美诗充斥着让灾难降临异族的诅咒。[④] 在古代条顿人那里,陌生人的命运并非令人称羡,甚至语言也能证明这一点;德国单词 *elender*[⑤] 现在的含义就源自一个较老的意为“外国

① See also Wheeler, *The Tribe, and Intertribal Relations in Australia*, *passim*.

② Hunter, *Annals of Rural Bnegal*, iii. 75.

③ Griffis, *Religions of Japan*, p. 129.

④ Roth, 'On the Morality of the Veda,' in *Jour. American Oriental Society*, iii. 338.

⑤ 意为“古怪的”“异国风情的”。——译者

人”的词。[①] 除非属于某临近的友好部落，初来乍到的生客原本就毫无法律权利可言；他所受到的保护取决于主人的好客程度，而习俗只是把好客期限定在三天。[②] 按照瑞典的西哥特法，杀死外国人的人不必向死者家属支付赔偿，杀人者的法定权利不会被剥夺，他也不会遭到放逐。[③] 国王爱恩制定的法律让我们得以理解人们曾如何看待陌生人——“远方来人或生客穿越马路外树林的，若既不喊叫也不吹号角以示打招呼，以窃贼论处，或者处死他，或者由其族人赎回。”[④]然而，随着对外贸易增多，在条顿人的土地上更常见到陌生人，王室的保护就扩展到生人身上；这方面的一个后果就是，自此以后，杀害陌生人者必须向国王支付部分或全部法定赔偿金。[⑤] 在希腊早些时候，“可鄙的生人”[⑥]不享受法律权利，并且他只有是当地公民的朋友，才能得到保护；[⑦]甚至在后来的雅典，尽管故意杀人要处死并罚没财产，但故意杀死非本国公民则只以放逐处罚。[⑧] 拉丁语单词 *hostis*[⑨] 最初就是用来指外国人的；[⑩]普劳

338

① *Cf*. Grimm, *Deutsche Rechtsalter-thümer*, p. 396; Gummere, *Germanic Origins*, p. 288.

② Grimm, *op. cit*. p. 397 *sqq*. Brunner, *Deutsche Rechtgeschichte*, i. 273.

③ *Westgöta-Lagen I*. Af mandrapi, v. 4, p. 13.

④ *Laws of Ine*, 20. *Cf*. *Laws of Wihtræd*, 28.

⑤ Brunner, *op. cit*. i. 273 *sq*. Gummere, *op. cit*. p. 288. Pollock and Maitland, *History of English Law before the Time of Edward I*. i. 52.

⑥ *Iliad*, ix. 648.

⑦ Hermann-Blümner, *Lehrbuch der griechischen Privatalterthümer*, p. 492. Schmidt, *Ethik der alten Griechen*, ii. 325.

⑧ Meier and Schömann, *Der attische Process*, p. 379.

⑨ 意为“敌人”。——译者

⑩ Cicero, *De officiis*, i. 12.

图斯[①]的说法——他不认识这个人,这个人对他来说就是一匹狼[②]——很可能来自一句古罗马格言。莫姆森指出,古代罗马人曾经不处罚杀戮外国人的人,除非被害者来自罗马的盟国;但是在史前时期情况就已发生了变化,外国人也被置于国家保护之下。[③]

一方面随时准备对异族发动战争,另一方面礼赞和崇敬克敌制胜的同胞战士;这两者结合表明,外族人的生命是多么无足轻
339 重。古代墨西哥人会随时找借口与邻邦大动干戈,如此一来就可以把死掉的人作为祭品献给他们的神灵。[④] "对于他们,没有哪个职业比军人更受敬重。他们最敬拜战争之神,把此神奉为国家的保护者。"[⑤]玛雅人不仅试图通过蚕食近邻的领土扩大疆域,他们还对邻近部族突然袭击,目的仅仅在于获得俘虏充当祭品。[⑥] 说到古埃及人的战争,阿梅里诺讲:"我们从埃及人乃至埃及基督徒的文献和作品里仔细查找,但即便是对战争、对其恐怖后果的微弱指责都听不到。"[⑦]希伯来人的宗教明确支持最残酷的灭绝性战争。他们理所当然地认为,崇拜偶像的异族人没有生存的权利;不过他们也出于世俗的动机肆无忌惮地发动战争,他们的道德规范

① 普劳图斯(Plautus,约公元前254—公元前184),古罗马喜剧作家。——译者

② Plautus, *Asinaria*, ii. 4.88.

③ Mommsen, *Römisches Strafrecht*, p. 622 *sq*.

④ Bancroft, *Native Races of the Pacific States*, ii. 420. Clavigero, *History of Mexico*, i. 371.

⑤ Clavigero, *op. cit.* i. 363.

⑥ Bancroft, *op. cit.* ii. 740, 745.

⑦ Amélineau, *L'évolution des idées morales dans l'Égypte ancienne*, p. 344.

并不试图区分正义战争和非正义战争。[1] 穆斯林同样把异教徒——未必是外国人——看作屠戮的最适当目标。尽管从上下文来看,《古兰经》里没有什么训诫是在为无缘无故的战争伸张,但"刀光之下有天堂"[2]的说法普遍应用于针对异教徒的所有战争。[3]在凯尔特人[4]和条顿人那里,一个人最大的抱负就是获得军事上的荣耀。斯堪的纳维亚人认为,一个人没看到过人流血就死去是耻辱;[5]若屠戮是公然而勇敢地进行的话,甚至杀死同部落的人也 340
不被认为是什么大不了的事。在希腊,至少在古代时期,不同城邦间发生战争是正常现象,而和平只是例外——要获得和平,需签订一个特别条约;[6]而征服、奴役野蛮人被看作大自然赋予希腊人的一项权利。早期罗马共和国的治国之术无疑遵循相似的原则;[7]后来,罗马人中有些著作家坚持要求发动战争要讲良心,但罗马的战争政策当然不会按照这些秀才的愿望执行。

然而,外国人并非没有任何权利,也不是在任何情况下都没有权利。在古代文明国家里,如同在其他低等种族社会中一样,好客

① *Cf*. Selden, *De Synedriis et Prafecturis Juridicis veterum Ebrœorum*, iii. 12, p. 1179 *sqq*.; Laurent, *Études sur l'histoire de l'humanité*, i. 384 *sq*.

② 莱恩后来承认了这一点(Lane, *Modern Egyptians*, p. 574)。他以前认为,《古兰经》强烈主张,穆斯林有发动圣战的责任。

③ Pool, *Studies in Mohammedanism*, p. 246.

④ Logan, *The Scottish Gaél*, i. 101. De Valroger, *Les Celtes*, p. 186.

⑤ *Njála*, ch. 40, vol. i. 167. Maurer, *Bekehrung des Norwegischen Stammes*, ii. 172.

⑥ Schmidt, *Ethik der alten Griechen*, ii. 280. Lauren, *op. cit*. i. 46. Plato, *Leges*, i. 625. Livy, xxxi. 29:"整个希腊人总是与外国人、野蛮人处于战争状态。"

⑦ *Cf*. Lecky, *History of European Morals*, ii. 257.

是一种责任，客人的生命同其他家庭任何固有成员一样神圣。在某些情况下，国与国之间开始争战前，要举行专门仪式，以使和平时期被认为不正当的行动正当化。在古代墨西哥，通常要给敌方递送一个正式的战书或战争宣言，仿佛攻击未作自卫准备的人是丢脸的事情；[1]按照罗马人的《国家间法》，除非是为了索回财产，或事先郑重通知并宣战，否则战争就是不正义的。[2] 在某些情形下，战争要受到谴责，或根据发动战争的目的区分正义战争和不正义战争。中国哲学家是伟大的和平倡导者。[3] 按照老子的教诲，
341 “兵者……非君子之器，不得已而用之”；[4]没有比轻率卷入战争更大的灾祸了，[5]而且，“杀人之众（的人），（应当）以悲哀泣之”。[6] 印度诗歌《摩诃婆罗多》[7]谴责不必要的战争，认为通过谈判赢得的成功最好，而以征战厮杀获取的成功最糟糕。[8] 希伯来人里的爱色尼派是如此责难战争，以至不愿制造任何种类的军用器械。[9] 即使是与野蛮人开战，罗马的历史学家也常常“以现代历史学家几乎无法超越的良知和郑重”，探讨战争动机是否充分或必要。[10] 根

① Clavigero, *op. cit.* I. 370. Bancroft, *op. cit.* ii. 420, 421, 423.

② Cicero, *De officiis*, i. 11.

③ *Cf.* Lanessan, *Moral des philosophes chinois*, pp. 54, 107.

④ *Tâo Tech King*, xxxi. 2.

⑤ 经查，《道德经》原文为“祸莫大于轻敌”，其含义似与韦斯特马克所说相冲突。——译者

⑥ *Ibid.* xxxi. 3.

⑦ 《摩诃婆罗多》是享誉世界的印度史诗，与《罗摩衍那》并列为印度的两大史诗。——译者

⑧ *Mahabharata*, Bhisma Parva, iii. 81 (pt. xii. *sq.* p. 6).

⑨ Philo, *Quod liber sit quisquis virtuti studet*, p. 877.

⑩ Lecky, *History of European Morals*, ii. 258.

据西塞罗,要成为正义的战争,首先应该具有开战的必要性,战争的唯一目标就是让我们在和平安宁中不受干扰地生活。他讲,有两种解决争端的模式,一种是通过商讨,一种是付诸暴力。第一种适合于人,第二种适合于兽类,而且,除非第一种模式不可用就绝不该用第二种。[①] 塞涅卡把战争看作可比之于谋杀的“光荣的罪行”——“在私人生活中禁止的东西由公共法令强制执行。偷偷摸摸干的坏事本应处以死刑,在这里因为这些坏事是士兵干的,我们就得赞扬和表彰。即便是不能说话的动物和凶猛的野兽也能和平共处。从本性上讲人是动物中最温和的一类,他们却从相互残杀中找乐,肆意发动战争,并训练他们的孩子发动战争,他们对这些行径竟然不感到羞耻。”[②]历史证明,罗马人在与其他国家的交往中,并不按西塞罗和塞涅卡崇高的国际道德理论行事;一如普鲁塔克所说,“战争”与“和平”这两个名称最经常地当作钱币来使用,发动战争者不是要获得人间正义,而是奔着有利可图而来。[③]

不过,在罗马,人们似乎具有一种普遍的情感,即发动一场战争需 342
要某种正当理由。宣布战争的时候,罗马传令官会召唤所有的神,让他们看清,宣战的对象本来就是邪恶的、不义的、玩忽义务与责任的。[④]

在某些情况下,即使在战争中杀死敌人也为习俗或开明的道

① Cicero, *De officiis*, i. 11.

② Seneca, *Epistulæ*, 95.

③ Plutarch, *Vita Pyrrhi*, xii. 3. p. 389.

④ Livy, i. 32.

德主张所禁止。在古代纳化人[①]那里,他们从不接受为赎回战俘而付的赎金,但使者的人身在任何情况下都是神圣的。[②] 体现了流行的道教思想的《太上感应篇》说道:“(勿)诛降戮服。”[③]希伯来人尽管被命令在上帝给予他们、要他们继承的城市里“不要拯救任何能呼吸的东西”,他们却以一种不同的方式对待离他们很远的城市:只杀死男人,掠走女人和小孩。[④] 《摩奴法典》为在战斗中与敌人搏斗的国王制定了很人道的规则——“让战士不要使用隐藏在树林中的武器,也不要使用有钩刺的、有毒的或尖端燃火的武器;不要追击为了逃命已攀爬至高处的敌人,不要伤害阉人,或合掌求饶者,或头发飘扬正在逃离,或坐地不动,或说‘我是你的俘虏’的敌人;不要打击或在睡眠,或无甲胄,或赤身裸体,或手无寸铁,或缴械投降,或旁观而未参加战斗,或正与他人搏斗的敌人;不要打击或武器已坏,或苦于忧伤,或身负重伤,或惊恐万状,或起身逃走的敌人;可敬的战士应当铭记在所有这些情况下的责任和操
343 守。”[⑤]《摩诃婆罗多》包含着相似的对敌彬彬有礼的表述。乘战车的战士只应与敌方同样乘战车的战士搏斗,骑兵只应与骑兵搏斗,徒步的士兵只应与徒步的士兵搏斗。“时刻考虑适当性、意愿、勇敢和力量这些因素而行动,只应在向对手提出挑战后再攻击他;不要攻击信赖你的人,也不要攻击惊惶不安的人;绝不要攻击正与他

① 纳化人,主要生活于今墨西哥的一支印第安人。——译者

② Bancroft, *op. cit.* ii. 426, 412.

③ Douglas, *Confucianism and Taouism*, p. 261.

④ *Deuteronomy*, xx. 13 *sqq.*

⑤ *Laws of Manu*, vii. 90 *sqq.*

人搏斗的人，逃难的人，撤退的人，武器损坏的人，未着甲胄的人；绝不要攻击驾驭战车的人、动物和专事运载武器的人，以及那些击鼓打锣或吹号角的人。”[①]在荷马时代，城市陷落时，所有男人都被杀死，所有女人和儿童则被当作奴隶带走，显然这在希腊人看来是理所当然的。[②] 不过在历史上，这种对待被征服之敌人的方式愈加罕见，而且在一般情况下，似乎并不被赞同。[③] 在《赫拉克勒斯的儿女》里，信使说，这块土地的统治者不允许屠杀在战斗中活捉的敌人。[④] 在罗马，战争习俗经历了相似变化。在古代时期，俘虏的命运通常就是死亡，在较晚的时期一般把俘虏转为奴隶；不过成千上万的俘虏也被判以人兽格斗，而战败的将军通常要在马梅尔蒂尼监狱被杀掉。[⑤] 另一方面，人们习惯上宽大对待自愿臣服于罗马的国家或敌人。西塞罗说：“我们获得了胜利，就必须保护那些在战争中无残忍暴虐行为的敌人。例如，我们的先人甚至把托斯卡纳人、埃魁人、沃尔西人、萨宾人和赫尔尼克人接纳为国家的成员，但最终还是彻底毁灭了迦太基和努曼提亚……而我们必然 344
会考虑如何处置被武力征服的敌人，那些慑服于将军的荣耀而放下武器的人应受到我们的保护，即使攻城槌本应撞击他们的城池。”[⑥]

---

① *Mahabharata*, Bhisma Parva, i. 27 *sqq*. (pt. xii. *sq*. p. 2.)

② *Iliad*, ix. 593 *sq*.

③ Schmidt, *Ethik der alten Griechen*, ii. 281 *sqq*.

④ Euripides, *Heraclidæ*, 966.

⑤ Laurent, *op. cit*. iii. 20 *sq*. Lecky, *History of European Morals*, ii. 257.

⑥ Cicero, *De officiis*, i. 11.

345 # 第十五章　杀人总论(续)

基督教把一切异教社会都不曾有过的对人类生命的高度尊重引入欧洲。早期的基督徒把一切形式的杀人都指斥为十恶不赦之罪。在这个以及其他所有道德问题上,他们根本不计较民族或种族的差别。

他们赋予每一个人的生命以神圣性,于是他们谴责所有的战争,这与罗马帝国盛行的看法形成鲜明对比。他们认为,任何情形下的战争都是非法的,这一观念既符合基督教的一般精神,也与圣经里的特定段落[①]相一致。殉道士游斯丁引述了以赛亚的预言——"这国不举刀攻击那国,他们也不再学习战事",[②]并继续说道,由十二门徒所转达的上帝的教诲"效果如此之好,我们以前总是相互吞噬,现在再也不会像以前那样挥刀相向了"。[③] 拉克坦提乌斯宣称:"于正义之士,卷入战争乃非法行径,正义之士唯一的战
346 争就是匡扶正义。"[④]德尔图良问道:"主称挥刀舞剑者将会死于刀

---

① *St. Matthew*, v. 9, 39, 44. *Romans*, xii. 17. *Ephesians*, vi. 12.

② *Isaiah*, ii. 4.

③ Justin Martyr, *Apologia I. Pro Christianis*, 39 (Migne, *Patrologiæ cursus*, Ser. Graeca, vi. 387 *sq.*).

④ Lactantius, *Divine institutiones*, vi. ('De vero cultu') 20 (Migne, *op. cit.* vi. 708).

剑之下,那操刀弄剑征战杀伐还会是合法的吗?"[1]他在另一段落说道:"主解除了彼得的武装,自那时起也就解除了每一个士兵的武装。"[2]俄利根把基督徒称作和平之子,认为由于耶稣的缘故,他们绝不会持剑与任何国家作对;他们为君主而战的方式是为君主祈祷,即使君主鼓动他们投身战场,他们也不会卷入他的战争。[3]诚然,即便在早些时候,基督徒从戎参战也不是闻所未闻之事,德尔图良提及,基督徒曾与异教徒同胞共同参与军事行动。[4] 不过,从戎的基督徒数量在君士坦丁大帝时期以前似乎并不很多,[5]而且,虽然他们与教会的联系不会切断,他们的职业也基本上被视为与其宗教信仰龃龉。圣巴西略说,士兵服役期满后,整整三年内不能参加圣餐仪式。[6] 根据尼西亚会议制定的教规,基督徒放弃军人职业而后又重操旧业的,"就像狗将其呕吐物再吃进肚子里",他们需要在教堂内忏悔若干年才能赎罪。[7]

国家当然不会接受禁止对敌人做任何抵抗的教会法律,特别是在帝国遭受外来侵略严重威胁的时候。因而基督教绝不会成为国教,除非它放弃其对战争的态度。基督教于是做了让步,在公元

① Tertullian, *De corona*, ii (Migne, *op. cit. i.* 92).

② Tertullian, *De idolatria*, 19 (Migne, *op. cit.* i. 691).

③ Origen, *Contra Celsum*, v. 33; viii. 73 (Migne, *op. cit.* Ser. Graeca, xi. 1231 *sq.*, 1627 *sq.*).

④ Tertullian, *Apologeticus*, 42 (Migne, *op. cit*, i. 491).

⑤ Le Blant, *Inscriptions chrétiennes de la Gaule*, i. 84 *sqq.*

⑥ St. Basil, *Epistola CLXXXVIIL*, *ad Amphilochium*, can. 13 (Migne, *op. cit.* Ser. Graeca, xxxii. 681 *sq.*).

⑦ *Concilium Nicœnum*, A. D. 325, can. 12 (Labbe-Mansi, *Sacrorum Conciliorum collectio*, ii. 674).

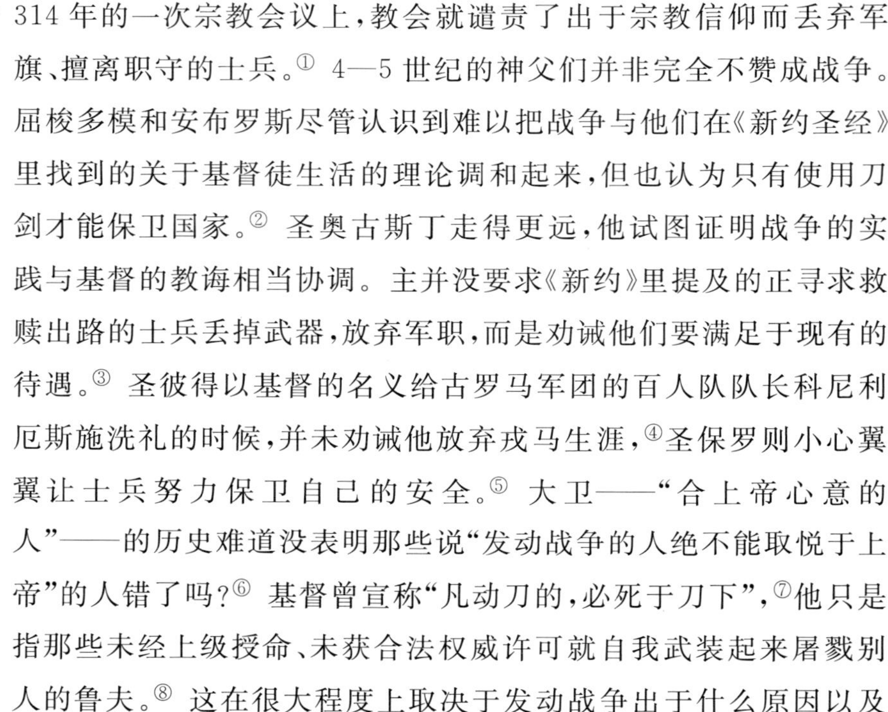

347 314 年的一次宗教会议上，教会就谴责了出于宗教信仰而丢弃军旗、擅离职守的士兵。[1] 4—5 世纪的神父们并非完全不赞成战争。屈梭多模和安布罗斯尽管认识到难以把战争与他们在《新约圣经》里找到的关于基督徒生活的理论调和起来，但也认为只有使用刀剑才能保卫国家。[2] 圣奥古斯丁走得更远，他试图证明战争的实践与基督的教诲相当协调。主并没要求《新约》里提及的正寻求救赎出路的士兵丢掉武器，放弃军职，而是劝诫他们要满足于现有的待遇。[3] 圣彼得以基督的名义给古罗马军团的百人队队长科尼利厄斯施洗礼的时候，并未劝诫他放弃戎马生涯，[4]圣保罗则小心翼翼让士兵努力保卫自己的安全。[5] 大卫——"合上帝心意的人"——的历史难道没表明那些说"发动战争的人绝不能取悦于上帝"的人错了吗？[6] 基督曾宣称"凡动刀的，必死于刀下"，[7]他只是指那些未经上级授命、未获合法权威许可就自我武装起来屠戮别人的鲁夫。[8] 这在很大程度上取决于发动战争出于什么原因以及

---

① *Concilium Arelatense I.*, A. D. 314, can. 3 (Labhe-Mansi. *op. cit.* ii. 471). *Cf.* Le Blant, *op. cit.* i. p. lxxxii.

② Gibb, 'Christian Church and War,' in *British Quarterly Review*, lxxiii. 83.

③ St. Augustine, *Epist. CXXXVIII.*, *ad Marcellinum*, 15 (Migne, *op. cit.* xxxiii. 531 *sq.*).

④ St. Augustine, *Epist. CLXXXIX.*, *ad Bonifacium*, 4 (Migne, *op. cit.* xxxiii. 855).

⑤ St. Augustine, *Epislola XLVIL*, ad *Publicolam*, 5 (Migne, *op. cit.* xxxiii. 187).

⑥ St. Augustine, *Epist. CLXXXIX.*, *ad Bonifacium*, 4 (Migne, *op. cit.* xxxiii. 855).

⑦ *St. Matthew*, xxvi. 52.

⑧ St. Augustine, *Contra Faustum Manichœum* xxii. 70 (Migne, *op. cit.* xlii. 444).

哪个君王或哪个国家机构发动战争。为了伸张正义、惩治罪恶或打击他国的过分嚣张而发动的战争是正义的。君主若认为战争可行就有权发动战争，并且，即使他是一个渎圣的国王，只要给士兵 348
个人所下命令不违背上帝的规诫，基督徒就可以在他麾下作战。[①]简言之，尽管和平是我们的至善，尽管上帝之城里有永久和平，[②]在此罪恶的世界里有时也要开动战争机器。

通过圣奥古斯丁的著作，教会对战争的态度就在理论上最终确定下来，而后世的神学家只是重复或进一步阐述他的观点。不过，基督教并非完全心安理得地准许战争行为。有一种看法认为，士兵几乎不能成为好的基督徒。在5世纪中叶，教皇利奥宣布，忏悔之后的人，即被认为绝对要服从基督之律法的人，若转向军人职业，则与教会的规则背道而驰。[③] 很多教会会议都禁止神职人员参与战争，[④]按照某些教规，受洗之后曾在军中服役的人不得担任

① St. Augustine, *Contra Faustum Manichœum*, xxii. 75 (Migne, *op. cit.* xlii. 448).

② St. Augustine, *De civitate Dei*, xix. 11.

③ Leo Magnus, *Epistola XC.*, *ad Rusticum*, inquis. 12 (Migne, *op. cit.* liv. 1206 *sq.*).

④ 有一使徒法典要求，任何主教、牧师、执事，若在军中服务，都应从其宗教职务上降级(*Canones ecclesiastici qui dicuntur Apostolorum*, 83 [74] [Bunsen, *Analecta Ante-Nicœna*, ii. 31])。公元633年的图卢兹会议(ch. 45, in Labbe-Mansi, *op. cit.* x. 630)与845年的莫城会议(can. 37, *ibid.* xiv. 827)都决定给予胆敢从军的神职人员以相似处罚。格拉典讲，教会不会为死于战场的神职人员祈祷(Gratian, *Decretum*, ii. 23. 8.4)。尽管宗教会议颁布了法规，教皇也下了教令，神职人员还是经常参战(Nicolaus I. *Epistolæet Decreta*, 83 [Migne, *op. cit.* cxix. 922], Robertson, *History of the Reign of Charles V.* i. 330, 385. Ward, *Foundation and History of the Law of Nations*, i. 365 *sq.*; Buckle, *History of Civilisation in England*, i. 204; ii. 464. Bethune-Baker, *Influence of Christianity on War*, p. 52. Dümmler, *Geschichte des Osifränkischen Reichs*, ii. 637)。

349 圣职。[1] 曾在战场上屠戮敌手的人必须忏悔。[2] 如此一来,征服者威廉统治时期,由诺曼高级教士制定并由教皇批准的基督教教规规定,若某人知道他曾在战斗中杀死了一个人,他应忏悔一年,若杀死了若干人,就应分别为每个死者忏悔一年。[3] 有时教会似乎也在战争的罪恶面前警醒过来而采取有效措施;几次恶名昭著的战争都被教皇所禁止。但在如此情形下,休战只是由于某一特定战争不利于教会的利益,这一事实太过平常了。教会较少阻止不影响自身利益的战争,却竭力煽动针对教会憎恨对象的战争。

有人提出,从最初教会的和平信条到十字军东征的好战实质,基督教对战争理念的这一转变主要是由于伊斯兰教的恐怖言行提供了榜样。勒基先生讲:"穆斯林的精神慢慢渗入基督教,并改造了它的形象。"到了那时,"基督教与其说是把战争神圣化,不如说是容忍和宽恕战争;不管个别高级教士怎么样,教会绝不发动战争或对已起的战事煽风点火"。[4] 但这种观点基本上与事实不符。基督教与伊斯兰教接触以前,就已经走上战争征途。对阿拉伯人的战争就被称作圣战,他们讲上苍会酬报参战者。[5] 克洛德维希对西哥特人发动的战争不仅获得了神职人员的赞成,也正如柯林

① Grotius, *De jure belli et pacis*, i. 2. 10. 10. Bingham, *Antiquities of the Christian Church*, iv. 4.1 (*Works*, ii. 55).

② *Pœnitentiale Bigotianum*. iv. i. 4 (Wasserschleben, *Bussordnungen der abendländischen Kirche*, p. 453). *Pœnit. Vigilanum*, 27 (*ibid*. p. 529). *Pœnit. Pseudo-Theodori*, xxi. 15 (*ibid*. p. 587 *sq*.). *Cf*. *Mort de Garin le Loherain*, p. 213.

③ Wilkins, *Concilia Magnœ Britanniœet Hiberniœ*, i. 366.

④ Lecky, *History of European Morals*, ii. 251 *sq*.

⑤ Gibb, *loc. cit*. p. 86.

伍德先生所说:“这场战争也是神职人员的战争,而克洛德维希几乎完全是以宗教卫士的身份参加战斗的,只是他缺乏宗教卫士所应具有的无私精神。”兰斯市的主教雷米吉乌斯为他摇旗呐喊,天 350
主教神职人员则竭尽所能支持鼓励他。[1] 教会自身也养育着使尚武精神繁育成长的种子。著名格言“教会之外无救赎”早在居普良[2]时期就传播开来。中世纪正统观念的一般看法是,那些不受教会掌控的人,不信教者,都和异教徒一样必定要下地狱,而那些承认教会权威、为其罪孽忏悔、接受圣餐、行圣礼、服从牧师的人,则注定会获得拯救。若上帝允许战争,难道通过战争来拯救在其他情形下迷失的灵魂不是战争的最适当目标吗?对于那些拒绝接受主恩赐礼物的人,还有比死亡更公正的惩罚吗?难道以色列人没有“为法律和圣地”而进行大战吗?[3] 难道主没有授权他们去攻击、征服、毁灭主的敌人吗?难道主没有命令他们赶尽杀绝因被他们所憎恶、为主所审判的迦南原住民,杀死以色列城市里已陷入偶像崇拜的人和牲畜,焚毁所有战利品及城市自身,以供奉耶和华吗?[4] 因而,基督徒没有必要到穆斯林那里学习宗教战争之艺术。《旧约圣经》,即神之启示,要比《古兰经》教导得更好,而且总是为人引用,以便为宗教名义下犯下的一切暴行提供正当理由。[5]

① Greenwood, *First Book of the History of the Germans*, p. 518.

② 居普良(Cyprian, 200—258),北非教会领袖,强调“教会之外无救赎”。——译者

③ 1 *Maccabees*, xiii. 3.托马斯·阿奎那引用了这段话支持他的学说——可以把战争导向保护对神的崇拜(Thomas Aquinas, *Summa theologica*, ii. -ii. 188.3)。

④ *Deuteronomy*, xii. 15 *sq*.

⑤ *Cf*. Constant, *De la religion*, ii. 229 *sq*.

教会的总的教导恰恰就是这样:把针对异教徒所取得的胜利与功绩看作一种美德,如此就可以洗刷任何最残暴罪行的负罪感
351 和耻辱感。亨利二世[①]谋杀了伯克特大主教,圣路易身患重病,发动一场对异教徒的战争既洗清了亨利二世的罪孽,也治愈了圣路易的老毛病。[②] 向异教徒开战与净身斋戒、忏悔修行、朝拜圣地、施舍众生一样,被认为可得到神的悲悯和眷顾。[③] 在战场上倒下的人可以相信,他的灵魂将直接进入天堂享受喜乐平安。[④] 况且,并非只是针对穆斯林的战争才这样。屠杀犹太人和异教徒看来与杀害更遥远的宗教敌人受到同等的赞扬。非但如此,就是与罗马礼拜仪式的一丁点儿差异都能最终成为发动战争的合法理由。

固然,并非所有人都持有这种看法。1274 年里昂宗教会议宣布了这个主张——以刀剑支持宗教并让不信教者流血与基督及其门徒的榜样作用背道而驰,当然这个主张也受到了激烈攻击。[⑤] 在接下来的一个世纪,博内特坚称,依据经文,不能以武力强迫一个撒拉逊人[⑥]或任一其他异教徒接受基督教信仰。[⑦] 维多利亚的

---

① 亨利二世(1133—1189),英格兰国王,因利益冲突而谋杀了伯克特大主教,教皇威胁要处罚他。亨利二世赤身悔罪,表示要率领十字军去巴勒斯坦。圣路易,即路易九世(1214—1270),法国卡佩王朝第九任国王。1244 年,圣路易身患重病,他发誓若病愈就进行十字军东征。——译者

② Lyttelton, *History of the Life of King Henry the Second*, iii. 96.

③ *Cf.* Milman, *History of Latin Christianity*, iv. 209.

④ *Cf.* Laurent, *Études sur l'histoire de l'humanité*, vii. 257.

⑤ Bethune-Baker, *op. cit.* p. 73.

⑥ 撒拉逊人,阿拉伯人的古称。——译者

⑦ Bonet, *L'arbre des batailles*, iv. 2, p. 86:"依据圣典,我们不可反驳异教徒的信仰,也不可强迫他们皈依基督,就这样让他们依神给予他们的意志行事。"

方济各宣称,“宗教多样性并非正义战争的一个原因”;[1]索托[2]、科瓦鲁维亚斯[3]和苏亚雷斯[4]都表达了相似的看法。根据16世纪最杰出的西班牙律师巴尔萨泽·阿亚拉,教会无权惩罚从未接受基督教信仰的不信教者,而对那些曾接受基督教信仰后来却努力阻 352
止福音传播的人,则可像对待其他异教徒那样公正地以刀剑处之。[5] 但是多数法学家和教会法学家都赞成不信教即发动战争之合法理由这一正统观点。[6] 教会公然认可按这一原则行事,这就使得基督教在数个世纪内的历史就是十字军东征的长期历史,基督教会就转变成比恺撒和奥古斯都统治下的罗马更可怕的军事力量。实际上,宗教热忱常常成为因追逐权力而发动战争的借口。教会的目的是成为大地的主宰,而不是上苍的奴仆。教会倡导十字军东征,这不仅针对不信教者和异教徒,也针对任何反对教会无休止要求的不顺从的国王。若胜利者能得到丰富的战利品,教会就鼓励战争;这些战利品被视为献给上帝的感恩之物,好像获胜来自上帝的恩赐,或视为用来赎罪的礼品,因为他们在战争中已经作

① Franciscus a Victoria, *Relectiones Theologicæ*, vi. 10, p. 231. 但可以限制不信基督教者,以便布道(*ibid*. v. 3.12, p. 214 *sq*.)。

② Soto, *De justitia et jure*, v. 3.5, fol. 154.

③ Covarruvias a Leyva, *Regulæ*, *Peccatum*, ii. 10 2 (*Opera omnia*, i. 496):“不可剥夺不信基督者的信仰,这既是出于对人之权利的考虑,也是由于每个人都当遵守的宗教律法对义务和权利的规定。”

④ Suarez, cited by Nys, *Droit de la guerre et les précurseurs de Grotius*, p. 98.

⑤ Ayala, *De iure et officiis bellicis et disciplina militari*, i. 2.29 *sq*.

⑥ Nys, *op. cit*. p. 89. *Idem*, in his introduction to Bonet's *L'arbre des batailles*, p. xxiv. 例如,根据康拉兹·布鲁诺斯,基督徒对基督信仰的敌人发动的任何战争都是正义的战争,都是为了捍卫宗教,发扬上帝的荣耀,以取回被异教徒不义地占有的统治权(Conradus Brunus, *De legationibus*, iii. 8, p. 115)。

恶多端。

战争和基督教的结盟就诞生了这奇怪的杂种——骑士精神。本来日尔曼的森林里就有骑士精神的俗世种子。根据塔西佗,渴望成为战士的日尔曼青年会被带到酋长们那里,他的父亲或某一别的亲戚会在那里庄重地给他配上盾牌和标枪,以装饰他未来的
353 职业。[①] 于是装备武器就成了社会声望的象征,后来驾驭战马就成了骑士的最本质特征,也成了骑士精神一词的底色印记。不过骑士精神后来变得与这个词汇的本来意涵很不一致。为了自身目的,教会知道如何控制骑士阶层。骑士授爵仪式本来纯粹是民间俗事,结果还没到十字军东征之际,就演变成一项宗教礼仪。[②] 神职人员把剑放入要被授予骑士称号的人手里,并说道:"以圣父、圣子、圣灵的名义,你要成为一名骑士,敬拜基督、服务基督吧,阿门。"[③]按教会说法,剑是按十字架的形状锻造而成,以此意指"我们的主如何在十字架上获得永生";[④]"耶稣"一词有时也刻进剑柄。[⑤] 上帝自身选择骑士以武装击溃意欲毁灭神圣教会的异教

---

① Tactitus,*Germania*, 13. 根据奥诺雷·德·圣玛莉,骑士精神起源于罗马(Honoré de Sainte Marie,*Dissertations Historiques et critique sur la Chevalerie*, p. 30 *sqq.*);而按另一些作者的说法,骑士精神源自阿拉伯。戈蒂埃先生驳斥了这些理论,他认为,骑士精神就是"被教会理想化的日耳曼习俗"(Gautier,*La Chevalerie*, pp. 14, 16)。另外参阅:Rambaud,*Histoire de la civilisation française*, i. 178 *sq.*。

② Scott,'Essay on Chivalry,' in *Miscellaneous Prose Works*, vi. 16. Mills, *History of Chivalry*, i. 10 *sq.* 关于授衔时举行的各种宗教仪式,参见:*The Book of the Ordre of Chyualry or Knyghthode*, fol. 27 b *sqq.*。*Cf.* also Favyn, *Theater of Honour and Knight-Hood*, i. 52.

③ Favyn, *op. cit.* i. 52.

④ *Ordre of Chyualry*, fol. 31 a *sq.*

⑤ Mills, *op. cit.* i. 71.

徒,一如他选择神职人员以经文和理性维护基督教信仰。[①] 骑士之于政治身体,一如胳臂之于人体:教会是头,骑士是胳臂,公民、商人和劳工是下肢;胳臂位于中间,既可保护下肢也可保护头。[②]《骑士的等级》的作者说:“这个世界上最伟大的和睦关系应该就是骑士和神职人员之间的关系。”[③]骑士的几个等级被看作与教会神职人员的几个等级平行。[④] 征服巴勒斯坦以后,建立了两种僧侣军事等级,即圣殿武士团和耶路撒冷圣约翰武士团,骑士和基督教的联盟变得更加密切。 354

骑士宣誓要履行的责任很宽泛,但没有界定清楚。他应捍卫神圣的基督教信仰,他应捍卫正义,他应保护妇女、寡妇和孤儿,所有无力之人——不分男女,久病之人,被压迫者和非正义之下呻吟的人。[⑤] 事实上,他几乎可以假宗教和正义之名肆意开战。尽管这些教会的士兵无疑在杀伐征战中为大量受压迫、受冤枉者复了仇,骑士似乎总是很少关心开战的原因和必要性。“战争就是我的家乡,铠甲就是我的家宅:在任何时候战斗都是我的生命”,这是16世纪骑士经常说的话。[⑥] 傅华萨[⑦]在其历史著作里给我们留下

① *Ordre of Chyualry*, fol. 11 b.

② *Le Jouuencel*, fol. 94 *sqq*.

③ *Ordre of Chyualry*, fol. 12 a.

④ Scott, *loc. cit*. p. 15.

⑤ *Ordre of Chyualry*, foll. 11 b, 17 a. Sainte-Palaye, *Mémoires sur l'ancienne Chevalerie*, i. 75, 129.

⑥ De la Noüe, *Discours politiques et militaires*, p. 215.

⑦ 傅华萨(Jean Froessart, 1337—1405),法国中世纪著名编年史家,神父,著有《编年史》。该书用大量的篇幅和生动的笔触记述了1326—1400年骑士时代的西欧社会风情和骑士们的事迹,以及百年战争的场面。——译者

的总体印象是,他所生活的时代充满杀伐之气,而对任何别的事情并不关心。[①] 法国骑士口头上从不说战争这个词,而是把它说成一场盛宴、游戏或消遣。他们提及那些用十字弓向他们疯狂发射弓箭的人,说道,“让他们玩他们的游戏吧”;他们把一场战斗说成是玩一把大游戏。[②] 在确立骑士制度以前,基督教国家当然也有很多战斗,不过正是后来的骑士才把战争烘托成“时髦之事”。[③] 骑士对战争如此钟情,而生活中并非每天都会真正发生打打杀杀之事,他们就人为发明了战争的替代物,马上比武便应运而生,好让战争之子们无用武之地时有事可干。甚至在马上比武此类战争的象征上——它们绝非如所宣称的那样毫无害处[④]——骑士制度
355 和宗教的密切联系也以各种方式表现出来。马上比武开始前,战袍、头盔等东西要带入教堂,获胜之后比武时用过的武器和马匹要在教堂展示。[⑤] 比武时通常要以上帝和圣母玛利亚的名义发布声明。比武前骑士要忏悔,听弥撒曲;开始比武时,他们要身佩十字架。[⑥] 再者,“就像马上比武大会有这些宗教行为一样,教会举行盛会时有时也饰以马上比武的图画”。[⑦] 不错,有时教会也试图阻

① See Sir James Stephen's essay on 'Froissart's Chronicles,' in his *Horæ Sabbaticæ*, i. 22 *sqq*.

② Sainte-Palaye, *op. cit.* ii. 61.

③ Millingen, *History of Duelling*, i. 70.

④ Sainte-Palaye, *op. cit.* i. 179; ii. 75. Du Cange, 'Dissertations sur l'histoire de S. Louys,' in Petitot, *Collection des Mémoires relatifs à l'histoire de France*, iii. 122 *sq*. Honoré de Sainte Marie, *op. cit.* p. 186.

⑤ Sainte-Palaye, *op. cit.* i. 151.

⑥ *Ibid.* ii. 57.

⑦ *Ibid.* ii. 57 *sq*.

止骑士比武。[①] 不过,那时教会公然这么做,乃是因为比武使得许多骑士无法参加圣战,或因为比武消耗了钱财,这些金银财宝用于征服圣地巴勒斯坦更有价值和优势。[②]

私人战争与封建制度密切联系。尽管已经建立了特别法庭,君主们的宫廷也早已有效组织起强有力的队伍和装备,但如果某贵族受到严重伤害,他仍有权利对另一贵族发动战争。[③] 在此情况下,不仅受害人的亲戚,而且受害人的封臣,都要帮助他进行争斗,对侵犯者、开战者来说也是这样。[④] 只有较重的罪行才被看作私人战争的正当理由,[⑤]但这条规则从未被严格遵守。[⑥] 事实上, 356
一旦发生争斗,男爵们就以武力相向,迅速组织一支小型武装向敌方开战,剥夺对方的一切。当时,欧洲诸国由众多附属国家构成,这些附属国基本独立,他们一如强大的君主,举行种种仪式来发动战争,签订条约。当代历史学家认为,内部争斗所做的这些非分之事引起了震惊和恐慌;欧洲许多地方因而陷入死气沉沉的状态,文

① Du Cange, *loc. cit.* p. 124 *sqq.* Honoré de Sainte Marie, *op. cit.* p. 186. Sainte-Palaye, *op. cit.* ii. 75.

② Du Cange, *loc. cit.* p. 125 *sq.*

③ 一般认为,对立双方具有贵族出身,地位对等,才有发动私人战争的权利(Beaumanoir, *Coutumes du Beauvoisis*, lix. 5 *sq.* vol. ii. 355 *sqq.*; Robertson, *History of the Reign of Charles V.* i. 329)。不过这项权利也授予了法国的市镇,以及德国、意大利和西班牙的自由镇(Du Boys, *Histoire du droit criminel des peuples modernes*, ii. 348)。

④ Du Cange, *loc. cit.* pp. 450, 458.

⑤ *Ibid.* p. 445 *sq.* Arnold, *Deutsche Urzeit*, p. 341. von Wächter, *Beiträge zur deutschen Geschichte*, p. 46.

⑥ 我们读到,某位贵族宣布对法兰克福发动战争,因为住在那里的一位女士本来答应跟他表弟跳舞,却与别人跳舞了;整个城市全体市民就只得安抚这位荣誉受损的贵族(von Wächter, *op. cit*, p. 57)。

明的进程在此裹足不前。[①]

教会曾做出些许努力以终止这类事情。于是大约在 990 年,法国南部的几个主教颁布法令,禁止私人战争,他们议定,违反法令者终生不得享受基督教给予的权利,死后也不能举行基督教葬礼。[②] 再晚一些时候,教会以圣物和圣徒遗体劝诫卷入私人战争者放下武器,发誓再也不因私人恩怨而打搅公共和平。[③] 但是,只要仍然允许主教和修道院院长通过执行官发动私人战争,只要他们行使此项权利的频率并不低于骑士,上述做法就基本上不会有
357 明显效果。[④] 教会曾确立上帝之休战的惯例,要求在重大基督教节日以及每周三晚上到下周一早晨有义务暂时停止敌对状态,[⑤] 这看来也未使情况显著改观。据可靠资料,总的说来上帝之休战并没受到尊重,尽管违犯者会受到开除教籍的威胁。[⑥] 多数男爵

① Robertson, *op. cit.* i. 332.

② 'Charta de Treuga et Pace per Aniciensem Praesulem Widonem in Congregatione quamplurium Episcoporum, Principium, et Nobilium hujus Terrae sancita,' in Dumont, Corps universelin Dumont, *Corps universel diplomatique du droit des gens*, i. 41.

③ Raoul Glaber, *Historiæ sui temporis*, iv. 5 (Bouquet, *Rerum Gallicarum et Francicarum Scriptores*, x. 49). Robertson, *op. cit.* i. 335.

④ Brussel, *Nouvel examen de l'usage général des fiefs en France*, i. 144. 高级教士在多大程度上受到时代精神的影响,可以从科隆的某位大主教有代表性的故事中看出来。他把一座位于光秃秃的岩石之上的城堡送给了下属。下属不乐意,说自己无法在这样的土地上生存下去,大主教就回答道:"你有什么可抱怨的呢?在你的城堡城墙之下有四条路呢。"(Du Boys, *Histoire du droit criminel de l'Espagne*, p. 504)

⑤ Raoul Glaber, *op. cit.* v. 1 (*loc. cit.* p. 59). Du Cange, *Glossarium ad scriptores mediæ el infimæ Latinitatis*, vi. 1267 *sq.* Henault, *Nouvel abrégé chronologique de l'histoire de France*, p. 106.

⑥ Du Cange, *Glossarium*, vi. 1272. Nys, *Droit de la guerre et les précurseurs de Grotius*, p. 114.

可能会引用伯特朗·特·普恩的话说——“和平不适于我,我只喜欢战争。我不管是星期一还是星期二。我也不管是何周何月何年。在任何时候,我都想杀掉伤害了我的人。”[1]甚至教皇们也曾违背上帝之休战的法令。[2] 这个法令太不切合实际,无法遵守。不久以后,就连教会组织也从理论上抛弃了它。托马斯·阿奎那说,既然内科医生可以在基督教节日合法地给病人治病,如有必要,为了保卫信徒们的国度,在节日里也可以合法地开战;“因为,如果真有这样的需要,而一个人却自愿当逃兵,这便是要惹怒天主了。”[3]为了支持自己的看法,他甚至引用了《玛加伯上》[4]里的话——“即使有人在安息日来攻击我们,我们也应还击抵抗。”[5]

似乎私人战争被废止的主要原因不在教会采取的措施,而是在于国王权威的增长。在法国,发动私人战争的权利被路易六世
所节制,菲利普四世进一步抑制了此项权利,查理六世则废止了这 358
项权利。[6] 在英格兰,诺曼征服[7]以后,私人战争似乎比大陆少,这很可能是由于王室权威的干预,与多数其他国家比较,司法的执行

① Villemain, *Cours de littérature francaise, Lilttérature du Moyen Age*, i. 122 *sq*.

② Belli, *De re militari*, 转引自:Nys, *op. cit*. p. 115。

③ Thomas Aquinas, *op. cit*. ii. -ii. 40.4.

④ 《玛加伯上》,一犹太作者大约在公元前2世纪完成的作品。书中记载了犹太人在玛加伯兄弟五人的领导下,为本族宗教自由而战几十年的历史。天主教奉之为经典。——译者

⑤ *Maccabees*, ii. 41.

⑥ Robertson, *op. cit*. i. 55, 56, 338 *sqq*. Hallam, *View of the State of Europe during the Middle Ages*, i. 207. Brussel, *op. cit*. i. 142.

⑦ 诺曼征服(the Norman Conquest),指1066年诺曼人征服英国。——译者

更加有力,王室的司法权覆盖面更大。① 在苏格兰,私人战争直到18世纪晚期才消失,是时各部族在1745年叛乱后重归平静。② 而教会根本就没为废止私人战争费多大力,另一方面我们要考虑到,教会通过建立骑士制度③并认可战争为神的事务而激励了当时的好战精神。战争逐渐被看作上帝之旨意,而胜利被看作上帝眷顾的征兆。在一场战斗开始前,双方的军队都要在对方在场的情况下举行弥撒仪式,只有在默默祈祷以后战士才会投入战斗。④ 教皇阿德里安四世说,宗教支持的战争必然是幸运的战争;⑤人们都相信,上帝对于战斗的兴趣并不比参加战斗的战士弱。14世纪的著作家博尼特提出了这个问题——为什么世界上有这么多战争?他给的答案是:“为何史上这么多人热衷于战争?我们的主准许这些战争,经文上也是这么说的。”⑥

直至现在,天主教和新教的正统信条还是有着与上述看法相
359 似的观念。在相当程度上,广大基督教教众对待战争的态度一直
是同情式的赞成。特兰特会议⑦的教义手册清楚地表明,曾经根

---

① *Ibid*. i. 343 *sq*. 弗里曼教授讲到爱德华四世时的一场私人战争,认为这是英格兰最后的一例私人战争(Freeman,*Comparative Politics*,p. 328 *sq*.)。

② Lawrence,*Essays on some Disputed Questions in Modem International Law*,p. 254 *sq*.

③ 我不明白,戈蒂埃何以能讲,骑士制度是教会用以阻止战争的方式中最美妙的一种(Gautier,*op. cit*. p. 6)。

④ Mills,*History of Chivalry*,i. 147.

⑤ Laurent,*op. cit*. vii. 245.

⑥ Bonet,*op. cit*. iv. 54,p. 150.

⑦ 罗马教廷于1545—1563年在北意大利召开的大公会议,以反对宗教改革。——译者

据上帝的特殊命令而进行屠杀，利未的儿子们就在一天之内杀死了成千上万的人，而摩西在这次屠戮之后评论说“今天，你们把双手奉献给了主”。[1] 直至较晚近的时期，天主教著作家还引用圣典学者的看法——一个国家可以合法地对传播异端邪说的异教徒发动战争，也可以向阻止福音传播的非基督教徒开战。[2] 等到新教成为国教以后，新教牧师认为自己是在为国服务，只要战争是国家有意进行的，他们都愿意支持。就像吉布先生所说的那样，新教牧师乐意为一场不正义战争的胜利而做感恩节布道，一如天主教牧师乐意唱赞美诗；“事实上，后者很可能较为独立，因为他们听命于罗马。”[3]新教的信条明确宣称国家有权利发动战争，而再洗礼派教徒则受到谴责，因为他们认为对基督徒来说战争是非法的。[4]后来，参与战争甚至无须提供一个正当理由，尽管宗教改革时期反复宣称有正当理由方可参战。法勒先生让我们注意到这个事实：在英国教会的第 37 条款——规定基督徒可以听命于地方治安官之令拿起武器作战——里，修饰“战争”一词的“正义的”一词完全被省略掉了。[5]

按照旧的观念，战争是神的事务，出自神意，这一观念也没有 360
随着中世纪的结束而消失。培根勋爵把战争看作是“对正义的最好的检验；若君主们和各个国家不承认谁在尘世上地位更高，就应

① *Catechnism of the Council of Trent*, iii. 6.5.

② Adds and Arnold, *Catholic Dictionary*, p. 944.

③ Gibb, *loc. cit.* p. 90.

④ *Augsburg Confession*, i. 16. *Second Helvetic Confession*, xxx. 4.

⑤ Farrer, *Military Manners and Customs*, p. 208.

把自己付诸上帝的审判,因为上帝乐于让有关各方通过战争的成功来裁决他们的争端"。[①] 瑞尔·德·科尔班说,除非战争是正义的,否则很少会成功,因而胜利者可以假定上帝站在他一边。[②] 根据杰里米·泰勒,"国王仿佛上帝,他们震撼整个国家、城镇和村庄;而战争是君主手里拿着的上帝之棒"。[③] 战争不仅被视为神的审判工具,而且总的说来,人们认为可以"通过战争了解上帝的崇高目的"。[④] 按照一位神学作家的说法,战争可以逐渐"矫正和提升关于上帝的流行观念",事实上没有什么比"火药的气味更能让一个国家感知到神的芳香"了。[⑤] 通过战争,不同国家"就为真正宗教之进步打开了大门"。[⑥] "直至基督教教义的价值在战场上如惊雷一般响起,人们才感受到,如神的启示一般的基督教教义的力量通过国家的英勇刚毅之气而得以滋长"。[⑦] "当上帝要进行战争的时候,上帝就通过它来展现慈悲,它就是革新国家的方式";它是"一种庄严的责任,通常情况下只有最好的基督徒和最值得信赖的人才可托付而拿起刀剑"。[⑧] 根据 M. 蒲鲁东,战争是我们道德生活中最崇高的事物,[⑨]神的启示要比教义本身更为权威。[⑩] 好战之

① Bacon, *Letters and Life*, i. (*Works*, viii.), 146.

② Réal de Curban, *La Science du gouvernment*, v. 394 *sq*.

③ Taylor, *Whole Works*, xii. 164.

④ 'The Sword and Christianity,' in *Boston Review devoted to Theology and Literature*, iii. 261.

⑤ *Ibid*. iii. 259, 257.

⑥ Holland, *Time of War*, p. 14.

⑦ *Boston Review*, iii. 257.

⑧ 'Christianity and War,' in *Christian Review*, xxvi. 604.

⑨ Proudhon, *La guerre et la paix*, ii. 420.

⑩ *Ibid*. i. 62; ii. 435.

人正是虔信宗教之人；[①]战争表明了人类的崇高，和平则属海狸和绵羊苟且偷生。“好心肠的人，你们说要取消战争；小心啊，别贬低了人类。”[②] 361

如同以前那样，为了证明战争和基督教的一致性，人们仍然引用《圣经》，引用神所赞许的古以色列人的例子，引用基督从未禁止他身边的人携带武器这一事实，引用福音书里古罗马百夫长的事例，引用圣保罗以士兵职业隐喻其精神偏好的例子，等等。[③] 按莫兹利教士的说法，基督教起初承认国家，这就暗含着也承认战争权利。[④] 普天之下莫非王土的统一帝国注定是不可能的。[⑤] 每个国家自身都是一个中心，一旦这些独立的中心之间发生权利和正义的问题，就只有通过达成协议或诉诸军事力量来解决。国家卷入战争的目的正如个人走上法庭，教会并无权威裁决哪一方正确，只能保持中立，并像法庭审判那样周密盘算战事，这就是教会处置国家间问题的一种方式，而其他任何方式都不能对这个问题提出令人信服的解释。[⑥] 莫兹利教士补充道，不仅自卫战争内在地具有自然正义性；经历了改造和重新调整的国家和民众确实需要依靠战争解决眼前的问题，他们也本能地获得这种正义性。面对变化，

① *Ibid*. i. 45.

② *Ibid*. i. 43.

③ See e. g., Browne, *Exposition of the Thirty-Nine Articles*, p. 827 *sq*.; *Christian Review*, xxvi. 603 *sq*.; *Eclectic Magazine*, xiii. 372.

④ Mozley, 'On War,' in *Sermons preached before the University of Oxford*, p. 119.

⑤ *Ibid*. p. 112.

⑥ *Ibid*. p. 100 *sqq*.

人们手足无措,难以适应变局,不得不遭受各种限制和压迫;人们本来不属于同一个国家却被合并到一个国家,本来分离的各部分却被合并到一起。以上这些令人不安的情况自然会引发战争。再
362 者,基督教也赞成进步的战争——尽管严格说来它们并非自卫战争——它们确实有益于人类的福祉和社会的成长。[①] 这种披着宗教外衣的学说允许发动战争,以重组国家和民族的政治权力分配,促进所谓的世界进步,自然也就会为一个基督教国家发动的几乎任何战争提供说辞。[②] 事实上,不可能发生某一新教国家出于任何动机发动某一战争时,大部分教士未曾给予赞成、支持的情况。对战争的反对一般来说来自于其他一些教派。

迄今为止,基督教一直有某些教派基于宗教理由谴责任何形式的战争。14 世纪时的罗拉德教派教导说,在战争中杀人明显违背了《新约圣经》,而这一教派受到迫害的原因在一定程度上源于他们坚持这一观点。[③] 16 世纪时的反洗礼教派持有相同观点,他们会援引诸如科利特和伊拉斯谟的话来支持自己的看法。在圣保罗布道坛,科利特如此谴责战争,“不正义的和平要好于最正义的战争”“当人们出于憎恨和野心而相互杀戮,他们不是在基督的旗帜下战斗,而是在撒旦的旗帜下彼此残害”。[④] 根据伊拉斯谟:“对于一个普通人来说,没有什么比战争更不敬神,更可悲,更邪恶,更

① *Ibid*. 104 *sq*.

② 坎农·莫兹利论及进步的原则时,不仅为对闭关锁国、自绝于人类社会的两个东方帝国发动的战争辩解,也为“前些年欧洲的三场大型战争中的两场”辩解(Canon Mozley, *ibid*. p. 110 *sq*.)。这些话是 1871 年时说的。

③ Perry, *History of the English Church*, First Period, pp. 455, 467.

④ Green, *History of the English People*, ii. 93.

卑鄙,更低劣了——更不用说基督徒了;总之,战争是不值得人投身其中的。”战争比兽行更坏,于人而言,相比于野兽,我们的同类更可能毁灭我们。野兽搏斗的时候,它们使用大自然给予它们的武器,而我们使用人造的武器相互杀戮,这些武器是大自然中从未有过的。野兽也不会因为鸡毛蒜皮的小事而爆发对同类的怨恨和 363
仇杀,相反它们只是在饿得发疯的时候,在发现自己受到攻击的时候,或者发觉孩子的安全受到威胁的时候才会动怒动火。而我们人类以轻率的借口在战争剧场里上演了怎样的悲剧啊!我们以过时的领土争议为借口,或找到其他更为荒诞不经的理由,如同风流男子傻里傻气追逐情妇一样,点燃了战争之火。恶魔一样的勾当被称作圣战。暮气沉沉、行将就木的主教们和正襟危坐的神职人员,在布道坛上为国王的战争摇旗呐喊,许诺所有参加国王战争者的原罪都会被赦免,并为国王喝彩,说上帝也在为他而战——只要国王真心赞成和支持宗教事业的话。但是,我们内心怎么容得下一个基督徒双手沾满鲜血地残害另一个基督徒呢!战争不过是一帮人对另一帮人的屠杀和劫掠!难道福音书没有清晰地宣称,我们不应辱骂那些辱骂了我们的人,我们应以德报怨,我们应该将自己的所有给予那些拿走了我们部分财产的人,我们应该为那些想方设法要夺走我们性命的人祈祷吗?这个世界上有如此之多博学的主教,如此之多头发花白的要人,如此之多市政机构和立法机构,为什么不凭借他们的权威,明智而公正地裁决国王之间粗野而幼稚的争吵呢?“经由自己选择自愿参战的人,不管他是谁,都是邪恶之徒;他就对自然、对上帝、对同类,犯了罪孽,并且这是最严

重、最恶劣的渎神之罪。”[①]以上就是伊拉斯谟针对战争提出的关于理性、人类和宗教的主要观点。它们不会对宗教改革者毫无触动。路德本人及其门徒的教义就倡导和平。托马斯·莫尔爵士却
364 指责这些改革者把和平诉求推向不抵抗的极端。[②] 就像我们看到的那样,如此和平的主张在宗教改革史上不过是白驹过隙,只有少数教派将它奉为圭臬。

贵格会教徒就是其中最重要的教派。依据《旧约》和《新约》里的一些段落,[③]他们认为,所有战争,不管其特征、背景和借口,都完全与基督教相冲突。基督徒总是有义务服从主的崇高、神圣律法——忍受他人的错误,以德报怨,爱自己的敌人。战争与基督教原则——人类生命是神圣的,死亡会造成难以确定的后果——不相协调。既然人注定是永恒的,单个人未来的福利要比整个国家仅仅暂时的繁荣更重要。如缩短了邻人的生命,致使邻人遭受一连串的劫难,不管是有意还是无意,于基督徒而言都是最不正当的行为,除非这些做法为主所明确赞同,就像以色列人面临的情况那样。而在《新约圣经》里主并未赞同那样的行为,因而可以断言,依基督教教规,一人杀死另一人是完全非法的,不管动手时的目的多么正当,不管残杀由何引起。而且,依国王之令而为国参战的基督徒,他不仅个人犯有罪孽,而且在辅助、唆使国家犯罪。[④]

---

① Erasmus, *Adagia*, iv. 1, col. 893 *sqq*.

② Farrer, *Military Manners and Customs*, p. 185.

③ *Isaiah*, ch. ii. *sqq*. *Micah*, iv. 1 *sqq*. *St. Matthew*, v. 38 *sqq*.; xxvi. 52. *St. Luke*, vi. 27 *sqq*. *St. John*, xviii. 36. *Romans*, xii. 19 *sqq*. 1 *Peter*, iii. 9.

④ Gurney, *Views & Practices of the Society of Friends*, p. 375 *sqq*.

必须补充,与上述看法相似的观点在其他一些教派那里也存在。按韦兰博士的说法,所有战争,不管是自卫战争还是侵略战争,都违背了上帝的启示;不要还击、报复外国的侵略,而要以特别 365
仁慈和友好之态待之。[①] 公理会牧师西奥多·帕克尔认为,战争是一种罪孽,它败坏公众道德,实际上是否认基督教教义,违背了上帝的永恒之爱。[②] 浸礼会教徒斯托克斯说,基督教不可能赞成战争,不管是侵略战争还是自卫战争,因为战争"罪恶滔天,它让单个草率的决定改变千千万万人的命运,使我们的同类遭受无休止的绝望"。[③] 再者,比较一下早期和晚近以来的观点,可以发现,基督教内各教派的反战情绪在增长。[④] 不过,整个说来,如詹姆斯·特纳爵士那样的观点仍是正统思想,他宣称"谴责军人职业和军事艺术的那些人,与再洗礼教派或贵格会趣味相投";[⑤]与伊拉斯谟所处的那个时代一样,[⑥]今天的许多战争仍为权威和习俗所赞成,而反对战争则被视作不虔诚。在多数基督教国家,男性有义务服兵役,这就假定基督徒对于参加国家发动的战争不应有顾虑,这些国家的神职人员也认为这种责任是必须履行的。至于英格兰教会,托马斯·阿诺德博士质问道:"除了说基督徒可以合法参战,没有任何其他关于战争的声明,这还是基督教

① Wayland, *Elements of Moral Science*, pp. 375, 379.

② Parker, *Sermon of War*, p. 23.

③ Stokes, *All War inconsistent with the Christian Religion*, p. 41.

④ *Cf*. Gibb, *loc. cit*. p. 81.

⑤ Turner, *Pallas Armata*, p. 369.

⑥ Erasmus, *op. cit*. iv. 1.1, col. 894.

会吗?”[①]

或许道德家学派的反战思想对大众舆论产生了最广泛的影
响,他们不仅反对正统学说,显然也对基督教神学的根本教义抱敌
366 对态度。培尔在其《历史哲学批判辞典》里称,伊拉斯谟的反战短
文是有史以来最优美的论文。[②] 他说,我们越仔细考量战争的必然后果,就会越憎恶发动战争的人。[③] 事实上,战争的结果通常会“令那些参战或倡议战争的人发抖,他们要用战争阻止邪恶,而或许这种邪恶绝不会发生,或者这种邪恶至少要比和平破裂之后必然要发生的战争所带来的邪恶轻得多”。[④] 对伏尔泰来说,战争“如地狱”,战争最奇怪的特点就在于,“每一群恶棍的头目都假装具有神圣的目的,在毁灭自己的邻人之前都要庄重地向上帝祈祷”。[⑤] 他质问教会到底做了什么以制止这种罪行。布尔达卢针对不洁而布道,而他对正在毁灭这个世界的谋杀、劫掠和普遍的暴行又做了什么呢?“可怜的灵魂医师,可怜的传教士,你恨不得为鸡毛蒜皮一样的刺痛在一小时内演讲五刻钟,却对要把我们粉身碎骨的恶行只字不提。”[⑥]伏尔泰承认在某些情况下战争是一种不可避免的罪孽,他斥责了孟德斯鸠的说法——一国长期和平,另一

① Arnold, *On the Church*, p. 136.

② Bayle, *Dictionnaire historique et critique*, vi. 239, art. Erasme.

③ *Ibid*. ii. 463, art. Artaxata.

④ *Ibid*. i. 472, art. Alting (Henri).

⑤ Voltaire, *Dictionnaire philosophique*, art. Guerre (*Œuvres complètes*, xl. 562).

⑥ *Ibid*. p. 564.

国则起而毁坏这种和平,一成不变的自然防御有时会招致攻击。[1]他认为,这样的战争总是不正当的——“这是要去杀死你的邻人,可他并没攻击你,而你只是害怕他可能会攻击你;也就是说,寄望于无端毁灭另一个国家,你就要承担毁灭你自己国家的风险;无疑,这既无公正可言也于世无益。”[2]人们屠杀成千上万兄弟、自己的同胞遭受惨绝人寰的浩劫,造成这种悲剧的主要原因就在于国 367
王及其大臣们的野心和妒忌。[3]《大百科全书》也表达了相似看法——“在摧毁人类的灾难中,战争是最邪恶的:战争之中没有胜者,战争会带来毁灭性的后果……今天发动战争的不再是人民,是国王们的贪婪使他们拿起武器;是贫困逼他们服从。”[4]

不管伏尔泰和百科全书派多么激烈地谴责战争,他们从未设想过有一天所有战争都销声匿迹。其他一些人则更为乐观。早在1713年,圣皮埃尔——他是某男修道院院长,不过这只表明他与教会具有名义上的联系——就发表了一个论永久和平的方案,此方案基于建立一个泛欧洲联盟的思想。[5] 这一方案遭到许多人嘲笑;伏尔泰称方案的作者“一半是哲人,一半是疯子”。不过,一旦关于持久和平与欧洲联盟的思想出现了,这种思潮就不会死去。

---

① Montesquieu, *De l'esprit des lois*, x. 2 (*Œuvres complètes*, p. 256).

② Voltaire, *loc. cit.* p. 565.

③ *Ibid.* pp. 466, 564. 关于伏尔泰对战争的谴责,参见莫雷的《伏尔泰》一书(Morley, *Voltaire*, p. 311 *sqq.*)。我使用的这些段落,得益于莫雷勋爵的翻译。

④ *Encyclopédie méthodique*, Art militaire, ii. 618 *sq.*

⑤ Saint-Pierre, *Projet de Traité pour rendre la paix perpétuelle entre les souverains Chrétiens.*

后来的卢梭[1]、边沁[2]和康德[3]都持有此种想法。但另一方面,民族主义精神崛起以后,它也就面临着一个可怕的敌人。

拿破仑的压迫引起了抵抗。哲学家和诗人都吹起了战争的号角。人们认为,建立一统天下帝国的梦想荒谬而可憎,只有民族独立才能保证自身安全。[4] 人们不再把战争归结于国王假称的利益诉求或其谏臣的反复无常。战争反被称颂为实现最高正义与公理
368 的手段,[5]被誉为民族革新的源泉。[6] 黑格尔说,通过战争“一国人民以动乱的方式争取实现有限的目标和追求,一个民族道德上的昌盛则得以保存。正如大洋的洋流防止了长期风平浪静可能引起的腐化,通过战争人们就得以避免长期和平或持久和平可能引起的腐化。”[7]以后的著作家也表达了相似看法。战争被赞誉为有助于养成勇敢、无私和爱国主义等诸如此类的美德。[8] 尼采说,战争在这个世界上要比人们的爱更能成就伟大的事业。[9] 罗斯金先生说,战争是艺术之母和所有俗世美德之源。[10] 其他一些人也为战

---

① Rousseau, *Extrait du Project de paix perpétuelle, de M. l'Abbé de Saint-Pierre* (*Œuvres complètes*, i. 606 *sqq*.).

② Bentham, *A Plan for an universal and perpetual Peace* (*Works*, ii. 546 *sqq*.).

③ Kant, *Zum ewigen Frieden*.

④ Fichte, *Reden an die deutsche Nation*. *Cf*. *Idem*, *Ueber den Begriff des wahrhafen Krieges*.

⑤ Arndt,转引自:Jähns, *Krieg, Frieden und Kultur*, p. 302。

⑥ Anselm von Feuerbach, *Unterdrückung und Wiederbefreiung Europens*.

⑦ Hegel, *Grundlinien der Philosophie des Rechts*, § 324, p. 317 (English translation, p. 331).

⑧ 例如参见:Mabille, *La Guerre*, p. 139。

⑨ Nietzsche, *Also sprach Zarathustra*, i. 63.

⑩ Ruskin, *Crown of Wild Olive*, Lecture on War (*Works*, vi. 99, 105).

争辩护,他们不是把战争看作一种积极的善,而是换一个角度认为,战争是裁决国际最严重争端的必要方式。他们否认仲裁可以代替一切战争。他们说,与民族激情、民族热望密切联系的问题,以及对民族生死存亡至关重要的问题,绝不应该留给仲裁决定。每个国家都必须是自身安全的守护人,国家的独立自主不会任由一个外部法庭平心静气地讨论和审判。[①] 再者,只有在能够以法律形式协调互相冲突的主张并达成共识时,仲裁才会有效果,而这类情况很少出现,涉及仲裁的问题也并不严重。[②] 而且,在许多情况下,难道不是无法找到公正无私的仲裁者吗?难道仲裁不是常常受到利益相关各方力量权衡的影响吗?仲裁无法协调各方利益冲突的时候,或者仲裁结果与战斗激情昂扬的人们的正义感相抵触的时候,难道不还是要付诸战争吗?这些观点以及相似观点总是被人提出来,以反驳持久和平的思想。然而,与此同时,反战者日益增多,他们的自信心也与日俱增。在拿破仑垮台之后,文明世 369
界普遍渴望和平,就出现了首批和平协会;[③]圣皮埃尔的思想起初仅仅是一个哲学家的梦想,随着和平运动蓬勃兴起,现在成为风行一时的和平运动的圭臬。我们有足够的理由相信,随着目前民族主义高潮的退落,随着人们不再专从民族角度检视战争与和平的主题,当下对仲裁的反对意见最终将变得毫无意义,一如那些赞成私人战争和以血洗血的言论。人类心理有种根深蒂固的倾向,总

① Lawrence, *op. cit.* p. 275 *sq.* Sidgwick, 'Morality of Strife,' in *International Journal of Ethics*, i. 13.

② Geffken,转引自:Jähns, *op. cit.* p. 352, n. 2。

③ Jähns, *op. cit.* p. 307 *sq.*

要假定现存条件不会变化。但是,文明史表明,就决定着社会关系、决定着道德权利与道德责任之范围的那些条件而言,这样的假定毫无事实依据。

据称,尽管基督教没有废止战争,它仍然坚持人类生命神圣的原则,禁止一切不必要的杀生,即使是在战争中。教会法《休战与和平》就制订了宽恕不抵抗者的规则;[1]维多利亚的方济各认为,不仅在基督徒之间的战争中不应杀害不抵抗者,[2]在与土耳其人的战争中,杀害儿童、妇女也是错误的。[3] 不管怎么说,这些主张宽恕的教义远远领先于那个时代的风俗习惯和绝大多数人的观点。[4] 如果说朴实的农民常常被宽恕的话,这也主要出于审慎和精明的动机,[5]或是因为英勇的骑士认为不值得用长矛处死他。[6]
370 就是到了 17 世纪,格劳秀斯仍坚决主张,"除非出于危害许多人安全的重要理由,否则不应做出会残害无辜之人的任何事情,即使正义不要求我们这样,仁慈也要求我们这样";[7]他也提议宽恕以公平合理条件投降或无条件投降的敌人;不过,他这些观点确实不为时代主流精神所支持。[8] 但是,后来观念发生了改变。普芬道夫支持和响应格劳秀斯的学说,[9]而这时世界已被其学说折服了;18

① Gregory IX. *Decretales*, i. 34.2.

② Franciscus a Viactoria, *op. cit.* vi. 13, 35, 48; pp. 232, 241, 246 *sq.*

③ *Ibid.* vi. 36, p. 241.

④ *Cf.* Hall, *Treatise on International Law*, p. 395, n. 1.

⑤ d'Argentré, *L'histoire de Bretagne*, p. 391.

⑥ Mills, *op. cit.* p. 132.

⑦ Grotius, *op. cit.* iii. 11.8.

⑧ *Ibid.* iii. 11.14 *sqq.*

⑨ Pufendorf, *De jure naturæ et gentium*, viii 6.8, p. 885.

世纪时,宾刻舒克主张给予交战方行使暴力的无限权利,他因逆潮流而动结果孤立无援。[①] 有一种假设认为,战争观念的上述变化源自基督教的影响;对于这一看法,需要注意到,格劳秀斯论证其学说的时候,主要援引异教徒权威的说法,甚至援引蒙昧人的经验,如此他才厘定了战争中禁止残杀无助之人和俘虏的规则。在这个过程中,他并未求助于基督教。

对战争的流行态度表明,外国人的生命不如本国人神圣,这一古老观念在现代文明里流传了下来。在和平时期,这种看法通常会被压制下来;现有的关于杀人的法律不包含这种看法,总的说来大众舆论里也不见它的影子。它只是表现于国家暴力、爱国主义思想以及对待某一遥远国家的土著的方式当中。欧洲殖民地开拓者的行为常常让我们想起蒙昧人对待其他部落成员的方式。据说,好望角一带位于殖民地前沿的农民并不觉得他们在未受任何挑衅的情况下劫掠布须曼人有何不妥,而他们认为向基督徒同胞
做同样的事情乃十恶不赦之罪。[②] 在澳大利亚,据报道,为了娱 371
乐,有的年轻的殖民地居民在主日射杀黑人。拉姆霍尔兹先生说:"土著人的命被视为草芥,在澳大利亚北部尤其如此;有一两次,殖民地居民要射杀黑人,说是为我考虑,好让我取得他们的头颅。在文明的边界,人们认为射杀一个黑人如同射杀一条狗,没有什么大不了的。法律规定,谋杀一个黑人要处以绞刑,但土著人在未开化地区居住得极为分散,白人实际上可以想怎么对待黑人就怎么对

① van Bynkershoek, *Questiones juris publici*, i. 1, p. 3:"事实上所有战争暴力都属权利。"Hall, *Treatise on International Law*, p. 395, n. 1.

② Waitz, *Introduction to Anthropology*, p. 314.

待……在法庭上,黑人无法保护自己,因为他们的证词不被采纳和信任。陪审团不可能宣布白人犯有谋杀黑人之罪。反之,若一个白人碰巧被黑人杀害了,整个殖民地都能听到白人的哭叫声。"①

① Lumholtz, *Among Cannibals*, p. 346 *sqq*. See also Mathew, in *Jour. & Proceed. Roy. Soc. N. S. Wales*, xxiii. 390; Breton, *Excursions in New South Wales*, p. 200 *sq.*; Stokes, *Discoveries in Australia*, ii. 459 *sqq*.

第十六章　杀人总论(完) 372

在前两章里,我们只是探讨了一些事实;我们现在就要试着解释这些事实。道德戒律“你不应杀戮”是怎么来的?为什么最初它的适用范围狭窄后来却扩大了呢?

斯宾塞先生提出,杀人原先被视为对死者家族或死者所在的社会犯下的罪恶,后来才被视为对死者本人犯下的罪恶。[①] 但是,考虑到在蒙昧人小型共同体那里,人们普遍抱有彼此同情的情感;极有可能的是,对受害人所受伤害的同情之怒从一开始就是谴责杀戮的重要原因。就像文明人那样,蒙昧人实际上也把一个人的生命视作最高的善。不管人们怎么看待死后的世界,不管人们认为脱离肉体的灵魂会享受何等的幸福,没有谁甘愿顺他人的意志而轻率赴死。按照早期的信仰,死者的灵魂还对加害者依然衔恨,会纠缠他不放,直至报仇雪恨为止。[②] 死者的朋友和同伴也会对
他的命运感到怜悯,也会为他而感到愤愤不平;然而,人同此心、心 373
同此理的彼此同情仅仅限于一狭小的部族内部,在这样一种文化氛围中,若受害人是另一群体、另一部落的成员,人们就不会感到

---

① Spencer, *Principles of Ethics*, ii.

② 见下文,关于“血族复仇”。

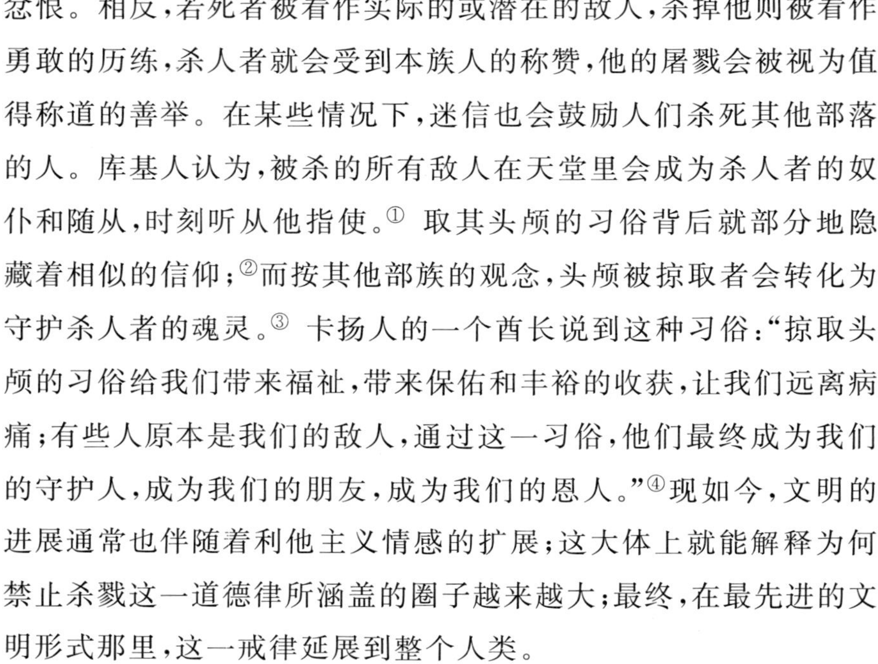

忿恨。相反,若死者被看作实际的或潜在的敌人,杀掉他则被看作勇敢的历练,杀人者就会受到本族人的称赞,他的屠戮会被视为值得称道的善举。在某些情况下,迷信也会鼓励人们杀死其他部落的人。库基人认为,被杀的所有敌人在天堂里会成为杀人者的奴仆和随从,时刻听从他指使。[①] 取其头颅的习俗背后就部分地隐藏着相似的信仰;[②]而按其他部族的观念,头颅被掠取者会转化为守护杀人者的魂灵。[③] 卡扬人的一个酋长说到这种习俗:"掠取头颅的习俗给我们带来福祉,带来保佑和丰裕的收获,让我们远离病痛;有些人原本是我们的敌人,通过这一习俗,他们最终成为我们的守护人,成为我们的朋友,成为我们的恩人。"[④]现如今,文明的进展通常也伴随着利他主义情感的扩展;这大体上就能解释为何禁止杀戮这一道德律所涵盖的圈子越来越大;最终,在最先进的文明形式那里,这一戒律延展到整个人类。

人们谴责杀人是对被杀者犯下的罪过,同时人们也认为,杀戮也是对幸存者的伤害。杀戮使被害人的朋友丧失了一个同伴,使被害人的家庭和社群失去了一名有益的成员。在阿拉伯半岛,某人被杀害后,为了掩饰内心的悲痛,他的同部落人忌讳提他本人的名字,而只是这么含糊其辞地说:"我们流血了。"[⑤]按照拉菲托的说法,对北美印第安人来说,某人丢掉了性命似乎是一大憾事,因

① Dalton, *Descriptive Ethnology of Bengal*, p. 46.

② Ling Roth, *Natives of Sarawak*, ii. 141. Haddon, *Head-Hunters*, p. 394.

③ Wilken, *Het animisme bij de volken van den Indischen Archipel*, p. 124.

④ Furness, *Home-Life of Borneo Head-Hunters*, p. 59.

⑤ Robertson Smith, *Marriage and Kinship in Early Arabia*, p. 26.

为这是对家族的削弱。[1] 在巴苏陀人那里，人们谴责杀戮，认为是 374
“对父亲、寡妇和孤儿神圣权利的侵犯，造成儿子不能再为父亲尽孝，寡妇和孤儿则变得孤苦伶仃”。[2] 特别是在某人或多或少被视为另一人的财产的情况下，夺走他的性命大体上被看作对主人的冒犯。沃纳先生说到了卡菲尔人：“杀人必须赔偿……采用的原则是：个人的人身是酋长的财产，若酋长子民的生命被剥夺，必须照价赔偿。”[3]我们在英国法制史里也发现了有些相似的观念。托马斯·史密斯在其著作《英格兰共和国》里说：“试图毒杀某人，或潜伏以杀某人，若使其受到重害，但并未致死，依英格兰法律就不是重罪，因为国王并未损失其子民，只有在出了人命的情况下才应以命偿命。”[4]在中世纪，杀人被视为破坏“国王的安宁”；在中世纪之前和之后，杀人都被斥为扰乱公众的和平日子，严重破坏公共安全。透过中古英语的 *wer*(偿命钱)和 *wite*(处罚)两个单词，我们能够看到，当时对杀人的私人方面和公共方面做了清晰的区分。[5]杀人者使一个群体失去了一名成员，不仅给该群体造成了损失，也给自己人带来了麻烦，因而自己人也不赞成他的作为。布里奇斯先生讲，在火地岛的雅甘人那里，“许多事物都昭示，杀人流血是可怖之事。杀人者或多或少也危及了他的朋友、亲戚，因而其亲朋会

---

① Lafitau, *Mœurs des sauvages ameriquains*, ii. 163.

② Casalis, *Basutos*, p. 224 *sq*.

③ Warner, in Maclean, *Compendium of Kafir Laws*, p. 60 *sq*.

④ Thomas Smith, *Common-wealth of England*, p. 194 *sq*.

⑤ *Cf*. Pollock and Maitland, *History of English Law before the Time of Edward I*. i. 48.

避之唯恐不及。我们倒是觉得,这种状态是对人类生命的最好保
375 障”。[①] 在兴都库什山脉的卡菲尔人那里,“若被害人不是本部落成员,则杀掉一个人就被视为一件小事;反之,若死者是与本部落和平共处的某邻近部落的成员,就可能引起战争”。[②]

我们也要注意,按某种常见的观念,杀人者是不洁的。受害人的鬼魂纠缠他,或者像瘴疠之气一般缠着他不放;他必须行洁净礼,才能祛除污秽和传染。若不这样,他就会和其他同类一起被当作危险之源,他的同胞就会跟他断绝来往。

> 多西先生发现,印第安人中的彭加人有这么一种信仰,认为鬼魂会纠缠住杀人者,不断对其吹口哨;杀人者即使吃了很多食物,也永远感觉不到饱;他不能四处走动,否则就会产生狂风。[③] 阿戴尔写道,某些北美印第安人中,参战者预料“杀人之后就变得污秽不堪”,他们就会赶紧戒食三天。[④] 根据沙勒沃伊,在纳切斯人那里,“首次抓到一个俘虏或削下某人头皮的人,必须在一个月内不能见他的妻子,也不能吃肉”。在他们的想象中,如果做不到这些禁忌的话,被他们杀死或烧死的那些人的灵魂就会反过来害死他们,或者他们受的第一次伤就能令他们毙命;至少自此以后,他们在对敌争战中就再也不会取得什么优势了。[⑤] 卡菲尔人和贝专纳人在战斗之后要

① Bridges, in *South American Missionary Magazine*, xiii. 153.

② Scott Robertson, *Káfir of the Hindu-Kush*, p. 194.

③ Dorsey, ‘Siouan Cults,’ in *Ann. Rep. Bur. Ethn.* xi. 420.

④ Adair, *History of the American Indians*, p. 388.

⑤ Charlevoix, *Voyage to North America*, ii. 203.

举行各种各样的洁净礼仪。[①] 巴苏陀人说:“人血沉重,让人流血者因而逃脱起来就跑不快。”[②]他们认为,从战场回来,“战士必须马上清除掉自己身上的血,否则受害者的阴影就会老跟着他,搅扰他,让他难以安睡”;因而他们会携带着全身的盔甲,到最近的一条河流里洗涤;按照通行的规则,一个地位较高的占卜者会在他们入水之际往水流里抛入一些净化污秽 376
的东西。[③] 在班图卡维龙多人那里,“如某人在战争中杀死了一个敌人,就会在回家的路上剃光脑袋,他的朋友们也会把‘药’(一般是山羊粪)涂在他身上以防被害者魂灵的骚扰”。[④] 在雅鲁奥人那里,若一个战士杀死了一个敌人,不仅要剃光头发,回到村庄以后还要筹备一场大型宴会,抚慰被杀掉的人,以防死者的魂灵找麻烦。[⑤] 在德属东非的瓦戈戈人那里,若某青年战士杀了人,他的父亲会给他一只山羊,“让他清洁刀剑”。[⑥] 以色列人屠戮米甸人之后,只要有谁杀死了一个人或者触摸到死者,就要在帐篷外待七天,要用水或火或二者一起来清洁自身及自己随身携带的所有物。[⑦] 而若某人在以色列的土地上被杀死,又不能查明犯事者在哪里,邻近城市的尊长

① Arbousset and Daumas, *Exploratory Tour to the Colony of the Cape of Good Hope*, p. 394 *sqq*. Alberti, *De Kaffers aan de Zuidkust van Afrika*, p. 104.

② Casalis, *op. cit*. p. 309.

③ *Ibid*. p. 258.

④ Johnson, *Uganda Protectorate*, ii. 743 *sq*.

⑤ *Ibid*. ii. 794.

⑥ Cole, 'Note on the Wagogo of German East Africa,' in *Jour. Anthr. Inst*. xxxii. 321.

⑦ *Numbers*, xxxi. 19 *sqq*.

就要行洁净礼,以洗刷该城市“对残害无辜生命的罪疚”。[1]根据《摩奴法典》,若某人无意间杀死了一个婆罗门,他就应在森林里搭起棚屋,在那里住上十二年;[2]要去除罪过,他应一头扎进烈火里三次,[3]或者他要在萨拉斯瓦蒂河全程逆流行走,荡涤身上污秽,[4]或者他就应剃光头发。[5] 古希腊人认为,若某人遭遇了暴力袭击毙命,他在死去之际就会对施害者燃起怒火。[6] 杀人者就仿佛感染了瘴气,别人会离他远远的,不跟他接触,不跟他交谈,也避免他进入别人的住处。[7] 即使过失杀人也应离开故土一段时间;依据柏拉图的《法律篇》,杀人者“必须在一整年的时间里避开受害人,这个国家不能让他在
377 他所熟悉的任何地方出现”。[8] 除非他主动奉献了祭品并举行了涤罪仪式,否则他不能回到故土。[9]

从本质上讲,杀人之后就沦入不洁状态,这不一定就指道德上

① *Deuteronomy*, xxi. 1 *sqq*.

② *Laws of Manu*, xi. 73.

③ *Ibid*. xi. 74.

④ *Ibid*. xi. 78.

⑤ *Ibid*. xi. 79.

⑥ Plato, *Leges*, ix. 865.

⑦ Müller, *Dissertations on the Eumenides of Æschylus*, p. 103. 埃斯库罗斯讲,按照习俗,杀人者什么话都不能说,直至杀掉一头乳猪,把猪血撒到他身上(Aeschylus, *Eumenides*, 448 *sqq*.)。*Cf*. Apollonius Rhodius, *Argonautica*, iv. 700 *sqq*.; Aristotle, *De republica Atheniensium*, 57.

⑧ Plato, *Leges*, ix. 865.

⑨ Demosthenes, *Contra Aristocratem*, 71 *sqq*., p. 643 *sq*. Müller, *Dissertations*, p. 106 *sq*. Frazer, *Golden Bough*, i. 341.关于过失杀人者的不洁,另见:Tylor, *Primitive Culture*, ii. 433 *sq*.; Frazer, *op. cit*. i. 331 *sqq*.。

的愧疚。正如我们才提到过的许多事例,不仅杀死同部落人会沦入不洁状态,做了杀死敌人这样值得称道的事也会浑身污秽。例如,在努卡希瓦人那里,若某人杀死了敌人中地位最高或很高的人,他就必须在十天内恪守禁忌,在此期间他不能与妻子性交,也不能用火;不过同时,人们也会给予他特殊待遇,会把猪送给他当作礼物。[1] 另一方面,认为杀人不洁的观念,无疑在许多情况下影响人们对残害生命行为的道德判断。只要杀人这种行为倾向于引起道德谴责,附着杀人行为的精神危害就会强化对此行为的反感,对成为禁忌的杀人者施加的诸多限制,让他遭遇各种不便,以及迫使他经受涤罪仪式,也会强化人们对屠戮他人生命的憎恨。这样,对杀人者权利的剥夺,就逐渐被看作他应当经受的惩罚,涤罪仪式也被视为袪除罪恶的方式。在奥马哈人那里,被饶恕生命的杀人凶手要在两到四年里遵守禁忌规则,多西先生把此规则说成是对凶手的"惩罚",土著人似乎也在一定程度上这样看。有时凶手在夜间四处游荡,为其罪行而痛悔、哭叫;直至规定的禁忌日期结束时,受害人的亲属听到他在哭喊,就对他说:"行了,已经够了。离开这里吧,走回到你的族人中去吧。别忘了穿上鹿皮鞋,披件像样 378
的外罩。"[2]再者,人们认为有鬼魂在迫害杀人者,这一观念也会为关于复仇之神的观念所取代。人们心中的神秘世界常有混淆之事;人们认为有的东西做某些事,承担某些功能,后来也会认为别的什么东西做这些事,承担这些功能——这是一个规律。在接下

① von Langsdorf, *Voyages Travels*, i. 133.

② Dorsey, 'Omaha Sociology,' in *Ann. Rep. Bur. Ethn.* iii. 369.

来的几章里,我们会举出许多重要例子。摩洛哥北部的吉巴拉人现在不信鬼魂,但他们认为,某人若杀了人,则其余生都在某种程度上不干净。他的指甲会渗出毒物,因此,若他在水里洗了手,而谁又喝了这水,就会大病一场。他杀死的动物的肉难以消化,当他的面吃的任何食物也都不好消化。如果人们在凿井,他从旁边走过,则井水会马上枯竭。人们说他是疯子,他会被镇尼(*jnûn*)这类跟死人、活人都完全不同的鬼魂追索。格陵兰岛民认为,流产、死产的胎儿会专为寻仇而转化为叫安寂(*ángiaq*)的厉鬼。① 在中非的东部,"若杀了一个奴隶,主人就会害怕鬼魂(*Chilope*)。这就意味着他可能变憔悴、失明,最后悲惨地死去。因而他会到酋长那里去,给酋长一些补偿(布、奴隶或其他被认可的东西),说,'给我一个符咒吧,我杀了一个人。'符咒可以就水喝掉或服用,服用了符咒后危险就消除了。"②奥马哈人也没有忽略被杀者的鬼魂;凶手"必须在距离其他部落四分之一英里之外的地方搭帐篷度日,以免受害人的鬼魂引起狂风大作,造成损害,妨害这些部族狩猎"。而
379 与此同时,人们也认为凶手的行为冒犯了瓦坎达大神(Wakanda);没有谁会愿意跟他一起吃饭,因为他们说:"如果我们与瓦坎达大神所憎恶的人一起吃饭,由于这人犯有罪过,瓦坎达大神也会恨我们。"③中国的书籍里有很多事例,有的人杀了人,被害人的冤魂就在他们临终时索命,而且多数情况下鬼魂都明确宣称,是上天专门

① Rink, *Tales and Traditions of the Eskimo*, pp. 45, 439 *sq*.

② Macdonald, *Africana*, i. 168.

③ Dorsey, 'Omaha Sociology,' in *Ann. Rep. Bur. Ethn.* iii. 369.

授命他们这样报仇的。[1] 希腊人相信,被杀者会经复仇女神厄里倪厄斯[2]雪恨,这无疑起源于鬼魂会骚扰凶手的早期观念,后来鬼魂的愤怒或诅咒就人格化为独立的魂灵。[3] 还有以下进一步的转化:厄里倪厄斯被描述为宙斯意志的执行人,她们执行宙斯的意志而惩处凶手。宙斯被认为是涤罪礼的创始人;被疯狂的复仇女神光顾之后,伊克西翁[4]就向宙斯求饶,忒修斯[5]则为杀害亲属而在宙斯祭坛行涤罪礼。[6] 起初,似乎只是杀害同胞才被视为冒犯宙斯,并为复仇女神所不容,后来她们的管辖范围就扩大了,只要被害人在城邦里享有任何公民权利,只要杀了人,就是罪过,就要行涤罪礼。[7] 这样,不洁就转化为渎神。如果人们认为,仅仅由于魂灵或某种类似魂灵的东西——例如摩尔人所说的鬼魂镇尼,这类东西与正义毫不相干——凶手才变得不洁,那么,不洁尽管引起了人们的恐惧,也与道德无关;但是,如果人们把不洁看作神的惩罚,或看作至高无上之神眼中的罪孽,情况就不一样了。如果被视为不洁之行为本身不易引起道德上的反对和憎恨,上述观念上的转变几乎不会发生。显然,由于带上了宗教的色彩,罪过的严重性就 380
增加了。

---

① de Groot, *Religious System of China* (vol. iv. Book), ii. 441.

② 希腊神话中司复仇的三女神的总称。——译者

③ See Müller, *Dissertations*, p. 155 *sqq.*; Rohde, *Psyche*, p. 247; *Idem*, 'Paralipomena,' in *Rheinisches Museum für Philologie*, 1895, p. 6 *sqq.*

④ 按希腊神话,伊克西翁是古希腊城邦特萨利的国王,曾杀害岳父。——译者

⑤ 按希腊神话,忒修斯曾是雅典国王。——译者

⑥ Farnell, *Cults of the Greek States*, i. 66 *sqq.* Rohde, *Psyche*, p. 249. *Idem*, in *Rheinisches Museum*, 1895, p. 18. Stengel, *Die griechischen Kultusaltertümer*, p. 140.

⑦ Farnell, *op. cit.* i. 68, 71. Rohde, *Psyche*, p. 247.

从另一个角度看,人们认为杀人具有污秽效应,这对宗教思想和道德观念也产生了影响。不仅人躲避这样的污秽,神更是避之唯恐不及。凡神圣场所通常都禁止杀人。阿代尔讲:“几乎每一支印第安人都有几个和平安宁的镇子。这些镇子称作‘古老而钟爱’之城、‘古城、圣城或洁净之城’;它们以前似乎是‘避难之城’,在年长者的记忆中,从未见过镇子里发生杀人事件;在不得已的情况下,凶手常常迫使被害者离开那里,然后在别处杀害他们。”[①]根据布拉德伯里,密苏里河一带阿里卡拉人的最大村庄中央都有一个“圣屋”,“那里跟犹太人的圣地完全一样,绝对不允许出现流血事故,即使是敌人也不允许在此地伤害”。[②] 在雅典,对杀人罪的处决即肇始于宗教圣地和祭祀场所不得发生凶案。[③] 按照希腊的观念,献祭之前,必须先行洁净礼。[④] 赫克托耳说:“我耻于用不干净的双手将亮晶晶的祭酒献给宙斯;而一个身上沾满血迹和污秽的
381 人,又何以能面对克罗诺斯之子、乌云之神祈祷?”[⑤]在摩洛哥的许多地方,若某人杀了人,此后便不再允许他在“盛大节日”屠宰用于

① Adair, *History of the American Indians*, p. 159.

② Bradbury, *Travels in the Interior of America*, p. 165 *sq*. 布拉德伯里还讲道:“任何人到那里避难,都不得把他赶走。”不过当下我们暂不关心这一类事。这些事就属于庇护权——这里是在严格意义上使用庇护一词的。我们会看到,庇护权基于不同的原则,按照这一原则,就是刚杀了人、血污斑斑的杀人犯逃到避难所,哀求庇护,也不可把他赶出避难所。

③ Aristotle, *De republica Atheniensium*, 57. Müller, *Dissertations*, p. 103.

④ Donaldson, ‘Expiatory and Substitutionary Sacrifices of the Greeks,’ in *Transactions Roy. Soc. Edinburgh*, xxvii. 433. Farnell, *op. cit*. i. 72.

⑤ *Iliad*, vi. 266 *sqq*. *Cf*. Vergil, *Æneis*, ii. 717 *sqq*.

献祭的绵羊。[1] 大卫曾一心要建一个神庙,上帝就对他说:“你不应以我的名义修建,因为你打过仗,杀过人。”[2]基督教会有一个忏悔律令,它禁止任何手沾鲜血而未经苦行的人靠近祭坛,这一教律甚至也适用于国王和将军。[3]

由于害怕杀人行为渎神,就对所有杀人者施加了非正式的限制,不管是谋杀还是在正义的战争中杀人;另一方面,对那些与某一异教或邪教长期勾连的人士则制定了更严厉的规则。阿代尔说,根据其职能,就像犹太教士一样,决不允许北美印第安人中的“圣人”杀人,“就是想杀人也不行,也不能给他人造成轻微伤害”。[4] 希罗多德说到波斯的僧侣,说他们的双手“可以杀任何别的动物,但不得残害狗和人”。[5] 高卢的督伊德从不参战,[6]很可能是为了让自己免于血污;[7]固然,他们也把人献祭给诸神,不过只通过烧死人的方式做祭祀。[8] 基督教会的教令也禁止神职人员参战,这与上面诸多事实是一回事。而且,若某基督教教士处决了某
人,他就要接受降级和终身监禁的惩罚;[9]也不允许教士撰写或口 382

---

① 我发现,这一习俗在摩洛哥各地的阿拉伯人和柏柏尔人那里都盛行。参见我的文章《摩洛哥盛大节日的流行仪式》(“The Popular Ritual of the Great Feast in Morocco,” in *Folk-Lore*, xxii. 144.)。

② 1 *Chronicles*, xxviii. 2 *sq*.

③ Lecky, *History of European Morals*, ii. 39.

④ Adair, *op. cit*. p. 152.

⑤ Herodotus, i. 40.摩洛哥南部的什卢赫人和摩洛哥中部的柏柏尔人认为,不仅杀人,就是曾经杀过狗的人,也永远不得在“盛大节日”行祭。See *Folk-Lore*, xxii. 144.

⑥ Cæsar, *De bello gallico*, vi. 14.

⑦ d'Arbois de Jubainville, *Civilisation des Celtes*, p. 254.

⑧ Cæsar, *De bello gallico*, vi. 16.

⑨ Gratian, *Decretum*, ii. 23.8.30.

述任何著作再对这一判决表示异议。[1] 他也不能借助火或铁做外科手术。[2] 如果他为了保命而杀死了一个强盗,他就要终生苦修。[3] 教士的双手是用来散布上帝之羔羊基督的血的,不能被所要救赎的人的血玷污。[4]

毫无疑问,对血污的恐惧部分导致了对人类生命的尊敬,这种敬意从一开始就是基督教的一个特征,特别是在早期。不过从其他方面来说,基督教情感和信念具有引发这类情感的某种内在倾向。至少从理论上讲,基督教的普世主义精神不允许由于某人是外国人他的生命就变得不那么神圣。在基督教看来,尘世生命是为来世做准备的,它被赋予非同一般的重要意义;这自然会加重杀人者的罪孽——缩短了他人的尘世生命,不仅毁灭了肉身,很可能让他的灵魂在来世永远不得安宁。[5] 在基督教看来,与多数其他罪过比起来,杀人是对上帝更大程度的冒犯,因为上帝是按自己的形象造人的。[6] 格拉提安说,就是杀死一个犹太人或异教徒也要笃行苦修,"因为杀人者毁灭了上帝创造的一个形象,破坏了死者未来皈依基督的希望"。[7]

---

① *Concilium Lateranense IV.*, A. D. 1215, ch. 18 (Labbe-Mansi, *Sacrorum Conciliorum collectio*, xxi. 1007).

② *Concilium Lateranense IV.*, A. D. 1215, ch. 18 (Labbe-Mansi, *op. cit.* xxi. 1007).

③ Thomassin, *Dictionnaire*, ii. 1074.

④ *Ibid.* ii. 1069.

⑤ *Concilium Lugdunense I.* A. D. 1245, Additio, de Homicidio (Labbe-Mansi, *op. cit.* xxiii. 670).

⑥ von Eicken, *Geschichte und System der Mitterlalterlichen Weltanschauung*, p. 568.

⑦ Gratian, *Decretum*, i. 50.40.

第十七章　弑亲　杀病人　杀婴 383

我们已经发现，人类社会中普遍存在着这样一种道德规则，它禁止人们杀死自己部族的成员。现在，我们将会看到，这种规则的严格程度要视具体情况而定，它依赖于人与人之间的特殊关系或社会地位，而且世上也存在着根本无法适用这种规则的情况。

由于人们希望子女对父母怀有尊敬之情，弑亲因此被视为最恶劣的谋杀形式。没有一个地方比那些文明古国的父母更受子女尊敬了，也没有一个地方比那里的弑亲更让人感到恐惧。在中国，对弑亲者判处的刑罚比所有其他死刑都更富有羞辱意味，即所谓的“碎尸万段”；而且，在一些案例中，当弑亲发生在某个地方的时候，除了加诸罪犯身上的所有刑罚外，还要将发生地的城墙推倒，或是改变城墙的形状，比如圆角改成方角，或将一个门更改到新的位置，甚至永远关闭。[①] 在高丽国，弑亲者要被烧死。[②] 我们获知， 384
古埃及的弑亲者要被人们用削尖的芦苇扎破，并扔到荆棘丛中烧死。[③] 在《出埃及记》中，有关于“伤害”父母的叙述，但并未明确提

---

① Doolittle, *Social Life of the Chinese*, i. 338 *sq*. Smith, *Chinese Characteristics*, p. 229.

② Griffis, *Corea*, p. 236.

③ Diodorus Siculus, *Bibliotheca historica*, i. 77.8.

及“弑亲”;可能是因为希伯来立法者,如古雅典梭伦[1]认为,任何人都不可能犯下如此惨绝人寰的暴行。[2] 按照希罗多德的说法,古波斯人持有同样的观念,他们也认为,没有人会杀死自己的亲生父母;他还认为,如果仔细推敲的话,会发现所有弑亲的事例都是由一些来历不明的孩子或私生子所为,父母不会被自己亲生的子女谋杀。[3] 柏拉图在《法律篇》中说:“如果一个人可以死不止一次,一怒之下杀死自己父母的人就罪该万死。任何一个人,即使是为了保护自己的生命不受伤害,即使快死在父母手里,任何法律也不许杀死赋予他生命的父母,立法者就算让他经受莫大的痛苦,也不允准他干这种大逆不道的事——依我看,真的杀了自己的父母,怎么惩罚他都不过分!”[4]在雅典,杀人犯在判决到达前有机会逃跑,弑亲者却没有这种权利,他会被立即逮捕。[5] 根据罗马法,弑亲者(*parricidium*)所受的刑罚不是普通的死刑,因为他是“最歹毒、最恶劣的罪犯”,所以要让他受“最古怪的刑罚”:把罪犯装进一个皮袋子里,袋子里面装有一条恶狗,一只公鸡,一条毒蛇,一只猿猴,接着把口袋封死,这个令人恐惧的“监狱”就造好了,然后将袋
385 子丢进大海或附近的河里。[6] 但对“弑亲”这个术语的理解并非仅

① Diogenes Laërtius, *Solon*, 10. Cicero, *Pro S. Roscio Amerino*, 25. Orosius, *Historiæ*, v. 16.

② *Exodus*, xxi. 15. *Cf*. Keil, *Manual of Biblical Archaæology*, ii. 376.

③ Herodotus, i. 137.

④ Plato, *Leges*, ix. 869. *Cf*. *ibid*. ix. 873.

⑤ Müller, *Dissertations on the Eumenides of Æschylus*, p. 91. *Cf*. Euripides, *Orestes*, 442 *sqq*.

⑥ *Institutiones*, iv. 18.6.

限于谋杀父母，根据“庞培弑亲法”(Lex Pompeia de parricidiis)，被杀死的对象包括以下人：任何一代的长辈或晚辈，[①]哥哥或姐姐，叔叔、舅舅或姨、姑、婶，堂兄，丈夫或妻子，新郎或新娘，公公或婆婆，女婿或儿媳，继父母或养子女以及监护人，等等。而且，莫姆森认为，在早期社会，弑亲的含义更加宽泛，它适用于普通意义上的蓄意谋杀。[②] 但是，在其他一些杀人案件中，不再适用我们刚刚谈到的那些惩罚措施，而是用流放取而代之。而且，至少在罗马帝国统治期间，杀害长辈的罪犯实际上也要被流放。[③]

在基督教弘扬了人类生命的神圣性的同时，古人对弑亲的憎恨与恐惧丝毫没有受到影响。基督教对弑亲者的惩罚比对普通杀人犯的惩罚严格得多。[④] 至少在拉丁语国家，世俗政权也是这样做的。[⑤] 在法国，即使是今天，一个犯有弑亲罪的人只能“打着赤

① 除非杀人者对这位后代有父权。

② Mommsen, *Römisches Strafrecht*, pp. 644, 645, 612 *sq*.

③ *Ibid*. p. 645 *sq*.

④ Gregory III., *Judicia congrua pœnitentibus*, ch. 3 (Labbe-Mansi, *Conciliorum collectio*, xii. 289). *Pœnitentiale Bigotianum*, iv. i (Wasserschleben, *Bussordnungen der abendländischen Kirche*, p. 453). *Pœnitent. Pseudo-Theodori*, xxi. 18 (*ibid*. p. 588).

⑤ Chauveau and Hélie, *Théorie du Code Pénal*, iii. 394 (France). Salvioli, *Manuale di storia del diritto italiano*, p. 570.在苏格兰，弑亲是杀人罪中最严重的罪行之一(Hume, *Commentaries on the Law of Scotland*, i. 459 *sq*.; for a sentence passed in 1688, see Pitcairn. *Criminal Trials in Scotland*, iii. 198)；只不过到了现在，它跟其他类型的杀人罪在判处和量刑方面可谓等量齐观了(Erskine, *Principles of the Law of Scotland*, p. 559)。英格兰律法在弑亲罪的惩处方面则未做特殊规定(Blackstone, *Commentaries on the Laws of England*, iv. 202. Stephen, *History of the Criminal Law of England*, iii. 95)。

脚,衣着单薄,头罩黑纱,被赶赴刑场”;[①]如果发生严重的人身侵犯,或是有人光天化日之下闯入民宅,由此引发的杀人可以得到谅解;但弑亲在任何情况下都是不可饶恕的。[②]

386 关于未开化人对通常的弑亲所持的态度和感情,我们几乎不掌握任何直接资料。事实上,很少有记录提及它,这毫无疑问是因为它太不寻常了。[③] 在纳塔尔的卡菲尔人那里,尽管谋杀犯通常被课以罚金了事,弑亲者却要被处死。[④] 一个奥塞梯人杀了父亲或母亲就会遭受残酷的惩罚,他会连同自己的所有财产一起被关入房子里,然后被众人包围起来,活活烧死。[⑤] 绝大多数未开化人认为孩子应当尊重父母,从这种意义上看,未开化人很可能把弑亲当作一个格外可恨的杀人形式而加以惩罚。但是,这个规则并非普遍适用,还存在一些值得重视的例外情况:按照许多蒙昧部族或野蛮部族盛行的习俗,父母由于年老体衰或因病再也没有什么用处了,会被杀死或遗弃。

赫恩说,在北印第安人中,无论是男是女,至少有一半老年人,当无力行走时,就被遗弃在一边饿死。[⑥] 在加利福尼亚的加利诺

---

① *Code Pénal*, art. 13.

② *Ibid*. art. 321 *sqq*.

③ 奥马哈人中曾经发生过几例在醉酒状态下杀近亲害和长辈的案子(Dorsey, ‘Omaha Sociology,’ in *Ann. Rep. Bur. Ethn.* iii. 369)。有位楚科奇人,因为父亲说他胆小懦弱、迂阔笨拙,就在酒醉后把父亲杀了(Sarytschew, ‘Voyage of Discovery,’ in *Collection of Modern and Contemporary Voyages*, vi 51). See also *Emin Pasha in Central Africa*, p. 230; Wilson and Felkin, *Uganda*, i. 224.

④ Shooter, *Kafirs of Natal*, p. 103.

⑤ von Haxthausen, *Transcaucasia*, p. 415.

⑥ Hearne, *Journey to the Northern Ocean*, p. 346.

穆罗人中，当父亲再也没有力气爬到森林里拾一捆柴或一篮橡子时，他就只能成为儿子的累赘，“一般情况下，这位可怜巴巴的老人会被丢弃在地上，老老实实地平躺着，等着人把一根棍子放在他的喉咙上。随后，有两个人坐在棍子的两端，直到老人被压
得停止呼吸。”[①]在北美其他一些部落[②]，如巴西土著[③]，南太平洋 387
岛民[④]，澳大利亚诸种族[⑤]，以及非洲[⑥]、亚洲[⑦]的一些种族中，这种遗弃或杀死年迈父母的习俗已经为人发现和关注。根据古代著

① Powers, *Tribes of California*, p. 178.

② Nansen, *First Crossing of Greenland*, ii. 331 (natives on the east coast of Greenland). Seemann, *Voyage of "Herald"*, ii. 66 (Eastern Eskimo). Catlin, *North American Indians*, i. 217. Lafitau, *Mœurs des sauvages ameriquains*, i. 488 *sqq*. Domenech, *Seven Years'Residence in the Great Deserts of. North America*, ii. 325 (northwestern tribes). Lewis and Clarke, *Travels to the Source of the Missouri River*, p. 442 (Dacotahs, Assiniboins, the hunting tribes on the Missouri).

③ von Martius, *Beiträge zur Ethnographic Amerika's*, i. 126, 127, 393. von Eschwege, *Brasilien*, i. 231 *sq*. (Uerequenás).这种做法在火地人中似乎只是偶尔发生(Bridges, in *A Voice for South America*, xiii. 206)。

④ Codrington, *Melanesians*, p. 347. Romilly, *Western Pacific*, p. 70 (Solomon Islanders). Brainne, *Nouvelle Calédonie*, p. 255. Turner, *Samoa*, p. 335 *sq*. (Efatese). Seemann, *Viti*, p. 192 *sq*. Williams and Calvert, *Fiji*, pp. 1 16, 157 *sq*. Angas, *Polynesia*, p. 342(natives of Kunaie).

⑤ Eyre, *Central Australia*, ii. 382. Dawson, *Australian Aborigines*, p. 62(tribes in Western Victoria).

⑥ Arnot, *Garenganze*, p. 78 n. Andersson, *Lake Ngami*, p. 197 *sq*. (Damaras). Kolben, *Present State of the Cape of Good Hope*, i. 322, 334; Hahn, *The Supreme Being of the Khoi-Khoi*, p. 86 (Hottentots). Lepsius. *Letters from Egypt*, p. 202 *sq*. (Negro tribes to the south of Kordofan). Post, *Afrikanische Jurisprudenz*, i. 298 *sqq*. Sartori, 'Die Sitte der Alten-und Krankentötung,' in *Globus*, lxvii. 108.

⑦ Hooper, *Ten Months among the Tents of the Tuski*, p. 188 *sq*.; Dall, *Alaska*, p. 383 *sqq*. (Chukchi). Rockhill, *Land of the Lamas*, p. 81(Kokonor Tibetans).

作家的记录,亚洲[①]和欧洲的许多国家过去都发生过弑亲现象,包括吠陀人[②]和具有条顿血统的人。[③] 5世纪到6世纪,在赫卢利人中已有这样的习俗:杀死老人的事由雇来的陌生人完成,老人的尸体则由亲人点火烧掉。[④] 在英国,有这样一个古老的传说:"人们相信教堂门后挂有'圣槌',当父亲年届七十,儿子可以将其取下,敲击他的头部,因为他已经身衰力竭,毫无用处了。"[⑤]

不管这种习俗看起来多么残忍,还是存在这样做的理由的。在以狩猎为生的游牧民族中,这种习俗尤其盛行,这是因为游牧生活非常艰难,而且老弱之人难以跟上牧群行进的步伐,由此,弑亲
388 现象普遍存在。摩尔根观察到:"在荒原上四处流浪的游牧民族中,年老体衰和毫无用处的人经常被遗弃,而且在一些情况下,干脆利索地杀死他们是一种比遗弃更加仁慈的方法。"而在易洛魁人中就没有发现这种做法,他们居住在固定的村庄中,村庄为老年人提供了庇护。[⑥] 道森认为,在维多利亚西部的某些部族中,老人被认为是社群的负担,如果敌人突然袭击,他们最可能被俘虏,那样就会被慢慢地折磨死。[⑦] 而且,在食物不足以维持整个部族生存时,年老者和无用的人比年轻力壮的人更有理由先死。哈恩了解

① Herodotus, i. 216 (Massagetae). Strabo, xi. 8. 6 (Massagetae); xi. 11. 3 (Bactrians); xi. 11.8 (Caspians).

② Zimmer, *Altindisches Leben*, p. 328.

③ Grimm, *Deutsche Rechtsalterthümer*, p. 486 *sqq*.

④ Procopius, *De bello gothico*, ii. 14. *Cf*. Grimm, *Kleinere Schriften*, ii. 241.

⑤ Thoms, *Anecdotes and Traditions*, p. 84.

⑥ Morgan, *League of the Iroquois*, p. 171.

⑦ Dawson, *op. cit*. p. 62.

到，在霍屯督人中，年老的父母会被没有足够食物赡养他们的穷苦子女所遗弃，[①]而且在那些已经富足的部族中，杀死父母的习俗尽管不再具有合理性和必要性，却仍然沿袭着，原因部分是由于艰难时期遗留的习惯，部分是出于这样一种良好愿望——看到一个生命苦撑着苟延残喘，就应当尽早结束这个悲剧。[②] 对于大多数人来说，这种看似残忍的做法也许真的是一种善行，而且人们普遍赞同这么做，就连老人自己也希望如此。早期霍屯督人为了让年老的父母死去，采取使之挨饿的方法。柯尔本谈到这种习俗时说到：如果你想向霍屯督人说明这种习俗毫无人性——如同我经常做的那样——他们会对你的说法感到不可思议，而且在他们看来，反倒是我们毫无人性；在他们的思维方式中，这种习俗是以忠诚和孝顺为基础的，这种情况下的弑亲就是尽忠尽孝。他们会反问你："让一个男人或女人在体弱多病中苟延残喘，长期遭受老年艰辛生活的痛苦，这难道不是件很残酷的事情吗？难道你能忍心看着父母 389
或亲属在饥寒交迫而又无能为力的老年瑟瑟发抖，而不去想一想，是否该出于怜悯尽早结束其痛苦吗？要知道，这可是解除苦痛的唯一办法。"[③]当霍珀先生听说一个年老的楚科奇妇女被他的儿子一刀捅死以后，他说这种行为本质上是十分可怖的，他的土著同伴则这样回答他："难道这个老女人不该死吗？她已经年老体衰，只

① Hahn, *op. cit.* p. 86.

② Tylor, 'Primitive Society,' in *Contemporary Review*, xxi. 705. *Idem*, *Anthropology*, p. 410 *sq.*

③ Kolben, *op. cit.* i. 322.

有苟延残喘的份儿了,她对自己和他人来说都是一个负担,她不想拖累大家,只能恳求自己最亲近的人给予她虽致命但友好的一击,好让她永远脱离这种贫弱痛苦的生活。"[①]卡特林告诉我们,在游牧于北美大草原的部族中,年老体衰的人一致要求被别人丢在后面不管。他们说:老了,没什么用了——他们也曾以同样的方式遗弃过自己的父辈——他们希望死去,希望孩子们不必为此哀伤。[②]科德林顿博士说,在美拉尼西亚,将病人和老人活埋"肯定是出于善意";病人和老人自己就常常诚恳地祈求朋友结束其悲惨的生活;而且,如果一个年老体弱的族长还没有被活埋,这甚至会成为整个家族的耻辱。[③] 在斐济,终止一个老人的生命也被看作孝顺的标志。希曼博士观察过斐济人的生活,他描述道:"在一个能够做到丰衣足食的村庄,财产是属于整个家族所有,而不是家族首领独有,这是一个普遍的规则。孩子们要想过得舒适一点,不必非得等待'穿死人遗留下的鞋子'。因此,我们完全可以肯定,弑亲是在父母的反复恳求和劝说下做的,他们在杀死父母时内心是充满了矛盾和痛苦的,我们却从道义上认为这种行为是一种犯罪。"[④]而
390 弑亲者并不这样认为。这种仪式并非完全没有悲剧式的庄严色彩:"当儿子为老父挖掘坟墓时,他会哭着吻别父亲;当他轻轻地把土堆在父亲的身体上,与之生离死别时,他会深情地向父亲道

① Hooper, *op. cit.* p. 188 *sq. Cf.* Sarytschew, *loc. cit.* vi. 50; Dall, *op. cit.* p. 385; von Wrangell, *Expedition to the Polar Sea*, p. 122.

② Catlin, *North American Indians*, i. 217.

③ Codrington, *op. cit.* p. 347. Turner, *Samoa*, p. 335*sq.* (Efatese).

④ Seemann, *Viti*, p. 193.

别。"[1]斐济老人之所以急于从极度虚弱带来的痛苦中解脱出来，一个可能的原因是，在一个尚武的国度，人们往往蔑视那些体弱多病的人，无力保护自己的人将会受到虐待和侮辱；不过，另一个原因可能更有说服力，弑亲的动机在于这样一种信仰：人们希望在智力和体力尚可的状态下满怀喜悦地开始来世的生活，而老人在临死之前的那一刻同样拥有这些东西，在寿终正寝之前被亲友处死，他们的灵魂在肉体结束的时候就获得了重生。黑尔博士说："这样看来，在智慧和体力被时日耗尽，以致被剥夺了享受生活的能力之前，他们渴望经历这种改变。这是十分自然的事。"[2]最后，我们还得看到，在许多地方，老人不仅被杀死，他身上的肉还要被近亲吃掉。根据当地人的描述，这种食人肉行为的动机——也许是唯一的动机——并非出于饥饿或是喜欢吃人肉，[3]而是"一种善行"或"一种孝顺的仪式"，因为这样就可以防止尸体被虫子吃掉或被仇敌毁害。[4] 鉴于许多食人族厌恶食用自然死亡者的肉，因此，在一些例子中，如果假设杀死老人是为了使老人的肉能够被吃掉，而且这完全是为了他好，这种假设并非毫无道理。[5] 但另一方面，像许多其他被认为是安抚死者的丧葬习俗一样，这种"孝顺的仪式"也可能是某种习俗的残余，而这种习俗最初是为了生者自己的利益考虑的。

① Fison and Howitt, *Kamilaroi and Kurnai*, p. 175.

② Hale, *op. cit.* p. 65. Williams and Calvert, *op. cit.* p. 156. See also Erskine, *Islands of the Western Pacific*, p. 248.

③ For instances, see Steinmetz, *Endokannibalismus*, *passim*.

④ *Ibid*. pp. 3, 5, 17.

⑤ 关于希罗多德对马萨格特人的表述，参阅：Herodotus, i. 216.

391 与遗弃或杀死衰老父母的习俗密切相关,还有一种遗弃或杀死受到病痛折磨的其他成员的习俗,这种习俗在某些部族中广泛流行。

沃德先生观察到:“在阿拉伯和内格罗河,随处可见一些令人痛苦的景象,而那里人们的态度却非常冷漠。任何一个白人,只要他生活在非洲,目睹过这些地方的生活,他就永远无法克服对这种铁石心肠的深恶痛绝。在那里,垂死的人被抛弃在路边等死,衰弱的人被旅行的队伍落下,而这队人马照旧向前行进,对掉队者的生死不闻不问。”[①]在卡菲尔人中,类似的事例屡见不鲜:垂死的人被扔到灌木丛中等死,其中有些癫痫病人还会被抛下悬崖,或被绑在树上等土狼来吞食。[②]霍屯督人抛弃染上天花的病人。[③] 马达加斯加的南塔纳拉人会把一个因病昏迷不醒的人扔到他们常用来放置死人的地方,并且,要是这个不幸的人还能苏醒过来再回到村里,他们就用石头砸死他。[④] 在新喀里多尼亚,“极少有病人自然而然地咽下最后一口气死亡:当他不再有知觉时,甚至常常在他还有痛苦感觉的时候,人们闭合他的嘴巴和鼻孔使其窒息而死,或者从各个方向拉扯他的腿和胳膊”。[⑤] 在坎达武的斐济部族,病人会被扔进一个山洞里,而那个山洞是通常用来埋葬死

① Ward, *Five Years with the Congo Cannibals*, p. 262.

② Shooter, *Kafirs of Natal*, p. 238 *sq*. Kidd, *The Essential Kafir*, p. 247.

③ Le Vaillant, *Travels into the Interior Parts of Africa*, ii. 112.

④ Sibree, *The Great African Island*, p. 291.

⑤ Brainne, *op. cit*. p. 255.

人的地方。[1] 对埃法特人而言，如果一个病人表现出精神狂乱的征兆，他们就马上挖好坟墓，立即把他埋葬，以防传染给群体的其他成员。[2] 阿尔弗拉人则“杀死那些没有治愈希望的病人”。[3] 多布里茨霍费尔说，巴塔戈尼亚人在垂死之人还未断气之前就将其活埋，这看似毫无理智，实则怜悯之情使然。[4] 据说，在霍乱和天花盛行的时期，北美印第安人会抛弃所居住的村庄远走他乡，不分男女老幼，只要是病人都通通留在村子里等死。[5] 据南森博士说，让那些病人、忍受剧痛折磨的人和众人避之唯恐不及的精神狂乱者快些结束生命，与格陵兰岛人的道德原则并不相悖。[6] 霍尔姆少尉说，在冰岛东 392
部，当一个人病情严重时，如果其亲属要求，而且病人自己也同意，就可以将病人扔到海里淹死以结束其痛苦；只不过，杀死病人的情况在那里是很少见的，除非病人的精神已经错乱。[7] 在伊格鲁利克，“一个病妇通常被砌进或监禁在雪屋里，没有人会近前看她，她的死活也无人问津”。[8]

以上事例以及类似的情形，基本上可用以下几个理由来解释：

---

① Williams and Calvert, *op. cit.* p. 159.

② Turner, *Samoa*, p. 336.

③ Pfeiffer, *A Lady's Second Journey round the World*, i. 387.

④ Dobrizhoffer, *Account of the Abipones*, ii. 262.

⑤ Domenech, *op. cit.* ii. 326.

⑥ Nansen, *Eskimo Life*, p. 163.

⑦ 'East Greenland Eskimo,' in *Science*, vii. 172.

⑧ Lyon, *Private Journal*, p. 357. 其他例证，请参阅：Sartori, in *Globus*, lxvii. nr. 7 *sq.*; von Martius, *op. cit.* i. 126, 127, 393 (Brazilian tribes); Steller, *Beschreibung von dem Lande Kamtschatka*, p. 354; Dawson, *op. cit.* p. 61，见前文第 271 页所引。

病人受到的巨大痛苦,游牧生活的艰辛,还有愚昧民族的迷信观念。在一些事例中,有的民族存在这样一种信念,认为给垂死者致命一击就等于拯救这个人的灵魂,杀死一个垂死之人的做法似乎跟这种信仰有关。[1] 1812 年,在加尔各达附近的加德瓦,一个麻风病人被他的母亲和姐姐活活烧死,她们相信这样做会使他在下一个轮回重获一个完美无瑕的身体。[2] 触摸尸体会带来危险,在病人临死之前杀死他,活着的人就避免了这种危险。[3] 在康提王国的贫穷地区,当一个人病入膏肓、回天无力时,因为担心被传染或被迫转移居住地,人们会劝导病人身边的人将病人扔到丛林里去,不管他哭泣也罢、呻吟也罢,任其一人痛苦地等待死神的降临。[4] 但遗弃病人或杀死病人的最常见动机,似乎是害怕被感染或被魔鬼缠身,很多疾病被认为是由于被魔鬼控制才患上的。[5] 我们了
393 解到,在北美印第安人中,"遗弃虚弱者或病人的习俗源于害怕邪恶灵魂的迷信,人们认为是邪恶的灵魂控制了病人"。[6] 埃利斯说,在塔希提岛,"每种疾病都被想象成是超自然力量直接影响的结果,是众神对于那些违反禁忌的罪人施加的惩罚。一个违背禁忌的人是有罪的,应当蒙受惩罚带来的苦难。疾病的起因也可能是敌人为了搞破坏而暗中向神奉献牺牲的结果。在很大

① Sartori, *loc. cit.* p. 127.

② Crooke, *Popular Religion and FolkLore of Northern India*, ii. 169.

③ Shooter, *op. cit.* 239 (Kafirs of Natal). Kidd, *The Essential Kafir*, p. 247.

④ Joinville, 'Religion and Manners of the People of Ceylon,' in *Asiatick Researches*, vii. 437 *sq.*

⑤ See Sartori, *loc. cit.* p. 110 *sq.*; Lippert, *Kulturgeschichte der Menschheit*, i. 110; ii. 411.

⑥ Dorman, *Origin of Primitive Superstitions*, p. 392.

程度上，正是这些原因导致了人们对病人置之不理，甚至虐待病人。”①

子女受父母的恩惠，应对父母抱有尊敬之情，故弑亲成为最严重的谋杀形式；但另一方面，在一些特殊情况下，父权甚至意味着父亲可以杀死自己的成年子女。尽管中国的刑法典对处死不驯顺子女的父母规定了一些轻微的惩罚，②但官方在实际上往往对此视而不见，这种“罪过”最终也不可能得到什么惩罚。③ 在早期的希伯来人中，父亲有权杀死不贞的女儿。④ 在罗马，父亲作为一家之主对其子女有生杀予夺之权，但这并非意味着可以在没有正当理由的情况下随意杀死子女。⑤ 早在异教徒时代，“并非出于正当的父权而是如劫匪那般”杀死儿子的父亲要按谋杀罪加以处罚。⑥ 如米尔曼牧师观察到的那样，在基督教义未融进罗马法规之前的很长一段时间里，子女的生命是和父母的生命同样神圣的；尽管康

① Ellis, *Polynesian Researches*, i. 395.

② *Ta Tsing Leu Lee*, sec. cccxix. p. 347.:“如若父亲、母亲、祖父或祖母在惩罚忤逆之子或忤逆之孙时下手太狠，导致他或她死亡，犯事者将被打一百大板；如果前述犯事者有意以此方式杀死忤逆子孙，其所受惩罚将加重至一百六十大板和一年流放。”

③ Douglas, *Society in China*, p. 78 *sq*.

④ 据《创世记》第三十八章第24节：约过了三个月，有人告诉犹大说：“你的儿妇她玛作了妓女，且因行淫有了身孕。”犹大说：“拉出她来，把她烧了！”——译者

⑤ Mittermaier, ‘Beyträge zur Lehre vom Verbrechen des Kindesmordes,’ in *Neues Archiv des Criminalrechts*, vii. 4. Walter, *Geschichte des Römischen Rechts*, § 537, vol. ii. 147. von Jhering, *Geist des römischen Rechts*, ii. 220. Mommsen, *Römisches Strafrecht*, p. 619.

⑥ *Digesta*, xlviii. 9.5. Orosius, *Historiœi*, v. 16. Mommsen, *Römisches Strafrecht*, p. 618.

394 斯坦丁把杀死儿子定为弑亲,但仍然无法对当时占据支配地位的情感定式产生影响。① 没有任何理由认为,蒙昧部族中父亲对子女拥有绝对的生杀大权。相反地,在许多低等部族中,显然不存在这种父权。②

只有在比较罕见的情况下,一个父亲才可能被允许杀死自己的成年子女,这样做仅仅是为了显示某种正义。同时,他却常常有权杀死刚刚出生的婴儿。在许多情况下,杀婴不仅是被允许的,而且是风俗所规定的。

在大量的野蛮部族中,如果一个婴儿是私生子,③或是其母已死,④

① Milman, *History of Latin Christianity*, ii. 25.

② Lang, in Steinmetz, *Rechtsverhältnisse von eingeborenen Völkern in Afrika und Ozeanien*, p. 224 (Washambala). Desoignies, *ibid*. p. 271 (Msalala). Marx, *ibid* p. 349 (Amahlubi). Kohler, 'Recht der Hottentotten,' in *Zeitschr. f. vergl. Rechtswiss.* xv. 347. Post, *Afrikanische Jurisprudenz*, i. 52 *sq*.

③ Turner, *Samoa*, p. 304 (Savage Islanders). Elton, in *Jour. Anthr. Inst.* xvii. 93 (some Solomon Islanders). Munzinger, *Ostafrikanische Studien*, p. 145 (Beduan). Dyveyrier, *Exploration du Sahara*, p. 428 (Touareg). Burton, *Sindh*, p. 244 (Belochis). Haberland, 'Der Kindermord als Volkssitte,' in *Globus*, xxxvii. 58. The natives of Australia often kill half-caste children (Roth, *Ethnological Studies among the North-West-Central Queensland Aborigines*, p. 184. Curr, *Recollections of Squatting in Victoria*, p. 252. Haberland, *loc. cit*. p. 58).

④ Collins, *English Colony in New South Wales*, i. 607 *sq*.。(aborigines of Port Jackson). Dale, 'Natives inhabiting the Bondei Country,' in *Jour. Anthr. Inst.* xxv. 182. Comte de Cardi, 'Ju-Ju Laws and Customs in the Niger Delta,' *ibid*. xxix. 58. Nansen, *First Crossing of Greenland*, ii. 330; Holm, 'Ethnologisk Skizze af Angmagsalikerne,' in *Meddelelser om Grönland*, x. 91 (Greenlanders). Haberland, *loc. cit*. p. 28 *sq*. Ploss, *Das Kind*, ii. 252, 254, 258 *sq*. Chamberlain, *Child and Childhood in Folk-Thought*, p. 110 *sqq*.。

或是先天畸形，或患有先天疾病，[1]或是有些不正常的奇异现象发生，或因这样那样的理由而被人们认为不吉利，那么这样的婴儿往往会被杀死。这种现象很普遍。在非洲的一些地方，如果一个婴 395
儿生来有齿，[2]或在生出下门牙前生出上门牙，[3]或是牙齿发育成不规则的形状，[4]他就会被杀死。在邦迪国的土著人中，孩子出生的时候头先出来被认为是不吉利的事，这个孩子出生后就会被勒死。[5] 坎查岱人过去常杀死出生于狂风暴雨天气的孩子。[6] 在马达加斯加，如果一个婴儿出生于三月或四月，或是一个月的最后一周，或是星期三或星期五，他将遭受被丢弃或溺死或活埋的厄运。[7] 在很多蒙昧部族中存在着这样的习俗：如果一个女人生了

① Dawson, *op. cit.* p. 39 (tribes of Western Victoria). Kicherer，转引自：Moffat, *Missionary Labours and Scenes in Southern Africa*, p. 15 (Bushmans)。Shooter, *Kafirs of Natal*, p. 89. Chapman, *Travels in the Interior of South Africa*, ii. 285 (Banamjua). Reade, *Savage Africa*, p. 244 (Equatorial Africans). New, *Life, Wanderings, and Labours in Eastern Africa*, p. 118; Krapf, *Travels*, p. 193 *sq.* (Wanika). Georgi, *Russia*, iii. 134 (Kamchadales). Sarytschew, *loc. cit.* vi. 50; von Wrangell, *op. cit.* p. 122 (Chukchi). Simpson，转引自：Murdoch, 'Point Barrow Expedition,' in *Ann. Rep. Bur. Ethn.* ix. 417 (Eskimo)。Powers, *Tribes of California*, p. 382 (Yokuts). Guinnard, *Three Years' Slavery among the Palagonians*, p. 144. Haberland, *loc. cit.* p. 58 *sq.*。Ploss, *Das Kind*, ii. 252, 254, 255, 258。

② Ploss, *Das Kind*, ii. 257, 259.

③ Livingstone, *Missionary Travels*, p. 577. Kingsley, *Travels in West Africa*, p. 472. Allen and Thomson, *Expedition to the River Niger*, i. 243 *sq.* Mockler-Ferryman, *British Nigeria*, p. 286(Ibos).

④ Baumann, *Usambara*, pp. 131(Wabondei), 237 (*Wapare*).

⑤ Dale, in *Jour. Anthr. Inst.* xxv. 183.

⑥ Krasheninnikoff, *History of Kamschatka*, p. 217.

⑦ Ploss, *Das Kind*, ii. 257. *Cf.* Little, *Madagascar*, p. 60.

双胞胎,会将其中的一个或两个杀死,①有时人们认为,生双胞胎暗示了母亲对父亲的不忠(这种看法跟一个男人不能同时是两个孩子的父亲的观念是一致的),②有时认为双胞胎是邪恶的象征或是激怒了物神的结果。③ 金斯利小姐观察到:“在西非,人们普遍
396 对生双胞胎感到很离奇,这些部族的人不仅不会杀死双胞胎,反而觉得应该对他们关怀备至,千万不能让他们丢了性命。”④卡菲尔人笃信,父亲必须把一小块泥土放进双胞胎中一人的嘴里,否则他会浑身无力。⑤

在刚刚提到的事例里,杀婴的原因无外乎以下几种:其母已

---

① Dawson, *op. cit.* p. 39 (tribes of Westem Victoria). Spencer and Gillen, *Native Tribes of Central Australia*, p. 52. *Idem*, *Northern Tribes of Central Australia*, p. 609. Romilly, *Western Pacific*, p. 70 (Solomon Islanders). Kolben, *op. cit.* i. 144 (Hottentots). Shooter, *op. cit.* p. 88 (Kafirs of Natal). Livingstone, *Missionary Travels*, p. 577. Decle, *Three Years in Savage Africa*, p. 160 (Matabele). Chapman, *op. cit.* ii. 285 (Banamjua). Baumann, *Usambara*, p. 131 (Wabondei). New, *op. cit.* pp. 118 (Wanika, formerly), 458 (Wadshagga). Burton, *Two Trips to Gorilla Land*, i. 84. Kingsley, *Travels in West Africa*, p. 472 *sqq*. Schoen and Crowther, *Journals*, p. 49 (Ibos on the Niger). Comte de Cardi, in *Jour. Anthr. Inst.* xxix. 57*sq*. (Negroes of the Niger Delta). Nyendael, 转引自: Ling Roth, *Great Benin*, p. 35 (people of Arebo)。Ploss, *Das Kind*, ii. 267 *sq*. (African peoples), 274 (some South American Indians). Schneider, *Die Naturvölker*, i. 305 *sq*. (some South American Indians). Krasheninnikoff, *op. cit.* p. 217 (Kamchadales).

② Waitz, *Anthropologie der Naturvölker*, iii. 394, 480 (South American Indians).达珀说,在贝宁这个国家,从来没发现过双胞胎,因为这里的人们认为生双胞胎是极其丢脸的事(Dapper, *Africa*, p. 473)。

③ Allen and Thomson, *op. cit.* i. 243. Baumann, *Usambara*, p. 131 (Wabondei).

④ Kingsley, *Travels in West Africa*, p. 473.尼恩戴(Nyendael)提出相反的观点:在贝宁的绝大多数地方,生双胞胎被认为是好运连连的前兆(Ling Roth, *Great Benin*, p. 35)。

⑤ Kidd, *The Essential Kafir*, p. 202.

死，无人看护；父母（尤其是母亲）犯过错；人们希望病弱或残疾者早日解脱苦痛；或是出于盲目的恐惧。但是在很多低等部族中，杀婴并不局限于类似例子——这些案例或多或少有些特殊，而且在更大范围内广泛存在。习俗经常决定着一个家庭可以养育几个婴儿，而且，杀死大多数婴儿的事例也并不罕见。

> 在北美和南美的许多部族，杀婴十分常见。[①] 多布里茨霍费尔说，在阿比泊尼人中，一名妇女把两三个儿子都抚养成人的事例是比较少见的；当一些妇女杀死所有亲生孩子时，“没有人阻止，也没有人对这种残害生命的事实施报复”。[②] 根据阿萨拉的说法，瓜纳人活埋大部分女婴，而姆巴亚人允许一个家庭只能有一个男孩或女孩活下来。[③] 不过，一直有人质疑阿萨拉观点的正确性。[④] 另一方面，在南太平洋诸岛，杀婴毫无疑问是非常盛行的。在波利尼西亚岛的主要部落中，杀婴是公开化的、有组织的，不受任何良心谴责，几乎到了令人难以置信的地步。埃利斯在社会群岛居住期间，见到过很 397
> 多异教徒妇女，但他记不得哪怕一个手上未曾沾染过孩子鲜

① Bessels，转引自：Murdoch，‘Point Barrow Expedition，’ in *Ann. Rep. Bur. Ethn.* ix. 417 (Eskimo of Smith Sound)。Nelson，‘Eskimo about Bering Strait，’ *ibid*，xviii. 289. Gibbs，‘Tribes of Western Washington and Northwestern Oregon，’ in *Contributions to North American Ethnology*，i. 198. Powers，*op. cit.* pp. 177，184 (Californian tribes). Yarrow，in *Ann. Rep. Bur. Ethn.* i. 99 (Pimas of Arizona)，Hawtrey，in *Jour. Anthr. Inst.* xxxi. 295 (Lengua Indians of the Paraguayan Chaco).

② Dobrizhoffer，*op. cit.* ii. 98. 阿比泊尼人溺婴的其他记述，请见下文第 400 页。

③ Azara，*Voyages dans l'Amérique méridionale*，ii. 93，115.

④ Wied-Neuwied，*Reise nach Brasilien*，ii. 39.

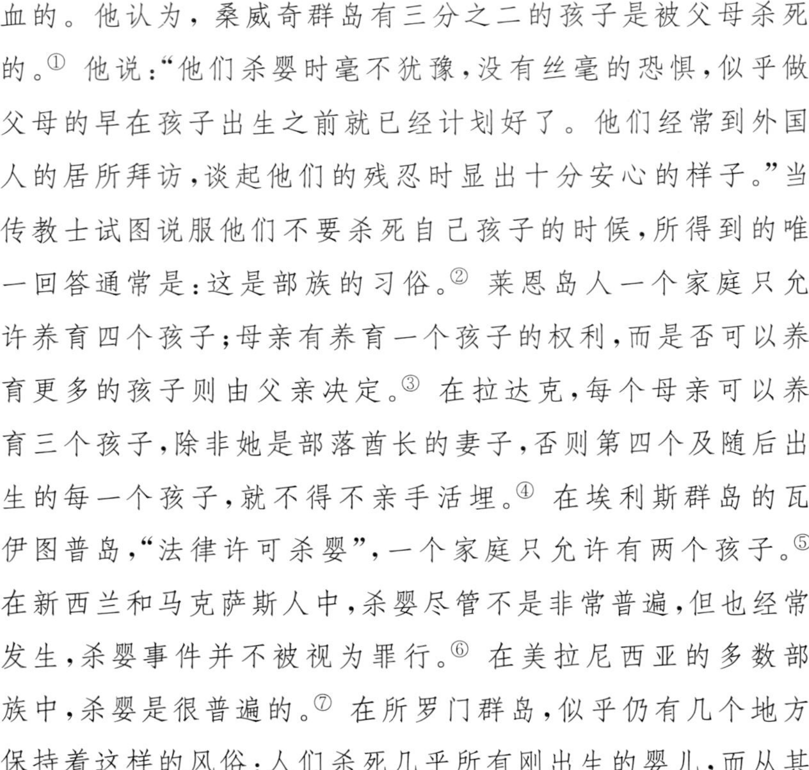

血的。他认为,桑威奇群岛有三分之二的孩子是被父母杀死的。① 他说:“他们杀婴时毫不犹豫,没有丝毫的恐惧,似乎做父母的早在孩子出生之前就已经计划好了。他们经常到外国人的居所拜访,谈起他们的残忍时显出十分安心的样子。”当传教士试图说服他们不要杀死自己孩子的时候,所得到的唯一回答通常是:这是部族的习俗。② 莱恩岛人一个家庭只允许养育四个孩子;母亲有养育一个孩子的权利,而是否可以养育更多的孩子则由父亲决定。③ 在拉达克,每个母亲可以养育三个孩子,除非她是部落酋长的妻子,否则第四个及随后出生的每一个孩子,就不得不亲手活埋。④ 在埃利斯群岛的瓦伊图普岛,“法律许可杀婴”,一个家庭只允许有两个孩子。⑤ 在新西兰和马克萨斯人中,杀婴尽管不是非常普遍,但也经常发生,杀婴事件并不被视为罪行。⑥ 在美拉尼西亚的多数部族中,杀婴是很普遍的。⑦ 在所罗门群岛,似乎仍有几个地方保持着这样的风俗:人们杀死几乎所有刚出生的婴儿,而从其

① Ellis, *Polynesian Researches*, i. 252. *Idem*, *Tour through Hawaii*, p. 325.

② Idem, *Polynesian Researches*, i. 250.

③ Tutuila, 'Line Islanders,' in *Jour. Polynesian Society*, i. 267.

④ von Kotzebue, *Voyage of Discovery*, iii. 173.

⑤ Turner, *Samoa*, p. 284.

⑥ Hale, U. S. *Exploring Expedition. Vol. VI. Ethnography and Philology*, p. 15.

⑦ Codrington, *Melanesians*, p. 229. Turner, *Samoa*, p. 333 (Efatese). Gill, *Life in the Southern Isles*, p. 213 (islands of Torres Straits). Atkinson, in *Folk-Lore*, xiv. 248 (New Caledonians).

他部族那里买婴儿时要格外小心，不要买年龄太小的婴儿。[①]在塔斯马尼亚，[②]杀婴的做法至少也是时有发生；这种习俗也广泛存在于几乎整个澳大利亚。柯尔先生认为，作为惯例，澳大利亚妇女只能养育二子一女，其他的孩子都要被杀死。[③]B.史密斯先生说："在妇女所熟悉的律法中，杀婴是必要的行为，如果有人在某些特殊情况下没有这么做，就会受到众人的
埋怨，并因此要受到惩罚。"[④]塔普林先生了解到这样一个确 398
切的信息：在纳里涅里人中，一半以上的孩子出生后会成为杀婴习俗的牺牲品。[⑤] 在迪埃利部落，随便问一个老年妇女与溺婴有关的事，几乎每一个人都会承认自己曾杀死过两到四个孩子。[⑥]

在印度山地居民托达人中，到1820年左右沙利文先生访问此地之前，大约是每个家庭只许有一个女孩。[⑦] 至于坎德人，或者称冈德人，按照麦克弗森的说法："我相信杀婴的习俗在冈德人中不可能完全不为人知，因为在布拉部族中已经到了这样一种地步：除非这个女婴是头胎所生，否则一个女婴也不许活下来，结果，一个有着一百户人家的村子可能根本见不

---

① Romilly, *Western Pacific*, p. 68 *sq*. *Cf*. Guppy, *Solomon Islands*, p. 42.

② Ling Roth, *Aborigines of Tasmania*, p. 167 *sq*. Bonwick, *Daily life and Origin of the Tasmanians*, p. 85. Brough Smyth, *Aborigines of Victoria*, ii. 386.

③ Curr, *The Australian Race*, i. 70.

④ Brough Smyth, *op. cit*. i. p. xxi. *Cf*. Oberländer, 'Die Eingeborenen der Kolonie Victoria,' in *Globus*, iv. 279.

⑤ Taplin, 'Narrinyeri,' in Woods, *Native Tribes of South Australia*, p. 13.

⑥ Gason, 'Manners and Customs of the Dieyerie Tribe,' *ibid*. p. 259.

⑦ Metz, *Tribes inhabiting the Neilgherry Hills*, p. 16.

> 到一个女孩。”[1]
>
> 据说,在古代加那利群岛的关契斯人中,除了头生孩子以外,其他孩子都会被杀死。[2] 马达加斯加人经常杀死婴儿,但埃利斯说,他们并不像南太平洋岛民那样嗜杀,南太平洋岛民的大部分新生儿都成了满足嗜杀欲望的牺牲品。[3] 据柯尔本说,杀婴在霍屯督人当中很普遍,[4]而斯帕曼只是说:“在母亲死亡的情况下,霍屯督人才把正处于哺乳期的婴儿活埋掉。”[5]勒·瓦扬则完全否认在霍屯督人中间存在杀婴习俗。[6] 据鲍尔曼说,杀婴在斯瓦希里人的生活中十分普遍,而且几乎不会遭到反对。[7] 但非洲大陆的种族一般不愿意杀婴,除非是一些诸如我们已经注意到的特殊案例。

杀婴习俗的形式多种多样,可以归因于多种动机。在一些部族中,母亲杀死婴儿或是出于抚养孩子的艰难,[8]或是担心抚养孩
399 子会让当妈妈的很快人老珠黄;[9]另一个原因是,野蛮人缺乏软质食物和动物乳汁,而婴儿的哺乳期一般都很长,可以长达两年、三

① Macpherson, *Memorials of Service in India*, p. 132.

② Ploss, *Das Kind*, ii. 259 *sq*.

③ Little, *Madagascar*, p. 60. Ellis, *History of Madagascar*, i. 155, 160.

④ Kolben, *op. cit.* i. 333.

⑤ Sparrman, *Voyage to the Cape of Good Hope*, i. 358 *sq*.

⑥ Le Vaillant, *op. cit.* ii. 58 *sqq*.

⑦ Baumann, *Usambara*, p. 42.

⑧ Ellis, *Polynesian Researches*, i. 256 (Tahitians). *Idem*, *Tour through Hawaii*, p. 327. Polack, *Manners and Customs of the New Zealanders*, ii. 92. Gason, *loc. cit.* p. 258 (Dieyerie tribe).

⑨ Williams, *Missionary Enterprises*, p. 565 (Tahitians).

年、四年甚至更长时间。[①] 而通常情况下，丈夫在整个哺乳期内都不能与妻子同居。[②] 因而禁欲容易促使丈夫与别的女人接触。在一些事例中，上述考虑似乎构成了母亲杀死孩子的诱因。[③] 哺乳期的漫长也在另外一种意义上促成了杀婴。在澳大利亚的某些部族，当母亲怀里奶着孩子的时候，又一个婴儿出生了；这时候，为了养育正处在哺乳期的孩子，没有能力抚养——或者认为自己没有能力抚养更多孩子——的母亲就会在新生儿出世之际把他杀了。[④] 据说，亚利桑拿的皮马人的杀婴行为跟另外一个习俗有关，按照这个习俗，丈夫死后要和他所有的财产一块统统被销毁。"部族中的妇女清楚地知道，一旦丈夫死去她们将十分贫穷，必须靠自己努力支撑才能把孩子养活，她们不愿意要很多孩子。因此堕胎或杀婴得以普及，人们也不把这事视为犯罪。"[⑤]但是，几乎可以肯定，在低等部族中大规模流行的杀婴，主要是由于生活十分艰辛。无论是在和平时期还是战争时期，孤弱无助的婴儿都可能成为父母的沉重负担，在父亲四处流浪找寻食物的路途中，受孩子拖累的母亲难以跟上丈夫的步伐；另外，闹哄哄的孩子也会妨碍她做家务。[⑥] 柯尔先生曾在维多利亚的班格朗部落生活过十年，并与当

① See Westermarck, *History of Human Marriage*, p. 484.

② *Ibid*. p. 483.

③ Schneider, *Die Naturvölker*, i. 297, 307.

④ Spencer and Gillen, *Native Tribes of Central Australia*, pp. 51, 264. *Iidem*. *Northern Tribes of Central Australia*, p. 608. Oberländer, *loc. cit*. p. 279.

⑤ Yarrow, *loc. cit*. p. 99.

⑥ Turner, *Nineteen Years in Polynesia*, p. 394 (people of Vaté, New Hebrides). Polack, *op. cit*. ii. 93 (Maoris).

地人相处得十分融洽,他这样描述当地人的习俗:一家人杀掉一半
400 的孩子是常见的,“在频繁的迁徙中携带好几个孩子旅行并非没有可能,但十分困难,处死孩子主要是这种困厄所致”。[①] 根据夏洛瓦的观察,阿比泊尼人“同一性别的孩子中只养育一个,其余的孩子出世不久会很快被杀掉,直到最年长的孩子强壮到能够独立行走。他们为这种残酷行为辩护:他们不得不经常从一个地方迁移到另一个地方,在这个过程中同时照顾两个以上的孩子是不可能的;最多照料两个孩子,一个由父亲带,一个由母亲带。”[②]在巴拉圭查科的伦瓜人中,同一个家庭中两个孩子出生的间隔一般为七八年时间,在这一间隔中出生的孩子会被立刻杀掉。按照霍特里先生的说法,造成这种做法的原因十分明显:“妇女的工作很辛苦,她们需要从花园或田地里采集可以吃的东西搬运回家。伦瓜人是一个游牧民族,他们经常迁徙,一天可能要走十到二十英里的路程……在这种情况下,每个人都会得出这样的结论:在旅途中携带和照顾一个以上的孩子是根本不可能的。”[③]此外,父母也要为将来考虑,在食物来源已经很匮乏的情况下,生养下来的孩子不久以后会变成一个争抢吃食的消费者,从而威胁到整个家庭的存续。这些蒙昧部族经常遭受食物匮乏之苦,他们不得不在除掉他们的后代和让自己饿死之间做一抉择。为了保住自己的生命,他们通常不得不借助杀婴这一手段。事实上,一些部落遭遇大饥荒时,孩子

① Curr, *Squatting in Victoria*, p. 252. Oberländer, *loc. cit.* p. 279. *Cf.* Fison and Howitt, *Kamilaroi and Kurnai*, p. 259; Fraser, *Aborigines of New South Wales*, p. 5.

② Charlevoix, *History of Paraguay*, i. 405.

③ Hawtrey, in *Jour. Anthr. Inst.* xxxi. 295.

不仅仅会被杀掉，还会被吃掉。[1] 通常见到的对杀婴原因的解释就是遇饥荒求生存，这也是我们见到的最权威的解释；[2]事实也证 401
明了他们的判断，正是在那些贫穷的部落和孤立无援的岛民中，由于地域狭小、资源有限和食物匮乏，这种溺婴的习俗广泛流行。

在讨论活人献祭现象的那一章我们将看到，杀婴在某种情况下被视为一种祭祀仪式。在其他情况下，婴儿被杀死作神丹妙药使用，而不是供奉给任何一个神灵。[3] 如此，在澳大利亚中部的鲁力查部落，“人们认为当一个孩子身体状况很虚弱时，杀掉一个比他年幼、比他健康的孩子，用死者的血肉来喂养，这样做就会把健康孩子的力量传给虚弱的孩子。这种习俗在这里并不少见。”[4]值得一提的是，有些地方杀女婴的动机稀奇古怪。对某些部族而言，被杀的小孩毫无例外都是女性，[5]而通常的说法是，男孩作为食物的价值是微不足道的。在中国的蒙古人种部族客家人那里，女孩经常会被残忍地杀死，因为人们认为这样做的话，女孩的灵魂会以

① See Steinmetz, *Endokannibalismus*, pp. 8, 13, 14, 17.

② Nansen, *First Crossing of Greenland*, ii. 330. Nelson, in *Ann. Rep. Biir. Ethn.* xviii. 289 (Eskimo about Behring Strait). Brough Smyth, *op. cit.* i. 53; ii. 386 (aboriginal tribes of Australia and Tasmania). von Kotzehne, *op. cit.* iii. 173 (natives of Radack). Tutuila, in *Jour. Polynesian Soc.* i. 263 (Line Islanders). Campbell, *Wild Tribes of Khondistan*, p. 140 (Kandhs of Sooradah). Marshall, *A Phrenologist amongst the Todas*, p. 194. Kolben, *op. cit.* i. 144 (Hottentots). See also Haberland, *loc. cit.* p. 26; Dimitroff, *Die Geririgschätzung des menschlichen Lebens und ihre Ursachen bei den Naturvölkern*, p. 162 *sqq.*; Sutherland, *Origin and Growth of the Moral Instinct*, i. 115 *sqq.*

③ 见下文第 458 页。

④ Spencer and Gillen, *Native Tribes of Central Australia*, p. 475. *Cf. Ibid.* p. 52.

⑤ *Cf.* Haberland, *loc. cit.* p. 56 *sqq.*

男孩的形象再现，从而下一胎生男孩。[①]

因而，人们灭除自己子孙的原因是多种多样的。在某些情形下，这么做的好处——无论是真实的还是想象的——是父母对这个孩子的爱尚未萌发、养成。这在婴儿出生之后不久即被溺杀的例子中是显而易见的。对蒙昧部落的父亲也如此：保全这婴儿生命的本能如此强大，在不得不溺婴的情景下唯一可接受的方式是
402 在孩子出生之际就立刻采取行动。一开始，部落中只有少数人家溺杀婴儿，当他们居住的社群有人干预时，则以父母有正当权利这样做为由而导致干预无效。一旦这种做法成为习惯，就会逐渐形成习俗。在那些溺杀孩子被认为有益的社会，不这样做反而违反公共义务和责任；甚至在那些溺杀婴儿已经变得毫无必要的地方，这种习俗并未因世易时移而发生丝毫变化。

尽管杀婴被认为是可以接受的，甚至在很多部落是强制性的，但我们不能断定这种做法是普世存在的。麦克伦南先生曾断言“蒙昧部落里，女婴被溺杀是随处可见的事”，[②]他这个说法显然言过其实了。[③] 这类部族中，比如安达曼岛民[④]、博托库多人[⑤]和加利

---

① Hubrig，转引自：Ploss，*Das Kind*，ii. 263。

② McLennan，*Studies in Ancient History*，p. 75.

③ See Westermarck，*History of Human Marriage*，p. 312 *sq*；另外，下面这些权威的文献也值得引用：Dorsey，‘Omaha Sociology，’ in *Ann. Rep. Bur. Ethn.* iii. 369；Kirke，*Twenty-five Years in British Guiana*，p. 160；Chalmers，*Pioneering in New Guinea*，p. 163；Hodgson，*Miscellaneous Essays*，i 123 (Bódo and Dhimáls)；Baumann，*Durch Massailand zur Nilquelle*，p. 161 (Masai)。

④ Man，in *Jour. Anthr. Inst.* xii. 329.

⑤ Wied-Neuwied，*op. cit.* ii. 39. Keane，in *Jour. Anthr. Inst.* xiii. 206.

福尼亚的某些部落社会[①]，实际上极少听说过此类事情发生。这
种事对锡兰的维达人也是未曾耳闻。[②] 布里奇先生告知我，火地
岛的雅甘人中，溺杀婴孩只是偶尔发生，而且那些女子这么做往往
是出于“对丈夫的嫉妒、愤恨，被遗弃或生活上遭遇困难”。[③] 法伊
森先生曾在未开化民族生活过很长时间，他认为低等部族溺杀婴
孩的情况比发达社会低得多。[④] 请进一步考虑下：溺杀婴孩的习 403
俗是与父母对孩子爱的本能背道而驰的，由此可以推断，假如发生
了溺杀婴孩的事，这可能并不是早期蒙昧社会的遗存，而是后来较
发达社会在特定情境下的产物。[⑤] 比如，众所周知的是，在加利福
尼亚的印第安人中从未发生过溺杀婴孩的事，这种境况直到白人
到来之后才有所改变。[⑥] 埃利斯也认为，有足够的理由表明，美拉
尼西亚人的早期历史中是不存在杀婴习俗的，婴孩被杀是后来发
生的事。[⑦]

在那些溺杀婴孩不为习俗认可的地方，偶或发生的杀婴事件往往引发别人的反对或招致反感。若黑脚人的女子犯有此类罪过，则被认为死后绝对不能进入乐土和天堂，她们的腿会被树枝捆

---

① Powers, *op. cit.* pp. 192, 271, 382.

② Sarasin, *Ergebnisse naturwissenschaftlicher Forschungen auf Ceylon*, iii. 469, 539.

③ Bridges, in a letter dated Downeast, Tierra del Fuego, August 28th, 1888.

④ Fison and Howitt, *Kamilaroi and Kurnai*, p. 134 *sqq*. *Cf*. Farrer, *Primitive Manners and Customs*, p. 224; Sutherland, *op. cit.* i. 114 *sq*.

⑤ *Cf*. Darwin, *Descent of Man*, p. 594.

⑥ Powers, *op. cit.* p. 207. *Cf*. *ibid*. p. 183.

⑦ Ellis, *Polynesian Researches*, i. 249.

绑住,她们的魂灵被此罪孽压迫而不得安宁。[1] 谈起北美洲另一个部落的伯塔瓦托米人,基廷认为:“听说过这样几个例子,那些生下来身体残缺的婴儿被母亲溺死了;而一旦被发现,孩子的妈妈将声名狼藉,她们通常会遭到近亲属的惩罚。但这样的事情是很少见的,倒是听说过有个别妇女事后千方百计地掩饰自己的所作所为,而她们总是遭到别人的嫌恶。”[2]对奥马哈人而言,“父母是无权处死自己的孩子的”。[3] 阿留申人相信,谁要是杀死了小孩,谁就会给整个村落带来厄运。[4] 巴西的马库西人[5]和博托库多人[6]把
404 这类行为看作是非常恐怖的。在加罗林群岛的尤里岛,“君主会把那些丧尽天良的女人处死”。[7] 瓦尔多告知我们,巴昆杜人中被控告杀婴的妇女同样也被宣判死刑。[8] 在阿散蒂,谁要是杀了自己的孩子,就会受到惩罚。[9] 在卡菲尔人的盖卡部落中,婴儿出生后被溺杀,犯事者将以谋杀罪处罚,所得罚金归头人。[10] 即便在那些对杀婴习以为常的部族中,这种行径也被认为是不正确、不得体的。B. 史密斯先生断言,澳大利亚的土著黑人把这种行为看作一

① Richardson, in Franklin, *Journey to the Shores of the Polar Sea*, p. 77.

② Keating, *op. cit.* i. 99.

③ Dorsey, in *Ann. Rep. Bur. Ethn.* iii. 268.

④ Dall, *op. cit.* p. 399.

⑤ Waitz, *op. cit.* iii. 391.

⑥ Wied-Neuwied, *op. cit.* ii. 39.

⑦ von Kotzebue, *op. cit.* iii. 211

⑧ Valdau, in *Ymer*, v. 280

⑨ Bowdich, *Mission from Cape Coast Castle to Ashantee*, p. 258.

⑩ Maclean, *Compendium of Kafir Laws and Customs*, p. 111.

种耻辱。[①] 柯尔先生在总结他的职业生涯时也不得不表达了这样的感受：溺杀婴孩是不对的，犯有这样的过错必定悔恨。[②]

在众多情形下，习俗要求杀婴要在孩子出生之际执行。在北美的某些印第安人中，"只有在孩子满月前，父母才有权将之处死"，否则将遭到整个部落的反对。[③] 埃利斯如此评述社会群岛岛民："如果不是在孩子刚出世的时候发生，这么恐怖的事无异于作恶和犯罪……当这个陌生的小生命呱呱坠地，在十分钟或半小时内母亲遭受情感上的挣扎是正常的，它可以遭受魔爪之厄运；一俟此期过去，母亲将慈爱温柔地抚慰它，对它微笑，喂养它。"[④]据称，居住在澳大利亚大陆的南海群岛部落[⑤]也是如此。[⑥] 很多说法表 405
明，溺杀婴孩这一习俗仅限于新生儿，父母对稍大的孩子往往充满溺爱。[⑦] 在斐济，"那些被允许活下来的孩子，受到超乎寻常的喜爱"。[⑧] 纳里涅里人"只要力所能及，就让婴儿存活下去，人们对它的喜爱是说不尽的，有时甚至到了沉溺其中的程度"。[⑨] 我们还听说，在澳大利亚的其他部落，人们抚养孩子比欧洲穷人家庭要细致

① Brough Smyth, *op. cit.* i. 54.

② Curr, *The Australian Race*, i. 100.

③ Schoolcraft，转引自：Sutherland, *op. cit.* i. 119。

④ Ellis, *Polynesian Researches*, i. 255.

⑤ Waitz-Gerland, *op. cit.* vi. 138, 139, 638. Angas, *Savage Life and Scenes in Australia and New Zealand*, i. 313.

⑥ Ploss, *Das Kind*, ii. 255. Spencer and Gillen, *Native Tribes of Central Australia*, p. 51. *Idem. Northern Tribes of Central Australia*, p. 608.

⑦ See *infra*, p. 529 *sqq.*; also Haberland, *loc. cit.* p. 29, and Sutherland, *op. cit.* i. 115 *sqq.*

⑧ Williams and Calvert, *op. cit.* p. 142.

⑨ Taplin, in Woods, *Native Tribes of South Australia*, p. 15.

周到得多。[①] 潘帕斯的印第安人尽管会抛弃生来残疾或病弱的婴儿喂给野狗和鹫鸟,但一旦认定孩子值得存活下来,“父母亲会穷尽全力、关爱备至地满足它所有的需求”。[②] 按照埃利斯的说法,马达加斯加人中“父母和其他人对孩子的爱是无出其右的,孩子受到的宠爱是无以复加的”。[③] 基于这些事实和类似的现象,我可以得到这样的结论:在低等部族中,如果有能力让孩子存活下去却发生了溺杀婴孩的事,说不上闻所未闻,却是极少见的。[④]

溺杀婴孩的习俗不只存在于蒙昧时代,还出现在半开化社会
406 和文明社会。在中国最贫困的地区,主要由于家境贫寒,养不起更多的孩子,女孩刚刚出生就可能被溺死。[⑤] 尽管有教养的人士反对这么做,但普罗大众却报以宽容或冷漠的态度,久而久之政府官员也就睁一只眼闭一只眼地默许了它的存在。[⑥] 卢公明牧师说:“当严肃认真管制此事的诉求发生时,尽管所有人都表示反对,认为这样做不合情理,有违人伦,很多人也为此表示歉意,但他们同时宣

① Brough Smyth, *op. cit.* i. 51. Meyer, 'Manners and Customs of the Aborigines of the Encounter Bay Tribe,' in Woods, *Native Tribes of South Australia*, p. 186.

② Guinnard, *op. cit.* p. 144.

③ Ellis, *History of Madagascar*, i. 161.

④ 在桑威奇群岛,“婴儿活到一周、一个月乃至一年,其生命仍然是不安全、不牢靠的;有些婴儿甚至到了会走路的时候,还会被灭掉”(Ellis, *Tour through Hawaii*, p. 325)。白令海峡的爱斯基摩人中,“四岁到六岁之间的女孩子经常被杀害”(Nelson, in *Ann. Rep. Bur. Ethn.* xviii. 289)。

⑤ Gutzlaff, *Sketch of Chinese History*, i. 59 Wells Williams, *Middle Kingdom*, ii. 240 *sqq.* Douglas, *Society in China*, p. 354 *sqq.* Doolittle, *Social Life of the Chinese*, ii. 206.

⑥ Doolittle, *op. cit.* ii. 203, 208 *sq.* Wells Williams, *op. cit.* i. 836; ii. 242. Douglas, *Society in China*, p. 354. Ploss, *Das Kind*, ii. 262.

称这样做的必要性，对那些极其贫困的人家尤其如此。”[①]事实上，这种行径并不违背中华帝国的法律和制度精神，政府也不直接制裁和处罚这种行为。[②] 不过，佛教和道教均禁止溺杀婴孩。[③] 按照高延博士的说法，死去婴孩的灵魂会经由上天授权向世人报复，这一信仰对中国抑制溺杀女婴效果明显。“由于害怕被害幼童的灵魂带来厄运，很多父亲或母亲选择把不愿抚养的女孩放在大街上，希望有的人家能把她捡回家收养，或把她送到育婴堂里去。”[④]

古代闪米特人，或至少他们中的部分部族，不仅存在溺杀婴孩的做法，甚至在有些情况下认为这么做是一种责任。古阿拉伯的一句格言说，埋葬女婴乃慷慨大方之举。[⑤] 我们还读到过这样的记述：法扎里特人奥塞姆不敢养活他的女儿拉西卡，不向人们隐瞒
她的存在，尽管她是他唯一的孩子。[⑥] 饥荒常常让阿拉伯游牧部 407
落度日如年，一个年幼的女孩对穷人来说就是一个莫大的负担。考虑到这一点，我们就会赞同史密斯的看法：“在生活极其窘困、日子难以为继的情形下，如同其他蒙昧部族发生的那样，溺杀婴孩对阿拉伯人而言是件自然而然的事。”[⑦]不过，先知谴责这种做法：“你不得因贫困处死你的孩子，我们会照料他们；请记住：溺杀婴

① Doolittle, *op. cit.* ii. 208.

② Staunton, in his translation of *Ta Tsing Leu Lee*, p. 347 n. *

③ *Thâi Shang*, 4. Giles, *Strange Stories from a Chinese Studio*, ii. 377. Douglas, *Confucianism and Taouism*, p. 267. *Indo-Chinese Gleaner*, iii. 164.

④ de Groot, *Religious System of China*, (vol. iv. book) ii. 457 *sqq*.

⑤ Freytag, *Arabum Proverbia*, i. 229.

⑥ Robertson Smith, *Kinship and Marriage in Early Arabia*, p. 293.

⑦ *Ibid*. p. 294.

孩，罪莫大焉。”[1]而摩西律法对此从来未置一词；而且，在希伯来人的历史中很可能极难找到这类事情的痕迹。只是我们有理由相信，闪米特人及其旁支在早期历史中不时出现以杀婴献祭的事。[2]

印度各个种姓中，无论是蓄意谋杀还是因穷困遗弃，溺杀女婴都是多年来的常见做法，甚至成为当地的习俗。[3] 不过，他们熟知宗教经典是禁止这样做的。按照《摩奴法典》，国王将处死“那些残杀妇女、儿童和婆罗门的人”。[4] 即便是拉其普特人——他们会出于家族的荣耀，或考虑到孩子将来结婚的巨额花费，而频繁地溺杀婴儿——也认为这样作恶会导致神灵的愤怒。在溺杀婴孩的第十二天，僧侣会被请到家中，在接受酬谢之资后，当初的罪过将得到宽恕。在孩子出生和被溺杀的房间里，僧侣会吃下这家人准备好的食物——这种由祭品烧制成的食物被称为 *hom*——在此时此地进食的话，僧侣就被认为带走、承受所有的 *hutteea*，即罪，经过这样的转移，这个家庭就清白无辜了。[5]

408 早在吠陀时代就有遗弃新生婴儿的事情发生，[6]古代其他所谓

① *Koran*, xvii. 33; also, *ibid*. vi. 141, 152, and lxxxi. 8 *sq*.

② 见下文，关于“活人献祭”。

③ Wilkins, *Modern Hinduism*, p. 431. Chevers, *Manual of Medical Jurisprudence for India*, p. 750 *sqq*.

④ *Laws of Manu*, ix. 232.

⑤ ‘Oude as it was before the Annexation,’ in *Church Missionary Intelligencer*, xi. 81 *sq*.

⑥ Kaegi, *Rigveda*, p. 16.

的“雅利安人”也这么做。[①] 当婴儿出生还躺在地上的时候，条顿人的父亲就需要做出抉择：是让它活下来成为家庭的成员，还是遗弃掉。如果他扶起它，给它喂点水，或者用奶或蜂蜜涂抹下孩子的嘴唇，这个小生命就能在家中存活下来。不过，在某些条件下，且只有在这些条件下，孩子才会遭到遗弃。这些条件包括：孩子是婚外生育；生下来就有身体缺陷或染病；生日那天是个忌日；双胞胎——当时的人认为，其中必有一个是私生的；父母非常贫困。被遗弃的婴孩也未必死去，在很多情况下它会被别的多少富裕一些的人家收养。[②]

古希腊的习俗中无疑存在遗弃残疾婴儿的习俗；至少在斯巴达，法律规定这么做。希腊哲人中大多数圣明人士认可这种做法。柏拉图认为，生育的孩子肢体残缺，或堕落邪恶者生育孩子，都是很糟糕的事情，这些婴儿都应该埋葬在荒郊野外。[③] 亚里士多德

制定法律，详细厘定哪些孩子可以养活、哪些婴儿要抛弃掉，“不得
抚养那些残废的、有缺陷的婴儿”；他还主张城邦应限制婚生孩子 409
的数目，如果超过了规定的限额，怀孕的妇女将被堕胎。[④] 这些观点与希腊社会个人利益服从国家利益的流行观念完全一致。由于

---

① Strieker, ‘Ethnographische Notizen über den Kindermord und die künstliche Frachtabtreibung,’ in *Archiv für Anthropologie*, v. 451 (Celts and Slavs).

② Grimm, *Deutsche Rechtsalterthümer*, p. 455 *sqq*. Wilda, *Strafrecht der Germanen*, pp. 704, 725. Maurer, *Bekehrung des Norwegischen Stammes*, ii. 181. Weinhold, *Altnordisches Leben*, p. 261. Nordström, *Bidrag till den svenska samhälls-jörfattningens historia*, ii. 44. Stemann, *Den danske Retshistorie indtil Christian V.'s Lov*, p. 359.

③ Plato, *Respublica*, v. 460 *sq*.

④ Aristotle, *Politica*, vii. 16, p. 1335.

地域狭小,人们自然担心养育下一代的重负,那些无用的人必定成为牺牲品。正如亚里士多德所说,必须慎重对待人口的增长,为了避免贫困、疾病和其他连带的恶果,不能任其增长,更不得超过应有的限度。[1] 由此,健康的婴儿被溺杀也常见;这样做尽管被宽容地接受,但仍然难以获得希腊公众舆论的赞同;[2]而底比斯城邦则是个例外,在那里,杀死健康的婴孩会按死罪论处。[3]

在罗马,习俗和法律均认可毁掉畸形的婴儿。根据《十二铜表法》,畸形的婴儿不得存活,否则苦痛无边。西塞罗也曾经引用这个例证。[4] 至于更晚期的罗马,塞涅卡写道:"我们毁灭畸形的婴儿,我们还溺死生来病弱或有其他身形异常的新生儿";他还说,人们能清晰地辨别出哪些婴儿健康、哪些婴儿已经成为累赘。[5] 以此为界限,罗马并无鼓励人们变本加厉的做法。[6] 由于战事频仍,罗马从无人口过多的顾虑。相反,国家鼓励国民规模的壮大:给那
410 些生育很多孩子的父亲好处;免除贫困父母的税负。[7] 在罗马,尽管父亲拥有处死或遗弃新生婴儿的不可置疑的法定权利,但这种溺杀理所当然地时常招致反对。[8] 正如莫姆森所说,被认为是由

① *Ibid*. ii. 6, p. 1265.

② Schmidt, *Ethik der alten Griechen*, ii. 138, 463. Hermann-Blümner, *Lehrbuck der griechischen Privatalterthümer*, p. 77.

③ Aelian, *Variæ Historiæ*, ii. 7.

④ Cicero, *De legibus*, iii. 8.

⑤ Seneca, *De ira*, i. 15.

⑥ Lecky, *History of European Morals*, ii. 27.

⑦ Montesquieu, *De l'esprit des lois*, xxiii. 20*sq*. (*Œuvres*, p. 398 *sqq*.). Lecky, *History of European Morals*, ii. 27.

⑧ Denis, *Histoire des théories et des idées morales dans l'antiquité*, ii. 110.

罗慕路制定的古代“律法”有着悲悯的宗教情怀。[①] 按照该律法，父亲必须把儿子和至少最大的女儿抚养成人；对于生下来身体状况正常的孩子，他不得溺杀，等待孩子三岁后，父母对孩子的深情之爱就已经养成。[②] 在罗马时代后期，我们发现诗人、史学家、哲学家和法学家均谴责弃婴的做法。提及日耳曼尼库斯死去那天发生的事，苏埃托尼乌斯认为新生婴儿遭遗弃是其中最作孽、最令人痛心的。[③] 爱比克泰德愤愤不平地批驳伊壁鸠鲁所谓男人不应该养育孩子的说法：“即便是羊也不会抛弃它们的幼崽不管不问；狼也不会遗弃自己的孩子不管其死活；蒙昧部落也不会这么绝情绝义啊！你难道指望人连羊和狼都不如吗？你看看，谁家孩子摔倒了不立刻前去扶起来啊？”[④]法学家尤利乌·保罗宣称，谁拒绝喂养自己的孩子，谁敢把孩子遗弃在公共场所，谁就犯有谋杀罪。[⑤] 他这一声明尽管不是法律禁令，至少被理解为某种道德观的表达。[⑥] 而对于罗马异教徒而言，遗弃健康的婴儿固然会招致反对，但人们并不把它视为重大罪过；如果这事发生在贫困的父母身上，

① Mommsen, *Römisches Strafrecht*, p. 619.

② Dionysius of Halicarnassus, *Antiquitates Romanæ*, ii. 15.

③ Suetonius, *Caligula*, 5.

④ Epictetus, *Dissertationes*, i. 23

⑤ *Digesta*, xxv. 3, 4.

⑥ Noodt, 'Julius Paulus, sive de partus expositione et nece apud veteres,' in *Opera omnia*, i. 465 *sqq*. Walter, *Geschichte des Römischen Rechts*, § 538, vol. ii. 148 *sq*. Spangenberg, 'Verbrechen des Kindermords und der Aussetzung der Kinder,' in *Neues Archiv des Criminalrechts*, iii. 10 *sqq*. Mommsen, *Römisches Strafrecht*, p. 620, n. 1.

411 人们更认为没什么大不了的。[1] 在整个罗马帝国,遗弃婴儿的做法广泛存在,当时的文献谈到这类事情时也往往是漠不关心的口气。由于被抛弃的婴孩往往被好心人收养,或有人捡拾抚养后择机高价卖掉挣钱,[2]弃婴者并不那么露骨地被斥为溺杀婴儿;由于习俗严格禁止溺杀健康的婴儿,人们觉得这个结果是可以接受的。[3]

在蒙昧部落通常如此,在半开化社会和文明国度里,习俗也允许或宽容地看待这种现象:孩子如果不能存活下来,就不得不杀掉,越早越好。在中国人[4]和印度的拉其普特人[5]中,往往是孩子刚生出来就被溺杀。在斯堪的纳维亚北部,如果婴儿被施洗过,这时溺婴则被视为谋杀罪。[6] 在雅典,一旦开始养育,父母亲就不能遗弃它,否则就会受到惩罚。[7]

在异教徒的帝国,弃婴如此常见,以至基督教早期的神父们义正词严地公开指责这一做法。[8] 他们试图说服人们千万别这么作孽:如果被遗弃的婴孩死掉了,养父母所犯的罪过丝毫不亚于谋杀;另外一个理由是,有人把弃儿用于其他罪恶目的。[9] 那里的人

① Quintilian, *Declamationes*, 306. Plutarch, *De amore prolis*, 5.

② Lecky, *History of European Morals*, ii. 28. Lallemand, *Histoire des enfants abandonnés et délaissés*, p. 59.

③ Mommsen, *Römisches Strafrecht*, p. 619.

④ Gutzlaff, *op. cit.* i. 59.

⑤ *Church Missionary Intelligencer*, xi. 81. Chevers, *op. cit.* p. 752.

⑥ Grimm, *Deutsche Rechtsalterthümer*, p. 457.

⑦ Schoemann, *Griechische Alterthümer*, i. 503.

⑧ See Terme and Monfalcon, *Histoire des enfans trouvés*, p. 67 *sqq.*

⑨ Justin Martyr, *Apologia I. pro Christianis*, 29, 27 (Migne, *Patrologiæ cursus*, Ser. Græca, vi. 373 *sq.*, 369 *sqq.*).

们还秉持这样一种观念：孩子如果还没有接受洗礼就死掉，它将命定万劫不复；在这种观念影响下，无论是什么原因造成了婴儿的死亡都是莫大的罪恶。[①] 根据852年明茨理事会的裁定，杀死未受洗的孩子，相比于杀死已受洗的孩子，其母要承担更重的罪。[②] 412
1556年法国亨利二世制定了一项法律，把如下妇女当作谋杀子女者来处罚——隐藏怀有身孕并分娩的事实，幼小的子女被发现死亡；她们“活着均不得接受神圣的洗礼，死后不得按习俗举行公开葬礼”。[③] 这一法条——英格兰法典的21 Jac. I. c. 27[④] 和苏格兰1690年法典的c. 21[⑤] 均有类似规定——影响如此深远，以至这类情况可以构成谋杀罪；对此，勒基先生明确地归因于基督教教义的影响：“婴孩生命极圣洁，婴孩健康真无价，基督教社会和异教徒社会的分野在此昭然若揭。”[⑥]

如果说异教徒对被遗弃婴儿的痛苦比较冷漠的话，基督教徒对不幸的母亲——她可能一时感到绝望才冲动地杀死了自己的新生儿——的态度简直可以说是残忍了。信奉基督教的皇帝瓦伦提尼安一世规定，溺杀婴孩等于死罪。[⑦] 根据卢丹习惯法（the

---

① *Cf*. Spangenberg, in *Neues Archiv des Criminalrechts*, iii. 20; Lecky, *History of European Morals*, ii. 23.

② *Canon Hludowici regis*, 9 (Pertz, *Monum. Germania historica*, iii. 413).

③ Isambert, Decrusy, and Armet, *Recueil général des anciennes lois françaises*, xiii. 472 *sq*.

④ Blackstone, *Commentaries on the Laws of England*, iv. 198.

⑤ Erskine, *Principles of the Law of Scotland*, p. 560.

⑥ Lecky, *History of European Morals*, ii. 23.

⑦ *Codex Theodosianus*, ix. 14.1. *Institutiones*, ix. 16, 7.

Coutume de Loudunois),杀死了自己孩子的母亲将被烧死。[1] 如果发生在德国和瑞士,她将被活埋,同时一个木桩刺穿她的身体。[2] 关于这种处决方法,查理五世刑法典中有明确的规定,只不过活埋之外加上了淹死。[3] 到了18世纪末、19世纪初,除了俄罗斯外,欧洲任何国家都把溺婴视为死罪。[4] 随后,在理性主义运动
413 的影响下,人们改变了先入为主的观念,[5]开始认识到一个未婚女子处死私生子与通常情况下的溺婴不能同日而语。[6] 需要指明的是,出于羞耻和害怕,或担心难以养活这个可怜的私生子,心境激动之下,不幸的母亲会犯下连自己都嫌恶的罪行。现今,欧洲国家的绝大多数律法均不以死罪惩治未婚女子的溺婴行为,即便在名义上也不提死刑。[7] 在法国,法律曾规定溺杀婴孩的罪恶跟谋杀

① Tissot, *Le droit pénal*, ii. 40.

② Osenbrüggen, *Das alamannische Strafrecht im deutschen Mittelalter*, p. 229 *sq*. *Idem*, *Studien zur deutschen und schweizerischen Rechtsgeschichte*, p. 358.

③ Charles V.'s *Peinliche Gerichts Ordnung*, art. 131.

④ de Feyfer, *Verhandeling over den Kindermoord*, p. 225. von Fabrice, *Die Lehre von der Kindsabtreibung und vom Kindsmord*, p. 251.

⑤ Berner, *Lehrbuch des Deutschen Strafrechtes*, p. 497.

⑥ 边沁认为,溺杀婴孩不应按重罪加以处罚。他说:"这样的犯错被不恰当地称之为置孩子于死地。其实,在孩子死亡之前,这么小的孩子是不懂生存或生命是怎么回事的。这样的结局是自然而然的常见现象,即便最心慈手软的人也不该为此经受烦扰与不安。发生这样的事情仅仅让当事人后悔,是他经过屈辱的苦痛之后才决意不再延长那遭受着不幸的宝宝的生命。"(Bentham, *Theory of Legislation*, p. 264 *sq*.)

⑦ de Feyfer, *op. cit*. p. 228.关于现代社会对溺杀婴孩的法律规定,也可参阅:Spangenberg, in *Neues Archiv des Criminalrechts*, iii. 360 *sqq*.; von Fabrice, *op. cit*. p. 254 *sqq*.。

(*meurtre*)没什么两样,[①]但目前这些条款已经形同虚设。[②] 在英格兰,因为怀孕生育而羞愧难当、恐惧万分的未婚女子杀死新生儿的事时有发生,但长期以来都没发生过因此将其处死的情形。[③]

与溺婴习俗密切相关的自然是非法堕胎——蒙昧社会广为流行一种的做法。[④] 蒙昧部族溺杀婴孩前的考虑同样适用于堕胎。而且,女子堕胎还可以避免怀孕期间发生的种种不测。更常见的情况是,女子堕胎是为了掩饰非法的奸情。[⑤] 由于对堕胎的同情不像对溺杀婴孩那样深重,我们毫不奇怪地发现,即便是那些从未溺杀过婴孩的民族也不反对堕胎。在萨摩亚,溺杀婴孩是闻所未 414
闻的事,而婴儿出生之前就胎死腹中却十分常见。米切尔的土著部落也是如此。[⑥] 达科他人中只是偶尔发生溺婴的事,而想方设法堕胎则无人反对。[⑦] 不过,有些蒙昧部族也视堕胎为罪过。北美的某些印第安人极其憎恶这种残害幼小无辜生命的行径。[⑧] 特尼伯和帝汶海的土著居民对堕胎处以重罚。[⑨] 至于卡菲尔人,按照沃纳先生的说法:"堕胎在卡菲尔人社会各个阶层的妇女中普遍存在,按照当地的法律,这可是非同小可的罪行。如果这事闹到头

① *Code Pénal*, art. 300, 302.

② Garraud, *Traité théorique et pratique du droit pénal français*, iv. 251.

③ Stephen, *History of the Criminal Law of England*, iii. 86.

④ Ploss, *Das Weib*, i. 842 *sqq*.

⑤ *Ibid*. i. 851 *sq*.

⑥ Turner, *Samoa*, pp. 79, 280.

⑦ Schoolcraft, *Indian Tribes of the United States*, iii. 243. Keating, *op. cit*. i. 394.

⑧ Ploss, *Das Weib*, i. 848.

⑨ Riedel, *De sluik-en kroesharige rassen tusschen Selebes en Papua*, p. 302.

人那里,那女子将被处罚五头牛。同案的共犯与女子同罪。”[1]

我们注意到,在文明开化的国度,如印度教徒和伊斯兰教徒中,人为堕胎是极其普遍的事,不管宗教和法律上如何评说,公共舆论对之几乎不置一词。[2] 未婚女子尤其把堕胎当作逃避惩罚和羞辱的措施。奇沃斯博士说:“在印度那样的国家,道德的真实面目是看不见的。但在那些对妇女的严苛控制达到难以想象程度的地方,在七个寡妇——不管其年龄、地位如何——当中有六个绝对不得再嫁,只好依靠亲戚们的帮助过着吃了上顿没下顿的日子,发
415 生女子为了隐匿奸情而犯此罪孽的事就不足为怪了。非法的堕胎行为每天都在发生,在下层社会妇女中甚至形成一门生意。”[3]在波斯,每例不合法的怀孕都以堕胎告终;人们几乎公开地处理这种事情,没有人横加干涉。[4] 在土耳其,无论贵贱,妇女在生育了两个孩子(其中一个是男孩)后,通常再怀孕时会采取堕胎手段,已婚妇女更是如此。官方对此漠然处之。[5] 我们已经看到,在某些条件下,堕胎在古希腊是得到提倡的;只是柏拉图和亚里士多德比较倾向于溺婴。在罗马,塞普蒂米乌斯和安东尼禁止堕胎,但这一禁令似乎只适用于已婚妇女,她们中有些人就是以此欺骗丈夫的。[6]在异教徒的帝国时代,或由于贫困,或由于淫荡和虚荣,堕胎行为

① Warner, in Maclean, *Compendium of Kafir Laws and Customs*, p. 62. *Cf*. Brownlee, *ibid*. p. 111; Holden, *Past and Future of the Kaffir Races*, p. 334.

② See *Laws of Manu*, v. 90; *Vishnu Purána*, p. 207 *sq*.

③ Chevers, *op. cit*. p. 712.

④ Polak, *Persian*, i. 217.

⑤ Ploss, *Das Weib*, i. 846 *sq*.

⑥ *Digesta*, xlvii. 11.4. *Cf*. Rein, *Criminalrecht der Römer*, p. 447.

普遍存在；尽管有人竭力反对，[①]“这些水性杨花、荒淫放荡之举极少遭到谴责”。[②] 塞涅卡觉得，母亲赫尔维娅尤其值得称赞，因为她从来“不像其他女子中流行的做法那样，为了显得美貌就争相堕胎”。[③] 罗马人关于堕胎和溺婴之间的界限十分清楚。未出生的胎儿不被人们看作是人，它只不过是个生命体（*spes animantis*）而不是婴儿（*infans*）。[④] 在他们看来，胎儿只是母亲身上的一块肉，如同瓜熟蒂落才能成为果实一样，一个未出生的孩子不是一条人命。[⑤]

基督教却持完全不同的看法：从孕育的那一刻起，这个小生命就被赋予了神圣性——这可是此前闻所未闻的。堕胎是一种犯
罪，堕胎等同于谋杀。德尔图良说：“阻碍这个生命的诞生，就是犯 416
下了杀人罪；至于是在生命形成过程中强行把它流出来，还是既已成形后中断它的生命，均不影响其严重程度。它既已孕育，必将成人。这如同果实业已存在于种子。”[⑥]阿奎那进一步区分了成形的胚胎和未成形的胚胎。他说，从神创世人的角度看，身体是先于灵魂存在的。灵魂未附体之前的胎儿是未成形胚胎（*embryo informatus*），这时候的人为堕胎仅处以罚金；灵魂附体后的胎儿是一个生命体，是成形胚胎（*embryo formatus*），这时候堕胎将无

① Paulus，转引自：*Digesta*，xxv. 3，4。

② Lecky，*History of European Morals*，ii. 21 *sq*.

③ Seneca，*Ad Helviam*，16.

④ Spangenberg，'Verbrechen der Abtreibung der Leibesfrucht，' in *Neues Archiv des Criminalrechts*，ii. 23.

⑤ *Ibid*. ii. 22.

⑥ Tertullian，*Apologeticus*，9 (Migne *op. cit*. i. 319 *sq*.).

异于谋杀,可能被处以死刑。[1] 有生命胎儿与无生命胎儿相区分的观念,具体表现在教会法规[2]和查士丁尼[3]的律法中,随后也被各种各样的法典采纳。[4] 按照这些律法,在胎儿有生命之后流产的妇女将按死刑罪论处。[5]

随着这种信念——成形胚胎既然被赋予了永生的灵魂,就需要通过洗礼获得救赎——的滋生和传播,人为堕胎的罪行加重了。6 世纪时圣傅琴苏在他那部备受尊重的专著中写道:“人们毫不迟疑地相信,婴儿——无论是在母腹中还是已经生育出来——也如
417 同成人一样能够使用理性,如果不以圣父、圣子、圣灵的名义施洗,父母将永生永世遭受惩罚。婴幼儿自身尽管未犯任何罪过,但他们从被孕育和出生的那一刻起就负有原罪。”[6]这一教义在当时的法律中得到了具体的体现,其中有段文字规定:尚在母腹的胎儿被终结生命后,不得不日日夜夜在地狱备受煎熬,加害者每时每刻都

① St. Augustine, *Questiones in Exodum*, 80; *Idem*, *Questiones Veteris et Novi Testamenti*, 23 (Migne, *op. cit.* xxxiv.-xxxv. 626, 2229).

② Gratian, *Decretum*, ii. 32.2.8 *sq*.

③ 关于胎儿从何时算起有生命,曾经在男胎儿和女胎儿之间有过一个稀奇古怪的区分:怀孕四十天之后的男胎儿有生命(*animatus*),而女胎儿的生命则自怀孕满八十天才开始。这一理论似乎源自对利未记(*Leviticus*, xii. 2-5)的荒诞不经的误解,或源自亚里士多德和普林尼(*De animalibus historiæ*, vii. 3; *cf*. Pliny, *Hisioria naturalis*, vii. 6)。不管怎么说,该理论并未被《查士丁尼法典》注解者接受,他判定男胎儿和女胎儿一样,都是在怀孕四十天之后有生命;这一观点为后来的法理学家所接受(Spangenberg, in *Neues Archiv des Criminalrechts*, ii. 37 *sqq*.)。

④ von Fabrice, *op. cit.* p. 202 *sq*. Berner, *op. cit.* p. 501. Wilda, *op. cit.* p. 720 *sqq*.

⑤ Fleta, i. 23.12 (England). Charles V.'s *Peinliche Gerichts Ordnung*, art. 133. Spangenberg in *Neues Archiv des Criminalrechts*, ii, 16.

⑥ St. Fulgentius, *De fide*, 27 (Migne, *op. cit.* lxv. 701).

要做出补偿。[1] 不过在后来,圣傅琴苏的名言遭到质疑,不只一个人(包括托马斯·阿奎那在内)提出,婴儿在出世之前获得救赎是有可能的。[2] 此外,关于母腹中的胎儿与业已出生的婴儿具有同等神圣性的教条也遭到公众情感的反对。结果,堕胎的法律规定有所松动。现代的法律在胎儿出生前后做出了明确的区分,[3]对堕胎的处罚也没有溺婴那么严重。[4] 在基督教国家,这类罪过也越来越频繁,[5]人们实际上变得越来越冷漠了。

① *Lex Bajuwariorum*, viii. 21 (vii. 20).

② Lecky, *History of the Rise and Influence of the Spirit of Rationalism in Europe*, i. 360, n. 2.

③ Henke, *Lehrbuch der gerichtlichen Medicin*, § 99, p. 75. Berner, *op. cit.* p. 502.

④ von Fabrice, *op. cit.* p. 199.关于现代国家对非法堕胎的法律,参阅:*ibid.* p. 206 *sqq.*, and Spangenberg, in *Neues Archiv des Criminalrechts*, ii. 178 *sqq.*。

⑤ See Ploss, *Das Weib*, i. 848 *sqq.*; Schmidt's *Jahrbücher der in-und ausländischen Gesammten Medicin*, xciii. 97.

第十八章　杀害妇女和奴隶

418 ——阶级区分影响杀人的犯罪性质

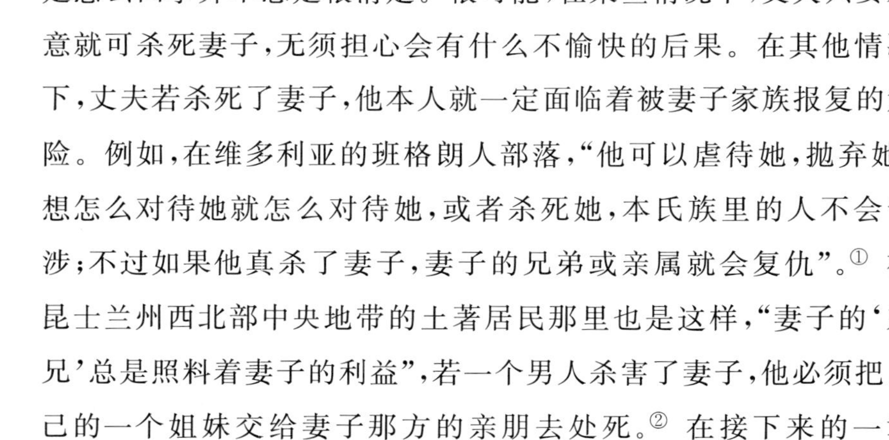

在许多低等种族中，据说丈夫有权决定妻子的生死；但实际上是怎么回事并不总是很清楚。很可能，在某些情况下，丈夫只要乐意就可杀死妻子，无须担心会有什么不愉快的后果。在其他情况下，丈夫若杀死了妻子，他本人就一定面临着被妻子家族报复的危险。例如，在维多利亚的班格朗人部落，“他可以虐待她，抛弃她，想怎么对待她就怎么对待她，或者杀死她，本氏族里的人不会干涉；不过如果他真杀了妻子，妻子的兄弟或亲属就会复仇”。[①] 在昆士兰州西北部中央地带的土著居民那里也是这样，“妻子的‘弟兄’总是照料着妻子的利益”，若一个男人杀害了妻子，他必须把自己的一个姐妹交给妻子那方的亲朋去处死。[②] 在接下来的一章里，我们会看到，有许多说法声称，蒙昧人中的丈夫对婚姻生活具有绝对的权利，但实际上并不是这么回事。我敢于认为，丈夫的所
419 谓置妻子生死于股掌，通常发生在习俗限定的某些情形下——妻

---

① Curr, *Recollections of Squatting in Victoria*, p. 248.

② Roth, *Ethnological Studies among the North-West-Central Queenslands Aborigines*, p. 141. *Cf*. Fison and Howitt, *Kamilaroi and Kurnai*, p. 281 (Geawe-gal tribe).

子做了什么错事，特别是对丈夫不忠贞。

不管怎么说，并非所有未开化共同体都给予丈夫处死妻子的权利。在卡菲尔人的盖卡部落，“如果他杀了她，他就会被当作谋杀犯来处罚”。[①] 在巴克威利人那里，如果他杀了妻子，他本人也要被杀死；如果她对他不忠，他只有权打她。[②] 我们关于低等种族的信息告诉我们，丈夫可以杀死通奸的妻子似乎并非通行的规则；而我们的权威人士很少谈到丈夫是否有权这么做。[③] 我们会看到，蒙昧人的习俗只是给予丈夫很有限的处置妻子的权利，并且要求丈夫应该尊敬妻子。

在一些较高等的族群那里，丈夫在某些情形下有权处死妻子；而据说这似乎就是丈夫对妻子所拥有的“掌控生死之权”的全部内容。[④] 但是，虽然习俗或法律禁止他在无充足理由的情况下杀妻，若发生了丈夫杀妻之事，跟由于丈夫家庭地位较高而发生的妻子杀害丈夫的事情比起来，人们也基本上不会感到同等程度的震惊，不会认为两种事情同等严重。根据罗萨国王制定的法律，在伦巴人那里，若丈夫杀死妻子，他必须像其他任何人杀死他的妻子那样支付同样多的赔偿，若妻子杀死了丈夫，就要把她处死，她的财产 420

① Brownlee, in Maclean, *Compendium of Kafir Laws and Customs*, p. 117.

② Schwarz，转引自：Post, *Afrikanische Jurisprudenz*, i. 401。

③ See Steinmetz, *Ethnologische Studien zur ersten Entwicklung der Strafe*, ii. 303.

④ Rein, *Japan*, p. 424. Hommel, *Die semitischen Völker und Sprachen* i. 417 (Babylonians). Leist, *Altarisches Jus Civile*, i. 196, 275 (“Aryan” peoples). Wilda, *Strafrecht der Germanen*, p. 705; Nordström, *Bidrag till den svenska samhälls-författningens historia*, ii. 61 *sq.*; Weinhold, *Alt nordisches Leben*, p. 250; Keyser, *Efterladte Skrifter*, ii. pt. ii. 28 *sq.* (Teutons).

也要收归死者家族。[1] 在17世纪的俄罗斯,依据法律,丈夫谋杀妻子要受肉体刑罚,妻子谋杀丈夫则要被活埋,方法是让她的头露出地面,让她活活饿死。[2] 根据英格兰法律,妇女杀死丈夫就犯有"轻微叛逆"罪,这是最可憎的谋杀罪。[3]

对于许多地方的人们,妇女的命被认为没有男人的命值钱,而不管杀人者与其受害人之间是什么关系。在缅甸,妇女意外被杀,要支付的赔偿比男性被杀少。一个缅甸人是这么解释这种事情的——"妇女不如男人值钱。就是这么一回事。雇一个女仆要花的钱少于雇男仆,女儿也不如儿子值钱。她们干不了那么多活;她们没有那么强壮。如果她们更值钱,法律就会是另一种样子了;当然,她们没多大价值。"[4]在伊斯兰教徒那里,妇女的偿命钱只是男性自由民的一半。[5] 在古代印度,若妇女被杀,除非她有孩子,否则依法按首陀罗被杀处置。[6] 依据威尔士法律,妇女的偿命钱只是她兄弟的一半。[7] 在条顿人那里,妇女的偿命钱不一:有时和男性一样多,有时仅有男性的一半,有时是男性的两倍,若她怀孕了,

① *Edictus Rothari*, 200 *sqq*.

② Macieiowski, *Slavische Rechtsge schichte*, iv. 292.关于一部跟弑母罪有关的科西嘉法律,参见:Cibrario, *Economia politica del medio eve*, i. 344;关于纽伦堡1487年对弑母罪的惩处,参见:Du Boys, *Histoire du droit criminel des peuples modernes*, ii. 607。

③ Blackstone, *Commentaries on the Laws of England*, iv. 203.

④ Fielding, *The Soul of a People*, p. 171.

⑤ Lane, *Arabian Society in the Middle Ages*, p. 18.

⑥ *Baudhâyana*, i. 10.19.3. Leist, *Alt-arisches Jus Gentium*, p. 305 *sqq*.

⑦ *Venedotian Code*, ii. 1.16. 依据《不列颠和苏格兰法》,已婚妇女的估价不到其丈夫的三分之一,而未婚妇女的估价等同于其弟兄(Innes, *Scotland in the Middle Ages*, p. 181)。

偿命钱更多。[①] 这些变化依赖于从何观点看待所犯下的罪行。她 421
单身一人不如男性值钱，作为一个母亲她比男性更值钱；[②]撇开她的价值不谈，她在性别上天然的无助性会令罪行加重。[③] 在现代的蒙昧人和野蛮人那里，对妇女生命的估价在某些情形下低于男性，[④]在某些情形下与男性相同，[⑤]在某些情形下高于男性。[⑥] 在加拉人中，一个男性自由民被杀，可获赔一千头牛，而一个妇女被杀赔偿五十头牛就够了。[⑦] 另一方面，在易洛魁人那里，杀死一个妇女要赔偿两百码的贝壳念珠，杀死一个男性只需赔偿一百码。[⑧] 对于苏门答腊岛的勒姜人，若被害人是一名普通男人或男孩，要赔偿八十元，若被害人是一名妇女或女孩，要赔偿一百五十元。[⑨] 对于丁卡人中的阿加人部落，杀害一个男人要赔付三十头母牛，杀害

① Grimm, *Deutsche Rechtsalter thümer*, p. 404 *sqq*.

② 这种观点在萨利克法典中是很明显的。(*Lex Salica* [Herold s text], 28).

③ Wilda, *op. cit.* p. 571. Keyser, *op. cit.* ii. pt. ii. 29. Brunner, *Deutsche Rechtsgeschichte*, ii. 614 *sq*. Pardessus, *Loi Salique*, p. 662.

④ Post, *Anfänge des Staats-und Rechtsleben*, p. 192. *Idem*, *Studien zur Entwicklungsgeschichte des Familienrechts*, p. 119 *sq*. Gibbs, 'Tribes of Western Washington and North-western Oregon,' in *Contributions to North American Ethnology*, i. 190. Georgi, *Russia*, ii. 261; Vámbéry, *Türkenvolk*, p. 305 (Kirghiz). Decle, *Three Years in Savage Africa*, p. 487 (Wakamba).

⑤ Schoolcraft, *Indian Tribes of the United States*, i. 277 (Creeks). Dorsey, 'Omaha Sociology,' in *Ann. Rep. Bur. Ethn.* iii. 370. Woodthorp, in *Jour. Anthr. hist. xxvi*. 21 (Shans).

⑥ Post, *Studien zur Entwicklungsgeschichte des Familienrechts*, p. 119 *sq*.

⑦ Paulitschke, *Ethnographie Nordost-Afrikas*, p. 263.

⑧ Loskiel, *History of the Mission of the United Brethren among the Indians in North America*, i. 16.

⑨ Marsden, *History of Sumatra*, p. 222.

一个妇女要赔付五十头母牛。[①] 若妻子是买来的,杀害一个妇女就等于毁坏了同等价值的财产,施害者就要赔偿等额的金钱和财富。

既然丈夫对他的妻子有“掌控生死之权”,我们就可预期,甚至
422 是更经常地发现,主人对其奴隶也有同样的权力。奴隶任何时候都不能指望家族的支持,而且当他是一个战俘的时候,杀死一个敌人的权利会转变为杀死奴隶的权利,而这种情况事实上经常出现。在关于低等种族的文献里,我们总是碰到这种说法,即所有人可以随意杀死他的奴隶,或者他不必为杀死奴隶承担责任。[②] 然而,这似乎只是意味着,如果他杀害了奴隶,不能控告他,不能向他寻仇,而不是说只要他不想要一个奴隶了,他就在道德上拥有无条件的权利杀死他。我们会看到,蒙昧人的习俗总是要求主人善待奴隶。在许多情况下,都明确否认主人具有可随意杀死奴隶的权利。[③] 在巴塔克人那里,尽管主人可以惩罚他的奴隶,但必须留心后者经受不住惩罚。[④] 在勒姜人那里,若杀死一个奴隶,主人要按奴隶价

① *Emin Pasha in Central Africa*, p. 338.

② Monrad, *Bidrag til en Skildring af Guinea-Kysten*, p. 42 (Negroes of Accra). Bowdich, *Mission to Ashantee*, p. 258 (people of Ashanti). Ward, *Five Years with the Congo Cannibals*, p. 105 (Bolobo). Macdonald, *Africana*, i. 1 68 (Eastern Central Africans). Burton, *Zanzibar*, ii. 95 (Wanika). Cooper, *Mishmee Hills*, p. 238. *Glimpses of the Eastern Archipelago*, p. 106 (highlanders of Palembang). Hale, *U. S. Exploring Expedition. Vol. VI. Ethnography and Philology*, p. 33 (Maoris). Gibbs, *loc. cit.* p. 189 (Thlinkets). Steinmetz, *Studien*, ii. 308 *sqq.*

③ Steinmetz, *Rechtsverhältnisse von eigeborenen Volkern in Afrika und Ozeanien*, p. 43 (Banaka and Bapuku). Mademba, *ibid.* p. 83 (natives of the Sansanding States). Lang, *ibid.* p. 241 (Washambala). Desoignies, *ibid.* p. 278 (Msalala).

④ *Glimpses of the Eastern Archipelago*, p. 114.

格的一半赔偿该国的封建领主。[①] 在马达加斯加,“主人对于奴隶拥有所有的权利,但不能剥夺奴隶的生命”;[②]在黄金海岸讲齐语的土著那里,据说也是如此。[③] 曼丁哥人允许主人随意处置战俘以及由于无法偿债而失去自由的人,不过他不能杀死家奴。[④] 在巴雷亚人和库纳马人那里,若杀死一个奴隶,并且奴隶是该国土 423
著,主人甚至面临被死者家族复仇的危险。[⑤]

杀死别人的奴隶当然基本上被视为对主人财产的侵犯,不过在多数情况下,并不总是这样。在禁止主人杀害奴隶的那些地方,奴隶完全拥有活命的权利。有时他和一个自由民之间在此方面的区别很小。贝尼阿梅尔人中,杀害一个购买来的奴隶,只需按买价赔偿,若杀害一个自出生时就属于其主人的奴隶,奴隶的亲戚就会复仇,如奴隶没有亲戚,主人会为他复仇;如果杀人者地位很高,事情虽然没那么严重,但无论如何必须赔偿。[⑥] 在盛行偿命钱制度的地方,杀害奴隶赔付的偿命钱要少于杀害自由民的赔付。在吉尔吉斯人那里,前者是后者的一半。[⑦] 依据博斯曼,在黄金海岸的阿克西姆,杀害一个奴隶一般要罚三十六克朗,杀害一个黑人自由民则要罚五百克朗。[⑧]

---

① Marsden, *op. cit.* p. 222.

② Ellis, *History of Madagascar*, i. 196.

③ Ellis, *Tshi-speaking Peoples of the Gold Coast*, p. 291.

④ Post, *Afrikanische Jurisprudenz*, i. 95.

⑤ Munzinger, *Ostafrikanische Studien*, p. 484.

⑥ *Ibid*. p. 309.

⑦ Georgi, *op. cit.* ii. 261.

⑧ Bosman, *New Description of the Coast of Guinea*, p. 141 *sq*.

奴隶的生命不如自由民的生命值钱,这一规则也适用于古代的文明民族;不过在这些民族里即使主人也绝对不可杀死奴隶。在古代墨西哥,即使是主人杀死奴隶也是死罪。[1] 在朝鲜,除非获得司法部门许可,或获得更高的地方当局许可,主人不可杀死奴
424 隶。[2] 依据中国刑法,奴仆犯有偷盗、通奸或其他类似罪行,主人在未向地方官控告的情况下就把奴仆殴打致死,这个主人要被罚吃一百杖打。若奴仆清白无辜,主人把奴仆殴打致死或故意杀害,主人被杖六十,再加流放一年,而死者的妻子或丈夫及孩子获得自由。[3] 自由民杀死别人的奴仆也要被吊死。[4]

依据希伯来法律,主人殴打奴隶致死,“必须处罚”;不过,若奴隶在殴打之后又活了一两天,基于奴隶是“他的财产”,就不会处罚主人。[5] 穆罕默德强烈要求善待奴隶;但根据伊斯兰法律,主人若因奴隶的任何冒犯而杀死他,甚至可以免于一切罪名;若主人恶意杀死奴隶,只受到轻微处罚——由法官决定监禁一段时间。[6] 杀死自家奴隶的偿命钱等同于奴隶的价格;不过依据哈乃斐教派的法律,若杀死别人的奴隶,则要处以死刑。[7]

至于古代条顿人,无论主人如何对待奴隶,依法都不必承担责

① Bancroft, *op. cit.* ii. 223.

② Rockhill, 'Notes on some of the Laws, Customs, and Superstitions of Korea,' in *American Anthropologist*, iv. 180. *Cf.* Griffis, *Corea*, p. 239.

③ *Ta Tsing Leu Lee*, sec. cccxiv. p. 340.

④ *Ibid.* sec. cccxiii. p. 336.

⑤ *Exodus*, xxi. 20 *sq.*

⑥ Lane, *Manners and Customs of the Modern Egyptians*, p. 115. *Idem*, *Arabian Society in the Middle Ages*, p. 251.

⑦ *Idem*, *Modern Egyptians*, p. 119. *Idem*, *Arabian Society*, p. 18 *sq.*

任;按照法律,奴隶等同于牛马,杀死奴隶只是让主人蒙受一点经济损失。[1] 在古代威尔士,奴隶的地位与古条顿人奴隶的地位相似;杀害奴隶不需付偿命钱,“只需按价赔付主人,奴隶的价格如同牲口的价格”。[2] 在荷马史诗时代的希腊人那里,主人显然可以处 425
死奴隶;[3]不过后来,至少是在雅典,若奴隶犯了死罪,主人必须把奴隶交给地方官处理。[4] 若主人杀死了奴隶,我们并不很清楚究竟会发生什么事情,但无论如何他都必须行涤罪礼。[5] 柏拉图在《法律篇》里说,如某人一怒之下杀死了别人的奴隶,他应赔偿主人双倍损失。[6] 不过他又补充道:“奴隶无过失而被杀死,若杀人动机只是由于担心奴隶会泄露自己的卑鄙罪恶的行径,或出于类似的动机,那么这个主人就要按杀人犯论处,一如他杀死了一个公民。”[7]

在古代罗马,按照法律,主人对奴隶拥有生杀予夺的绝对权力;杀死别人的奴隶不算犯罪,而只需赔偿主人的财产损失,奴隶如同主人的财产一样。[8] 甚至在罗马帝国,奴隶被看作物件,不被看作人;奴隶自己被视作不能承受伤害,而只是机械的中介,侮辱

---

① Grimm, *Deutsche Rechtsalterthümer*, p. 342 *sqq*. Brunner, *Deutsche Rechtsgeschichte*, i. 96. Kemble, *Saxons in England*, i. 208 *sqq*. Stemann, *op. cit*. p. 281 *sqq*. Keyser, *op. cit*. ii. pt. i. 289.

② *Dimetian Code*, iii. 3.8.

③ *Odyssey*, iv. 743; xix. 489 *sq*.

④ Schmidt, *Ethik der alten Griechen*, ii. 217. Hermann-Blümner, *Lehrbuch der griechischen Privatalterthümer*, p. 88, n. 3.

⑤ Plato, *Leges*, ix. 865, 868. Schmidt, *op. cit*. ii. 217 *sq*.

⑥ Plato, *Leges*, ix. 868.

⑦ *Ibid*. ix. 872.

⑧ Mommsen, *Römisches Strafrecht*, p. 616.

了奴隶就相当于通过此中介侮辱了他的主人。[①] 但事实上,人们并未严格遵循上述原则。《科尔内利法》颁布以后就发生了变化,若杀死别人的奴隶,可以按谋杀罪论处;[②]后来,甚至对奴隶的生杀予夺之权也受到了法律限制。克劳迪乌斯宣布,奴隶生病,主人任其病情恶化,后来若康复,应获完全自由,再也不像先前那样为奴;而且,“若主人不告知大家其病情,而是选择立刻杀死生病的奴
426 隶,则以谋杀论处”。[③] 根据罗马皇帝安东尼·庇护的宪法,无充足理由而处死自己的奴隶,与处死他人奴隶同等论处。[④] 罗马皇帝哈德良甚至试图让奴隶主把犯有死罪的奴隶交给当局,而不是由奴隶主自己来行刑。[⑤]

教会忠实于人命神圣的原则,也曾做出努力保障奴隶生命不受奴隶主暴力侵犯;但是,无论是教会的法律还是世俗的法律,对奴隶的保护都不如对教会和国家的自由民的保护。一些宗教会议规定,谋杀一个奴隶而未经法官许可,只受到逐出教会两年的惩罚;[⑥]一些赎罪规则书也是这么规定。[⑦] 埃德加制定的法律规定,

---

① *Institutiones*, iv. 4.3.

② Gaius, *Institutionum juris civilis commentarii*, iii. 213. *Cf*. Mommsen, *Römisches Strafrecht*, p. 616.

③ Suetonius, *Claudius*, 25.

④ Gaius, *op. cit*. i. 53. *Institutiones*, i. 8.2.

⑤ Spartian, *Vita Hadriani*, 18. *Cf*. Mommsen, *Römisches Strafrecht*, p. 617, n. 2.

⑥ *Concilium Agathense*, A. D. 506, canon 62 (Labbe-Mansi, *Sacrorum Conciliorum collection*, viii. 335). *Concilium Epaonense*, A. D. 517, canon 34 (*ibid*. Viii. 563). *Concilium Wormatiense*, A. D. 868, canon 38 (*ibid*. xv. 876).

⑦ *Pœnitentiale Cummeani*, vi. 29 (Wasserschleben, *Bussordnungen der abendländischen Kirche*, p. 480). *Pœnit*, *Pseudo-Theodori*, xxi. 12 (*ibid*. p. 587).

杀害一个奴隶要苦修三年，而杀害一个自由民要苦修七年。[①] 勒基先生说："在教会的刑法制度里，不再区分对自由民犯下的过错和对奴隶犯下的过错，而民法的基础恰恰就在于区分这两种情形。"[②]不过，事实并未证明他的高论站得住脚。

康斯坦丁的一部法律重复了此前法律的一些规定，即不循司 427
法途径而处死奴隶即按谋杀论处。[③] 但除了这个法律，基督教国家的皇帝们在保障奴隶生命方面几乎没什么作为。法律虽规定奴隶主对其奴隶施酷刑、企图杀害奴隶，当以杀人论，却强调指出，若奴隶死于不那么严厉的惩罚，或死于本意不在杀害奴隶的惩罚，奴隶主不承担任何责任。[④] 阿卡第厄斯和霍诺利乌斯甚至通过了一部法律，拒绝保护那些逃往教会避难的奴隶；[⑤]但在西方，这部法律之后的一些规定具有截然相反的特征。[⑥] 野蛮人的入侵当然没有改善奴隶的境遇，而在条顿国家，更高文明的引入和传播也只是缓慢地使人道主义的影响渗入奴隶主和奴隶之间的关系。《西哥

---

① *Canons enacted under Edgar*, Modus imponendi poenitentiam, 4, 11 (*Ancient Laws and Institutes of England*, p. 405 *sq.*).

② Lecky, *History of European Morals*, ii. 66. 勒基先生讲，伊利贝里斯会议把杀害自己奴隶的主人永远开除出教(*ibid.* ii. 66)。就此，我所能找到的相关文献是这样的：四世纪初在伊利贝里斯召开的会议制定如下法令——"若女主人出于一时冲动殴打女奴，女奴遭第三次殴打时力竭而死；处罚依据是否故意杀人而定；若属故意杀人，依法忏悔七年，若属过失杀人，依法忏悔五年，如此才可满足入教条件。"(*Concilium Eliberitanum*, ch. 5 [Labbe-Mansi, *op. cit.* ii. 6])

③ Codex, *Theodosianus*, ix. 12.1.

④ *Ibid.* Ix. 12. Lecky, *History of European Morals*, ii. 62 *sq.*

⑤ Codex, *Theodosianus*, ix. 45.3.

⑥ Babington, *The Influence of Christianity in promoting the Abolition of Slavery in Europe*, p. 37. Biot, *De l'abolition de l'esclavage ancien en Occident*, p. 239.

特法典》严禁奴隶主杀害无过错的奴隶。[①] 依据《法令集》,主人造成无辜奴隶死亡,如奴隶是立即死亡的,必须支付罚金;若奴隶受伤后过了一两天死去,主人不再为其行为而受罚,因为奴隶是他的财产。[②] 在后来的一段时期,法律规定,只要是故意杀害奴隶就要处罚,但很可能的是,此规定形同虚设。[③] 于是,13 世纪时,法国法学家博马努瓦写道:“有些农奴完全受领主支配,不管农奴是死是
428 活,领主都可拿走农奴所有的财产,而且只要领主乐意,不管有无理由,可随时把农奴监禁起来。”[④]不仅如此,甚至在相当晚近的时期,在那些认可、盛行黑人奴隶制的基督教国家,法律并不大力保障奴隶的生命安全。

主要是在相当晚近的 1797 年以后,英国的多数殖民地采取了一些行动,规定杀害奴隶和杀害自由民要受的处罚相同。在此之前,杀害奴隶只需赔付一小笔钱,在巴巴多斯这笔钱不超过十五英镑。[⑤] 在法国殖民地,依据《黑奴法典》,若奴隶主杀害其奴隶,“依罪酌情”处罚。[⑥] 在北美的所有蓄奴州,曾经有段时期,不管是奴隶主还是第三者杀害奴隶,缴纳罚金即可赎罪。在南卡罗来纳州,晚至 1821 年还是这样,只是从那以后,在所有蓄奴州,任何人恶意

① *Les Wisigothorum*, vi. 5.12.

② *Capitularia*, vi. 11 (Georisch, *Corpus Juris Germanici antiqui*, col. 1513). 此法令渊源于《出埃及记》(xxi. 20 *sq.*。)。

③ Grimm, *Deutsche Rechtsalterthümer*, p. 344 *sq*. *Cf*. Potgiesser, *Communtarii juris Germanici de statu servorum veteri perinde atqve novo*, ii. 1.10, 13, 24; iii. 6 (pp. 308, 309, 311, 312, 321, 633 *sqq*.).

④ Beaumanoir, *Les coutumes du Beauvoisis*, xlv. 36, vol. ii. p. 237.

⑤ Stephen, *Slavery of the British West India Colonies delineated*, i. 36, 38.

⑥ *Code Noir*, Édit doneeé au mois de Mars 1724, art. 39, p. 304.

蓄谋杀害奴隶都要处以死刑。[①] 但这并不意味着杀害一个奴隶和杀害一个自由民之间没有区别。在南卡罗来纳州，依据 1821 年颁行的一部法律，由于一时冲动而杀死一个奴隶，仅需缴纳五百美元罚金并监禁不超过六个月。[②] 在田纳西州，涉及蓄意谋杀奴隶的法律包含这么一个条款——法律规定不适用于下列情况："奴隶反抗其合法所有人或主人时，无论是哪个奴隶，无论是谁杀了他；任何奴隶，不管是谁，在接受适当的、温和的惩罚过程中毙命"；[③]佐治亚州的法律也有很相似的条款。[④] 换言之，若在实施惩戒过程中引起受害人死亡，依据法律也未必是过当的做法。而在蓄奴州 429
及英国殖民地盛行的另一部法律则在更大程度上危害着奴隶的生命。该法规定：奴隶、黑人自由民，以及任一非洲裔人，不管其肤色深浅，无论是在民事纠纷还是刑事案件里，都不能充当证人指控白人。[⑤] 奴隶很少会同时被一个以上白人看到，这部法律就把奴隶的命运完全交由某一个白人摆布，其后果是显然的。1853 年，古德尔先生这么评论美国的奴隶制："在过去的十五年或二十年里，即便基于最细致的调查和公众质疑，在这一时期或更早以前，也没有哪怕一个案件，是主人因为杀害了他的奴隶，或是某一白人因为

① Brevard, *Digest of the Public Statute Law of South Carolina*, ii. 240 *sq*. Stroud, *Laws relating to Slacery in the United States of America*, p. 55 *sq*.

② Stroud, *op. cit*. p. 64.

③ Caruthers and Nicholson, *Compilation of the Statutes of Tennessee*, p. 677.

④ Prince, *Digest of the Laws of the State of Georgia*, p. 787.

⑤ Brevard, *op. cit*. ii. 242. Stroud, *op. cit*. *p*. 106 *sq*. *Stephen*, *Slavery of the British West India Colonies*, i. 166, 174. 在法国殖民地，奴隶也不能充当合法的证人，不过法官可以听取他们的证词，仅仅把这证词当作一种意见或未经证实的信息，这可能有助于澄清其他证人提供的证据（*Code Noir*, Édit du mois de Mars 1685, art. 30, p. 44）。

杀害一个奴隶而被处死。”但人所共知,白人杀害奴隶的事情层出不穷。[①]

对奴隶的生命如此不尊重,是由于人们对奴隶命运缺乏同情心——这也能说明其受奴役的状况——也由于主人对奴隶拥有专有权。出于相似的原因,与自由民的同等行为比较起来,一个奴隶杀死一个自由民,特别是杀死其主人,受到的惩罚通常要严重得多。对一个人的同情心越少,他的攻击性行为引起的忿恨就越强烈。按照中国刑法,若奴仆蓄意杀害主人或殴打主人致死,该奴仆
430 将被处以“凌迟”。[②] 柏拉图说,如果奴隶故意杀死自由民,行刑者必须把他带到死者的葬身之处,在可以看见死者坟墓的地方给予鞭笞,原告想打多少下就打多少下,如果打完后他还活着,就接着处死他。[③] 即使奴隶出于一时冲动杀了人,死者亲属也有义务杀死他,而且想用什么方式杀死他就可以用什么方式;[④]不仅如此,甚至不许奴隶出于自卫而杀死自由民,一如不许儿子杀死父亲。[⑤]在罗马也是如此,奴隶犯杀人罪要比自由民受到更重的惩罚。[⑥]一位古代法学家讲:“我们的祖先每一次惩罚奴隶都要比惩罚自由民严厉,惩罚声名狼藉之人要比惩罚名声清白之人严厉。”[⑦]

---

① Goodell, *American Slave Code in Theory and Practice*, p. 209 *sq*.

② *Ta Tsing Leu Lee*, sec. cccxiv. p. 338.

③ Plato, *Leges*, ix. 872.

④ *Ibid*. *ix*. 868.

⑤ *Ibid*. *ix*. 869.

⑥ Mommsen, *Römisches Strafrecht*, p. 631 *sq*.

⑦ *Digesta*, xlviii. 19.28.16.

不仅自由民和奴隶的偿命钱不一样，不同阶级的自由民也不
一样。在某些地方，人们杀死酋长要被处以死刑，而一般的谋杀并
非总是死罪。[1] 在流行赔偿制度的地方，偿命钱常常依遇害人的
地位、身份而定。[2] 对苏门答腊岛的勒姜人而言，谋杀了一个高级
别酋长，要赔偿五百元，杀害一个低级别酋长，赔偿二百五十元；杀
害一个普通人，如是男人或男孩，赔偿八十元；杀害一个普通人，如
是妇女或女孩，赔偿一百五十元；杀害某高级别酋长的合法孩子或
合法妻子，赔偿二百五十元。[3] 每一个奥塞梯人的身体在法官眼 431
里都有固定价值，这个价值似乎是由大众舆论决定的；因而一个家
庭的父亲价值高于未婚男人，贵族的价值是普通自由民的两倍。[4]
在西藏东部，杀害上层阶级的一名成员，罚以一百二十砖茶，杀害
一个中间阶级成员，罚以八十砖茶，惩罚的额度如此沿着社会等级
次序而下降，乞丐生命的价值则微不足道；不过，如果受害人是一
个喇嘛，凶手必须付出更大的代价，可能要罚以三百砖茶。[5] 按照

① Woodthorpe, in *Jour. Anthr. Inst.* xxvi. 21 (Shans). Shooter, *Kafirs of Natal*, p. 103.

② Maclean, *Compendium of Kafir Laws and Customs*, p. 144. Casalis, Basutos, p. 225. Ellis, *Tshi-speaking Peoples of the Golden Coast*, p. 301. Munzinger, *Ostafrikanische Studien*, pp. 242 *sq.* (Marea), 314 (Beni Amer). Forbes, *A Naturalist's Wandering in the Eastern Archipelago*, p. 145 (Lampongers of Sumatra). Modigliani, *Viaggio a Nias*, p. 494. Richardson, *Arctic Searching Expedition*, i. 386 (Kutchin). Gibbs, *loc. cit.* p. 190 (Indians of Western Washington and Northwestern Oregon). Paget, *Hungary and Transylvania*, ii. 411 n. (Hungarians).

③ Crawfurd, *History of the Indian Archipelago*, iii. 112.

④ von Haxthausen, *Transcaucasia*, p. 409. Kovalewsky, *Coutume contemporaine*. p. 355 *sqq.*

⑤ Rockhill, *Land of the Lamas*, p. 221.

现代佛教学说,“若某人被害,被害人功德越大,罪过越大”。[1] 根据布立吞人和盖尔人的法律,盖尔人的国王之命值一千头奶牛,伯爵儿子或领主的命值一百头奶牛,奴隶农的命仅值十六头奶牛。[2] 凯尔特人[3]和条顿人那里也盛行相似的制度。人的偿命价依身份、出身或职位而定;所涉及的级别非常之多,因而条顿法律用了大量篇幅和条款来厘定不同情况下的偿命钱金额。[4] 在诺曼时期的英格兰法律里,农奴的偿命钱只定为四英镑,领主的偿命钱则是二十五英镑。[5]

犯罪的严重性不仅取决于被害人的身份,还取决于凶手的身份。[6] 在菲律宾岛民那里,“奴隶犯谋杀罪,处以死刑;有身份的人
432 犯谋杀罪,向被害人家庭赔偿”。[7] 威廉斯先生说,在斐济人那里,罪行“是轻是重取决于犯事者的身份。酋长犯谋杀罪,所受处罚比地位较低的人小偷小摸还要轻。”[8]在奴隶海岸一带说埃维语的族群那里,“关于谋杀和过失杀人,如果杀人者地位比被害人高,他或者向死者家庭支付他们要求的赔偿,或者不赔偿,但要丢掉自己的

---

① Hardy, *Manual of Budhism*, p. 478.

② Innes, *Scotland in the Middle Ages*, p. 180 *sq*.

③ *Ancient Laws of Ireland*, iii. 103, &c. Skene, *Celtic Scotland*, ii. 152. de Valroger, *Les Celtes*, p. 471.

④ Grimm, *Deutsche Rechtsalterthümer*, pp. 272-275, 289. Brunner, *Deutsche Rechtsgeschichte*, i. 104, 105, 107, 108, 224, 247 *sqq*. Kemble, *Saxons in England*, i. 276 *sqq*.

⑤ *Leges Henrichi I. Lxx. I*; lxxvi. 4. *Cf. Laws of William the Conqueror*, i. 8.

⑥ 人们并不总是同时应用这两条原则。在勒姜人那里,偿命钱并不与杀人者的地位、身份相称,而是取决于被杀者的身份地位等特征(Marsden, *op. cit*. p. 246)。

⑦ Bowring, *Visit to the Philippine Islands*, p. 123.

⑧ Williams and Calvert, *Fiji*, p. 22.

性命。如果杀人者的地位和被害人一样，死者家属有权利杀死杀人者，尽管他们通常也接受赔偿。但是，如果杀人者地位较低，他几乎肯定要丧命。”[1]在黄金海岸一带讲齐语的族群那里，也流行着非常相似的规则。[2] 在马雷亚人那里，若一个贵族杀死另一个贵族，死者家属通常要复仇；而一个老百姓杀死一个贵族，他不仅要自杀，他的财产也要没收充公，他最近的亲属此后要受死者家庭支配。[3] 根据婆罗门教的教法，所有罪行的严重性都取决于犯事者的种姓以及受害者的种姓。[4] 如果一个婆罗门杀了另一个婆罗门，国王就会用烙铁在凶手额头打上烙印，并把他逐出王国；而如果较低种姓的人杀了一个婆罗门，凶手就要被处死，凶手的所有财产也要没收充公。[5] 如果婆罗门种姓以外的某人杀死的是相同种姓的人或较低种姓的人，就对凶手采取其他适当的惩罚措施。[6]杀害一个刹帝利，罚金是一千头母牛，杀害一个吠舍，罚金是一百头母牛，杀害一个首陀罗，罚金只是十头母牛。[7] 在罗马的某一历
史时期，罪行的严重性也是随着犯事者的地位下降而上升。共和 433
国时期的法律不对自由民犯罪做以上区分；但从帝国伊始，公民就被分为特权阶层（*uterque ordo*）和平民（*plebs*）两部分，老百姓犯了谋杀罪要处以极刑，若谋杀者属于特权阶层，一般只是流放。[8]

① Ellis, *Ewe-speaking Peoples*, p. 223.

② *Idem*, *Tshi-speaking Peoples*, p. 301.

③ Munzinger, *Ostafrikanische Studien*, p. 242 *sq*. *Cf*. *ibid*. p. 314 (Beni Amer).

④ Hopkins, *Religions of India*, p. 263.

⑤ *Baudhâyana*, i. 10.18.18 *sq*.

⑥ *Ibid*. i. 10.18.20.

⑦ *Ibid*. i. 10.19.1 *sq*.

⑧ Mommsen, *Romisches Strafrecht*, pp. 650, 1032 *sqq*.

在中世纪，意大利和西班牙法律也授予贵族血统的人相似的特权。[①]

在具有阶级区分的社会里，较高阶级的成员自然容易对本阶级成员——而不是较低阶级成员——产生同情心。较之于对较低阶级成员的相似伤害，对较高阶级成员的伤害，会在较高阶级那里引起更大程度的同情式的忿恨。同样道理，如果罪犯是较低阶级的一员，而非本阶级一员，若其他情形相同，他们对罪犯的忿恨会更强烈。若上层阶级掌握社会的领导权——人类社会最初普遍是这个样子——他们的情感会通过习俗和法律表达出来，于是也就产生了道德上的区分，而普通百姓由于仰慕地位在他们之上的那些人，也易于接受这种道德区分。但在一个进步的社会里，这种事情就无法持续存在。不同阶级之间的差距就越来越小。曾经拥有无上权力的阶级失去了大量特权，变得不再那么重要和富有影响力。同情心就扩展了。因此，以前习俗和法律所认可的区别对待就被视为不公正的特权，必须废除。最终也就承认，每一社会成员生来就平等地享有一切人权中最神圣的权利——生命权。

① Du Boys, *Histoire du droit criminel des peuples modernes*, ii. 402. *Idem*, *Histoire du droit criminel de l'Espagne*, pp. 357, 359. *Cf*. *Ibid*. p. 635 *sq*.

第十九章　活人献祭 434

我们还要考虑一些特殊情形，即习俗或法律允许毁灭人命的情形。

活人献祭指的是，把人杀死以取悦于超人的存在。在每一支雅利安人种的历史中，我们都能发现活人献祭这种现象。[①] 古代印度至少偶尔有此现象，几个现代印度教教派甚至在19世纪还在实行人祭。[②] 众多迹象表明，早期的希腊人也实行人祭。[③] 希腊的宙斯崇拜也曾流行人祭；[④]在公元2世纪，希腊的阿卡狄亚仍把活人献祭给宙斯·莱卡翁。[⑤] 在萨拉米斯之战前，地米斯托克利被迫杀死三

---

① See Hehn, *Wanderings of Plants and Animals from their First Home*, p. 414 *sqq*.

② Weber, *Indische Streifen*, i. 54 *sqq*. Wilson, 'Human Sacrifices in the Ancient Religion of India,' in *Works*, ii. 247 *sqq*. Oldenberg, *Religion des Veda*, p. 363 *sqq*. Barth, *Religions of India*, p. 57 *sqq*. Monier Williams, *Brāhmanism and Hindūism*, p. 24. Hopkins, *Religions of India*, pp. 198, 363. Rájendralála Mitra, *Indo-Aryans*, ii. 69 *sqq*. Crooke, *Popular Religion and Folk-Lore of Nothern India*, ii. 167 *sqq*. Chevers, *Manual of Medical Jurisprudence for India*, p. 396 *sqq*.

③ See Geusius, *Victimæ Humanæ*, *passim*; von Lasaulx, *Sühnofper der Griechen und Römer*, *passim*; Farnell, *Cults of the Greek States*, i. 41 *sq*.; Stengel, *Die griechischen Kultusalter-tumer*, p. 114 *sqq*.

④ *Cf*. Farnell, *op. cit*. i. 93; Stengel, *op. cit*. p. 116.

⑤ Pausanias, viii 38.7.

个波斯战俘,献祭于神,这已经是很久远的事了。[1] 在罗马,尽管在
435 此历史时期人祭很罕见,但也并非毫无踪影。根据普林尼的记载,公元前 97 年罗马参议院通过了一项法令,禁止人祭,[2]而后来哈德良皇帝发现有必要恢复和重申这个禁令。[3] 波菲利质问道:“谁不知道今天,在罗马这个大都市里,在拉丁守护神朱庇特的节日里,他们要把活人的喉管割断呢?”[4]德尔图良说,在北非,甚至在提比略任总督期间,婴儿被公然献祭给农神。[5] 凯尔特人[6]、条顿人[7]、斯拉夫人[8]、古代闪米特人[9]和埃及人[10]、早期的日本人[11]、新大陆的玛雅

① Plutarch, *Themistocles*, 13.

② *Idem*, *Questiones Romanæ*, 83. See Landau, in *Am Ur-Quell*, iii. 1892, p. 283 *sqq*.

③ Pliny, *Historia naturalis*, xxx. 3.

④ Porphyry, *De abstinentia ab esu animalium*, ii. 56.

⑤ Tertullian, *Apologeticus*, 9 (Migne, *Patrologiæ cursus*, i. 314).

⑥ Cæsar, *De bello gallico*, vi. 16. Tacitus, *Annales*, xiv. 30. Diodorus Siculus, *Bibliotheca*, v. 31, p. 354. Pliny, *Historia naturalis*, xxx. 4. Strabo, iv. 5, p. 198. Joyce, *Social History of Ancient Ireland*, i. 281 *sqq*.

⑦ Tacitus, *Germania*, 9. Adam of Bremen, *Gesta Hammaburgensis ecclesiæ pcntificum*, iv. 27 (Migne, *op. cit*. cxlvi. 644). Grimm, *Teutonic Mythology*, i. 44 *sqq*. Vigfusson and Powell, *Corpus Poeticum Boreale*, i. 409 *sq*. Freytag, 'Riesen und Menschenopfer in unsern Sagen und Märchen', in *Am Ur-Quell*, i. 1890, pp. 179-183, 197 *sqq*.

⑧ Mone, *Geschichte des nordischen Heidenthums*, i. 119, 转引自:Frazer, *Golden Bough*, ii. 52. Krauss, in *Am Ur-Quell*, vi. 1896, p. 137 *sqq*. (Servians)。

⑨ Ghillany, *Die Menschenopfer der alten Hebräer*, *passim*. Robertson Smith, *Religion of the Semites*, p. 362 *sqq*. Wellhausen, *Reste arabischen Heidentums*, p. 115 *sq*. von Kremer, *Studien zur vergleichenden Culturgeschichte*, i. 42 *sqq*. Chwolsohn, *Die Ssabier und der Ssabismus*, ii. 147 *sqq*.

⑩ Amélineau, *L'évolution des idées morales dans l'Égypte Ancienne*, p. 12.

⑪ Griffis, *Religions of Japan*, p. 75. Lippert, *Seelencult*, p. 79.

人[1]和阿兹特克人，都曾实行人祭，其中阿兹特克人推行人祭达到了令人震惊的程度。普雷斯科特在《墨西哥征服史》里写道："几乎没有哪个作者敢于把整个王国每年用于祭献的活人数量估计为少于两万，有的作者估计这一数量高达五万。"[2]有的西班牙作者认为，秘鲁的印加人也有同样的习俗，这很可能并非无中生有。[3] 在秘鲁印第安人被西方征服以前，人祭总是经常发生。[4] 加勒比人[5]以及一些北美部落[6]，南太平洋的各个岛屿——特别是塔希提和斐济[7]， 436

① Bancroft, *Native Races of the Pacific States*, ii. 704, 725.

② Prescott, *History of the Conquest of Mexico*, p. 38. *Cf*. Clavigero, *History of Mexico*, i. 281；Acosta, *Natural and Moral History of the Indies*, ii. 346.

③ Acosta, *op. cit*. ii. 344. de Molina, 'Fables and Rites of the Yncas,' in *Narratives of the Rites and Laws of the Yncas*, pp. 55, 56, 59. 根据齐耶萨·迪里昂，西班牙作者把人祭习俗夸大了，不过他也不否认印加人中存在这种习俗（Cieza de Leon, *Segunda de la Crónica del Perú*, p. 100）；非但如此，他还描述了人祭习俗（*ibid*. p. 109 *sqq*.）。加西拉索·德·拉·维加认为，印加人从未有过人祭习俗（*First Part of the Royal Commentaries of the Yncas*, i. 130, 131, 139 *sqq*. N. †）。克莱门茨·马卡姆爵士似乎把此说法看得过于重要了。*Cf*. Prescott, *History of the Conquest of Peru*, p. 50 *sq*. n. 3.

④ Garcilasso de la Vega, *op. cit*. i. 50, 130.

⑤ Müller, *Geschichte der Amerikanischen Urreligionen*, p. 212 *sq*.

⑥ *Ibid*. p. 142 *sqq*. Réville, *Religions des peuples non-civilisés*, i. 249 *sq*. Dorman, *Origin of Primitive Superstitions*, p. 208 *sqq*.

⑦ Schneider, *Naturvölker*, i. 191 *sq*. Forriander, *Account of the Polynesian Race*, i. 129. Ellis, *Polynesian Researches*, i. 106, 346-348, 357 (Society Islanders). Williams, *Missionary Enterprises in the South Sea Islands*, p. 548 *sq*. (especially the Hervey Islanders and Tahitians). von Kotzebue, *Voyage of Discovery*, iii. 248 (Sandwich Islanders). Lisiansky, *Voyage round the World*, pp. 81 *sq*. (Nukahivans), 120 (Sandwich Islanders). Gill, *Myths and Songs from the South Pacific*, p. 289 *sqq*. (Mangaians). Williamsand Calvert, *Fiji*, pp. 188, 195；Wilkes, *Narrative of the U. S. Exploring Expedition*, iii. 97；Hale, *U. S. Exploring Expedition*, *Vol. VI. Ethnography and Philology*, p. 57 (Fijians). Codrington, *Melanesians*, p. 134 *sqq*.

马来群岛的某些部落[①],印度的几支土著部落[②],都曾流行人祭,且现在仍旧流行。在非洲[③],人祭在过去和现在也都是很常见的现象。

从以上列举的例子来看,似乎不能把人祭看作蒙昧种族的一
437 个特征。相反,我们能发现,与真正的蒙昧人比起来,人祭在野蛮人和半开化的民族那里要常见得多;在我们所知的文化发展的最低阶段,几乎未曾听说过存在人祭。我们注意到,随时代变迁,这个做法在某些地方变得日益盛行起来。在社会群岛[④],“土著居民告诉我们,比较起来,人祭是现代事物:在群岛被西方发现以前,过了

① Ling, Roth, *Natives of Sarawak and British North Borneo*, ii. 215 *sqq*. Bock, *Head-Hunters of Borneo*, p. 218 *sq*. (Dyaks).

② Woodthorpe, in *Jour. Anthr. Inst.* xxvi. 24 (Shans, &c.). Colquhoun, *Amongst the Shans*, p. 152 (Steins inhabiting the south-east of Indo-China). Lewin, *Wild Races of South-Eastern India*, p. 244 (Pankhos and Bunjogees). Godwin-Austen, in *Jour. Anthr. Inst.* ii. 394 (Garo hill tribes). Dalton, *Descriptive Ethnology of Bengal*, pp. 147 (Bhúiyas), 176 (Bhúmij), 281 (Gonds), 285 *sqq*. (Kandhs). Hislop, *Aboriginal Tribes of the Central Provinces*, p. 15 *sq*. (Gonds). Macpherson, *Memorials of Service in India*, p. 113 *sq*.; Campbell, *Wild Tribes of Khondistan*, *passim* (Kandhs).

③ Schneider, *Religion der afrikanischen Naturvölker*, p. 118. Reade, *Savage Africa*, p. 52 (Dahomans, &c.). Ling Roth, *Great Benin*, p. 63 *sqq*. Ellis, *Ewe-speaking Peoples of the Slave Coast*, p. 117 *sqq*. *Idem*, *Yoruba-speaking Peoples of the Slave Coast*, p. 296. *Idem*, *Tshi-speaking Peoples of the Gold Coast*, p. 169 *sqq*. Cruickshank, *Eighteen Years on the Gold Coast*, ii. 173. Schoen and Crowther, *Expedition up the Niger*, p. 48 *sq*. (Ibos). Arnot, *Garenganze*, p. 75 (Barotse). Arbousset and Daumas, *Exploratory Tour to the North-East of the Colony of the Cape of Good Hope*, p. 97 (Marimos, a Bechuana tribe). Macdonald, *Africana*, i. 96 *sq*. (Eastern Central Africans). Ellis, *History of Madagascar*, i. 422; Sibree, *The Great African Island*, p. 303 (Malagasy).

④ Society Islands 是为纪念英国皇家学会而命名,此处按通行译法,译为“社会群岛”。——译者

若干代人以后，才认可此种习俗”；[①]根据古老的传说，某些迹象表明，波利尼西亚曾禁止人祭。[②] 在印度，与后来的婆罗门教徒比起来，吠陀人就很少实行人祭。[③] 我们获悉，阿兹特克人直至 14 世纪初叶才采纳人祭的做法，这离被西方征服还有两百年，而且，“起初人祭现象很少见，随着王国疆域扩大就变得更常见了，直到后来，几乎每一个节日都以这种残忍而令人憎恶的仪式结束”。[④] 关于非洲人，温伍德·瑞德先生说：“国家越强大，人祭的规模就越大。”[⑤]

人们杀死活人，献祭给他们的神，这是因为他们相信神会对这些祭品心满意足。人们常常认为，神喜欢吃人肉，喝人血。[⑥] 斐济人认为，他们的神“喜欢吃人肉”。[⑦] 在印度的奥雅人那里，祭司在把人祭献给战神马尼可索罗的时候，会向神说：“我们现在给您献祭，请食用。”[⑧]在易洛魁人那里，把一个敌人绑在柱子上折磨的时候，残忍的刽子手会在他身边跳跃，叫喊道：“大神阿瑞斯克，我们把这个祭品杀掉献给您，您可吃他的肉，您会被感动，今后就会给我们带来好运，让我们战胜敌人。”[⑨]在古代中美洲的部族那里，人 438

① Ellis, *Polynesian Researches*, i. 106.

② Fornander, *op. cit.* i. 129.

③ Wilson, *Works*, ii. 268 *sq.*

④ Prescott, *History of the Conquest of Mexico*, p. 36.

⑤ Reade, *Savage Africa*, p. 52.

⑥ See Lippert, *Seelencult*, p. 77 *sqq.*; Schneider, *Naturvölker*, i. 190.

⑦ Williams and Calvert, *op. cit.* p. 195.

⑧ Campell, *Wild Tribes of Khondistan*, p. 211. *Cf.* Macpherson, *Memorials of Service in India*, p. 120 (Kandhs).

⑨ Müller, *Geschichte der Amerikanischen Urreligionen*, p. 142.

祭的血和心脏是专门贡献给神的。[1] 因而，在墨西哥，剖开受害人的胸膛，挖出还跳动着的心脏以后，大祭司首先把心脏献给太阳，接着把它扔到神像脚下，最后把心脏烧掉；有时会把心脏和一把金汤匙一道放入神像嘴中，神像的嘴唇抹上死者的血。[2]

有时我们会错误地认为，[3]人祭就是要给神供奉食物，但实际并不总是如此。正如埃利斯少校注意到的那样，黄金海岸一带说齐语的族群认为，诸神不仅需要食物，还需要侍者；“他们认为，要贡献给神的人祭，其魂灵马上就会成为神的奴仆，正如在酋长葬礼上供奉的人祭，其魂灵也会成为酋长的仆从。”[4]谢萨·德·莱昂讲到过，古代秘鲁人也曾流行类似的信仰。在瓜纳克里山，“有些时候，他们用男女作人祭，要杀死他们的时候，祭司会说一段话，告诉他们，他们要去伺候正在被祭拜的神”。[5]

此外，神发怒了，杀死惹祸使神发怒的人，或惹祸群体中的某个代表，或冒犯神的那个人的亲属，就可平息神的怒气。在奴隶海岸一带说埃维语的人们那里，“他们并不认为举行人祭的时候神会
439 吞噬灵魂；多数土著人认为，这些灵魂会像其他灵魂那样朝死亡之地行进，而人祭的目的似乎就是取悦、满足神，打消神的恶意，代价

① Bancroft, *op. cit.* ii. 307, 310, 311, 707 *sqq.*

② Clavigero, *op. cit.* i. 279.

③ Réville, *Hibbert Lectures on the Native Religions of Mexico and Peru*, p. 75 *sq. Idem*, *Prolegomena of the History of Religions*, p. 132. Trumbull, *Blood Covenant*, p. 189. Steinmetz, *Endokannibvalismus*, p. 609, n. 1. Schrader, *Reallexikon der indogermanischen Alterumskunde*, p. 603.

④ Ellis, *Tshi-speaking Peoples of the Gold Coast*, p. 169.

⑤ Cieza de Leon, *Segunda parte de la Crónica del Perú*, p. 109.

就是仔细选取某些个体作为人祭，而不是随机地碰到谁就是谁。实际上，人祭就是这些个体为了整个共同体的利益而做出的牺牲。”[1]人祭常常是罪犯，其中的一个原因无疑就是给神供奉一个他所憎恶的人以安抚他。桑威奇岛民“把罪犯供奉给神，正如我们欧洲人把罪犯绳之以法”。[2] 在条顿人那里，处决罪犯至少在许多情况下是为神献祭，罪犯的罪行冒犯了对某个神明的崇拜。[3] 因此弗里斯兰人的法律把侵犯神庙的人描述成献给神的祭品。[4] 在古罗马，偷盗谷物的贼若是成年人，要吊起来贡献给谷神；[5]奥维德的诗里说，维斯塔神庙的一个女祭司因为违背了贞洁誓言，被活埋在地里献祭——维斯塔和大地女神忒路斯是同一个神。[6] 墨拉尼波斯和科迈托之间发生了奸情，玷污了阿耳特弥斯神庙，希腊德尔斐的女祭司就命令将这一对罪人献祭于神；此外，当地人每一年都应把一对最美艳的少男少女献给神。[7] 希伯来语的 *cherem* 一词，原本用于罪犯以及耶和华的其他敌人，有时也指他们的所有物。凯南教授说：“*cherem*，正是献给耶和华的祭品，事实上等同于毁灭、灭绝这些人或物。把这些人献给耶和华时通常要有一段 440
庄严的誓词，常常用火焚处死他们，这样就很像燔祭了；他们的居

---

① Ellis, *Ewe-speaking Peoples of the Slave Coast*, p. 119.

② von Kotzebue, *op. cit.* iii. 248. *Cf.* Lisiansky, *op. cit.* 120.

③ von Amira, in Paul's *Grundriss der germanischen Philologie*, ii. pt. ii. 177. Brunner, *Deutsche Rechtsgeschichte*, ii. 587, 684 *sq.* Vigfusson and Powell, *op. cit.* i. 410. Gummere, *Germanic Origins*, p. 463.

④ *Lex Frisionum*, Additio sapientium, 12.

⑤ Granger, *Worship of the Romans*, p. 260.

⑥ Ovid, *Fasti*, vi. 457 *sq.* *Cf.* Mommsen, *Römisches Strafrecht*, p. 902.

⑦ Pausanias, vii. 19.4.

所和财产也要用火烧掉;他们的土地也永远抛荒。在古代世界,这样的惩罚是很寻常的。不过在以色列,正如在其他地方那样,这些惩罚同时也是宗教活动。”[①]事实上,以越轨之人为牺牲的习俗在基督教世界也存在,为了安抚某个被冒犯得发怒的神而处决犯事者,都可以公允地称之为献祭。[②]

崇拜者认为把同类献给神会使神满足,但我们不可能在每一特殊情形下都发现他们到底是怎么想的。很可能他们对此问题并非总是具有明确的看法。他们明白或相信,在某种情况下,他们有丢掉性命的危险;他们把此归结为某个超自然存在的设计;通过把人献祭于神,他们希望能满足神对人命的渴望,这样就把危险从他们自身转移掉了。人祭的主要原理正在于此,考察通常发生人祭的场合就能明白这一点。

人祭常常发生在战争中,战斗以前,或被敌人围困的时候。

> 恺撒这样写高卢人:“在他们中,参与战斗或身陷危险之人,或者把人献祭于神,或者发誓他们要这么做……;因为他们认为,如果不为了救某人的生命而拿另一个人的生命献祭,永生之神就不会发慈悲之心。”[③]卢希塔尼亚人开始军事行动前要把一个人和一匹马献祭于神。[④] 在进入战场之前,或一场战斗打响前,或被敌人围攻期间,希腊人要把一个人献祭于

---

① Kuenen, *Religion of Israel*, i. 290 *sq*.

② 见上文第 197 页。关于带有替代性赎罪性质的活人献祭事件,见上文第 66 页。

③ Cæsar, *De bello gallico*, vi. 16.

④ Livy, *Epitome*, 49.

神，以确保胜利。[①] 战斗局势紧急的时候，摩押国王曾把他的 441
大儿子烧死，在城墙上献祭给神。[②]发生重大灾难时，例如战火遍地时，腓尼基人会把他们最亲密的一些朋友献祭于神，这些人祭都是通过专门投票选出来的。[③] 与锡拉库扎的盖洛国王战斗的时候，从黎明到黄昏，哈密尔卡将军把不可胜数的人祭献给了神；[④]迦太基就要沦陷的时候，贵族家庭被迫交出他们的两百个儿子，献祭于太阳神。[⑤] 按照印度教经文和传统，贡献一个人祭就有望取得战争胜利。[⑥] 在印度斋浦尔，人们是用人祭来安抚“血红的战神”的。“因而，在战斗前夕，要建筑一个新要塞或一个重要村寨的时候，或是要规避什么危险的时候，就必定用人血来安抚这嗜血的存在。”[⑦]在贝宁王国，若敌人攻到了城下，人人自危，就杀人行祭。[⑧] 约鲁巴人在国家需要的时候实行人祭。[⑨] 在奴隶海岸一带说埃维语的人们那里，“在战时，发生瘟疫时，有重大灾难时”，实行人祭的事经

① Pausanias, iv. 9.4 *sqq.*; ix. 17.1. Plutarch, *Themistocles*, 13. *Idem*, *Aristides*, 9. *Idem*, *Pelopidas*, 21 *sq.* Lycurgus, *Oratio in Leocratem*, (ch. 24) 99. Apollodorus, *Bibliotheca*, iii. 15.4. Porphyry, *De abstinentia ab esu animalium*, ii. 56. Geusius, *op. cit.* i ch. 16 *sq.* Stengel, *op. cit.* p. 115 *sq.*

② 2 *Kings*, iii. 27.

③ Porphyry, *op. cit.* ii. 56.

④ Herodotus, vii. 167.

⑤ Diodorus Siculus, xx. 14.

⑥ Chevers, *op. cit.* p. 399.

⑦ Campbell, *Wild Tribes of Khondistan*, p. 52.

⑧ Ling Roth, *Great Benin*, p. 72.

⑨ Ellis, *Yoruba-speaking Peoples of the Slave Coast*, p. 296.

常发生[①]。塔希提人则常常在战争期间或打仗搞得人们焦虑不安时供奉人祭。[②]

获胜以后,人们把胜利归于神的帮助,就把战俘献祭于神。有学者称人祭就是感恩;[③]不过在多数情况下,贡献人祭或者是为了履行以前发出的誓言,或者是为了诱使神将来再恩宠和眷顾。[④] 在婆罗洲的卡扬人那里流行这样的习俗:战俘被带到敌国后,"就把他杀死,寄望他能带来繁荣,并废除敌人对他们土地的诅咒"。[⑤]

实行人祭也是为了阻止或预防传染病。

442 腓尼基人不仅在战时,也在瘟疫时期"把他们最亲密的一些朋友献祭"。[⑥] 古希腊人在相似情形下也借助于人祭。[⑦] 遭遇重大危险的时候,例如传染病肆虐的时候,古代意大利人就发誓,他们愿意把第二年春季出生的所有生命都献祭于神。[⑧] 在瑞典的西哥特兰岛,人们决定用人祭阻止瘟疫,恰巧两个儿

---

① *Idem*, *Ewe-speaking Peoples of the Slave Coast*, p. 117.

② Ellis, *Polynesians Researches*, i. 276 *sqq*., 346.

③ Diodorus Siculus, xx. 65 (Carthaginians). de Molina, *loc. cit*. p. 59 (Incas); &c.

④ Ellis, *Tshi-speaking Peoples*, p. 170. Cruickshank, *op. cit*. ii. 173. Dubois, *Character, Manners, and Customs of the People of India*, p. 488. Jordanes, *De origine actibusque Getarum*, 5(41). *Cf*. Jephthah's vow (*Judges*, xi. 30 *sqq*.).

⑤ Brook, *Ten Years in Sarawak*, ii. 304 *sq*.

⑥ Porphyry, *op. cit*. ii. 56.

⑦ Geusius, *op. cit*. i. ch. 13. Stengel, *op. cit*. p. 116. Frazer, *Golden Bough*, iii. 125 *sq*.

⑧ Festus, *De verborum significatione*, 'Ver sacrum,' Müller's edition, p. 379. Nonius Marcellus, *De proprietate sermonis*, 'Versacrum,' p. 552. Servius, *In Virgilii Æneidos*, vii. 796.

童乞丐走进来了，人们就这样把他俩活埋了。[①] 同样是为了抵御瘟疫，丹麦的弗岛有一个传统，即要把一个儿童在坟场活埋。[②] 在楚科奇人那里，1814 年爆发了一场严重的传染病，夺走了人和驯鹿的生命，萨满教僧人施行了平常所用的魔法，但无济于事，于是决定选择其中一个最受尊重的酋长充作人祭，以抚慰发怒的神灵。[③] 在贝宁王国，"医生们宣布某人因欧格沃神而死的时候，如果他们认为一场传染病迫在眉睫，他们可以告诉欧沃拉米(国王)，说欧格沃神生气了。接着国王可取一男一女作人祭，整个城市都可鸣枪击鼓。带出来这一男一女后，法师首领可这样祈祷——'哦，欧格沃神，您是大能大德之人；别让疾病在贝宁滋事。让所有农场丰收在望，让每一妇女都生人子。'"[④]同样是在贝宁王国，每年在国王欧沃拉米的父亲阿多罗的忌日，都要用十二个人和各种动物行祭。国王欧沃拉米会大声呼唤其父的名字，说下面的话："哦，阿多罗，父亲，眷顾阿多(即贝宁王国)吧，别让任何疾病来袭，眷顾我和我的人民，我们的奴隶，牛，山羊，家禽，以及农场里的所有东西。"[⑤]

人们也借助于人祭终止毁灭性的饥馑。

---

① Afzelius, *Swenska Folkets Sago-Häfder*, iv. 181.

② Nyrop, *Romanske Mosaiker*, p. 69.n. 1.

③ von Wrangell, *Expedition to the Polar Sea*, p. 122 *sq*.

④ Moor and Roupell，转引自：Read and Dalton, *Antiquities from the City of Benin*, p. 7；以及：Ling Roth, *Great Benin*, p. 71 *sq*.。

⑤ Moor and Roupell，转引自：Ling Roth, *op. cit*. p. 70 *sq*.；以及：Read and Dalton, *op. cit*. p. 6。

443 据说古希腊人[1]与腓尼基人[2]都有过这种做法。在一场严重的饥荒中,若奉献了像牛和人这样重大的祭品后,仍无济于事,瑞典人就把他们自己的国王多麻尔第祭献出去。[3] 中国史书告诉我们,汤这位崇高而虔诚的人推翻了商朝,[4]即位之后,发生了连续七年的干旱和饥馑。后来就有人提出,应以人祭天、祈雨,汤回答道:"若必以人祷,吾请自当。"[5]直至近些时候,下孟加拉的神职人员在饥荒季节还把儿童献祭给湿婆;例如,1865 年和 1866 年,他们就曾这么做以避免饥荒。[6]

对于依赖农业过活的人们来说,庄稼收成不好就意味着饥饿和死亡,[7]因而他们就把这归结为某一超人存在——例如土地神、晨星、太阳、雨神——的凶残构想。他们希望能够通过把人献祭给那个存在,来消除它对人血的渴望;一些地方的人们只在真正发生

496 饥馑以后才行人祭,另一些地方的人们则试图通过人祭预防饥馑。我认为,上面就是对以人祭来获得好收成这一习俗的正确解释,弗

① Pausanias, vii. 19. 3 *sq*. Diodorus Siculus, iv. 61. 1 *sqq*. Geusius, *op. cit*. i. ch. 14.

② Porphyry, *op. cit*. ii. 56.

③ Snorri Sturluson, 'Ynglingasaga,' 15, in *Heimskringla*, i. 30.

④ 原文如此。——译者

⑤ Legge, Religions of China, p. 54.

原书中暗示司马迁等人记载了"若必以人祷,吾请自当"这句话及其背景。经查《史记》,并无此语。这句话系出自皇甫谧著《帝王世纪》。——译者

⑥ Hunter, *Annals of Rural Bengal*, i. 128.

⑦ *Cf*. Dleeman, *Rambles and Recollections*, i. 204 *sqq*.:"在印度,收成不好的季节造成的灾难性后果远比欧洲严重……印度四分之三以上的人口从事种植业,常年依靠土地为生……这里成千上万人会在荒季饿死,而在欧洲,荒季给各阶层带来的苦难很小。"

雷泽博士就列举了关于此习俗的很多事例。[1] 这一习俗与实际上发生的饥馑-祭祀事件之间的联系是显然的。这样，古代秘鲁人为了来年有个好收成，就在收获之后以儿童充作祭品；他们也不是每年都这样，而“只是在天气不好、当行祭祀的时候”才这样。[2] 在贝宁王国，“如果雨下得太多，那么所有的人都会从农庄里走出来作 444
祭祀，祈求欧沃拉米（国王）行法术，以止雨。因而就会选取一个妇女，对着她祈祷，写好称颂雨神的一段话放到她的嘴里，接着就用棍棒把她打死，把尸体放到行刑树上，让雨看到……同样，如果日照过强，也会灼烧庄稼，欧沃拉米就会向太阳神行祭。”[3]有危险时就依替代原则行人祭，而替代原则也承认危险的程度可能差别很大；危险可能较为迫切，也可能较为遥远。这个说法适用于各种各样的人祭，而不仅仅是旨在影响收成的祭祀。我无法赞成弗雷泽博士审慎提出的假说，即杀死人作人祭是为了保证好收成，人祭被认为代表着谷神，因而就把该人杀掉。在我看来，弗雷泽博士并未提出令人满意的证据支持其假说；详细检视他所提到的有关事例，就能发现，这些事例与其他情形下的人祭密切联系，并且同样可以用替代原则加以解释。

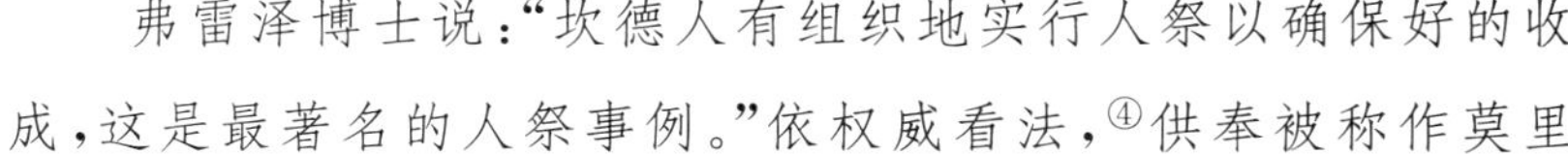

弗雷泽博士说：“坎德人有组织地实行人祭以确保好的收成，这是最著名的人祭事例。”依权威看法，[4]供奉被称作莫里

① Frazer, *Golden Bough*, ii. 238 *sqq*.

② Herrera, *op. cit*. ii. 111.

③ Moor and Roupell，转引自：Read and Dalton, *op. cit*. p. 7; also by Ling Roth, *Great Benin*, p. 71。

④ Campbell, *Wild Tribes of Khondistan*. Macpherson, *Memorials of Service in India*.

阿(*Meriahs*)的人祭是为了抚慰被称作塔里皮努(*Tari Pennu*)或贝拉皮努(*Bera Pennu*)的土地女神,但在弗雷泽博士看来,人们对待充作人祭的人死前和死后的做法表明,不能仅仅把人祭习俗看作抚慰神的祭祀。他说,人们相信莫里阿的肉和骨灰具有使土地肥沃的神秘力量,这与供奉人祭获取神的好意这一间接效能是两码事。因为,尽管一部分肉献给
445 了土地女神,其余的肉各家户主要还是埋在自己的田地里,尸体其他部分的灰要撒到田地里,用作糨糊铺在谷仓里,或与刚收获的谷物混在一起。他们也认为人祭的血和泪具有同样的内在神秘力量,人祭的血让姜黄变红,泪会产生雨;他们相信莫里阿具有神秘力量,这也体现于他们相信,来自人祭肉身的任何东西——例如头发和唾沫——都有非凡的效力。根据弗雷泽博士所言,进一步考虑权威人士的说法,亦即人们把莫里阿视作"某种超出于凡人的东西",或者人们对莫里阿有"某种敬畏"——这种敬畏不大容易跟仰慕区分开来,如此就能得出结论:起初人祭可能代表着土地神或植物之神,到后来他才被视作献给神的祭品,而不是神的化身。[①]

在我看来,弗雷泽博士推理的前提完全不能成立。人们认为莫里阿具有神秘的力量,这"表明他远远不仅仅是一个要献给神、抚慰神的人"[②]——这是一个武断的假定。人们总是相信祭品具有那样的力量,但人们并不认为祭品起初就有这

① Frazer, *op. cit.* ii. 245 *sq.*

② *Ibid.* ii. 246.

样的力量，而是认为祭品与其所奉献的超自然存在发生接触、交流后才具有。正如坎德人的莫里阿要在村子里传来传去，从这一家传到那一家，有的人拔他的几根头发，有的人乞求他吐口唾沫。过游牧生活的墨西哥阿拉伯人逢穆斯林“大节”的时候，要把绵羊献祭给神，就会有个人穿着血淋淋的绵羊皮，从这个帐篷走到那个帐篷，用棍敲打每个帐篷，以此传达对帐篷内居民的祝福。这是因为这时他身上就带有“节日吉利的力量”；充作祭品的绵羊的各个部位也被视作带有同样的力量，因此被用来传达那种神秘的力量。假如弗雷泽博士的论证方式是正确的，我们就只有得出结论：祭品最初是他所要祭献的神本身或神的代表。但是，这样的推论是荒谬的，而我们只要考虑到，在摩洛哥，献给圣人——例如一个死去的圣人——的每一件祭品都被看作分享了其神圣性，我们就能清楚地意识到上述推论的荒谬性。在这个圣人的节日，人们就会把动物和其他祭品献祭于他的坟墓；按习俗，圣人的后
裔——他们有处理祭品的权利——会把屠宰掉的动物的肉分 446
给朋友们，这样就能把圣人的赐福传递给吃肉的人；甚至献给圣人的蜡烛也出于同样目的被分送给亲友，人们认为蜡烛也能传递赐福。当然，适用于摩洛哥阿拉伯人的解释并不一定也适用于孟加拉的坎德人；但是应当记住，弗雷泽博士的论证基于以下见解——人们相信献给神的祭品具有神秘的力量，这表明人们曾经把祭品当作神来看待或当作神自身；而我列举的事实已确定性地证明了上述假定之武断。

这绝不是可对弗雷泽博士的假说提出的唯一一条反对意

见。在关于仪式的描述中,他强调仪式与农业的联系,但其程度远远偏离了权威人士的说法。麦克弗森先生说,对塔里皮努的活人献祭是由部落、部落分支或村社举行的公共祭祀,既在当地周期性的节日举行,也在希望抚慰神的特定情形下举行。实行人祭的场合包括:“因病死亡的人口出奇地多;许多妇女在分娩时丧命;羊群或牛群中有大量家畜病倒,或被野兽骚扰;绝大多数庄稼长势很差或歉收”;头人的家庭——他们的际遇被视作能说明塔里皮努对部落的态度——发生重大灾祸,人们认为这是无法轻易躲避的神谴,当这一征象出现时也需要举行人祭。[1] 此外,除了这些涉及公众和他人的人祭,个人为了避开塔里皮努对他们自身和家庭的惩罚,也会行人祭,例如,一个小孩为父亲看管羊群的时候被老虎叼走了。[2] 因而坎贝尔先生评论说,向土地女神行人祭,是“希望有个好收成,避免灾祸,确保一切顺利”;[3]或者说人们希望“通过人祭这种形式,保证好的收成,确保不受任何疾病、事故的困扰”。[4] 按照另一位权威人士罗素先生的说法,围着人祭跳舞时,集会的人群会对土地神郑重地说:“哦,神啊,我们献祭于您;赐给我们四季平安,五谷丰登,身体健康吧。”[5]坎德人并
447 不仅仅借助于莫里阿的神秘力量来保证庄稼收成。有一个说

① Macpherson, *op. cit.* p. 113 *sq.* 另见:*ibid.* pp. 120, 128 *sqq.*。

② *Ibid.* p. 113 *sq.*

③ Campbell, *op. cit.* p. 51.

④ *Ibid.* p. 56. *Cf. ibid.* p. 73.

⑤ Russell, 转引自:*ibid.* p. 54。

法是，一部分人肉要埋在村庄的神像附近，献祭于土地，一部分人肉则埋在村庄的边界；[①]法师祈愿的时候，会向女神说："让每个人都把一块人肉放到他的田地里，谷仓里，院子里。"[②]尸体的灰就撒到田地里，或"用以制作糨糊建造房子和谷仓"。[③] 必须注意，在印度马吉代索的坎德人那里，行人祭的目的并非专为获得好收成，"而是在一般意义上为自己以及家人祈福，希望生活美满、事业发达"；[④]邻近的公国赤那克米底的大部分土地居住着奥雅人，他们行人祭并非仅仅献祭于土地神，"而是向众多神行祭，这些神能裁决生命和幸福"，特别是要向战争之神、大神和太阳神行祭。[⑤] 现在，这些事实都完全与替代理论一致，而明明白白地背离了莫里阿代表着某一植物神这一假定。

进一步检视弗雷泽博士提及的其他事例，也能得出同样的结论。他说："居住在厄瓜多尔瓜亚基尔的印第安人，从前播种的时候，要用人血、人心行祭。"[⑥]不过权威人士谢萨·德·莱昂补充道，这些印第安人的头人生病的时候也行人祭，"以抚慰神的暴怒"。[⑦] 弗雷泽博士写道："波尼族印第安人每

① Russell，转引自：*ibid*. p. 55。

② Macpherson，*op. cit*. p. 122 *sq*.

③ *Ibid*. p. 128.

④ Campbell，*op. cit*. p. 181.

⑤ *Ibid*. p. 120.i. p. 197：奥雅人"在重要场合行人祭，例如要打仗时，在某重要村庄修建堡垒时，要规避灾难时。"

⑥ Frazer，*op. cit*. ii. 238.

⑦ Cieza de Leon，*La Crónica del Perú* [parte primera]，ch. 55 (*Biblioteca de autores espanoles*，xxvi. 409).

年春季播种时都要行人祭。他们相信,是晨星或晨星送来的充作信使的某只鸟要他们行人祭……他们认为,如果不行人祭,玉米、豆类和南瓜这些庄稼就会绝收。”[①]弗雷泽博士引用的詹姆士以及其他权威人士也说,行人祭是为了抚慰晨星,[②]
448 晨星尤其被波尼人中唯一行人祭的部族斯加地人所崇拜。[③]疾病、灾难及个人的种种不幸常常被说成是触怒了天体的结果;[④]对晨星行祭的目的也被明确说成是“规避晨星施加的有害影响”。[⑤] 按照邓巴先生[⑥]——弗雷泽博士没注意到他的有关重要论文——的说法,“设计这种残酷的祭祀,就是要抚慰那个存在,获得好收成”。邓巴继续说道:“因而有种说法是他们认为晨星掌管农业,但这种说法不对。他们向那个星星行祭,是因为害怕它,设想它如有恶意就会施加有害影响。还有种说法,认为每年都要行祭。这也是错误的。只有在发生了特别的事情,他们认为需要行祭的时候,他们才行祭。”[⑦]现在的印第安人说他们是向“普世存在而万能的”提拉娃这一至高的存在或神行祭。[⑧] 一位曾多次目睹行祭仪式的老年头人向

① Frazer, *op. cit.* ii. 238.

② James, *Expedition from Pittsburg to the Rocky Mountains*, i. 357. Grinnell, *Pawnee Hero Stories and Folk-Tales*, p. 357. Dunbar, 'Pawnee Indians, in *Magazine of American History*, viii. 738.

③ Dunbar, *loc. cit.* p. 738.

④ *Ibid.* p. 736.

⑤ Grinnell, *op. cit.* p. 357.

⑥ 邓巴先生“在波尼人中出生、长大,直到成年,他熟悉他们,近些年来他常常回访这个部落”(Grinnell, *op. cit.* p. 213)。

⑦ Dunbar, *loc. cit.* p. 738 *sq.*

⑧ Grinnell, *op. cit.* pp. 357, 358, xvii.

格林内尔先生做了详细描述——“血、水牛肉以及燃烧着的尸体的烟气升向空中，所有的人就都向提拉娃祈祷，沿着火行走，一把把地抓住烟气抛向自己及孩子身上，祈祷提拉娃怜悯他们，给他们健康，让他们取得战争胜利，让他们丰收……提拉娃似乎也总是接纳这种祭祀，如果斯加地人行祭了，他们总是在战争中有好运，总是获得丰收，他们总是过得不错。”[①]那么，按照上面的描述，波尼人行人祭正如坎德人，并非专门的农业仪式，而是为了规避各种危险。而邓巴先生对1838年4月施行人祭的最后一个实例的描述，也表明了这一点。斯加地人在上一个冬季出去狩猎后不久，就与达科他人里的奥加拉拉人发生了一场战斗并获胜，他们担心后者会依仗人多势
众突然袭击施加报复，于是为了安全，他们还没来得及捕捉到 449
足够多的野牛，就返回了村庄。“几乎没有吃的，他们生活得很艰难，由于缺乏饲料损失了许多马匹，更糟糕的是，一个俘虏被证实患有天花，天花迅速在这帮人中传染开来，到了春天又传染到部落其他人那里。这些灾难不断累积起来，斯加地人把这归结为晨星发怒了；相应地，他们决定再行祭祀，满足晨星的喜好，而这就完全违反了两年前做出的不再行祭的规定。”[②]

印度的贡德人以前常常绑架婆罗门男孩，准备把他们用于各种场合下举行的祭祀活动。[③] 同理，也没有什么理由认

① *Ibid*. p. 367.

② Dunbar, *loc. cit*. p. 740.

③ Frazer, *op. cit*. ii. 241.

为这些男孩被看作代表着某一精灵或神。贡德人会把男孩献祭于他们崇拜的主要对象比姆森,其形象是在石头上或树上镶嵌的一块铁,[1]这样的祭祀出于各种各样的由头:“有时是为了使婚姻神圣化,有时是要祈求土地丰腴,有时又是抚慰主宰流行瘟疫的邪恶鬼魂”,有时“在一场打斗前夕”希望获胜。[2]

弗雷泽博士写道:“在几内亚的拉各斯,有这样一个习俗,每年春分以后都要用尖桩把一个女孩子活活钉死,祈求好收成……贝宁以前也每年都举行类似的祭祀。”[3]但是,弗雷泽博士忽略掉了他引用的两位权威人士提到或间接涉及的一个重要事实,这一事实揭开了人祭习俗的谜底,表明习俗与谷神没有什么关系。亚当斯说,用尖桩把一个年轻妇女钉死,这是为了“满足主宰雨季的女神的喜好,让她带来繁荣富裕”。[4]布希讲:“在贝宁,拉各斯等地土著直至现在还长期流行这一习俗:雨季开始时要用尖桩钉死一个女孩子,希望神灵为庄稼带来好收成。”[5]这些叙述表明,行人祭是为了影响降雨,庄稼说到底离不开雨。伯顿爵士明确证实,人祭的直接目的就是祈雨。他在贝宁看到,“一个青年女子被绑到了枯树顶上,兀
450 鹰把她吞食净尽。人们宣称人祭是个‘神物’,有神秘力量,能带来雨水。”[6]我们前面也注意到,若雨水过多,或日照太强,

① *Panjab Notes and Queries*, § 550, vol. ii. 90.

② *Ibid*. § 721, vol. ii. 127 *sq*.

③ Frazer, *op. cit*. ii. 239.

④ Adams, *Sketches taken during Ten Voyages to Africa*, p. 25.

⑤ Bouche, *Sept ans en Afrique occidentale*, p. 132.

⑥ Burton, *Abeokuta*, i. 19 n.*

庄稼可能会被糟蹋掉，贝宁人也会借助于人祭阻止这些灾祸发生。[①] 所有这些事例，都可用替代理论解释。

为了防止干旱和饥馑而行人祭祈雨，这样的习俗显然并不限于西非。古代墨西哥人在历法年的伊始，要牺牲许多战俘和买来的用于行祭的儿童，献给诸位水神，诱使他们下雨，满足庄稼需要。[②] 危地马拉的皮皮尔人每年都要庆祝两个节日，一个在雨季之始，一个在旱季之始，此时都要行人祭。[③] 关于印度比尔布姆西南部的土著部落，亨特爵士“隐隐约约听说，他们在森林里行人祭，以祈求雨水早日到来”。[④] 关于向宙斯·莱卡翁行人祭，这一问题晦暗不明，人们对此有很多猜测，[⑤]我不敢再提出什么明确的看法，但或许我在这里完全可以提请注意这个事实：人祭于宙斯·莱卡翁教派乃显要之事，而宙斯·莱卡翁被视作行雨之神。[⑥] 古希腊人行人祭的传统、传说表明，他们并非不熟悉通过行人祭而获得雨水这一思想。一个叫莫比斯的人曾在干旱时自愿把自己献祭于雨神宙斯·翁布里俄斯。[⑦] 普萨尼亚斯告诉我们，有一次，希腊持续

① 见上文第 443 页。

② Sahagun, *Historia general de las cosas de Nueva España*, i. 50. Torquemada, *Monarchia Indiana*, ii. 251. Clavigero, *op. cit.* i. 297.

③ Stoll, *Ethnologie der Indianerstämme von Guatemala*, p. 46.

④ Hunter, *Annals of Rural Bnegal*, i. 128.

⑤ See Immerwahr, *Die kulte und Mythen Arkadiens*, i. 16 *sqq.*。罗伯逊·史密斯教授提出，向宙斯·莱卡翁行人祭最初就是某个狼部落的食人宴(Robertson Smith, ‘Sacrifice,’ in *Encyclopœdia Britannica*, xxi. 136)。

⑥ Pausanias, viii. 38.4. Farnell, *op. cit.* i. 41.

⑦ Farnell, *op. cit.* i. 42.

干旱,就派信使造访德尔斐询问原因,并祈求灾难停止。德尔斐的祭司就告诉信使,要抚慰宙斯,而且爱考士应成为调解者;通过向所有希腊人的神宙斯行祭、祈祷,爱考士为希腊取得了雨水。[1] 不过狄奥多罗斯还是说,干旱和饥馑尽管不再
451 困扰希腊的其他地区,却仍然让阿提卡度日维艰,于是雅典人不得不再一次求助神谕。这时给他们的回答是:他们必须为杀害安德洛革俄斯赎罪,他的父亲要他们怎么赎罪他们就得怎么赎罪。后者提出需满足的条件是,每隔九年把七个男孩和七个女孩送给牛头怪弥诺陶洛斯吃掉,而且只要牛头怪还活着就不能停。雅典人照办了,灾难就停止了。[2]

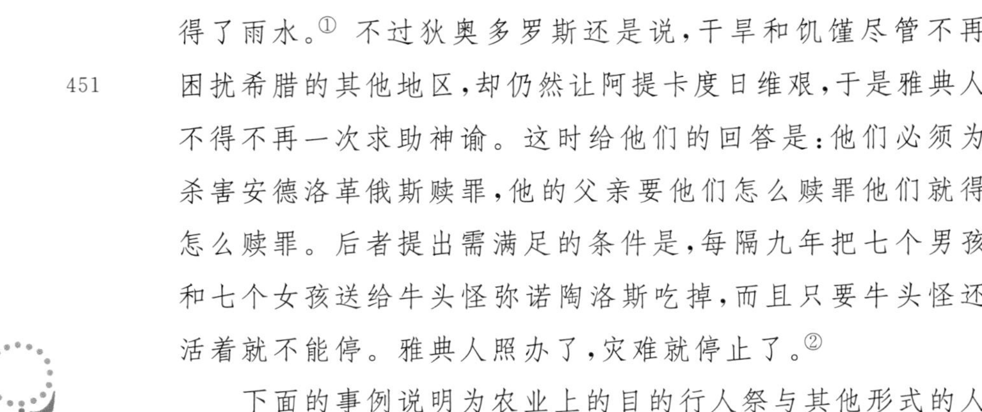

下面的事例说明为农业上的目的行人祭与其他形式的人祭有密切关系,也应该作为重要的依据提及。根据斯特基,弗吉尼亚某些地方的印第安人每年都要把儿童献祭。他们认为必须这么做,如果不做,他们就料想,他们的神"会让他们不再有鹿、火鸡、谷物和鱼",更有甚者,神还会"在他们中搞一场大屠杀"。[3]

人要维持生计,不仅要有食物,还要有饮用水。因而,在大地不能给他们供水的时候,他们会认为,这是在威胁他们的性命,牺牲一个人替代他们就可避开威胁。

在以前的印度,"若新挖掘的蓄水池没有很多水",就会向

① Pausanias, ii. 29.7 *sq*.

② Diodorus Siculus, *op. cit*. iv. 61.1 *sqq*.

③ Strachey, *History of Travaile into Virginia Britannia*, p. 95 *sq*.

几个小神行人祭。[1] 例如，在卡提瓦半岛，若挖了一个水塘，水塘里没有水，就会以某人作祭品；“以村社头人的女儿作牺牲，抚慰了当地的神灵以后”，孟买的瓦德拉湖“才开始有水”。[2] 有这么一个传说，桑格湖的湖床总是干涸，负责挖掘桑格湖的人“在梦中被告知，或者某个法师告诉了他，除非他同意以他的女儿——当时还是个女孩子——以及与其女儿订立了婚约的男孩作为人祭献给当地的保护神，否则桑格湖还会继续干涸。他就在将要当作湖床的洼地中央建了一个小神庙，把两个孩子放了进去，并建好了门道。他刚做好这些，低洼处就整个漫满了水”。[3] 坎贝尔上校建造了一个大蓄水池，
里面的水却消失了；他那时正在拯救坎德人里的莫里阿，有人 452
断定他在收集祭品，以便在平原上向水神祭拜。[4] 按照普萨尼亚斯讲述的一个故事，哈利阿都斯地区起初干旱无雨，当地的一个头人就到了德尔斐，询问怎么才能在地里找到水。“德尔斐的祭司命令他，回到哈利阿都斯去，杀死路上碰到的第一个人。这位头人回来以后碰到了他的儿子洛菲斯，他毫不犹豫举剑击中了这个年轻人。洛菲斯带着最后的生命气息乱跑，在他流血的地方，水就从地上涌了出来。由此形成的河就叫洛菲斯河。”[5]

① Rájendralála Mitra, *op. cit.* ii. 111.

② Crooke, *Popular Religion of Northern India*, ii. 174.

③ Sleeman, *Rambles*, i. 129 *sq.*

④ Campbell, *Wild Tribes of Khondistan*, p. 129.

⑤ *Pausanias*, ix. 33.4.

供奉牺牲也是为了避开来自海洋或河流的危险。

奥利斯地方的希腊人曾饱受恶劣天气之苦，只得以伊菲革涅亚为牺牲，以平息暴风。[1] 斯巴达王墨涅拉俄斯因献祭了两个儿童而被埃及人迫害，当时的情况是：他想要启航，而逆风阻滞了他。[2] 按照某雅典作者，神谕指示最初来到莱斯博斯岛的殖民者，把一个处女丢进海里，献给海神波塞冬。[3] 塞克斯图斯·庞培把一些人扔进海里，献给海神尼普顿。[4] 哈密尔卡也遵循其国民的习俗，把一批僧侣扔进海里，献给海神。[5] 撒克逊人要离开高卢海岸启航回家的时候，把十分之一的俘虏充作人祭。[6] 斯堪的那维亚半岛的维京人在新船下水的时候，要把一个人祭绑在下水滑道上，如此就以人祭之血染红了船的龙骨。[7] 1784 年，的黎波里的某长官有一只新游艇要下水，就把一个黑人奴隶带上来，绑在船头。[8] 斐济人在
453 独木舟下水的时候，以活着的奴隶的身体作滑道，[9]或者按另一描述，在一只大独木舟下水的时候，他们会抓住碰到的第一

① Aeschylus, *Agamemnon*, 215 *sq*.

② Herodotus, ii. 119.

③ Athenæus, *Deipnosophistæ*, xi. 15.

④ Dio Cassius, *Historia Romana*, xlviii. 48.

⑤ Diodorus Siculus, xiii. 86.

⑥ Sidonius Apollinaris, *Epistulæ*, viii. 6.15.

⑦ Vigfusson and Powell, *op. cit*. i. 410; ii. 349.

⑧ Simpson，转引自：Grant Allen, *Evolution of the Idea of God*, p. 263。

⑨ Erskine, *Cruise among the Islands of the Western Pacific*, p. 249.

个人，无论男女，把他带回家以备献祭。[①] 如新船属于他们中最有权力的头人，就会在甲板上杀死十个或更多的人，如此以人血洗船。[②]

印第安人中的祖尼人有一个传统，若他们的谷地积水而有洪涝，居民出于安全只有逃向一个几百英尺高的台地；若水继续上涨，甚至要淹没台地，法师就会以一个小伙子和一个处女为牺牲抚慰神。[③] 塞琉古·尼卡托尔在奥伦提斯河畔建造了安条克城，高级祭司就把一个处女献祭于该城与河流之间的某个地方，[④]想必是为了防止城池被泛滥的河水所淹。改宗了的法兰克人在国王狄奥德伯特率领下向意大利进军，去与维蒂西斯领导下的哥特人战斗，要渡波河的时候，他们就以所发现的哥特人的孩子和妻子为牺牲，把他们的尸体丢进河里——根据普罗科庇乌斯，他们以此“作为战争的初步成果”。[⑤] 在罗马，每年的罗马历5月15日，维斯塔贞女都要从苏布里申大桥把灯芯草做成的三十个草人丢进台伯河；罗马人自己认为，在更早的一个时期，被扔进河里的是活人，后来赫拉克勒斯首先用稻草人代替活人。[⑥] 在西非，人们也常常

① Wilkes, *U. S. Exploring Expedition*, iii. 97. *Cf*. Williams and Calvert, *op. cit*. p. 175.

② Wilkes, *op. cit*. iii. 97.

③ Stevenson, ‘A Chapter of Zuñi Mythology,’ in *Memoirs of the International Congress of Anthropology*, Chicago, p. 316.

④ Malala, *Chronographia*, viii. 255 (200).

⑤ Procopius, *Bellum Gothicum*, ii. 25.

⑥ Ovid, *Fasti*, 621 *sq*. Dionysius of Halicarnassus, *Antiquitates Romanæ*, i. 38. Hartland, *Legend of Perseus*, iii. 78.

向河流贡献人祭。埃利斯少校说,布拉河河畔的每一个城镇及较大的村庄都要在10月中旬的某一天把人祭献给此河。“经常有人在这条河里丧生——有的人企图在发水时过河,有时水位暴涨,在深而急的水流一带也总要发生数以百计的小事故;于是,布拉河之神就被视作恶毒之神,就要行人祭。在以前,通常要以两个成年人为牺牲,一个男的,一个女的……
454 要在河畔把他们斩首,用他们的血洗神凳、神像。接着把尸体割成许多块,尸块就分别丢入河畔的红树林或莎草丛,让鳄鱼吃掉——布拉河里的鳄鱼被看作神圣之物。”[①]按照卡蒂伯爵的说法,尼日尔河三角洲居于河畔的部落以前常常以一个黄铜肤色的女孩为牺牲,抚慰河神,女孩要想方设法从居住在新卡拉巴尔——有些作者称之为阿尔比诺——内陆深处的伊博人部落那里搞到;似乎这个习俗还在英国的这个保护领地流行。[②] 伊博人自己习惯于把人扔进河里,让短吻鳄或鱼吃掉,或者把人绑在河畔的树上或树枝上,把他们丢在那里,任其饿死。[③] 在中非的东部,也向河流行人祭。[④] 在东印度群岛,有各种这样的传统,要把人祭献给海里的鳄神。[⑤]

迄今为止,我们考察的人祭事例多与大众关心的事务有关,都

① Ellis, *Tshi-speaking Peoples*, p. 64 *sq*. *Cf*. *Idem*, *Land of Fetish*, p. 122.

② Comte de Cardi, 'Ju-Ju Laws and Customs in the Niger Delta,' in *Jour. Anthr. Inst.* xxix. 54. *Cf*. Mockler-Ferryman, *British Nigeria*, p. 235.

③ Schoen and Crowther, *op. cit.* p. 49.

④ Macdonald, *Africana*, i. 96.

⑤ Tylor, 'Anniversary Address,' in *Jour. Anthr. Inst.* xxi. 408. Hartland, *op. cit.* iii. 70 *sq*.

是通过杀死一个或若干个人来保障众多人的生命安全。但也有另一种情况，即以替代的办法行人祭的目的是防止某一特定个体，特别是头人或国王的死亡，为他祛病，为他延年益寿，等等。

在危地马拉，若有重病，各种办法都已尝试但无效果，人们就会借助于人祭。① 关于瓜亚基尔的印第安人，谢萨·德·莱昂说："头人们病了，为了平息神的愤怒，为头人祈健康，他们就杀死人（我听说是这样），行带有迷信色彩的祭祀，他们认为人血是感恩的祭品。"②阿科斯塔写道："秘鲁印第安人从前常常把四岁到十岁的小孩子用作祭品，多数情况下这都与国王的事有关，例如他生病了为他祈求健康，他去打仗为他祈求胜利，或者人们把花环交给一个新国王的时候——花环是国王的标志，一如在我们这里的权杖和王冠。在此庄重的场合，他们就会牺牲两百个四岁到十岁的儿童……具有类似资格或同类身份的任一印第安人生了病，祭司确切无疑地告诉他他就要死掉了，他就会把自己的儿子献祭给太阳神或维拉可卡神，希望神能对他满意，不再夺走他的性命。"③根据莫利纳："国王即位以后，就要（以儿童）为祭品行祭，这样被崇拜的圣像（*huacas*）会让他健康，让他统治的疆土和平。"④赫雷拉告诉我们，在古代秘鲁人那里，若某一要人生病，法师也

① Stoll, *op. cit.* p. 48.

② Cieza de Leon, *La Crónica del Perú* [parte primera], ch. 55 (*Biblioteca de autores españoles*, xxvi. 409).

③ Acosta, *op. cit.* ii. 344.

④ de Molina, *loc. cit.* p. 55.

预言他会死去,就会以病人的儿子施行人祭,“希望被崇拜的圣像能对他满意,不再夺走父亲的性命”。① 此外,加西拉索·德拉维加否认印加王国曾存在这样的习俗,②不过他断言,在印加人统治这片土地以前,秘鲁印第安人在某些场合下以自己的孩子为祭品。③ 按照杰雷斯的说法,一些秘鲁印第安人每月都要用自己的孩子行祭,以血涂抹圣像的脸和神庙之门。④ 汤加群岛岛民有一种称作那唔及亚(*nawgia*)的仪式,要把孩子扼死,行祭于神,以此让某一患病亲属痊愈。一位向我们提供消息的人士讲:“所有的旁观者都会非常怜悯这无辜的小孩子;但他们认为,以儿童为牺牲帮助生病的头人痊愈并无不妥,因为儿童当下对社会毫无用处,也不一定会成为对社会有用的人,而头人为所有的人敬重,所有人都视尊重、捍卫、保护头人为最重要的义务,认为他活着于国家有益。”⑤塔希提人在其统治者患病时也行人祭。⑥ 在菲律宾,人们认为是祖先魂灵让世人生病,若国君患了重病或生命垂危,就要杀死奴隶,以安抚怀有恶意的祖先魂灵。⑦ 在达雅克人那里,若某
456 头人“患了病或要出远门,通常他会向着他的部落许愿,希望他能痊愈或安然返回。若他死去了,部落通常会以一人或两

① Herrera, *General History of the West Indies*, iv. 347.

② Garcilasso de la Vega, *op. cit.* i. 131.

③ *Ibid*. i. 50.

④ Jerez, 'Conquista del Perú,' in *Biblioteca de autores espanoles*, xxvi. 327.

⑤ Mariner, *Natives of the Tonga Islands*, ii. 220.

⑥ Ellis, *Polynesian Researches*, i. 346.

⑦ Blumentritt,转引自:Wilken, 'Ueber das Haaropfer,' in *Revue coloniale internationale*, 1887, i. 364 *sq.*。

人为其牺牲行祭。”[①]印度南部的班吉里鲁人是伟大的行商，他们曾有个习俗——“出发以前，要搞到一个小孩子，把他埋到地里，只让肩膀以上露出地面，接着就驱动载了货的阉牛碾压这不幸的祭品，阉牛越是能彻底把儿童践踏致死，他们会越发相信这次外出经商的旅程能成功。”[②]在印度，为了拯救国王的生命，也会向茜蒂卡女神（Chandiká）行人祭。[③] 替代观念也很能够解释如下事例——据报道，1861 年，某头人在父亲去世就任头人时，把一个女孩子献祭于斋浦尔城的多迦女神庙；[④]勒登布尔的一个头人每年都把一个婆罗门献祭给提毗女神。[⑤] 在贝宁王国，每年雨季结束时，负责保管念珠的男孩们都要把国王的所有念珠拿出来。他们把念珠堆成堆，让一个奴隶跪在念珠上。国王就用矛割、打奴隶的头，让血流到念珠上，对念珠说：“念珠，我戴上你的时候，给我智慧吧，不要让任何恶魔或坏东西靠近我。”接着再对奴隶说：“看到恶魔首脑的时候，把我的话传给他。”奴隶就被带出去斩首，然后再把他的头颅带进来，让念珠触到头。[⑥] 在古代高卢人那里，若生了非同寻常的重病，就会行人祭，或者许

① Pfeiffer, *A Lady's Second Journey round the World*, i. 86.

② Cain, 'Bhadrachellam and Rekapalli Taluqas,' in *Indian Antiquary*, viii. 219.

③ Crooke, *Popular Religion in Northern India*, ii. 168.

④ *North India Notes and Queries*, § 310, vol. i. 40.

⑤ *Panjab Notes and Queries*, § 869, vol. ii. 162.

⑥ Moor and Roupell，转引自：Read and Dalton, *op. cit*. p. 7；以及：Ling Roth, *Great Benin*, p. 71。

> 诺会行人祭。[①] 伊林格萨迦里说,国王奥恩把九个儿子一个接一个地献祭给奥丁神,以延长自己的寿命。[②] 按照马可洛比乌斯,古代罗马人会把儿童杀死,献祭给玛尼亚女神——家神拉雷斯的母亲,“以改善家庭成员的健康状况”。[③] 苏埃托尼乌斯说,尼禄看到了一颗彗星,吓坏了,就拿一些罗马贵族
> 457 献祭,以防灾难降临到自己头上。[④] 有一种说法,安提诺乌斯牺牲掉自己,以延长哈德良的生命。[⑤] 某人的死亡可以代替另一人的死亡,这一观念仍在梵蒂冈流行。利奥八世因病生命垂危,一个红衣主教死掉了,据说他的死拯救了教皇的生命,天国对此人祭感到满意。在摩洛哥,如果谁死了一个儿子或女儿,依习俗人们会对痛苦的父母说:“为什么你们要难过呢?你们的孩子把你们的厄运带走了。”叙利亚和巴勒斯坦也流行相似的习俗。[⑥]

以人为祭品不仅是为了保护他人的生命,而且为了使他人来到世间。人们把不孕归结为某个神灵,认为是神灵使得本可自然而然出生的孩童无法出生。为了移除这个障碍,就要以人——一般是孩童——为牺牲,让人祭充作替代品。我就是这样来解释行人祭以促生育这种做法的,这个做法在印度特别

① Cæsar, *De bello gallico*, vi. 16.

② Snorri Sturluson, ‘Tnglingasaga,’ 25, in *Heimskringla*, i. 45 *sqq*.

③ Macrobius, *Saturnalia*, i. 7.

④ Suetonius, *Nero*, 36.

⑤ Spartian, *Vita Hadriani*, 14. Aurelius Victor, *De Cæsaribus*, 14. Dio Cassius, *Historia Romana*, lxix. 11.

⑥ Curtiss, *Primitive Semitic Religion To-day*, p. 208.

流行。

墨西哥的古代史告诉我们，特兹库坎人的国王奈萨瓦尔科杰特尔婚后已有数年，却仍无子女。“祭司们说，这是由于他忽视了他国家的神灵，唯一的补救措施就是以人祭抚慰神。”[①]按印度传统和书籍，能供奉人祭者，必有望多子多孙。[②]在孟加拉国锡莱特东部的杰因梯坡尔，人们把人祭献给卡莉女神，以求得子裔。[③] 讲起萨斯坡尔山脉里的马哈第额砂岩山——它俯视着南面的纳尔布达，W. H. 斯利曼爵士说道：“如果一个妇女没有孩子，她会向所有她认为能帮助她的神行人祭、许愿；如果神能赐予她所想要的，她会做出更大的承诺。如果发现小的承诺没有用，最后她会承诺，如果第一胎是男孩，她会把这个孩子献祭给毁灭之神马哈第额。如果她有了 458
一个儿子，她会把她的誓言对他守口如瓶，直至他成长到青春期；这时她就会把誓言告诉他，吩咐他完成誓言。”从那时起他就会把自己看作是供奉给神的祭品，就会在马哈第额山的年度集会上，在一个垂直高度为四五百英尺的地方纵身跃下，在下面的岩石上摔得粉身碎骨。[④] 按月天[⑤]讲述的一个故事，一个苦行僧告诉某妇女，如果她杀死自己年龄尚幼的儿子，把他

① Prescott, *History of the Conquest of Mexico*, p. 91.

② Chevers, *op. cit.* p. 399.

③ Macnaghten，转引自：*ibid.* p. 397。

④ Sleeman, *op. cit.* i. 132 *sq.*

⑤ 月天（Somadeva），音译为“苏摩提婆”，季羡林译为“月天”。月天是公元11世纪印度人，《故事海》（*Kathsaritsara*）一书的编著者，该书是印度自古以来流传故事的汇编。——译者

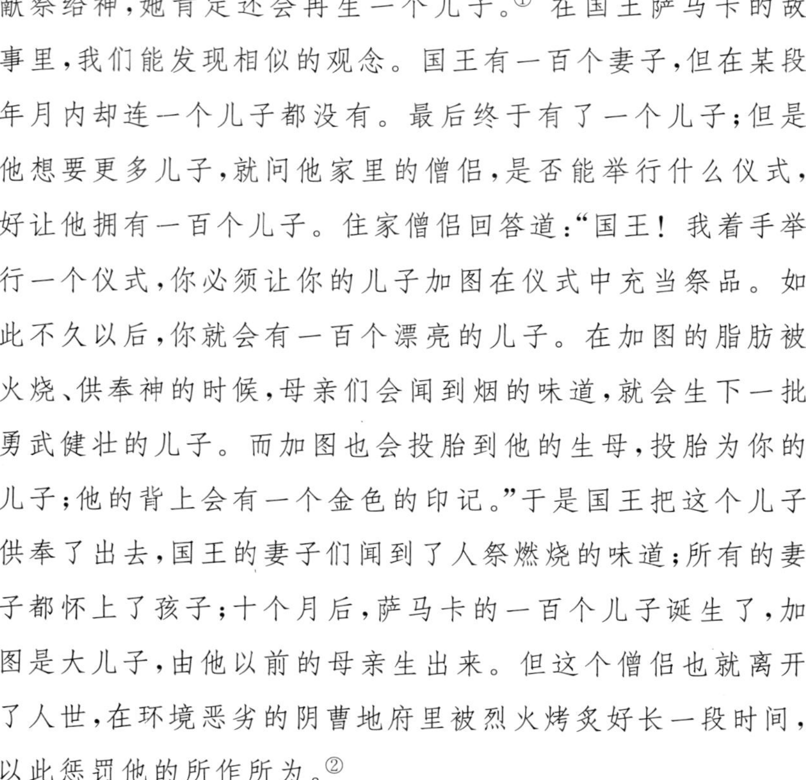

献祭给神，她肯定还会再生一个儿子。[①] 在国王萨马卡的故事里，我们能发现相似的观念。国王有一百个妻子，但在某段年月内却连一个儿子都没有。最后终于有了一个儿子；但是他想要更多儿子，就问他家里的僧侣，是否能举行什么仪式，好让他拥有一百个儿子。住家僧侣回答道："国王！我着手举行一个仪式，你必须让你的儿子加图在仪式中充当祭品。如此不久以后，你就会有一百个漂亮的儿子。在加图的脂肪被火烧、供奉神的时候，母亲们会闻到烟的味道，就会生下一批勇武健壮的儿子。而加图也会投胎到他的生母，投胎为你的儿子；他的背上会有一个金色的印记。"于是国王把这个儿子供奉了出去，国王的妻子们闻到了人祭燃烧的味道；所有的妻子都怀上了孩子；十个月后，萨马卡的一百个儿子诞生了，加图是大儿子，由他以前的母亲生出来。但这个僧侣也就离开了人世，在环境恶劣的阴曹地府里被烈火烤炙好长一段时间，以此惩罚他的所作所为。[②]

在有些地方，人们杀死头胎子女是惯常的做法；在某些情况下，这个头胎专指儿子。

在澳大利亚以前的某些土著那里，母亲常常杀死自己的头胎子女，她相信这会促进她以后的生育。[③] 新南威尔士土

① Crooke, *Popular Religion of Northern India*, ii. 173.

② *Mahabharata*, Vana Parva, 127 *sq*. (pt. vi. p. 188 *sq*.).

③ Brinton, *Religions of Primitive Peoples*, p. 17 n.* *Cf*. Von Scherzer, *Reise der Oesterreichischen Fregatte Novara um die Erde*, iii. 32.

著的头胎子女，都要被部落中人吃掉，“以之为一种宗教仪式的一部分”。[1] 按照当地记载，[2]在中国的輆沐国，有活杀长子 459
而食之的风俗。[3] 在英属哥伦比亚，有些部落的土著常常杀掉第一个子女，以祭太阳。[4] 按照拉莫恩·德·莫古斯的说法，佛罗里达土人之长子皆为奉献酋长的祭品。[5] 在东非森加罗地方的人那里，许多家庭“必须献祭头胎儿子，这是因为曾经出现过夏天和冬天都混杂到一个坏季节这么一种情况，田野里的果实也不能成熟，占卜师就吩咐要采用这样的人祭”。[6] 从前，不信基督教的俄罗斯人常常把自己的头生子女献祭给至上之神沛伦。[7] 按照《出埃及记》[8]和《民数记》[9]的说法，人及兽类的所有头生子女都属于主，但人的头生子女可以赎回，这似乎表明，希伯来人在较早的一个时期曾有把动物和人的头生子女都充作祭品的习俗。亚伯拉罕把自己的头生儿子献祭给上帝的故事以及关于逾越节起源的传统，似乎可以视为上述习俗的遗迹。[10] 在印度人那里，直至上个世纪初，许

① Brough Smyth, *Aborigines of Victoria*, ii. 311.

② 《墨子》里说：“昔者越之东有輆沐之国者，其长子生，则解而食之。”这是韦斯特马克所说习俗的原始出处。——译者

③ de Groot, *Religious System of China* (vol. ii. Book) i. 679.

④ Boas, in *Fifth Report on the North-Western Tribes of Canada*, pp. 46, 52.

⑤ Bry, *Narrative of Le Moyne*, Descriptions of the Illustrations, 34, p. 13. *Cf.* Lafitau, *Mœurs des sauvages ameriquains*, i. 181; Strachey, *op. cit.* p. 84.

⑥ Krapt, *Travels*, p. 69 *sq*.

⑦ Mone，转引自：Frazer, *Golden Bough*, ii. 52。

⑧ *Exodus*, xiii. 2.15.

⑨ *Numbers*, xviii. 15.

⑩ See Ghillany, *op. cit.* p. 494 *sqq.*; Knenen, *Religion of Israel*, ii. 92; Frazer, *op. cit.* ii. 47 *sqq.*

多父母还把他们的长男或长女献祭给恒河。[1]

在有的情形下,杀死头生子女似乎不是为了献祭于神,而是为了当作某种药物吃掉。[2] 在其他情形下,杀死头生子女是真正的祭祀,并且在本质上显然属于替代性的祭祀。献祭儿童有时是为了拯救他们父母的生命,或增进家庭成员的健康,或促进生育——考虑到上述事实,看来很有可能献祭头生子女的习俗,事先就具有相似的目的。有些陈述明确提到了奉献头生子女的行为动机,这
460 些陈述事实上强烈支持上面的看法。[3] 在英属哥伦比亚的海岸萨利什人那里,头生子女要献祭给太阳,"以使整个家庭健康幸福"。[4] 据报道,附近的库托纳卡人也是如此。母亲会对太阳祈祷:"我有孕在身。孩子出生后,我会把它献祭给您。怜悯我们吧。"[5]在东南非的一些部落,按习俗,如某妇女的丈夫在战斗中阵亡,她再嫁了,第二次婚姻后她所生的第一个孩子必须杀掉,不管这个孩子属于第一个丈夫还是第二个丈夫。这样的孩子被称作"长矛之子",如不杀死这个孩子,第二个丈夫就会死亡或遭遇其他事故,这个妇女也会不育。[6] 在某些地方的族群中,包括古代印度人,我们能发现这个信仰——儿子在某种意义上和父亲一样,儿子

① Rájendralála Mitra, *op. cit.* ii. 70, 76.

② 见上文第 401 页。

③ *Cf.* Micah, vi. 7:"我应该为了赎罪把我的头生子献出去吗?应该因为灵魂之罪孽而献出身体之果实吗?"

④ Boas, *op. cit.* p. 46.

⑤ *Ibid.* p. 52.

⑥ Macdonald, *Light in Africa*, p. 156. Frazer, *op. cit.* ii. 51 *sq.*

固然是新生下来的，却是同一个人的新的表现形式。[①] 新生儿可能会危害父亲的生命，正如在古代条顿人[②]那里以及意大利的某些地方[③]流行的某种观念——如某人还活着时，却把自己的姓名给了儿子或孙子，他不久后就会死去。在巴西的图皮人那里，只要出生了一个儿子，父亲就要按习俗取一个新名字；[④]若某人杀死了一个敌人，他就会采用这个敌人的名字，以期既消灭敌人的肉体，也消灭敌人的灵魂。[⑤] 在卡菲尔人那里，"若一位母亲分娩了双胞胎，其中一个子女常常要被父亲杀掉，因为土著人认为，若父亲不把一块土放进其中一个孩子的嘴里，他就会变得没有力气。"[⑥]在其他一些情形下，杀死长子的做法也可能追溯到某个相似的信仰。461
不过我无法查到能直接支持上述看法的事实。

为建筑奠基的时候也供奉人祭。这是一个分布很广的习俗，不仅存在于当今各种未开化或半开化的族群，事实上也存在于所谓的雅利安种族。[⑦] 我们能发现，印度传统和流行的信仰中就有

① Hartland, *op. cit.* i. 217 *sq.* von den Steinen, *Under den Naturvölkern Zentral-Brasiliens*, p. 336 *sq.* Leist, *Alt-arisches Jus Civile*, i. 189 *sqq. Laws of Manu*, ix. 8: "丈夫使妻子怀胎，借胎儿形再生胎内，又由她而再次出生。"

② Storm，转引自：Noreen, *Spridda Studier*, Andra Samlingen, p. 4。

③ Placucci, *Usi e pregiudizj dei contadini della Romagna*, p. 23.

④ von den Steinen, *op. cit.* p. 337.

⑤ Staden，转引自：Andree, *Anthropophagie*, p. 103。

⑥ Kidd, *The Essential Kafir*, p. 202. 托马斯先生使我注意到这种说法，我受惠于他。

⑦ Sartori, 'Ueber das Bauopfer,' in *Zeitschrift für Ethnologie*, xxx. 5 *sqq.* Tylor, *Primitive Culture*, i. 104 *sqq.* Baring-Gould, *Strange Survivals*, p. 4 *sqq.* Trumbull, *Threshold Covenant*, p. 46 *sqq.* Grant Allen, *Evolution of the Idea of God*, p. 249 *sqq.* Liebrecht, *Zur Volkskunde*, p. 284 *sqq.* Andree, *Ethnographische Parallelen*, p. 18 *sqq.* Nyrop, *Romanske Mosaiker*, p. 63 *sqq.* Krauss, 'Das Bauopfer bei den Südslaven,' in *Mittheilungen der Anthropologischern Gesellschaft in Wien*, xvii. 18 *sqq.* Wuttke, *Der deutsche Volksaberglaube der Gegenwart*, § 440, p. 300 *sq.*

它的踪迹。[1] 据说印度王公以前常常以人血为公共建筑奠基。[2] 格里尔森先生曾要为某比哈尔农民的住处拍照,这个家庭的祖母就不许任何小孩子出现在照片中,她的理由是,政府正在甘达克河上建桥,想把一些孩子埋在地基下。[3] 古代罗马人有个古老的习俗——把某人的雕像或画像放置于他们的建筑物的地基下。[4] 在扎金索斯岛,农民至今还相信,要让桥梁和要塞这样的重要建筑经久耐用,可取的做法就是把某人,特别是一个穆斯林或犹太人埋在现场。[5] 南斯拉夫的民间故事提到过这样的事——把一个妇女或儿童埋在墙里,充作奠基的祭品。[6] 在塞尔维亚,若一个城市不把某个人或其影子埋进城墙,人们就会认为这个城市不安全;[7]据说
462 现在保加利亚人要建设建筑物的时候,还要拿一根线测量某偶然路过的人的影子,然后把线埋在奠基石下,那个路人预计不久就死掉。[8] 罗马尼亚也流行相似的习俗。[9] 据南尼厄斯,戈提杰恩要在威尔士建设达纳斯·艾姆里斯城堡的时候,筑城所筹的建筑材料曾一夜之间被什么东西运走了;就这样筹备了三次材料,材料三次被运走。他就问他的督伊德:"这灾祸是怎么回事?"督伊德们告诉

① Winternitz, 'Bemerkungen über das Bauopfer bei den Indern,' in *Mittheil. Anthr. Gesellsch. in Wien*, xvii. [37] *sqq*.

② Wheeler, *History of India*, iv. 278.

③ Grierson, *Bihar Peasant Life*, p. 4.

④ Coote, 'A Building Superstitution,' in *Folk-Lore Journal*, i. 23.

⑤ Schmidt, *Volksleben der Neu-Grie-chen*, p. 197.

⑥ Krauss, *loc. cit*. p. 19 *sqq*.

⑦ Ralston, *Songs of the Russian People*, p. 127.

⑧ *Ibid*. p. 127. Krauss, *loc. cit*. p. 21.

⑨ *Folk-Lore Record*, iii. 283.

他，必须找到一个其父不为人知的小孩，杀死他，城堡要在哪里建，就把他的血洒在那个地方的地面上。[①] 根据苏格兰的某个传说，圣科伦巴曾在爱奥那岛建一座大教堂，把墙建起来后墙却倒了下来；后来他接收到超自然的信息——除非把某人充作祭品活埋，否则墙就绝不会稳固，于是就把他的同事奥兰埋在了教堂的地基里。[②] 据报道，不久前拆除不来梅市的桥门时，发现一个小孩的骷髅嵌在地基里；[③]哈勒有一座 1843 年建成的新桥，在建桥的过程中，"老百姓都猜想，哪家的孩子被埋进地基里了"。[④]

看来非常可能，建筑牺牲就像其他种类的人祭那样，也是基于替代的观念。新房、新住处总是被看作是危险的，一面墙或一座塔会倒掉并夺人性命，桥可能会垮掉，过桥的人可能掉进水里淹死。在巴巴群岛，进入新居前，要把祭品扔进去，人们认为，这样一来奥
卢神就不会让住进去的人生病。[⑤] 桑威奇岛民乔迁新居之前，"要 463
向诸神行祭，给祭司礼物，祭司进入新居要祈祷，行其他仪式，并在主人搬进来以前睡在新居里，以防止邪恶的神灵对新居发难，保障乔迁者免于恶魔的诅咒"。[⑥] 在婆罗洲的卡扬人那里，国王或主要的头人乔迁新居的时候，要杀掉一个人充作牺牲，把人血洒在柱子

① Nennius, *Historia Britonum*, Irish Version, ch. 18, p. 93.

② Gomme, 'Some Traditions and Superstitions connected with Buildings,' in *The Antiquary*, iii. 11. Carmichael, *Carmina Gadelica*, ii. 316.

③ Baring-Gould, *Strange Survivals*, p. 5.

④ Grimm, *Teutonic Mythology*, iii. 1142.

⑤ Riedel, *De sluik-en kroesharige rassen tusschen Selebes en Papua*, p. 343.

⑥ Ellis, *Polynesian Researches*, iv. 322.

上和屋子里。[①] 俄罗斯农民相信，新居建成以后，“建新居的那个家庭的户主可能会接着死掉，或者第一个进入新居的那个家庭成员会很快死掉”；按某种很古老的习俗，迁居家庭年纪最大的成员要首先进入新居。[②] 根据德国的民间故事，“第一个过桥的人，第一个进入某新建筑或某国家的人，会丢掉性命”。[③] 甚至在今天的北欧，人们仍普遍害怕成为踏入某新建筑的第一个人或走过某新桥的第一个人；“即使并非每一地方或任一情形下都认为这样做会导致死亡，人们还是认为这么做很不吉利”。[④] 有人把这种迷信解释为以前某种祭祀的延续；[⑤]不过我认为，奠基祭祀本身无疑起源于相似的观念，以及对超自然危险的恐惧。未开化之人通常会害
464 怕一切新事物，害怕第一次做某事；[⑥]此外，建设一个新建筑就是侵犯地方神灵的地盘，因而可能引起神灵的愤怒。在人们眼里，一些住所总是有魂灵出没。[⑦] 因而，人们自然就试图规避危险。事关多人或重要人物的身家性命时，没有什么预防措施比献上人祭更为有效了。

① Burns, 'Kayans of the North-West of Borneo,' in *Journal of the Indian Archipelago*, iii. 145.

② Ralston, *Songs of the Russian People*, p. 126. *Cf*. Krauss, *loc. cit*. p. 21 *sq*. (Southern Slavs).

③ Grimm, *Teutonic Mythology*, i. 45, n. 2.

④ Baring-Gould, *Strange Survivals*, p. 2. For various instances of similar beliefs, see Sartori, in *Zeitschr. F. Ethnol*. xxx. 14 *sqq*.; Crawley, *Mystic Rose*, p. 25.

⑤ Baring-Gould, *op. cit*. p. 4.

⑥ Crawley, *op. cit*. p. 25.

⑦ Westermarck, 'Nature of the Arab Ginn, illustrated by the Present Beliefs of the People of Morocco,' in *Jour. Anthr. Inst*. xxix. 253, 260.

此外，有人认为，至少有某些奠基祭祀是为了把人祭的灵魂转变为能起保护作用的魂灵。[①] 无疑，这个看法为某些行奠基祭祀的族群的实际信仰所支持。建设缅甸丹那沙林的土瓦新城的大门时，有个目击者告诉梅森，一个罪犯的肉体被埋在各个柱子下的洞里，以期让他成为守护的魂灵。[②] 缅甸国王以前常常把人祭活埋在都城的大门处，“如此一来他们的魂灵会守护着城市”。[③] 在从前的暹罗，“建设新城门的时候，按习俗一些官员要在现场附近守候，抓住偶然路过的前四个人或八个人，接着要把他们活埋在城门的柱子下，充作守护神”。[④] 不过，不论现在有些地方的人们对建筑祭祀的目的有何观念，我认为起初的主要目的并不是为了产生守护的魂灵。按早期观念，被杀者的灵魂并不友善，更不用说会对那些杀害他们的人友善了。有几个已知事例表明，较晚近的人们对人祭目的的解释显然不同于起初的解释。[⑤] 因而，按德国北部 465
的一个故事，一位骑士把某建筑师埋在他建的塔里，因为这个建筑师曾吹嘘：如果他愿意，他还可以建出比这个更好的塔。[⑥] 据说，一个印度王公曾在久纳尔的加戈河上建一座桥，桥垮了几次，有人

① Tylor, *Primitive Culture*, i. 106. Grant Allen, *op. cit.* p. 248 *sqq.* Lippert, Christenthum, *Volksglaube und Volksbrauch*, p. 456*sq.* *Idem*, *Kulturgeschichte der Menschheit*, ii. 270. Gaidoz, in *Melusine*, iv. 14 *sqq.* Sartori, in *Zeitschr. f. Ethnol.* xxx. 32 *sqq.*

② Tylor, *Primitive Culture*, i. 107.

③ Woodthorpe, in *Jour. Anthr. Inst.* xxvi. 24. See also Shway Yoe, *The Burman*, i. 286.

④ Alabaster, *Wheel of the Law*, p. 212 *sq.* *Cf.* Gaidoz, *loc. cit.* p. 14 *sq.*

⑤ See Nyrop, *Romanske Mosaiker*, p. 73 *sqq.*; also *infra*, p. 465 *sq.*

⑥ Nyrop, *op. cit.* p. 73.

就建议他把一个婆罗门女孩献祭给地方神;不过,“现在她已经成为玛利(*Marî*,地方魂灵),有灾祸时人们就会祭拜她”。[①] 考虑一下奠基祭祀的目的是保护活人免受地方神灵的攻击,就能发现,人祭的魂灵后来也就相应地被看作保护神;若死者被埋在大门处,人们就顺理成章地赋予死者以守护者的功能。不过,我猜想,把他埋在那里,只是因为那个地点被视为最危险的所在。城池的大门对应于居所的入口,门槛也几乎总是被看作魂灵——摩尔人称之为“当地的主人”——出没之处。[②]

充作祭品的人在有些情形下被视作守护者,在其他情形下却被视作信使。尤卡坦的玛雅人认为,他们在有灾难时供奉的人祭就是前往神灵世界的信使,要把人们的需要告知神灵。[③] 贝宁王国也流行同样的观念。法师头目在祈祷时请求欧格沃神让疾病远离贝宁,之后,他会向绑在祭祀树上、快被棍棒打死的奴隶说:“你们告诉欧格沃。向他本尊致意。”[④]同样也把一段信息由献祭给*居居*[⑤]头目的奴隶传到*居居*头目那里;[⑥]若雨水过多,则把某妇女充
466 作祭品,也要把一段问候雨神的信息塞进妇女嘴里。[⑦] 林·罗思先生提出,贝宁人贡献人祭的主要目标就是“通过专门的信使把关

① Crooke, *Popular Religion of Northern India*, ii. 174.

② See Trumbull, *Threshold Covenant*, *passim*.

③ Dorman, *op. cit*. p. 213.

④ Moor and Roupell,转引自:Read and Dalton, *op. cit*. p. 7; also by Ling Roth, *Great Benin*, p. 72。

⑤ *居居*(*juju*)是西非土著所信仰的某种神秘力量,或主宰、使用此神秘力量的神灵。——译者

⑥ 见上文第 456 页。

⑦ 见上文第 444 页。

乎共同体福祉的祈祷送达过世之人的灵魂或其他魂灵，例如念珠神、雨神、太阳神、欧格沃神”；他认为这样就能解释“一种世界范围内流行的崇拜现象”。[①] 但是，考虑到无论是在尤卡坦、贝宁还是其他地方，供奉人祭的公开目的就是使共同体或国王避开某致命的危险，我认为，此种仪式的基本目的也是提供一个替代物，尽管这一替代物后来被人们当作信使。

我并不是说人祭之实践在任何情形下都基于替代的思想；这样一种观念——某一个神想要人祭——会诱使神的信徒出于各种目的满足神的欲求。不过我认为，有充分证据表明，人们把同类的生命供奉给他们的神，他们这么做总是想要拯救他们自己的生命。人祭从根本上说是保障生命的方法，按我们的观念这一方法无疑很荒谬，但绝非肆意妄为的暴行。人祭是为了共同体的利益或在某种情况下为了解救国家于危难而践行的事，它远没有基于一己之私而提倡和推行死刑或强迫成千上万的男儿为国赴死沙场残酷。人祭之习俗承认，夺走某一个人的生命，是要拯救众多人的生命，或者杀死一个下层的个体，是为了防止某个具有更高生命权利的要人死亡。在饥荒或瘟疫时期，有时也会把国王或头人杀掉行
祭，但那时很可能人们认为他个人对灾难负有责任。[②] 被供奉的 467
人祭是战俘，或是奴隶，或是罪犯或其他异族人，这些人的生命很少受到尊重，这种情况是常常发生的。在许多情形下，习俗只允许以他们作人祭。

---

① Ling Roth, *op. cit.* p. 72.

② *Cf.* Frazer, *Golden Bough*, i. 15 *sq.*

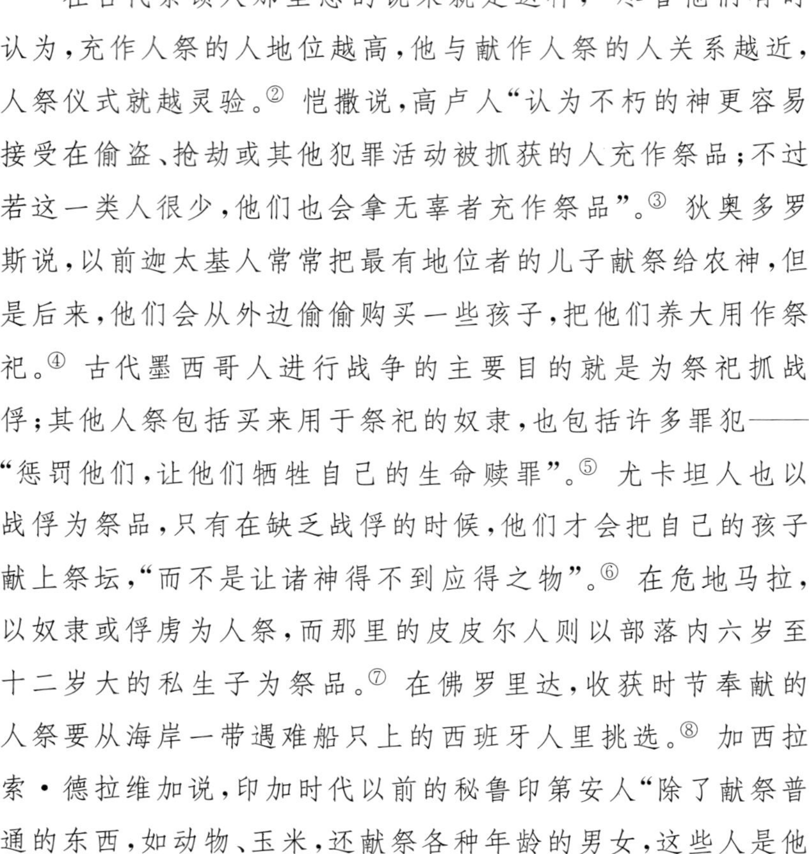

在古代条顿人那里总的说来就是这样,[①]尽管他们有时认为,充作人祭的人地位越高,他与献作人祭的人关系越近,人祭仪式就越灵验。[②] 恺撒说,高卢人“认为不朽的神更容易接受在偷盗、抢劫或其他犯罪活动被抓获的人充作祭品;不过若这一类人很少,他们也会拿无辜者充作祭品”。[③] 狄奥多罗斯说,以前迦太基人常常把最有地位者的儿子献祭给农神,但是后来,他们会从外边偷偷购买一些孩子,把他们养大用作祭祀。[④] 古代墨西哥人进行战争的主要目的就是为祭祀抓战俘;其他人祭包括买来用于祭祀的奴隶,也包括许多罪犯——“惩罚他们,让他们牺牲自己的生命赎罪”。[⑤] 尤卡坦人也以战俘为祭品,只有在缺乏战俘的时候,他们才会把自己的孩子献上祭坛,“而不是让诸神得不到应得之物”。[⑥] 在危地马拉,以奴隶或俘虏为人祭,而那里的皮皮尔人则以部落内六岁至十二岁大的私生子为祭品。[⑦] 在佛罗里达,收获时节奉献的人祭要从海岸一带遇难船只上的西班牙人里挑选。[⑧] 加西拉索·德拉维加说,印加时代以前的秘鲁印第安人“除了献祭普通的东西,如动物、玉米,还献祭各种年龄的男女,这些人是他

---

① Grimm, *Teutonic Mythology*, i. 45.

② Holtzmann, *Deutsche Mythologie*, p. 232.

③ Cæsar, *De bello gallico*, vi. 16.

④ Diodorus Siculus, xx. 14.

⑤ Clavigero, *op. cit.* i. 282.

⑥ Bancroft, *op. cit.* ii. 704.

⑦ Stoll, *op. cit.* p. 40.

⑧ Bry, *op. cit.* p. 11.

们之间打仗时抓获的俘虏”。[①] 在黄金海岸讲齐语的土著那里，“供奉给诸神的人祭通常是战俘或奴隶，奴隶一般是外国人，因为某保护神对于拿自己人作祭品并不很满意”。[②] 按照鲁佩尔上尉的观点，在贝宁王国，留作祭祀用的人是坏人，或身染重病的人，他们也都是奴隶。[③] 在斐济，用作祭祀的人通 468
常也是战俘，不过有时人们也从别的部落买来奴隶用于祭祀。[④] 在努卡希瓦岛，“这个国家的习俗要求，用作祭祀的人应当是邻国人，因而他们通常是偷来的”。[⑤] 在塔希提岛，“选来的倒霉蛋或者是战俘，或者是那些触怒头人、得罪祭司的人”。[⑥] 婆罗洲的摩禄人“从不拿自己人作人祭，他们或者从敌对部落抓来一个人作祭祀，或者到关系和睦的部落购买一个奴隶作祭品”。[⑦] 据称，在卡扬人那里，买卖自己人或以自己人为人祭，不合他们的习俗。[⑧] 丘陵地带的加罗人部落“通常从平原上的孟加拉人村落里挑选人祭”。[⑨] 坎德人认为，必须以陌生人作祭品。他们说，“如果我们让自己人流血，我们

① Garcilasso de la Vega, *op. cit.* i. 50.

② Ellis, *Tshi-speaking Peoples*, p. 170.

③ Ling Roth, *Great Benin*, p. 70.

④ Hale, *U. S. Exploring Expedition. Vol. VI. Ethnography and Philosophy*, p. 57. *Cf.* Wilkes, *op. cit.* iii. 97.

⑤ Lisiansky, *op. cit.* p. 81 *sq.*

⑥ Ellis, *Polynesian Researches*, i. 346.

⑦ Denison，转引自：Ling Roth, *Natives of Sarawak*, ii. 216。

⑧ Burns, in *Jour. of Indian Archipelago*, iii. 145.

⑨ Godwin-Austen, in *Jour. Anthr. Inst.* ii. 394.

就会断绝子孙后代”;[1]他们抚养莫里阿的孩子,就是为了留作祭祀,但人祭的地点从来不会选择这些孩子出生的村庄。[2]

我们发现,有些地方的人们都曾在某一时期醉心于施行人祭,后来在某一较高的文明阶段自愿放弃了这一做法。原因部分在于同情这一情感的增长和拓展,部分在于观念的变化。随着文明的发展,人们不再相信这种幼稚的替代方法,发现它不仅无用,还令人讨厌;而情感上对人祭的嫌恶,随时间流逝,会自然产生这一信仰——神不再喜欢这种仪式,甚至会嫌恶它。婆罗门教逐渐废除了人祭,因为它违背了不杀生的戒律;“解放人祭,或以面团做成的
469 人代替人祭,二者最初都只是可做之事,最后就成了强制性的。”[3]根据《摩诃婆罗多》,行人祭的僧侣要下地狱。[4] 在希腊历史上,那些心智上乘的人士都视此做法为恐怖之事,尽管人们认为在有些场合仍有必要行人祭。[5] 开明的罗马人强烈谴责人祭。西塞罗说到它,称“丑恶而野蛮的习俗”还在羞辱着他那个时代的高卢;[6]普林尼提到提比略为废止人祭而采取的措施,声称罗马人为终止人祭付出了艰辛努力,真的无法估算他们对这个世界的恩惠。[7]

人们越来越不愿意行人祭,这就导致了各种用来取代人祭的

① Macpherson, *Memorials of Service in India*, p. 121.

② Campbell, *Wild Tribes of Khondistan*, p. 53.

③ Barth, *Religions of India*, p. 97.

④ 见上文第 458 页。

⑤ Stengel, *op. cit.* p. 117. *Cf.* Donaldson, *loc. cit.* p. 464.

⑥ Cicero, *Pro Fonteio*, 10 (21).

⑦ Pliny, *Historia naturalis*, xxx. 4 (1).

做法。[1] 费斯特斯说到过，意大利曾有以来年春季诞生的所有动物为祭品献给诸神的习俗，他又补充道，因为杀害无辜的小男孩和小女孩看起来残忍，后来就把他们养起来，直到他们长大成人，此时就覆以面罩并把他们逐出边界。[2] 在有些地方的人们那里，开始用人像或动物作牺牲代替真人。

> 马来半岛的马来人把面团做成的人像——事实上称为“代用品”——放在祭盘里献给神灵；法师作法的方式也同样发生了变化——“如神灵想要人祭，可以公鸡代之。”[3]据说，埃及国王阿摩西斯命令在赫利奥波利斯神庙烧三个蜡人，代替早些时候要在那里奉献的三个活人。[4] 罗马人以玩偶行祭；[5]属于梵玛克里斯教派的老派印度家庭还沿袭着以人像代替活人行祭 470
> 的习俗。[6] 印度、希腊和罗马也用动物代替人祭。[7] 圣经故事——在复活节祭祀中以公羊代替以撒——很可能也表明曾存在一种类似的替代性做法。[8] 在黄金海岸，以前要向布拉神行人祭，现在则代之以一头专门留下来养肥以待祭祀的小公牛。[9]

---

① *Cf*. Krause, 'Die Ablösung der Menschenopfer,' in *Kosmos*, 1878, iii. 76 *sqq*.

② Festus, *op. cit*. 'Ver sacrum,' p. 379.

③ Skeat, *Malay Magic*, p. 72.

④ Porphyry, *op. cit*. ii. 55.

⑤ Leist, *Græco-italische Rechtsgeschichte*, p. 272 *sqq*.

⑥ Rájendralála Mitra, *op. cit*. Ii. 109 *sq*.

⑦ Leist, *Græco-italische Rechtsgeschichte*, p. 267 *sqq*. Frazer, *Golden Bough*, ii. 38, n. 2. Pausanias, ix. 8. 2. For various modifications of human sacrifice in India, see Wilson, *Works*, ii. 267 *sq*.; Crooke, *Popular Religion of Northern India*, ii. 175 *sq*.

⑧ 见上文第 458 页。

⑨ Ellis, *Tshi-speaking Peoples*, p. 66.

在其他情形下,人祭为不杀人只流血的做法所取代。据说,在拉科尼亚,莱库格斯确立了在阿耳特弥斯女神祭坛鞭笞少年男性的做法,取代了以前向女神供奉人祭的做法;[①]按照欧里庇得斯的说法,雅典娜规定,庆祝陶里斯[②]女神阿耳特弥斯的节日时,为了补偿未能以俄瑞斯忒斯献祭,祭司"必须持刀刺向某人喉管,必须让血流出来以满足女神的神圣权利,让女神获得荣耀"。[③] 也有许多以身体流血或毁损肢体行祭的习俗,很可能它们也遵循以部分代替整体的原则,但我们无法搞清楚它们是否真的是更早时期某种祭祀的延续。

除了已经讲过的那唔及亚仪式,[④]汤加岛民还有另一种称为图图尼玛(*tootoo-nima*)的仪式,即为了某患病的长辈亲戚早日康复,切掉一段小手指,献祭于神灵;在马里纳生活的时代,这个习俗如此之流行,乃至汤加群岛居民中几乎没有哪个人没失去一根或两根小手指,或小手指的相当大的一部分。[⑤] 中国的文献经常提到,有人从自己身上割肉,以治愈父母
471 或祖父母的重病。多数情况下都没讲用人肉做什么;不过有时也提到用人肉做成粥、汤,或把人肉跟药混一起。高延博士认为,人们认为人体各部件均可入药,这是促成人们毁损自己肢体以对父母行孝的首要原因。不过他又说:"我们也常常读到,

① Pausanias, iii. 16.10.

② "陶里斯"是古希腊人对克里米亚半岛称呼。——译者

③ Euripides, *Iphigenia in Tauris*, 1458 *sqq*.

④ 见上文第 455 页。

⑤ Mariner, *op. cit*. ii. 222.

> 割大腿肉的人事先要向天祈求，郑重请求上苍允许他们以自己的身体代替他们所要拯救的父母的生命；因而他们自毁肢体又带有以自我为牺牲的特征。”[1]根据孟加拉一个本土作者的说法，在孟加拉，几乎没有哪个受人尊重的家庭，其主妇不曾以自己的血献祭禅地卡女神。“只要她的丈夫或儿子生了重病，她就会许愿，若丈夫或儿子康复，就以自己身上流出的血供奉女神……这个女士就会施行某些仪式，接着向女神裸露自己的乳房，用指甲剪从自己两乳之间取出一些血来，献祭给女神。”[2]加西拉索·德拉维加说，在印加时代以前，一部分秘鲁印第安人不行人祭，有些印第安人虽然把人血混在祭品里，但并非通过杀人才取得人血，而是依祭祀的重要性让胳膊和腿流血，在最庄重的场合，让鼻子上方与眉毛连接处流血。[3]

还有一种人祭，即对罪犯的惩罚性祭祀，它要比其他形式的人祭延续得更久。如果什么仪式要进行惩罚，这种惩罚被视作是正义的，那么就不会有什么道德上的顾虑可言。事实上，就是在那些不再使用动物或无生命物体作祭品、或这样的祭祀仅仅具有象征意义的地方，还在施行上述人祭。而这也是仅仅以祭品的死亡来抚慰神的唯一一种祭祀；他们也相信，若长期得不到祭品，神会发
怒、报复。只有在人们不再以死刑来惩罚罪犯以抚慰神的时候，这 472
种人祭才会消失。

---

① de Groot, *Religious System of China*, (vol. iv. Book) ii. 386 *sq*.

② Rájendralála Mitra, *op. cit*. i. 111 *sq*.

③ Garcilasso de la Vega, *op. cit*. i. 52.

活人不仅献祭给神,还献祭给死人,如此让人祭作为同伴或仆从陪护、伺候他们,或激活他们的灵魂,或满足他们报复的欲望。

据说世界上许多地方都有献祭活人、服务死者的习俗,祭品一般是奴隶、妻子、战俘,有时是朋友。[①] 以下地方或多或少广泛地施行或一直施行这种仪式:婆罗洲[②]、菲律宾群岛[③]、美拉尼西亚及波利尼西亚[④]、非洲的许多地方[⑤]、一些美洲部落[⑥]。而在美洲,是

① 参见:Tylor, *Primitive Culture*, i. 458 *sqq.*; Spencer, *Principles of Sociology*, i. 203 *sqq.*; Liebrecht, *Zur Volkskunde*, p. 380 *sq.*; Schneider, *Naturvölker*, i. 202 *sqq.*; Hehn, *op. cit.* p. 416 *sqq.*; Westermarck, *History of Human Marriage*, p. 125 *sq.*; Frazer, *Pausanias*, iii. 199 *sq.*。

② Brooke, *Ten Years in Sarawak*, i. 74. Hose and McDougall, 'Relations between Men and Animals in Sarawak,' in *Jour. Anthr. Inst.* xxxi. 207 *sq.* Bock, *Head-Hunters of Borneo*, pp. 210 n., 219 *sq.*

③ Blumentritt, 'Der Ahnencultus unddie religiösen Anschauungen der Malaien des Philippinen-Archipels,' in *Mittheilungen d. Geograph. Gesellsch. in Wien*, xxv. 152 *sq.*

④ Westermarck, *op. cit.* p. 125 *sq.* Brenchley, *op. cit.* p. 208 (natives of Tana). Williams and Calvert, *op. cit.* p. 161 *sq.* (Fijians). Lisiansky, *op. cit.* p. 81 (Nukahivans). Mariner, *op. cit.* ii. 220 *sq.* (Tonga Islanders). Taylor, *Te Ika a Maui*, p. 218 (Maoris), von Kotzebue, *op. cit.* iii. 247 (Sandwich Islanders).

⑤ Rowley, *Africa Unveiled*, p. 127. *Idem*, *Religion of the Africans*, p. 102 *sq.* Schneider, *Religion der afrikanischen Naturvölker*, p. 118 *sqq.* Westermarck, *op. cit.* p. 125. Ramseyer and Kühne, *Four Years in Ashantee*, p. 50. Mockler-Ferryman, *British Nigeria*, pp. 235, 259 *sqq.* Burton, *Mission to Gelele*, ii. 19 *sqq.* (Dahomans). *Idem*, *Abeokuta*, i. 220 *sq.* *Idem*, *Lake Regions of Central Africa*, i. 124 (Wadoe); ii. 25 *sq.* (Wanyamwezi). Wilson, *Western Africa*, pp. 203, 219. Ellis, *Tshi-speaking Peoples of the Gold Coast*, p. 159 *sqq.* *Idem*, *Ewe-speakingPeoples of the Slave Coast*, pp. 117, 118, 121 *sqq.* Nachtigal, *Sahara und Sudan*, ii. 687 (Somrï and Njillem). Baker, *Ismaïlia*, p. 317 *sq.* (Wanyoro). Casati, *Ten Years in Equatoria*, i. 170 (Mambettu). Callaway, *Religious System of the Amazulu*, p. 212 *sq.*

⑥ Spencer, *Principles of Sociology*, i. 204. Dorman, *op. cit.* p. 210 *sqq.* Westermarck, *op. cit.* p. 125. Macfie, *Vancouver Island and British Columbia*, p. 448. Charlevoix, *Voyage to North America*, ii. 196 *sq.* (Natchez). Rochefort, *Histoire naturelle et morale des Iles Antilles*, p. 568 *sq.* (Caribs).

中美洲和墨西哥、波哥大与秘鲁的一些较文明的国家把此种人祭推向高峰。[①] 有证据表明，在古代埃及人的葬礼上，有时要在墓门 473
处贡献人祭，尽管自从埃及进入伟大时代以后这种习俗似乎变得很少见了。[②] 有人提出，中国的活人殉葬可以追溯到很遥远的黑暗时代，而中国人自己写的书籍里记载的都是较晚近的事例，这只是因为活人殉葬之风在远古时期很常见，因而编年史家想不到要把如此寻常之事作为重要事情记录下来。[③] 14 世纪废除了活人殉葬，即使皇帝与皇亲国戚也不能例外，[④]不过活人殉葬采纳了另一种形式，以另一种面貌继续在中国存在。“女儿、儿媳、寡妇——特别是寡妇——被灌输了这样的教条：她们是她们死去的父母、公公及公婆、丈夫的财产，因而应绝对服从他们，这些妇女常常殉葬，跟随逝去之人前往另一个世界。”尽管官方规定不会表彰殉夫的妇女，但还是会表彰丈夫死后虽未殉葬但永不再婚的寡妇、妾、未婚妻，殉夫的寡妇和未婚妻仍然像以往那样受到称赞，许多妇女的自家亲戚也肯定会劝说甚至强迫她们为丈夫殉葬。[⑤] 施拉德教授讲：“毫无疑问，古代印欧习俗规定妻子应该为丈夫殉葬。”[⑥]不错，有人考证，寡妇自焚殉夫在印度出现得较晚；[⑦]不过，尽管寡妇殉
夫的现代习俗是对早期婆罗门教礼仪的一种邪恶的背离，它看来 474

① Tylor, *Primitive Culture*, i. 461. Spencer, *Principles of Sociology*, i. 205. Dorman, *op. cit*. p. 212 *sqq*. Acosta, *op. cit*. ii. 313, 314, 344 (Peruvians).

② Wiedemann, *Ancient Egyptian Doctrine of the Immortality of the Soul*, p. 62 n.

③ de Groot, *op. cit*. (vol. ii. book) i. 721.

④ *Ibid*. (vol. ii. book) i. 724.

⑤ *Ibid*. (vol. ii. book) i. 735, 754, 748.

⑥ Schrader, *Prehistoric Antiquities of the Aryan Peoples*, p. 391.

⑦ Hopkins, *op. cit*. p. 274.

也并非后来印度教僧侣的新发明,而是远在《吠陀经》出现以前某个时期内某种古老仪式的复活。[1] 吠陀礼仪中的许多做法显然表明,上述仪式曾经存在过。[2] 至于希腊,有埃瓦德妮纵身跃入其亡夫的火葬柴堆的事例[3],以及普萨尼亚斯提到的三位美塞尼亚寡妇自杀的事例。[4] 在斯堪的那维亚人[5]、赫卢利人[6]和斯拉夫人[7]那里,寡妇殉葬似乎也是一个常见的习俗。罗尔斯顿先生说:"事实上,在斯拉夫人的土地上,一千年以前寡妇就常常自戕追随亡夫到魂灵的世界中去,这看来是确凿无疑的";若死者是有钱有势之人,也会用奴仆为他殉葬。[8] 条顿人[9]和恺撒时代的高卢人[10]也实行奴隶殉葬;《伊利亚特》里也记载着把十二个俘虏放到了帕特罗克洛斯的火葬柴堆上。[11]

按照早期的观念,男人不仅在世时需要妻子和奴仆,死后也需要。死者的在世亲属,或者出于感情,或者由于把死者的所有——

---

① Tylor, *Primitive Culture*, i. 465 *sqq*. Zimmer, *Altindisches Leben*, p. 331.

② *Rig-Veda*, x. 18. 8 *sq*. Macdonell, *Vedic Mythology*, p. 165. Hille-brandt, 'Eine Miscelle aus demVedaritual,' in *Zeitschr. d. Deutschen Morgenländ. Gesellsch*. xl. 711. Oldenberg, *Religion des Veda*, p. 587.

③ Euripides, *Supplices*, 1000 *sqq*.

④ Pausanias, iv. 2.7.

⑤ Grimm, *Deutsche Rechtsalterthümer*, p. 451.

⑥ Procopius, *op. cit*. ii. 14.

⑦ Dithmar of Merseburg, *Chronicon*, viii. 2 (Pertz, *Monuments Germania historica*, v. 861). Zimmer, *op. cit*. p. 330.

⑧ Ralston, *Songs of the Russian People*, p. 327 *sq*.

⑨ Grimm, *op. cit*. p. 344.

⑩ Cæsar, *De bello gallico*, vi. 19. 在爱尔兰古代历史上,也有一条葬礼以人作祭祀的记载(Cusack, *History of the Irish Nation*, p. 115 n. *)。

⑪ *Iliad*, xxiii. 175.

他们的妻子和奴仆——与死者隔开而保留在世会感到害怕，就要满足死者的需要。殉葬者社会地位低，附属于丈夫或主人，看来这就是毁灭无辜生命的理由。然而，随着文明的不断前进，这种祭祀
有消失的趋向，在一定程度上这是由于人们关于死后状况的观念 475
发生了变化；不过我认为，主要还是因为公众开始厌恶这类事情。于是殉葬逐渐变少，最后只留下残迹。值得一提的是，北美的塔库里人那里流行的一个习俗很可能就是殉葬的遗存：死者亲属强迫寡妇躺在火葬柴堆上，柴堆上也放着她的亡夫的尸体，一直烧着火，直到热得她无法忍受。[①] 在古代埃及，用土、木、石或铜经特定配方雕刻而成的人像，要放入墓穴，这应该是寄望于这些东西获得生命并成为对死者有用的奴仆。[②] 日本人[③]和中国人在很早以前也把人像放入死者的墓穴或放在坟墓外，以此替代活人殉葬；他们认为这些人像在另一个世界里会如在世的仆从、妻子或妾那样真实存在着。其次，在中国，起初的活人殉葬为另一习俗——死者最亲近的亲属和奴仆只要在坟头祭祀阴间诸神就可以了，不必入墓殉葬——以及禁止寡妇再嫁的做法所取代。[④]

活人殉葬的习俗并非完全基于死者需要仆人和同伴这一观念。完全有可能，以活人和动物殉葬之意图就在于以温暖的生命

① Wikes, *U. S. Exploring Expedition*, iv. 453.

② Wiedemann, *Ancient Egyptian Doctrine of the Immortality of the Soul*, p. 63.

③ Tylor, *Primitive Culture*, i. 463.

④ de Groot, *op. cit.* (vol. ii. book) i. 794 *sqq*.

之血激活死者的灵魂。[1] 达荷美人把血泼在国王祖先的坟墓上的
476 习俗看来就是这样。[2] 因而,在阿善提,“活人殉葬频繁而寻常,人血浇灌着国王的坟墓”。[3] 在一个称作“忠实的约翰”的德国民间故事里,塑像对国王说:“如果您用自己的双手砍掉您的两个孩子的头,把他们的血洒在我身上,我就能复生。”[4]按照原始观念,血就是生命;获得了血就是获得了生命;死者的灵魂想要活下去,因而热望得到血。阴曹地府里的幽灵渴望喝奥德修斯所献祭品的血,如此他们方能暂时复生。[5] 灵魂的欲望应该得到满足,否则它就会出来攻击活人——这是一种更重要的观念。世界上许多地方的人都相信,无血的鬼魂夜晚会离开坟墓,去吸人血以求复生。[6] 甚至到了18世纪,上述信仰还在匈牙利扰得人心惶惶,于是人们纷纷挖地三尺寻找吸血鬼,并焚烧被怀疑的尸体,或将其绑在木桩上施以酷刑。[7] 也有可能,在葬礼上毁损肢体和自我放血的部分目的就在于使离世的灵魂恢复活力。[8] 在萨摩亚人那里,哀悼者要用石头打自己的脑袋,直至血流出来,他们称之为向死者献的

① *Cf*. Spencer, *Principles of Sociology*, i. 288 *sq*.; Rockholz, *Deutscher Glaube und Brauch*, i. 55; Sepp, *Völkerbrauch bei Hochzeit, Geburt und Tod*, p. 154; Trumbull, *Blood Covenant*, p. 110 *sqq*.

② Reade, *Savage Africa*, p. 51 *sq*.

③ Bowdich, *Mission from Cape Castle to Ashantee*, p. 289.

④ Grimm, *Kinder-und Hausmärchen*, p. 29 *sq*.

⑤ *Odyssey*, xi. 153.

⑥ Trumbull, *Blood Covenant*, p. 114 *sq*.

⑦ Farrer, *Primitive Manners and Customs*, p. 23 *sq*.

⑧ *Cf*. Spencer, *Principles of Sociology*, i. 181 *sq*.

“血祭”。[①]

最后，正如把罪犯献祭于诸神目的在于平息神的暴怒，杀死凶手的目的常常也是为了满足受害人复仇的热望。在下一章里我们将会看到，血族复仇的习俗大体上说可归于“活人殉葬”。

① Turner, *Nineteen Years in Polynesia*, p. 227.

477 第二十章　血族复仇与补偿——死刑

按照早期习俗，若某人杀了人，被害者的亲戚可以把他处死，也可以由其家庭、氏族或部落其他成员代他送命。[①] 许多现存的蒙昧人、野蛮人都有血族复仇的习俗；已经达到较高文明阶段的民族，也大都长期沿袭这一习俗。

我们在日本文明中也能见到血族复仇，血族复仇不仅确有其事，而且是一个为法律所允许的习俗。复仇者只需遵守某些既定的形式和规则：他必须把自己的决定告诉专门负责相关事宜的官员，他必须明确什么时候复仇。以什么方式杀死仇敌无关紧要，不过，他如采用暗杀手段则必受谴责——即使古代也是如此。[②] 在希伯来人那里，到了士师与国王时期（periods of the Judges and Kings）甚至之后，仍然有血族复仇；威尔豪森说，在古王国时期，“司法至多只是自助习俗的一个有限的补充”。[③] 对所有阿拉伯人
478 而言，规矩就是：不管是谁，杀人者因其行为而对死者家族负有血

---

① 关于族间血仇通常涉及的集体责任，第二章已探讨过（*supra*，p. 30 *sqq.*）。

② Rein, *Japan*, p. 326. Dautremer, ‘The Vendetta or Legal Revenge in Japan,’ in *Trans. Asiatic Soc. Japan*, xiii. 84 *sq.*

③ Wellhausen, *Prolegomena to the History of Israel*, p. 467.

债。[①]《古兰经》里讲:"信道的人们啊,杀人者抵罪乃法定。"[②]在古代埃兰,即便是建立了法庭之后,血族复仇习俗仍存续下来。[③] 有证据表明,尽管经文里没提到血族复仇是当时的习俗,印度的雅利安人在早期也流行血族复仇。[④] 希腊人只是在后荷马时代才废除血族复仇,新的处理原则则是复仇者转化为原告。[⑤] 在高卢和爱尔兰,尽管督伊德或布里恩[⑥]掌管司法,他们判决的基调看来也只能是让当事人服从居间仲裁,而受害一方仍然有很大的自由度自作主张,自定规则,私自了断。[⑦]《古制全书》序言里说,帕特里克以前的爱尔兰流行复仇,而帕特里克提倡宽恕。[⑧] 众所周知,在苏格兰诸氏族那里,直至相当晚近的时期还有血族复仇;在天主教时期,甚至教会也认可它,教会不给男孩子的右手施洗礼,因而右手便可用来做不那么神圣的事并给敌人致命一击。[⑨] 在英格兰,到了10世纪中叶,杀人者在理论上至少还可以选择背负死者亲属的

---

① Burckhardt, *Notes on the Bedouins and Wahabys*, p. 85.

② *Koran*, ii. 173. *Cf*. *Ibid*. xvii. 35.

③ Geiger, *Civilization of the Easterrn Irānians*, ii. 31 *sqq*.

④ Leist, *Alt-arisches Jus Gentium*, p. 422.

⑤ *Idem*, *Græco-italische Rechtsgeschichte*, § 50 *sq*., especially pp. 375, 381. 在罗马,似乎血族复仇很早就被平息。某些传说里讲到了血族复仇,但即便是在这些传说里,血族复仇也被说成是令人反感的做法(Mommsen, *History of Rome*, i. 190)。

⑥ 布里恩(Brehon),爱尔兰古代的法官名称。——译者

⑦ Maine, *Early History of Institutions*, lect. ii. d'Arbois de Jubainville, 'Des attributions judiciaries de l'autorité publique chez les Celtes,' in *Revue Celtique*, vii. 5. *Ancient Laws of Ireland*, iii. p. lxxxix.

⑧ Skene, *Celtic Scotland*, iii. 152.

⑨ Mackintosh, *History of Civilisation in Scotland*, ii. 279.

仇恨,而不缴纳偿命钱;[①]在诺曼征服之后的很长一段时期,还有
479 一部反对私人复仇制度的法律。[②] 在弗里斯兰、下萨克森及瑞士部分地区,到了16世纪还有血族复仇。[③] 在意大利,16、17世纪上层社会广泛流行血族复仇。[④] 科西嘉[⑤]、阿尔巴尼亚[⑥]和黑山[⑦]至今还有此习俗。

血族复仇不仅被视为一项权利,也是一项义务。据说,西澳大利亚土著要去履行的最神圣责任就是为最亲近的亲属遇害复仇。"在完成此项任务以前,他总要受到老年妇女嘲笑;如果他结婚了,他的妻子不久后也会离开他;如果他还没结婚,没有哪个单身女子会跟他说话;他的母亲会恸哭不已,悲叹怎么会生了这么一个不中用的儿子;他的父亲会瞧不起他,他总是要受到斥责。"[⑧]在西维多利亚的诸部落,"一个男子会认为,为兄弟之死而复仇,即便杀死最亲密的朋友,也是义不容辞的责任,他会毫不犹豫地这么做"。[⑨]

① Pollock and Maitland, *History of English Law before the Time of Edward I*. i. 48.

② Cherry, *Growth of Criminal Law in Ancient Communities*, p. 85.

③ Günther, *Idee der Wiedervergeltung*, i. 207 *sq*. Frauenstädt, *Blutrache und Todtschlagsuhne im Deutschen Mittelalter*, p. 21. *Cf*. Arnold, *Deutsche Urzeit*, p. 342.

④ Simonde de Sismondi, *Histoire des républiques italiennes du moyen âge*, xvi. 456.

⑤ Gregorovius, *Wandering in Corsica*, i. 176 *sqq*.

⑥ Gopcevi, *Oberalbanien und seine Liga*, p. 322 *sqq*.

⑦ Kohl, *Reise nach Istrien*, i. 406 *sqq*. Popovic, *Recht und Gericht in Montenegro*, p. 69.

⑧ Grey, *Journals of Expeditions of Discovery in North-West and Western Australia*, ii. 240.

⑨ Dawson, *Australian Aborigine*, p. 71.

讲到白令海峡一带爱斯基摩人的时候，纳尔逊先生说，所有爱斯基摩人都认为血族复仇是一种神圣责任，此担当落在死者最亲近的男性亲属肩上；若死者的儿子还是婴幼儿，他长大后就应复仇。① 在达科他人那里，“没有谁能逃脱这一复仇法则；若有当事人不为死者复仇，大众舆论就会羞辱此人”。② 巴西原住民认为，对儿子、 480
兄弟、外甥来说，为亲属的死亡复仇，是一种道德责任，是良心上的要求。③ 说到圭亚那的印第安人，埃·斐·伊姆·特恩爵士讲：“在所有没有成文法、没有最高司法权威的原始社会里，这类复仇一直被视作神圣责任。”④孔子言之凿凿地肯定了为父亲、兄弟之死报仇的责任。⑤ 在日本，“若某人软弱到不敢向杀害自己父亲或领主的凶手复仇，就只得离开居住地躲藏起来；从此往后，他身边的人就会瞧不起他”。⑥ 主对摩西说：“报血仇的必亲自杀那谋杀者，一遇见就杀他。”⑦我们也已看到，《古兰经》也制定了相似的规则。⑧ 很可能，所有所谓的雅利安民族都认为，死者亲属肩负着血

① Nelson, 'Eskimo about Bering Strait,' in *Ann. Rep. Bur. Ethn.* xviii. p. 292 *sq.*

② Domenech, *Seven Years' Residence in the Great Deserts of North America*, ii. 338.

③ von Martius, *Beiträge zur Ethnographie Amerika's*, i. 128.

④ Im Thurn, *Among the Indians of Guiana*, p. 329 *sq.*

⑤ Legge, *Chinese Classics*, i. 111. Douglas, *Confucianism and Taouism*, p. 145.

⑥ Dautremer, *loc. cit.* p. 83. *Cf.* Griffis, *Corea*, p. 227 (Coreans).

⑦ *Numbers*, xxxv. 19.

⑧ For modern Arabs, see Burckhardt, *Notes on the Bedouins and Wahábys*, p. 313 *sq.*; Blunt, *Bedouin Tribes of the Euphrates*, ii. 207.

族复仇的神圣责任。[1] 这一习俗仍在阿尔巴尼亚[2]、黑山[3]及科西嘉流行着。“真正的科西嘉人认为,有仇不报乃丢脸之事……如果有谁不敢复仇,他的亲戚就不会让他有片刻安宁,他的所有熟人都会指责他懦弱。”[4]

481 血族复仇的义务首先被视为对死者的义务,不仅因为死者最高的善——他的生命——被剥夺,还因为人们相信除非报了仇,否

① Geiger, *op. cit.* ii. 32 (Avesta people). Leist, *Alt-arisches Jus Gentium*, p. 422. *Idem*, *Græco-italische Rechtsgeschichte*, p. 323 *sqq.* de Valroger, *op. cit.* p. 472 (Celts). Nordström, *Bidrag till den svenska samhälls-forfattningens historia*, ii. 229; Stemann, *Den Danske Retshistorie indtil Christian V.'s Lov*, p. 574; Keyser, *Efterladte Skrifter*, ii. pt. ii. 95; Rosenberg, *Nordboernes Aandsliv*, i. 487 (Teutons). Miklosich, 'Die Blutrache bei den Slaven,' in *Denkschriften der kaiserl. Akademie d. Wissensch. Philos. Histor. Classe, Vienna*, xxxvi. 127 *sqq.* Ewers, *Dasälteste Recht der Russen*, p. 50 *sq.*

② Hahn, *Albanesische Studien*, i. 176.

③ Popovic, *op. cit.* p. 69. Kohl, *op. cit.* i. 409, 413 *sqq.* Miklosich, *loc. cit.* p. 145.

④ Gregorovius, *op. cit.* i. 180 *sq.* 其他研究血族复仇的案例,参阅:Boas, 'Central Eskimo,' in *Ann. Rep. Bur. Ethn.* vi. 582; Petroff, 'Report on Alaska,' in *Tenth Census of the United States*, p. 158 (Atkha Aleuts); Kohler, in *Zeitschr. f. vergl. Rechtswiss.* vii. 376 (Papuans of New Guinea); Modigliani, *Viaggio a Nias*, p. 471; Bowring, *Visit to the Philippine Islands*, p. 177; Macpherson, *Memorials of Service in India*, p. 82 (Kandhs); Radde, *Die Chews'uren*, p. 115; von Haxthausen, *Transcaucasia*, p. 406 *sqq.* (Ossetes); Munzinger, *Die Sitten und das Recht der Bogos*, p. 87; Mungo Park, *Travels in the Interior of Africa*, p. 13 (Feloops bordering on the Gambia); Leuschner, in Steinmetz, *Rechtsverhältnisse von eingeborenen Völkern in Africa und Ozeanien*, p. 23 (Bakwiri); *ibid.* p. 49 (Banaka and Bapuku); Nicole, *ibid.* p. 132 (Diakié-Sarrakolese); Lang, *ibid.* p. 256 *sq.* (Washambala); Kraft, ibid. p. 292 (Wapokomo); Viehe, *ibid.* p. 311 (Ovaherero); Rautanen, *ibid.* p. 341 (Ondonga); Sorge, *ibid.* p. 418 (Nissan Islanders in the Bismarck Archipelago)。

则他死后的灵魂将得不到安宁。[1] 脱离了肉体的灵魂急切地想要复仇，除非罪行受到应有的惩罚，不然它会一直盘踞在地面上，骚扰凶手，或试图迫使自己的亲戚为其复仇。

> 按照雅库特人的信仰，遇害人会变成幽尔(*yor*)，即片刻也不安宁的鬼魂。[2] 在切列米斯人的想象中，死于暴力之人的灵魂会引起疾病，特别是发烧、疟疾。[3] 印度的少喇人似乎最害怕暴毙者的灵魂。[4] 缅甸人相信，遭遇暴力而死亡的人会变成鬼魂，在他们被害的地方萦绕。[5] 由于一遇难船只的部分船员在岛上宿营时被害，哈德逊湾的爱斯基摩人视阿克帕托克岛为禁忌之地；“没有哪个人敢到这个地方，人们担心受害者的鬼魂出现，从土著居民——他们没有供奉祭品安抚遇害人——身上寻求补偿。”[6]奥马哈人相信，遇害者的灵魂会在人死后出现，它们要做的事就是“对行凶者复仇”。[7] 根
> 据《创世记》，若凶手未受惩处，血就发出声音哀求上帝。[8] 贝 482
> 都因人也有相似的观念，因此他们认为，用土把血埋起来就能

① See Kohler, *Shakespeare vor dem Forum der Jurisprudenz*, p. 131 *sq.*; Steinmetz, *Ethnol. Studien zur ersten Entwicklung der Strafe*, i. 291 *sqq.*; *Idem*, *Rechtsverhältnisse*, p. 49 (Banaka and Bapuku); Nicole, *ibid*. p. 132 (Diakité-Sarrakolese); Lang, *ibid*. p. 257 (Washambala).

② Sumner, in *Jour. Anthr. Inst.* xxxi. 101.

③ Abercromby, *Pre-and Proto-historic Finns*, i. 168 *sq.*

④ Fawcett, in *Jour. Anthrop. Soc. Bombay*, i. 59.

⑤ Schway Yoe, *The Burman*, i. 286.

⑥ Turner, 'Ethnology of the Ungava District,' in *Ann. Rep. Bur. Ethn.* xi. 186.

⑦ James, *Expedition from Pittsburgh to the Rocky Mountains*, i. 267.

⑧ *Genesis*, iv. 10.

逃脱复仇。[1] 关于鬼魂的一个最流行的民间故事说,愿望未得满足的鬼魂会在活人出没的地方飞来飞去,不知疲倦地吓唬他们。[2] 根据罗德所述,这种观念在公元前5世纪和公元前4世纪的雅典达到了全盛。[3] 埃斯库罗斯把复仇女神厄里倪厄斯的出现归因于某人犯下了未替死者复仇的可憎罪行[4]——换言之,死者的灵魂把怒气发泄到未尽复仇责任的亲属身上。在欧洲各地仍然能见到这类信仰的踪迹。[5] 在瑞典的瓦伦德,人们认为,遇害人的冤魂会在夜间访问其亲属,打搅他的睡眠。根据他们的古老习俗,若不知凶手是谁,在为死者敲响丧钟前,死者最亲近的亲属会走近尸体,请求死者本人为自己复仇。[6]

从某种观点来看,血族复仇就是人祭的一种形式。它有时甚至在形式上也跟其他献给死者的人祭非常相似。在昆士兰州的某些部落,若暗杀者被当场抓获,杀人者和被杀者就被埋葬在同一墓穴;[7]在古代条顿人那里,复仇者会优先选择在死者脚下或其坟墓

① Jacob, *Leben der vorislâmischen Beduinen*, p. 146. *Cf.* Schwally, *Leben nach dem Tode*, p. 52 *sq*.

② See Dyer, The Ghost World, p. 65 *sqq*.; Andree, *Ethnographische Parallelen*, p. 80 *sqq*.

③ Rohde, *Psyche*, p. 240. *Cf. Idem*, 'Paralipomena,' in *Rheinisches Museum für Philologie* 1895, p. 19 *sq*.; Schmidt, *Ethik der alten Griechen*, ii. 125 *sqq*.

④ Aeschylus, *Choephori*, 283 *sqq*. *Cf. Ibid*. 400 *sqq*.; Plato, *Leges*, ix. 866.

⑤ Dyer, *op. cit*. p. 68 *sqq*. Thorpe, *Northern Mythology*, ii. 19 *sq*.

⑥ Hyltén-Cavallius, *Wärend och Wirdarne*, ii. 274; i. 473.

⑦ Roth, *Ethnological Studies among the North-West-Central Queensland Aborigines*, p. 165.

前杀掉凶手。[①] 血族复仇也是确保有人充当人祭的习俗——亦即复仇者一定要复仇，否则就会受到死者亡灵的迫害；从这一点来说，它也与其他人祭相似。

然而，血族复仇习俗并非完全基于这一欲望——为受害人向 483
同类复仇，以告慰其愤怒的亡灵。有人被杀，这同时也是对生者的伤害。因此，在许多情形下，家族内部或亲属内部发生的凶杀并不诉诸复仇。[②] 罗斯彻尔说，在易洛魁人那里，杀害了自己亲属的人可以轻易地逃脱惩罚；因为死者家人有选择是否复仇的权利，已有一个家族成员丧生，他们不会再杀掉另一个而削弱该家族的实力。[③] 但如果行凶者属于另一家族，死者亲属不仅要复仇，还会要求赔偿。

从某种意义上说，一命抵一命本身也是一种补偿。在有的情形下，似乎在一定程度上凶手的血就是对凶手导致死者家庭损失了人命的补偿。[④] 这样的观念很可能就是伯克哈特所说的海伦加人——他们认为自己是阿比西尼亚人的一支——的习俗之基础。

① Wilda, *Strafrecht der Germanen*, pp. 170, 692.

② Steinmetz, *Ethnologische Studieu zur ersten Entwicklung der Strafe*, ii. 159 *sqq*. Mauss, 'La religion et les origines du droit pénal,' in *Revue de l'histoire des religions*, xxxv. 44. Kovalewsky, 'Les origines du devoir,' in *Revue international de sociologie*, ii. 86. *Cf*. Seebohm, *Tribal Custom in Anglo-Saxon Law*, pp. 30, 42 (Welsh); Robertson Smith, *Religion of the Semites*, p. 420; *Idem*, *Marriage and Kinship in early Arabia*, p. 25. 在吉巴拉人那里，杀了堂表弟兄才进行血族复仇，而杀亲弟兄则无血族复仇之说。

③ Loskiel, *History of the Mission of the United Brethren among the Indians in North America*, i. 16.

④ *Cf*. Trumbull, *Blood Covenant*, p. 126 *sqq*.

死者亲属抓住凶手时,会宣布举行家庭宴会,然后在宴会上把凶手带到他们中间。他们要用剃刀缓缓割开凶手的喉管,用一只碗盛血,并把碗传递给各位客人,“凶手要断气的时候,每个人都要饮血”。[①] 我发现,一些说阿拉伯语的摩洛哥部落也有这种习俗,此
484 习俗也带有模糊的补偿观念。复仇者用短刀杀掉仇人时,他要舔掉刀刃上的血。人们还告诉我一个事例,即复仇者会从死者身上咬掉一块肉,吮吸鲜血。[②] 特朗布尔先生甚至认为,在希伯来人那里,复仇者的使命主要不在于实施复仇,而是“要以一命抵一命,或者说要获得丢掉的人命之相应的对等物”。[③] 不过,难以想象血族复仇什么时候会被视作完全对等。如果要为生命损失寻求补偿,就必须采取别的什么做法取而代之。

有时人们不杀掉凶手,而是把他纳为受害人家庭的一个成员。[④] 例如,在阿尔及利亚的卡拜尔人那里,若某人因过失而杀死了另一人,就会到死者父母那里去,对他们说:“你们要杀我就动手吧,这是我的裹尸布。如果不杀我,原谅我,我以后就是你们的孩子了。”从这天起,凶手就被视作死者家族成员。[⑤] 在摩洛哥北部的吉巴拉人那里,凶手有时会把自己的姐妹或女儿嫁给复仇者,以

① Burckhardt, *Travels in Nubia*, p. 356.

② *Cf.* Goldziher, in Robertson Smith, *Kinship and Marriage in Early Arabia*, p. 296 n. 1.

③ Trumbull, *Blood Covenant*, pp. 260, 263.

④ See Steinmetz, *Studien*, i. 410 *sqq.*, 439 *sqq.*; Kovalewsky, in *Revue Internationale de Sociologie*, ii. 87 *sq.*

⑤ Hanoteau and Letourneux, *La Kabylie*, iii. 68 *sq.*

此诱使他放弃报仇；据说贝尼阿梅尔人[1]和博戈人[2]也有相似的习俗。在另外一些案例中，凶手会把奴隶送给被害人的亲属，以赔偿罪过；[3]但最常见的赔偿则是牛、金钱或其他财物。

犯事者给受害者的亲属奉送礼物，这不仅补偿了他给他们带来的损失，也安抚了他们受伤的感情。[4] 收礼的欣慰会平息他们 485
报复的激情与冲动，付出礼物的一方感受到的损失和羞辱，能够抚慰和减轻受害者家庭的愤恨。[5] 有时主要用礼物来表达道歉、认错和愧疚。按照摩尔根先生所述，杀人者会送白贝壳串给死者家庭，如果接受了贝壳串就永不记仇，而贝壳串"从根本上说并不是对死者人命的补偿，而是表示悔罪，请求原谅"。[6] 再者，赔偿具有的优点在于，可以让受害一方免于卷入世族血仇，免于复仇之不确定性，免于成功复仇所可能带来的严重后果。按照"一命抵一命"的原则行事，常常导致各方之间长期的敌对，赔偿则能带来持久和平。因此，鼓励赔偿的做法符合社会的整体利益；而这种鼓励自然会导致赔偿方式备受欢迎。

---

① Munzinger, *Ostafrikanische Studien*, p. 322.

② *Idem*, *Die Sitten und das Rechtder Bogos*, p. 83. *Cf*. Kohler, *Nachwort zu Shakespear vor dem Forum der Jurisprudenz*, p. 15 *sq*.

③ Squier, 'Archæology and Ethnology of Nicaragua,' in *Trans. American Ethn. Soc*. iii. pt. i. 129. *Idem*, *Nicaragua*, ii. 345 (ancient Nicaraguans). Macdonald, *Africana*, i. 171 (Eastern Cnetral Africans).

④ Rée, *Entstehung des Gewissens*, p. 57 *sqq*. Steinmetz, *Studien*, i. 472 *sq*.

⑤ *Cf*. Miklosich, *loc. cit*. p. 148; Kohl, *op. cit*. i. 426, 436 (Montenegrines and Albanians).

⑥ Morgan, *League of the Iroquois*, pp. 331, 333. *Cf*. Turner, *Samoa*, p. 326 (people of Aneiteum).

尽管和解的做法具有一些优点,但与血族复仇比较,它也存在缺陷。如果决意复仇,和解就不如复仇那样让人满意。古老的复仇习俗具有保守性,妥协与和解可能被视作胆小、懦弱,而血族复仇则能给当事人一个展示自己勇气和能力的机会。和解也可能被视为对死去亲属的冒犯。最后,如果任凭和解与妥协之道恣意发
486 展,必须有一定数量的财富支撑才行。[①] 施行和解的这些阻力是否重要,取决于特定个案的具体情境。报复的意志、保守性、打斗的欲望乃至对勇气和打斗能力的估计,自然在不同人们那里都可能不一样,人们的财富状况以及赔偿意愿也是如此。关于死者灵魂的观念同样也是个变数。有人提出,荷马时代的希腊人愿意接受偿命钱,这可由他们的信仰来解释——脱离肉体的灵魂像梦一般待在阴曹地府,没有强烈的感情,也没有能力折磨俗世的活人。后来的习俗则要求一命抵一命,这可由观念上的变化来解释,即人们开始赋予死者更强大的生机活力。[②] 在其他情形下,人们认为仅仅一个仪式或一个替代性的祭品就可安抚死者。奥塞梯人认为,死者常常出现在他的某些后裔的梦中,“他有时会要求为他复仇,有时干脆就要求为他举行替代性的死亡仪式……杀人者要穿上丧服,头发散乱,来到被杀者坟墓前举行仪式,把杀人者本人献祭给死者。这种仪式称作科菲尔第辛(*kifaeldicïn*):杀人者当着

---

① 关于财富对和解习俗的影响,参阅斯坦梅茨(Steinmetz)的《研究》(*Studien*,i. 427 *sqq*.。)及利波特(Lippert)的《人类文化史》(*Kulturgeschichte der Menschheit*,ii. 591)。不过,有时像火地岛雅甘人那样的贫穷族群也实行和解的习俗。布里奇斯先生讲:“杀人犯可以活下来,但死者亲属会把他痛打一顿,他也得给死者亲属送很多礼物以示赔偿。”(Bridges,*A Voice for South America*,xiii. 207)

② Schmidt,*Ethik der alten Griechen*,ii. 125 *sqq*. Rohde,*Psyche*,pp. 8 *sqq*.,238.

被害人后裔的面，自发求死，为自己赎罪。”[1]麦克唐纳说，在中非
东部，“如某人杀了人，死者的朋友有权利当场杀死凶手。不过如
他们活捉了他，就把他捆绑在奴隶柱上，直到对方交出四到二十个
奴隶作为赔偿。支付赔偿以后，就不再索取凶手的性命，但要杀掉
这些抵偿的奴隶，让他们陪伴死者。”[2]在其他事例里，人们或者认
为支付给死者子裔的赔偿就足以告慰死者，或者在死者的感情与 487
活人的利益产生冲突的时候，索性不管死者的感情而只照顾生者
的福祉。总的说来，接受还是不接受赔偿这个问题，要依据权衡利
弊来解决。

那么，我们或许有望发现，关于血族复仇和赔偿的习俗在不同部族差异极大。许多地方的人们严格遵循复仇的规则，从不或很少以赔偿了事，至少对于故意杀人是如此。他们不仅包括处于蒙昧状态的部落，也包括诸如贝尼阿梅尔人[3]、马雷亚人[4]、久尔久拉山脉的卡拜尔人[5]、摩洛哥的吉巴拉人[6]。伯克哈特这样说贝都因人：“部落越强大，越独立自主，越远离开化地区，其个体越富有，复仇的权利就越少为赔偿所取代。遍布沙漠各处的大教长们把为亲属性命而做出的任何妥协都视为耻辱的交易。”[7]在达吉斯坦的大

① Kovalewsky, *Coutume contemporaine et loi ancienne*, p. 238.

② Macdonald, *Africana*, i. 170 *sq*.

③ *Cf*. Steinmetz, *Studien*, i. 452.

④ Munzinger, *Ostafrikanische Studien*, p. 321 *sq*.

⑤ *Ibid*. p. 242.

⑥ Hanoteau and Letourneux, *op. cit*. iii. 61 *sq*.

⑦ Burckhardt, *Notes on the Bedouins and Wahábys*, p. 178. *Cf*. Burton, *Pilgrimage to Al-Madinah and Meccah*, ii. 103.

山里[1]以及阿尔巴尼亚的部分地区[2],因为亲属被谋杀而接受补偿同样被视为不体面之事。

在某些情况下,接受赔偿并不一定意味着死者家庭完全放弃他们的复仇权利。在阿特人那里,“尽管通常人们也接受大件礼物作为对谋杀的补偿,但实际上这种补偿还不够,而以血洗血则能完全实现赔偿。接受礼物从来也不意味着完全放弃在被侵犯之人或其部落面前惩处凶手的权利。”[3]在索马里人那里,“支付赔偿以
488 后,凶手或其氏族某成员一般仍会被死者亲属或部落所杀害”。[4]在摩洛哥南部苏斯省的柏柏尔人那里,杀人凶手会马上逃向另一部落,置身于该部落保护之下。他的亲属接着就会赔付偿命钱给受害人家庭,不过这只能防止被侵犯的一方对他们中的某位实施报复,并不能赋予谋杀者回家过日子的权利;如果他出现在他所逃难的部落之外,任何时候都可能被杀死。再如,在奥塞梯人那里,以前也有“一个流行的习俗,凶手要在一定时期内——例如一年——向受害人家庭支付一笔固定的赔偿,在这段时期内血族复仇就暂时停止”。[5]

另一方面,在许多情形下,习俗也允许接受赔偿,以此作为血族复仇之完全、正当的替代,甚至按习俗接受赔偿是了断案情的合适方式。在华盛顿州西部以及俄勒冈州西北部的印第安人那里,

---

① Kovalewsky, in *Revue internationale de Sociologie*, ii. 87.

② Hahn, *op. cit.* i. 178.

③ Sproat, *Scenes and Studies of Savage Life*, p. 153.

④ Burton, *First Footsteps in East Africa*, p. 87 n. †. *Cf.* Paulitschke, *Ethnographie Nordost-Afrikas*, p. 263.

⑤ von Haxthausen, *Transcaucasia*, p. 405.

尽管也完全认可一命抵一命的原则，但有时从物质上赔偿损害的做法会抛开这一原则。[①] 在思林凯特人那里，“杀害了某人的一个亲属可以用一定数量的毛毯补偿”。[②] 在加利福尼亚的卡罗克人那里，杀害了某人最亲近的亲属可以支付金钱来和解。[③] 库钦人会因亲属被害而要求偿命钱，若对方拒付就会复仇。[④] 在坎德人那里，血族复仇的习俗由金钱赔偿的原则予以修正，接受赔偿在任何情形下都不是耻辱。[⑤] 在马来半岛，许多好斗的部落在许多情 489
形下会坚持完全按复仇的原则行事，但其他部落总是接受金钱上的赔偿。[⑥] 在埃及的多数贝大维人部落里，一般用赔偿取代复仇；[⑦]在埃内兹人那里也是如此，但若赔偿动议首先由死者亲友一方提出，则是羞耻。[⑧] 在瓦查加人那里，接受偿命钱成为一种义务。[⑨]《袪邪典》禁止袄教信徒拒受他人因杀戮而交付的赔偿。[⑩] 在爱尔兰人那里，依村庄的大众舆论，村民之间的争斗应以某种方式和解。不过，若犯事的一方不按规定数量赔付，社群也不会强迫

---

① Gibbs, ' Tribes of Western Washington and Northwestern Oregon, ' in *Contributions to North America Ethnology*, i. 189.

② Petroff, *loc. cit.* p. 165.

③ Powers, *Tribes of California*, p. 21.

④ Richardson, *Arctic Searcxhing Expedition*, i. 386.

⑤ Hunter, *Annals of Rural Bnegal*, ii. 76. Macpherson, *Memorials of Service in India*, p. 82.

⑥ Crawfurd, *History of the Indian Archipelago*, iii. 111.

⑦ Lane, *Manners and Customs of the Modern Egyptians*, p. 120.

⑧ Burckhardt, *Notes on the Bedouins and Washábys*, p. 87.

⑨ Merker, 转引自：Kohler, in *Zeitschr. f. vergl. Rechtswiss.* xv. 56。

⑩ Geiger, *op. cit.* ii. 34.

他,那么受害一方就有权通过报复或者发动私人战争来复仇。[①]在条顿人那里,起初死者亲属可以自由选择复仇或是接受赔偿;不过接着大众舆论就会希望,最终公共权威也会要求他们:若很快就获得合适的赔偿,除非情况特殊,不要诉诸血腥复仇。[②]

这样,一命抵一命的报复就由死者家庭的责任,变成了他们根据自己意愿选择接受赔偿与否的权利,血族复仇制最终就受到公众反对而废止,或实际上无疾而终。关于这一过程发生的情境,有
490 一点仍需注意,即进行调停的某权威的压力:部落的长者[③]或头人会诱使复仇者放下武器,接受偿命钱。我不是说赔偿的做法起源于这样的干涉;我的意思是,我们能在不知道法庭、法官或正式调解人为何物的部族那里看到这种干预。[④] 不过,既然我们能发现头人劝说受害一方接受金钱或财物形式的赔偿,努力阻止血族复仇,就无法怀疑赔偿制度和头人的司法权力之间具有某种联系。在巴西印第安人那里,若有人被同部落内的某人杀害,不管是故意杀人还是过失杀人,头人有时都会要求死者家庭接受赔偿。[⑤] 在尼亚斯岛民那里,虽然凶手也可能会死于复仇者之手,但若凶手被

① *Ancient Laws of Ireland*, iii. p. lxxx.

② Keyser, *op. cit.* ii. pt. ii. 95. Pollock and Maitland, *op. cit.* i. 46 *sq. Gotlands-Lagen*, 13.

③ *Cf.* Vámbéry, *Das Türkenvolk*, p. 305 *sq.* (Kirghiz); Munzinger, *Ostafrikanische Studien*, p. 500 (Barea and Kunama).

④ 例如火地人(Bridges, in *South American Missionary Magazine*, xiii. 152. *Idem*, in *A Voice for South America*, xiii. 207)。

⑤ Von Martius, *Beiträge zur Ethnographie Amerika's*, i. 130. *Idem*, in *Jour. Roy. Geographical Soc.* ii. 199.

带到头人面前处置，即使情节恶劣，凶手也常常只需赔偿了事。① 在阿富汗西部的多拉尼人那里，“若犯事一方向头人申诉，或者头人获悉发生了杀人事件，头人首先也会尽量和解，要求支付偿命钱”。② 肯布尔讲，条顿诸民族最终使得国家成为各方的调解人——他们“通过确立伤害赔付标准，让国家承担责任，迫使受害人接受规定的赔偿额，犯事者支付规定的赔偿额。这样国家就充当了利益冲突的调解人，以维持和平大局。”③

我们前面探讨了这一重要做法——把司法管理权委托给国家，把复仇者的司法和执行权力交给国家内的某一权威，以惩罚代替报复。赔偿制度只是这一权威予以采纳以解决争端的方式之 491
一；而总的说来，这表明国家力量还有些不够。谈到苏门答腊岛的勒姜人，马斯登说，通过赔付一定数额的金钱为谋杀赎罪的做法，“无疑起源于政府的无能——政府无力实施直接报复这一显而易见的惩罚规则，而是诉诸较温和的处罚方式，仅仅以赔钱了结”。④ 如果中央的司法权力牢固地确立起来，就会重新采纳一命抵一命的规则。⑤ 因而，到了相当晚近的时期，按照半开化和开化地区的健全的法律，事实上除非凶手是某特权阶级的成员，例如秘鲁印加人⑥、印度的婆罗门⑦、英格兰的受俸的神职人员——即任何能识字读

① Modigliani, *Viaggio a Nias*, p. 496.

② Elphinstone, *Kingdom of Caubul*, ii. 105 *sq*.

③ Kemble, *Saxons in England*, i. 270.

④ Marsden, *History of Sumatra*, p. 246.

⑤ *Cf*. Brunner, *Deutsche Rechtsge-schichte*, ii. 599 *sq*. (Teutonic peoples).

⑥ Réville, *Hibbert Lectures on the Native Religions of Mexico and Peru*, p. 151.

⑦ *Laws of Manu*, viii. 380 *sq*.

书而未娶寡妇为妻的人[1],杀人几乎总是判处死罪。不过,在许多较低等的种族那里,凶手也要受极刑,把他处死,但这不是由复仇者个人执行,而是由整个共同体或某特殊权威执行。[2]

杀害同类仅仅是丧失生命权的原因之一。在一些地方的人们那里,有些不涉及身体伤害和流血事件的犯罪情形,特别是奸淫,
492 即便未致人死伤,习俗也允许甚至要求受害一方杀死犯事者;[3]我
们也获悉,并非仅仅杀人才适用死刑,叛国[4]、乱伦[5]、奸淫[6]、行巫[7]、渎神[8]、偷盗[9]以及其他罪行[10]都适用死罪。我们能看到,具

① Stephen, *History of the Criminal Law of England*, i. 458 *sqq*. 根据科尔内利法,罗马自由民杀了人,不能以死刑惩处,而只是自意大利流放到外地,而奴隶犯了相似的罪则要处决(Mommsen, *Romisches Strafrecht*, p. 631 *sq*.)。

② 见上文第171、172、189页。Veniaminof,转引自:Petroff, *loc. cit*. p. 152 (Aleuts)。Adair, *History of the American Indians*, p. 150. Morgan, *League of the Iroquois*, p. 331. Harmon, *Journals of Voyages and Travels*, p. 348 (Indians on the east side of the Rocky Mountains). Turner, *Samoa*, pp. 178, 295, 334 (Samoans, natives of Arorae, Efatese). Thomson, in *Jour. Anthr. Inst. xxxi*. 143 (Savage Islanders). Hickson, *A Naturalist in North Celebes*, p. 198 (Sangirese, in former days). Abreu de Galindo, *History of the Discovery and Conquest of the Canary Islands*, p. 27 (aborigines of Ferro). Johnson, *Uganda Protectorate*, ii. 882 (Mutei). Beltrame, *Il Fiume Bianco e i Dénka*, p. 77. 在所有这些情形下,杀人、谋杀都被说成要处以死刑;但在其中的某些情形下,我们的权威可能未能恰当地区分惩处和血族复仇。

③ 见上文第290页及以下。见下文,关于"性道德"。Post, *Studien zur Entwicklungsgeschichte des Familienrechts*, p. 134 *sq*.

④ 见上文第189页。

⑤ 见下文,关于"性道德"。

⑥ 见上文第189页。见下文,关于"性道德"。

⑦ 见上文第189页及以下。

⑧ 见上文第197页。

⑨ 见下文,关于"所有权"。

⑩ 见上文第195页。

体到半开化和开化民族，死刑适用于众多罪名，而其中的许多罪名在我们看来几乎微不足道。[①] 我们已经探讨了司法要求以命偿命这一观念的起源，也探讨了导致实施死刑——其严重性至少从表面上看与罪行的严重性并不相称——的情境因素。[②]

但是，一方面，在那些开化的族群那里，死刑之实施远远超出了同态复仇法的限制；另一方面，我们看到，有些族群却抱有大意如此的看法——死刑甚至不能应用于最残暴的情形。古代哲学家、道家创始人老子谴责死刑，认为死刑无用而轻率。他说，民不畏死，奈何以死惧之？常有专管杀人的人去执行杀人的任务，而“夫代司杀者杀，是谓代大匠斫，希有不伤其手者矣”。[③] 看来孔夫子也不赞成死刑。季康子问孔子：“如杀无道，以就有道，何如？”孔 493
子对曰：“子为政，焉用杀？子欲善而民善矣。”[④]早期的基督徒也谴责死刑乃至其他形式的杀戮；[⑤]但教会掌握权力以后，对死刑的谴责就转换成这种看法——教士、主教不得卷入死刑指控。[⑥] 后来，至少自12世纪以后，教士在通过死刑判决时暂时退场，这一做法实际上是对死刑司法程序的纵容。[⑦] 但一方面，教会向外卖弄

---

① 见上文第186页及以下。

② 见第七章。

③ *Tâo Teh King*，74.

④ *Lun Yü*，xii. 19.

⑤ Hetzel，*Die Todesstrafe*，p. 71 *sqq*. Günther，*Die Idee der Wiedervergeltung*，i. 271. Lactantius，*Divinæ Institutiones*，vi.（‘De vero cultu’）20（Migne，*Patrologiæ cursus*，vi. 708）：“杀戮总是罪孽，上帝不容许兽性。”

⑥ 见上文第381页。Lecky，*History of European Morals*，ii. 39. Laurent，*Études sur l’histoire de l’Humanité*，iv. 223；vii. 233.

⑦ Gerhohus，*De ædificio Dei*，35（Migne，*op. cit*. cxciv. 1282）.

它坚持“教会不嗜血”的原则,[1]常常采用惩罚异教徒的便利办法,把执行死刑交给世俗权力,并祈祷应以“尽可能温和而不流血”的方式——即火刑——惩处罪人。[2] 在现代,贵格会教徒复活了早期基督徒的死刑观点;[3]但主张废除死刑的壮烈运动则源自贝卡利亚与法国百科全书派的著作。

这场运动的强大推动力,就是对人类苦难的同情以及对残害人命的恐惧。这类情感越能自由地发挥作用,关于死刑社会效益的信念,或“只有罪人的死才能抚慰复仇的上帝”的观念,对此类情
494 感的制约就越弱。有人已经提出,死刑威慑犯罪的作用并不比其他惩罚大。依据贝卡利亚,并非痛苦的强度,而是痛苦的持续性对人的心理产生的影响最大;因此,处决罪犯只占用很短的时间,其威慑作用要比长期奴役小,对那些罪大恶极者应当施用后者作为惩罚措施。[4] 再者,死刑执行的情境条件会不可避免地激发公众对罪犯的同情,因而就严重损害了惩罚的示范效能。[5] 人们认为,被处决并不比其他形式的惩处更耻辱;某人死在绞刑架上,这种耻辱还会被他神情自若、视死如归所激发的钦佩所抵消;而某人被囚车拉走,关进牢房,就不存在抵消什么这回事。[6] 统计数据表明,在那些对某些或全部犯罪取消死刑的地方,取消死刑后,犯罪活动并没有变得更频繁;而恢复死刑或执行死刑变得更严厉时,也从未

① Katz, *Grundriss des kanonischen Strafrechts*, p. 54.

② Lecky, *History of European Morals*, ii. 41.

③ Gurney, *Views & Practices of the Society of Friends*, pp. 377 n. 1, 389.

④ Beccaria, *Dei delitti e delle pene*, § 16.

⑤ Romilly, *Punishment of Death*, p. 56 *sqq*.

⑥ *Ibid*. p. 47 *sq*. Hetzel, *op. cit*. p. 454 *sqq*.

能减少被判死罪的案件数量。[①] 而是否实行死刑与其说取决于抽
象司法的要求，不如说取决于保障共同体安全的考虑。杀人偿命
是基于同态复仇法之粗陋理论的一个武断主张；杀人罪轻重程度
各不相同，仅明了这一点，就可轻易驳斥这个主张。[②] 再者，法律
规定了死刑，不能最大程度地伸张正义，反而让不义甚嚣尘上，倒 495
可能导致最高程度的不义。正如边沁所说，“死刑是不可弥补的”；
任何司法判决都可能有错，其他司法错误可以补救，然而人死之后
就无法补救。[③] 而且，不仅无辜者可能会受惩处而无可补救，罪犯
也能轻易逃脱应得的处罚。经验表明，死刑的缺陷在于，它会减少
法律威胁的压制性力量，这是因为，若裁决结果可能是处死，在许
多情形下，证人、法官及陪审员都会竭力避免做出有罪裁定。[④] 最
后，死刑完全忽视了所有法律惩处共有的一个根本性目标，即改造
罪犯。进一步说，把罪犯迅速处死，我们实际上就阻止了他从道德
上改过自新，使他无法展现真诚悔罪之后的成就；我们或许也剥夺
了他成功向他人及高级法庭求得宽恕的机会——我们在处置这类
事情上的傲慢粗鲁，表明我们不适于做出公正的裁决。[⑤]

欧洲的立法自 18 世纪末在死刑方面经历了一场根本性的变

① Mittermaier, *Die Todesstrafe*, p. 150 *sqq*. Olivecrona, *Om dödsstraffet*, p. 130 *sqq*.

② Mittermaier, *op. cit*. pp. 62, 133. von Mehring, *Frage von der Todesstrafe*, p. 19 *sqq*.

③ Bentham, *Rathionale of Punishment*, p. 186 *sqq*. *Cf*. Hetzel, *op. cit*. p. 442 *sqq*.

④ Bentham, *op. cit*. p. 191 *sq*. Mittermaier, *op. cit*. pp. 98 *sqq*., 148.

⑤ Romilly, *op. cit*. p. 3 *sqq*.

化,这固然来自上述这些以及相似主张的影响,但更重要的是由于人们日益不愿剥夺人命。欧洲与美洲的几个国家已正式废除死刑,或者到目前为止从未执行过死刑,[①]在其他地方则实际上把死刑局限在故意谋杀案件。但是仍然有人一如既往地卖力倡导死
496 刑,并赢得了公众感情上的大力支持。有人说,废除死刑就会抹除保卫社会的一个最好的措施;死刑确实能阻止罪犯再次作案;它远远比其他任何惩处更能震慑犯罪;废除死刑的缺失在于,性质大为不同的诸罪行会被放置在同等的基础上;有犯罪倾向的人如果知道只会处以终身监禁,就不会仅仅偷盗,而是同时杀人,因为他明白自己不会因此受到更严重的惩处;等等。像通常的情形那样,他们也诉诸宗教来支持自己的论点。几位作者坚持认为,《圣经》里要求实行死刑的陈述对作为基督徒的立法者具有强制性;[②]我们甚至能看到这样的主张——死刑的目标并非保护公民社会,而是实施上帝的正义,以上帝的名义,"法官应该判决死刑,行刑者应该杀人"。[③] 但是,我敢于相信,现代立法中保留死刑的主要动机,在于立法者乃至大众心理对于同态惩罚原则的强烈依附。只有谋杀案例才通行死刑,这一事实大大支持着上述假定。"常言道,血债血偿,而死刑所导致的痛苦与罪犯造成的痛苦相似,更令人浮想联翩。"[④]

---

① Günther, *op. cit.* iii. 347 *sqq.* von Liszt, *Lehrbuch des Deutschen Strafrechts*, p. 261.

② Mittermaier, *op. cit.* p. 128 *sqq.*

③ Clay, *The Prison Chaplain*, p. 357.

④ Bentham, *Rationale of Punishment*, p. 191.

第二十一章　决斗 497

惩处制度代替了复仇制度，受侵犯一方一般说来就失掉了杀死侵犯者的权利。不过这个规则有一些值得注意的例外。在前一章里我们看到，在各个地方的人们那里，若受到非同寻常的重大挑衅，复仇者杀死了敌手，习俗、法律或者会完全谅解复仇者，或者复仇者只受到较宽大的惩处。[①] 现代决斗是实施复仇、最终夺人性命这一习俗最经久不衰的残存，我们仍需对此花费点笔墨。而关于这一残存，似乎有必要探讨一下决斗习俗作为一个被认可的社会制度的一般情况。

决斗，即先行提出挑战，然后进行一对一的格斗，决斗有时是为了了断不同群体之间敌对状态的一种措施。在新南威尔士的土著人那里，“结束战争的方式常常是双方选取出类拔萃的勇士进行决斗”。[②] 在西维多利亚，部落之间的争端有时通过酋长之间的决斗来解决，双方认可决斗结果为最终结果。“除此之外，就由数量
对等的勇士之间的战斗来解决争端，这些勇士身上抹着红色黏土，498
穿着战服；不过很少真正发生战斗，除非妇女挑起了男人的怒火，

---

① 见上文第 290 页及以下。

② Fraser, *Aborigines of New South Wales*, p. 40.

鼓动他们去战斗。即便如此也很少发生全面战斗,而是由双方勇士进行一对一的决斗:他们步入斗场,相互辱弄,用历连戈[1]打来打去,扭打在一起。决斗中,首先受伤者退出战斗。"[2]在思林凯特人那里,要了断氏族或家族之间的宿怨,通常要靠各方都挑选一个人来进行决斗。[3] 古代著作家告诉我们,为了结束战争,希腊人、罗马人和条顿人同样会协商好,由一定数量的勇士来决斗。[4] 根据塔西佗的记述,日耳曼人了断战争的习俗是,由抓获的一个战俘与自己军队的一名代表进行决斗。[5] 在所有以上事例里,决斗看似都源于迅速实现和平的愿望。

关于其他类型的决斗,胜者会有权利占有彼此争议的财物,或者可以满足复仇雪耻的渴望,这两类决斗的目的都是解决个人之间的争端。

因而,在不信基督教的古代斯堪的纳维亚人那里,只要相信自己的力量,相信自己武艺高超,任何人都可向地主提出挑战,通过决斗要求对方/地主交出土地,这样他就可能获得这笔财产。格斗的规矩很严格;被挑战者可以先发起攻击,谁退缩了或丢掉了武器,就视作失败;谁首先受伤或受伤最重,必须支付一笔数额明确

① 历连戈(liangle),土著居民的武器名,有尖头,约九英寸长。——译者

② Dawson, *Australian Aborigines*, p. 77.

③ Holmberg, 'Ethnographische Skizzen über die Völker des russischen Amerika,' in *Acta Societatis Scientiarum Fennicæ*, iv. 322 *sq*.

④ See Grotius, *De jure belli et pacis*, iii. 20. 43. 1; Grimm, *Deutsche Rechtsalterthümer*, p. 928.

⑤ Tacitus, *Germania*, 10.

的钱，以挽救自己的生命。[①] 在堪察加半岛外的诸岛屿，若丈夫发 499
现情敌跟他的妻子在一起鬼混，他至少会承认情敌拥有要求得到她的平等权利。他会说："那就让我们比试一场，看看谁的权利更大，谁就应该得到她。"然后他们会脱掉各自的衣服，用棍棒击打对方的后背，首先倒在地上无法再忍受攻击之人就失去拥有那个女人的权利。[②] 一个老人告诉纳尔逊先生，古时白令海峡一带的爱斯基摩人中，若一个丈夫与其妻子的情人因这个女人发生了争吵，邻居就会解除他们身上的所有武装，让他们赤手空拳肉搏，或通过摔跤来解决争端，打斗中的获胜者就获得那个女人。[③] 关于奇佩维安人，理查森不止一次看到，某较强壮的男人在获得搏斗胜利之后，要求获得较弱的部族同胞的妻子。他说："任何人都可以向另一人提出搏斗的挑战，如果获胜，他就可以带走败者的妻子作为战利品……这时按习俗丢了妻子的丈夫应认输，平心静气地让渡自己的妻子；他要扳回一局或寻机报复，可以通过同样的方法夺走另一较弱男人的妻子。"[④]依据道森先生，在西维多利亚的诸部落，若某年轻头人没有老婆，却爱上了有两个以上老婆的某头人的某老婆，若这个女人同意，就可以向女人的丈夫提出一对一的挑战，若

① Lea, *Superstitution and Force*, p. 111 *sq*. Keyser, *Efterladte Skrifter*, ii. pt. i. 391. Weinhold, *Altnordisches Leben*, p. 297. von Amira, 'Recht,' in Paul's *Grundriss der germanischen Philologie*, iii. 217 *sq*. Arnesen, *Historisk Indledning til den gamle og nye Islandske Raettergang*, p. 158 *sq*. Rosenberg, *Traek of Livert paa Island i Fristats-Tiden*, p. 98 n.

② Steller, *Beschreibung von dem Lande Kamtschatka*, p. 348.

③ Nelson, 'Eskimo about Behring Strait,' in *Ann. Rep. Bur. Ethn*. xviii. 292.

④ Richardson, *Arctic Searching Expedition*, ii. 24 *sq*.

丈夫被打败,这个女人就成为胜利者的合法妻子。[①] 里德尔先生讲:“在某些方面,澳大利亚土著的报复法与欧洲某些阶级长期奉
500 行的所谓荣誉法旗鼓相当。如谁拐走了别人的妻子,受到伤害的丈夫就得与拐骗者进行一场生死对决;在社会角度看来,致人死命的矛可以修复一方受损的荣誉,或者使另一方的罪行变得正当合理。”[②]在西澳大利亚的土著那里,“个人之间为了了断私人恩怨而决斗,这很常见,人们拔矛相向是为了争得荣誉和确保尊严”。[③]在迪埃利人部落,若某人错误地指责了另一人,被指责者就会向他提出挑战,这样就能通过决斗把事情了断。[④] 关于昆士兰州西北部中央地带土著居民之间的决斗,罗思博士做了一个有趣的描述。若某人感到自己受到了伤害,就会在离开宿营地的某处与施害者进行决斗。决斗时并非要置对方于死地。若持双手剑,决斗者就只是击打对方头部;若持矛,他们只是刺中对方大腿上多肉的部分;若持石刀,他们就只是砍杀对方的肩膀、肋、臀部,最多造成一英寸多深、七八英寸长的伤口。决斗过程中如一方背部向下倒在地面——这个姿势是被击败的标志,意味着躺倒者认输了,不想继续决斗了——就意味着对方不能再用石刀砍杀了。不过事情并未结束:从正义的角度说,这些蒙昧人的决斗之后还有修正纠偏的程

① Dawson, *op. cit*. p. 36. For other instances of rights to women being acquired by duels, see Westermarck, *History of Human Marriage*, p. 159 *sqq*.; Post, *Afrikanische Jurisprudenz*, ii. 23 *sq*. (people of Kordofan).

② Riedel, *Aborigines of Australia*, p. 6.

③ Calvert, *Aborigines of Western Australia*, p. 22.

④ Gason, 'Manners and Customs of the Dieyerie Tribe,' in Woods, *Native Tribes of South Australia*, p. 266.

序要做，而现代欧洲的决斗反而存在诸多缺陷和遗憾。“两个人之间的搏斗最终结束，老人、长老会采取措施查清双方争端的是与非。如果发现获胜者是受害一方，他就要提出充分的理由，例如他刚刚要惩罚的人抢走了他的杜松子酒，试图以死亡之骨[①]害他，或使他招致某种冤屈，搞得他臭名昭著。在如此情形下，任何人都不会也不必采取进一步行动。另一方面，如果获胜者只是自己认为 501
他是受害一方，但他要追责的那些人却不这样看，也不认为他发起决斗的理由足够充分，那么随后，被击败者就会按自己的受伤程度让获胜者经受完全等同的肢体伤害。”而且，如果某一方死于决斗——有时会发生这种事情——获胜者除非能表明自己受到挑衅或有充足理由，否则“就会应议事会要求被以相似方式处死，此前通常还要羞辱一番，让他把自己和死者的坟墓都挖好”。[②] 关于南美的查鲁亚人，阿萨拉写道：“有关各方自己解决特定争端：如果他们不能和平了断恩怨，就用拳头解决，两人中一人获胜，控制了另一人，双方就不再提过往恩怨。他们在决斗中绝不使用武器；不管谁死了，有关各方都不得说什么。”[③]如果一个阿帕切人杀了人，“死者最近的血亲可以处死杀人者。这位亲属有权利提出单打独斗的挑战，是时要当着营地里所有人的面，双方都要服从决斗的结果。没有审讯，没有固定的议事会，没有对犯罪及其原因的例行检视；决斗过程本身就是一场严峻的考验，通过决斗就能把整个事情

① 死亡之骨（*munguni*），一些土著居民的巫术用具。——译者

② Roth, *Ethnological Studies among the North-West-Central Queensland Aborigines*, p. 139 *sq*.

③ Azara, *Voyages dans l'Amerique méridionale*, ii. 16.

摆平。”[1]在中部爱斯基摩人那里,“这类事情可能看起来奇怪:一个谋杀者会访问受害人亲属(尽管他知道社会允许他们出于复仇而杀死他),与他们商讨解决此事的后续办法。他会受到友好的欢迎,有时他会平静地生活数周、数月。接下来的某一天他会突然接到参加摔跤比赛的挑战,如果输了他就被杀死,如果赢了他可以杀
502 死对方中的某一人;要不就是他会在打猎时被同伴突如其来地攻击、杀掉。”[2]理查森听说,某些爱斯基摩人“了断他们之间的争端时,会以拳头击打对方,双方轮流把头部伸给对方击打”。[3] 从前通古斯族人以弓箭进行被称为库驰古拉(*Koutschiguera*)的决斗,规矩是“必须有尊长人士在场,由这些长者划定场地,决定决斗双方之间的距离,只有在他们发出射箭的信号之后,决斗才能真正地开始”。[4] 散塔尔人从前有个长期延续下来的传统,他们“处理人际争端的”习俗就是——若冲突各方是男性,就通过一对一决斗的考验。他们的决斗武器简单粗陋:使用弓、箭或钩子,而不用手枪和刀剑。以此决断荣誉与尊严之事,对某一方来说总是极其重要的;不过后来,随着解决争端的公平措施的引入,这种野蛮时代的残余就消失了。[5] 曼先生也听说,科尔人也曾喜欢决斗甚于其他任何矫正过失的方式。[6] 古代瑞典人的法律甚至迫使荣誉受到伤害的人们进行决斗,以维护他们的尊严。所谓的《海德纳法》——一部

① Cremony, *Life among the Apaches*, p. 293.

② Boas, 'Central Eskimo,' in *Ann. Rep. Bur. Ethn.* vi. 582.

③ Richardson, *Arctic Searching Expedition*, i. 367 *sq.*

④ Georgi, *Russia*, iii. 83.

⑤ Man, *Sonthalia and the Sonthals*, p. 90.

⑥ *Ibid.* p. 90.

古老的异教徒法律的片段——规定，若一个男人对另一人说："你不配做男人，你缺乏一颗男人的心"，并且另一人回答道："我是跟你一样好的男人，不差一丝一毫"，他们就应在一个三条路汇聚的地方碰头，进行一场决斗。若受辱者没出现，他就得承认对方对他的称谓和评判，并且从此以后绝不允许就任何事情发誓或作证。另一方面，若他们都到场并进行了一对一的决斗，被冒犯的一方杀死了挑衅者，则不必做任何赔偿；不过，若挑衅者杀死了对手，则必须赔付一半偿命钱。[①]

这些习俗和规则的存在乃是由各种情境导致。承认决斗是获 503
得对土地、对女人权利的一种方式，这就意味着，在一个没有政府或政府弱小的社会里，民间习俗占据优势；决斗给予被挑战者以对等的条件直面复仇者的机会，由此我们可以追踪大众舆论干预的源头。与赤裸裸的暴力比起来，决斗也能在更大程度上达成确定性的方案；而且，正如我们已经看到的那样，在有些情况下，决斗不过是战斗演习，以此展示哪一方较弱并不得不屈服，决斗可以防止更严重的伤害发生。再者，在其他情况下，挑战可以把冒犯者带入公众视野，否则可能找不着他，并且决斗仅在两个当事人之间进行，如此就能防止家族所有成员相互打架。[②] 作为洗雪耻辱、维护荣誉与尊严的措施，决斗或许比通常的复仇行为更为可取，更受到欢迎；决斗更能体现双方的勇气与果敢，更能赢得别人的尊重。在

---

① Leffler, *Om den fornsvenska hednalagen*, p. 40 *sq*. (in *K. Vitterhets Historie och Antiqvitets Akademiens Månadsblad*, 1879, p. 139 *sq*.). 莱弗勒教授倾向于认为，这种规定曾经从属于更早以前的《西哥特法典》(*op. cit*. p. 35, in the *Månadsblad*, p. 134)。

② *Cf*. Arnesen, *op. cit*. pp. 150, 166 *sq*.

我们提及的几个个案里,决斗显然是一种缓和的复仇形式,是一种以相对无害的方式解决名誉问题的办法,如此说来决斗就比赔偿的做法更有优势;决斗不要求冒犯者付出什么财富,无疑也允许被冒犯者勇敢面对。[①] 据说,昆士兰的土著对一对一决斗中留下的伤口十分骄傲,[②]进行决斗的爱斯基摩人认为"逃避攻击是懦夫行
504 为"。[③] 最后,若双方都自以为得理,决斗或许就被视作最公平的解决争端的方式。有时人们甚至以决斗的方式搞清真相,把决斗视作一场考验,或称"神的裁决"。

中世纪法律的研究者都熟知决斗断讼。除了欧洲,我们在马来半岛也发现了类似的机制。克劳福德在《印度群岛史》里说:"由战斗或决斗来裁决,或经由各种形式的磨难而诉诸神的裁决,这是广为人知的事。马来法律规定,缺乏证据的情况下适用战斗裁决或神判法,原话如下——'若某人谴责另一人而对方否认,且双方都无证人,有关各方就应决斗,或交由融锡或沸油来裁决。'"[④]婆罗洲巴里托河盆地的土著有下述称作哈噶蓝冈(*Hagalangang*)的神判法——"双方各自身处一个箱子里,箱子由椆檬木板条做成,面对面相隔七英寻,高度能到达一般男子胸部。给双方一支削尖了的、状如长矛的竹竿,一旦号令发出就向对方投掷。按照裁判

① 根据斯坦梅茨教授,决斗起源于"对暴力复仇的限制……使得人们以彬彬有礼的决斗取代血腥复仇的力量就是外婚制,是人群之间的亲属关系,是人们对和平的渴望,是人们之间的沟通的不断增进。决斗也带有负面的成分:不由法庭居中裁决,排除了进一步妥协的可能,特别是不讨论经济交换,因而不可能以物质补偿解决冲突。"(Steinmetz,*Studien zur ersten Entwicklung der Strafe*,ii. 67,87)

② Roth,*op. cit.* p. 140.

③ Richardson,*Arctic Searching Expedition*,i. 368.

④ Crawfurd,*History of the Indian Archipelago*,iii. 92.

规则，伤者就会被认作有过错的一方。”[①]在条顿人那里，古代曾有以私人决斗解决争端的习俗，审判性搏斗似乎就是由此习俗发展而来。曾几何时，当地社群尽力废黜复仇行为；以决斗作为司法程序的一种形式，赋予其神判法的特征，无疑是明智的举措。[②] 很可能，在条顿人不信基督教的时期，决斗已经就带有神判法的特征。[③] 一如采用其他神判法那样，若搞不清楚被指控者是否有罪，就会采用决斗的办法。[④] 在一个很难找到可靠证人、迷信大行其 505
道的社会里，诉诸“神的裁决”就省却了收集人证物证的麻烦。艾斯曼这么说法兰克人：“在现场抓获犯事者，或者被指控者坦白，这都是不确定的……由于人们之间是相互依赖的，一个人不会对自己群体中的另一人作不利的证言；他也会由于害怕报复，而不作对另一群体某成员不利的证言。”[⑤]常常有人认为，神判法原本基于这么一种信仰——全知全能的正义之神会保护清白无辜者并惩罚罪犯。下面我会表明，事实并非如此；相反，神判法主要来源于并根植于这么一种观念：相信誓言或咒语是灵验的、有效的。某被怀疑之人或者有罪或者无辜，而神判法实质上就牵涉对此所下的咒语，其目标恰恰就在于搞清怀疑是否正确，而把咒语带回到现实中加以检验。这也适用于判决性搏斗。双方通过战斗决定了有无罪

① Schwaner, *Borneo*, i. 212.

② 达恩讲：“最初决斗根本就不是神的裁决，而只是有关各方处理冲突的一种方式。”（Bausteine, ii. 57）*Cf*. Patetta, *Le ordalie*, p. 178.

③ Patetta, *op. cit*. p. 179.

④ See Unger, ‘Der gerechtliche Zweikampf bei den germanischen Völkern,’ in *Göttinger Studien*, 1847, Zweite Abtheilung, p. 358 *sq*.

⑤ Esmein, *Cours élémentaire du droit français*, p. 96 *sq*.

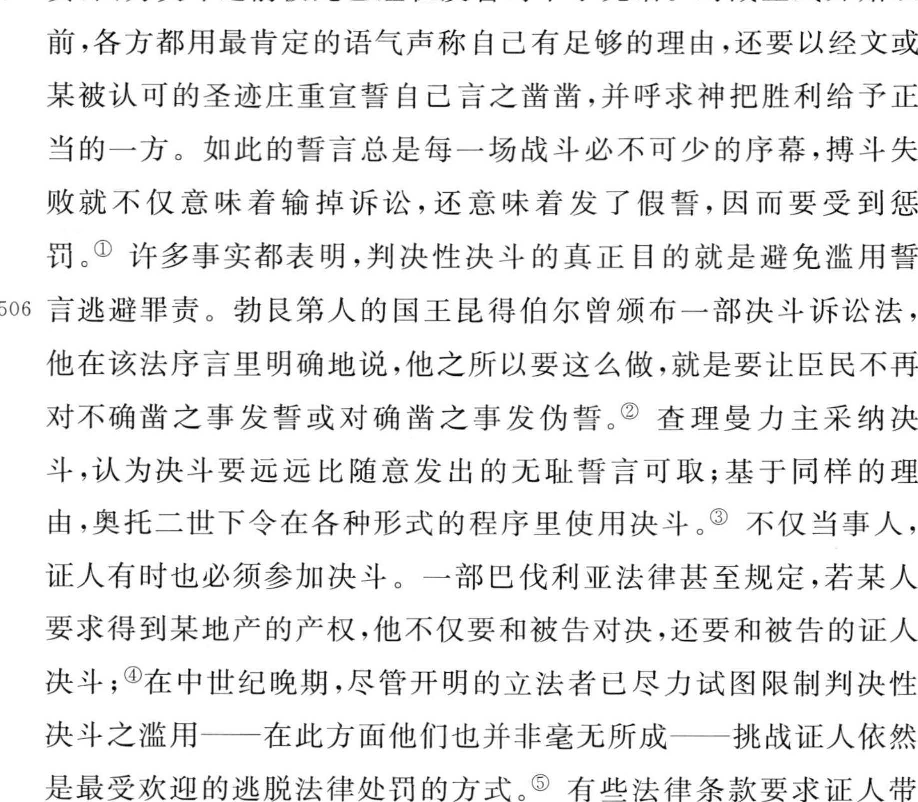

责，因为决斗之前彼此已经在发誓时下了咒语。对战正式开始以前，各方都用最肯定的语气声称自己有足够的理由，还要以经文或某被认可的圣迹庄重宣誓自己言之凿凿，并呼求神把胜利给予正当的一方。如此的誓言总是每一场战斗必不可少的序幕，搏斗失败就不仅意味着输掉诉讼，还意味着发了假誓，因而要受到惩罚。[①] 许多事实都表明，判决性决斗的真正目的就是避免滥用誓
506 言逃避罪责。勃艮第人的国王昆得伯尔曾颁布一部决斗诉讼法，他在该法序言里明确地说，他之所以要这么做，就是要让臣民不再对不确凿之事发誓或对确凿之事发伪誓。[②] 查理曼力主采纳决斗，认为决斗要远远比随意发出的无耻誓言可取；基于同样的理由，奥托二世下令在各种形式的程序里使用决斗。[③] 不仅当事人，证人有时也必须参加决斗。一部巴伐利亚法律甚至规定，若某人要求得到某地产的产权，他不仅要和被告对决，还要和被告的证人决斗；[④]在中世纪晚期，尽管开明的立法者已尽力试图限制判决性决斗之滥用——在此方面他们也并非毫无所成——挑战证人依然是最受欢迎的逃脱法律处罚的方式。[⑤] 有些法律条款要求证人带

① *Lex Baiuwariorum*, ii. 1. Jourdan, Decrusy, and Isambert, *Recueil général des anciennes lois françaises*, ii. 840 *sqq*. Bracton, *De Legibus et Consuetudinibus Angliæ*, fol. 141 b *sq*., vol. ii. 438 *sqq*.:“神会助我，神意如此。”Lea, *Superstition and Force*, p. 166 *sq*. Brunner, *Deutsche Rechtsgeschichte*, ii. 415. von Amira, ‘Recht,’ in Paul's *Grundriss der germanischen Philologie*, iii. 218. Unger, *loc. cit*. p. 386. Tuchmann, in *Mélusine*, iv. 130.

② *Leges*, *Burgundionum*, Leges Gundebati, 45.

③ Lea, *op. cit*. p. 118.

④ *Lex Baiuwariorum*, xvii. 2. (xvi. 2).

⑤ Beaumanoir, *Coutumes du Beauvoisis*, lxi. 58, vol. ii. 398. Lea, *op. cit*. p. 120 *sq*. Unger, *loc. cit*. p. 379 *sqq*.

着武器出庭，作证以前要把武器放在圣坛上为武器祈福。[1] 在开始决斗前为武器祈福的做法[2]，无疑就是要赋予武器神圣性，或增强武器本来就带有的神圣性，以便更有效地让诅咒得以实现；通常人们对武器有着迷信般的敬重，因而面对武器立下的誓言被认为特别有约束力。[3] 判决性决斗主要是因为与誓言相联系而成为搞清真相的方式，并具有相应的效能，由于法术往往趋于融入宗教，决斗就很容易被看作是吁求神之正义，这正如诅咒转化为祈祷，作 507
伪誓则变成对神的冒犯。

在多数欧洲国家，中世纪结束以后还存在判决性决斗。[4] 导致其衰微及最终消失的原因多种多样。在早期，宗教理事会及教皇已宣布反对判决性决斗，[5]但几无成功；事实上，许多牧师不仅纵容而且授权准许判决性决斗，教堂和修道院的财产发生争议也要靠决斗解决。[6] 以下是其他一些更重要的原因：社群在增长，它们献身于和平之术，在工商业中追求自己的利益，享用备办好的、

[1] Lea, *op. cit.* p. 120.

[2] Esmein, *op. cit.* p. 95.

[3] For the worship of, and swearing by, weapons, see Du Cange, 'Juramentum super arma,' in *Glossarium ad scriptores mediæ et infimæ Latinitatis*, iii. 1616 *sq.*; Grimm, *Deutsche Rechtsalterthümer*, pp. 165, 166, 896; Pollock, *Oxford Lectures*, p. 269 *sq.* n. 1; Joyce, *Social History of Ancient Ireland*, i. 286 *sq.* 在摩洛哥，面对武器立下的誓言也被看得特别庄重。

[4] Lea, *op. cit.* p. 199 *sqq.* 然而，在英格兰，直至 1819 年才正式立法废弃决斗(Stephen, *History of the Criminal Law of England*, i. 249 *sq.*)。

[5] Du Boys, *Historie du droit criminel des peuples modernes*, ii. 182. Lea *op. cit.* p. 206 *sqq.*

[6] Robertson, *History of the Reign of the Emperor Charles* V. i. 357 *sq.* 'Notitia gurpitionis,' in Bouquet, *Recueil des historiens des Gauls et de la France*, ix. 729.

长期稳定法庭的便利;罗马法在复兴,并开始动摇各种封建制度的根基;[1]在与贵族的斗争中,王室权力抬头;启蒙、开明日益受欢迎,其力量越来越强大,而迷信则走向式微。尽管最终司法法庭废止了决斗,但决斗之事并未销声匿迹。在16世纪,判决性决斗式微,荣誉决斗开始流行。[2] 巴克尔公允地讲:“以战斗来判决的做法消失后,人们仍坚持旧习俗,更喜欢采用决斗了事”;[3]因此判决性决斗可看作现代决斗之父。[4] 教会和国家自然想禁止这种野蛮、血腥风气的残存。特伦多会议宣布,“决斗之可憎习俗系由恶
508 魔设计出来,恶魔意欲让人身流血死亡,从而让灵魂堕落”,应把决斗从基督教世界彻底驱除,不仅是主犯与从犯,而且任何就决斗提出建议的人,或以任一其他方式劝说某人参与决斗的人,乃至在场的旁观者,都应驱逐出教会并永受诅咒。[5] 在英格兰,克伦威尔的议会毅然要阻止此习俗。[6] 1600年苏格兰的一部法律规定,未经国王许可而参加决斗,当处以死刑。[7] 大约在同一时期,西班牙议会通过一部法律,规定参与决斗的各方都要以叛乱罪论处。[8] 1602年,法兰西的亨利四世颁布一项法令,规定任何发出挑战、接

① Lea, *op. cit.* pp. 200-205, 211 *sq.* Unger, *loc. cit.* p. 392 *sqq.*

② Storr, 'Duel,' in *Encyclopœdia Britannica*, vii. 512.

③ Buckle, *Miscellaneous and Posthumous Works*, i. 386. *Cf.* Bosquett, *Treatise on Duelling*, p. 79.

④ Storr, *loc. cit.* p. 511.

⑤ *Canons and Decrees of the Council of Trent*, Session xxv. 19, p. 274 *sq.*

⑥ Pike, *History of Crime in England*, ii. 192.

⑦ Hume, *Commentaries on the Law of Scotland*, ii. 281. Erskine, *Principles of the Law of Scotland*, p. 560.

⑧ Truman, *Field of Honor*, p. 70.

受挑战或充作从犯的人都要以死罪论处；[①]路易八世执政期间也颁布了几项针对决斗的法令[②]；1626 年颁布了一项新法令，任何在决斗中杀死对手的人，两次发出与人决斗之挑战的人——这种行为本身就是犯罪——都要处以死刑。[③] 但所有这些法令都见效甚微，甚至毫无效果。据说，1601—1609 年这八年期间，法国有两千名贵族出身的男性卷入决斗；根据舍伯里的赫伯特勋爵——他是路易八世宫廷的使节——若一个法国人未曾在决斗中杀人，几乎就不会受待见。[④] 罗伯逊这样评论决斗："不管一个习俗多么荒唐，如果它已经长期存在，或者由其盛行时代的行为方式和偏见里获取力量，它就不会仅仅由于颁布法律法规而被废止。"[⑤]尽管有法律明确禁止决斗，严处在决斗中杀人的人，有时甚至以谋杀论 509
处，[⑥]许多欧洲国家仍然认可和盛行决斗之俗；大众舆论如此支持决斗，以致有关法律条文很少落实甚至从未施用。

我们在现代文明中仍可发现的这种自己来执法的奇怪习俗，部分是由于立法者不够关注破坏他人名誉之罪行，[⑦]部分是由于习惯的力量。被侮辱者发现法律不足以洗雪自己受到的侮辱，就决定自己复仇，向肇事者提出挑战搏击一场。复仇并不是他的唯

① Isambert, Taillandier, and Decrusy, *Recueil général des anciennes lois françaises*, xv. 351 *sq*.

② *Ibid*. xvi. 21, 106, 146.

③ *Ibid*. xvi. 176, 179.

④ Storr, *loc. cit*. p. 512.

⑤ Robertson, *op. cit*. p. i. 66.

⑥ Günther, *Die Idee der Wiedervergeltung*, iii. 225, n. 467. Stephen, *History of the Criminal Law of England*, iii. 99 *sqq*. Gelli, *Il duello*, p. 21.

⑦ *Cf*. Bentham, *Theory of Legislation*, p. 299 *sqq*.

一动机。他也想要通过表明自己重视荣誉胜于生命而洗雪耻辱。这个观念——发出生死挑战就洗净了侮辱给一个人名誉造成的污迹——乃是古风的留存,那个时代的人们认为,受尊敬之人首先得是一个勇者。[①] 通过勇敢的表现,被冒犯一方表明自己不该受到蔑视和嘲弄,如表现懦弱就是置自身于不幸之境地。从司法角度讲,只要不被当作神的裁决看待,决斗当然也就会成为荒谬之事。决斗迫使被侮辱者直面某肆意冒犯者刚刚施加的伤害,决斗可以以致命一击让恶棍受到应有的惩罚。而在一个人的荣誉面临危险之际,司法的声音和效果往往软弱无力,古老习惯的压力会变得比任何时候都大。在相似情形下,通常会发生这样的事:人们提出一些多多少少显得空洞的观点来支持决斗这种残存。卡姆斯勋爵认为,若两人同意以单打独斗裁决彼此之间的争议,国家不应介入,因为他们不需要借助国家给他们提供的保护。[②] 但是,事实上决

510 斗并非两个人之间的私人事务。正如摩尔所说的那样,“与拒绝决斗相伴而生的是,他要生活在一个被如此这般羞辱的环境中,人们会责备他卑贱、懦弱,公众会刻意蔑视他,他生活的私人小圈子也对他避之唯恐不及,于是决斗之外的解决之道显得既残酷又不人道”;[③]似乎国家应该保护国民不再被此类环境所迫参加决斗。有人说,决斗“紧握法律所丢下的正义之剑,惩处任何法条所不惩处

① 巴克尔指出,现代决斗是骑士制度演化出的特别结果(Buckle, *History of Civilization in England*, ii. 136 *sq.*)。

② Kames, *Sketches of the History of Man*, i. 415 n.

③ Moore, *Full Inquiry into the Subject of Suicide*, ii. 276.

的事情——蔑视和侮辱”。[①] 但是我们发现，那些不再流行决斗的国家颁布了禁止侮辱他人的法律，设置了名誉侵权法庭；特别值得一提的是，尊重和维护个人荣誉和尊严的观念已经相当开明和细致，这些都已经使决斗显得既无用处又荒唐，成为无人想要复活的陈腐之物。

① 转引自：Millingen，*History of Duelling*，i. 300。

511 第二十二章　身体伤害

与生命权利密切联系的是身体完整性的权利。确实，总的来说，杀人实质上是可能施加的身体伤害中最为严重的，但也有某些形式的虐待比死亡本身更可怕。[①]

就身体伤害而言，若其他情形相同，罪行的严重性与施加的伤害成正比。我们看到，在文明的较低阶段，存在以眼还眼、以牙还牙的原则，或者冒犯者必须为伤害付出足够赔偿。[②] 据说，《摩奴法典》有这样的规定，若殴打他人的目的是让他人痛苦，法官就应按造成痛苦的严重程度处以罚金。[③] 按照伊斯兰法律，对故意伤害、肢体毁损的行为可以报复，但也可以用罚金代替。使人五官之一残疾，使人重伤，使人终生严重毁容，或砍掉唯一存在、无可替代
512 的人体部位，例如鼻子，与杀人同罪；损毁人体上两个同样的部位

---

① *Cf*. Stephen, *History of the Criminal Law of England*, iii. 11.

② Post, *Afrikanische Jurisprudenz*, ii. 61 *sqq*. Munzinger, *Ostafrikanische Studien*, pp. 208 (Takue), 502 (Barea and Kunama). Burton, *Two Trips to Gorilla Land*, i. 105 (Mpongwe). Maclean, *Compendium of Kafir Laws and Customs*, p. 61 *sq*. Macpherson, *Memorials of Service in India*, p. 82 (Kandhs). Earl, *Papuans*, p. 83 (Papuans of Dory). Kubary, *Die socialen Einrichtungen der Pelauer*, p. 74 (Pelew Islanders). Petroff, 'Report on Alaska,' in *Tenth Census of the United States*, p. 105 (Thlinkcts).

③ *Laws of Manu*, viii. 286.

之一，例如一只手或一只脚，要付偿命钱的一半；损毁人体十个相似部位之一，例如一个手指或一个脚趾，要付偿命钱的十分之一。[①] 在一定程度上讲，早期条顿人的许多法律典籍对人体伤害罚金的区分幅度是很小的。[②] 按照萨利克法律的一些文本，损毁他人的一只手、一只脚、一个眼睛或鼻子，赔付一百苏勒德斯——偿命钱的一半；大拇指和大脚趾则值五十苏勒德斯；拉弓的食指值三十五苏勒德斯。[③] 至于其他暴力伤害行为，罚金依不同情形而定；例如，是用棍子殴打还是握拳殴打，脑袋是否被打破，是否有骨头暴露出来，有多少骨头暴露出来，血是否从伤口流出到地上，等等。[④] 在盎格鲁-撒克逊法律里，几乎人体的每一部位，每一牙齿、脚趾、指甲，都有其价格。例如，按照埃赛尔波尔特的法律，打掉大拇指要赔付二十先令，一个大拇指甲值三先令，食指值八先令，小拇指值十一先令。[⑤] 在早期凯尔特法律里，针对不同程度伤害厘定的罚金数额都力求准确无误。[⑥] 看一下爱尔兰法律处理身体伤害的方式，我们就能明白，这是在采用做买卖的通行做法处理整个事件。如果对被伤害者而言，失去的器官本来就没有用处，"例如

① Lane, *Manners and Customs of the Modern Egyptians*, p. 120. Sachau, *Muhammedanisches Recht*, p. 764.

② Wilda, *Strafrecht der Germanen*, p. 729. Stemann, *Den danske Retshistorie indtil Christian V.'s Lov*, p. 658. Stephen, *History of the Criminal Law of England*, i. 56. Lappenberg, *History of England under the Anglo-Saxon Kings*, ii. 422.

③ *Lex Salica*, edited by Hessels, coll. 163-167, 170, 172-177, 179.

④ *Ibid*. col. 100 *sqq*.

⑤ *Laws of Æthelbirht*, 54.

⑥ *Ancient Laws of Ireland*, iii. pp. cix., 349. *Venedotian Code*, iii. 23 (*Ancient Laws and Institutes of Wales*, p. 151 *sqq*.). *Dimetian Code*, ii. 17 (*ibid*. p. 246 *sqq*.). *Gwentian Code*, ii. 6 *sq*. (*ibid*. p. 340 *sq*.).

病入膏肓的老年人,罚金的厘定不是依据他某一身体器官的缺失,
513 而是他受伤害的严重程度”。[①] 除此之外,读到古代爱尔兰法律的下述规定也几乎会把人惊呆——若某人身体事先已经伤残,并曾获取部分或全部赔偿,以后此人再受伤害,罪犯可以认为,此人不应列入被损害之人,故不必为赔偿损害估价。[②]

然而,犯罪的严重程度不仅依赖于施加的痛苦,也依赖于相关方的地位;在某些情形下,施虐是准许的,甚至被视作一种责任。

暴力虐待父母就严重违背了孝道。《汉谟拉比法典》里说,殴打父亲者,砍手。[③] 根据《出埃及记》,“打父母的,必要把他治死”。[④] 在朝鲜,殴打父亲者,斩首。[⑤] 另一方面则允许父母体罚自己的孩子;不过并非所有地方都这样——事实上,在一些较低等种族那里,儿童从来不受体罚或很少受到体罚。[⑥] 澳大利亚的迪埃

① *Ancient Laws of Ireland*, iii. 355.

② *Ibid*, iii pp. cix., cxi., 349, 351.

③ *Laws of Hammurabi*, 195.

④ *Exodus*, xxi. 15.

⑤ Griffis, *Corea*, p. 236.

⑥ Curr, *Recollections of Squatting in Victoria*, p. 252 (Bangerang tribe). Angas, *Savage Life and Scenes in Australia*, i. 94 (tribes of the Lower Murray). Calvert, *Aborigines of Western Australia*, p. 30 *sq*. Lumholtz, *Among. Cannibals*, p. 192 *sq*. (Northern Queensland aborigines). Kubary, ‘Die Palau-Inseln in der Südsee,’ in *Journal des Museum Godeffroy*, iv. 56 (Pelew Islanders). Man, *Sonthalia and the Sonthals*, p. 78. von Siebold, *Die Aino auf der Insel Yesso*, p. 11. Murdoch, ‘Ethnological Results of the Point Barrow Expedition,’ in *Ann. Rep. Bur. Ethn.* ix. 417 (Point Barrow Eskimo). Boas, ‘Central Eskimo,’ *ibid*. vi. 566. Richardson, in Franklin, *Journey to the Shores of the Polar Sea*, p. 68 (Crees). Lumholtz, *Unknown Mexico*, p. 274 (Tarahumares). Rautanen, in Steinmetz, *Rechtsverhältnisse*, p. 329 (Ondonga). See also Steinmetz, *Ethnologische Studien zur ersten Entwicklung der Strafe*, ii. ch. Vi. § 2, especially p. 203; *Idem*, ‘Das Verhältnis zwischen Eltern und Kindern bei den Naturvölkern,’ in *Zeitschrift fur Socialwissenschaft*, i. 610 *sqq*.

利人从不体罚儿童，若妇女违背了此项法律，反过来她的丈夫要打她。① 麦克唐纳先生讲，埃法特人“看到欧洲人惩治自己的孩子，感到震惊；我从未见过埃法特人殴打孩子”。② 霍尔先生访问过的爱斯基摩人从不体罚孩子；“如果一个孩子做错了事，例如发火了， 514
母亲会保持沉默，直到孩子平静下来。接着母亲才会好言好语跟他沟通，这样效果就很好。”③在巴塔哥尼亚的德卫尔彻人那里，“儿童在每一方面都受到纵容和溺爱，他们骑最好的马，不因任何过失而受惩治”。④ 在卡菲尔人的盖卡部落，父母可以体罚自己的孩子，不过，若造成他们人身的永久伤害，如失去一只眼睛或一颗牙齿，就要受到惩处。⑤

关于丈夫处置妻子的权力，常见的是体罚妻子的权利，而不是处死妻子的权利；但即便是在蒙昧人、野蛮人那里，也并不总是授予丈夫体罚妻子的权利。帛琉群岛岛民不允许丈夫殴打妻子。⑥在爱斯基摩各部落，即使发生过殴打妇女的事，也是很罕见的。⑦在中部爱斯基摩人那里，丈夫“不许虐待或惩处妻子；否则她就可以在任何时候离开他，妻子的母亲也可以要求他们离婚”。⑧ 多数北美

① Gason, 'Manners and Customs of the Dieyerie Tribe,' in Woods, *Native Tribes of South Australia*, p. 258.

② Macdonald, *Oceania*, p. 195.

③ Hall, *Arctic Researches*, p. 568.

④ Musters, *At Home with the Patagonians*, p. 197.

⑤ Brownlee, in Maclean, *Compendium of Kafir Laws and Customs*, p. 118.

⑥ Kubary, 'Die Palau-Inseln,' in *Jour. des Museum Godeffroy*, iv. 43.

⑦ King, in *Jour. Ethn. Soc.* i. 147. *Cf.* Murdoch, *loc. cit.* p. 414.

⑧ Boas, in *Ann. Rep. Bur. Ethn.* vi. 579.

印第安人认为，打老婆是不体面之事。[①] 在卡尔梅克人那里，男人无权对妇女动手。[②] 马迪人妇女从不受殴打。[③] 在翁东加人那里，男子不许殴打妻子。[④] 在卡菲尔人的盖卡部落，“丈夫可以因妻子行为不当体罚她；不过若他打坏了她的眼睛或某颗牙齿，或致其伤
515 残，就要依酋长的判决接受惩处。”[⑤]按照马六甲的土著法律，“男子可以打妻子，但不能像殴打奴仆那样，也不能致其流血”；否则就要受到惩处。[⑥] 根据伊斯兰法律，丈夫可以惩治刁钻的妻子，不过不能造成很大痛苦，也不能让她受伤。[⑦]《摩奴法典》里这样写道：“妻子、儿子、奴仆、学生或一母同胞的弟弟，若有过失，可以以绳子、竹片殴打，但只能殴打身体的背面，绝不能殴打前面；如殴打前面，则以盗贼论处。”[⑧]在欧洲，古罗马人表达的这一思想——“殴打妻子或孩子，其罪一如亵渎圣灵”[⑨]——既未被古代条顿人接受，[⑩]也未被中世纪立法者采纳。根据《日德兰法典》，丈夫可以以棍条惩治妻子，但不能使用武器；他也必须留心不得打坏她的任一

① Waitz, *Anthropologie der Naturvölker*, iii. 101. *Cf*. Powers, *Tribes of California*, p. 178 (Gallinomero).

② Liadov, in *Jour. Anthr. Inst*. i. 405.

③ Ratzel, *History of Mankind*, iii. 40.

④ Rautanen, in Steinmetz, *Rechtsverhältnisse*, p. 329.

⑤ Brownlee, in Maclean, *op. cit*. p. 117.

⑥ Newbold, *British Settlements in the Straits of Malacca*, ii. 311 *sq*.

⑦ Sachau, *Muhammedanisches Recht*, pp. 10, 44, 849.

⑧ *Laws of Manu*, viii, 299 *sq*.

⑨ Plutarch, *Cato Major*, xx. 3.

⑩ Nordström, *Bidrag till den svenska samhällsforfattningens historia*, ii. 61 *sq*. Stemann, *op. cit*. p. 323 *sq*.

肢体。[①]《博韦习惯法》里说，若妻子对丈夫扯谎，咒骂他，或不服
从他的“合理”命令，或基于某相似理由，丈夫可以殴打妻子，但不
得杀死她或致其伤残。[②] 在俄罗斯农民和南斯拉夫农民那里，[③]大
众舆论仍然允许丈夫体罚妻子。在俄罗斯，“新郎把新娘引领到她
未来的家的时候，会不时用鞭子轻轻抽打她，每打一下就说，‘忘掉
你家的规矩，学会我家的规矩’。一旦他们入了卧室，丈夫就对妻 516
子说，‘帮我脱掉靴子’。妻子就立即服从丈夫的命令，脱掉靴子，
这时她会发现一只靴子里有个鞭子，象征着丈夫对妻子人身的权
威。这个权威意味着丈夫有控制妻子行为的权利，意味着丈夫只
要认为合适，就有权用语言或殴打来惩治妻子。16 世纪一位俄罗
斯作家认为，人身惩戒是适当的，甚至对健康有益，这一看法仍然
被农村居民所接受……习惯法法庭似乎认可使用那样的惩治措
施，不干预夫妻之间的关系。‘绝不要裁决丈夫和妻子之间的争
吵’是流行的俗语，仍由农村法庭所严格遵守，这些法庭拒不接受
被侵害妇女的申诉，至少在丈夫的体罚尚不足以危及妻子生命或
肢体的时候是这样。”[④]

① *Jydske Lov*, ii. 82.

② Beaumanoir, *Coutumes du Beauvoisis*, lvii. 6, vol. ii. p. 333：“当妻子对丈夫撒谎，对丈夫进行诅咒，或是违背丈夫合理的指令，拒绝做为人妻分内之事，法律允许男人殴打妻子，但不可致死或致残。若出现上述情况，丈夫可以责打妻子……丈夫应该责打妻子，并采取他认为对改善现状有利的任何手段，但不可杀人，亦不可打人致残。”

③ Krauss, *Sitte und Brauch der Südslaven*, p. 526.

④ Kovalewsky, *Modern Customs and Ancient Laws of Russia*, p. 44 *sq*. *Cf*. Meiners, *Vergleichung des ältern und neuern Russlandes*, ii. 167 *sq*.; *Idem*, *History of the Female Sex*, i. 160.

似乎在那些存在奴隶制的地方,主人有权利体罚奴隶,只是主人不能砍掉奴隶的任一肢体。按照中国刑法,只要不危及奴仆的生命,主人或主人的亲属可以以任意方式体罚有罪奴仆,而不受法律制裁;[①]但反过来,“凡奴婢殴主人者,……不分首从,皆斩杀之”。[②] 在希伯来人那里,若主人打伤了男奴或女奴的一只眼睛、一颗牙齿或身体的任一其他部位,他必须让受伤者获得自由,而使以色列自由民受到身体伤害则要严格按照法律惩处。[③] 在北美蓄
517 奴州以及所有欧洲政权的殖民地,主人可以任意殴打奴隶,不过若致使奴隶残废,就要处以罚金,或被监禁短短的三五天。[④]

甚至开明的立法者也认为,虐待他人的奴隶,就是对主人而非对奴隶的伤害。按照伊斯兰法律,自由民伤害了一个奴隶所要支付罚金的多少,视奴隶的价值而定。[⑤]《查士丁尼法学总论》里讲,“若某人以残酷的方式鞭打他人的奴隶,这种情况下可以起诉他”,但主人不能起诉以拳头殴打奴隶的人。[⑥] 1740 年的《黑奴法案》规定,若无充足理由或合法权威殴打奴隶,并且若奴隶因殴打而伤残或丧失劳动能力,犯事者应按日向奴隶主人支付“十五先令现金,赔偿奴隶每日所浪费的时间,并支付奴隶的医药费用”。[⑦] 不过,

① *Ta Tsing Leu Lee*, sec. cccxiv. p. 340.

② *Ibid*. sec. cccxiv. p. 338.

③ *Exodus*, xxi. 24 *sqq*.

④ 'Negro Act' of 1740, § 37, in Brevard, *Digest of the Public Statute Law of South Carolina*, ii. 241. Stephen, *Slavery of the British West India Colonies*, i. 36 *sq*. Edwards, *History of the British West Indies*, ii. 192.

⑤ Lane, *Manners and Customs of the Modern Egyptians*, p. 120.

⑥ *Institutiones*, iv. 4.3.

⑦ Brevard, *op. cit*. ii. 231 *sq*.

若殴打奴隶未影响奴隶给主人提供服务，犯事者按惯例不受法律制裁。马里兰州高等法院的一项决定明确了该州的一条法律原则，即主人侵犯、殴打奴隶，除非导致奴隶失去服务能力，否则不构成侵害。[①] 另一方面，如果犯事者是奴隶而受害者是白人，就会以 518
非常不同的方式对待造成的伤害。佐治亚州1770年通过的一项法案写道："凡奴隶胆敢殴打白人者……再犯者处以死刑：若奴隶致使白人受到严重创伤、伤残或瘀伤，即使仅仅初犯，也处以死刑。"[②]甚至英国诸殖民地最近颁布的改良性法律也规定，黑奴袭击、殴打白人，试图殴打白人，与白人打斗，抵抗白人，就是犯罪；若白人受伤——有些岛上甚至无此条件——犯事者就面临死刑、肢解等严重惩处。[③] 按照古代威尔士的一项法律规定，"自由民殴打奴隶，赔付十二便士……奴隶殴打自由民，砍掉其右手或右脚。"[④]按照中国法律，自由民殴伤奴婢者，"减凡人一等"；而"凡奴婢殴良人者，加凡人一等"。[⑤]

---

① Harris and Johnson, *Reports of Cases argued and determined in the General Court and Court of Appeals of the State of Maryland*, i. 4. 据我所知，在所有蓄奴州里，肯塔基是唯一一个采取如下做法的州——任何人未经奴隶主同意而殴打、虐待奴隶，即使奴隶受伤并不太重，尚可服侍主人，主人都可就该人的侵犯行为提出诉讼(Morehead and Brown, *Digest of the Statute Laws of Kentucky*, ii. 1481)。依据田纳西州1813年颁布的法案，"肆意、无充足理由"殴打、虐待他人奴隶者，要受到惩处(Caruthers and Nicholson, *Compilation of the Statutes of Tennessee*, p. 678)。

② Prince, *Digest of the Laws of the State of Georgia*, p. 781.

③ Stephen, *Slavery of the British West India Colonies*, i. 188. Edwards, *History of the British West Indies*, ii. 202 *sq*.

④ *Gwentian Code*, ii. 5.31 *sq*. (*Ancient Laws and Institutes of Wales*, p. 339). For ancient Swedish law on this subject, see *Gotlands-Lagen*, i. 19.37.

⑤ *Ta Tsing Leu Lee*, sec. cccxiii. p. 336.

即使双方都是自由民,他们所处的阶级、地位也常常会影响到身体伤害的惩处、罚金。在马雷亚人那里,平民伤害另一平民,只要为伤害付出赔偿即可,平民伤害贵族,必须把所有财产赔付给贵族并做他的奴隶。[①] 在清迈,因人身袭击要付的赔偿“变化很大,
519 依申诉方的地位而定”。[②] 在奥塞梯人那里,伤害一个贵族的肢体,要付出伤害一个普通自由民肢体两倍的赔偿。[③]《汉谟拉比法典》有下述条款——“若某人伤了某绅士的眼睛,也要让他的眼睛受伤。若他打伤了某绅士的肢体,也要打伤他的肢体。若他伤了某穷人的眼睛,或打伤了某穷人的肢体,他只需赔付一迈纳银币。若某人打掉了与他同等地位者的一颗牙齿,也要打掉他的一颗牙齿。若被他打掉牙齿的是穷人,他只需赔付三分之一迈纳银币。”[④]根据《摩奴法典》,若较低种姓者伤害了属于三个高等种姓中任一种姓的某人,应砍掉犯事者的肢体;[⑤]若他发怒而故意殴打一个婆罗门,即使是用一棵草,“也要在低贱的动物腹内轮回二十一次”。[⑥] 在早期条顿和凯尔特法律里,我们也能发现这一原则——因身体伤害而获得的赔偿依有关各方的地位而定。[⑦]

① Munzinger, *Ostafrikanische Studien*, p. 244.

② Colquhoun, *Amongst the Shans*, p. 132.

③ von Haxthausen, *Transcaucasia*, p. 409.

④ *Laws of Hammurabi*, 196-198, 200 *sq*. *Cf*. *ibid*. 202 *sqq*.

⑤ *Laws of Manu*, viii. 279.

⑥ *Ibid*. iv. 1 66. *Cf*. *ibid*. iv. 167.

⑦ Kemble, *Saxons in England*, i. 134. *Ancient Laws of Ireland*, iii. p. cxi. *Dimetian Code*, ii. 17. 17 (*Ancient Laws and Institutes of Wales*, p. 248). *Gwentian Code*, ii. 7.13 (*ibid*. 342). de Valroger, *Les Celtes*, p. 470. Innes, *Scotland in the Middle Ages*, p. 180.

我们已经注意到，特别是在文化演进的早期阶段，人们在估价
人命的时候，会区分同部落人、同胞与外乡人。涉及其他身体伤
害，人们也做出相似的区分。这最明显地体现在虐待被击败的敌
人上。坎查岱人虐待抓获的男性战俘的方式包括“火烧，砍成碎
片，剖出活人内脏，倒着吊死”。[①] 有些达科他人捉到战俘后，“就
把他们绑到木桩上，在杀死他们之前让妇女折磨、肢解他们”；[②]据 520
说北美印第安人的许多其他部族“用最残忍的手段把俘虏折磨致
死”。[③] 埃利斯说，社会岛岛民的战争是最残忍而最具毁灭性的；
他们“千方百计地寻求和发明施虐的新花样”。[④] 另一方面，蒙昧
人也会以较为人道的方式对待战俘，这类例子并不少见。多布里
茨霍费尔告诉我们，“阿比泊尼人憎恶虐待俘虏、虐待敌人的做法，
他们从不折磨将要死去的人”；[⑤]索马里人从不伤害在战斗中受重
伤的敌人。[⑥] 文明国家认为，若无助于达到战争目标，战时就不应
对敌人施加更大的伤害。

宗教及民族的差别也影响保持身体完整性的权利。按照伊斯兰法律，与伤害一个穆斯林比起来，对一个犹太人或基督徒做出相似伤害只需赔付三分之一的金额，伤害一个帕西人只需赔付十五

① Krasheninnikoff, *History of Kamschatka*, p. 200.

② Dorsey, 'Omaha Sociology,' in *Ann. Rep. Bur. Ethn.* iii. 313.

③ Adair, *History of the American Indians*, p. 388.

④ Ellis, *Polynesian Researches*, i. 293. *Cf.* Williams, *Narrative of Missionary Enterprises*, p. 533 (Samoans); Foreman, *Philippine Islands*, p. 185; Ellis, *Tshi-speaking Peoples of the Gold Coast*, p. 172 *sq.*

⑤ Dobrizhoffer, *Account of the Abipones*, ii. 411.

⑥ Paulitschke, *Ethnographie Nordost-Afrikas*, p. 255.

分之一。[①] 中世纪西班牙的一部法律规定,基督徒殴打犹太人只需赔付四个马拉维第币,而犹太人殴打基督徒则要赔付十个马拉维第币。[②]

若犯了罪,就可能丧失保持身体完整性的权利。我们曾讲过,
521 按照以牙还牙的原则,人们常常憎恶身体伤害;[③]在其他情形下,施加肉体折磨,如肢体毁损、鞭笞等,是常见的刑罚。在所谓的文明人那里,尤为盛行切除或毁掉犯事者肢体。[④]《汉谟拉比法典》[⑤]及《摩奴法典》[⑥]常常提及此类事情。希腊人[⑦]、罗马人[⑧]及条顿人[⑨]那里都曾发生此类事情。中世纪的法典里包含着这方面的众

① Sachau, *op. cit.* p. 764.

② 'Fuero de Sepulveda,' art. 37 *sq.*, 转引自: Du Boys, *Histoire du droit criminel de l'Espagne*, p. 74。

③ 见上文第 178 页及以下。See also *Laws of Hammurabi*, 196,, 197, 200; *Exodus*, xxi. 24 *sq.*; *Leviticus*, xxiv. 19 *sq.*; *Deuteronomy*, xix. 21; *Koran*, v. 49; Sachau, *op. cit.* p. 762 *sq.* (Muhammedan law); Leist, *Alt-arisches Jus Gentium*, p. 426 *sq.* (Greeks); *Lex Duodecim Tabularum*, viii. 2; Günther, *Idee der Wiedervergeltung*, p. 186 *sqq.* (Teutons).

④ 关于现代波斯的此类案例,参见: Polak, *Persien*, i. 256, 329 *sq.*; 关于菲斯的案例,参见: Leo Africanus, *History and Description of Africa*, ii. 470。《古兰经》(v. 42)要求,偷盗者,以砍手处置,但伊斯兰国家现在很少实行这种惩罚。我只知道低等种族惩处越轨之人的少数事例。在阿散蒂人那里,与王室女奴私通,以阉割处置(Ellis, *Tshi-speaking Peoples of the Gold Coast*, p. 287);在坎查岱人那里,对经常因盗窃被捉的小偷,要烧他的手(Krasheninnikoff, *op. cit.* p. 179)。

⑤ *Laws of Hammurabi*, 192, 194, 195, 218, 226, 253.

⑥ *Laws of Manu*, viii. 270-272, 279-283, 322, 334, 374; xi. 105.

⑦ Günther, *op. cit.* i. 94 *sqq.*

⑧ *Ibid.* i. 155 *sqq.*

⑨ *Ibid.* i. 195 *sqq.* Wilda, *op. cit.* p. 510. Grimm, *Deutsche Rechtsalterthümer*, p. 740.

多事例。[①]《阿尔弗列德法典》规定，男奴奸污女奴，阉割；[②]后来的布拉克顿为奸污处女者保留了同样的惩罚，此外还要求犯事者也应失去双眼，“因为他先是看到了这位女子的美丽而垂涎欲滴，进而占有了这名处女”。[③] 依据克努特法典，通奸的妇女应砍掉鼻子、耳朵。[④] 爱塞斯坦下令，伪造货币者砍掉右手；[⑤]而到了后来，这项惩罚只适用于国王在场时殴打任何人或在国王宫廷内殴打任何人。[⑥] 按照苏格兰的成文法，对伪造或篡改文书之罪的刑罚，起初是砍掉手，后来是砍手之外再加上其他苦刑。[⑦] 在有些国家，作伪证者会丢掉犯事的手指或右手，[⑧]在其他国家则要割掉舌头或 522
以滚烫的烙铁刺穿舌头；[⑨]在诺曼征服以前，若某英格兰人诬告和造谣中伤，就可能丢掉舌头。[⑩] 在17世纪的苏格兰，某人因诽谤

① Du Boys, *Histoire du droit criminel des peuples modernes*, ii. 699. *Idem*, *Histoire du droit criminel de l'Espagne*, p. 94. Cibrario, *Economia politica del media eve*, i. 346 *sq*.

② *Laws of Alfred*, ii. 25.

③ Bracton, *De Legibus et Consuetudinibus Angliæ*, fol. 147, vol. ii. 480 *sq*.

④ *Laws of Cnut*, ii. 54.

⑤ *Laws of Æthelstan*, 14.

⑥ Strutt, *View of the Manners, Customs, &c., of the Inhabitants of England*, iii. 43.

⑦ Erskine, *Principles of the Law of Scotland*, p. 571.

⑧ Stemann, *op. cit.* p. 645. Charles V.'s *Peinliche Gerichts Ordnung*, art. 107, p. 235. Pollock and Maitland, *History of English Law before the Time of Edward I*. ii. 453. Günther, *op. cit.* ii. 57.

⑨ Du Boys, *Histoire du droit criminel des peuples modernes*, ii. 699. *Idem*, *Histoire du droit criminel de l'Espagne*, p. 599 *sq*. Pitcairn, *Criminal Trials in Scotland*, iii. 539.

⑩ Pollock and Maitland, *op. cit.* ii. 539.

最高刑事法官而被判刺穿舌头。[1] 即便到了18世纪,我们在德意志和奥地利的法律里还能找到惩处犯事者肢体这一原则的踪迹;[2]在法国,这一原则的最后残存——处决杀害父母者之前要砍掉其右手——直到1832年才消失。[3] 人们的情感变得更加文明,因而人们憎恶在司法过程中施行肉刑;在多数欧洲国家,现在成年罪犯不再施用任何形式的肉刑。[4]

肉刑通常偏向用于惩处贫苦的平民或奴隶。[5] 普鲁塔克说,殴打及施虐性语言似乎更适用于奴隶而非自由民。[6] 依据印度教的宗教法律,婆罗门犯了任何罪都不适用肉刑。[7] 在希伯来人[8]和穆斯林[9]那里,在罗马人[10]那里,在中世纪的欧洲[11],对毁损肢体的
523 惩处通常可以代之以罚金。在基督教欧洲以及不信基督教的罗马帝国时期,[12]在很长一段时期内,罪犯越无助,这种惩处就越野蛮。

① Rogers, *Social Life in Scotland*, ii. 35.

② Günther, *op. cit.* ii. 55-57, 65; iii. 79.

③ Chauveau and Hélie, *Théorie du Code Pénal*, iii. 394.

④ See von Liszt, *Le droit criminel des états européens*, *passim*; Wrede, *Die Körperstrafen bei alien Völkern*, *passim*.

⑤ 关于此类事例,参见:the *Laws of Manu*, viii. 267, 279。

⑥ Plutarch, *De educatione puerorum*, 12.

⑦ *Baudhâyana*, i. 10.18.17. *Institutes of Vishnu*, v. 2.

⑧ Günther, *op. cit.* i. 55.

⑨ *Ibid.* i. 74 *sq.* Lane, *Manners and Customs of the Modern Egyptians*, p. 120. Sachau, *op. cit.* p. 764. 按照伊斯兰法律,受害方可不接受赔偿,从而不取消对犯事者毁损肢体的惩处。

⑩ Günther, *op. cit.* i. 124 *sqq.* Mommsen, *Römisches Strafrecht*, p. 981.

⑪ Du Boys, *Histoire du droit criminel des peuples modernes*, ii. 557 *sq.* Strutt, *op. cit.* ii. 8.

⑫ *Cf.* Mackenzie, *Studies in Roman Law*, p. 414 *sq.*

卢瓦塞尔说："犯了罪的恶棍要比贵族经受更严重的肉刑……恶棍丢掉性命，或者失去肢体的某一部分，贵族则失去荣誉，并在法庭做出答辩。"[①]事实上，奴隶会因最轻微的违法而招致肉刑，贵族却可免除任何肉刑。[②] 相似地，一个人的社会地位也影响他与司法刑讯有关的身体完整性权利。依据中国的刑法，"凡应八议之人[礼所当优]……不合[用刑]拷讯"。[③] 在罗马共和国时期，肉刑只适用于奴隶。[④] 中世纪的基督教世界远比任何异教徒国家更流行肉刑，也更为冷血、残忍，并且针对传播异端邪说及叛国罪的情况，肉刑适用于所有阶层。[⑤] 不过，对贵族和僧侣阶层施加的肉刑要轻于普通平民，要证明他们适用于肉刑，必须提供更有说服力的证据。[⑥] 迪穆兰讲："贵族及有素质之人，不能如低下、粗鄙阶层之人般轻易付诸肉刑。"[⑦]瓜齐尼是优秀的意大利法学家，在刑讯法最盛行、最成熟的时期，他是此法公认的阐释者。他认为，对一个人
施肉刑，要考虑到他的年龄、体质、精神面貌、社会地位；[⑧]他补充 524
道，即使明确认定有罪，主教以及有上等社会地位的人士也免于肉刑。[⑨]

① Loysel, *Institutes coutumières*, vi. 2.31 *sq.*, vol. ii. 219 *sq.*

② Du Boys, *Histoire du droit criminel de l'Espagne*, p. 469.

③ *Ta Tsing Leu Lee*, sec. cccciv. p. 441.

④ Mommsen, *Römisches Strafrecht*, p. 405.

⑤ Suarez de Paz, *Praxis ecclesiastica et secularis*, v. 1.3.12, fol. 154 b. *Cf.* Lecky, *Rise and Influence of the Spirit of Rationalism in Europe*, i. 328.

⑥ Lea, *Superstition and Force*, p. 526 *sq.*

⑦ Dumoulin，转引自：Welling, 'Law of Torture,' in *The American Anthropologist*, v. 210 *sq.*。

⑧ Guazzini, *Tractatus ad defensam inquisitorum*, xxx. 4.24, vol. ii. 86.

⑨ *Ibid.* xxx. 17, vol. ii. 102 *sq.*

几乎不需要对施加身体伤害有关的道德观念做什么评论了。这些道德观念建基于同情性憎恶的原则之上，而根据各方之间的相对关系，人们把特定权利赋予某些人而把特定义务赋予其他人，于是道德观念就存在着变异；它们也如有关杀人的观念那样遵循着同样的规则，当然，这要排除源自害怕死者灵魂或源自对杀人之宗教恐惧的所有那些考虑。但是，有一点需要特别注意。对他人人身的暴力干涉不仅引起身体上的痛苦，通常还使受伤害者蒙受耻辱。这就大体上能说明这一事实——一个人的身体完整性权利依其社会地位发生的变化非常之大。[1] 甚至在低等种族那里，我们也能发现这样的观念——身体暴力行为是粗暴的凌辱，肉刑要比其他任何形式的惩处更能羞辱罪犯。按照马来法律，“可以不事先知会国王或贵族而处死的人，包括奸淫者、叛国者、不处死就无法捉拿的盗贼、如击打面部这样屡次严重冒犯他人者”。[2] 在毛利人那里，以拳头殴打会导致武装搏斗。[3] 思林凯特人认为，肉体上

525 的惩处是一个自由民所能遭受的最大侮辱，因而他们从不施肉刑。[4] 准备以死刑惩处某些罪犯的文明国家也认为，鞭笞乃臭名昭著的惩处举措，不予实施。

---

① *Cf. Dimetian Code*, ii. 17.17 (*Ancient Laws and Institutes of Wales*, p. 248)：依据法律，所有人的肢体都具有同等价值；即使国王的肢体被打得骨折了，它也与恶棍的肢体具有同样价值；但是，如果国王或贵族肢体被打得骨折，因其受辱而要支付的罚金要高于恶棍肢体骨折受辱的罚金。See also *Gwentian Code*, ii. 7.12 *sq.* (*ibid.* p. 342)

② Crawfurd, *History of the Indian Archipelago*, iii. 105 *sq.*

③ Shortland, *Traditions and Superstitions of the New Zealanders*, p. 227.

④ Holmberg, Ethnograph. Skizzen uber die Völker des russischen Amerika,' in *Acta Societatis Scientiarum Fennicæ*, iv. 321.

第二十三章　慈善与慷慨 526

在前面几章里，我们检视了人们如何看待他人的生命和身体健康——这体现在关于杀人和施加身体伤害的道德观念上。现在我们就从另一角度考察同样的主题，即评估那些积极促进同类生存与物质上舒适的行为。

有一种责任极为普遍且显而易见，因而很少被提及：假使要让孩子活下去，母亲就有哺育孩子成长的责任。我认为，人类所具有的另一种同样原始的责任是已婚男人所义不容辞的：让家人衣食无忧并保护其安全。我们能在蒙昧世界的各个角落发现这种责任。

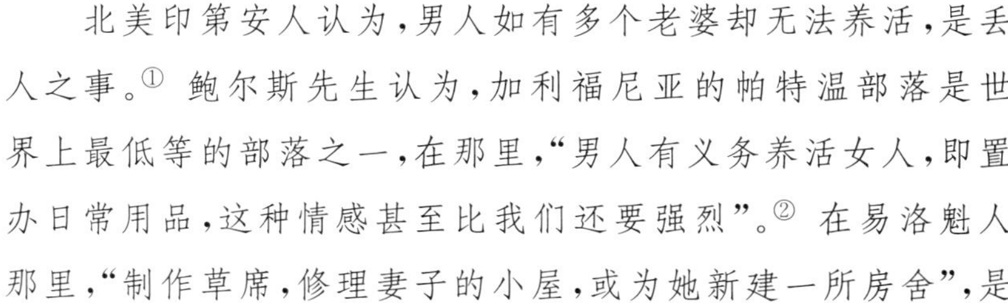

北美印第安人认为，男人如有多个老婆却无法养活，是丢人之事。[①] 鲍尔斯先生认为，加利福尼亚的帕特温部落是世界上最低等的部落之一，在那里，“男人有义务养活女人，即置办日常用品，这种情感甚至比我们还要强烈”。[②] 在易洛魁人那里，“制作草席，修理妻子的小屋，或为她新建一所房舍”，是

---

① Waitz, *Anthropologie der Naturöolker*, iii. 109. Carver, *Travels through the Interior Parts of North America*, p. 367.

② Powers, *Tribes of California*. p. 222.

527 丈夫的责任。丈夫狩猎的成果,在婚后第一年里理所当然地属于妻子,以后就与妻子平分,不管她是一直待在村子里还是伴随他狩猎。[①] 在博托库多人那里,女孩结婚的年龄很小,她要在父亲家里一直住到青春期后才能跟丈夫生活在一起,即便是丈夫不与她住在一起的这段日子,他也有义务供养妻子。[②] 在巴拉圭查科草原的伦瓜印第安人那里,若丈夫遗弃了妻子,通常这个妇女的孩子生下来就会因养育问题被溺死,新为人母者心知在婚姻生活中男人才应为孩儿提供肉食。[③] 阿扎拉说,在查鲁亚人那里,“一个男子结婚的时候,他就要自立门户,干活养家糊口了”。[④] 关于火地人,据说“只要一个年轻人能够通过努力捕鱼、捉鸟养活妻子,女方亲戚就会同意这门婚事”。[⑤] 关于锡兰生活条件艰苦的维达人,“公众认可婚姻义务及养活家庭的责任”。[⑥] 在马尔代夫人那里,“男人可以同时拥有四个妻子,但前提条件是他能养活她们”。[⑦] 据说纳尔人认为丈夫有义务为妻子提供食物、衣服和装饰品;[⑧]施瓦纳博士说,婆罗洲东南部巴里托河地区的各部落也是如此。[⑨] 在新不列颠的食人土著那里,头人必须留心战士的家

① Heriot, *Travels through the Canadas*, p. 338.

② von Tschudi, *Reisen durch Südamerika*, ii. 283.

③ Hawtrey, in *Jour. Anthr. Inst.* xxxi. 295.

④ Azara, *Voyages dans l'Amérique méridionale*, ii. 22.

⑤ King and Fitzroy, *Voyages of the "Adventure" and "Beagle,"* ii. 182.

⑥ Tennent, *Ceylon*, ii. 441.

⑦ Rosset, 'Maldive Islands,' in *Jour, Anthr. Inst.* xvi. 168 *sq.*

⑧ Stewart, 'Notes on Northern Cachar,' *Jour. Asiatic Soc. Bengal*, xxiv. 614.

⑨ Schwaner, *Borneo*, i. 199.

> 庭得到适当供养。[1] 关于汤加岛民，马里纳说："已婚妇女就是与一个男人同居的人，住在他的屋檐下，受他保护。"[2]在毛利人那里，"妇女的责任是添丁加口，男人的责任则是保护自己的家"。[3] 关于南澳大利亚的库尔奈人，豪伊特先生说："男人必须在女人辅助下供养自己的家庭。他的责任就是狩猎以养活家庭成员，战斗以保护家庭成员。"[4]在非洲的拉多，新郎必须三次向自己的岳父保证自己将保护妻子，此时要让人们 528
> 到现场来见证。[5] 在图阿雷格人那里，遗弃妻子的人会受到谴责，因为他本已承担了养活妻子的责任。[6]

在许多低等种族那里，除非男人能拿出某种证据表明自己有能力养活、保护家庭，否则就不许娶妻。[7] 事实上，男人有义务供养家庭的观念与关于婚姻、关于为父之道的观念密切联系，以至有时被遗弃的带着孩子的妻子也至少在一定程度上由前夫供养。[8] 丈夫去世的时候，供养妻子和孩子的责任就移交给他的后继者，男人娶自己过世弟兄遗孀这一广泛流行的习俗，不仅是一项特权，在许多地方的部族那里甚至是一项责任。[9]

---

① Angas, *Polynesia*, p. 373.

② Mariner, *Natives of the Tonga Island*, ii. 167.

③ Johnston, *Maoria*, p. 28 *sq*.

④ Fison and Howitt, *Kamilaroi and Kurnai*, p. 206.

⑤ Wilson and Felkin, *Uganda*, ii. 90.

⑥ Chavanne, *Die Sahara*, p. 209. *Cf*. Hanoteau and Letourneux, *La Kabylie*, ii. 167.

⑦ Westermarck, *History of Human Marriage*, p. 18.

⑧ *Ibid*. p. 19.

⑨ *Ibid*. p. 511 *sq*.

现在转向已经达到较高文明阶段的人们。阿布舒格说，在穆斯林那里，“若孩子既贫苦又未成年，或既贫苦又长期体弱，或既贫苦又精神不健全”，父母有义务养家和供养孩子。[①] 不过这项责任显然落在父亲肩上，因为母亲甚至有资格为哺育子女而要求得到薪水。[②] 佛教国家的律法走得更远，甚至规定父母应该为儿子找一个美貌的妻子并分给他一份家产。[③] 有人已经注意到，儒家经典未提及父亲应为子女承担什么真正的责任；[④]《摩西十诫》[⑤]里也
529 没有这方面的内容；古代希腊或罗马的法律也没有。[⑥] 不过，法律规定之缺乏乃是由于人们认为这些规定多此一举，天性和天理本身已足以让男人履行对子女的责任，这一点已经恰当论证过。[⑦] 因此，同理，不管丈夫对妻子拥有多么大的权力，他都应养活妻子，这被视作理所当然之事。在罗马人那里，*manus* 一词不仅意味着妻子服从丈夫，也意味着丈夫有保护妻子的义务。[⑧]

父母照料子女的责任首先基于父母之爱的情感。在人类当中，母亲对子女的情感是普遍存在的，这一事实广为人知，不证自

---

① Sachau, *Muhammedanisches Recht*, p. 18.

② *Ibid*. p. 99 *sq*.

③ Hardy, *Manual of Budhism*, p. 495.

④ Faber, *Digest of the Doctrines of Confucius*, p. 82.

⑤ 摩西十诫是上帝借以色列先知摩西之口向以色列民族颁布的十条诫命。其中第四条诫命为：“当记念安息日，守为圣日。六日要劳碌做你的工，但第七日是向耶和华你神当守的安息日……”关于摩西十诫，见《旧约圣经·出埃及记》。——译者

⑥ Leist, *Græco-italische Rechtsgeschichte*, p. 13.

⑦ *Ibid*. p. 13. Schmidt, *Ethik der alten Griechen*, ii. 141. Adam Smith, *Theory of Moral Sentiments*, p. 199 *sq*.

⑧ Rossbaeh, *Untersuchungen über die römische Ehe*, p. 32. *Cf*. *Laws of Manu*, ix. 74, 75, 95.

明；但父亲对子女之爱并非如此。通常认为，在野蛮人里，男人对自己的子女很冷漠；不过对事实的详细考察让我们得出不同的结论。在低等种族那里，似乎父亲的情感并非不如母亲的情感那么普遍，尽管父亲的情感很可能没有那么强烈，并在许多情况下明显要弱。不过，男人也相当频繁地表现出较强烈的父爱，即便在最粗鲁的蒙昧人那里也是如此。关于巴塔戈尼亚人某酋长的个案常为人们引用，他把一篮子鸡蛋递给自己的小儿子，小儿子却把鸡蛋撒落了一地，由于一时冲动，他以极度的暴力把小儿子摔死在石头上。我们只有这么一个野蛮冲动行事的例子。而同样是这一位父亲，在其他时间，在供养、保护自己的孩子上，“本来是最勇敢、最坚韧、最有自我奉献精神的”。[1] 相似地，澳大利亚中部的土著居民在一时冲动、头脑发昏之际，有时也会残忍对待孩子；不过在通常情况下，他们对自己的孩子体贴而考虑周全，男人及女人在跋涉之中感到疲劳的时候还带着孩子，只要有食物他们总是留心孩子能 530
否吃到一份。很少有例外发生。[2] 所有权威资料都承认，澳大利亚黑人热爱自己的孩子。[3] 豪伊特先生讲：“通过观察澳大利亚边

① King and Fitzroy, *op. cit.* ii. 155. *Cf. ibid.* ii. 154; Musters, *At Home with the Patagonians*, p. 196 *sq.*

② Spencer and Gillen, *Native Tribes of Central Australia*, p. 50 *sq.*

③ Curr, *The Australian Race*, i. 402; iii. 155. *Idem*, *Recollections of Squatting in Victoria*, p. 252. Angas, *Savage Life and Scenes in Australia*, i. 94. Brough Smyth, *Aborigines of Victoria*, i. 51; ii. 311. Ridley, *Aborigines of Australia*, p. 23. Eyre, *Journals of Expeditions of Discovery into Central Australia*, ii. 214 *sq.* Sturt, *Expedition into Central Australia*, ii. 137. Calvert, *Aborigines of Western Australia*, p. 30 *sq.* Taplin, 'Narrinyeri,' in Woods, *Native Tribes of South Australia*, p. 15. Gason, 'Manners and Customs of the Dieyerie Tribe,' *ibid.* p. 258. Hill and Thornton, *Aborigines of New South Wales*, pp. 2, 4. Fraser, *Aborigines of New South Wales*, pp. 2, 44. Lumholtz, *Among Cannibals*, p. 193.

远地区的一些部落,我可以自信地断言,土著人品格中的一个显著特征就是爱自己的孩子。我不记得见过哪位父母痛打、虐待过孩子;就像在我们这里一样,要想成为善良慈爱的父母,一条捷径就是留心孩子的状况,夸奖和欣赏孩子。在澳大利亚某一土著居住地,一个小孩子死掉了,其嫡亲父母乃至整个亲属圈都悲痛欲绝,就是在最文明的社会里,最喜爱孩子的父母在孩子夭折后也不过如此。”[①]据称,低等蒙昧人的一些代表,例如维达人[②]和火地人[③],都同样体贴自己的孩子。很少有别的族群像斐济人那样背负着残忍这一坏名声,但即使是批评斐济人品格最激烈的那些人也承认,他们所展现的父母之爱,“有时甚至值得称羡”;[④]而依据另一位权威,“看到父母如此依恋自己的孩子,真的令人感动”。[⑤] 上刚果地区的班加拉人“一时会为嗜血的欲望所支配,沉溺于最可怕的暴
531 行……接着就会发现他们走近自己的家,路上一心憧憬着妻子、孩子的爱抚”。[⑥] 卡弗断言,他从未见过其他地方的人们像北美的瑙多韦西人父母那样对子女展现出如此的慈爱。[⑦] 在巴罗角一带的印第安人那里,“父母极其疼爱孩子”;[⑧]对整个印第安人来说似乎

① Fison and Howitt, *op. cit.* p. 189. *Cf. ibid.* p. 259.

② Bailey, 'Wild Tribes of the Veddahs of Ceylon,' in *Trans. Ethn. Soc. N. S.* ii. 291. Deschamps, *Carnet d'un voyageur au pays des Veddas*, p. 380.

③ King and Fitzroy, *op. cit.* i. 76; ii. 186. Weddell, *Voyage towards the South Pole*, p. 156. Pertuiset, *Le Trésor des Incas à la Terre de Feu*, p. 217.

④ Williams and Calvert, *Fiji and the Fijians*, p. 116.

⑤ Seemann, *Viti*, p. 193. *Cf. ibid.* p. 194.

⑥ Ward, *Five Years with the Congo Cannibals*, p. 141. *Cf. ibid.* p. 139.

⑦ Carver, *op. cit.* p. 240 *sq. Cf. ibid.* p. 378 *sq.*

⑧ Murdoch, 'Ethnological Results of the Point Barrow Expedition,' in *Ann. Rep. Bur. Ethn.* ix. 417.

也是这样。[1] 关于阿留申人，维尼亚密诺夫很早以前就写道："尽管父母总是饥饿而死，孩子们却常常能吃饱吃好。最可口的食物，最好的衣服，总是留给他们。"[2]胡珀先生也发现，父母之爱在楚科奇人那里表现得最为强烈；"土著万分溺爱自己的孩子"。[3] 事实上，可以列举无数事实，证明父母之爱并非文明后期的产物，而是我们所知的蒙昧人心灵的通常特征。[4] 532

① Hall, *Arctic Researches*, p. 568. Parry, *Second Voyage for the Discovery of a North-West Passage*, p. 529. Boas, 'Central Eskimo,' in *Ann. Rep. Bur. Ethn.* vi. 566. Turner, 'Ethnology of the Ungava District,' *ibid.* xi. 191. Seemann, *Voyage of "Herald,"* ii. 65. Cranz, *History of Greenland*, i. 174.

② Veniaminof，转引自：Dall, *Alaska*, p. 397。*Cf. ibid.* p. 393; Petroff, 'Report on Alaska,' in *Tenth Census of the United States*, p. 158.

③ Hooper, *Ten Months among the Tents of the Tuski*, p. 201.

④ Dobrizhoffer, *Account of the Abipones*, ii. 214 *sq.* Wied-Neuwied, *Reise nach Brasilien*, ii. 40 (Botocudos). Wallace, *Travels on the Amazon*, p. 518 *sq.* (Amazon Indians; but on the Brazilian Indians generally, *cf.* von Martius, in *Jour. Roy. Geo. Soc.* ii. 198, and *Idem*, *Beiträge zur Ethnographie Amerika's*, i. 125). Im Thurn, *Among the Indians of Guiana*, pp. 213, 219. MacCauley, 'Seminole Indians of Florida,' in *Ann. Rep. Bur. Ethn.* v. 491. Dunbar, 'Pawnee Indians,' in *Magazin of American History*, viii. 745. Catlin, *North American Indians*, ii. 242. Ten Kate, *Reizen en onderzoekingen in Noord-Amerika*, p. 364 *sq.* Sproat, *Scenes and Studies of Savage Life*, p. 160 (Ahts). Franklin, *Journey to the Shores of the Polar Sea*, p. 68 (Crees). Elliott, 'Report on the Seal Islands,' in *Tenth Census of the United States*, p. 238. Krasheninnikoff, *History of Kamschatka*, p. 232 (Koriaks). Georgi, *Russia*, i. 25 (Laplanders); iii. 13 (Tunguses), 158 (Kamchadales). Castrén, *Nordiska resor och forskningar*, ii. 121 (Ostyaks). Prejevalsky, *Mongolia*, i. 71. Scott Robertson, *Káfirs of the Hindu-Kush*, p. 189. Blunt, *Bedouin Tribes of the Euphrates*, ii. 214. Dalton, *Descriptive Ethnology of Bengal*, p. 68 (Garos). Marshall, *A Phrenologist amongst the Todas*, p. 200; Shortt, 'Hill Tribes of the Neilgherries,' in *Trans Ethn. Soc. N. S.* vii. 254 (Todas). Kloss, *In the Andamans and Nicobars*, p. 228 (Nicobarese). Man, *Sonthalia and the Sonthals*, p. 78. Wallace, *Malay Archipelago*, p. 450 （接下页注释）

处理利他主义情感的起源的时候,我们会发现,有理由相信,父母之爱不仅在现在的人们——不管是蒙昧人还是文明人——那里流行,它从一开始就属于整个人类,母爱的起源同样如此。如此一来,男性就与女性待在一起,直至子女出生,男性也在女性怀孕期间及成为母亲之后保护、供养女性。确实,据说在一些地方的蒙昧人群那里,不存在夫妻之爱;关于黄金海岸一带的土著,埃利斯少校说过这样的话——在这些土著那里,"不存在欧洲人所理解的

(接上页注释) (Malays). Schwaner, *op. cit.* i. 162 (Malays of the Barito River Basin in Borneo). Low, *Sarawak*, p. 148 (Malays). Bock, *Head-Hunters of Borneo*, p. 210 (Dyaks). Ling Roth, *Natives of Sarawak and British North Borneo*, i. 68 (Land Dyaks). Forbes, *A Naturalist's Wanderings in the Eastern Archipelago*, p. 321 (natives of Timor-laut). Forbes, *Insulinde*, p. 182 (natives of Ritobel). Seligmann, in *Reports of the Cambridge Anthropological Expedition to Torres Straits*, v. 199; Haddon, *ibid.* v. 229, 274 (Western Islands). Romilly, *From my Verandah in New Guinea*, p. 51. Chalmers, *Pioneering in New Guinea*, p. 163. Christian, *Caroline Islands*, p. 72 (Ponapeans). Kubary, 'Die Bewohner der Mortlock Inseln,' in *Mittheilungen der Geogr. Gesellsch. in Hamburg*, 1878-9, p. 261. Macdonald, *Oceana*, p. 195 (Efatese). Turner, *Samoa*, p. 317 (natives of Tana). von Kotzebue, *Voyage of Discovery*, iii. 165 (Natives of Radack). Mariner, *op. cit.* ii. 179 (Tongans). Dieffenbach, *Travels in New Zealand*, ii. 26, 107; Crozet, *Voyage to Tasmania*, p. 66 (Maoris). Dove, 'Aborigines of Tasmania,' in *Tasmanian Journal of Natural Science*, i. 252. Reade, *Savage Africa*, p. 245 (Equatorial Africans). Casati, *Ten Years in Equatoria*, i. 186 (Central African Negroes). Caillié, *Travels through Central Africa*, i. 352 (Mandingoes). Holub, *Seven Years in South Africa*, ii. 296 (Marutse). Livingstone, *Missionary Travels*, p. 126 (Bechuanas). Johnston, *Uganda Protectorate*, ii. 539 (Pigmies). Sparrman, *Voyage to the Cape of Good Hope*, i. 219 (Hottentots). Shaw, 'Betsileo Country and People,' in *Antananarivo Annual and Madagascar Magazine*, iii. 82. 另见上文第 405 页; Steinmetz, 'Verhältnis zwischen Eltern und Kindern bei den Naturvölkern,' in *Zeitschrift für Socialwissenschaft*, i. 610 *sqq.*; *Idem*, *Ethnologische Studien zur ersten Entwicklung der Strafe*, ii. ch. vi. § 2.

那种爱”。[①] 这句话比较典型地体现了那种意思。不过我认为，一个蒙昧人的爱肯定非常不同于一个文明人的爱；但是我们可以发现，二者具有相同成分的踪迹。即使粗鲁的蒙昧人，例如布须曼人、火地人、安达曼岛民、澳大利亚土著，似乎也常常深情地依恋他们的妻子。[②]

父母之爱的普遍存在说明了家庭（由父母及孩子组成）的起源 533
以及男人作为父亲和丈夫的功能。这些情感不断变得强烈，自然增进了家庭关系的稳定性；其他带有自私性质的因素也促成了同样的结果。从各种角度来看，对男人来说，拥有孩子是值得向往之事。孩子是男人骄傲的对象；孩子长大以后，就能使他更加安全，更有权力；他去世以后，孩子们会为他的魂灵奉上祭品。拥有一个妻子也同样有益。子代繁衍不再局限于一年里的某个特定季节，她成为肉体上、感受上欢愉的持久源泉；她抚育着孩子；她收拾家务、打理家事；她搬运东西，她在地里干活。

由于习惯能持续存在，每一种社会制度都有成为道德关怀议题的倾向。不过那些最朴素的父母责任要比纯粹的习惯力量具有更深的基础。如果一个男人离开他的妻子和孩子，不再保护、供养他们，共同体的其他成员就会同情他们，并对这名疏忽的丈夫和父亲感到愤怒。他会被看作他们受苦的原因，因为他没有做其他男人在他的位置上本来会做的事。每一个拥有那些情感——他被证明没有这些情感——的人都会反感他。人们会认为他有违背契约

① Ellis, *Tshi-speaking Peoples of the Gold Coast*, p. 285. 我在我的《人类婚姻史》(p. 356 *sqq*.)一书里谈到了这个问题。

② *Ibid*. p. 358 *sq*.

之咎,因为结婚以后,他就背负着供养妻子及其共同子女的责任。深思之人会认为,由于他使得自己的孩子出生,他对自己孩子的责任就进一步增大了,因此他也是自己孩子的苦难之源。最后,整个共同体会因为他的疏忽而受苦。

直到子女能够自谋生计,父母都有照料他们的责任。另一方
534 面,轮到父母需要他人供养的时候,子女就做出报答,赡养父母。杀死或遗弃衰老父母的习俗即使在蒙昧世界里也只是一个例外,而且就像我们已经看到的那样,它只限于一些极端的个案——这时它可能被视为体贴之举或不得已之举。据说,有一些蒙昧部族,父母年老之后艰难度日,他们的孩子却疏于照料甚至听之任之。但是,就我所知,并没有很多人这样行事,他们也基本上不能代表任何较大族群所共有的习俗。

根据赫恩,"年老是北部印第安人可能面临的最大灾难;因为他不能劳动以后,甚至他自己的孩子都忽视他,以极大的不敬对待他。他们不仅让他最后用餐,而且通常只让他吃最粗劣的食物;他们用自己不打算穿的兽皮,以最笨拙的方式做成衣服,供年老的父母穿用。"[①]不过在同一部族那里,理查森看到了"几个确凿无疑的事例,子女对他们的父母表现出柔情与爱,即便给自己带来许多不便,也尽力顺从父母的一时喜好"。[②] 鲍尔斯先生在他关于加利福尼亚土著部落的作品里写道:"不能说孝道是瓦拉基人的一个显著特征,实际上任何

① Hearne, *Journey to the Northern Ocean*, p. 345 *sq*.

② Richardson, *Arctic Searching Expedition*, ii. 17.

印第安人都没有这一特征。老迈之人不管地位多高，都被视作负担。身经百战的老人，有的还曾是‘狮心和鹰眼的主人’，但视力衰退不再能如往昔那般操纵飞矢的时候，就只能屈辱地跟随儿子一道进入森林，用他那老迈可怜的肩膀把他们打死的猎物扛回家。”[1]不过，关于上加利福尼亚的印第安人，比齐写道：“只要一有亲属身体不适，人们就尽心尽力满足他的需要；帕德雷·阿罗约讲，在这些部落里，孝道要比我们已知的这个星球的任何文明民族都更为强烈。”[2]在落基山脉东边的印第安人那里，“人们总是很尊重老人，老年人也认为自己有资格得到尊重”；老人“并非迫不得已才索求自己所需之物，
而是索求他们的亲戚有能力为他们搞到的东西”。[3] 易洛魁 535
人的宗教导师向人们传颂爱护年老父母之责，认为这是神的旨意——“尊重老人乃神之旨意，即使他们如婴儿一般无助”。[4] 维尼亚米诺夫所描述的阿留申人认为，不尊重自己的父母是最严重、最无耻的罪行；他们讲：“我们应真诚地爱他们，尽我们所能扶持他们，与他们待在一起，照料他们直至他们去世。”[5]中部爱斯基摩人的子女非常恭顺，他们顺从父母的意愿，悉心照料他们的晚年生活；[6]关于爱斯基摩其他部

① Powers, *op. cit.* p. 118 *sq.*

② Beechey, *Voyage to the Pacific and Behring's Strait*, ii. 402.

③ Harmon, *Voyages and Travels in the Interior of North America*, p. 348.

④ Morgan, *League of the Iroquois*, p. 171.

⑤ Veniaminof, 转引自：Petroff, *loc. cit.* p. 155。

⑥ Boas, 'Central Eskimo,' in *Ann. Rep. Bur. Ethn.* vi. 566.

落,也有着同样内容的说法。[①] 克兰茨通常并不怎么看好格陵兰岛民的道德品质,不过就这些岛民的孝顺他如此写道,在他们中间,子女和父母之爱的纽带似乎要比其他民族更强烈,"成年子女对老迈父母忘恩负义的现象很少见"。[②] 维尔德-纽维尔德王子看到,博托库多人中的一个青年男子带着瞎眼的父亲,寸步不离。[③] 在火地人那里,"父母年老以后,成年子女要供养父母;若父亲失去了劳动能力,儿子通常每个季节都要为父亲造一个独木舟,若老人成了鳏夫,他的生活就完全由大儿子照料"。[④] 澳大利亚土著由于尊重父母和老人而备受称赞。关于澳大利亚西部的部落,萨尔瓦多主教评论道:"成年子女回报父母对他们的爱。如果父母老了,他们就把猎物、饭菜中最好的部分留给父母,他们也负责地向冒犯父母的人复仇。"[⑤]在印度的库基人那里,"父母失去劳动能力后就由子女供养"。[⑥] 博多人和迪马尔人认为,"弃老年父母于不顾、任凭其孤苦度日是可耻行径;在老人去世之前,最不孝顺的那个

① Murdoch, 'Point Barrow Expedition,' in *Ann Rep. Bur. Ethn.* ix. 417. Turner, 'Ungava District,' *ibid*. xi. 191.

② Cranz, *op. cit.* i. 174, 150. *Cf.* Egede, *Description of Greenland*, p. 147; Holm, 'Ethnologisk Skizze af Angmagsalikeine,' in *Meddelelser om Grönland*, x. 93.

③ Wied-Neuwied, *op. cit.* ii. 40.

④ Bridges, 'Manners and Customs of the Firelanders, in *A Voice for South America*, viii. 206.

⑤ Salvado, *Mémoires historiques sur l'Australie*, p. 277. *Cf.* Curr, *The Australian Race*, iii. 155; Gason, 'Dieyerie Tribe,' in Woods, *Native Tribes of South Australia*, p. 258; Mathew, 'Australian Aborigines,' in *Jour. & Proceed. Roy. Soc, N. S. Wales*, xxiii. 388.

⑥ Lewin, *Wild Races of South-Eastern India*, p. 256.

儿子不仅要受到惩处，也无权继承遗产”。[①] 在马达加斯加的贝齐略人那里，“人们从不会让老人陷入贫苦，不会不管不问……在必要的时候或老人想要活动的时候，儿子就背着老年的父母走动，这并非罕见”。[②] 在曼丁哥人那里，“无法养活自己的老人总是由子女供养，子女对他们善待有加”。[③] 未开化种族通常认为，供养年老的父母，满足他们的需要，是一项严格的责任——从那些证实他们孝道的总体情况陈述里，我们也可清楚认识到这一点。[④] 另一方面，据说有些地方的人们缺乏此种情感，这并不意味着他们未能认识到供养老年、无助父母的朴素责任。

在文明的较高阶段，孝敬父母发展到顶峰，供养父母被看作理所当然之事。在现在的印度教徒那里，“若某人有能力供养老年父母，却让陌生人承担责任，必然被视作最不体面之事”；[⑤]未婚士兵就是快饿死了也要省吃俭用，以便能给父母寄钱，这是常见之事。[⑥] 依照现代佛教僧侣的教导，孩子要“孝敬父母，为父母做各种各样的事，即使父母有佣人可以指使他们做任何事情”。[⑦] 在古代雅典，若要做治安官，必须先证明自己善待父母；若拒绝为父母

① Hodgson, *Miscellaneous Essays*, i. 123.

② Shaw, in *Antananarivo Annual*, iii. 82.

③ Caillié, *op. cit.* i. 352.

④ 见下文，关于“子女的臣服”。

⑤ Wilkins, *Modern Hinduism*, p. 418.

⑥ Monier Williams, *Indian Wisdom*, p. 440, n. 1.

⑦ Hardy, *op. cit.* p. 494. *Cf. ibid.* p. 495.

537 提供食物、住所,就失去在国民议会发言的权利。[①] 根据冰岛的《古拉格斯法》,应首先供养自己的母亲,其次是自己的父亲,然后才是自己的孩子。[②]《塔木德》规定了供养父母的责任;[③]伊斯兰法律也是如此——“若父母贫苦而体弱,或贫苦而神志不健全”,子女当供养父母。[④]

我们将看到,基督教根本改变了子女对父母之责任的古代观念:它使得这些责任服从于对上帝的责任。“我实在告诉你们,人为我或福音舍弃了房屋,或是弟兄、姐妹、父母、儿女、田地,没有不在今世得百倍的;就是房屋、弟兄、姐妹、母亲、儿女、田地,使他在现世受逼迫。而在来世,他将得到永生。”[⑤]许多传奇故事记载,圣人遗弃了最亲近的亲属,并将此视为他们作为圣人的首要特征之一,最紧要的荣誉之一。[⑥] 一些天主教作家认为,即使父母离开子女帮助无法养活自己,子女也可合法地抛弃父母,皈依宗教,把照料父母的事托付给上帝。而托马斯·阿奎那说,这会置上帝于不义,不过他又补充道,已皈依宗教的人,“不应以任何供养父母的借口而脱离与基督同在的出世生活,而使自己陷入世俗事务”。[⑦] 我们之于父母的责任,仅次于我们之于上帝的责任。如他们贫苦我们就应辅助他们,为了他们的利益向上帝祈祷,让他们过上兴旺、

① Schmidt, *Ethik der alien Griechen*, ii. 144.

② Grágás, *Omaga-balkr*, 1, vol. i. 232.

③ Katz, *Der wahre Talmudjude*, p. 119.

④ Sachau, *op. cit.* p. 17 *sq.*

⑤ *St. Mark*, x. 29 *sq.*

⑥ *Cf.* Farrer, *Paganism and Christianity*, p. 196.

⑦ Thomas Aquinas, *Summa Theologica*, ii. -ii. 101.4.

幸福的生活。[1]

供养老迈父母的责任根源于爱、感恩和尊敬这些情感，在某种 538
程度上也根源于盲目的恐惧。不管父母身体多么虚弱，他们手里总有一件强大的武器——诅咒；或者，他们去世以后，他们的魂灵可能向不尽责任的子女寻仇。在探讨子女的臣服的那一章，我们将讨论这些情况。

我们也要进一步考察辅助兄弟姐妹及远亲的责任。维尼亚米诺夫讲，在阿留申人那里，“战时或狩猎时兄弟之间必须相互帮助，相互保护；不过若有人无视此自然法则，他就应离群索居，自己照顾自己，遇到敌人、动物、风暴袭击时他的亲戚不应管他；他做了这丢脸的事，人们也会看不起他”。[2] 在巴罗角一带的爱斯基摩人那里，“哥哥和姐姐把弟弟和妹妹照顾得很好”；[3]据说印第安人里的锡亚人“一个显著特征就是，哥哥姐姐关爱、体贴弟弟妹妹”。[4] 施魏因特富特博士写道：“尽管我们可以提出一些事例，证明丁卡人无情，但这些例子跟亲属之间的责任根本没有关系。父母不会离弃自己的孩子，兄弟之间不会背信弃义，而是只要有可能就愿意提供任何帮助。”[5]我认为，这些关于兄弟之间关系的例子总体上可以表明，这类事实是普遍存在的。按照孔子的说法，兄弟之情仅次于子女对父母的爱。[6]

① *Catechism of the Council of Trent*, iii. 5.10 *sq*.

② Veniaminof，转引自：Petroff，*loc. cit*. p. 155。

③ Murdoch, in *Ann. Rep. Bur. Ethn*. ix. 417.

④ Stevenson, 'Sia,' in *Ann. Rep. Bur. Ethn*. xi. 22.

⑤ Schweinfurth, *Heart of Africa*, i. 169.

⑥ Douglas, *Confucianism and Taouism*, p. 123.

539 帮助较远亲属的责任则各地差异较大。可以说,总的情况是,在蒙昧人和野蛮人那里——或许那些生活在小的家族群体里的人例外——以及在那些生活在古代文化里的人那里,这种责任要比在我们中间更明显,扩展得也更远。血缘关系的力量在他们那里要强大得多,有血缘关系的家庭之间为了相互拱卫、彼此帮助而结合得更紧密。霍尔姆中尉说,格陵兰岛东部的昂马格萨利克人认为,血亲之间在任何情况下都要相互帮助,这是一种责任。[①] 奥马哈人认为,"慷慨不是给予亲属的,亲属理所当然得到我们的帮助"。[②] 在马达加斯加土著那里,"显然习俗、法律认可亲属的这种权利。如家族的某一支变穷了,同一家族的成员就会供养他;如果他因为债务而卖身为奴,他们常常联合起来筹备赎回他的费用……法律推动、鼓励,有时甚至实施这样友善的行动。"[③]在描述澳大利亚的班格朗人时,柯尔先生讲:"尽管他们的行为方式跟我们不一样,我总是发觉,在蒙昧人那里血缘亲属之间的友谊纽带要比在我们中间更结实,他们似乎形成了这样的规则。"[④]在菲律宾岛民那里,"各个家族都很团结,家族成员之间要求得到帮助、保护的权利均得到认可,而不管关系有多么远"。[⑤] 据称在缅甸人那里,"没有哪个地方的人们像他们那样在最大程度上小心翼翼地保护、认可家族关系的纽带,家族关系的纽带不仅是一种形式,而且

① Holm, in *Meddeleser om Grönland*, x. 87.

② Dorsey, 'Omaha Sociology,' in *Ann. Rep. Bur. Ethn.* iii. 274.

③ Ellis, *History of Madagascar*, i. 138. *Cf.* Sibree, *The Great African Island*, p. 256 *sq*.

④ Curr, *Recollections of Squatting in Victoria*, p. 274.

⑤ Foreman, *Philippine Islands*, p. 186.

也牵涉相互帮助的责任”。[①] 古代印度人、波斯人、希腊人和罗马人将四代近亲分别称为萨品达(Sapindas)、新吉内(Syngeneis)、安卡太(Anchisteis)、婆罗品奎(Propinqui),这些人之间有义务在需 540
要时相互帮助。[②] 斯堪的纳维亚人认为,即使亲属之间不和,若不帮助亲属对付陌生人,就是一个坏人。[③]

帮助穷人,保护处境危险者,这一责任超出了家族和亲属的范围。据称未开化的族群总是对自己共同体或部落的成员友善。在他们之间,慈善是一种责任要求,慷慨被颂扬为美德。事实上,他们相互帮助的习俗常常要比我们更为流行。而这也适用于最低等的蒙昧人。[④]

> 许阿德斯说:“火地人品格的一个特点就是慷慨。他们会与人分享他们所拥有的一切东西。”[⑤]韦德尔船长同样提到“这些人们之间表现出来的慈善原则”。[⑥] 波切尔告诉我们,布须曼人相互之间“常常表现出极度好客和慷慨的美德”。[⑦]

---

① Forbes, *British Burma*, p. 59.

② Leist, *Alt-arisches Jus Civile*, i. 47 *sqq.*, 231 *sqq.*

③ Rosenberg, *Nordboernes Aandsliv*, i. 488.

④ 未开化共同体中盛行相互帮助,克鲁泡特金王子对此做了恰当的强调(*Mutual Aid*, p. 76 *sqq.*)。

⑤ Hyades and Deniker, *Mission scientifique du Cap Horn*, vii. 243.

⑥ Weddell, *op. cit.* p. 168.依其他人的看法,尽管火地人没有恶意,也不残忍,但他们在积极行善方面并不突出(Bridges, in *A Voice for South America*, xiii. 208, 213. Bove, *Patagonia*, pp. 133, 137. Lovisato, ‘Appunti etnografici sulla Terra del Fuoco,’ in *Cosmos di Guida Cora*, viii. 145, 151. *Cf*, also Hyades and Deniker, *op. cit.* vii. 238, 240, 243 *sq.*)。

⑦ Burchell, *Travels in the Interior of Southern Africa*, ii. 54.

锡兰的维达人相互友善,随时准备帮助身处困境者。[①] 安达曼岛民在社会关系中表现出高度的相互友爱,经常把自己最好的东西作为礼物送人。曼先生讲:"所有阶层都无微不至地关怀小孩子、病弱之人、老年人、无助之人,这些人是人们关心的特殊目标,他们要比共同体其他更幸运的成员在日常生活中过得更舒适,更衣食无忧。"[②]澳大利亚土著因为友善对待
541 自己人而受到近乎普遍的赞扬。[③] 给了群体中某人礼物,即使相隔很远,礼物也会迅速由其他人分享;若一个黑人在某个站所找到了份工作,通常他会把自己收入的大部分送给自己营地的同伴。[④] 柯尔先生讲:"部落男性成员之间总是有一种强烈的手足之情,因此,不管碰到祸患还是福分,一个男子总是能在危险中获得部落中任一成员的帮助。"[⑤]关于澳大利亚中部的土著,斯潘塞和吉伦先生注意到,他们"总的来说明显

① Sarasin, *Ergebnisse naturwissenschaftlicher Forschungen auf Ceylon*, iii. 545, 550. Schmidt, *Ceylon*, p. 276.

② Man, in *Jour. Anthr. Inst.* xii. 93 *sq. Cf.* Portman, *ibid*, xxv. 368.

③ Curr, *The Australian Race*, i. 49. Hodgson, *Reminiscences of Australia*, p. 88. Oldfield, '*Aborigines of Australia*,' in *Trans. Ethn. Soc.* N. S. iii. 226. Eyre, *op. cit.* ii. 385 *sq.* Brough Smyth, *op. cit.* ii. 279. Lumholtz, *Among Cannibals*, p. 176. Mathew, in *Jour. & Proceed. Roy. Soc. N. S. Wales*, xxiii. 387 *sq.* Breton, *Excursions in New South Wales*, p. 218. Fison and Howitt, *op. cit.* p. 259. Wyatt, 'Manners and Superstitions of the Adelaide and Encounter Bay Aboriginal Tribes,' in Woods, *Native Tribes of South Australia*, p. 162. Schuermann, 'Aboriginal Tribes of Port Lincoln,' *ibid*. pp. 243, 244, 247.

④ Schuermann, *loc. cit.* p. 244. Ridley, *Kámilarói*, p. 158. Fison and Howitt, *op. cit.* p. 256. Lumholtz, *Among Cannibals*, pp. 199, 343. Stirling, *Report of the Horn Expedition to Central Australia. Part IV. Anthropology*, p. 36.

⑤ Curr, *The Australian Race*, i. 62.

表现出相当程度的友善，当然在成员之间相互友好的群体才这样；不过，他们不时也干些残暴的坏事”。[①] 科林斯讲，波特尼湾与杰克逊港一带的原住民“对友善、慷慨之举称誉有加，而这两种事情他们都能做到”。[②]

现在我们从蒙昧人和野蛮人转向多少有些发达的文化。卡特林先生讲，关于北美印第安人，“对待自己的朋友，地球上没有别的什么人比他们更体贴”。[③] 根据阿代尔，“他们对自己部落的每一成员都很体贴、慷慨，即使只有最后一口食物可吃，也不会私吞”；自然这所学校“教给了他们一条朴素的原则——‘为他人做事，因为别人也为你做事。’”[④]哈蒙称赞了印第安人的慷慨：“与文明国家的居民比起来，通常情况下，他们更乐意凭自己的能力帮助贫苦的邻人。印第安人杀死了一只动物，若附近有邻居，会送一部分给邻居。”[⑤]在瑙多韦西人那里，“朋友缺少什么东西，他们会把自己多余的送给朋友”，而“在危难时刻，若自己群体的成员需要帮助，他们乐意提供
帮助，不求回报”。[⑥] 在易洛魁人那里，“对孤儿友善，对所有 542
人好客，彼此情同手足，这些就是他们的宗教导师所坚持和传授的教义”；易洛魁人“愿意把自己的食物送给饥饿之人，腾出

① Spencer and Gillen, *Native Tribes of Central Australia*, p. 50.

② Collins, *English Colony in New South Wales*, i. 549.

③ Catlin, *North American Indians*, ii. 241.

④ Adair, *History of the American Indians*, pp. 429, 431.

⑤ Harmon, *op. cit.* p. 349.

⑥ Carver, *op. cit.* p. 247.

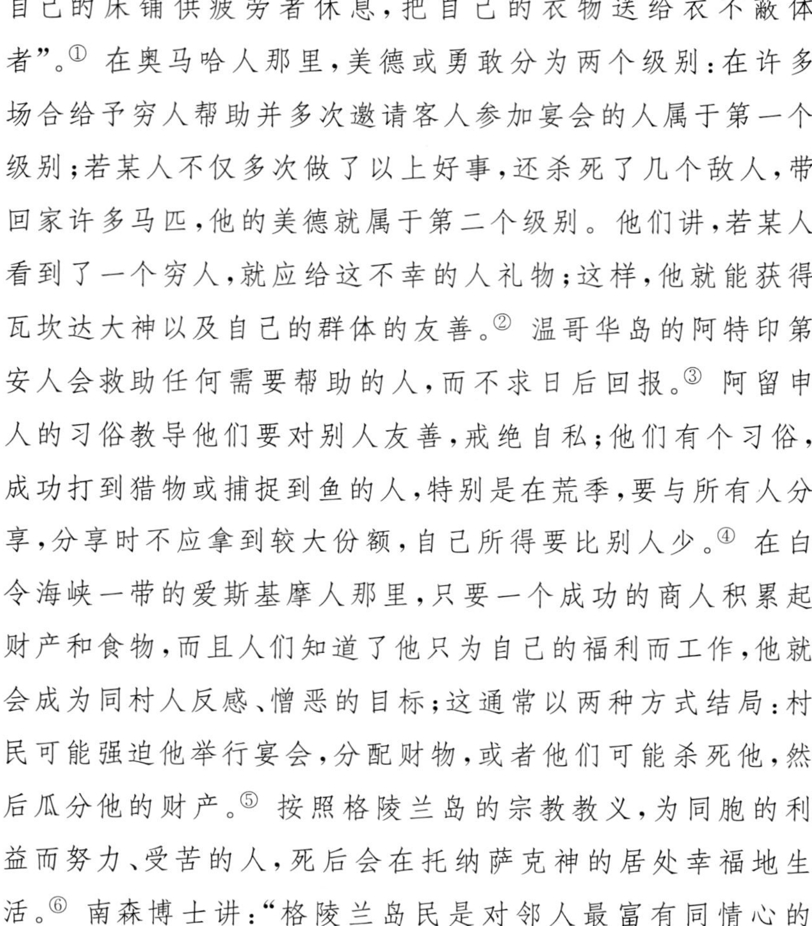

自己的床铺供疲劳者休息,把自己的衣物送给衣不蔽体者”。[①] 在奥马哈人那里,美德或勇敢分为两个级别:在许多场合给予穷人帮助并多次邀请客人参加宴会的人属于第一个级别;若某人不仅多次做了以上好事,还杀死了几个敌人,带回家许多马匹,他的美德就属于第二个级别。他们讲,若某人看到了一个穷人,就应给这不幸的人礼物;这样,他就能获得瓦坎达大神以及自己的群体的友善。[②] 温哥华岛的阿特印第安人会救助任何需要帮助的人,而不求日后回报。[③] 阿留申人的习俗教导他们要对别人友善,戒绝自私;他们有个习俗,成功打到猎物或捕捉到鱼的人,特别是在荒季,要与所有人分享,分享时不应拿到较大份额,自己所得要比别人少。[④] 在白令海峡一带的爱斯基摩人那里,只要一个成功的商人积累起财产和食物,而且人们知道了他只为自己的福利而工作,他就会成为同村人反感、憎恶的目标;这通常以两种方式结局:村民可能强迫他举行宴会,分配财物,或者他们可能杀死他,然后瓜分他的财产。[⑤] 按照格陵兰岛的宗教教义,为同胞的利益而努力、受苦的人,死后会在托纳萨克神的居处幸福地生活。[⑥] 南森博士讲:“格陵兰岛民是对邻人最富有同情心的

① Morgan, *League of the Iroquois*, pp. 172, 329.

② Dorsey, 'Omaha Sociology,' in *Ann. Rep. Bur. Ethn.* iii. 333, 274. *Cf. Idem*, 'Siouan Sociology,' *ibid*. xv. 232 (Kansas).

③ Sproat, *op. cit*. p. 166.

④ Veniaminof,转引自:Petroff, *loc. cit*. p. 155, and Dall, *Alaska*, p. 392。

⑤ Nelson, 'Eskimo about Bering Strait,' in *Ann. Rep. Bur. Ethn.* xviii. 305.

⑥ Rink, *Greenland*, p. 141.

人。他们首要的社会法则就是帮助他人。”[①]霍尔船长对自己碰到的那些爱斯基摩人也有着同样的赞誉。他讲：“没有什么人能超过他们的这个美德——友善。例如，在食物匮乏的时节，一个家庭如果碰巧手头有食物，就会与所有邻居分享。若 543
一个男子捕捉到了一只海豹，即使他的家庭需要整只海豹来解除饥饿带来的痛苦，他也会邀请所有邻人，包括穷人、寡妇、无父之人，一起分享海豹大餐。”[②]他们相信，因纽特族的所有好人，“即友善对待穷人以及饥饿者的人”，死后会上天堂；而那些坏人，“即对别人不友善的人”，死后要下地狱。[③] 南美许多部族心地善良，为人称道；[④]在某基督教传教士看来，圭亚那印第安人“大方得过了头”。[⑤] 加勒比人具有共同的利益，生活在和谐之中，彼此之间的爱戴之情强烈。[⑥]

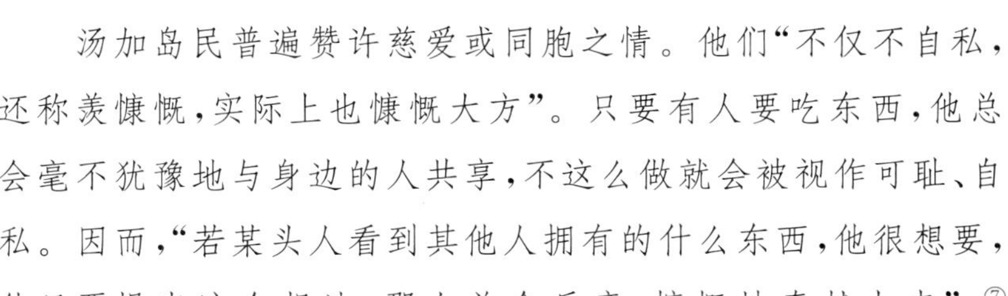

汤加岛民普遍赞许慈爱或同胞之情。他们“不仅不自私，还称羡慷慨，实际上也慷慨大方”。只要有人要吃东西，他总会毫不犹豫地与身边的人共享，不这么做就会被视作可耻、自私。因而，“若某头人看到其他人拥有的什么东西，他很想要，他只要提出这个想法，那人总会乐意、慷慨地奉献上来”。[⑦]

---

① Nansen, *First Crossing of Greenland*, ii. 304. *Cf. ibid.* ii. 334.; Nansen, *Eskimo Life*, pp. 116, 177; Egede, *op. cit.* pp. 123, 126 *sq*.

② Hall, *Arctic Researches*, p. 567.

③ *Ibid.* p. 571 *sq*.

④ von Martius, *Beiträge zur Ethnographie Amerika's*, i. 217, 641 (Guarayos, Macusis). Musters, *op. cit.* p. 195 (Patagonians).

⑤ Brett, *Indian Tribes of Guiana*, p. 276.

⑥ de Poircy-Rochefort, *Histoire naturelle et morale des Iles Antilles*, p. 460.

⑦ Mariner, *op. cit.* ii. 153, 154, 165.

斐济人费尽心思教育他们的年轻人蔑视同情的冲动,钦佩残暴,[①]但即使这样他们也不缺乏慈爱和友善的情感。[②] 在新赫布里底群岛的阿内蒂乌姆岛,人们相信,吝于给他人食物,这种罪恶在死后的世界里会受到最严厉的惩罚;受到最大奖赏的美德是慷慨好客,是在宴会时大方地赠送礼物。[③] 在新赫布里底群岛的塔纳岛,“若某人向邻人要什么东西,只要开口,他就能得到”。[④] 关于新喀里多尼亚岛民,阿特金森先生说,他们之间的“慷慨似乎主要源于厌恶拒绝别人的请求”。[⑤] 迪
544 亚克人被描述成好客、友善、慈爱之人,其表现“足以令我们羞愧”;[⑥]尽管每一部落都有以相邻部落为目标的猎头习俗,各共同体成员之间却有着强烈的同情之心。[⑦] 克罗斯兰讲,在海洋迪亚克人那里,“若有谁生病或不能干活,其他人就要施以援手;在我看来,他们之间的团结纽带要比我在英格兰劳工阶层那里看到的结实得多”。[⑧]

散塔尔人温和而乐于助人,对自己人非常友善。[⑨] 霍人

① Erskine, *Cruise among the Islands of the Western Pacific*, p. 247.

② *Ibid*. pp. 247, 273. Williams and Calvert, *op. cit*. pp. 93, 115 *sqq*. Seemann, *Viti*, p. 192.

③ Inglis, *In the New Hebrides*, p. 31.

④ Campbell, *A Year in the New Hebrides*, p. 169.

⑤ Atkinson, in *Folk-Lore*, xiv. 248.

⑥ Boyle, *Adventures among the Dyaks of Borneo*, p. 215.

⑦ Bock, *Head-Hunters of Borneo*, p. 210 *sq*. Brooke, *Ten Years in Saráwak*, i. 57.

⑧ Crossland, 转引自:Ling Roth, *Natives of Sarawak*, i. 85。

⑨ Man, Sonthalia, p. 19 *sq*. Hunter, *Annals of Rural Bengal*, i. 215.

“对需要帮助的人很慷慨”。[①] 托达人相信，好人死后灵魂将在天堂享乐，而坏人的灵魂将遭受磨难；“在托达人看来，好人乐于助人，坏人吝啬（按先后顺序）、好争吵、偷盗，等等”。[②] 巴彻勒先生讲：“很难找到比日本的阿伊努人更温和、友善、富有同情心的人”；给了他们什么东西，他们总要与自己的朋友分享。[③] 萨摩耶德人乐于与自己的伙伴分享最后的食物；据说，在仁慈友爱等美德方面，没人能超过贫苦的奥斯加克人。[④] 伯克哈特讲：“贝都因人品行中最好的特征（除了良好的信仰以外）就是友善、仁爱、慷慨……贝都因人自己就构成了一个兄弟民族；必须承认，他们之间也经常争吵，不过在平静的日子里总是乐于相互帮助。”[⑤]在沙漠地带，待人慷慨能博得尊重，因而是一项特别的美德。[⑥] 苏丹的阿拉伯人有一个谚语——“你必须总是把别人的东西放到你头上，把自己的东西放到胳膊下。那么，如果东西要从你头上落下来了，你就得抬起胳膊，让你自己的东西掉下去，保护别人的东西。”[⑦]

① Tickell, 'Memoir on the Hodésum,' in *Jour. Asiatic Soc. Bengal*, ix. (pt. ii.) 807.

② Thurston, 'Todas of the Nilgiris,' in the Madras Government Museum's *Bulletin*, i. 166 *sq*.

③ Batchelor, *Ainu of Japan*, p. 19. Holland, 'Ainos,' in *Jour. Anthr. Inst.* iii. 235.

④ Castrén, *op. cit.* i. 238; ii. 55.

⑤ Burckhardt, *Notes on the Bedottins and Wahábys*, p. 208.

⑥ Wallin, *Reseanteckningar från Orienten*, iii. 244. Blunt, *Bedouin Tribes of the Euphrates*, ii. 224.

⑦ Richardson, *Mission to Central Africa*, i. 117.

545 巴雷亚人乐善好施,甚至对生人也友善。[①] 尼亚萨兰湖一带的曼达亚人会"慷慨大方地分享食物",甚至在自己挨饿的时候也与朋友分享最后的食物。[②] H.约翰斯顿爵士说,他从未遇到"像瓦塔维塔人那样友善、通情达理、体贴的人"。[③]关于东中非人,D.麦克唐纳牧师讲,他们"并非仅仅是贪婪、自私的动物。他们常常表现出巨大的勇敢和奉献精神。我可以提一个人,他曾在三个不同场合冒着生命危险救过我的命。"[④]在贝专纳人那里,善待穷人、寡妇和孤儿到处都被视作神圣责任。[⑤] 在所有美德中,巴苏陀人最欣赏友善。他们有一个谚语是"一只巴掌拍不响",意思是没有同胞的帮助就做不成事;另一个谚语是"不把猎物给自己的朋友看,就不能给猎物剥皮",意思是,我们取得事业成功的时候,就该表现得慷慨大方。如果给他们食物,而他们在一个群体里,不管食物多么少,每一个人都能尝到。[⑥] 卡菲尔人是友善的种族;利希滕斯坦讲:"只要有谁杀了一头牛,他就必须邀请所有邻居来吃,这些邻居会一直做客,直到牛被全部吃掉。"[⑦]关于霍屯督人,柯尔本说:"他们肯定是地球上曾有过的最友善、慷慨、乐善好

---

① Munzinger, *Ostafrikanische Studien*, p. 534.

② Rowley, *Africa Unveiled*, p. 47.

③ Johnston, *Kilima-njaro Expedition*, p. 436.

④ Macdonald, *Africana*, i. 270, 266.

⑤ Arbousset and Daumas, *Exploratory Tour to the North-East of the Colony of the Cape of Good Hope*, p. 402.

⑥ Casalis, *Basutos*, pp. 206, 207, 301, 306, 309 *sqq*.

⑦ Leslie, *Among the Zulus and Amatongas*, p. 203. Lichtenstein, *Travels in Southern Africa*, i. 272.

施的人……他们珍视相互帮忙的机会，他们最大的乐趣之一就是交换礼物以及给别人帮忙。”[①]巴罗说：“霍屯督人愿意与同伴共享最后一口食物。”[②]关于马达加斯加人，德鲁里写道：“他们之间肯定要比我们更为友爱。只要邻居有能力帮忙，就没有谁会沦入悲惨境地。这里有关爱、亲切和慷慨，这或许会 546
让我们难堪；而整个岛上都是这样。”[③]埃利斯同样注意到，在马达加斯加，帮助苦痛之人，借给他们财物和钱，这些事情要比英格兰的邻居或亲戚之间的同类事情更常见、更频繁，在这些事上的友善心肠被视为优秀的品质。[④]

在许多蒙昧部族那里，老年人特别有权利得到扶持和帮助，这些扶持和帮助不仅来自子女和亲戚，也来自整个社群的年轻成员。

在澳大利亚土著那里，每一件东西老人都拿最好、最大的一份，并允许他们独占最年轻、最漂亮的妇女，而青年男子能娶老年妇女为妻就视为幸事了。[⑤] 在汤加岛民那里，“每一个

① Kolben, *Present State of the Cape of Good Hope*, i. 334 *sq*. *Cf*. *ibid*, i. 167.

② Barrow, *Travels into the Interior of Southern Africa*, i. 151.

③ Drury, *Adventures during Fifteen Year's Captivity on the Island of Madagascar*, p. 172 *sq*.

④ Ellis, *History of Madagascar*, i. 139.其他关于非洲人的事例，参见：Mungo Park, *Travels in the Interior of Africa*, p. 17 (Mandingoes); Burton, *Abeokuta*, i. 303 (Yoruba); *Idem*, *Two Trips to Gorilla Land*, i. 106 (Mpongwe); Monrad, *Guinea-Kysten og dens Indbyggere*, p. 7; Johnston, *River Congo*, p. 423 (races of the Upper Congo); Wilson and Felkin, *op. cit*. i. 225 (Waganda)。

⑤ Eyre, *op. cit*. ii. 385 *sq*. Mathew, in *Jour. & Proceed. Roy. Soc. N. S. Wales*, xxiii. 407. Lumholtz, *Among Cannibals*, p. 163. *Cf*. Grey, *Journals of Two Expeditions of Discovery in North-West and Western Australia*, ii, 248; Brough Smyth, *op. cit*. i. 138. Spencer and Gillen, *Native Tribes of Central Australia*, p. 51.

老年男子、妇女都享受着年轻人的照料和服务”。[①] 在金斯米尔群岛，“慷慨、好客、照顾老人和体弱之人是全体土著居民高度尊重并普遍颂扬的美德”。[②] 在卡菲尔人那里，上了岁数变得病弱无助之后，“每一个人都热切为他们提供帮助”。[③] 在阿留申人看来，“必须尊重体弱老人，他们需要帮助时要照料他们，年轻体壮者要把自己的战利品分给他们一份，帮助他们渡过难关，他们只需给年轻人提供好建议作为回报”。[④]

病人也常常得到细致入微的关怀和照料。

关于不列颠哥伦比亚海岸一带的部落，邓肯先生“总能发
547 现，如果残疾人的情况实在太糟，总有一两个看护人照料他；照料者似乎也很有同情心”。[⑤] 比齐这样讲到上加利福尼亚未开化的印第安人：“只要染上了病，就会受到无微不至的照料，这很值得一提。他们的亲戚只要生了病，他们就会最大限度地留心病人的需要。”[⑥]基廷注意到，伯塔瓦托米人甚至也和善、慈爱地对待白痴。[⑦] 科里亚克人“小心谨慎地照料病人”。[⑧] 据说，日本的阿伊努人[⑨]及菲律宾群岛的塔格巴努亚

① Mariner, *op. cit.* 11.155.

② Hale, *U. S. Exploring Expedition. Vol. VI. Ethnography and Philology*, p. 95.

③ Lichtenstein, *op. cit.* i. 265.

④ Veniaminof，转引自：Petroff, *loc. cit.* p. 155。

⑤ Duncan，转引自：Mayne, *Four Years in British Columbia*, p. 292 *sq.*。

⑥ Beechey, *op. cit.* ii. 402.

⑦ Keating, *Expedition to the Source of St. Peter's River*, i. ICO.

⑧ Krasheninnikoff, *op. cit.* p. 233.

⑨ von Siebold, *Die Aino auf den Insel Yesso*, p. 11.

人也是如此。[1] 在沙捞越，如亲戚因受伤或生病而失去劳动能力，不会被遗弃。[2] 若一个达雅克人在家生了病，妇女们就轮流照顾他。[3] 萨摩亚人“总是慈爱地对待病人”。[4] 在塔纳[5]、汉弗莱岛[6]、埃罗曼加[7]、塔斯马尼亚[8]，病人也是如此受到悉心关怀；至少许多澳大利亚部落也是如此。[9] 关于昆士兰州北部赫伯特河一带的原住民，拉姆霍尔兹写道：“土著对病人非常和善、同情，把他们从一个营地带到另一个营地。这是我在澳大利亚土著那里发现的唯一高尚品格。”[10]在澳大利亚各地，盲人，特别是老年盲人，都受到悉心关怀；澳洲北部海岸的旅行者注意到，这些盲人一般说来是当地最胖的人，因为人们把最好的东西都给他们了。[11] 埃利斯讲：“在马达加斯加人的人格特征里，没有什么比他们照料病人时表现出的和善、耐心、慈爱更能给他们的人性增加光彩，更能令我们慈善的情

① Worcester, *Philippine Islands*, p. 494.

② St. John, *Life in the Forests of the Far East*, ii. 323.

③ Bock, *Head-Hunters of Borneo*, p. 211.

④ Turner, *Samoa*, p. 141. *Cf*. Pritchard, *Polynesian Reminiscences*, p. 146.

⑤ Turner, *Samoa*, p. 323.

⑥ *Ibid*. p. 276.

⑦ Robertson, *Erromanga*, p. 399.

⑧ Ling Roth, *Aborigines of Tasmania*, p. 47. Bonwick, *Daily Life and Origin of the Tasmanians*, p. 10.4.

⑨ Brough Smyth, *op. cit.* ii. 284 (West Australian natives). Schuermann, 'Aboriginal Tribes of Port Lincoln,' in Woods, *Native Tribes of South Australia*, p. 225.

⑩ Lumholtz, *Among Cannibals*, p. 183.

⑪ Ridley, *Kámilarói*, p. 169. Eyre, *op. cit.* ii. 382. Barrington, *History of New South Wales*, p. 23. Stirling, *op. cit.* p. 36.

548 感满足。”[①]曼丁哥人[②]和卡菲尔人[③]也受到类似的称赞。J.泰勒先生说:“在祖鲁人那里,不管工作多么重要,都要停下来帮助病痛中的朋友。”[④]

我所能收集到的关于未开化种族的信息似乎表明,在多数情况下,他们的共同体内流行着仁慈和善意;尽管如此,仍有一些相反的叙述。不过这些描述终究是例外情况,有些描述或者含糊不清,或者并不确切。这样的情况太常见了:旅行者所描述的蒙昧人,不是在自己人中过着日常生活,而是在应对敌人,或是未经邀请造访他的国家的陌生人。正如一位阅历广泛的观察者所说:“蒙昧人在复仇情感支配下怒不可遏,屠杀、毁灭他的敌人,喝敌人的血,这与他在平和时期在田里劳作是两码事;依据他在这些冲动时刻的行动评估他的品格是不公正的,正如身边有太多兴奋的军人或怒火冲天的暴民而评判欧洲人一样。”[⑤]再者,对蒙昧人的许多描述自他们接触所谓的“高等文化”并受到影响的时期,而事实证明,这种高等文化几乎总是腐化着低等种族。例如,在北美印第安人那里,白人到来并在他们之间居留以前,“他们相互之间本来有更多的友善、好客和慈爱”;[⑥]而与文明接触以后,他们变得“虚伪、多疑、贪婪、冷酷”。[⑦] 正如有人所言:“翻遍现代历史,在北方、南

① Ellis, *History of Madagascar*, i. 231 *sq*.

② Caillié, *op. cit*. i. 354.

③ Lichtenstein, *op. cit*. i. 266.

④ Tyler, *Forty Years among the Zulus*, p. 195.

⑤ Dieffenbach, *Travels in New Zealand*, ii. 1 30 *sq*.

⑥ Warren, in Schoolcraft, *Indian Tribes of the United States*, ii. 139.

⑦ Domenech, *Seven Years' Residence in the Great Deserts of North America*, ii. 69.

方、东方、西方的历史里，故事总是一样的——我们来了，我们传播 549
文明，我们腐化、灭绝他们。”[①]

在半开化和开化民族里，慈善被普遍视为一种责任，他们的宗教也常常竭力劝导向善。西班牙和秘鲁最初接触的时候，美洲人在兄弟之情及全方位照料穷人方面要超过西班牙人。他们有一部贫穷法，依据此法，盲人、瘸子、老人及病弱之人，若不能下地耕田，衣食无法自给，公共仓库就应给他们提供生活必需品。[②] 按照克拉瓦伊格罗的说法，古代墨西哥人似乎毫不犹豫就会把他们花大力气才能获得的东西让给急需的人。[③] “朝鲜人的伟大美德是，他们天生尊重仁爱的法则，并在日常生活中践行仁爱法则。他们之间相互扶持，慷慨好客，这是他们显著的民族特征。”[④]按照中国法律，“凡鳏寡孤独及笃废之人，贫穷无亲属依倚，不能自存，所在官司应收养”。[⑤] 孔子说：“民之于仁也，甚于水火。”[⑥]根据中国人的信仰，帮助穷人，给饥饿之人食物，给衣不蔽体者衣物，救助病人，拯救危境中人，这些美德将会被俯视人间事务的上苍奖赏，而不
仁、吝啬会被上苍惩罚。[⑦] 有一部兼有儒佛味道的书，日本年轻人 550

① Boyle, *op. cit.* p. 108.

② Garcilasso de la Vega, *First Part of the Royal Commentaries of the Yncas*, ii. 34.

③ Clavigero, *History of Mexico*, i. 81.

④ Griffis, *Corea*, p. 288.

⑤ *Ta Tsing Leu Lee*, sec. lxxxix. p. 93.关于中国人的慈善机构，参见：Staunton, *ibid*. p. 93 n.*；Smith, *Chinese Characteristics*, p. 186 *sq*.。

⑥ Douglas, *Confucianism and Taouism*, p. 109.

⑦ 'Merits and Errors Scrutinized,' in *Indo-Chinese Gleaner*, iii. 159, 161 *sqq*. *Thâi Shang*, 3. 'Divine Panorama,' in Giles, *Strange Stories from a Chinese Studio*, ii. 370, 371, 374, 379. Douglas, *Confucianism and Taouism*, pp. 259, 272 *sq*. Davis, *China*, ii. 48. Edkins, *Religion in China*, p. 89 *sq*.

熟悉它正如我们熟悉《登山宝训》一样,这部书里讲:“人首先应行善;乐善好施能滋养、增进我们的智慧。”[①]依照《法句经》,“不行善者不能到达极乐世界;愚蠢的人不把慷慨当作美德颂扬;智者因慷慨而快乐,通过大方宽厚得以在彼岸世界享乐”。[②] 事实上,在佛教的说教性诗篇里,行善之美德占据最突出位置;传奇故事不关心人们因收到礼物而得到什么实际好处,而是告诉我们无限的慷慨就是一种责任,甚至主张自我毁灭以行善。[③] 佛教的慈善和慷慨观念,一如其世俗道德的其他所有方面,与印度自古以来就得到认可的道德标准并无不同。[④] 吠陀的赞美诗早就称颂自愿把自己的财富施舍给穷人之人,不从饥饿者身边转身走开之人,以及友善对待穷人之人。[⑤]《益世嘉言》[⑥]里讲,好人甚至怜悯卑贱之人,正如月亮也会把光芒照到最低等种姓成员的身上。[⑦] 印度的神圣法律典籍里到处规定,行善是所有二次复生之人应尽的责任。[⑧]“有家产者必须尽己所能把食物施舍给不能为自己备饭的人,在不损害自己利益的情况下把食物施与众生。”[⑨]梵行者“应该总是毫不迟

---

① Chamberlain, *Things Japanese*, p. 309.

② *Dhammapada*, 177.

③ Oldenberg, *Buddha*, p. 301.

④ *Cf.* Kern, *Manual of Indian Buddhism*, p. 72.

⑤ *Rig-Veda*, x. 117. Kaegi, *Rigveda*, p. 18.

⑥ 《益世嘉言》(*Hitopadesa*)是古代印度的一部梵文寓言故事集,内容涵盖格言警句、处世智慧与政务诹义。——译者

⑦ *Hitopadesa*, Mitralâbhâ, 63.

⑧ *Gautama*, v. 21; x. 1 *sqq*. *Institutes of Vishnu*, lix. 28. *Baudhâyana*, ii. 7.13.5. *Laws of Manu*, ix. 333; x. 75, 79; xi. 1 *sqq*.

⑨ *Laws of Manu*, iv. 32.

疑地把他充作食物的任何东西施与他人”。[1] 婆罗门度过梵行期
后，应该毫不懈怠地“诚心行善”。[2] 施舍成就了给予者的美德，使 551
他不再犯有罪过，也消除了罪孽；[3]“不管出于什么目的施舍，轮回之后他会因那个目的而理所当然地获得回报。”[4]另一方面，只为自己准备食物的人，吃下的只是原罪。[5] 威尔金斯先生这样讲现代印度教徒：“印度教徒具有伟大的仁爱……除了居住在各殖民城镇的欧洲人之外，印度没有济贫法，没有穷人监护人，也没有贫民习艺所。若各个家族有能力的话，各家的穷人、瘸跛之人、盲人、病弱之人，都由各家族供养；若他们没有或几乎没有亲戚，就由他人担起责任。这是‘功德之事’。”[6]

修昔底德讲，古代波斯人喜欢给予胜过获得。[7] 他们认为，对与自己同样信仰的人慷慨是第一位的宗教责任。[8] 因而琐罗亚斯德对韦斯巴说：“不要让恶神安格拉·曼纽的思想感染你，以致你沉溺于罪恶的欲望，嘲弄别人，崇拜偶像，向你门口的穷人大喊大叫。”[9]神

① *Anugîtâ*，31.

② *Laws of Manu*，iv. 226. *Cf. ibid*. iv. 227.

③ *Institutes of Vishnu*，lix. 15，30；ch. xc. *sqq*. *Gautama*，xix. 11，16. *Vasishtha*，xx. 47；xxii. 8. *Laws of Manu*，iii. 95；iv. 229 *sqq*.；xi. 228.

④ *Laws of Manu*，iv. 234.

⑤ *Institutes of Vishnu*，lxvii. 43. *Laws of Manu*，iii. 118. *Cf. Rig-Veda*，x. 117.6.

⑥ Wilkins，*Modern Hinduism*，p. 416 *sq*.

⑦ Thucydides，ii. 97.4.

⑧ See Geiger，*Civilization of the Eastern Irānians*，i. 164 *sqq*.；Mills，in *Sacred Books of the East*，xxxi. p. xxii.

⑨ *Yasts*，xxiv. 37.

圣的斯拉欧加是穷人的保护者。[①]《合法论》里讲,灵魂在彼岸世界里的衣裳是由施舍织就的。[②]

在古代埃及人那里慈善似乎同样被视为美德。[③] 马斯佩罗
552 讲:"神并非只喜欢富裕、强大之人;他也喜欢穷人。他希望穷人衣食无忧,免于超出自己能力的重负;穷人不被压迫,不必流下不必要的泪水。"[④]记述死者所做好事的纪念碑文常常提及慈善。一个埃及人说:"我未曾伤害过一个孩子,我未曾伤害过一个寡妇;我活着的时候也不伤害乞丐或穷人。我照料寡妇,她们没人遭饥荒,她们的生活好得仿佛她们的丈夫还活着一般。"[⑤]一位女士曾善待与自己同性别的人,不管是女孩、妻子还是寡妇。纪念她的碑文里这样写道:"神因此而奖赏我,让我满心欢喜,如此我就沿神的道路行走。"[⑥]

希伯来人的宗教法极力主张慈善。[⑦] "你总要向你身边困苦穷乏的弟兄伸出援手";"耶和华你的神必在你这一切所行的,并你手里所办的事上,赐福与你。"[⑧]甚至"若你的仇敌,饿了就给他饭

① *Ibid*. xi. 3.

② *Shâyast Lâ-Shâyast*, xii. 4. *Cf*. *Bundahis*, xxx. 28.

③ Brugsch, *History of Egypt under the Pharaohs*, i. 29 *sq*. Tide, *History of the Egyptian Religion*, p. 226 *sq*. Renouf, *Hibbert Lectures on the Religion of Egypt*, p. 72 *sqq*. Amélineau, *L'évolution des idées morales dans l'Égypt Ancienne*, pp. 145, 354.

④ Maspero, *Dawn of Civilization*, p. 191. *Cf*. Schiapparelli, *Del sentimento religioso degli antichi egiziani*, p. 18; Arnelineau, *op. cit*. p. 268.

⑤ Wiedemann, *Religion of the Ancient Egyptians*, p. 253.

⑥ Renouf, *op. cit*. p. 75.

⑦ *Deuteronomy*, xiv. 29; xv. 7 *sqq*.; xvi. 11, 14. *Leviticus*, xix. 9 *sq*. xxv. 35.

⑧ *Deuteronomy*, xv. 11, 10.

吃，渴了就给他水喝：……耶和华也必赏赐你。”[1]特别是在《旧约圣经》的次经以及拉比撰写的文献里，施舍所占的位置如此显著，以至古文里大致意思是“正当的”那个词汇就专门指施舍。[2]“倾其所有积德行善吧，这能使你免除一切苦难。”[3]“水能熄灭火焰，而施舍能补偿原罪。”[4]“施舍把人从死亡中解脱，洗刷掉所有原
罪。那些践行施舍与正当之事的人当充满生机。”[5]神会赏赐慈善 553
之人以男性子嗣。[6] 施舍在价值上等同于所有其他戒律。[7] 回避慈善之人所犯下的罪等同于偶像崇拜。[8] 犹太人如此极端地践行施舍，以至一些拉比最终限定，慈善活动中的施舍不应超过个人财物的五分之一。[9]

施舍、祈祷与斋戒是犹太教传播给基督教与伊斯兰教的三项主要戒律。[10] 按照伊斯兰教，仅次于祈祷的责任就是施舍。[11] 穆罕默德多次声明，通往神之道路就是帮助孤儿，救济穷人。[12]“你们

① *Proverbs*, xxv. 21 *sq*.

② Addis, 'Alms,' in *Encyclopedia Biblica*, i. 118. *Cf*. Montefiore, *Hibbert Lectures on the Religion of the Ancient Hebrews*, p. 484 *sq*.

③ *Ecclesiasticus*, xxix. 12.

④ *Ibid*. iii. 30.

⑤ *Tobit*, xii. 9. *Cf*. *ibid*. i. 3, 16; ii. 14; iv. 7 *sqq*.; xii. 8.

⑥ *Bava Bathra*, fol. 10 B，转引自：Hershon, *Treasures of the Talmud*, p. 24。

⑦ Rab Assi，转引自：Kohler, 'Alms,' in *Jewish Encyclopædia*, i. 435。

⑧ *Kethuboth*, fol. 68 A，转引自：Katz, *Der wahre Talmudjude*, p. 36。

⑨ Katz, *op. cit*. p. 42.

⑩ *Cf*. *Tobit*, xii. 8; Kohler, in *Jewish Encyclopedia*, i. 435.

⑪ See Sale's 'Preliminary Discourse,' in Wherry, *Commentary on the Qurán*, i. 172; Lane, *Manners and Customs of the Modern Egyptians*, p. 105.

⑫ *Koran*, ii. 267, 269, 275; viii. 42; ix. 60; xc. 12, 14 *sq*.; xciii. 6 *sqq*.; &c.

绝不能获得全善,直到你们分舍自己所爱的事物。”[1]“不分昼夜、不拘隐显地施舍财物之人,将在他们的主那里享受报酬。”[2]据称,“祈祷把我们带到通往神的半途,斋戒把我们带到他宫殿的门口,施舍让我们得以进入。”[3]某些施舍,称作扎卡特(Zakât),是由法律规定的;若能维持自己的生活并且每年收入约五英镑,那么每个成年穆斯林都应把自己每年所有财物的四十分之一用于缴纳扎卡特。[4] 其他慈善捐助是自愿的,也能为捐助者带来功德。

554 基督教把我们在东方所看到的宗教形式的慈善引入了欧洲。我们当然没有理由责备古希腊人和古罗马人忽视了他们的穷人。在他们那里,奴隶制在很大程度上取代了贫困;而奴隶制对穷人所做的事,正是罗马庇护—依附制对地位稍高人士所做的事。[5] 再者,救济穷人也是国家的一项重要功能。[6] 亚略巴古的公共工程为穷人提供了工作机会。[7] 在罗马,多少世纪里一直为穷人无偿分配谷物;[8]土地法为无土地者在被征服地区或公共领地提供了免费农场;[9]自涅尔瓦时期就命令所有意大利城市全方位抚养贫

① *Ibid*. iii. 86.

② *Ibid*. ii. 275.

③ Sell, *Faith of Islám*, p. 284.

④ *Ibid*. p. 283. Palmer, ‘Introduction’ to his translation of *The Qur'án*, i. p. lxxiii. Ameer Ali, *Life and Teachings of Mohammed*, p. 268.

⑤ See Lecky, *History of European Morals*, ii. 73.

⑥ Boissier, *Religion Romaine*, ii. 206.

⑦ Farrer, *Paganism and Christianity*, p. 183.

⑧ Naudet, ‘Des secours publics chez les Remains’, in *Mémoires de l'Académie des inscriptions et belles-lettres*, xiii. 43 *sq*.

⑨ *Ibid*. p. 71 *sq*.

困儿童。[1] 我们的私人慈善活动也能追溯到早期一些例子，例如伊巴密浓达[2]为贫穷女孩募集嫁妆，[3]西蒙[4]为穷人提供衣食；[5]自不信基督教的帝国时期开始，就有几例个人慈善活动的个案记载。墓碑碑文提到了遗产捐赠；发生了重大灾难，就有人自愿救助受灾者；也为奴隶建起了私人医院。[6] 一些道德家竭力提倡尽慈善义务时要尽职尽责。塞涅卡讲，智者“会擦干他人的眼泪，但不会把自己的眼泪跟他人的眼泪混到一起；他会伸出手帮助遇到海难的船员，热情好客地款待被放逐者，救济穷人”。[7] 但是他的施舍不是随随便便的；他会毫不犹豫地打开钱包，但不会让钱抛撒遗漏掉。他会非常小心地选出最值得救助的人，无充足理由就不会施
舍钱财；因为不明智的给予必定算作愚蠢的奢侈。[8] 西塞罗尽管称 555
慈善、慷慨“是人性所最乐意的美德”，也急切告诫读者，不应轻率践行慈善，“以免我们的慈爱既伤害应帮助之人，也伤害其他人”。[9]

基督教徒对慈善的看法则很不相同。无节制的慷慨变成了基本的美德。基督吩咐年轻人做什么，一个理想的基督徒就应做什

① Aurelius Victor, *Epitome*, xii. 8.

② 伊巴密浓达（公元前418—前362），希腊城邦底比斯的将军、政治家，曾领导底比斯脱离斯巴达统治。——译者

③ Cornelius Nepos, *Epaminondas*, 3.

④ 西蒙（Cimon，公元前510—前450），又译“客蒙”，古雅典政治家和统帅。——译者

⑤ Plutarch, *Cimon*, 10.

⑥ Lecky, *History of European Morals*, ii. 77 *sq*. Boissier, *op. cit*. ii. 213 *sq*. Farrer, *Paganism and Christianity*, p. 182.

⑦ Seneca, *De clementia*, ii. 6.

⑧ *Idem*, *De vita beata*, 23 *sq*.

⑨ Cicero, *De officiis*, i. 14 *sq*.

么:他跑去卖掉自己的财物,赠予穷人。① 不加鉴别的施舍成为神规定的责任——“有求你的,就给他。有向你借贷的,不可推辞。”②根据基督教的说法,尽这份责任甚至对给予者而非接受者更有利可图。或许,《圣经》四福音书里没有什么戒律能如此频繁地把酬报的诺言糅进关于慈善的戒律。为饥饿者提供食物、为口渴者送杯水、招待生人、给赤身裸体者衣物、探望病人的那些人必定进天国、得永生。③ 慈善被视作一种救赎。圣奥古斯丁说,“为过去的原罪而施舍能抚慰神”;④以下思想被表达了无数次——施舍是安全的金钱投资,天父会付好利息。⑤ 居普良是天主教善行教义之父,他确立了施舍次数与清除原罪之间的算术关系。⑥ 利奥一世讲:“穷人的食物就是天国的入场券。”⑦圣屈梭多模说:“只要市场还在,我们就要买施舍品,或者直白地讲,通过施舍来购买
556 救赎。”⑧富人不过是欠债的人;他的所有超出必需的财物都属于穷人,应该拿出来。⑨ 因为可以用于救赎,穷人不再被轻视。穷人在教会以及基督教共同体内被赋予首要的位置。圣屈梭多模这样

① *Cf. Acts*, ii. 45.

② *St. Matthew*, v. 42. *Cf. St. Luke*, vi. 30.

③ *St. Matthew*, xxv. 34 *sqq*.

④ St. Augustine, *Enchiridion*, 70 (Migne, *Patrologiæ cursus*, xl. 265).

⑤ See Uhlhorn, *Die christliche Liebesthätigkeit*, i. 270.

⑥ Cyprian, *De opere et eleemosynis*, 24 (Migne, *op. cit.* iv. 620). *Cf.* Harnack, *History of Dogma*, ii. 134, n. 2.

⑦ Leo Magnus, *Sermo X., de Collectis*, 5 (Migne, *op. cit.* liv. 165 *sq.*).

⑧ St. Chrysostom, *Homilia VII., de Pœnitentia* (Migne, *op. cit.* Ser. Graeca, xlix. *sq.* 333).

⑨ Uhlhorn, *op. cit.* p. 294 *sq*.

讲穷人："喷泉流进祈祷之地，就可以洗一洗伸向天国的手，而我们的父把穷人置于教堂门口，如此我们的手在举向上帝之前就因仁心慈举更圣洁。"[①]大额我略（Gregory the Great）宣称："对穷人不得小觑，更不能轻视，而是要把他们视为主顾来尊重。"[②]中世纪对他的说法应声而起。如此一来，就是在最黑暗的时期，当基督教其他美德都近乎灭绝的时候，慈善仍毫发无损。[③] 后来新教否定了善行的救赎效应，这就使慈善丧失了很大一部分宗教魅力。在此问题上，不加鉴别的施舍会败坏道德风气，这一现代而开明的看法，与西塞罗和塞涅卡制定的原则相一致，而远离了对基督启示的字面解释。

随着文明的进步，救助穷人之义务扩展的范围越来越广。不过总的说来，蒙昧人视慈善和慷慨为责任，并把它颂扬为美德，这只涉及共同体或自己部落的成员。对外人友善这样的事，人们的看法则很不相同。孟拉德讲："黑人的美德完全局限于他们自己的部落。他们通常认为，对生人行善是荒唐的。"[④]对格陵兰岛民来讲，生人，特别是异种族的生人，是"无关紧要的东西，因而我们对增进其福祉不感兴趣"。[⑤] 道蒂说："贝都因人有两个面相，一方面 557
在家乡温和、仁慈，另一方面则对外部世界张牙舞爪、性情狂野，一

① St. Chrysostom, *De verbis Apostoli*, *Habentes eumdem spiritum*, iii. 11 (Migne, *op. cit*. Ser. Graeca, li. *sq*. 300).

② 转引自：Uhlhorn, *op. cit*. i. 315。

③ *Cf*. Milman, *History of Latin Christianity*, ix. 33 *sq*.

④ Monrad, *op. cit*. p. 4.

⑤ Nansen, *Eskimo Life*, p. 159.

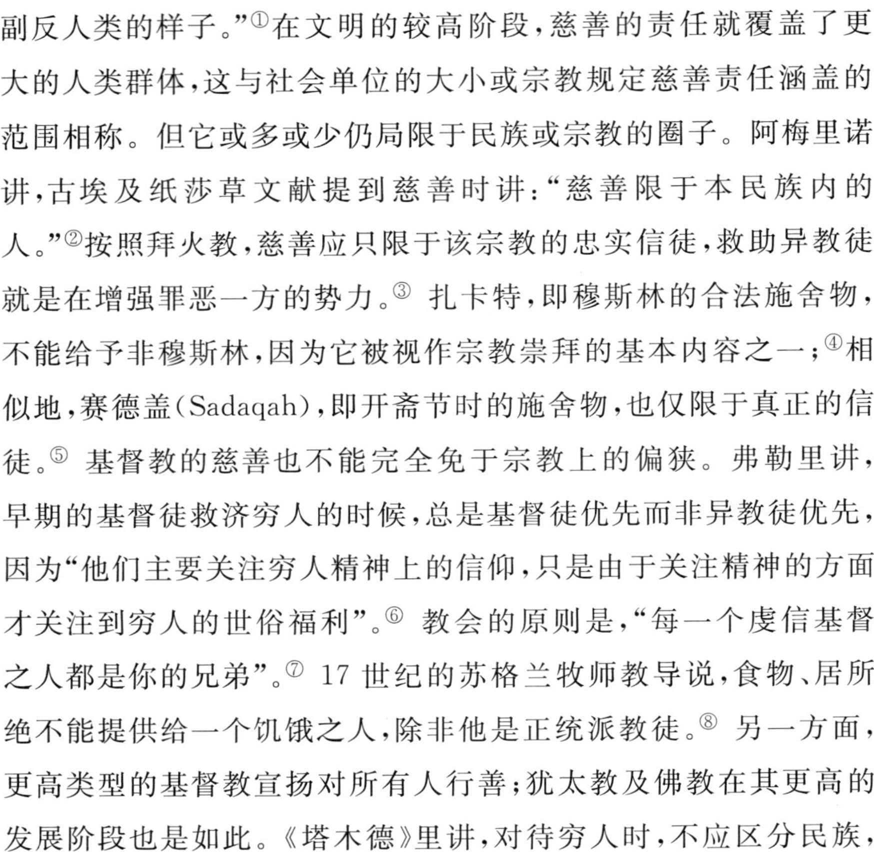

副反人类的样子。”[①]在文明的较高阶段,慈善的责任就覆盖了更大的人类群体,这与社会单位的大小或宗教规定慈善责任涵盖的范围相称。但它或多或少仍局限于民族或宗教的圈子。阿梅里诺讲,古埃及纸莎草文献提到慈善时讲:“慈善限于本民族内的人。”[②]按照拜火教,慈善应只限于该宗教的忠实信徒,救助异教徒就是在增强罪恶一方的势力。[③] 扎卡特,即穆斯林的合法施舍物,不能给予非穆斯林,因为它被视作宗教崇拜的基本内容之一;[④]相似地,赛德盖(Sadaqah),即开斋节时的施舍物,也仅限于真正的信徒。[⑤] 基督教的慈善也不能完全免于宗教上的偏狭。弗勒里讲,早期的基督徒救济穷人的时候,总是基督徒优先而非异教徒优先,因为“他们主要关注穷人精神上的信仰,只是由于关注精神的方面才关注到穷人的世俗福利”。[⑥] 教会的原则是,“每一个虔信基督之人都是你的兄弟”。[⑦] 17 世纪的苏格兰牧师教导说,食物、居所绝不能提供给一个饥饿之人,除非他是正统派教徒。[⑧] 另一方面,更高类型的基督教宣扬对所有人行善;犹太教及佛教在其更高的发展阶段也是如此。《塔木德》里讲,对待穷人时,不应区分民族,

① Doughty, *Arabia Deserta*, i. 368 *sq*.

② Amélineau, *op. cit*. p. 354.

③ Geiger, *op. cit*. i. 165.

④ Sell, *op. cit*. p. 284. *Cf*. *Koran*, ix. 60.

⑤ Sell, *op. cit*. p. 318.

⑥ Fleury, *Manners and Behaviour of the Christians*, p. 133 *sq*.

⑦ Laurent, *Etudes sur l'histoire de l'Humanité*, iv. 94.

⑧ Buckle, *History of Civilization in England*, iii. 277.

例如犹太人与非犹太人。[1] 在现代，慈善就跨越了民族的界限，即 558
使受苦者属于遥远的民族。尽管通常认为贫苦的同胞要比贫苦的外人更有资格获得我们的怜悯，但若一个国家发生了重大灾难，也容易引起别的民族的济贫救灾反应。派克先生认为，1755 年一场地震摧毁了里斯本，英国捐助了十万英镑救济灾民，这开启了国际慈善的新时代。他说："英国人最终表现出了同情，不仅是为了英国人和新教徒，也是为了信奉别的宗教的外国人；这一次，怜悯慈悲胜过了心胸狭窄和民族偏见。"[2]在战时，若敌人因伤病而不再有威胁，人类同情就油然而生，除了履行不应杀死或虐待他们的基本义务，还赋予自身照料他们的责任，这种责任要与照料自己伤员的基本责任保持一致。[3] 不过，不能把这个人道原则——它只是近来才在欧洲被认可——想象成基督教文明巅峰时期的独特结果。《摩诃婆罗多》讲，若好人之间发生争斗，受伤的敌人要在胜利者的国家医治，或者把伤者送回故土。[4] 很奇怪的是，就是在蒙昧世界里我们也发现，某些东西似乎预示着《日内瓦公约》的到来。在新南威尔士的某些部落，只要战斗结束，"双方似乎就会完全和解，携起手来共同护理伤员"。[5]

① *Gitin*, fol. 61 A，转引自：Katz, *Der wahre Talmudjude*, p. 38。*Cf*. Chaikin, *Apologie des Juifs*, p. 10。

② Pike, *History of Crime in England*, ii. 346.

③ 'Convention signed at Geneva, August 22, 1864, for the Amelioration of the Condition of the Wounded in Armies in the Field,' in Lorimer, *Institutes of the Law of Nations*, ii. Appendix no. vi. Hall, *Treatise on International Law*, p. 399. Heffter, *Das Europäische Völkerrecht der Gegenwart*, § 126, p. 267, n. 5.

④ *Mahabharata*, xii. 3547，转引自：Lorimer, *op. cit*. ii. 431。

⑤ Brough Smyth, *op. cit*. i. 160.

559 慈善义务之逐渐扩散乃是源于这个事实——此种义务首先基于利他主义情感并随后遵循同样的一般发展规律。上面提到的许多个案表明,蒙昧人绝非不讲感情,他们在各自的共同体内不仅相互扶助,还普遍具有慈爱之心。这里可以再加上许多类似的事例。火地人病重的时候,近亲会显得很悲伤;[①]达尔文告诉我们,被带到小猎犬号上送往欧洲的火地男孩,常常跑到晕船者身边,难过地说:“可怜啊,可怜的朋友!”[②]维达人受到赞美,不仅仅因为他们相互之间的慈善行为,而且因为他们天生的慈爱之心。[③] 据说,维多利亚的土著“至爱自己的朋友、亲戚”,同伴长期离开之后重返营地,他们会显得极为高兴。[④] 福斯特讲过塔纳岛土著具有慈爱之情的一个例子。他说,这种情感“有力地证明,人类的热情与天生品质在任何条件下几乎都是一样的”。[⑤] 梅尔维尔声称,在马克萨斯的泰皮人所居的山谷小住几个星期之后,较之以前,他对这里的人性评价更高了。[⑥] 几乎无可置疑,每一人类社会在正常情况下群体成员之间都存在某种程度的关爱之情;[⑦]似乎人类中这种情感的演进方向在很大程度上表现为覆盖范围的扩大,而非感情强度的增加。

在那些群体成员之间有慈爱之情的地方,相互帮助就被视为

① Bridges, in *A Voice for South America*, xiii. 206.

② Darwin, *Journal of Researches*, p. 207.

③ Sarasin, *op. cit.* iii. 545, 550.

④ Brough Smyth, *op. cit.* i. 138.

⑤ Forster, *Voyage round the World*, ii. 325.

⑥ Melville, *Typee*, p. 297.

⑦ 见下文,关于“利他情感的起源和发展”。

责任，一方面这是由于人们业已形成习惯，另一方面由于不相互帮 560
助会引起同情性憎恶——大家站在受害者的立场生发出来的感情。然而这里我们还是要透过现象看本质。人们不仅会由于受到对同类的友善情感诱使而做好事，也会受到自私动机诱使而做好事；这样的动机不仅有助于行善演变为部落的风俗习惯，也会影响对行善的道德评估。巴苏陀人讲，“借出去的是一把刀，还给主人的可不仅仅是那把刀”——人们在这类交换过程中，从不丢弃友善。[①] 多西先生讲，在苏族部落爱西尼伯因人那里，“人们付出什么，总是期望有礼物回馈”。[②] 若安达曼岛民把自己最好的东西当作礼物送人，他们默认自己会收到一件对等的礼物。[③] 在马科洛洛人那里，“富人对穷人友善，期待获得服务”。[④] 南森博士描述格陵兰岛民的时候讲，所有这些小社群都依赖于相互帮助的法则，依赖于有福同享、有难同当的原则，以求自存。“艰难的生活教育爱斯基摩人，即使一个人是高明的猎手，一般情况下能把自家的日子过得不错，也会遇到这样的时刻——没有他人的帮助，他将陷入困境。因而轮到他时，他最好帮助他人。”[⑤]我们根据自己在家乡获得的对人性的体验，可以认为，未开化及较高级社群所具有的互助与慈善的习俗背后，一般总是有着相似的考虑。若在某个社会，群体成员很依赖相互之间的服务与服务的回馈——通常蒙昧人是这

① Casalis, *op. cit*, p. 310.

② Dorsey, 'Siouan Sociology,' in *Ann. Rep. Bur. Ethn.* xv. 225 *sq.*

③ Man, in *Jour. Anthr. Inst.* xii. 95.

④ Livingstone, *Missionary Travels*, p. 511.

⑤ Nansen, *First Crossing of Greenland*, ii., 304 *sq. Cf.* Cranz, *History of Greenland*, i. 173; Parry, *op. cit.* p. 525.

样——这类动机就特别活跃。

561 再者,一个人若吝啬,就会招致超自然的危险,而慷慨则会得到超自然的回报。在摩洛哥,没有谁愿意在他人在场的情况下吃独食而不与他人分享;不与他人分享,别人用邪恶之眼看食物就会带来污秽。同样道理,若有谁很喜欢你的什么东西,例如想要买你的枪或马,最好随他的愿给了他,否则他想要的那东西可能会在你手上出事故。[①] 而摩尔人称作勒巴斯(*l-bas*)的邪恶能量,不仅可以通过眼睛传播,还可通过声音传播。因而穷苦之人手里就有了强大的武器和回击的方式,即诅咒。古希腊人认为,乞丐有自己的复仇女神,即厄里倪厄斯,[②]显然这不过是其诅咒的人格化。[③]《圣经·箴言》里讲:"周济贫穷的,不致缺乏。佯为不见的,必多受咒诅。"[④]《便西拉智训》表达了同样的思想——"不可转背对着穷人,不要使他得着诅咒你的因由:如果他因怨恨而诅咒你,造物主会听他的祈求……神听到了穷人发出的祈求,很快就会下达判决。"[⑤]根据拜火教的《赞美诗》,一向行善的穷人,若被冤枉或被剥夺了权利,可以轻而易举地祈求密斯拉神来帮助。[⑥] 查普曼先生讲:"尽管达马拉人通常都是大馋鬼,但他们也不愿意在同部落人在场的情况下吃东西而不与人共享,因为他们害怕受到他们的欧姆库鲁

① 现代埃及盛行相似的信仰(Klunzinger,*Upper Egypt*,p. 391)。

② *Odyssey*,xvii. 475.

③ 见上文第60页。

④ *Proverbs*,xxviii. 27.

⑤ *Ecclesiasticus*,iv. 5 *sq.*; xxi. 5. *Cf. Deuteronomy*,xv. 9. 约翰娜拉比讲,救济穷人,"使人免于暴死"(Kohler,in *Jewish Encyclopedia*,i. 435)。*Cf. Proverbs*,x. 2.

⑥ *Yasts*,x. 84.

神诅咒而变得贫穷。”[①]完全有理由认为，在此个案里，神的诅咒起 562
初就是某愤怒之人的诅咒或恶毒的愿望。

穷人不仅能通过自己的诅咒惩罚不行慈善者，还能用祈福报答慷慨的给予者。我在摩洛哥北部山区的安杰拉部落居留期间，所在的村庄来了一批走乡串户的抄经士，村民给他们礼物后，他们反过来为村民祈福。给他们一只山羊，他们就求神壮大给予者的羊群；给他们钱，他们就求神让给予者的钱袋更丰盈，等等。一些村民告诉我，这是互惠的交易，抄经士因馈赠而祈福，能使村民得到十倍的报答。城里的摩尔人要到乡下去，通常喜欢给坐在门边的乞丐一枚硬币，这样就能得到他的祈福。《便西拉智训》里讲：“你要伸出手来帮助穷人，便能使你的福气圆满。在每一个活人眼里，馈赠都是恩惠。”[②]而囤粮不卖的，民必咒诅他，“情愿出卖的，人必为他祝福”。[③] 在早期的基督徒中，教会祷文特别铭记了那些馈赠穷人者。[④] 伊耶先生说，在马拉巴的纳亚迪人那里，祈祷的意图、目的包括，“所有高等种姓中给予他们施舍者，可享长寿、兴旺”。[⑤] 在某些情形下，许诺给慈善行为的报答，实质上来自于受惠者的祈福。按照《婆私吒法经》，“慷慨使人心想事成，甚至长命百岁”。[⑥] 拜火教的《赞美诗》里讲，行善者的子孙将兴旺发达。[⑦] 按《塔木

① Chapman, *Travels in the Interior of South Africa*, i. 341.

② *Ecclesiasticus*, vii. 32. *Cf*. *Proverbs*, xxii. 9.

③ *Proverbs*, xi. 26.

④ Uhlhorn, *op. cit*. i. 141.

⑤ Iyer, in the Madras Government Museum's *Bulletin*, iv. 72.

⑥ *Vasishtha*, xxix. 1 *sq*.

⑦ *Yasts*, xxiv. 36.

563 德》的思想,向穷人布施就为自己的孩子获得了财富。[①] 考虑到人们普遍信仰诅咒和祈福的效能,几无疑问,慈善、慷慨在许多情形下与此信仰相联系,而欧洲访客并未认识到此联系。

穷人的诅咒和祈福在一定程度上说明了这一事实——慈善已经被视为宗教责任。确实,最初它们并不带有向神吁求的性质,人们只是相信它们具有不折不扣的神秘力量,独立于任何超人的意志。这种信仰根植于愿望——更确切地说是口头愿望——与实现愿望的思想之间的密切联系。人们视愿望为能量,通过物质上的接触、眼睛、讲话,此能量能转移到有关的人那里,接着变成现实。不过,这个过程并非被视作自然而然之事;人们对它总是有种神秘的说法。因而圣人、巫师或教士的话被认为比一般凡人的话更有效。澳大利亚土著相信,一个有法力的巫师能杀死一百英里之外的人。毛利人"视祭司的诅咒为敌人无法逃脱的霹雳"。[②] 加拉人绝不会杀害祭司或术士,因为害怕他那致命的诅咒。[③] 有些拉比认为,学者的诅咒也总是有效力,即便这诅咒有不妥之处。[④] 在伊斯兰国家,人们特别害怕圣人或穆罕默德子孙的诅咒。按照《摩奴法典》,婆罗门"仅凭一己之力就能惩罚对手",其武器就是讲话。[⑤] 不过,尽管这些人士发出诅咒会产生特殊效力,但凡夫俗子发出诅
564 咒也绝非无效。[⑥]《旧约·圣经》禁止子女诅咒父母,[⑦]臣民不得诅

① Kohler, in *Jewish Encyclopedia*, i. 436. *Cf. Proverbs*, xxviii. 27.

② Polack, *Manners and Customs of the New Zealanders*, i. 248 *sq*.

③ Harris, *Highlands of Æthiopia*, iii. 50.

④ *Makkoth*, fol. 11 A. *Berakhoth*. fol. 56 A.

⑤ *Laws of Manu*, xi. 32 *sq*.

⑥ Taylor, *Te Ika a Maui*, p. 204 (Maoris). Wellhausen, *Reste arabischen Heidentums*, p. 139.

⑦ *Exodus*, xxi. 17. *Leviticus*, xx. 9. *Proverbs*, xx. 20; xxx. 11.

咒统治者，[①]凡人不得诅咒神；[②]而根据《塔木德》的观念，不管发出诅咒的人多么无知，都不可小觑。[③] 可以肯定的是，说出去的话会带有超自然的性质，这本身就能产生想要的效果，这种性质是诅咒本身所具有的，而不管是谁发出了诅咒。它的程式或话语具有某些内在的神秘性，能带来某种精神上的或灵验的祈求。被祈求者的意愿根本就不在考虑之内；他的名字仅仅被用来让诅咒产生神秘的效果，而那些日常素朴的话是缺乏此种神效的。因而我们在《旧约·圣经》[④]和《塔木德》[⑤]里均能发现这一古代观念的踪迹，即为了达成效果用上主的名义发诅咒，而不管是否恰当、是否应该。不过，随着宗教情感深入人心，这种观念就被废弃了。正义而强大的神不可能认可自己只是某邪恶诅咒者手中的工具。因此人们就开始根据祈祷来看待诅咒——若祈祷不正当，效果就无法实现；诚如《圣经·箴言》所说："无故的咒诅，也必不临到。"[⑥]祈福也是如此。古时，雅各通过欺骗获取了父亲给雅各兄长的祈福，[⑦]后来，道德上的考虑就限制了祈福的效能。[⑧] 赞美诗作者大卫宣称，只有正义者的子孙才能被祈福；[⑨]根据《使徒宪章》，"寡妇依靠邪恶

① *Exodus*, xxii. 28. *Ecclesiastes*, x. 20.

② *Exodus*, xxii. 28.

③ *Meghilla*, fol. 15 A.

④ 见上文第 564 页。

⑤ *Makkoth*, fol. 11 A. *Berakhoth*, foll. 19 A, 56 A.

⑥ *Proverbs*, xxvi. 2.

⑦ *Genesis*, xxvii. 23 *sqq*.

⑧ *Cf*. Cheyne, 'Blessings and Curses,' in *Encyclopædia Biblica*, i. 592.

⑨ *Psalms*, xxxvii. 26.

565 之徒过活,尽管她为他们祈祷,这祈祷不会传达上听”。[1] 另一方面,若诅咒和祈福理所正当,神仍会使它们生效,为其对象带来灾祸或富足;这种观念既流行于犹太人被放逐到巴比伦后的犹太教,也流行于伊斯兰教,[2]它也是基督徒诅咒、祈福的基本观念。最终——不是最初——的看法是,不行慈善者理应受到惩处,而行善者理应得到报答,穷人的诅咒与祈福自然会为正义之神所聆听。“耶和华必为他辨屈。”[3]

然而,较高级宗教如此强调慈善之责任,主要原因在于施舍与献祭之间的联系。当食物充作贡物献给神,神只应享受其精神的部分,而其物质部分就留了下来,由穷人吃掉。尽管人们越来越意识到,神终究不需要贡物,也不会由贡物而得益,但在残存的仪式中仍向神献祭,[4]穷人自然就成了神的继承人,而施舍者就继承了献祭者的美德。那么,慈善行为的主要美德就在于施主的克己,其功效就由施主付出的“牺牲”来衡量。

可以举出许多把献祭的食物留给穷人、分给穷人的事例。色诺芬曾在斯奇卢斯建了一个祭坛和一个神庙,供奉阿耳忒弥斯女神,后来每年都要行祭,女神为那些生活在帐篷里的穷人提供“大麦粉、面包、酒、甜食,也把来自神圣牧场的祭品以及猎获的动物肉

---

① *Constitutiones Apostolicæ*, iv. 6. *Cf*. *Jeremiah*, vii. 16.

② *Cf*. Cheyne, in *Encydopædia Biblica*, i. 592; Goldziher, *Abhandlungen zur arabischen Philologie*, i. 29 *sqq*.

③ *Proverbs*, xxii. 23.

④ 关于此种残存的仪式,参见:Tylor, *Primitive Culture*, ii. 396 *sqq*.。

食给他们一份”。[1] 依据拜火教经典《亚斯纳》，献给马兹达神[2]的祭品都给穷人。[3] 古代阿拉伯半岛允许穷人享用献祭给由科西尔 566
神的食物。[4] 在苏丹的津德尔，有些树被视作神物，每年都要把公牛、绵羊等献祭给它们，“而该国的穷人由此得到实惠”。[5] 在摩洛哥，人们杀死动物充作阿尔，即带有条件性诅咒的祭品。这祭品要献给去世的圣人或活人，以迫使他们答应某项请求，而这祭品通常也被穷人吃掉，别人则不敢吃。

在其他情形下，我们能看到，施舍本身被视为行祭的一种形式，或者说代替了行祭。在印度圣书里，这两件事总是一并提起。“户主行祭，户主禁欲，户主行慈善。”[6]关于完成学业的婆罗门，有此说法——“他要始终以欢快之心根据自己的能力践行慷慨之责，既行祭也行慈善，如果他发现有人应该得到他的施舍的话。”[7]“基本的美德在克里他（Krita）时代是苦行，在特里他（Tretâ）时代是神圣的学识，在德瓦帕拉（Dvâpara）时代是行祭，在

① Xenophon, *Anabasis*, v. 3.9.

② 拜火教认为阿胡拉·马兹达（Ahura Mazda，意为“智慧之主”）是最高主神，是全知全能的宇宙创造者，它具有光明、生命、创造等德行，也是天则、秩序和真理的化身。马兹达创造了物质世界，也创造了火，即“无限的光明”，因此该教把拜火作为他们的神圣职责。马兹达在善恶二元论中是代表光明的善神，与代表黑暗的恶神阿赫里曼进行长期的战斗，最后获得胜利。——译者

③ *Yasna*, xxxiv. 5.

④ Wellhausen, *Reste arabischen Heidentums*, p. 64. Robertson Smith, *Religion of the Semites*, p. 223.

⑤ Richardson, *Mission to Central Africa*, ii. 259.

⑥ *Institutes of Vishnu*, lix. 28.

⑦ *Laws of Manu*, iv. 227. *Cf. ibid*, iv. 226.

卡里(Kali)时代则只是乐善好施。”[①]在埃及人的《死者之书》里，灵魂走向图厄特彼岸世界的诸神时，祈求道：“我已做人应做之事，已做取悦诸神之事。我已按神之所好抚慰神。我给饥者面包，给渴者水，给衣不蔽体者衣服，给水上遇难者渡船。我已为诸神祭祀，亦为死者行祭。”[②]拜火教赋予其祈祷赞美诗阿无那-瓦尔雅(Ahuna-Vairya)以极大的效能，里面讲：“救济穷人者即阿胡拉
567 王。”[③]《古兰经》也常常一并提及施舍和祈祷；[④]扎卡特，即法律规定的施舍，被穆斯林视作他们宗教的一个基本成分，因而不行规定礼拜的异教徒就不得与这些捐赠有任何牵涉。[⑤] 无论男女，印度的穆斯林常常起誓，“若他们的愿望实现，他们会以真主、先知、同伴或头人的名义，提供祭品”。其中的一种祭品，称作“给神的供奉”，即特意准备的吃食，“把它们分发给朋友、穷人，把谷物、用于祭祀的绵羊、衣服或现金当作施舍给予穷人”。[⑥] 当圣殿连带祭坛被毁时，犹太人想到了自己未赎的原罪而惊慌失措；约翰兰·本·撒该就这样安抚他们：“你们还有另一种赎罪方式，如祭坛一般强大，就是去做慈善，因为据说‘我要怜悯，而非献祭’。”[⑦]其他很多文字记述也表明，犹太人极其紧密地把施舍与献祭联系在一起。“行善之人以赞美为祭。”[⑧]“正如赎罪之供物为以色列赎罪，施舍为

① *Laws of Manu*, i. 86.

② *Book of the Dead*, 125, Renouf's translation, p. 217.

③ *Vendîdâd*, xix. 2.

④ *Koran*, ii. 40, 104; ix. 54.

⑤ Sell, *op. cit.* 284.

⑥ Jaffur Shureef, *Qanoon-e-Islam*, p. 179.

⑦ Kohler, in *Jewish Encyclopedia*, i. 467. *Hosea*, vi. 6.

⑧ *Ecclesiasticus*, xxxv. 2.

异教徒赎罪。”[1]“行善比任何祭品都更值得赞美。”[2]孤儿被称作“通往神的祭坛”。[3] 既然行祭者当为敬神之人，因而宁愿饥饿而死也不能接受渎神者的贡物。[4] 犹太教堂集中统一地收集施舍品，也任命了官员专门负责打理此事。[5] 而关于早期的基督徒，收集施舍品救济穷人，也是教会的分内之事。公共祭祀中有施舍之举，这也是祭祀活动的一部分。天然的物产，也作为礼物和上主的 568
祭品，出现在圣餐仪式上。它们作为刚刚成熟的果实（*primitiæ creaturarum*），成为供奉给上帝的祭品，一段祈祷词讲：“主啊，接受那些今天带来祭品的人的供奉吧，因为你接受正义的亚伯的供奉，我们的父亚伯拉罕的供奉，撒迦利亚的香，科尼利厄斯的布施，寡妇的两文钱。”这些祭品除了用于圣餐仪式，还主要用于救济穷人。它们在最特殊的意义上被视为祭品；只有纯洁的供奉才能放于祭坛之上，由罪恶行当赚取的钱财不被接受为祭品，不知悔悟的罪人手中拿出的东西也不能用来献祭。[6]《希伯来书》的作者提及施舍，把它作为感恩的祭品，这一观念在犹太人祭坛被摧毁以后依然延续下来。[7] 像祭品那样，施舍跟祈祷密切相连，它使祈祷更有效，让祈祷如虎添翼；天使对科尼利厄斯讲：“你的祈祷与你的施舍

① 转引自：Levy, *Neuhebräisches und Chaldäisches Wörterbuch*, iv. 173。

② 转引自：*ibid*. iv. 173。

③ *Constitutiones Apostolicæ*, iv. 3.

④ *Ibid*. iv. 8.

⑤ Addis, in *Encyclopedia Biblica*, i. 119.

⑥ Uhlhorn, *op. cit*. i. 135 *sqq*. Harnack, *History of Dogma*, i. 205.

⑦ *Hebrews*, xiii. 14 *sqq*. *Cf*. Addis, in *Encyclopædia Biblica*, i. 119.

都是上帝面前的纪念物。”[①]在有人指责基督徒没有奉献的时候,殉道士游斯丁写道:“我们一直被教诲,值得上帝肯定的唯一荣耀,不是为了我们的生存而用火烧掉他创生的东西,而是为我们自己及那些需要它的人使用。”[②]爱任纽也讲,《新约·圣经》并未废除祭品,只是祭品的形式确实变了,因为祭品不再由奴隶供奉,而是由自由民供奉,宗教献祭就能证明这一点。[③] 上帝也吩咐基督徒
569 做这种奉献,不是因为上帝需要这些祭品,而是“为了基督徒自己不至于一事无成或忘恩负义”。[④] 圣奥古斯丁说:“基督徒的奉献就是给予穷人的施舍。”[⑤]

或许会有人反对说,我一直在尝试把各种宗教美德中最美的部分追溯到神秘仪式上的源头,而没有适当考虑归之于神的慈善情感。我当下不必表明,为什么慈善像其他人类责任那样已由宗教信仰所认可,而是要表明,为什么慈善在高级宗教的伦理观念中获得了这至高的重要性,除此之外,只有祭拜仪式才被赋予这样的重要性。当然这本身就构成了一个问题,人们信仰某慈善的神,不足以解释这个问题。慈善的宗教责任并非仅仅是利他主义情感的产物,如下事实就能很好地解释这一点——尽管拜火教把施舍赞誉为最重要的美德之一,却不许病人成为信徒,除非病人被治愈并按规定仪式净身。[⑥]

① *Acts*, x. 4. Cyprian, *De opere et eleemosynis*, 4. St. Chrysostom, *Homilia VII.*, *de Pœnitentia*, 6 (Migne, *Patrologiæ cursus*, Ser. Gr. xlix. *sq*. 332).

② Justin, *Apologia I. pro Christianis*, 13.

③ Irenæus, *Adversus hœreses*, iv. 18.82.

④ *Ibid*. iv. 17.5.

⑤ St. Augustine, *Sermo XLII*. 1 (Migne, *op. cit*. xxxviii. 252).

⑥ Darmestcter, 'Introduction' to the Zend-Avesta, in *Sacred Books of the East*, iv. p. lxxx.

第二十四章　好客 570

我们已经看到，在早期的人类社会中，对于个体生命和身体健康的重视一般只限于该社会共同体范围之内的成员，对待外来人的态度则截然不同。但就这个规则而言，还有一些值得注意的例外。一方面，在较低级的部落，大多数人往往对于陌生人漠不关心或者充满敌意；另一方面，我们也会发现相反的例子：人们甚至对于不同种族的陌生人也表示出极大的友好。维达人乐于帮助任何一个处于危难之中并向他们求助的陌生人；逃亡中的僧伽罗人在人烟稀少的野外总是能够找到避难所，并受到当地土著居民的友好接待。[①] 在生病期间，莫法特先生曾得到一些贫穷的布须曼人照料，他被他们表现出的同情和关怀深深打动；要知道，对布须曼人来说，他完全是一个外来的陌生人。谈到安达曼岛民在社会关系中所表现出的彼此友好与关照，曼先生这样说道："一旦在本群体内部建立起相互理解的友好关系，就可以在他们在对待陌生人的态度方面看到同样的特点。"[②]我们也必须记住，世界各地生活在蒙昧时代的土著居民是怎样用友好的态度对待最早的欧洲来访

---

① Sarasin, *Ergebnisse naturwissenschaftlicher Forschungen auf Ceylon*, iii. 544.

② Man, 'Aboriginal Inhabitants of the Andaman Islands,' in *Jour. Anthr. Inst.* xxi. 93.

者的。没有比库克与他的随行人员在新喀里多尼亚受到的礼遇更
571 谦恭的了,在他们的旅途中,当地人一直陪伴着,做他们的向导。福斯特提到社会群岛岛民时这样说:“如果我们不承认他们总是友爱仁慈地对待我们并心怀感激的话,那我们真是忘恩负义之辈。”[1]德·克莱格对居住于新几内亚北岸的巴布亚人这样评价:“居民们看起来总是乐于提供帮助……当我们到达这个村子的时候,所有的男男女女,携妇将雏,聚集到我们周围,送给我们椰子和甘蔗。所有这些,当然是值得注意的,因为这是他们与欧洲人的第一次交往。”[2]在澳大利亚的许多地方,白人一到那里,当地的居民不仅不触犯这些外来的陌生人,反而表现得友好而仁慈。[3] 艾尔说:“在短暂的交往中很容易跟他们成为朋友。在许多时候,我会在距离文明聚集地十分遥远的荒野中遇到一些流浪者,当时只有一个当地男孩陪着我,这些流浪者总是以极其仁慈而友好的方式对待我,他们会送给我一些礼物,比如鱼、袋鼠、水果什么的。为了指给我哪里可以打到水,他们会陪我走几英里的路,打水时我也会得到他们的帮助。”[4]我们同样不能忘记,当远道而来的陌生人急需怜悯和帮助时,澳大利亚黑人伸出援助之手盛情接纳。[5] 库珀

① Forster, *Voyage Round the World*, ii. 157.

② De Clerque, in *Glimpses of the Eastern Archipelago*, p. 14.

③ Breton, *Excursions in New South Wales*, p. 218. Curr, *The Australian Race*, i. 64. Salvado, *Mémoires historiques sur l'Australie*, p. 340. Ridley, *Aborigines of Australia*, p. 24. Eyre, *Journals of Expeditions of Discovery into Central Australia*, ii. 212, 382.

④ Eyre, *op. cit.* ii. 211.

⑤ Mathew, 'Australian Aborigines,' in *Jour &. Proceed. Roy. Soc. N. S. Wales*, xxiii. 388. Brough Smyth, *Aborigines of Victoria*, ii. 229. Ridley, *Aborigines of Australia*, p. 22.

记述的土著克里克人为伯克和威尔士的死流下了悲伤的眼泪，他们哀悼亡灵的同时还没有忘记安慰幸存下来的金，这种慈悲善良的心肠也是值得铭记在心的。[①] 不幸的是，除了给欧洲人留下的好印象外，当地土著并没有从与欧洲人打交道的早期经历中得到什么回报。在澳大利亚或者其他地方，随着土著人与白人交往的加深和延长，他们改变了原本友好的行为，取而代之的是冷漠乃至敌视。这样的例子俯拾即是。例如，当加拿大商人第一次出现在 572
比弗河和落基山印第安人中间时，他们受到了最热情、最殷勤的接待。但是这些白人随后的行为却使当地人收回了他们的尊敬，有时，当地人甚至蔑视和侮辱这些外来的生意人。[②] 哈蒙写道："我总是在那些与白人交往最少的印第安人中间感受到最多的热情和最宽厚的仁慈。"[③]一个传教士在新几内亚和波利尼西亚跟当地居民共同生活了四十年，他对自己这段不平凡的经历做了这样的总结：我们对待蒙昧部族怎么样，他们就会对待我们怎么样。看起来，许多事实都证实了他的观点。[④]

---

① Jung. 'Aus dem Seelenleben der Australier,' in *Mittheilungen des Vereins für Erdkunde zu Leipzig*, 1877, p. 11 *sq*.

② Mackenzie, *Voyage to the Frozen and Pacific Oceans*, p. 149.

③ Harmon, *Journal of Voyages and Travels in the Interior of North America*, p. 315.

④ Murray, *Forty Years' Mission Work in Polynesia and New Guinea*, p. 499. 蒙昧部族对白种人友善态度的其他例证，见：von Kotzebue, *Voyage of Discovery into the South Sea*, iii. 174 (people of Radack); Yate, *Account of New Zealand*, p. 102 *sq*.; Dieffenbach, *Travels in New Zealand*, ii. 112; Keate, *Account of the Pelew Islands*, p. 329 *sq*.; Earl, *Papuans*, p. 79 (natives of Port Dory, New Guinea); Sarytschew, 'Voyage of the Discovery to the North-East of Siberia,' in *Collection of Modern and Contemporary Voyages and Travels*, vi. 78(Aleuts); Kingand Fitzroy, *Voyages of the "Adventure" and "Beagle,"* ii. 168, 174 (Patagonians); Wilson and Felkin, *Uganda*, i. 225。

白人在蒙昧人的国度所受到的这些礼遇与一种风俗密切相
关,这就是对待陌生人要热情好客。该风俗在处于原始状态的低
573 级部落之中十分普遍,①在文明发展早期阶段的各民族中也同样

① Azara, *Voyages dans l'Amérique méridionale*, ii. 91 (Guanas). Southey, *History of Brazil*, i. 247 (Tupis). Davis, *El Gringo*, p. 421 (Pueblos). Lafitau, *Mœurs des sauvages ameriquains*, i. 106; ii. 88. Heriot, *Travels through the Canadas*, p. 318 *sq*. Buchanan, *North American Indians*, p. 6. Perrot, *Mémoire sur les mœurs, coustumes et relligion des sauvages de l'Amérique septentrionale*, pp. 69, 202. Neighbors, in Schoolcraft, *Indian Tribes of the United States*, ii. 132 (Comanches). James, *Expedition from Pittsburgh to the Rocky Mountains*, i. 321 *sq*. (Omahas). Morgan, *League of the Iroquois*, p. 327 *sqq*.; Loskiel, *History of the Mission of the United Brethren among the Indians in North America*, i. 15; Golden, in Schoolcraft, *op. cit*. iii. 190 (Iroquois). Powers, *Tribes of California*, p. 183. Sproat, *Scenes and Studies of Savage Life*, p. 56 *sqq*. (Ahts). Boas, 'Report on the Indians of British Columbia,' in the *Report read at the Meeting of the British Association*, 1889, p. 36. Keating, *Expedition to the Source of St. Peter's River*, i. 101 (Potawatomis); ii. 167 (Chippewas). Richardson, *Arctic Searching Expedition*, ii. 18 (Crees and Chippewas). *Idem*, in Franklin, *Journey to the Shores of the Polar Sea*, p. 66; Mackenzie, *Voyages to the Frozen and Pacific Oceans*, p. xcvi. (Crees). Dall, *Alaska*, p. 397; Sarytschew, *loc. cit*. vi. 78; Sauer, *Billing's Expedition to the Northern Parts of Russia*, p. 274 (Aleuts). Lyon, *Private Journal*, p. 349 *sq*.; Parry, *Second Voyage for the Discovery of a North-West Passage*, p. 526 (Eskimo of Igloolik). Egede, *De scription of Greenland*, p. 126; Cranz, *History of Greenland*, i. 172 *sq*.; Kane, *Arctic Explorations*, ii. 122; Holm, 'Ethnologisk Skizze af Angmagsalikerne,' in *Meddelelser om Grönland*, x, 87, 175 *sq*. (Greenlanders). Beechey, *Voyage to the Pacific and Behring's Strait*, ii. 571; Richardson, *Arctic Searching Expedition*, i. 367; Seemann, *Voyage of "Herald,"* ii. 65 (Western Eskimo). Hooper, *Ten Months among the Tents of the Tuski*, pp. 160, 193, 194, 208; Nordenskiöld, *Vegas färd kring Asien och Europa*, ii. 145 (Chukchi). Dall, *op. cit*. pp. 381 (Tuski), 517 (Kamchadales), 526 (Ainos). Sarytschew, *loc. cit*. v. 67 (Kamchadales). Dobell, *Travels in Kamischatka and Siberia*, i. 63, 82 *sq*. (Kamchadales); ii. 42 (Jakuts). Sauer, *op. cit*. p. 124 (Jakuts). Vámbéry, *Das Türkenvolk*, pp. 159 (Jakuts), 336 (natives of Eastern Turkestan), 411 (Turkomans), 451 (Tshuvashes), 509 (Baskirs), &c. Krasheninnikoff, *History of Kamschatka*, p. 236 (Kurile Islanders). Georgi, *Russia*, i. 113 (Mordvins); iii. 111 (Tunguses), 167 (Koriaks); iv. 22 (Kalmucks). Bergmann, *Nomadische Streifereien unter den Kalmüken*, ii. 281 *sqq*. Prejevalsky, *Mongolia*, i. 71 *sq*. Castrén, *Nordiska resor och forskningar*, i. 41 (Laplanders), 319 (Ostyaks). Scott Robertson, *Káfirs of the Hindu-Kush*, p. 187 *sq*. Fraser, *Tour through the Himālā Mountains*, pp. 264 (people of Kunawar), 335 (Butias). Dalton, *Descriptive Ethnology of Bengal*, pp. 46 (Kukis), 68 (Garos). Hunter, *Annals of Rural Bengal*, i. 215 (Santals). Tickell, 'Memoir on the Hodésum,' in *Jour. Asiatic Soc. Bengal*, ix. (pt. ii.) 807 *sq*. (Hos). (接下页注释)

(接上页注释)　Lewin, *Wild Races of* SouthEasten India, *p*. 217 (*Tipperahs*). *Colquhoun*, Amongst the Shans, *pp*. 160sq. (*Steins*), 371 (*Shans*). *Foreman*, Philippine Islands, *p*. 187. *de Crespigny*, '*Milanows of Borneo*,' *in* Jour. Anthr. Inst. *v*. 34. *Low*, Sarawak, *pp*. 243 (*Hill Dyaks*), 336 (*Kayans*). *Boyle*, Adventures among the Dyaks of Borneo, *p*. 215. *Ling Roth*, Natives of Sarawak, *i*. 82 (*Sea Dyaks*). *Marsden*, History of Sumatra, *p*. 208 (*natives of the interior of Sumatra*). *Raffles*, History of Java, *i*. 249; *Crawfurd*. History of the Indian Archipelago, *i*. 53 (*Javanese*). *Riedel*, De sluik-en kroesharige rassen tusschen Selebes en Papua, *p*. 41 (*natives of Ambon and Uliase*). *von Kotzebue*, op. cit. *iii*. 165 (*natives of Radack*), 215 (*Pelew Islanders*). *Hale*, U. S. Exploring Expedition. Vol. VI. —Ethnography and Philology, *p*. 95 (*Kingsmill Islanders*). *Macdonald*, Oceania, *p*. 195 (*Efatese*). *Erskine*, Cruise among the Islands of the Western Pacific, *p*. 273 sq.; *Williams and Calvert*, Fiji and the Fijians, *p*. 110; *Anderson*, Travel in Fiji and New Caledonia, *p*. 134 sq. (*Fijians*). *Ellis*, Polynesian Researches, *i*. 95. Idem, Tour through Hawaii, *p*. 346 sq. *Forster*, *op. cit. ii*. 158 (*Tahitians*), 364 (*natives of Tana*), 394 (*South Sea Islanders generally*). *Cook*, Voyage round the World, *p*. 40 (*Tahitians*). *Tregear*, '*Niue*,' *in* Jour. Polynesian Soc. *ii*. 13 (*Savage Islanders*). *Turner*, Samoa, *p*. 114; *Pritchard*, Polynesian Reminiscences, *p*. 132; *Brenchley*, Jottings during the Cruise of H. M. S. Curacoa among the South Sea Islands, *p*. 76 (*Samoans*). *Mariner*, Natives of the Tonga Islands, *ii*. 154. *Yate*, *op. cit. p*. 100; *Dieffenbach*, op. cit. *ii*. 107 sq.; *Polack*, Manners and Customs of the New Zealanders, *ii*. 155 sq.; *Angas*, Savage Life and Scenes in Australia and New Zealand, *ii*. 22 (*Maoris*). *Gason*, '*Manners and Customs of the Dieyerie Tribe*,' *in Woods*, Native Tribes of South Australia, *p*. 258; *Brough Smyth*, *op. cit. i*. 25; *Salvado*, *op. cit. p*. 340 (*Australian aborigines*). *Ellis*, History of Madagascar, *i*. 198; *Sibree*, The Great African Island, *pp*. 126, 129; *Rochon*, Voyage to Madagascar, *p*. 62; *Little*, Madagascar, *p*. 61; *Shaw*, '*Betsileo*,' *in* Antananarivo Annual and Madagascar Magazine, *ii*. 82. *Burchell*, Travels in the Interior of Southern Africa, *ii*. 54 (*Bushmans*), 349 (*Hottentots*). *Kolben*, Present State of the Cape of Good Hope, *i*. 166, 337; *Le Vaillant*, Travels from the Cape of Good Hope, *ii*. 143 sq.; *Schinz*, DeutschSüdwest-Afrika, *p*. 81 (*Hottentots*). *Lichtenstein*, Travels in Southern Africa, *i*. 272; *Leslie*, Among the Zulus and Amatongas, *p*. 203 (*Kafirs*). *Casalis*, Basutos, *pp*. 209, 224. *Andersson*, Lake Ngami, *p*. 198 (*Ovambo*). *Macdonald*, Africana, *i*. 27, 263 (*Eastern Central Africans*). *Wilson and Felkin*, *op. cit. i*. 21 1, 225 (*Waganda*). *Rowley*, Africa Unveiled, *p*. 47 (*natives of Manganja*, *in the neighbourhood of Lake Nyassa*). *New*, Life, Wanderings, and Labours in East Africa, *pp*. 102 (*Wanika*), 361 (*Taveta*). *Thomson*, Through Masai Land, *p*. 64 (*Wa-kwafi*, *of the Taveta*). *Tuckey*, Expedition to explore the River Zaire, *p*. 374 (*Congo natives*). *Bosnian*, Description of the Coast of Guinea, *p*. 108. *Burton*, Two Trips to Gorilla Land, *i*. 106 (*Mpongwe*). Idem, Abeokuta, *i*. 303 (*Voruba*). *Caillié*, Travels through Central Africa, *i*. 165 (*Bagos*). *Chavanne*, Die Sahara, *p*. 185 (*Touareg*). *Hanoteau and Letourneux*, La Kabylie, *ii*. 45 sqq. *Munzinger*, Ostafrikanische Studien, *p*. 534 (*Barea*). *Lobo*, Voyage to Abyssinia, *p*. 82 sq.

关于"高级文明"对蒙昧部族好客习俗的恶劣影响，参阅：*Nansen*, First Crossing of Greenland, *ii*. 306 sq; *Ellis*, Tour through Hawaii, *p*. 346; *von Kotzebue*, *op. cit. iii*. 250 (*Hawaiians*); *Meade*, Ride through the Disturbed Districts of New Zealand, *p*. 164; *Dieffenbach*, *op. cit. ii*. 107, 108, 110.

574 盛行。[①] 这个风俗具有几个显著的特征,显然,它们与部落或国家
通常具有的排他性格格不入。陌生人经常受到欢迎,其中还有一
些专门表示敬意的标志,比如,给他安排最好的座位,将主人储备
575 的最好的食物摆放在他面前,他的地位比这个家庭里的所有成员
都优越,他可以享有各种各样的特权。许阿德斯这样说火地人:
"不管一个小屋有多拥挤,也不管可吃的食物有多少,他们总是保
证新来者在灶台旁有一席之地并有食物可吃。"[②]加利福尼亚的马

---

① 根据秘鲁印加人的法律,陌生人和旅行者应当得到客人一般的招待,应当为他们提供公共的住房(Garcilasso de la Vega,*First Part of the Royal Commentaries of the Yncas*,ii. 34).关于尤卡坦人,见:Landa,*Relacion de las cosas de Yucatan*,p. 134. 根据卫斐列先生的记述(Wells Williams,*Middle Kingdom*,i. 835),尽管好客之道在现代的中国人身上已经难觅踪迹,他们的道德著作与宗教书籍是教导人们友好对待陌生人和旅客的(Chalmers,'Chinese Natural Theology,' in *China Review*,v. 281. Douglas,*Confucianism and Taouism*,p. 273. *Indo-Chinese Gleaner*,iii. 160)。在高丽国,如果吃饭的时间有外人出现,不管是否陌生人,主人都应该拿出食物与之分享,否则就是件很丢脸的事(Griffis,*Corea*,p. 288)。关于希伯来人,见:*Genesis*,xviii. 2 *sqq.*,xxiv. 31 *sqq.*;*Leviticus*,xix. 9 *sq.*,xxv. 35; *Deuteronomy*,xiv. 29,xvi. 11,14; *Judges*,xix. 17 *sqq.*; *Job*,xxxiv. 32; also Bertholet,*Die Stellung der Israeliten und der Juden zu den Fremden*,p. 22 *sqq.*,and Nowack,*Lehrbuch der hebräischen Archäologie*,p. 186 *sq.*。关于伊斯兰教徒,见:Lane,*Manners and Customs of the Modern Egyptians*,p. 296 *sq.*;Burckhardt,*Notes on the Bedouins and Wahábys*,pp. 100-102,192 *sqq.*;Wood,*Journey to the Source of the River Oxus*,p. 148;Hamilton,*Researches in Asia Minor*,ii. 379. 古印度的情况,见:Leist,*Altarisches Jus Gentium*,pp. 39,40,223 *sqq.*。关于希腊,见:Schmidt,*Ethik der alien Griechen*,ii. 325 *sqq.*。罗马的情况,见:Leist,*Altarisehes Jus Civile*, i. 355 *sqq.*;von Jhering,*Geist des römischen Rechts*, i. 227 *sq.*。关于条顿人的情况,见:Grimm,*Deutsche Rechtsalterthümer*,p. 399 *sq.*。Gummere,*Germanic Origins*,p. 162 *sqq.*;Keyser,*Efterladte Skrifter*,ii. pt. ii. 93;Weinhold,*Altnordisches Leben*,p. 441 *sqq.*;Gudmundsson and Kâund,'Sitte,' in Paul's *Grundriss der germanischen Philologie*,iii. 450 *sq.*。斯拉夫人的情况,见:Schrader,*Reallexikon der indogermanischen Altertumskunde*,i. 270;Krauss,*Die Südslaven*,p. 644 *sqq.*。

② Hyades and Deniker,*Mission scientifique du Cap Horn*,vii. 243.

托尔人尽管有时甚至对自己的父亲也忘恩负义、漠不关心，但是他们“会和任何一个不速之客分享最后一片鲑鱼干，而这个不速之客除了指望得到接待以外并没有提出过要分享这些东西，因而在客人眼中，这些蒙昧部族的热情好客显得有些奢侈和夸张”。[①] 对一名旅行者或者逗留此地的人，无论其种族，也无论其肤色，克里克的印第安人都表示欢迎，不仅会将他延请到自己家中，而且会像对待兄弟或者孩子那样对待他，与他分享最后一点谷物或者最后一片肉，送给他自己所拥有的最有价值的东西。[②] 在阿拉瓦克人中间，“当一个陌生人，尤其是欧洲人进入印第安人家中，一切事情都照他的意思办”。[③] 斯米顿先生说，尽管克伦人本性多疑，但他们在热情好客方面表现得十分大度。“他会款待任何一个到来的陌生人，而不对客人盘问一句。如果他不能接纳所有的来访者，或者没有给他们最好的菜肴，他自己都会感到丢人。一个最野蛮的克伦人也会优雅而庄重地接待客人，用最大的热情使他快乐，使他俨然如公爵一般尊贵。这些民族和部落有成百上千的古老传说，向人们反复灌输，不管主人或客人的财力如何，主人都有义务接纳陌生人做客。”[④]许多未开化民族有一种惯制，在客人居留期间，作为地主的男人会向客人贡献出自己的妻子或者众多妻子中的一

① Powers, *op. cit.* p. 112.

② Bartram, 'Creek and Cherokee Indians,' in *Trans. American Ethn. Soc.* iii. pt. i. 42.

③ Hilhouse, in *Jour. Roy. Geo. Soc.* ii. 230. *Idem*, *Indian Notices*, p. 14. *Cf.* von Martius, *Beiträge zur Ethnographie Amerika's*, i. 692.

④ Smeaton, *Loyal Karens of Burma*, p. 144 *sq.*

576 个。[①] 内志的贝都因人有一句谚语:“屋子里的客人就是屋子的主人。”[②]我们在《毗湿奴法经》里读到,正如婆罗门的地位居于其他种姓之上,丈夫是妻子的主人一样,客人则是主人的主人。[③]

习俗甚至可能会要求对敌人也要热情好客。霍尔姆船长告诉我们一个故事:一位声名狼藉的格陵兰人谋杀了他的继父,但当他造访被谋杀的继父的近亲属时,他仍然受到接纳,而且被款待良久。这样做似乎更符合古老的习俗。[④] 伯克哈特说,在埃内兹的贝都因人中,为被杀亲属复仇的所有方式都被认可是合法的,但也有例外的情况,那就是“杀人者不能在第三个人家中做客时被复仇杀掉,甚至也不能在他那不共戴天之敌的屋檐下避难时被杀掉”。[⑤] 在阿富汗,“一个人最大的仇敌在这个人的屋檐下处境最安全”。[⑥] 我们在《益世嘉言》读到:“即便是一个敌人来到房子里,也要对他殷勤热情。树从来不对伐木人收回自己的树阴……客人

① Westermarck, *History of Human Marriage*, p. 73 *sqq*.

② Palgrave, *Journey through Central and Eastern Arabia*, i. 345.

③ *Institutes of Vishnu*, lxvii. 31.给予客人优先权的其他一些例证,见:Man, in *Jour. Anthr. Inst.* xii. 94, 148 (Andaman Islanders); Buchanan, *North American Indians*, p. 324 (Indians of Pennsylvania); Lyon, *Private Journal*, p. 350 (Eskimo of Igloolik); Seemann, *Voyage of "Herald"*, ii. 65 (Western Eskimo); Krasheninnikoff, *op. cit.* p. 211 (Kamchadales), Georgi, *op. cit.* iii. 153 *sq.* (Kamchadales), 183 *sq.* (Chukchi). Ling Roth, *Natives of Sarawak*, i. 86(Sea Dyaks); Mariner, *op. cit.* ii. 154 (Tonga Islanders); New, *op. cit.* p. 102(Wanika); Hanoteau and Letourneux, *op. cit.* ii. 45 (Kabyles); Wells Williams, *op. cit.* i. 540 (Chinese); Krauss, *op. cit.* p. 649 *sq.* (Southern Slavs)。

④ Nansen, *First Crossing of Greenland*, ii. 305 *sq*.

⑤ Burckhardt, *Beciouins and Wahábys*, p. 87. *Cf.* Daumas, *La vie Arabe*, p. 317 (Algerian Arabs).

⑥ Elphinstone, *Kingdom of Caubul*, i. 296.

比每个人都优先。”[①]古代斯堪的纳维亚人认为，殷勤待客是一种义务，哪怕发现客人曾经杀死了自己的兄弟也丝毫不影响这种义务的履行。[②] 在中世纪，一个骑士会满足任何人安全通过其领地 577
的要求，包括那些主张剥夺其领地的人。[③]

无论在何种情况下，保护客人都被视为一种十分严格的义务。“允诺了要保护客人的卡拜尔人，即使犯下罪行，冒任何风险，也要遵守这一习俗……破坏这一习俗将受到最严厉的惩罚。或者按照神圣的表达，一个人如果违反了村庄或部落的待客习俗，将处以死刑，全部财产充公，房屋被拆除。”[④]在贝都因人中，破坏庇护风俗（*dakheel*）不仅被视为个人的耻辱，而且是整个家庭乃至整个部落的耻辱，并且这个耻辱永远洗刷不清。对一个人或者对他的部落而言，没有比说他破坏了庇护风俗更大的耻辱了。[⑤]据伯克哈特，在埃内兹人中，“在他们的记忆中还从来没有过由于出卖客人而违背好客习俗的事”。[⑥] 在埃及，大多数贝大维人宁可个人或家庭受到伤害，也不允许客人在其保护期间受到任何不友

① *Hitopadesa*, Mitralâbhâ, 60, 62.

② Grimm, *Deutsche Rechtsalterthümer*, p. 400. Weinhold, *Altnordisches Leben*, p. 441.对敌人的好客之道的其他例证，见：James, *Expedition to the Rocky Mountains*, i. 322 (Omahas); Bartram, in *Trans. American Ethn. Soc.* iii. pt. i. 42 (Creeks and Cherokees); Lomonaco, 'Sullerazze indigene del Brasile,' in *Archivio per l'antropologia e la etnologia*, xix. 57 (Tupis); Krauss, *op. cit.* p. 650 (Montenegrines)。

③ Mills, *History of Chivalry*, p. 154.

④ Hanoteau. and Letourneux, *op. cit.* ii. 61 *sq.*

⑤ Layard, *Discoveries in the Ruins of Nineveh and Babylon*, p. 317.

⑥ Burckhardt, *Bedouins and Wahábys*, p. 100. *Cf. ibid.* p. 192.

好的对待。[1] 在坎德人中,“为了客人的安全,要以生命和荣誉做担保,他们优先考虑客人的安危而不是本族孩子的处境”;为了拯救他的客人,一个人甚至被允许撒谎,而撒谎在其他场合会被认为是极大的罪恶。[2] 万贝里告诉我们这样一些例子:卡拉-吉尔吉斯人宁愿忍受中国人发起的战争的折磨,也不愿向他们投降。但当中国人逃命到吉尔吉斯人那里寻求帮助时,他们受到了热情的招
578 待。[3] 在奥塞梯人中,主人不仅认为自己应为客人的安全负责,而且如果客人受了伤或者被谋杀,他还要为客人报仇,就好像他为自己的男性亲属所做的那样。[4] 对阿尔巴尼亚人来说,要是客人遭受了伤害,主人却不为他报仇,那可是臭名昭著的事。[5] 在塔库伊人那里,尽管一个人会因为亲戚被杀害而接受凶手给予的补偿,但是无论在何种情况下,对于杀害其客人的凶手来说,都要求用血债来偿还。[6] 另一方面,在塞拉利昂,客人无须为他所犯的错误负责,无论这种错误是出于无心还是有意,主人都要为“他的陌生人”的行为承担责任。[7]

热情好客不仅被视为一项最重要的义务,而且在很大程度上与宗教联系在一起。由易洛魁族宗教领袖建立的学说中,有这样

---

① Lane, *Modern Egyptians*, p. 297.

② Macpherson, *Memorials of Service in India*, pp. 65, 94.

③ Vámbéry, *Das Türkenvolk*, p. 268. *Cf. ibid*. p. 411(Turkomans).

④ von Haxthausen, *Transcaucasia*, p. 412.

⑤ Gopčević, *Oberalbanien und seine Liga*, p. 328.

⑥ Munzinger, *Ostafrikanische Studien*, p. 208. 在巴雷亚人和库纳马人中,客人如被杀害,主人要为之报仇(*ibid*. p. 477)。

⑦ Winterbottom, *Native Africans in the Neighbourhood of Sierra Leone*, i. 214.

一则与接纳客人有关的箴言："如果一个陌生人在你的住所附近徘徊，你应当把他邀请到家里做客，对他要热情，同他说话要友好，别忘记要时常提到至高无上的'大神'[1]。"[2]新赫布里底群岛的安那托姆岛土著居民认为，对客人慷慨热情的人死后会在冥界获得最高的奖赏。[3] 卡尔梅克人相信，如果谁不好客，神灵就会怒而惩罚他。[4] 坎德人则说，神灵赋予人们的首要义务就是热情好客，人们要是不遵守这个惯例就是犯罪，就会在当前的生活中或者在死后转世到其他生命的时候，受到神谴天罚。所受的惩罚包括死亡、贫穷、疾病、失去孩子或其他形式的不幸事件。[5] 在印度的教义里，"好客"作为十分重要的义务被反复提及，如果履行了这个义务，就会得到丰厚的回报。吠陀歌手告诉我们："一个不好客的人无法得 579
到食物。说实话，他肯定是要死掉的……那些独吞食物的人只能是罪人。"[6]"如果有人不为上帝、客人、那些他应尽义务的人、神灵和他自己提供食物，虽然他还能够呼吸，但他的灵魂、他本人已经死掉了。"[7]据《毗湿奴往世书》所述，谁要是对贫穷、无依无靠而急需款待和帮助的陌生人置之不理，他就会下地狱。[8] 反之，谁要是

① 易洛魁人传统信仰中有众多神祇，大神（the Great Spirit）是其中至高无上的。——译者

② Morgan, *League of the Iroquois*, p. 172.

③ Inglis, *In the New Hebrides*, p. 31.

④ Bergmann, *op. cit.* ii. 281 *sq.*

⑤ Macpherson, 'Religious Opinions and Observances of the Khonds,' in *Jour. Roy. Asiatic Soc.* vii. 196.

⑥ *Rig-Veda*, x. 117.6.

⑦ *Laws of Manu*, iii. 72. *Cf. Institutes of Vishnu*, lxvii. 45.

⑧ *Vishnu Purána*, p. 305.

对客人殷勤,他就可以受到最高奖赏。[①] “款待客人一夜的人会得到地上俗世的幸福,款待第二夜就能得到中间的喜气,第三夜就能得到上天的福佑,第四夜就能得到无法超越的福佑;款待许多夜晚,这种难以超越的福佑就会蔓延到他所有的生活世界,无穷无尽。《吠陀经》中就是这样宣称的。”[②]根据《摩诃婆罗多》,为一个素不相识、疲惫不堪的旅行者提供食物而不求任何回报的人,会修得高尚的美德。[③] 据赫西俄德,如果有人伤害恳求者或者客人,宙斯会对他感到愤怒,作为对这种伤害的报复,会严厉地惩罚他。[④]柏拉图说:“在与陌生人的关系中,一个人要将交往视为神圣的事情。与当地平民所受的不公正相比,陌生人的忧虑和所受的不公正更直接地依赖神的保护。……那个最有能力帮助陌生人的人是个天才,他追随着宙斯足迹前进,他就是陌生人的神。由于这个原因,即便是心存点滴谨慎之念的人也尽心尽力地完善自己的言行举止,在一生中不去冒犯陌生人。在对陌生人或者同一群体同胞的诸多冒犯中,对谦卑的恳求者的冒犯是最恶劣、
580 最不能容忍的。”[⑤]相似的观念也在古罗马时代流行。尽管好客(*fus hospitii*)并不是民法中的条款,但神圣律法(*fas*)它属于的内容;陌生人虽不受法律的保护,但他作为一个客人,受到习俗和

① *Institutes of Vishnu*, lxvii. 28, 32.

② *Âpastamba*, ii. 3.7.16.

③ *Mahabharata*, Vana Parva, ii. 61, pt. v. p. 5.

④ Hesiod, *Opera et dies*, 331 *sq*. (333 *sq*.)

⑤ Plato, *Leges*, v. 729 *sq*.

宗教的保护。[①] 客神(*dii hospitales*)和朱庇特保护着生客;[②]因而,对一个客人的义务甚至比对一个亲戚的义务还要迫切。[③] 恺撒[④]和塔西佗[⑤]证明,日耳曼人认为伤害一个客人,或者将任何一个人从自家屋檐下赶走,都是对神的不虔诚。在以色列人的宗教观念中,上帝就是陌生人的保护者。[⑥] 在犹太法典中,好客被描述成"礼神活动中最重要的组成部分",[⑦]与尊敬父母的义务具有同等的重要性,[⑧]比常去参加宗教集会还要有功德。[⑨] 同样地,伊斯兰教也将好客视为一种宗教义务。[⑩] 先知说:"信仰真主和复活之日的人,不论是谁,都一定要尊敬他的客人。"[⑪]而早在穆罕默德时代之前,客人应受神灵保护的观念就在阿拉伯人中间十分流行了。[⑫] 贝都因人则把客人说成是"神的客人"。[⑬]同样地,基督教也

① Servius, *In Virgilii Æneidos*, iii. 55:"所有的神谕;血亲及客人的律法。" von Jhering, *Geist des römischen Rechts*, i. 227. Leist, *Altarisches Jus Civile*, i. 103, 358 *sq*.。

② Servius, *In Virgilii Æneidos*, i. 736. Livy, *Historice Romanœ*, xxxix. 51. Tacitus, *Annales*, xv. 52. Plautus, *Pœnuli*, v. 1.25.

③ Gellius, *Nodes Atticœ*, v. 13.5:"在职责(或义务)一事上,祖先遵从的顺序是这样的:首先是监护人的(职责),然后是客人的,然后是主顾的,然后是血亲的,最后是姻亲的。"

④ Cæsar, *De bello Gallico*, vi. 23.

⑤ Tacitus, *Germania*, 21.

⑥ *Psalms*, cxlvi. 9.

⑦ Deutsch, *Literary Remains*, p. 57.

⑧ *Kidduskin*, fol. 39 B, 转引自:Hershon, *Treasures of the Talmud*, p. 145。

⑨ *Sabhath*, fol. 127 A, 转引自:Katz, *Der wahre Talmudjude*, p. 103。

⑩ *Koran*, iv. 40 *sqq*.

⑪ Lane, *Arabian Society in the Middle Ages*, p. 142.

⑫ Wellhausen, *Reste arabischen Heidentums*, p. 223 *sq*.

⑬ Doughty, *Arabia Deserta*, i. 228, 504.

将好客视为耶稣赋予人的一种义务。[①]

在其他情况下,外来的陌生人会被视为下等人或者敌人,若他们的财产被抢劫或他们被杀掉,这样谋财害命的事并不见得要受到惩罚。但是,在成为客人的情况下,他就可以享有上述种种特权。两相对比,真让人惊诧不已。研究人类道德观念的学者会关
581 注这种差异。即便一般人也会问,陌生人究竟为什么会被接纳?当然,他需要保护和支持。但是那些并不熟悉他的人为什么会关心这事呢?

答案之一是他无助的处境令人心生怜悯。事实似乎证明,即便是在蒙昧部族,看到一个于己无害的陌生人正在受苦受难,总会激起一些利他的情感,无论这种情感多么淡薄。答案之二是主人自己希望通过做好事得到一些好处。毫无疑问,好客的规则主要建立在关心自我的基础之上。

公道地说,我们已经看到,未开化地区并没有可以为旅行者提供食宿的公共设施,"好客如此必要,所有群体之间的互利互惠如此必需,以至它的价值发生了重大转变,成为一种道德规范"。[②]当一个陌生人属于某个流行互惠交往原则的社群时,在给予他热心接待之前就要谨慎小心;因为一个人今天是主人,明天可能就是客人。多梅内克说:"北美的土著印第安人尽管好客,但他们也会

① Laurent, *Études sur l'histoire de l'Humanité*, vii. 346.

② Winterbotlom, *op. cit.* i. 214.

渴望自己的热情得到尊敬和回报。[①] 而且，陌生人那里有各种各样的消息和新闻，因此，在那些生活节奏缓慢、彼此交往稀少的地方，陌生人就成为受欢迎的客人。”[②]漫游于芬兰北部偏远的森林之中时，我总是大受欢迎，而他们见面常说的一句话总是：“有什么新鲜事吗？”不过，除了见闻之外，陌生人也应该随身携带一些有更高价值的东西，那就是给当地人带来的好运或者祝福。

我居留在大阿特拉斯的德姆纳特期间，尽管当地人对欧洲人 582
充满敌意，但他们仍说非常高兴我来看望他们，因为我给他们带来了雨水，收成也增加不少，而在我到来之前雨水少得可怜，庄稼长势也不好。同样，当我居住在摩洛哥北部安杰拉山地居民中间时，他们称我是一个有着“吉利脚踝”的人，因为从我住到他们中间后，这个村子就经常被先知穆罕默德的后裔光顾。这些多多少少被赋予圣洁之气（*baraka*）或神性的来访者总是受到高度评价。或者因为给当地人带来了好运，或者给予了当地人美好的祝福，陌生人就不知不觉成了好运的源泉。如果一个客人受到热情接待，人们

① Domenech, *Seven Years' Residence in the Great Deserts of North America*, ii. 319. *Cf*. Dunbar, 'Pawnee Indians,' in Magazine of American Hislory, viii. 745; Brett, *Indian Tribes of Guiana*, p. 347; Bernau, *Missionary Labours in British Guiana*, p. 51; von den Steinen, *Unter den Naturvölkern Zentral-Brasiliens*, p. 333 *sq*. (Bakaïi); Georgi, *op. cit*. iii. 154 (Kamchadales); Smeaton, *op. cit*. p. 146 (Karens); Ellis, *Polynesian Researches*, i. 95 (Society Islanders); Pritchard, *Poly nesian Reminiscences*, p. 132, and Brenchley, *op. cit*. p. 76 (Samoans); Williams and Calvert, *op. cit*. p. 110, and Anderson, *Notes of Travel in Fiji and New Caledonia*, p. 135 (Fijians); Chavanne, *Die Sahara*, p. 393 (Arabs of the Sahara).

② *Cf*. Wright, *Domestic Manners and Sentiments in England during the Middle Ages*, p. 329.

完全有理由希望他用美好的祝愿回报主人。据上了年纪的旅行家达维厄说,到达阿拉伯村庄的一个陌生人常常会得到酋长的接待,酋长会对他说:“欢迎你,赞美上帝,祝您身体健康,您的到来将上天的福佑带给了我们,这房子以及房子里的一切都是你的,你是它们的主人。”[1]印度的一部教义这么说,通过婆罗门的客人,人们能够得到雨水,通过雨水又能得到食物,他们因而明白了这样一个道理:“对客人的热情接待是祛除罪恶的一种仪式。”[2]在《摩奴法典》中读到“对客人热情接待可以得到健康、美名、长寿以及上天的福佑”时,[3]我们有理由猜想这种超自然的回报是祝福主人的结果。在埃斯库罗斯的《乞援人》中,歌队唱道:“为了回报阿尔戈斯人的祝福,让我们也祝福他们。陌生人说过要报答礼遇之恩,祝愿陌生人的宙斯照看好他们,帮助他们实现自己的愿望,祝愿他们达到理
583 想的目标。”[4]现在,我们能够理解这种热情了,也能够带着这种热情期待客人的到来。当一个陌生人到达卡尔梅克人的小屋里,“男主人、女主人以及屋子里的所有人都会为他的到来而兴奋不已,就像得到了一笔意想不到的财富”。[5] 在西奈的阿拉伯人中间,“如果看见一个陌生人从远方朝自己的帐篷走过来,率先发现他的那个人就会请他到家里过夜;不管他是成人还是孩子,他都会宣称‘我的客人来了’,他也就有权在当天夜里款待这个客人。在这样

[1] d'Arvieux, *Travels in Arabia the Desarl*, p. 131 *sq*.

[2] *Vasishtha*, xi. 13.

[3] *Laws of Manu*, iii. 106.

[4] Aeschylus, *Supplices*, 632 *sqq*.

[5] Bergmann, *op. cit*. ii. 282.

的场合下，为争夺招待的优先机会，经常会发生激烈的争吵，而这些阿拉伯人常常会发誓：‘以我的妻子离我而去发誓，我要好好款待我的客人。’这样一来，所有的反对意见都销声匿迹了。”[1]在东方社会，在家门前吃饭是司空见惯的事情，有时旅行者从家门前过，每一个外表体面的陌生人都毫无例外地被要求坐下来共享一餐。[2] 在毛利人中，“陌生人一进入视野，通常就会有很多人叫喊着：‘这边来，这边来！’他很快就被邀请去享用当地人提供的食品。”[3]

有些说法的应验甚至可以归因于一般人的祝福，既然如此，一个陌生人的祝福当然就应该更有力。像其他任何不为人知的奇怪事物一样，素不相识的陌生人会在迷信的心智上激起神秘的敬畏之情。阿伊努人说：“不要藐视陌生人，因为你从来不知道你款待的人是何方神圣。”[4]据《益世嘉言》，“一个客人具有所有的神性”。[5] 重要的是，古印度、古希腊和古罗马的作品提到应当受到尊敬的对象时，总是把客人排在神灵之后。[6] 埃斯库罗斯在谈到一个人的恶劣品行时就说过：“他的举止对神灵、对陌生人、对 584

① Burckhardt, *Bedouins and Wahábys*, p. 198.

② *Idem*, *Arabic Proverbs*, p. 218. Chasseboeuf de Volney, *Travels throug Syria and Egypt*, i. 413.

③ Yate, *op. cit.* p. 100. “*Cf.* Turner, *Nineteen Years in Polynesia*, p. 325 (Samoans); Sproat, *op. cit.* p. 57 (Ahts).

④ Batchelor, *Ainu and their Folk Lore*, p. 259.

⑤ *Hitopadesa*, Mitralâbhâ, 65.

⑥ *Anugitâ*, 3, 31 (*Sacred Books of the East*, viii. 243, 361). Gellius, *Nodes Atticœ*, *v*. 13.5.

父母亲不尊敬。”[①]据荷马时代的观念,“与来自遥远国土的陌生人一样,神灵具有不同的外形,它在城里漫游,注视着人们的暴力行径或正义之举”。[②]《希伯来书》的作者这样写道:“千万不要忘记款待陌生人,因为有些人招待了天使,自己却丝毫没有察觉到。”[③]

然而,造访的陌生人一方面被视为潜在的恩人,另一方面也被视为邪恶的源泉。他也许会带来疾病或者厄运。人们一般相信陌生人精通巫术,[④]他的诅咒令人心生畏惧,这部分是因为他具有的一些超自然特性,部分是因为他与主人及其财产的亲密接触。

在马来群岛的明打威群岛,“如果一个陌生人进入一户有孩子的人家,孩子的父亲或者家里的其他成员又碰巧在场,他们就会把孩子发饰拿下来,递给陌生人,让他握在手里,过一会儿再还回来”。据说,这是为了保护孩子们免受陌生人邪恶之眼的侵害。[⑤]关于加利福尼亚的土著波莫人,鲍尔斯先生这样说:“让一个素不相识的生客进入茅草屋,供他住宿,房舍内他目光所及的任何一件东西,比如一串珠子,只要他看到了,即便他一言不发,出于蒙昧人的荣誉,主人也必定要把它送给来访者,不管这种交易公平与否。”将这种“蒙昧人荣誉”的观念与上一章提到的某些事例进行比较,

① Aeschylus, *Eumenides*, 270 *sq*.
② *Odyssey*, xvii. 485 *sqq*.
③ *Hebrews*, xiii. 2.
④ Frazer, *Golden Bough*, i. 298 *sqq*.
⑤ Rosenberg, *Der Malayische Archipel*, p. 198.

我们就不会怀疑，这一观念的根源在于经由迷信产生的恐惧。事实上，这些物品的原主人可能在第二天“用矛刺向陌生人，或者用弹弓向他的脑门射鹅卵石，这一幕的旁观者则把这一切看成是在 585
纠正一次糟糕的交易。”①非洲的赫雷罗人认为，世上最恶毒的诅咒就是那些被赶出家门的客人向薄情寡义的主人投掷东西。② 按照希腊人的观念，客人和乞援者都有他们的厄里倪厄斯——诅咒的化身；③柏拉图说，“沿着宙斯足迹前进的陌生人，拥有魔力和神性”；在罗马的客神信仰中，客人受到伤害是要遭到报复的。埃斯库罗斯以阿波罗为例说：“我要帮助他（俄瑞斯忒斯），营救哀求我帮助的人；无论在人世间还是在神灵那里，任何故意遗弃避难者或置之不理的行为都会激起人们的恼怒，都是不能容忍的。”④我们也无须怀疑另一个同样的观念，即歌队在《乞援人》中用另一种形式所表达的：“听人愿望的宙斯的恼怒令人忧伤……对这种愤怒，我心中必须充满敬畏，因为世界上没有比这更让人敬畏的事情了。”⑤阿帕斯檀跋格言包括一句富有真知灼见的话，“如果冒犯了客人，他的怒火就会烧掉房屋”，⑥格言的目的就是告诉人们，为客人提供膳食是绝对必要的。这是因为“来到房子里的陌生人就像

① Powers, *op. cit.* p. 153.尼日尔三角洲的波莫部落对一名伊博族女孩给予了同样的待遇。这位素不相识的陌生人命中注定是被献祭的牺牲品。“凡是她眼睛能看到的任何一件衣服、任何一件饰品，她都被允许据为己有，当地人都必须呈送给她。”（Comte de Cardi, ‘Ju-ju Laws and Customs,’ in *Jour, Anthr. Inst.* xxix. 54）

② Ratzel, *History of Mankind*, ii. 480.

③ Plato, *Epistolæ*, viii. 357. Apollonius Rhodius, *Argonautica*, iv. 1042 *sq.*

④ Aeschylus, *Eumenides*, 232 *sqq.*

⑤ *Idem*, *Supplices*, 349, 489.

⑥ *Sacred Books of the East*, ii. 114, n. 3.

一团燃烧的火焰",[1]"客人统治着因陀罗世界"。[2] 根据《毗湿奴法经》,"一个到某家做客的人若失望地回到了自己家里,他就会带走他所造访的主人的宗教美德,并将自己的罪孽加在这个人身
586 上"。[3] 这样的观念还可以在印度许多其他古籍中发现。[4] 一个失望于所受招待的婆罗门客人,将如字面意义地占据其无礼主人的功德。[5] 在摩洛哥,一般情况下酋长不愿意让陌生人吻自己的手,因为他们害怕陌生人会吸走他的圣洁之气。如果在瓦赞的酋长那里做客的其他酋长留下了剩饭,哪怕只是一块骨头,人们也会认为前者掠走了后者的神性。

人有一种与生俱来的力量和品性,由于某些品性的存在,一个人的祝福或诅咒的应验不仅依赖于这种与生俱来的力量,而且借助某种工具付诸实施。就好像电击的力量既要依靠电流的原初强度,也要依靠导体的性能,血液、身体接触、食物和饮料都被认为是特别有效的导体。在摩洛哥,主人的义务是与当地最神圣的一个习俗阿尔密切联系。如果一个人非要别人帮助或者饶恕他不可,或者一般说来,要别人答应他的一些要求,他就在那个人身上做阿尔。他要么在别人家前面,要么在别人屋子门口杀死一只绵羊或山羊乃至一只小鸡;他会抓住要被施法的那个人或其儿子的双手,或者抓住他正骑着的马;或者抓着他的头巾或衣褶。简言之,他要

① *Âpastamba*,ii. 3.6.3.

② *Laws of Manu*,iv. 182.

③ *Institutes of Vishnu*,lxvii. 33.

④ *Vasishtha*,viii. 6. *Laws of Manu*,ii. 100. *Hitopadesa*,Mitralâbhâ,64.

⑤ *Vasishtha*,viii. 6. *Laws of Manu*,iii. 100.

与另一个人建立起某种联系，作为他的祝福或者有条件的诅咒的“导体”。人们普遍相信，如果一个人屡经请求仍然不答应别人，他自己的好日子就不保了。如果一只动物在他门前被杀，他踩着了血，或者哪怕只是看了一眼，将来面临的危险就很大。有句话说得好：“如果你不做这个或那个，这就是加给你的阿尔。”接触血液或 587
看见血液，或者直接的身体接触，被认为可以将一个有条件的诅咒传给另外一个人——如果你不帮我，你就会死，或者你的孩子会死，或者其他不幸的事会发生在你头上。这样，如果一个人逃亡到一户人家，或者进入别人家的帐篷寻求避难，为了自己的利益，主人也一定要帮助需要援手的落难者，因为他们就在他的阿尔中；这是因为，避难者既然在户主家里居住，就与户主及其财物有了亲密接触。再者，人们誓约友好时通常会举行仪式，在某个圣徒的墓前共进一餐，这顿摆在面前共享的饭菜，对友谊的形成和维系具有极强的约束力。有一句俗语十分清楚地揭示了这种做法的真实含义：谁若是破坏了誓约，“食物就会报复他”。地点的神圣性也增强了诅咒的功效，但传达诅咒的工具和手段，即真正的惩罚者，却是被吃掉的食物，因为它是有条件的诅咒的具体体现。

潜伏于这些习俗背后的观念当然并不只在摩洛哥才有。正如下面几章所展示的，血液通常用作有条件的诅咒的导体。例如，献祭活动的一个目的就是通过牺牲的血将祈求或诅咒传达到神灵处。身体接触是另一种传达诅咒的常用方式，这可以用来解释，在那些显而易见的事例中，为什么要对外来的陌生人表示好客并提供保护，这些事例在全世界各个角落俯拾即是。在斐济，“为了一把刀或一柄斧的缘故,同一个土著人可以在距其房屋几码的地方将某个正在前来或离开的客人杀掉;但是,一旦客人跨进了他家的门槛,这个土著人甚至会为了保护客人而置自己的性命于不顾”。[①] 在帛琉群岛,“不能在屋子里杀死敌人,主人在场的时候更不行”。[②] 如果奥塞梯人将一个陌生人延请到屋里,后来却发现正是这位客人欠了自己血债,也丝毫不影响他的待客热情。但是,当
588 这个客人动身离开的时候,主人会陪同他到村庄的边界,一到分手之际,主人就会宣称:“以后小心点!”[③]在坎德人那里,如果一个人千方百计地进入仇敌的房子,根据血债血偿的原则,主人本应取他的性命,但既然已经来到家里,仇敌就变成客人了,即使主人并不怎么乐意招待,也不能再碰他一根指头了。[④] 须知,这些事例中没有一则清楚地告诉我们为什么要给予陌生人这么多的好处和特权,很有可能的是,这种风俗与盛行于摩尔人中的一个习俗极其相似,它们有着共同的起源。换言之,只要一个陌生人进了屋,就与主人发生了联系,只要他乐意,他就能够将诅咒传给那个人以及他的家人和财产。同样,在东方,任何一个陌生人,只要他接触过一个阿拉伯人的帐篷或帐篷的绳子,就会受到帐篷主人的保护。[⑤] “如果为了实施公正的复仇而损害了好客的习俗,那么

---

① Wilkes, *U. S. Exploring Expedition*, iii. 77.

② Kubary, ‘Die Palau-Inseln in der Südsee,’ in *Journal des Museum Godeffroy*, iv. 25.

③ von Haxthausen, *Transcaucasia*, p. 412.

④ Macpherson, *Memorials of Service in India*, p. 66.

⑤ Robertson Smith, *Kinship and Marriage in Early Arabia*, p. 48. Blunt, *Bedouin Tribes of the Euphrates*, ii. 211.

事后就会被指责为可耻而卑鄙的行径，那可是无法洗刷的耻辱。”[①]莱亚德说：“在萨马尔人中，如果一个人抓住一根线或绳子的一头，而他的敌人抓住了另一头，这位对手立马就成了他的被庇护者（*Dakheel* 或 *protégé*）。如果他抓住了帐篷的帆布，或者把他的杖子扔向帐篷，他也会成为帐篷主人的被庇护者。如果他的唾沫溅到另一个人身上，或者用牙齿碰着那个人所有的任何一样东西，他就成了被庇护者……萨马尔人从不会在他们营地视野所及的范围内抢劫沙漠上过路的商队，因为只要一个陌生人看到他们的帐篷，他就被认为是他们的被庇护者。”[②]但安妮女士和布伦特先生描绘的一个贝都因部落却是这样的：他们随时准备抢劫走向他们帐篷的陌生人，“只有此人与他们一起吃东西的时候，他们才 589
会知道该热情地招待客人”。[③] 所有的贝都因人都将分享食盐视为相互之间友好关系的黏合剂。有一些部落——他们与摩尔人原则极为一致，认为“食物会回报你”——要求客人居留期间的每二十四小时，或者每两个夜晚加一个白天，就将食盐更新一次。因为正如他们所说，如果不这样做，“食盐就到不了他们的肚子里”，[④]因而也就起不到惩罚契约破坏者的作用。这里，具有所谓保护作用的“食盐”意义宽泛，即便是保护人所有的很小一部分食物也在

---

① Chassebœuf de Volney, *op. cit.* i. 412.

② Layard, *op. cit.* p. 317 *sq.* 伯克哈特说，在贝都因人部落内部生活中，一个极其常见的盟誓方式是“握住一只手腕的中间部位，或抓住帐篷中间的那端，并发誓说‘以这顶帐篷及其主人生命的名义’”（Burckhardt, *Bedouins and Wahábys*, p. 72）。

③ Blunt, *op. cit.* ii. 211.

④ Burton, *Pilgrimage to Al-Madinah and Meccah*, ii. 112. Doughty, *op. cit.* i. 228.

此列。[①] 当十字军战士夏蒂荣的雷诺作为一名罪犯被带到苏丹萨拉丁面前时,他们不允许他到帐篷里喝水止渴,因为如果他在那里喝水的话,他的生命安全就有了保障,他的仇敌就不能伤害他了。[②] 我们在奥马哈印第安人那里发现了一个类似的习俗:“如果一个敌人出现在一所房子里,并得到一口食物,或者用了主人的烟斗,部落里的任何成员就都不能伤害他了。这时,‘好客的纽带’已经把他跟主人紧密地联系在一起了,人们只得保护他并将他安全送回家中。”[③]在这些事和其他相似的事例中,若没有饭菜供主人和陌生的来客共同分享,客人无论如何也不可能通过食物、饮料或烟草等建立起的密切联系将诅咒传送给主人。这种观念符合以部分代表整体(*pars pro toto*)的原则。这一观念与原始思维十分接近。支撑这一观念的是类似于这样的原始信仰:客人可以通过仇敌的唾沫或吃剩的食物对他施展魔法。这一信念催生了这样一种习俗:客人会拿走摆在他面前而未能吃完的食物,这样就不用害怕剩饭会被人吃掉了。[④] 巫术会将诅咒指向任意一个方向。在摩洛
590 哥,如果一个人给了另一个人一些吃的或者喝的东西,接受者在接受时如果不说“以上帝的名义”加以防范的话,对他就是危险的。

---

① Burckhardt, *Bedouins and Wahábys*, p. 187. Quatremère, ‘Mémoire sur les asiles chez les Arabes,’ in *Mémoires de l'Institut de France, Académie des Inscriptions et Belles-Lettres*, xv. pt. ii. 346 *sq*.

② Quatremère, *loc. cit*. p. 346.

③ Dorsey, ‘Omaha Sociology,’ in *Ann. Rep. Bur. Ethn*. iii. 271.

④ Shortland, *Traditions and Superstitions of the New Zealanders*, pp. 86, 97. *Cf*. Ellis, *Tour through Hawaii*, p. 347; Harmon, *op. cit*. p. 361 (Indians on the east side of the Rocky Mountains).

给予者在施舍时要是不说同样的话，也会面临同样的危险。[①]

因而，陌生人或多或少地被视为危险人物，易受这种危险影响的人做一些他们力所能及的事情来祛除这种危险，也就十分自然了。考虑到这一点，就可以理解为什么会发生下面的情景了：客人一到，主人往往会举行某些迎接仪式。弗雷泽博士对许多这样的接见仪式做过描述，[②]我这里要增加其他一些例子，这些例子似乎服务于这样的目标：要么将一些有条件的诅咒传给陌生人，要么净化诅咒者，使他不再那么危险可怕。摩洛哥有一些从事游牧业的阿拉伯人，他们中有个土著居民告诉我这样的事：只要一个陌生人出现在村子里，就要给他一些水喝；如果这个人声名显赫，绝非凡夫俗子，就给他一些奶。如果他拒绝饮用，那就不能允许他在村子里自由活动，他只能老老实实地待在村中的清真寺里。我问这位土著为什么会有这样一个习俗，他说这是出于对陌生人的警惕。如果他偷东西，或者行为不端，这些喝的东西就会令他的膝盖肿胀，他跑不动，就难逃罪责了。换言之，他饮下的是一个有条件的

① 以撒也通过吃儿子的食物得以保佑他（*Genesis*，xxvii. 4，19，24）。克劳利先生在其有趣的著作《神秘的玫瑰》中也附带着谈起好客的话题（Crawley，*The Mystic Rose*，p. 239 *sqq*.；*cf*.，also，p. 124 *sqq*.）。我的理论主要基于我在摩洛哥做的研究。我必须留给读者来评判，我的理论在多大程度上与克劳利先生的理论观点相一致。贯穿克劳利著作的一条主线，是他对传导原则的强调；不过，如果我正确地理解了他的意思，他也把共生共栖视为主客之间彼此交流品性与人格的重要方面；有了这种共生共栖和主客交流，就自然产生这样的结果："如果A伤害了B，就等于A在伤害自己。"（p. 237）对这一观点，我不敢苟同，我曾论及利他情感的起源与发展（参见上文，关于"利他情感的起源与发展"）。就我目前所能达成的观点而言，主客之间彼此的义务来源于一起吃饭，这主要是因为服侍餐食者向他们传达了共同的、有条件的祈愿。

② Frazer，*Golden Bough*，i. 299 *sqq*.

591 诅咒。[①] 内志部落的阿拉伯人在欢迎客人时，要向客人头上浇一杯熔化的黄油，[②]南非的赫雷罗人则将一罐奶浇在客人头上以表示欢迎。[③] S. W. 贝克这样描述阿比西尼亚边界阿拉伯人的迎客习俗："旅行者一到，就被热情地迎进他们的帐篷，一般欢迎礼节是在屋前或帐篷前杀一只肥羊，让血流到门槛处。"[④]这一习俗跟摩尔人的阿尔十分相似。在舒里斯[⑤]、利比里亚[⑥]和阿富汗[⑦]，迎客时也要宰杀动物作祭品。在北非的印第安人中间，一般的规则是，生人一到，就得立刻在他面前摆放一盘鱼，即使这个人刚刚参加了一个盛宴，他也要尝上一口，而且在他吃食物之前，人们不会和他说一个字一句话，也不会问任何一个问题。[⑧] 在奥马哈人那里，"在客人没吃什么东西之前，户主会表现得很不自在，直到客人吃了他准备的食物之后，主人心里才感到宽慰与释然。如果还没有准备好招待客人的饭，主人就会催他的妻子们动作麻利些，或者干脆自己亲手生火做饭。"[⑨]许多民族认为，主人有必要在自己进食以前，先把食物给客人吃。这是一种规则，古印度的许多文学作品对此

① 参见《民数记》第五章"对嫉妒的审判"，尤其是第 22 节："愿这招致咒诅的水进入你的腹中，使你的肚腹肿胀，大腿消瘦。"

② Burckhardt, *Bedouins and Wahábys*, p. 102.

③ Ratzel, *op. cit.* ii. 480.

④ Baker, *Nile Tributaries of Abyssinia*, p. 94.

⑤ *Emin Pasha in Central Africa*, p. 107.

⑥ Trumbull, *Threshold Covenant*, p. 9.

⑦ Frazer, *Golden Bough*, i. 303.

⑧ Lafitau, *op. cit.* ii. 88. James, *Expedition to the Rocky Mountains*, i. 321 *sq.* Morgan, *League of the Iroquois*, p. 328. Sproat, *op. cit.* p. 57(Ahts).

⑨ James, *op. cit.* i. 322.

都有所强调。[1]“如果不能适时地将食物奉献给神灵和客人”，任
何一名婆罗门都不能进食。[2]“谁要是先于客人进食，谁的食物、
财产、运气、子女、牛群，以及其家庭成员通过祭献和善行所获得的
美德，都会遭到毁灭。”[3]这种惩罚很可能与未受礼遇的客人的邪
恶之眼有关。对于这种可将他人的诅咒吃进去的观念，古印度人十 592
分熟悉。阿帕斯檀跋格言说：“一个客人若对主人心怀怨恨，他就
不会吃他的食物。反过来，如果主人对客人怀恨在心，或者指控客
人犯了罪，或者怀疑他犯了罪，客人也不会吃主人的东西。因为吠
陀经中宣称，吃这个人的食物就是吃下了他的罪孽。”[4]在汤加岛，
当地人进餐时总是让陌生人或者外来人先吃，如果大家同属一个
等级或辈分，他们总是让女人先吃。”据我们的线人说：“因为女人
这个性别本来就是孱弱的，所以需要关心和照顾。”[5]我对这个解
释的正确性有一些疑问。摩尔人的盛宴上也是让女人先吃，但他
们对这个习俗的解释却很不一样，他们说，饥饿的妇女会用邪恶之
眼伤害男人。在夏威夷，一旦有客人来到家里，主人就会用食物款
待他，但是主人及其家人根本不和客人共享这些食品。[6]他们这
样节制是出于盲目的恐惧。这一点，与某些民族的一个习俗——
客人接受招待时总是将自己没有吃完的食物带走——相比，似乎

① *Gautama*, v. 25.

② *Mahabharata*, Shanti Parva, clxxxix. 2 *sq.*, pt. xxviii. *sq.* p. 281.

③ *Âpastamba*, ii. 3.7.3.

④ *Ibid.* ii. 3.6.19 *sq.* 参阅《箴言》第二十三章第 6 节：“勿食眈眈者之饼、勿贪其珍馐。”

⑤ Mariner, *op. cit.* ii. 154.

⑥ Ellis, *Tour through Hawaii*, p. 347.

更加真实可信。①

在所有针对造访的陌生人的防范中,尤其重要的是要友好而尊敬地对待他。欢迎时如此热烈,离开时却如此平淡,对于这种差别,每一个漫游于说阿拉伯语民族的旅行家都不会置若罔闻。丰富而温暖的问候话语意味着陌生人是被当作朋友而不是敌人来对待的,在与陌生人接触的最初一段时间里,表达这种善意尤其值得,因为陌生人的眼光一旦含有歹意,他的第一瞥是最危险的。现在我们已经知道,对客人极致的关心,以及在每件事情上给予他的
593 特权,在很大程度上都是因为害怕他生气,也是为了得到他的祝福。如果我们认识到,陌生人的邪恶之眼或其诅咒具有危险,陌生人的爱则可以带来好处——人们往往相信这种说法很灵验——那么要求主人将妻子也借给客人的奇风异俗,就更容易理解了。②如此说来,当客人离开时,主人不接受任何回报是明智的,因为陌生人的礼物中也许就隐藏着某种不幸。

对客人的热情好客不应计较花费,这是好客这个词的题中应有之义。在那些诚心诚意款待客人而毫无功利目的的地方,人们既不要求也不期待客人的报酬。实际上,给予报酬就等于冒犯了

① *Ibid*. p. 347.

② 埃格德告知我们,格陵兰岛的土著妇女认为,如果能荣幸地得到"先知"(Angekokk)的爱抚,将给她们带来好运;有的丈夫甚至支付报酬让"先知"跟自己的妻子性交,他们认为此神人生育的孩子比别的孩子都幸福(*op. cit*. p. 140)。有种类似的信仰认为,跟外来的客人性交也能获得好运,不过我无法引证更多的依据说明我的观点和看法。*Cf*. also the *jus primae noctis* accorded to priests (Westermarck, *History of Human Marriage*, p. 76 *sq*.; *cf*. *ibid*. p. 80).

主人，而接受酬报就是一种丑行。[①] 毫无疑问，生人身上所带的钱财很少或根本没有钱财，是形成这种习俗的主要原因，人们不能指望一个在外流浪的陌生人携带一大堆沉重的礼物，以便到了有人家的新地方就送给主人。在那些相互之间有很多交往机会的地方，人们好客也许是希望有朝一日得到别人同样的招待。不过，这种不接受客人回报的习俗，看起来好像更应该归因于人们对陌生人的恐惧，这种生客恐惧也是好客习俗其他规则的基础。接受礼物经常与某种危险联系起来。根据印度圣书中厘定的规则，打算接受礼物的人，或者已经接受礼物的人，一定要连续背诵四吠陀经。[②] 他也可以在接受礼物前在右手掌上洒些清水，[③]很明显，人 594
们认为礼物上面沾满了邪恶的力量，水则可以净化礼物，恶的东西就被祛除了。另一方面，“如果不知道神圣法典对于收受礼物所做的规定，一个明智的人即便因饥饿而憔悴消瘦，也不会接受任何东西。一个无知的人接受了金子、土地、马匹、牛、食物、衣物、芝麻或者纯黄油，他就会像一片木头经燃烧化成灰烬那样自取灭亡……因而，一个对周遭情境茫然无知的人会害怕接受任何礼物。要知道，即便得到的是一件极小的礼物，这个傻瓜也会像牛儿陷进沼泽

① Veniaminof，转引自：Dall，*op. cit.* p. 397（Aleuts）。Bartram，in *Trans American Ethn. Soc.* iii. pt. i. 42. Foreman，*Philippine Islands*，p. 187（Tagalogs）. Hunter，*Annals of Rural Bengal*，i. 216. Bogle，*Narrative of Mission to Tibet*，p. 109 *sq.* Vámbéry，*Das Türkenvolk*，p. 614（Turks in Asia Minor）. Robinson，*Biblical Researches in Palestine*，ii. 18 *sq.*；Burton，*Pilgrimage to Al-Madinah & Meccah*，i. 36；Blunt，*op. cit.* ii. 212；Lane，*Modern Egyptians*，p. 297（Bedouins）. Krauss，*Die Südslaven*，p. 648。

② *Baudhâyana*，iv. 2.4.

③ *Âpastamba*，ii. 4.9.8. Bühler，in *Sacred Books of the East*，ii. 122，n. 8.

地一样堕入地狱不得永生。”[1]而且，一个婆罗门可以接受的礼物，只能是别人自愿给的，绝不能是自己要来的。[2] 希伯来著作家不无担忧地谆谆教导人们履行这样一种义务，即救济别人时要自愿、慷慨而真诚，这种态度是写在脸上，含在眼里的。他们同时也告诉人们，给予别人任何东西的时候都不要让别人看见。这种告诫也许是为了阻止邪恶力量发生作用，因为嫉妒的目击者眼里会发散出邪恶。[3] 有一个阿特拉斯柏柏尔人，他可能从未与任何欧洲人打过交道，我给了他一枚硬币，报答他对我的帮助，但他对着那枚硬币吐唾沫。当地的朋友告诉我，他这么做是害怕万一我对硬币施了巫术，他要是接受了，不仅这枚硬币自己会回到我这里来，同时，由于这枚硬币在他的口袋里待过，与他的钱接触过，还会将他自己的钱全部带走。据说，在安南人那里，“由于担心给当地带来厄运，人们甚至拒绝任何外来的礼物”。[4]

尽管有些民族声称，只要客人愿意，他待多久都会受到款待，
595 实则好客的义务总是有时间的限制。[5] 据条顿人的习俗，客人只

① *Laws of Manu*, iv. 187, 188, 191.

② *Ibid*. iv. 247 *sq*.

③ *Tobit*, iv. 7. Kohler, in *Jewish Encyclopedia*, i. 436. *Cf*. *St*. *Matthew*, vi. 1 *sqq*.; Brandt, *Mandäische Schriften*, pp. 28, 64: “如果你救济别人，切勿令他人看见。”曼达人禁止吃陌生人置备的食物，也不与陌生人共同饮食(Brandt, *Mandäische Religion*, p. 94)。

④ Ratzel, *op*. *cit*. iii. 418.

⑤ Veniaminof，转引自：Dall, *op*. *cit*. p. 397 (Aleuts)。Morgan, *League of the Iroquois*, p. 328. Bartram, in *Trans*. *American Ethn*. *Soc*. iii. pt. i. 42 (Creeks and Cherokee Indians)。

能逗留到第三天。[①] 盎格鲁-撒克逊人的规矩是,"在主人家住两夜是客人,住第三夜就是家中一员了",不过这第三夜指的是当奴隶。[②] 德国人有条谚语:"第一天是客人,第二天是累赘,第三天就有臭味。"[③]南斯拉夫人也这样宣称:"到了第三天,客人和鱼都在发出恶臭。"[④]伯克哈特这样说,如果一个陌生人在贝都因人家中待三天零四小时后,打算再住些日子,当地人就希望他帮助主人做些家务活。如果他拒绝这么做,"他还可以待下去,但所有居住在这个营地的阿拉伯人都会责备他"。[⑤] 摩尔人说,"先知好客只有三天期限";第一夜,客人所受款待最为丰盛,因为那时,也只有那时,他是"上帝的客人"。先知订下了以下规则:"任何一个相信神灵和复活之日的人,都必须尊敬客人;对他友好的时间是一天加一夜,款待他的期限是三天;此后,他应当继续款待他,款待的时间越长,他对客人的恩惠就越多。但是客人没有权利待在主人家里这么长时间打扰人家的日常生活。"[⑥]据爪哇人的习俗,出于面子上的考虑,主人必须至少为客人提供一天一夜的食宿。[⑦] 在卡尔梅克部族,人们对陌生人表示特别尊敬的期限只有一天,但是,如果

① Grimm, *Deutsche Rechtsalterthümer*, p. 400. Weinhold, *Altnordisches Leben*, p. 447.

② 转引自:*Leges Edwardi Confessoris*, 23:"前两晚是客人,第三晚是仆人。" *Cf. Laws of Cnut*, ii. 28; *Laws of Hlothhære and Eadric*, 15; *Leges Henrici I*. viii. 5.

③ Weinhold, *op. cit.* p. 447.

④ Krauss, *op. cit.* p. 658.

⑤ Burckhardt, *Bedouins and Wahábys*, p. 101 *sq.*

⑥ Lane, *Arabian Society*, p. 142 *sq.*

⑦ Crawfurd, *op. cit.* i. 53.

他待得时间更长些,主人在以后的交往中就对他不拘礼节了。[①]
很自然,与陌生人的日渐熟悉会逐渐消除最初产生的盲目恐惧,而
这与另一感情——陌生人打扰主人的时间超过了必要的限度,主
596 人就会感到不公平——结合在一起,似乎就能解释陌生人特权的
迅速缩减,也能解释陌生人有资格享受热情招待的时间为什么那
么短暂。

我们发现,与目前人们对同类所负的其他义务相反,在每一个较为发达的社会,好客的义务都在衰落。在希腊和罗马的后期,原有的好客风俗褪变得很厉害,几乎就剩下一些遗迹了。[②] 在中世纪,人们无论身份高低,都普遍地实践着好客的习俗,骑士精神的原则也鼓励这种做法。[③] 即便是家境贫穷的人,也将拒绝分给需要帮助的陌生人食物看作不光彩的事。[④] 然而,到了亨利五世时期,托马斯·奥克利夫就抱怨英国好客的习俗已经衰落了。到了伊丽莎白时代中期,大主教桑迪斯说:“那种让人感到温暖的好客习俗行将消逝。”[⑤]我们不难发现造成这种境况的原因。随着不同社群、不同国家之间的交往日益增多,好客不仅成为一种难以忍受的负担,也引发了旅馆业的产生和兴旺,从而使好客习俗成为一种多余。在这种情况下,遇见陌生人已经是司空见惯的事情,于是,陌生人也就丧失了神秘性。过去,当一名孤单的旅行者进入与外

① Bergmann, *op. cit.* ii. 285.

② Becker-Göll, *Charikles*, ii. 3 *sqq.* *Idem*, *Gallus*, iii. 28 *sqq.*

③ Sainte-Palaye, *Mémoires sur l'ancienne chevalerie*, i. 310.

④ Wright, *Domestic Manners and Sentiments in England during the Middle Ages*, p. 329 *sqq.*

⑤ Sandys, *Sermons*, p. 401.

界几乎没有联系的村落或部落时，他身上才有这种神秘性笼罩着；而这种情景，今天再也难以见到了。最后，人际交往的不断增加也促使了法律的诞生，而正是法律将陌生人置于国家的保护之下，从而不再需要个人提供保护了。

597
第二十五章　子女的臣服

我们就要从影响同类的生活或人身福利的行为方式转而考察与个人自由有关的行为方式。完美之人可获绝对的自由权，不过世界上不存在绝对的自由权。自从人们的行为方式成为道德责难的对象，人们就失去了做自己想做之事的权利；在抵制谬误的过程中，人们不仅以各种方式干预同类的自由，而且认为如此干涉乃是他们的权利甚至责任。关于什么行为不对这个问题，人们的意见不一；关于什么是适当的干预方式，也是如此。不过，现在我不考虑这两个问题。我也不考虑政治自由问题，不考虑人们按契约给自己的自由施加的限制。习俗、法律按个人的出身或其他条件——这超出他们自己的控制之外——要求众多的个体臣服，子女、妻子、奴隶臣服于父母、丈夫、主人。我将只考察影响这类臣服的事实。

在低等种族那里，每一家庭都有户主，户主或多或少对家庭成
598 员拥有权威。在实行母系继嗣制的情况下，一个男子的孩子受孩子母亲家庭的户主或舅舅支配；[①]不过就是在完全按女性计算亲

① Westermarck, *History of Human Marriage*, p. 40 *sq*. Grosse, *Die Formen der Familie*, p. 183 *sq*. Post, *Afrikanische Jurisprudenz*, i. 51 *sq*. Marsden, *History of Sumatra*, p. 262 *sq*.

属关系的族群那里，也并非总是如此。人们提出了所谓“母权”的一些事例，多数情况下，这主要意味着孩子依母亲而非父亲取名，财产、地位完全按母系传承；①当然，这与否定父权大为不同。② 在实行母系继嗣制的澳大利亚部落，父亲被明确说成是孩子的主人。③ 在美拉尼西亚，孩子的氏族按母亲所在氏族确定，但按照科德灵顿博士的说法，母亲“绝非户主。家里的房子是父亲的，园林是他的，家里的规矩由他来定，管理家庭事务是他的事。”④关于易洛魁人，一个男子死后，他的财产就分给他的兄弟姐妹和舅舅，女性的财产则由子女和姐妹继承⑤——虽说母亲管教孩子，但是父亲的话就是法律，整个家庭都必须遵守。⑥ 在姆蓬主人那里，他们依母亲计算亲属关系，父亲依法对孩子具有无限权力。⑦ 马达加斯加土著也实行母系继嗣，⑧在所有部落，父亲或祖先的命令“被认为是最神圣的，后裔必须遵守”。⑨ 不管更早时期怎么样，确凿无疑的事实是，在绝大多数蒙昧部族那里，孩子受父亲支配，尽管父亲可能在一定程度上和母亲分享权威。

但是，父亲拥有权力的程度各地差异很大。正如我们已经看到的那样，在某些蒙昧人那里，他可以让新生儿断命；在其他蒙昧 599

① Westermarck, *op. cit.* p. 97.

② See von Dargun, *Mutterrecht und Vaterrecht*, p. 3 *sqq.*

③ Curr, *The Australian Race*, i. 60, 61, 69.

④ Codrington, *Melanesians*, p. 34.

⑤ Westermarck, *op. cit.* p. 110.

⑥ Seaver, *Narrative of the Life of Mrs. Mary Jemison*, p. 165.

⑦ Hübbe-Schleiden, *Ethiopien*, pp. 151, 153.

⑧ Westermarck, *op. cit.* p. 103.

⑨ Sibree, *The Great African Island*, p. 326.

人那里，习俗禁止杀婴。在某些蒙昧人那里，他可以卖掉自己的孩子，[①]在其他蒙昧人那里，明确禁止出售自己的孩子。[②] 父亲常常不须征求女儿意见就把女儿嫁出去；而在其他情形下，必须取得女儿同意，或者允许她自己选择丈夫。[③] 买卖婚姻并不意味着“父亲以相同的方式、相同的权威，像处理掉一头母牛那样把女儿卖掉”。[④] 大众舆论似乎总是在某种程度上限制父亲的权威。例如，在兴都库什山区的卡菲尔人那里，尽管一家之主就是家里的独裁者，但若父亲的行为过于粗暴，儿子在大众舆论支持下可以公开与父亲争吵，威胁父亲。[⑤]

依赖实质上就是服从、屈服。根据种种子女对父母行为的说法判断，在有些蒙昧部族那里，父亲的权威肯定是微不足道的。

> 在南美的查鲁亚人那里，“父亲根本管不了子女，子女对父亲毫不尊重”。[⑥] 根据冯·马修斯，在巴西的印第安人那
> 600 里，子女对父母的尊敬、服从是闻所未闻的。[⑦] 在墨西哥的塔

① Schadenberg, 'Negritos der Philippinen,' in *Zeitschr. f. Ethnologie*, xii. 137. Post, *Afrikanische Jurisprudenz*, i. 51 *sq.* (Bogos, Fantis, Dahomans). Paulitschke, *Ethnographie Nordost-Afrikas*, p. 189. Leuschner, in Steinmetz, *Rechtsverhältnisse*, p. 16 *sq.* (Bakwiri).在喀麦隆的巴纳卡人和巴普库人那里，父亲可以用女儿抵债，但不能以儿子抵债(*ibid.* p. 31)。

② Kraft, in Steinmetz, *Rechtsverhältnisse*, p. 285 (Wapokomo). Rautanen, *ibid.* p. 329 (Ondonga).

③ Westermarck, *op. cit.* p. 215 *sqq.*

④ Leslie, *Among the Zulus and Amatongas*, p. 194. Westermarck, *op. cit.* ch. x.

⑤ Scott Robertson, *Káfirs of the Hindu-Kitsh*, p. 474.

⑥ Azara, *Voyages dans l'Amérique méridionale*, ii. 23.

⑦ von Martius, in *Jour. Roy. Geo. Soc.* ii. 199. *Cf.* Southey, *History of Brazil*, iii. 387 (Guaycurus).

拉乌马雷人那里，“孩子完全独立长大，若男孩子生气了，甚至可以打自己的父亲”。[①] 据说在阿留申人那里，父母“极少有权威迫使子女对自己表现出最低限度的服从，也不能让子女照顾自己哪怕一点点”；[②]不过，似乎并非该种族的所有部落都如此。[③] 斯特莱讲，在坎查岱人那里，子女用各种坏话侮辱自己的父母，毫不畏惧地与父母对着干，根本不服从他们，因而父母从不强令孩子做什么，也不惩罚孩子。[④]

其他蒙昧部族却不乏孝道。[⑤]

在一些爱斯基摩人[⑥]及北美印第安人部落[⑦]那里，据说子女对父母很恭顺。帕里讲，在温特岛及伊格鲁利克的印第安

① Lumholtz, *Unknown Mexico*, p. 275.

② Georgi, *Russia*, iii. 212.

③ Veniaminof，转引自：Petroff, 'Report on Alaska,' in *Tenth Census of the United States*, pp. 155, 158。

④ Steller, *Beschreibung von dem Lande Kamtschatka*, p. 353. *Cf*. Georgi, *op. cit*. iii. 158.

⑤ Im Thurn, *Among the Indians of Guiana*, p. 213. Schwaner, *Borneo*, i. 162 (Malays of the Barito River in Borneo). Worcester, *Philippine Islands*, p. 481. Lewin, *Hill Tracts of Chit-tagong*, p. 102 (Kukis). Vámbéry, *Türkenvolk*, p. 268 (Kara-Kirghiz). Macpherson, *Memorials of Service in India*, p. 67; Hunter, *Annals of Rural Bengal*, iii. 72 (Kandhs). Granville and Roth, in *Jour. Anthr. Inst*. xxviii. 109 (Jekris of the Warri District of the Niger Coast Protectorate). Stuhlmann, *Mit Emin Pascha ins Herz von Afrika*, p. 801 (Latuka).

⑥ Hall, *Arctic Researches*, p. 568. Boas, 'Central Eskimo,' in *Ann. Rep. Bur. Ethn*. vi. 566. Murdoch, 'Ethnol. Results of the Point Barrow Expedition,' *ibid*. ix. 417. Turner, 'Ethnology of the Ungava District,' *ibid*. xi. 191 (Koksoagmyut).

⑦ Turner, in *Ann. Rep. Bur. Ethn*. xi. 269 (Hudson Bay Indians). Heriot, *Travels through the Canadas*, p. 530. Harmon, *Journal of Voyages*, p. 347 (Indians on the east side of the Rocky Mountains).

人中,子女很少违背父母,“父母只要说句话,给个眼神,就够了”。[①] 伯塔瓦托米人认为,违背父母的意见、指示,是最严重的罪过之一。[②] 在汤加,“孝顺是最重要的责任,似乎到处都能感受到它的存在”。[③] 阿伊努人教给孩子的基本责任之一就是服从父母。[④] 在中亚的土耳其人那里,儿子小时候的行
601 为举止仿佛就是其父的奴仆。[⑤] 在奥塞梯人那里,“一家之主,不管是祖父、父亲、继父、叔伯,还是兄长,他的权威要无条件服从;他在场的时候,年轻人绝不会坐着,不会大声说话,也不会顶撞他”。[⑥] 在巴雷亚人和库纳马人那里,“对父母的敬重达到极致。儿子绝不敢顶撞父母,不敢违抗父母的命令,不管这命令多么不合理。母亲特别受到敬爱,年老时受到悉心照料。”[⑦]在曼丁哥人中,子女“很敬重自己的父母”,“极不愿违抗自己的父亲”。[⑧] 据说在巴察平人——贝专纳人的一支——那里,子女躬行孝道。[⑨] 在卡菲尔人那里,“若未能敬重自己的父亲,或忽视了父亲,就会被整个部落瞧不起;甚至

① Parry, *Journal of a Second Voyage for the Discovery of a North-West Passage*, p. 530.

② Keating, *Expedition to the Source of St. Peter's River*, i. 127.

③ Mariner, *Natives of the Tonga Islands*, ii. 179.

④ Batchelor, *Ainu and their Folk-Lore*, p. 254.

⑤ Vámbéry, *op. cit.* p. 226.

⑥ von Haxthausen, *Transcaucasia*, p. 414 *sq*.

⑦ Munzinger, *Ostafrikanische Studien*, p. 474.

⑧ Caillié, *Travels through Central Africa*, i. 352 *sq*.

⑨ Burchell, *Travels in the Interior of Southern Africa*, ii. 557.

有这样的事例，未尽孝道者名誉扫地，被逐出部落”。[①]

父母在什么时期具有权威，各地也存在差别。女儿直到嫁人都受父亲支配，结婚以后一般就不受父亲管制了；[②]不过在某些情况下，女儿嫁人以后父亲还能支配她。[③] 我们有理由相信，结婚时丈夫不把妻子带到自己家，而是与她住在她父亲家里或社群里，就尤其是这种情况的例证。[④] 当儿子长大了，父亲对儿子的权威常常就结束了。在火地人那里，儿子很小就自立于父母，只要愿意就 602
可离开父母的棚屋。[⑤] 在爱斯基摩部落的民托吉亚加缪特人那里，“年轻人只要能建造小船，能养活自己，就不再受家庭束缚，想到哪里就到哪里”。[⑥] 据说在澳大利亚土著那里，只要经历了成年礼，获得了成人的地位，就自立了；[⑦]在维多利亚的班格朗人部落，“大约在十二岁以后，男孩子就很少受父亲管束了，尽管亲子感情

① Lichtenstein, *Travels in Southern Africa*, i. 265. Alberti, *De Kaffers aan de Zuidkust van Afrika*, p. 116 *sqq*. Shooter, *Kafirs of Natal*, p. 98.

② See, *e. g.*, Leuschner, in Steinmetz, *Rechtsverhältnisse*, p. 17 (Bakwiri); Fama Mademba, *ibid*. p. 65 (natives of the Sansanding States); Nicole, *ibid*. p. 100 (Diakité); Lang, *ibid*. p. 224 (Washambala); Kraft, *ibid*. p. 286 (Wapokomo); Marx, *ibid*. p. 349 (Amahlubi); Sorge, *ibid*. p. 404 (Nissan islanders of the Bismarck Archipelago).

③ See, *e. g.*, Beverley, in Steinmetz, *Rechtsverhältnisse*, p. 206. 此书第 31 页关于巴纳卡人与巴普库人的说法似乎与第 30 页不一致，后者说：丈夫是一家之主，丈夫乃妻子的所有人。

④ *Cf*. Mazzarella, *La condizione giuridica del marito nella famiglia matriarcale*, *passim*. 见下文，关于“妻子的臣服”。这里的看法与低等种族中父亲的权威问题一样，需要更深入的研究。

⑤ Bove, *Patagonia*, *Terra del Fuoco*, p. 133.

⑥ Petroff, *loc. cit*. p. 135.

⑦ Curr, *The Australian Race*, i. 61.

总是持续着”。[①] 在贝都因人那里,“年轻人只要有能力,就会从父亲的权威中解脱出来。只要还住在父亲的帐篷里,他就在某种程度上顺从父亲;不过只要他有了自己的一个帐篷(他会坚持不懈地获得一个帐篷),他就不再听从任何劝告,不再服从任何世俗命令,而只服从自己的意志。”[②]儿子长大了或离开家庭,以此摆脱父亲的控制,很可能在绝大多数低等种族中都是一个惯例。[③] 然而也不乏相反的事例。[④] 在弗洛勒斯,只要父亲还活着,甚至有钱人家的儿子在公共宴会上穿着也如奴隶一般,在父亲葬礼上也是如此。我们掌握的可靠资料进一步补充道,这显然是严格父权的外部表现,这种权威直至父亲葬礼还在发挥效力;直至葬礼时,儿子还是
603 父亲的奴仆。[⑤]

然而,按此术语的本来含义,父权的过期并不必然意味着父亲对孩子所有权威的丧失。父亲因为年长还保留着对诸多事项的权利,而在许多未开化部族,这些权利非同小可。年纪大意味着要被尊重,意味着有权威。

---

① *Idem*,*Recollections of Squatting in Victoria*,p. 248.

② Burckhardt,*Notes on the Bedouins and Wahábys*,p. 201.

③ 关于其他事例,参见:Munzinger,*Die Sitten und das Recht der Bogos*,p. 36;Post,*Afrikanische Jurisprtidenz*,i. 51 (Somals);Leuschner,in Steinmetz,*Rechtsverhältnisse*,p. 17 (Bakwiri);Nicole,*ibid*. p. 100 (Diakité);Beverley,*ibid*. p. 206(Wagogo);Marx,*ibid*. p. 349 (Amahlubi);Sorge,*ibid*. p. 404 (Nissan Islanders)。

④ Sarbah,*Fanti Customary Laws*,p. 5. Stuhlmanu,*op. cit*. p. 801 (Latuka). Steinmetz,*Rechtsverhältnisse*,p. 31(Banaka and Bapuku). Fama Mademba,*ibid*. p. 65 (natives of the Sansanding States). Kraft,*ibid*. p. 286 (Wapokomo). Abercromby,*Pre- and Proto-historic Finns*,i. 181 (Mordvins).

⑤ von Martens,转引自:Nieboer,*Slavery as an Industrial System*,p. 26,n. 2。

在火地人那里,“在每个家庭,年轻人像遵从法律那样听老年人的话;他们从不顶撞老人的权威”。[1] 巴塔戈尼亚人“敬重老人,对他们悉心照料”。[2] 加勒比人“很敬重老人”。[3] 北美印第安人的许多部落也是如此。[4] 在瑙多韦西人那里,年轻的印第安人尽管很少认真留心父亲的建议,“却畏惧祖父,非常愿意服从祖父的命令。年轻人对共同体里老年人的话敬如神谕。”[5]在白令海峡一带的爱斯基摩人那里,人们敬重并听从老人的话;[6]在巴罗角一带的爱斯基摩人那里,“人们是极其尊重老人的意见,可以说他们实际上遵循着所谓的‘老人至上惯例’”。[7] 在锡兰的维达人那里,“若不出自同一家族的人碰巧聚到了一起”,其中最年长者“就会如家长般被尊敬”。[8] 在雅库特人那里,老人被明确当作家庭之父来服从;“年轻人在他面前总是小心翼翼,对他的意见很尊重;若被问到,他会放弃自己的想法,服从老人的判断”。[9] 已经发现

① King and Fitzroy, *Voyages of the "Adventure" and "Beagle,"* ii. 179.

② *Ibid*. ii. 172.

③ de Poircy-de Rochefort, *Histoire des Isles Antilles*, p. 461.

④ Buchanan, *North American Indians*, p. 7. Prescott, in Schoolcraft, *Indian Tribes of the United States*, ii. 196.

⑤ Carver, *Travels through the Interior Parts of North America*, p. 243.

⑥ Nelson, 'Eskimo about Bering Strait,' in *Ann. Rep. Bur. Ethn.* xviii. 304.

⑦ Murdoch, in *Ann. Rep. Bur. Ethn.* ix. 427.

⑧ Hartshorne, 'Weddas,' in *Indian Antiquary*, viii. 320. *Cf*. Deschamps, *Carnet d'un voyageur*, p. 395.

⑨ Sauer, *Billings' Expedition to the Northern Parts of Russia*, p. 124.

以下土著人都敬重老人:阿伊努人[1]、库里利安人[2]、蒙古人[3]、
604 奥塞梯人[4]、库基人[5]、尼科巴人[6]、菲律宾群岛的尼格利陀人[7]、新几内亚的巴布亚人[8]、新喀里多尼亚人[9]、加罗林群岛岛民[10]、汤加岛民[11];澳大利亚土著[12]也相当敬重老人。豪伊特先生讲:“在库尔奈人那里,老年人很受尊重……总之可以讲,年长就是权威,这可能是一个普遍的规则。如此说来,就没有靠继承得来的权威,也没有世袭的头人。不仅男人因为上了年纪就有了权威,女人也是如此。”他又公允地补充说,这种调解权威的原则似乎并非库尔奈人所独有,整个澳大利亚种族

① Batchelor, *Ainu and their Folk-Lore*, p. 254. von Siebold, *Ethnol. Stndien über die Aino auf der Insel Yesso*, p. 25.

② Krasheninnikoff, *History of Kamschatka*, p. 236.

③ Prejevalsky, *Mongolia*, i. 71.

④ von Haxthausen, *Transcaucasia*, p. 414. 据斯特拉波报道,东高加索的阿尔巴尼亚人也是如此(Strabo, xi. 4.8)。

⑤ Lewin, *Hill Tracts of Chittagong*, p. 102.

⑥ Kloss, *In the Andamans and Nicobars*, p. 243.

⑦ Schadenberg, in *Zeitschr. f. Ethnol.* xii. 135. Earl, *Papuans*, p. 133. Foreman, *Philippine Islands*, p. 209.

⑧ Earl, *op. cit.* p. 81.

⑨ Atkinson, in *Folk-Lore*, xiv. 248.

⑩ Christian, *Caroline Island*s, p. 72. Angas, *Polynesia*, p. 382.

⑪ Mariner, *op. cit.* ii. 155.

⑫ Roth, *North-West-Central Queensland Aborigines*, p. 141. Fraser, *Aborigines of New South Wales*, p. 5. Schuermann, 'Aboriginal Tribes of Port Lincoln,' in Woods, *Native Tribes of South Australia*, p. 226. Hale *U. S. Exploring Expedition. Vol. VI. Ethnography and Philology*, p. 113. Mitchell, *Expeditions into the Interior of Eastern Australia*, ii. 346. Brough Smyth, *Aborigines of Victoria*, i. 137 *sq.* See also Steinmetz, *Ethnol. Stndien zur Entwicklungsgeschichte der Strafe*, ii. 26 *sqq.*

大体都是如此。[①]

现在转向非洲各部族：在达纳吉尔人那里，老年男性、女性，特别是老年男性，很受尊重，只要有机会，任何重要的事情都要征求男性长者的意见。[②] 穆辛格说："达纳吉尔人与库纳马人的宗教实际上就特别尊重老人。对他们来讲，只要是老人、体弱之人、盲人，都必须尊重。"[③]奴隶海岸一带说埃维语的部族有句谚语——"敬重老人，老人是父。"[④]温特博特姆怀疑，古斯巴达人是否比塞拉利昂土著更尊重老人。[⑤] 莱顿·威尔逊先生这样讲姆蓬圭人："世界上没有哪个地方的人像这些人一样如此敬重老人……社会里的年轻人从小就被教导要极其尊重老人。老年人在场或经过老年人居处时，他们必须脱掉帽子，蹑手蹑脚。老人在场，年轻人坐着时，与老人的距 605
离必须是'充满敬意的距离'——与年龄、社会地位差距成比例的距离。如果年轻人走近老人，要递上点着的烟斗或一杯水，他必须单膝跪地。必须称呼老人为'父亲'(*rera*)或'母'(*ngwe*)。只要有对老人不敬的举止，或责备老人的语言，都会被视作非同小可的过错。年轻人几乎总是谨小慎微，总是尽力讨好、奉承年长者，避免把令人不快、不合时宜的信息传

① Fison and Howitt, *Kamilaroi and Kurnai*, p. 211 *sq*.

② Scaramucci and Giglioli, '*Notizic sui Danakil*,' in *Archivio per l'antropologia e la etnologia*, xiv. 36.

③ Munzinger, *Ostafrikanische Studien*, p. 474.

④ Ellis, *Ewe-speaking Peoples*, p. 268.

⑤ Winterbottom, *Native Africans in the Neighbourhood of Sierra Leone*, i. 211.

给老人。”[①]中部非洲的富尔部落“对老年女性的生活考虑得极为周到,对老年男性的照料也不差分毫”。[②] 事实上,非洲人品格的一个普遍特征就是尊重老人。[③]

不仅老年,年长也能带来一定权力。

在澳大利亚土著那里,上下、尊卑井然有序。“若一个人度过了青春期,他就会经历一个仪式,仪式顺利完成以后,他/她就在社群中获得了某一特定社会地位。随着年龄增长,每一性别都会不断获得更高的地位,最后就是老年男子或老年妇女处于至高无上的等级。”[④]所有北美印第安人都认为,“年长带来权威;每个人从小就被教导,要服从地位较高的人,支配地位较低的人。地位较高的人就是那些年长者,地位较低的人就是那些年幼者。”[⑤]年龄对兄弟姐妹的关系也有着同样

① Wilson, *Western Africa*, p. 392 *sq*.

② Felkin, 'Notes on the For Tribe of Central Africa,' in Proceed. Roy. Soc. Edinburgh, xiii. 224 *sq*.

③ Monrad, *Bidrag til en Skildring of Guinea-Kysten*, p. 37 (Negroes of Accra), Granville and Roth, in *Jour. Anthr. Inst.* xxviii. 109 (Jekris). Kingsley, *Travels in West Africa*, p. 460 (Calabar tribes). Caillié, *op. cit.* i. 352 (Mandingoes). Stuhlmann, *op. cit.* pp. 789, 801 (Latuka). Casati, *Ten Years in Equatoria*, i. 186. Chanler, *Through Jungle and Desert*, p. 246 (Embe). New, *Life, Wanderings, and Labours in Eastern Africa*, p. 101 (Wanika). Johnston, *Kilima-njaro Expedition*, p. 419 (Masai). Arnot, *Garenganze*, p. 78, note. Liechtenstein, *op. cit.* i. 265; Alberli, *op. cit.* p. 118; Shooter, *op. cit.* p. 98 (Kafirs). Schinz, *Deutsch-Südwest-Afrika*, p. 82 (Hottentots).

④ Roth, *op. cit.* p. 169. *Cf. ibid.* p. 65*sq.*; Eyre, *Journals of Expeditions of Discovery into Central Australia*, ii. 315.

⑤ Powell, 'Sociology,' in *American Anthropologist*, N. S. i. 700. *Cf. Idem*, in *Ann. Rep. Bur. Ethn.* iii. p. lviii.

的影响。[①]纳瓦霍人的神话表明，“就是在双胞胎里，年幼者也必须服从年长者”。[②] 长兄的权威仅次于父亲，若父亲去世，长兄就取而代之成为家长。维尼亚米诺夫神父描写的阿留申人认为，“一个人若没有父亲，就应尊重长兄，侍之如父”。[③] 在卡尔梅克人那里，“长兄就是弟妹的专制君主，他甚至被允许惩罚年幼的弟弟妹妹”。[④] 在马达加斯加，年长者受到极大尊重，“若两奴隶兄弟外出，只要年幼者的力气够用，所有的东西都要由他携带”。[⑤] 汤加的习俗要求，“每个人都应服侍年长的、排序在上的亲戚——如果后者想用到他们的话”；每一个头人都对自己的长姐极为敬重。[⑥] 在霍屯督人那里，“一个男子能一再发下的最重的誓言就是以其长姐起誓，而如果他亵渎了长姐的名字，长姐会到他的牧群里去，带走他最好的奶牛和绵羊，没有什么法律能阻止她这么做”。[⑦] 在巴罗角一带的印第安人那里，“若一个棚屋内有几个妇女，年长的妇女也有优先权，好像是她的责任似的，她可以在所有事情上说了 606

① Nachtigal, *Sahara und Sudan*, i. 450 (Tedâ). Chavanne, *Die Sahara*, p. 396 (Arabs of the Sahara). Paulitschke, *op. cit.* p. 192 (Gallas). von Haxthausen, *Transcaucasia*, p. 415 (Ossetes). Buch, 'Die Wotjäken,' in *Acta Societatis Scientiarum Fennicæ*, xii. 489 (Votyaks). Simmer, in *Jour. Anthr. Inst.* xxxi. 75 (Jakuts). Batchelor, *Ainu and their Folk-Lore*, p. 254.

② Matthews, 'Study of Ethics among the Lower Races,' in *Journal of American Folk-Lore*, xii. 9.

③ Veniaminof，转引自：Petroff, *loc. cit.* p. 155。

④ Bergmann, *Nomadische Streifereien unter den Kalmüken*, ii. 305.

⑤ Sibree, *op. cit.* p. 182.

⑥ Mariner, *op. cit.* i. 226; ii. 155.

⑦ Hahn, *The Supreme Being of the Khoi-Khoi*, p. 21.

算,这似乎从无争议”。[1]

然而必须补充的是,随着老人日益苍老,直至成为周围人的累赘,对老人的敬重就会终止;[2]父亲的智力变得愚钝,这也会结束
607 他在家庭内的权威。[3] 我们前面已经注意到,在有些地方,若父母随年老、疾病而油尽灯枯,子女就会杀死或遗弃他们。[4]

从蒙昧、野蛮的部族转而考察处于更高文明发展阶段的部族,就会发现,家长作风、父母权威及孝道的发展处于巅峰。在古代墨西哥,“贫困的父母可以丢弃自己的任一个孩子,以减轻贫困”,而未经奴隶本人同意,主人不能出售品行良好的奴隶。[5] 年轻人很少能为自己选择妻子,而是要服从父母的选择;[6]“他们教育孩子要敬畏父母,因而孩子长大成婚以后也很少敢在父母面前讲话。”[7]在尼加拉瓜,若家庭陷入赤贫,父亲可以卖掉自己的孩子为奴,[8]在这个国家的大部分地区,都由父母来撮合婚姻。[9] 在古代秘鲁,孩子不听话,就要被父母公开体罚;[10]印加王帕查库特克批

① Simpson,转引自:Murdoch,in *Ann. Rep. Bur. Ethn.* ix. 427。

② Curr, *Squatting in Victoria*, pp. 245, 265 *sqq.*; Eyre, *op. cit.* ii. 316 (Australian aborigines). Summer, in *Jour. Anthr. Inst.* xxxi. 76 (Jakuts). Nansen, *Eskimo Life*, p. 177 *sq.* (Greenlanders).见上文第 534 页。

③ Steinmetz,*Rechtsverhältnisse*, p. 31 (Banaka and Bapuku).

④ 见上文第 386 页及以下。

⑤ Clavigero,*History of Mexico*, i. 360.

⑥ Westermarck,*op. cit.* p. 226.

⑦ Clavigero,*op. cit.* i. 331.

⑧ Squier,*Nicaragua*, p. 345.

⑨ Bancroft,*Native Races of the Pacific States*, ii. 667.

⑩ Herrera,*General History of the West Indies*, iv. 339.

准了一项法律，规定儿子必须服从、服侍父亲，直至二十五岁，而且未经本人父母及女方父母同意不得成婚。[①]

在中国，父亲在家庭内部几乎居于至高无上的地位，而依据古代中国人的观念，儿子即使成婚以后也要受父亲约束。[②] 固然，法律禁止父亲杀死[③]或出售[④]自己的孩子；但只有在极端情况下，国家才在一家之长与家庭成员之间插手，现实生活中，出售儿童是被允许的。[⑤] 任何人，不管年龄多大，也不论处于一生中哪个时期，608
只要父母或近邻长辈还健在，就不得自主决定婚姻事务。[⑥] 法律规定，不听从父母或祖父母的教导、命令的，杖一百，[⑦]而且，儿子控告父母或孙子控告祖父母的，即使控告属实，也要受到更严重的惩处。[⑧] 事实上，中国的男孩自小就被教导要敬重父母，甚至成为一种宗教性情感；并且，男孩长大以后，这也成为他唯一的宗教信仰——祖先崇拜的基础。[⑨] 儒教本身也被简洁地描述成“孝道之根本观念的扩展”。[⑩] 子曰：“夫孝，德之本也，教之所由生也……

① Garcilasso de la Vega, *First Part of the Royal Commentaries of the Yncas*, ii. 207.

② de Groot, *Religions System of China* (vol. ii. book) i. 507.

③ 见上文第 393 页。

④ *Ta Tsing Leu Lee*, sec. cclxxv. p. 292.

⑤ Douglas, *Society in China*, p. 78. Staunton, in his translation of *Ta Tsing Leu Lee*, p. 292 n.* Doolittle, *Social Life of the Chinese*, ii. 209.

⑥ Medhurst, 'Marriage, Affinity, and Inheritance in China,' in *Trans. Roy. Asiatic Soc. China Branch*, iv. ii.

⑦ *Ta Tsing Leu Lee*, sec. cccxxxviii. p. 374.

⑧ *Ibid*. sec. cccxxxvii. p. 371 *sq*.

⑨ Wells Williams, *Middle Kingdom*, i. 646.

⑩ Griftis, *Corea*, p. 328 *sq*.

夫孝,天之经也,地之义也,民之行也……人之行,莫大于孝。孝莫大于严父,严父莫大于配天……”[①]不过,孝是人的基本责任这一观念,并非孔子的原创,在远远早于孔子的时代,它就在民族精神里扎下了根。[②] 孝也盛行于朝鲜[③]、日本[④],在这些地方,父亲的权威与在中国一样大,而日本直至近来仍是如此。[⑤] “一如基督教圣母般纯洁的日本少女,在父亲的命令下,第二天就会踏入妓院,终
609 生为妓。她恭从父命,一丁点儿怨言都不会有。”[⑥]在朝鲜,灌输给孩子的第一件事就是尊重父亲,但几乎不要求尊重母亲;孩子不久就明白了,母亲的权威近乎于零。[⑦]

亚述研究者的总体看法是,在迦勒底,至少在历史早期,父亲对所有家庭成员都拥有绝对权威。[⑧] 按照法律,不管家庭成员做了什么事,只要未经父亲同意,都是无效的,[⑨]儿子若不听话,父亲可以把他卖为奴隶。[⑩] 根据《汉谟拉比法典》,男子可以用自己的儿子或女儿抵债;[⑪]不过他不能随意断绝与子女的关系。据说,如

① *Hsiâo King*, 1, 7, 9 (*Sacred Books of the East*, iii. 446, 473, 476).

② Douglas, *Confucianism and Taouism*, p. 118.

③ Griffis, *Corea*, pp. 236, 259.

④ Rein, *Japan*, p. 427. Griffis, *Religions of Japan*, p. 122 *sq*.

⑤ Griffis, *Religions of Japan*, p. 148.

⑥ *Idem*, *Mikado's Empire*, p. 555. *Cf*. Rein, *Japan*, p. 427.

⑦ Griffis, *Corea*, p. 259.

⑧ Oppert, in *Göttingische gelehrte Anzeigen*, 1879, p. 1604 *sqq*. Hommel, *Die semitischen Völker und Sprachen*, i. 416. Meissner, *Beiträge zum altbabylonischen Privatrecht*, p. 14 *sq*.

⑨ Maspero, *Dawn of Civilization*, p. 734.

⑩ Hommel, *op. cit*. i. 416. Meissner, *op. cit*. p. 1.

⑪ *Laws of Hammurabi*, 117.

果他想要断绝与儿子的关系，必须把自己的意图告诉法官，“法官
会审查他的理由，若儿子并未犯下足以使自己丧失为人子之资格
的重罪，父亲就不能与儿子断绝父子关系”。[①] 霍梅尔教授认为，
母亲对孩子的权威与父亲同样大；[②]而梅斯内尔断言，母亲的权威
要小一些，因为在继承事务上，倒是不时看到她的孩子在跟她打官
司。[③] 在希伯来人那里，父亲可以贩卖子女，以减轻自己的贫困，
或者可以用子女抵押债务。[④] 他不仅对女儿的婚嫁具有无限的权
力，甚至可以把尚是少女的女儿贩卖为妾，只是不能卖给外国
人。[⑤] 他也为儿子挑选媳妇；[⑥]而没有什么迹象表明，儿子对他的
臣服过了一定年龄就会停止。[⑦] 以撒与亚伯拉罕原始而典型的关
系，表明孩子对父母的义务是何等重要；按照十诫里律法对父子关 610
系的界定，此义务关系仅次于人对上帝的责任，我们由此也能马上
认识到父权的重要性。[⑧] 斐罗讲，子女对父母的责任之所以占据
此等重要的位置，是因为父母居于神性与人性之间，兼有二者的特
点——他们有生有死，就此朴素而日常的事实而言他们具有人性；
他们创生出其他事物，使不曾存在的变成现实，所以他们又具有神

① *Ibid*. 168.

② Hommel, *op. cit*. i. 416.

③ Meissner, *op. cit*. p. 15.

④ Ewald, *Antiquities of Israel*, p. 190. Wellhausen, *Prolegomena to the History of Israel*, p. 465.

⑤ *Exodus*, xxi. 7 *sq*.

⑥ *Genesis*, xxiv. 4; xxviii. 1 *sq*. *Exodus*, xxxiv. 16. *Deuteronomy*, vii. 3.

⑦ *Cf*. Michaelis, *Commentaries on the Laws of Moses*, i. 444.

⑧ *Cf*. Ewald, *op. cit*. p. 188; Gans, *Das Erbrecht in weltgeschichtlicher Entwickelung*, i. 134.

性。上帝对世界是什么,父母对子女就是什么;他们是“可见的上帝”。[①] 在伊斯兰国家,父母事实上对自己的子女拥有巨大的权威。如果父亲过分或无理体罚儿子,几乎没有谁会想到要控告他,就是习惯、情感不阻止受害方控告自己的父亲,大众舆论也会阻止他这么做。[②] 穆斯林认为,违抗父母是最大的罪孽之一,依其可憎性,与偶像崇拜、谋杀、在追讨异教徒的远征中开小差等同。莱恩先生讲:“总的说来,很少听到埃及人或阿拉伯人里有不孝顺的孩子……父亲在场的情况下儿子们很少坐着、吃东西或抽烟,除非父亲吩咐他们这么做。”[③]在摩洛哥,会看到奇怪的场景——长大成人的儿子一听到父亲的脚步声就溜走了,或父亲在场儿子则缄默不语。孩子对自己母亲的敬重虽不这么正式,不过也几乎同样强烈。[④]

在古罗马人那里,关于父亲,“家里其他人都没有法律权
611 利——妻子和孩子一如牲口和奴隶”。[⑤] 父亲不仅对孩子具有司法权威——这意味着他有权处死孩子[⑥]——而且可以随意卖掉孩子。[⑦] 甚至长大成人的儿子及其子女也要臣服于父亲的权威,[⑧]若女儿的婚姻未经父亲同意,那么女儿婚后也受父亲支配、监管。[⑨]

① Philo Judæus, *Opera*, i. 759 *sqq*.

② Urquhart, *Spirit of the East*, ii. 440 *sq*.

③ Lane, *Manners and Customs of the Modern Egyptians*, p. 70. *Cf*. Pool, *Studies in Mohammedanism*, p. 171.

④ *Cf*. Urquhart, *op. cit*. ii. 265 *sq*.

⑤ Mommsen, *History of Rome*, i. 74.

⑥ 见上文第 393 页。

⑦ Dionysius of Halicarnassus, *Antiquitates Romanœ*, ii. 27.

⑧ *Institutions*, i. 9.3.

⑨ Westermarck, *op. cit*. p. 230.

孝顺不仅包括孝顺父亲，也包括孝顺母亲，这被视作最神圣的责任。[1] 于古罗马人而言，父母几乎如诸神一般神圣。[2]

亨利·梅因爵士等人提出，罗马人的父权是早期雅利安人父系权威的残存。[3] 不过，没有人拿出清楚的证据来表明，其他所谓的雅利安人那里普遍存在如此不受限制的权威。某古代法学家讲："我们对子女的权力是罗马公民所特有的；因为没有其他民族拥有像我们这样的对子女的权力。"[4]在希腊人和条顿人那里，只要子女还处在父亲权力的支配之下，在紧急情况下，父亲可以遗弃婴儿期的孩子，可以卖掉孩子，[5]也可以把女儿送走嫁人。[6] 而这并不意味着他拥有像罗马父亲那样的对各年龄子女都拥有的权力。在希腊[7]及条顿各民族[8]，只要儿子长大离家，父亲就失去了 612
对儿子的权威。不过这里我们还是要区分父母的法律权利及孩子

① Leist, *Græco-italische Rechtsgeschichte*, p. 11 *sqq*. *Idem*, *Alt-arisches Jus Gentium*, p. 185.

② Valerius Maximus, i. 1.13："为父母复仇与为渎神赎罪是同等事情。" Servius, *In Virgilii Georgicon*, ii. 473："诸神神圣，父母亦神圣。"

③ Maine, *Ancient Law*, p. 138. Fustel de Coulanges, *La cité antique*, p. 96 *sqq*. Hearn, *Aryan Household*, p. 92.

④ *Institutiones*, i. 9.2.

⑤ Leist, *Græco-italische Rechtsgeschichte*, p. 60 *sq*. Grimm, *Deutsche Rechts Alterthümer*, p. 461 *sq*. Brunner, *Deutsche Rechtsgeschichte*, i. 76. 在法国卡佩王朝诸王统治时期，父母卖掉自己子女的权利逐渐式微（de Laurière, in Loysel, *Institutes coutumières*, i. 82）。

⑥ Westermarck, *op. cit*. p. 232 *sqq*.

⑦ Leist, *Græco-italische Rechtsgeschichte*, p. 62 *sq*. Cauvet, 'De l'organisation de la famille à Athènes', in *Revue de législation*, xxiv. 138.

⑧ Grimm, *Deutsche Rechts Alterthümer*, p. 462. Brunner, *Deutsche Rechtsgeschichte*, i. 75 *sq*.

的责任。在希腊人的著作里，许多段落把孝道与对诸神的责任相提并论。[1]

也没有证据表明，罗马类型的父权曾经在印度也很流行，尽管在印度教徒中父亲或父母的权威一直很强大。[2] 在吠陀人那里，似乎只是在父亲有能力保护、供养家庭的情况下，父亲才是一家之长，[3]子女甚至可以任由老迈的父母饿死。[4] 依据较近时代的一些教典，父亲和母亲有权把儿子送人，也有权卖掉、遗弃儿子，因为“一如结果来自于原因，由子宫之血和男性的种子所形成的人来自于他的母亲、父亲”；然而，不可将独子送人，也不可领养一个独子，妻子未经丈夫同意不可将儿子送人或领养别人家的儿子。[5] 其他典籍里讲，“不许把孩子送人或领养孩子，不许买卖儿童”，[6]遗弃儿子者——除非儿子犯有致使种姓身份丢掉的罪行——国王将罚他六百帕那。[7] 不过，不管父母有什么合法的权利，孝道总是子女要履行的最严格的责任。[8] 人有三个阿提谷鲁，即需要特别敬重的人：他的父亲、母亲及精神导师。他必须总是顺从他们。他必须让他们开心，服侍他们。未经他们同意，他就什么事情都不能
613 做。[9] “尊重这三个人，一个人也就完成了他所有应做的事；显然

① Schmidt, *Ethik der alten Griechen*, ii. 141 *sq*.

② Westermarck, *op. cit*. p. 231 *sq*.

③ *Rig-Veda*, i. 70.5.

④ Zimmer, *Altindisches Leben*, p. 328.

⑤ *Vasishtha*, xv. 1 *sqq*. *Baudhdyana Parisishta*, vii. 5.2 *sqq*.

⑥ *Âpastamba*, ii. 6.13.11.

⑦ *Laws of Manu*, viii. 389. *Cf*. *ibid*. xi. 60.

⑧ *Âpastamba*, i. 4.14.6. *Laws of Manu*, ii. 225 *sqq*.; iv. 162; &c.

⑨ *Institutes of Vishnu*, ch. 31.

这是最高的责任，其他的都是次要的责任。”[①]现代印度教徒中也盛行着这样的情感。[②] *W. H.* 斯利曼爵士讲：“我相信，在印度社会各阶层，儿子都极为敬重父母，这是世界其他地方所无可比拟的。”女儿结婚以后，其责任就完全转移到丈夫及丈夫的父母，但是，儿子与父母之间的权利与责任自儿子出生就将他们绑在一起，会一直伴随着他们，直至坟墓。实际上，母亲常常如专制的君主般管束着儿子。[③]

按照俄罗斯古代法律，父亲对儿子具有巨大的权力；[④]但把儿子售卖为奴则不太可能。[⑤] 巴龙·冯·哈克斯特豪森在 1861 年农奴制改革之前写道：“宗法统治、男权情感、父权组织在大俄罗斯人的生活、行为和举止中体现得淋漓尽致。一如父亲对子女具有无限权威，母亲对女儿也是如此。”[⑥]父亲让自己年幼的儿子娶成熟的妇女，这是通行的习俗；按照内斯特的观点，波兰也是如此，父亲常常为儿子选媳妇。[⑦] 根据巴基斯克教授，在南斯拉夫人那里，父亲的权力不像在俄罗斯人那里那么大；[⑧]不过儿子未经父母允许还是不能向女孩提亲，当然女儿处置自己事务的自由更小。[⑨]

① *Laws of Manu*, ii. 237.

② Nelson, *View of the Hindū Law*. p. 56 *sq*. Ghani, ‘Social Life and Morality in India,’ in *International Journal of Ethics*, vii. 312.

③ Sleeman, *Rambles and Recollections of an Indian Official*, i. 330 *sqq*.

④ Accurse，转引自：de Laurière, in Loysel, *op. cit*. i. 82。

⑤ Macieiowski, *Slavische Rechtsgeschichte*, iv. 404.

⑥ von Haxthausen, *Russian Empire*, ii. 229 *sq*.

⑦ Westermarck, *op. cit*. p. 234. Macieiowski, *op. cit*. ii 189.

⑧ Maine, *Early Law and Custom*, p. 244, note.

⑨ Krauss, *Sitte und Branch der Südslaven*, pp. 314, 320.

614 一个斯拉夫格言讲:“父亲正如儿子的在世之神。”[①]

我们也能看到,在文明程度较高的族群那里,同样要尊重兄长,一般也要尊重年长之人,特别要尊重老人。

儒教和道教谆谆教诲,弟弟要服从兄长。[②] 在中国古代,正室所生长子地位较高,死时其父也要为其吊唁,一如儿子为父亲吊唁一般;[③]在日本的有些省份,兄长、姐姐甚至不参加弟弟妹妹的葬礼。[④] 在巴比伦王国,与弟弟相比,兄长在家庭中享有特权。[⑤] 曼达派的一部著作里讲:“你当敬重父母,也应敬重长兄若父。”[⑥]印度教典里讲,“要依长幼顺序拥抱兄长、姐姐的脚”;[⑦]尽管对母亲更应尊重,也应“事姑姨长姐若母”。[⑧]

古代墨西哥也是如此,不仅子女要敬重父母,年幼者也要敬重年长者。[⑨] 在尤卡坦人那里,“年幼者很尊重年长者”。[⑩] 在中国,皇帝常常对地位最低阶层之老人给予特殊待遇,[⑪]甚

① Maine, *Early Law and Custom*, p. 243.

② Douglas, *Confucianism and Taouism*, pp. 123, 124, 259. Griffis, *Religions of Japan*, p. 125 *sq*.

③ de Groot, *op. cit.* (vol. ii. book) i. 509.

④ Griffis, *Religions of Japan*, p. 127.

⑤ Hommel, *op. cit.* i. 417 *sq*.

⑥ Brandt, *Mandäische Schriften*, p. 64.

⑦ *Âpastamba*, i. 4.14.9. *Cf. ibid.* i. 4.14.14; *Laws of Manu*, ii. 225.

⑧ *Laws of Manu*, ii. 133.

⑨ Clavigero, *op. cit.* i. 81. *Cf. ibid*, i. 332.

⑩ Landa, *Relation de las cosas de Yucatan*, p. 178.

⑪ Davis, *China*, ii. 97.

至不能怠慢头发花白的罪犯。[1] 孟子曰："敬长，义也"；[2]《太上感应篇》里讲，好人"敬老怀幼"。[3] 一个日本格言讲："敬老若父。"[4]《利未记》里讲："在白发的人面前，你要站起来，既要尊敬老人，又要敬畏你的神。"[5]伊斯兰教也谆谆教诲，要敬重 615
老人。[6] 印度教典把敬老视作美德。[7] 希罗多德讲，埃及人跟古斯巴达人相似，都尊重老人。[8] 柏拉图在《法律篇》里说，任何人想要安全、幸福地生活，都绝不要忘了把长者放在比年幼者更尊重的位置，不论在诸神中还是在世人中都是如此；因此，年轻人在城里殴打长者是愚蠢之事，是诸神不愿看到的。任何人都应尊重比自己年长二十岁的人，无论是男是女，就像对自己的父母一样；他也应"出于对生育之神的尊重"而不能对这样的人动粗。[9] 有些词汇，例如"长老"(*presbyter*)及盎格鲁-撒克逊语里的"长官"(*ealdormonn*)，都隐藏着敬老的意思；在南斯拉夫的旅行者都注意到，当地人特别敬重老人。[10]

在欧洲，我们刚才考察的古代父系权威类型逐渐向某种体制

① Wells Williams, *Middle Empire*, i. 805.

② Mencius, vii. i. 15.3.

③ *Thâi Shang*, 3.

④ Griffis, *Mikado's Empire*, p. 505.

⑤ *Leviticus*, xix. 32. *Cf. Job*, xxxii. 4; *Proverbs*, xvi. 31, and xx. 29.

⑥ Ameer Ali, *Ethics of Islâm*. p. 27 *sq*.

⑦ *Âpastamba*, i. 5.15. *Laws of Manu*, ii. 121. *Dhammapada*, 109.

⑧ Herodotus, ii. 80.

⑨ Plato, *Leges*, ix. 879. *Cf. Idem*, *Respublica*, v. 465.

⑩ Maine, *Early Law and Custom*, p. 243.

低头让步,在此体制下,父亲失去了他以前所拥有的对子女的基本权利。法国百科全书派学者如此提及此体制的异类做法——“诸权之中,父权为大。”[①]早在异教徒时期,罗马原有的父权就只剩下影子了。在共和国时期,滥用父亲权威,要受到监察官的抑制,到了后来,皇帝们把父亲的权力减少到相当狭窄的范围。在基督教成为罗马国教以前的很长一段时期内,子女的生命实际上就被视作与父母的生命同样神圣,[②]不仅如此,亚历山大·塞维鲁还规定,只有治安官才能对家庭成员施以重罚。戴克里安和马克西米利安废除了出卖生而自由的子女为奴之权力。父亲支配儿子婚姻
616 的特权缩减为有条件的否决权;似乎女儿最终也在选择夫婿上获得了一定的自由。[③]

新的宗教促进了摆脱父权的过程。基督改变了孝道的伦理规诫。他的教会尚武而好战。他来到这里,没有带来和平,反而带来了争战——“让儿子与父亲不和,让女儿与母亲龃龉。”[④]这些新教义主要是针对年轻人宣讲的,自然造成家庭秩序的严重紊乱。父亲们剥夺了改宗皈依基督教的儿子的继承权,[⑤]而孩子们认为,他们对父母没有义务——他们的灵魂和心性对此类义务没有兴趣。根据大额我略,如父母在我们通往主的路上阻碍了我们,我们应忽

---

① *Encyclopédie méthodique*, Jurisprudence, vii. 77, art. Puissance paternelle.

② 见上文第 393 页及以下。

③ Westermarck, *op. cit.* p. 236.

④ *St. Matthew*, x. 34 *sq.* *St. Luke*, xii. 51 *sqq.*

⑤ Tertullian, *Apologcticus*, 3 (Migne, *Patrologiæ cursus*, i. 280 *sq.*).

略掉他们，憎恨他们，从他们身边走开；[1]而这也成为教会接受的理论。[2] 在发生相似冲突的情况下，基督教都弱化了家庭关系，而以前人们是以宗教般的虔诚看待家庭关系的。事实又不仅如此。在所有情况下，基督教都以人神关系遮蔽亲子关系。“不要称呼地上的人为父：因为只有一位是你们的父，那就是在天上的父。”[3]“人到我这里来，若不爱我胜过爱自己的父母、妻子、弟兄、姐妹和自己的生命，就不能做我的门徒。”[4]与此同时，尽管教会人士出于某种考虑对基督教的第五条戒律[5]做了修改——而一个正统的犹太教徒绝不会想到做这种修改的——，但其形式完好如初地保留下来。事实上，圣保罗多次下令，服从父母是基督徒的义务。[6] 服从父母也被视作敬神的先决条件。“我们应爱自己的父 617
母仅次于神，他们几乎总是在我们眼前。如果我们不敬重自己的父母，我们怎么能敬神，怎么能敬我们所看不到的至高至善的父母？”[7]

根深蒂固的古老观念缓慢地死去。在条顿人那里，无论习俗还是法律都允许长大的孩子自立于父母，人们认为父母对未成年孩子的权威仅仅限于监护，[8]但罗马人父权和孝道的观念一定程

① St. Gregory the Great, *Homiliæ in Evangelia*, xxxvii. 2 (Migne, *op. cit*, lxxvi. 1275).

② Thomas Aquinas, *Summa theologica*, ii.-ii. 101.4.

③ *St. Matthew*, xxiii. 9.

④ *St. Luke*, xiv. 26.

⑤ 基督教的第五条戒律即“孝敬父母”，见《旧约圣经·出埃及记》。——译者

⑥ *Ephesians*, vi. 1 *sqq*. *Colossians*, iii. 20.

⑦ *Catechism of the Council of Trent*, iii. 5.1.

⑧ Starcke, *La famille dans les différentes sociétés*, p. 213 *sqq*.

度上在拉丁国家残存下来,不仅在整个中世纪是这样,直到现在也是如此。伯纳德说:“父权的统治超出封建领主的统治,它更为神圣和不可侵犯。不管儿子多么有权力,他也不敢触怒父亲,在他眼里父亲的权威与至高无上的命令没什么区别。”[①]杜·瓦尔讲:“我们应把父亲当作在世之神。”[②]博丁在 16 世纪后半叶写道,尽管君主掌控他的臣民,老师命令他的弟子,长官指挥他的士兵,但只有父亲的支配权才是自然赋予的,父亲“正是至高至上的神的形象,是宇宙万物之父”。[③] 按照亨利三世、路易十三和路易十四颁布的法令,未经父母许可,儿子三十岁以前不得娶妻,女儿二十五岁以前也不得出嫁,违者剥夺继承权。[④] 甚至在现在的法国,习俗、公共情感乃至法律都赋予父母相当大的权力。除非应征入伍,子女
618 二十一岁以前未经父亲同意不得迁出父亲居所。[⑤] 子女行为严重失当,父亲可严厉惩戒。[⑥] 未经父母同意,儿子二十五岁以下及女儿二十一岁以下不得嫁娶;[⑦]甚至在儿子年满二十五岁及女儿年满二十一岁的时候,他们也要以正式通知的形式请求父母同意婚事。[⑧]

父母自然强于未成年子女,后者也是无助的,父母的权威首先

① Bernard,转引自:Spencer's *Descriptive Sociology*,France,p. 38。

② Du Vair,转引自:de Ribbe,*Les familles et la société en France avant la Révolution*,p. 51。

③ Budin,*De republica*,i. 4,p. 31.

④ Koenigswarter,*Histoire de l'organisation de la famille en France*,p. 231.

⑤ *Code Civil*,art. 374.

⑥ *Ibid*. art. 375 *sqq*.

⑦ *Ibid*. art. 148.

⑧ *Ibid*. art. 151.

就依赖于此；出于相似的原因，女儿就是长大以后也要受父亲支
配。再者，父母是子女的生养者，被认为多少拥有对子女的专属
权；[①]在有些情形下，似乎父亲也被视作子女的主人，因为他是他
们母亲的主人。在一定程度上，孝道和父母权利又来自于子女自
然形成的对父母的爱[②]——特别是对母亲的爱，[③]以及感恩之
情——人们认为子女当感激父母，父母把子女带到了世上并把他
们抚养成人。[④] 子女对父母的敬重之情也大大强化并拓展了父母
的权威，这就不仅仅限于爱的感情了。自婴儿期始，孩子就习惯于
仰视父母，特别是父亲，认为他比自己强；这种情感本身就有持续 619
下去的倾向，即使在父母老了的时候，它更有可能继续存在，因为
它不仅基于父母拥有较强的身体和技能，也基于父母积累了更丰
富的知识——尽管体力衰退，但经验和见识毕竟不离身。特别是
在蒙昧人那里，孝道总之就是对自己老人或所有老人的敬重。老

① *Cf. Vasishtha*, xv. 1 *sq.*; *Baudhâyana Parisishta*, vii. 5.2 *sq.*

② 关于野蛮人当中孝顺的事例，见：Catlin, *North American Indians*, ii. 242; Powers, *Tribes of California*, p. 112 (Mattoal); Selenka, *Sonnige Welten*, p. 34 (Dyaks); Seemann, *Viti*, p. 193; Mathew, 'Australian Aborigines,' *Jour. & Proceed. Roy. Soc. N. S. Wales*, xxiii. 388。

③ 关于热爱母亲的事例，见：Munzinger, *Ostafri-kanischc Studien*, p. 474 (Barea and Kunama); Winterbottom, *Native Africans in the Neighborhood of Sierra Leone*, i. 211; Park, *Travels in the Interior of Africa*, p. 241; New, *op. cit.* p. 101 (Wanika); François, *Nama and Damara, Deutsch-Süd-West-Afrika*, p. 251 (Mountain Damaras); Rowley, *Africa Unveiled*, p. 164; Lane, *Manners and Customs of the Modern Egyptians*, p. 70 *sq.*; Urquhart, *op. cit.* ii. 265 *sq.*。(Turks); Schmidt, *Ethik der alten Griechen*, ii. 146, 155.《塔木德》里讲，子女爱母亲甚于父亲，怕父亲甚于母亲(Deutsch, *Literary Remains*, p. 55)。

④ *Hsiâo King*, 9 (*Sacred Books of the East*, iii. 479). *Laws of Manu*, ii. 227. Plato, *Leges*, iv. 717.

年人也体现了部落的智慧。易洛魁人讲:“长寿与智慧总是联系在一起的。”[①]在西非各地,老年人被视作“有见识的人”。[②] 维略特在关于阿尔及利亚土著的作品里讲:“在未开化的社会里,传统决定了土著在当地的位置,而老年人就是这种传统的体现;风俗、习惯就是法律;关系亲疏、地位和财产根据家族系谱确定。由于这些原因,尽管老年人老迈体弱、白发苍苍,土著中还是盛行着尊老敬老的习俗。”[③]对那些没有文字的民族而言,老年人就是宗教及习俗唯一的权威。在澳大利亚之所以老人受到敬重是由于人们对某些神秘仪式怀有迷信般的敬畏,而只有老年人才了解这些神秘仪式;其次,年轻人只能逐渐地掌握和理解这些学问。[④] 再者,年龄大本身就能激发某种带神秘意味的敬畏之情。摩尔人说,老了以后,男人就成为圣人,女人成为镇尼(jinnîa),意即邪恶的精灵——二者都带有超自然的属性。在东非的恩贝人那里,“完全是借助迷信,老年人才能维持他们对热血青年的支配”;他们给战士魔符,让他

620 们相信,参加战斗者的命运就掌握在圣人手中。尽管妇女是男性的配角,但人们常常相信,老年妇女也具备超自然的法力,她们的影响几乎像巫医那么大。[⑤] 按照西维多利亚土著的信仰,女巫总

---

① Loskiel, *History of the Mission of the United Brethren among the Indians in North America*, i. 15.

② Kingsley, *West African Studies*, p. 142.

③ Villot, *Mœurs, coutumes et institutions des indigènes de l'Algérie*, p. 47.

④ Schuermann, 'Aboriginal Tribes of Port Lincoln,' in Woods, *Native Tribes of South Australia*, p. 226. *Cf.* Nelson, 'Eskimo about Bering Strait,' in *Ann. Rep. Bur. Ethn.* xviii. 304.

⑤ Chanler, *op. cit.* pp. 247, 252.

是以老年妇女的形象出现。[1] 在毛利人那里，一些老年妇女对部落施加着极大的影响，人们相信她们拥有魔法和巫术的力量。[2] 夏洛瓦讲，在阿比泊尼人那里，“老年妇女把自己打扮成厉害的女巫；要让她们改变信仰可不是一件容易事”。[3] 在阿拉伯半岛及摩洛哥，人们也总是相信老妇深谙巫术。[4]

人们关于死者的信仰也影响他们如何对待那些生命正在走向终点的老人。在非洲，有的部落无微不至地照料老人，以期获得他们死后的良好祝愿。[5] 在东非的一名传教士听到某黑人这样提及一位老人：“他说什么，我们就做什么，因为他快死了。”[6]奥马哈人“离开永久居住的村庄的时候，不敢把他们的老人遗弃在大草原上，以免瓦坎达大神惩罚他们”；[7]关于此种事情，似乎瓦坎达的原义就是死者之幽灵。尼亚斯人是利己主义者，就是尊敬老人也是为了自己，因为他们希望老年人死后能保佑、帮助他们。[8] 中国有一种观念，认为死者的魂灵随时会干预人间事务和人们的命运，或是对人们有好处，或是有坏处。因此，这种观念要求“尊重人的生命，善待老病体弱之人，特别是当他们快要离开人世的时候”。[9] 621

---

① Dawson, *Australian Aborigines*, p. 52.

② Angas, *Savage Life and Scenes in Australia and New Zealand*, i. 317.

③ Charlevoix, *History of Paraguay*, i. 406.

④ Niebuhr, *Travels in Arabia*, ii. 216.

⑤ Arnot, *op. cit.* p. 78, note.

⑥ Lippert, *Kulturgeschichte der Menschheit*, i. 229.

⑦ Dorsey, 'Omaha Sociology,' in *Ann. Rep. Bur. Ethn.* iii. 369. *Cf. ibid.* p. 275.

⑧ Modigliani, *Viaggio a Nias*, p. 467.

⑨ de Groot, *op. cit.* (vol. iv. book) ii. 450.

人们往往一并谈及对老人的尊重与对死者的崇拜，这意味着两者之间有内在的联系。普雷斯科特讲到达科他人，“有些印第安人非常尊敬老人，他们也都很尊重死者”。① 南几内亚宗教体系的一个显著特征就是祖先崇拜；“他们很尊敬老者，从心理上讲这就很自然地转化为对老者死后的偶像崇拜。”②“巴苏陀人主要崇拜自己祖先的魂灵……与祖先崇拜同源的就是非常尊重父母及老人，特别是尊重家族或部落里年纪最大的人。”③在赫雷罗人那里，“父亲的墓是所有圣地中最重要的，父亲之灵就是最常求助的神谕”。④ 菲律宾群岛的阿埃塔人“很敬重老人及死者”。⑤ 奥塞梯人“极其敬爱自己的父母及一般的长者，缅怀自己祖先时特别是这样”。⑥ 不过，在这种情况下，不可能确切说出何为因何为果。虽然对亡者的崇拜首先源于人们对死亡的神秘感，但一个人生前所受的尊重显然也会使他的亡灵受到敬奉。

因而我们有明确的理由认为，子女的孝顺与宗教信仰之间是相互联系的；而它们之所以相互联系，主要原因就在于人们把父母
622 的诅咒和祝福看得特别重。在中非的南迪人那里，“如果儿子在重要事情上不听父亲的话，父亲就会用自己的皮斗篷痛打他。这就相当于最严厉的诅咒——他们认为，若儿子没有获得父亲的宽恕

① Prescott, in Schoolcraft, *Indian Tribes of the United States*, ii. 196.

② Wilson, *Western Africa*, p. 392 *sq*.

③ Decle, *Three Years in Savage Africa*, p. 74 *sq*.

④ Francois, *op. cit*. p. 192.

⑤ Foreman, *op. cit*. p. 209.

⑥ von Haxthausen, *Transcaucasia*, p. 414.

就会毙命。儿子只有献给父亲一只山羊，才能求得宽恕。”[①]在姆蓬圭人中，“老人的诅咒，特别是受尊重的父亲的诅咒，是对年轻人最大的贬抑”。[②] 巴雷亚人和库纳马人相信，做任何事，如果没得到老年人的祝福，就干不成，老年人的诅咒总是毁灭性的。[③] 在博戈人中，如果没得到父亲或主人的祝福，他们会找不到工作，或不得不辞掉工作，也不能做生意，不能订立婚约。[④] 在赫雷罗人那里，“如头人感到自己时日无多，就会把儿子叫到床边，为儿子祝福”。[⑤] 摩尔人有句谚语——“圣人诅咒你，父母可以相救；但父母诅咒你，圣人不会相救。”古代希伯来人认为，父母，特别是父亲，可以用诅咒或祝福决定子女的命运；[⑥]确实，我们有理由认为，第五条戒律给孝顺子女的回报，最初就源于父母的祈福。我们在《便西拉智训》里可以看到这一原初的观念，里面讲道：“说话做事要敬重父母，如此可得父母祝福；因为父亲的祝福可巩固子女的家庭，母亲的诅咒则毁掉家庭的基础。”[⑦]父母祝福则兴，父母诅咒则亡，这
种观念在古希腊盛行。柏拉图在《法律篇》里讲：“无论是神，还是 623
理智健全的人，都不会劝告人们忤逆父母……如果家中养有老父老母，就要明白，只要真心侍奉父母，父母就坐在炉台边，比任何神

① Johnston, *Uganda Protectorate*, ii. 879.

② Wilson, *Western Africa*, p. 393.

③ Munzinger, *Ostafrikanische Studien*, p. 475.

④ *Idem*, *Sitten der Bogos*, p. 90 *sq*.

⑤ Andersson, *Lake Ngami*, p. 228.

⑥ *Genesis*, ix. 25 *sqq*.; xxvii. 4, 19, 23, 25, 27 *sqq*.; xlviii. 9, 14 *sqq*.; xlix. 4, 7 *sqq*. *Judges*, xvii. 2. *Cf*. Cheyne, 'Blessings and Cursings', in *Encyclopædia Biblica*, i. 592; Nowack, 'Blessing and Cursing,' in *Jewish Encyclopedia*, iii. 244.

⑦ *Ecclesiasticus*, iii. 8 *sq*. *Cf*. *ibid*. iii. 16.

灵都更能赐福给他……传说里讲,俄狄浦斯的儿子对他不尊重,他就诅咒他们。诸神听到并许可了这些诅咒。而阿明托耳盛怒之下诅咒了自己的儿子福尼克斯,忒修斯也诅咒了自己的儿子希波吕托斯,此外还有许多其他相似事例。由此可清楚看到,诸神倾听父母的诅咒;父母的诅咒也确实理应比他人的诅咒更有威力。我们可以设想,子女忤逆父母时,诸神可以听到父母的祷告,这符合事物的秩序;若子女善待父母,充满喜悦之情的父母虔诚祈求诸神赐福于子女,诸神不也是可以听到他们的祷告吗?不也会满足父母的祈求吗?……因此,如果一个人善待父母、祖父母及其他老年亲属,他就有了最灵验的偶像,为他求得神的青睐。”[①]最初,父母的诅咒、祝福所具有的效力被归于这些话本身的巫术效力,而他们的复仇女神,如被怠慢客人的复仇女神一样可怕,[②]正是他们所发诅咒的人格化。[③] 不过,我们谈论的这种情况,一如我们已经注意到的其他类似情况,诅咒、咒符的实现后来又被看作神灵在起作用。
624 根据柏拉图,“正义的使者涅墨西斯”监听着子女对父母发出的不逊之辞;[④]赫西俄德也说过,如果有谁责骂年迈的父母,“宙斯本人就会震怒,最终会严厉惩罚他,报复他的错误言行”。[⑤] 看来毫无疑问,罗马人的双亲神(*divi parentum*)一如他们的客神,不过是

① Plato, *Leges*, xi. 930 *sq*. *Cf*. *ibid*. iv. 717.

② Aeschylus, *Eutnenides*, 545 *sqq*.

③ See *Iliad*, xxi. 412 *sq*.; Sophocles, *Œdipus Coloneus*, 1299, 1434; von Lasaulx, *Der Fluch bei Griechen und Römern*, p. 8; Müller, *Dissertations on the Eunenides*, p. 155 *sqq*.; Rohde, ‘Paralipomena,’ in *Rheinisches Museum für Philologie*, 1895, p. 7.

④ Plato, *Leges*, iv. 717.

⑤ Hesiod, *Opera et dies*, 331 *sqq*. (329 *sqq*.).

人格化的诅咒而已。因为据说，“如果儿子殴打父亲，只要父亲喊出声，儿子就会被亲神毁灭掉”。[①] 在俄罗斯的贵族家庭里，儿女常常极其害怕父亲的诅咒；[②]乡下人至今还相信，若婚事未经父母同意，就会触怒上天，给年轻的夫妇带来灾难。[③] 有些南斯拉夫民族认为，如果儿子不按父亲的遗愿去做，父亲的灵魂就会在坟墓里诅咒他。[④] 塞尔维亚人有句格言——“不敬老人，不得拯救。”[⑤]

在许多案例里，人们认为子女会因自己对父母的行为而受奖
惩，这看来源自人们对父母祈福、诅咒的信仰，而我们尚未明确提
及这一因由。按照古代印度人的观念，父亲、母亲、精神导师等同
于三吠陀，即三个神灵：婆罗门、毗湿奴、湿婆。[⑥] 如果不尊重他
们，无论怎样敬拜神灵也徒劳无益；反之，“敬母，可以赢得现实世
界；敬父，可以达到诸神的世界；恭从精神导师，可以达到婆罗门的
世界”。[⑦] 正如在希腊，人们认为殴打父母者沾染上了诅咒，[⑧]按照 625
印度教典，与父亲争吵者，摒弃父母或精神导师者，就玷污了一批
人，参加祭祖仪式时就一定不会受待见。[⑨] 如果有谁殴打了父母
或精神导师，就要用圣湖或圣河里的水来洗涤，否则就不被重新接

① Servius Tullius, in Bruns, *Fontes Juris Roniani antiqui*, p. 14, and Festus, *Deverborum significatione*, ver. *Plorare*; *Cf.* Leist, *Alt-arisches Jus Civile*, i. 184.

② 这一点，我从克鲁泡特金王子那里受益匪浅。

③ Kovalewsky, *Modern Customs and Ancient Laws of Russia*, p. 37.

④ Krauss, *op. cit.* p. 119.

⑤ Maine, *Early Law and Custom*, p. 243.

⑥ *Institutes of Vishnu*, xxxi. 7. *Laws of Manu*, ii. 230.

⑦ *Institutes of Vishnu*, xxxi. 9 *sq*. *Cf*. *Laws of Manu*, ii. 233 *sq*.

⑧ Plato, *Leges*, ix. 881.

⑨ *Institutes of Vishnu*, lxxxii. 28 *sqq*.

纳。[1] 若不从父母,这个污点要用大麦粒来洗刷,就像处理被猪狗舔食或乌鸦、不洁之人弄脏的食物那般。[2]《法句经》里讲,一贯善待、尊重老人者,以下四种益处都会增长:寿命、美貌、快乐和力量。[3] 朝鲜人相信,“孝顺的子女今世会等来最丰厚的回报,来世会到最明亮的天堂”,而“不从、不敬父母的子女今生将受诅咒,蒙受耻辱,死后会下到最炙热的地狱”。[4] 古埃及人似乎一直有一种观念:儿子听父亲的话,就会安然活到晚年。[5] 以下是某位阿兹特克人给儿子的告诫——“切莫模仿那些邪恶的儿子,他们像畜生一样不懂道理,既不尊重父母,不听他们的教诲,也不服从他们的管教;因为不管是谁,若是照这些恶人的样子做,都会结局不妙,会绝望而死或暴毙身亡,或者被野兽杀死、吞掉。”[6]若哪位阿兹特克人的婚嫁未经父母同意,他们就相信,该人会遭遇不幸而受惩处。[7]阿留申人认为,关怀老迈之人,只求老人能给出好建议,这样的人会长寿,打猎、参战时会有好运气,他们自己老了的时候也不会被
626 忽视。[8] 在汤加群岛,“不敬重长辈差不多就相当于亵渎神灵”,敬重酋长、族长就是“要优先履行的神圣义务——他们相信,不履行此义务,诸神就会施加严厉惩处,几乎与惩罚渎神者一般严厉”。[9]

---

① *Vasishtha*, xv. 19 *sq*.

② *Baudhâyana*, iii. 6, 5. *Institutes of Vishnu*, xlviii. 20.

③ *Dhammapada*, 109.

④ Griffis, *Corea*, p. 236.

⑤ *Precepts of Ptah-Hotep*, 39.

⑥ Clavigero, *op. cit.* i. 332. Torquemada, *Monarchia Indiana*, ii. 493.

⑦ Torquemada, *op. cit.* ii. 415.

⑧ Veniaminof,转引自:Petroff, *loc. cit.* p. 155。

⑨ Mariner, *op. cit.* ii. 237, 155.

也是在这个群岛，土著认为，长辈、上级的诅咒具有很大的效力。[1]

父母的祝福、诅咒为什么威力如此之大呢？其中一个原因无疑就在于老年的神秘性以及死亡的临近。我们提到的一些个案表明，不仅父母，包括老年人也有一定的能力，令自己或善意或恶意的意愿得以实现；而且，越是时日无多，这种能力就越强。赫雷罗人只认一种祝福，即父亲临终时躺在床上发出的祝福。[2] 按照条顿人的观念，人行将就木的时候发出的诅咒，是最有威力的。[3] 古代阿拉伯人中也很流行这种观念；[4]希伯来人也认为，父亲时日无多的时候，他决定子女命运好坏的神秘力量就表现得特别明显。[5]不过，由于父母在家庭中地位较高，自然受到尊重，他们的祝福、诅咒本身就是有功效的。许多事实清楚地表明，人们认为占据优势的地位会影响诅咒的效力。按照希腊人的观念，复仇女神会惩罚家中年幼者冒犯年长者的行为，即便是冒犯哥哥和姐姐也难逃惩罚。但反过来年长者冒犯年幼者却不受惩处。[6] 摩洛哥的阿拉伯
人讲，丈夫的诅咒像父亲的诅咒一样有威力。汤加群岛岛民相信，627
“若诅咒者地位低于被诅咒者”，则此诅咒不会有效力。[7] 再者，如果父亲同时还是家庭祭师——例如在古代文明民族那里就是这

① *Ibid*. ii. 238.

② Ratzel, *History of Mankind*, ii. 468.

③ Grimm, *Teutonic Mythology*, iv. 1690.

④ Wellhausen, *Reste arabischen Heidentums*, pp. 139, 191.

⑤ Cheyne, in *Encyclopædia Biblica*, i. 592.

⑥ *Iliad*, xv. 204：“你们知道，复仇女神总是帮助年长者。” *Cf*. Müller, *Dissertations on the Eumenides*, p. 155 *sq*.

⑦ Mariner, *op. cit*. ii. 238.

样——父亲的祝福、诅咒会因此而特别有效力。[①]

然而,迄今为止,我们考察的事实尚不足以说明父权为何在古代国家中如此发达。虽然正如我们刚刚看到的那样,巫术观念和宗教信仰对父权具有很大影响,但总体上讲这种影响具有反应性特征。假如父亲在家中不是那么重要,子女也就不会那么急着寻求他的祝福,不会那么害怕他的诅咒了。因此,亨利·梅因爵士说得对:父权产生在前,对父亲的崇拜产生在后。“如果父亲活着的时候不是家中最显要的人物——也可以说是最可畏的人——他死后又为什么会受到比家中其他成员更多的崇拜呢?”[②]我们必须假定,家庭组织和社会的政治结构之间是存在某种联系的。在文明发展的较低(但并非最低)阶段,我们往往可以看到,氏族具有压倒一切的重要性,如此一来,各家的家长就只能拥有非常有限的权威。而我在接下来的一章会指出,当氏族和部落统一成一个国家时,这种情况就变了。这种新出现的国家倾向于削弱、摧毁氏族制度,与此同时,家庭纽带则得以加强。在早期社会,家庭和氏族之间似乎是一种对立关系。如果氏族纽带很牢固,就会削弱人们的家庭情感;而如果氏族纽带松弛,家庭纽带就会增强。因此,格罗
628 塞博士的假定不无道理:只有在继承了原属于氏族的权威之后,父亲才成为真正意义上的家长。[③]

不过,国家虽然在其早期曾以削弱氏族的办法加强了家庭纽带,但在后来的发展中却出现了不同的倾向。当国家的活力变得

① *Cf*, Nowack, in *Jewish Encyclopedia*, iii. 243 *sq*.

② Maine, *Early Law and Custom*, p. 76.

③ Grosse, *Die Formen der Familie*, p. 219.

越来越强的时候，当各个家庭的成员为了追求一个共同的目标而越走越近的时候，家庭又失去了其重要性。已经有人注意到，在英国和美国这样政治生活高度发达的地方，孩子对父母的敬重骤然消逝得特别厉害。[①] 此外，由文明不断发展所产生的其他一切因素，也对父权的衰弱发挥了一定的作用。这些因素包括：祖先崇拜的消失，某些迷信观念的衰微，以及宗教影响的衰落。最后但并非最不重要的因素是：全国各地的人越来越相互同情——如此一来，人们就不能容忍儿女的自由牺牲在父亲的专横统治之下。

① Monier Williams, *Indian Wisdom*, p. 440, n. 1.

629 第二十六章　妻子的臣服

在低等种族那里，妇女通常总是或多或少处于依附状态。当婚姻把她从父亲的支配下解放出来的时候，一般来说她就要转而受丈夫支配。但在不同民族那里，丈夫对妻子所拥有的权力差异极大。

妻子往往被当成是丈夫的财产或奴仆。在斐济群岛，“妇女处于受奴役状态……可以像出售其他财物那样随意卖掉妻子，售价一般相当于一支滑膛枪的钱。”[①]“加勒比妇女总是依附于自己的男性亲属。对自己的父亲、弟兄、丈夫而言，她就是一个奴隶，一般没有权力处理自己的事务。”[②]据说，北美很多印第安人对待妻子差不多跟对待自己的狗一样。[③] 在肖肖尼人中，“男人是妻子、女儿的唯一主人，他可以把她们卖掉，想怎么对待她们就怎么对待她们”。[④] 在东非的万尼卡人那里，妇女“就是玩具、工具、境遇最惨
630 的奴隶；事实上她的待遇犹如畜生”。[⑤] 在民族志文献里，还有很

---

① Wilkes, *U. S. Exploring Expedition*, iii. 332.

② Brett, *Indian Tribes of Guiana*, p. 353.

③ Harmon, *Journal of Voyages in the Interior of North America*, p. 344.

④ Lewis and Clarke, *Travels to the Source of the Missouri River*, p. 307.

⑤ New, *Life, Wanderings, and Labourings in Eastern Africa*, p. 119.

多相似的记载。①

不过，就是在丈夫对妻子拥有绝对权力的那些地方，习俗似乎还是为妻子留下了一定权利。据说在澳大利亚原住民那里，总体来讲，"丈夫是妻子(或妻妾)的绝对主人"；②另有人讲，在澳大利亚中部的土著居民中，"在每个家庭里父亲都绝对支配着自己的妻子"；③有的说法讲，在西澳大利亚的某些部落，妻子委实处于悲惨的受奴役状态，丈夫一来她们就吓得发抖。④ 但我们有理由相信，这些说法有所夸大，它们并不适用于整个澳大利亚种族。我们在前面就注意到，习俗并不真的允许丈夫随意杀死自己的妻子。⑤要惩处或遗弃妻子，他有时必须取得部落同意。⑥ 甚至有这样的情形——丈夫对妻子不忠，妻子可以向部落的老人诉苦，丈夫可能

① Gibbs, 'Tribes of Western Washington and Northwestern Oregon,' in *Contributions to N. American Ethnology*, i. 198. von Martius, *Beiträge zur Ethnographie Amerika's*, i. 104 (Brazilian Indians). Reade, *Savage Africa*, p. 548 (Negroes of Equatorial Africa). Proyart, 'History of Loango,' in Pinkerton, *Collection of Voyages and Travels*, xvi. 570 (Negroes of Loango). Andersson, *Notes on Travel in South Africa*, p. 236 (Ovambo). Castrén, *Nordiska resor och forskningar*, i. 310; ii. 56 (Ostyaks).在所有这些情形下，妇女都被说成仅仅是商品、奴隶或处于近似于奴隶的依附状态。在其他情形下，妇女被说成受丈夫压迫，被看作低人一等（Waitz [-Gerland], *Anthropologie der Naturvölker*, iii. 100 [North American Indians]; vi. 626 [Melanesians]. Bancroft, *Native Races of the Pacific States*, i. 121 [Hare and Sheep Indians]. Powers, *Tribes of California*, p. 133 [Yuki]. Tuckey, *Expedition to Explore the River Zaire*, p. 371 [Negroes]. Ling Roth, *Aborigines of Tasmania*, p. 54)。

② Curr, *The Australian Race*, i. 109.

③ Eyre, *Expeditions of Discovery into Central Australia*, ii. 317.

④ Salvado, *Mémoires historiques sur l'Australie*, p. 279. 关于澳大利亚土著的其他类似说法，参见：Nieboer, *Slavery as an Industrial System*, p. 11。

⑤ 见上文第418页。

⑥ Nieboer, *op. cit.* p. 17.

就要因为自己的所作所为吃苦头。[1] 在昆士兰中部的西北一带，
631 妇女在某些特定场合可以自己惩处男人:在成人仪式的某一阶段，“只要哪个男人以前虐待、辱骂、‘殴打’过哪位妇女，这个妇女就有权利惩罚那个男人，她或许已经等了数月甚或数年来惩罚他”。[2] 关于澳大利亚中部的土著，斯潘塞和吉伦先生讲，“妇女确实没受到粗暴的对待”；[3]而我们也从一些权威那里听说，在几个澳大利亚部落里，已婚夫妇常常恩爱有加，白头偕老。[4] 例如，在新南威尔士的原住民那里，“丈夫通常喜爱自己的妻子，而妻子也忠于自己的丈夫并对之情深意笃”。[5] 不仅如此，在黑人中居住的白人也向我们保证，就是在澳大利亚沙漠里也有惧内的丈夫。[6]

我们还可以举出其他事例，说明所谓丈夫对妻子的绝对权威，不应过于当真。埃·斐·伊姆·特恩爵士这样讲圭亚那印第安人:“他们把妇女完全当作男人的财产，一如男人的狗。如果愿意，他甚至可以卖掉她。”[7]不过在另一处，他既承认女性可以通过平和的方式对男人施加较大影响，也承认“就是男人想要虐待女人——事实上这并不符合他们的本性——公共舆论也会阻止

① *Ibid*. p. 18.

② Roth, *Ethnol. Studies among the North-West-Central Queensland Aborigines*, pp. 141, 176.

③ Spencer and Gillen, *Native Tribes of Central Australia*, p. 50.

④ Westermarck, *History of Human Marriage*, p. 359. Stirling, *Report of the Horn Expedition to Central Australia*, *Anthropology*, p. 36.

⑤ Hill and Thornton, *Aborigines of New South Wales*, p. 7.

⑥ Calvert, *Aborigines of Western Australia*, p. 31.

⑦ Im Thurn, *Indians of Guiana*, p. 223.

他”。[①] 关于美国平原地带的印第安人，道奇上校写道：“妻子完全属于丈夫。他可以虐待、殴打甚至杀死她，而不受非议。比之于叛乱战争前的黑奴，她绝对更像奴隶。”但在接下来的一页，他又告诉 632
我们，按照习俗，每个已婚部落妇女都有“离开丈夫再嫁他人的绝对权利，唯一的条件就是：新的丈夫必须有能力为此赔偿”。[②] 据说，奇佩维安人妇女“一如男人的物件那样受男人支配”，不过同时“男人也跟她们商量，她们在与欧洲人的贸易以及其他重要事务中也有相当影响”。[③] 在蒙古人那里，妇女“完全依附于丈夫”；但“在家庭内部，妻子的权利几乎与丈夫同等”。[④] 保利奇克博士告诉我们，在索马里人、达纳吉尔人、加拉人中，妇女只是财物，没有相对于丈夫的任何权利；但后来我们了解到，夫妻关系是平等的，妻子是“能自主的女主人”。[⑤] 我们一定不能像斯宾塞先生那样推断，在可以用妇女交换牛或其他畜类的地方，妇女“当然”一概被视作无个人权利。[⑥] 聘金是对女方出嫁女儿的补偿，是对女方直至女儿成婚之前养育女儿的花费的酬报；[⑦]聘金并不自动给予丈夫支配妻子的绝对权力。关于非洲东南部的某些部落，詹姆斯·麦克唐纳教士讲：“一个人要娶妻，就要给她的父亲几头牛。这并不是

① *Ibid*, p. 215.

② Dodge, *Our Wild Indians*, p. 205 *sq*.

③ Mackenzie, *Voyages to the Frozen and Pacific Oceans*, p. cxxii. *sq*. Schoolcraft, *Archives of Aboriginal Knowledge*, v. 176.

④ Prejevalsky, *Mongolia*, i. 69 *sqq*.

⑤ Paulitschke, *Ethnographie Nordost-Afrikas*, pp. 189, 190, 244.

⑥ Spencer, *Principles of Sociology*, i. 750.

⑦ Westermarck, *History of Human Marriage*, p. 402.

我们通常所说的买卖,尽管人们也常常称之为买卖。妇女婚后并非奴隶。丈夫不能卖掉妻子,也不能违背明确的法律规定虐待她。她仍保有某些财产权利,保有对丈夫为她付出的牛的一定权利。
633 如此就能保证丈夫善待她。”[①]甚至还有这样的民族——丈夫必须为娶妻付聘礼,但几乎没有什么权威。[②]

据说在许多地方,最苦的活都由妇女来干。在库钦人中,“妇女就是丈夫兼主人的役畜。所有的重活都是她们干”。[③] 加利福尼亚的卡罗克人把妻子看作苦工,在旅途中会让妻子携带最重的东西。[④] 在凯尼斯塔纳人中,妇女的生活就是无休止的辛苦劳作,因而,“据称有时她们会杀死自己幼小的女儿,以免她们将来沦入像自己这样的悲惨境地”。[⑤] 冯·洪堡讲:“荣马人妇女的情况跟所有半野蛮民族一样,处于极度贫困状态。她们要干最辛苦的活。”[⑥]在澳大利亚土著那里,“宿营、行进时妻子要干所有苦活,她们吃最差的食物,干最累的活”。[⑦] 在中非东部,“妇女地位较低。她们被视作役畜,要做所有重活”。[⑧] 在卡科恩人那里,“男子好逸

① Macdonald, *Light in Africa*, p. 159.

② *E. g.*, the Navahos and Pelew Islanders (Westermarck, *op. cit.* pp. 392, 393. 398 *sq.*)。关于这些部族中妻子的地位,参见下文第638、643页。

③ Hardisty, 'Loucheux Indians,' in *Smithsonian Report*, 1866, p. 312.

④ Powers, *op. cit.* p. 23 *sq.*

⑤ Schoolcraft, *Archives of Aboriginal Knowledge*, v. 167.

⑥ von Humboldt, *Personal Narrative of Travels*, iii. 238.

⑦ Curr, *The Australian Race*, i. 110.

⑧ Macdonald, *Africana*, i. 35.

恶劳，而所有妇女，不管地位高低，都要辛苦劳作”，[①]等等。[②] 不过，这些说法以及相似的说法即使是正确的，也没能表达全部真相。在早期社会，每一性别都有其分工。男子负责保护家庭，他终究也是要养家的。他的分工需要力量与敏捷——战斗、打猎、捕鱼，为狩猎和战争造工具，也要经常砍树建屋。[③] 妇女在男子外出时可以作为帮手伴随他，有时甚至也参加战斗，[④]而他们旅行时一般由妇女带着行李。不过妇女的主要分工一般是做家务事：准备木柴和水、做饭、加工兽皮、做衣服、照料孩子。其次，她为家庭提供植物性食物，如采集植物根茎、浆果、橡果，等等。在从事农业的族群，妇女常常还要种地。由狩猎发展而来的畜牧业主要由男性 634

① Anderson, *Mandalay to Momien*, p. 137.

② 其他事例参见：Mackenzie, *Voyages to the Frozen and Pacific Oceans*, p. 147 (Rocky Mountain Indians); Parker, in Schoolcraft, *Archives*, v. 684 (Comanches); Im Thurn, *op. cit.* p. 215 (Guiana Indians); Keane, 'Botocudos,' in *Jour. Anthr. Inst.* xiii. 206; Weddell, *Voyage towards the South Pole*, p. 156, Darwin, *Journal of Researches*, p. 216, and Bove, *Patagonia*, p. 131 (Fuegians); Nieboer, *op. cit.* p. 13 *sqq.* (Australian aborigines); Williams and Calvert, *Fiji*, p. 145; Forster, *Voyage round the World*, ii. 324 (natives of Tana, of the New Hebrides); Zimmermann, *Inseln des indischen und stillen Meeres*, ii. 17 (New Caledonians), 105 (New Irelanders); Lewin, *Wild Races of South-Eastern India*, pp. 192 (Toungtha), 254 *sq.* (Kukis); Rowney, *Wild Tribes of India*, p. 214 (most of the wild tribes of India); Reade, *op. cit.* pp. 51, 259, 545 (various African peoples); Waitz, *Anthropologie der Naturvölker*, ii. 117 (Negroes); Valdau, 'Om Ba-kwileh folket,' in *Ymer*, v. 167, 169。

③ See Spencer, *Principles of Sociology*, i. 750 *sqq.*

④ 关于妇女参加战斗，参见：Schoolcraft, *Indian Tribes of the United States*, i. 236 (Comanches); Powers, *op. cit.* pp. 246 (Shastika Indians of California), 253 (Modok Indians of California); Waitz [-Gerland], *op. cit.* iii. 375 (Caribs), vi. 121 (Maoris); Wilkes, *op. cit.* v. 93 (Kingsmill Islanders); Kotzebue, *Voyage of Discovery into the South Sea*, iii. 171 (natives of Radack)。

来干,①而由采集种子、植物发展而来的农业最初是由妇女承
635 担的。②

于是两性之间就依规则确立了各种劳动分工;占优势性别的自我利益无疑或多或少影响了这些规则的形成,但隐藏在这些规

---

① Grosse, *Die Formen der Familie*, p. 92 *sqq*.

② *Ibid*. p. 159. Hildebrand, *Recht und Sitte auf den verschiedenen wirthschaftlichen Kulturstufen*, p. 44 *sqq*. Dargun, 'Ursprung und Entwicklungsgeschichte des Eigenthums,' in *Zeitschr. f. vergl. Rechtswiss*. v. 39, 110. Bücher, *Die Entstehung der Volkswirthschaft*, p. 36 *sqq*. Schurtz, *Das afrikanische Gewerbe*, p. 7. Ling Roth, 'Origin of Agriculture,' in. *Jour. Anthr. Inst*. xvi. 119 *sq*. Mason, *Woman's Share in Primitive Culture*, pp. 15 *sqq*., 146 *sqq*., 277 *sq*. Havelock Ellis, *Man and Woman*, p. 5. von den Steinen, *Unter den Naturvölkern Zentral-Brasiliens*, p. 214. von Schuetz-Holz-hausen, *Der Amazonas*, p. 67 (Peruvian Indians). Waitz, *op. cit*. iii. 376 (Caribs). Prescott, in Schoolcraft, *Indian Tribes of the United States*, i. 235 (Dacotahs). Colden, *ibid*. iii. 191; Seaver, *Narrative of the Life of Mrs. Mary Jemison*, p. 168 (Iroquois). 'Die Baluga-Negritos der Provinz Pampanga (Luzon),' in Globus, xli. 238. Zöller, *Kamerun*, iii. 58 (Banaka and Bapuku). Möller, Pagels, and Gleerup, *Tre år i Kongo*, i. 129, 137 (Kuilu Negroes), 270 (Bakongo). Valdau, in *Ymer*, v. 165 (Bakwileh). Burrows, 'Natives of the Upper Welle District,' in *Jour. Anthr. Inst*. xxviii. 41 (Niam-Niam). New, *op. cit*. pp. 114 (Wanika), 359 (Wataveta). Stuhlmann, *Mit Ernin Pascha ins Herz von Afrika*, p. 182 (Waganda). Pogge, *Im Reiche des Muata Jamwo*, p. 243 (Kalunda of Mussumba). Decle, *Three Years in Savage Africa*, pp. 78, 79, 85 (Barotse), 160 (Matabele). von Weber, *Vier Jahre in Afrika*, ii. 195 (Zulus). 不过,这个规则也有例外。在克里克和切罗基印第安人中,在田里干活的妇女不足男人的三分之一(Bartram, in *Trans. American Ethn. Soc*. iii. pt. i. 31)。在瓦坎巴人中,诸如清理新地、给新地松土这样的重活都由男人干(Decle, *op. cit*. p. 493)。事实上,在某些族群,对体力有较大要求的农活都交给男性干(Hildebrand, *op. cit*. p. 44 *sqq*. Havelock Ellis, *Man and Woman*, p. 5)。在马来半岛,男人主要在地里干活(Ratzel, *History of Mankind*, i. 441)。在金斯米尔群岛(Wilkes, *op. cit*. v. 91)、汤加(Cook, *Voyage to the Pacific Ocean*, i. 390 *sqq*.)、加罗林群岛(Cantova, 转引自:*ibid*. i. 392, note),由男人种地。在加拉人中,"妇女在地里放羊、放牛、养蜂,男人犁地、播种、收割"(Harris, *Highlands of Aethiopia*, iii. 47)。

则背后的基本原则尚需进一步挖掘。这些规则总体说来与大自然本身的要求相协调。把妇女当驮兽，看来是残酷的习俗，让我们不妨以此为例评述一下。正如皮纳尔所说——他特别提到了巴拿马印第安人——于一知半解的观察者而言，妇女负重前行，男子走在妇女前面，除了自己的武器什么都不带，这看来或许确实奇怪。但稍作思考就能明白，这种安排有着充分的理由，男子不负重，便于行动。小批行人四周往往危险重重：穿越大草原或森林的时候，不怀好意的印第安人随时会出现，虎或蛇或许就躺在那里等候猎物出现。因而，男子必须保持警觉，随时准备拿起武器对付侵犯者，保护自己以及家人。[1] 多布里茨霍费尔写道：“阿比泊尼人外出时，所有行李都交给妇女，男子只带一支矛，这样男子就能根据情 636
况随时投入战斗或狩猎。”[2]

再者，赋予某一性别某特定分工而不许另一性别染指，不管最初的原因是什么，这样的限制后来都是由习俗大加强调，许多情况下迷信也强调这样的分工限制。[3] 在非洲，人们普遍相信，只要妇女跟牛沾上了边，牛就会生病。[4] 因而在大多数尼格罗人种那里，只有男子才能挤牛奶。[5] 在非洲东南部，“妇女不能入牛栏”。[6] 贝

---

① Pinart，转引自：Nieboer，*op. cit.* p. 21。

② Dobrizhoffer，*Account of the Abipones*，ii. 118. *Cf.* Wied-Neuwied，*Reise nach Brasilien*，ii. 17，37 (Botocudos)；Giddings，*Principles of Sociology*，p. 266 *sq.*

③ See Crawley，*Mystic Rose*，p. 49 *sq.*

④ Schurlz，*Das afrikanische Gewerbe*，p. 10.

⑤ Ratzel，*op. cit.* ii. 419.

⑥ Macdonald，*Life in Africa*，p. 221.

专纳人向来不许妇女接触牛,男人只好自己犁地。[①] 按照北美印第安人的习俗和迷信,妇女必须小心翼翼躲开只属于丈夫的行动区域。[②] 另一方面,在达科他人中,“男人不怎么管妇女干的事;他们也不会帮助妇女,他们尽力避开妇女,因为害怕被嘲笑,害怕被称作女人”。[③] 在阿比西尼亚,“男人到市场上买任何东西都是丢面子的事。他不能运水,也不能烤面包;不过他必须既洗男性的衣服,也洗女性的衣服,而这类工作,女人也不能帮他。”[④]我曾在摩洛哥贝尼阿森人部落的一个村庄待过,有一次我的一个土著仆人出去取水,村庄里的妇女相当惊骇;她们绝不让他做她们所谓妇女之事。对格陵兰岛民来说,若男子介入本该妇女干的事,乃丢人现眼之举。只要男人猎获了战利品,他就无须再操心其他事情;“哪
637 怕是把海豹从水里拖出来,也会让自己蒙上污名”。[⑤] 在巴刚果人中,若男子帮助妇女在地里干活,妇女会大大嘲弄他一番。[⑥] 有时人们认为,农业的收成要好,要依靠妇女的神秘本领,这一本领与她们生孩子的本事密切相关。[⑦] 有些奥里诺科印第安人给古米勒神父讲:“妇女种玉米,每株产两三个;妇女种木薯,每株能收获两三篮;如此什么庄稼都能翻倍。为什么?因为妇女知道怎么生孩

---

① Holub,‘Central South African Tribes’,in *Jour. Anthr. Inst.* x. 11.

② Waitz,*op. cit.* iii. 100.

③ Prescott,in Schoolcraft,*Indian Tribes of the United States*,iii. 235.

④ Bruce,*Travels to Discover the Source of the Nile*,iv. 474.

⑤ Nansen,*First Crossing of Greenland*,ii. 313. Cranz,*History of Greenland*,i. 138,154.

⑥ Möller,Pagels,and Gleerup,*op. cit.* i. 270.

⑦ See Payne,*History of the New World*,ii. 8.

子，也知道怎么种谷物让它们发芽和成长。那么就让她们种吧；我们知道的不如她们多。”[1]

显然，这种严格的劳动分工容易误导前来旅行的生人。他看到妇女卖力干活，男子袖手旁观；他看不到，只要到了自己的行动领域，后者该忙的时候就会忙起来。本来主要是习俗造成的劳动分工，却被视为男性的绝对暴政；妻子就被说成丈夫的可怜奴隶，什么权利都没有。而不管妻子做事多辛苦，工作上的明显差别本身就是权利的源泉，妇女由此在丈夫不得介入的领域拥有排他性权威。在巴纳卡人与巴普库人那里，尽管妻子被当作丈夫的财产和奴隶，但她在自己家里却是专制者，强大到能违抗自己的丈夫兼主人的地步。[2] 斯库克拉夫特讲，在北美印第安人那里，“家以及家里的一切，都是由妻子管理、支配的……丈夫于此没有发言
权”。[3] 下面会引用许多其他相似的说法。 638

因此，我们有理由相信，在蒙昧人那里，丈夫对妻子的权威并不总是像传说中的那般大。我们必须明确拒斥如下的一般性说法——在低等种族中，妇女总的说来处于一种几乎完全受支配的状态。[4] 在许多低等种族那里，妇女尽管也受丈夫支配，但据悉也

---

① Gumilla, *El Orinoco ilustrado*, ii. 274 *sq*.

② Steinmetz, *Rechtsverhältnisse*, p. 29 *sq*.

③ Schoolcraft, *Indian in his Wigwam*, p. 73.

④ 因此迈纳斯讲：“在蒙昧民族中，女性进入婚姻，就是最残酷、悲惨的奴役的开始；于是很多妇女害怕婚姻甚于害怕死亡。”（*History of the Female Sex*, i. 2）一位意大利作者在关于原始家庭的近作里认为，家庭制度中最基本的事实或许就是，在各个地方，妇女总是“屈服于丈夫，被丈夫压迫”（Amadori-Virgilj, *L'istituto famigliare nelle società primordiali*, p. 138）。

有相当程度的独立性，丈夫对待她要考虑周全，她对丈夫的影响并不小。据说，在有些情形下，他们之间的关系是平等的，在有些情形下，她的地位更高。

> 据说，在南美印第安人那里，很多妇女在家庭或社群里占据着受尊敬的位置。[①] 因此，在哥伦比亚的瓜希罗人那里，“发生了争吵或酒后打架，妇女常常跑来夺下丈夫或弟兄手中的武器，这样就避免了流血事件。因而与妇女一起外出是非常安全的，遇到危险时，如果要保护这位陌生的客人，只需妇女出面就可以了。”[②]在墨西哥的塔拉乌马雷人那里，尽管他们有格言称一男顶五女，但妇女“在家里有相当高的地位，丈夫有事不征求妻子的意见，就不会有结果”。[③] 在新墨西哥的纳瓦霍人那里，妇女“具有很大影响”；[④]她们“不必做那些细碎而卑微的小事，而她们的丈夫也鲜有怨言”；[⑤]“各方都同
>
> 639 意，住房及所有家庭财产完全属于妻子。”[⑥]格林内尔先生这样讲北美印第安人：“通常认为，印第安妇女就是苦工、奴隶，但就我的观察来讲，这个看法完全不对。确实，妇女要在营地劳作；她们要做所有辛苦而毫无乐趣的活计……但她们并不

① Waitz, *Anthropologie der Naturvölker*, iii. 472 (Guaycurus), 530 (Morotocos). von den Steinen, *Unter den Naturvolkern Zentral-Brasiliens*, p. 332 (Bakairi).

② Simons, ‘Exploration of the Goajira Peninsula,’ in *Proceed. Roy. Geo. Soc. N. S.* vii. 792. See also Can-delier, *Rio-Hacha*, p. 256.

③ Lumholtz, *Unknown Mexico*, i. 265.

④ Letherman, in *Ann. Rep. Smithsonian Inst.* 1855, p. 294.

⑤ Eaton, in Schoolcraft, *Archives*, iv. 217.

⑥ Stephen, in *American Anthropologist*, vi. 354.

就是仆人。相反，她们享有很受尊重的地位。许多事务都要征求她们的意见，不仅包括家庭事务，还包括重要的一般性事务。有时妇女甚至也参加理事会，在那里发言，提出看法……在一般的家庭谈话中，若妇女不赞成丈夫的说法，会毫不犹豫地插话，纠正丈夫，男人则洗耳恭听，尽管当然这也依赖于妇女的身份、地位、见识，等等。”①谭·凯特也是一个可信的观察者，他强烈反对北美印第安妇女被当作役畜的说法；他证实，与文明国家下层阶级妇女比起来，她们的境遇要好得多，而不是更糟。② 在奥马哈人那里，妇女与男子的社会地位是平等的；夫妻共同掌管家庭，是房子、衣物等家产的共同所有人，因而若妻子不同意，男人不能将任何东西扔掉。③ 在塞内卡人那里，“通常，女性掌管家庭，无疑也不许别人染指家政。家产双方共有；不过，若丈夫或情人过于懈怠、懒惰、没出息、不能养家，就会遭遇祸患。不管有了多少孩子，不管他在家里有多少东西，女方可随时强求他卷铺盖走人。”④穆尼先生讲：“按照现有文献，切罗基人显然具有一种与易洛魁人相似的习俗——很可能其他东部印第安人部落也有。依此习俗，有关战争与和平这样的重要问题，都交由妇女投票来裁决。”⑤在

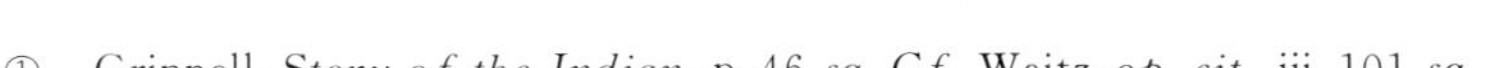

① Grinnell, *Story of the Indian*, p. 46 *sq*. *Cf*. Waitz, *op. cit*. iii. 101 *sq*.

② Ten Kate, *Reizen en onderzoekingen in Noord-Amerika*, p. 365. *Cf*. *ibid*. 459.

③ Dorsey, 'Omaha Sociology,' in *Ann. Rep. Bur. Ethn*. iii. 266, 366.

④ Morgan, *Houses and House-Life of the American Aborigines*, p. 65 *sq*. See also Dixon, *New America*, p. 46.

⑤ Mooney, 'Myths of the Cherokee,' in *Ann. Rep. Bur. Ethn*. xix. 489.

萨利什人或弗拉塞德人那里,“尽管妇女必须做大量苦工,她
640 们绝没被当作奴隶看待,相反,她们很受尊重,也很有权
威”。[①] 在努特卡人那里,“做生意时常常征求妻子意见,事实上她们看来完全处于与丈夫平等的地位,只是她们不能参加一些公共宴会和庆典”。[②] 在皮吉特湾一带的印第安人那里,“在达成一笔交易以前,也总要征求妇女的意见”,而且妇女“在部落里影响很大”。[③] 思林凯特人妇女也并非丈夫的奴隶;她拥有明确的权利,她的影响相当大。[④] 在十字湾角的土著那里,社会承认“妇女的地位高于男性”。[⑤] 在西廷内人中,“妇女不需要干太多的活,她们在多数事务上都很有发言权”。[⑥] 在科迪亚克,妇女很受尊重,享有很大自由。[⑦] 在坎查岱人中,妇女掌管一切事务,而丈夫是她们驯顺的奴隶。[⑧] 诺登舍尔德这样讲楚科奇人:“妇女的权力看来很大。做比较重要的交易的时候,甚至有关武器和狩猎工具的事,总是要咨询她,接受她的意见。妇女有这样那样的方式方法拿自己的责

① Hale, *U. S. Exploring Expedition. Vol. VI. Ethnography and Philology*, p. 207.

② Bancroft, *op. cit.* i. 196. *Cf.* Sproat, *Scenes and Studies of Savage Life*, pp. 93, 95 (Ahts).

③ Bancroft, *op. cit.* i. 218.

④ Krause, *Tlinkit-Indianer*, p. 161.

⑤ Meares, *Voyages to the North-West Coast of America*, p. 323.

⑥ Dall, *Alaska*, p. 431.

⑦ Holmberg, 'Ethnographische Skizzen über die Volker des russischen Amerika,' in *Acta Soc. Scient. Fennicæ*, iv. 399.

⑧ Steller, *Beschreibung von dem Lande Kamtschatka*, p. 287.

任做交易，她也可以随心所欲地使用这些方法。”[①]班克罗夫
特先生曾这样讲到西爱斯基摩人“妇女的命运仅仅稍好于奴
隶”，[②]但重要的是，必须把此说法与这一事实——妇女要做
很多苦差事——联系起来理解。根据希曼博士，“尽管爱斯基
摩妇女的地位不能与男子平等，至少与野蛮民族的通常做法
比起来，这里男人对妇女的考虑更周全”；不仅如此，“妇女还
常常是家庭内的主要权威”，而“男人未征求妻子的意见就绝 641
不会达成一项交易，若妻子不赞同，就会取消交易”。[③] 在巴
罗角一带的爱斯基摩人那里，“看来妇女在家庭和社群里的地
位与男人完全平等。除了狩猎，妻子在所有事情上都是男人
持久的受信任的伙伴，在每一项交易或其他重要事情上都要
征求妇女的意见。”[④]在格陵兰也是如此，尽管妇女地位被认
为比男子低很多，她绝不是受压迫者，[⑤]她的丈夫在重要事情
上都要征求她的看法。[⑥]

在普泽瓦尔斯基看来，在过游牧生活的唐古特人那里，妇

① Nordenskiöld, *Vegas fard kring Asien och Europa*, ii. 144.

② Bancroft, *op. cit.* i. 65 *sq.* 班克罗夫特先生很可能主要引述了阿姆斯特朗的说法。阿姆斯特朗讲，在各个方面，爱斯基摩妇女都是男人的奴隶，除了打猎和捕鱼外，她们要承担大部分户外工作；不过他还讲，与蒙昧人中妇女的一般状况比起来，爱斯基摩妇女有着较高地位，受到更多尊重（Armstrong, *Personal Narrative of the Discovery of the North-West Passage*, p. 195）。

③ Seemann, *Narrative of the Voyage of "Herald,"* ii. 66.

④ Murdoch, 'Ethnological Results of the Point Barrow Expedition,' in *Ann. Rep. Bur. Ethn.* ix. 413.

⑤ Nansen, *First Crossing of Greenland*, ii. 312.

⑥ Nordenskiöld, *Den andra Dicksonska expeditionen till Grönland*, p. 509.

女在家里的权利与男人同等。[①] 据说,在印度的托达人中,妇女“在家中的地位跟通常在东方民族中见到的很不一样。她们受到敬重,享有相当的自由。”[②]在坎德人中,妇女“普遍受到尊重;各家的母亲们一般就更受敬重。无论公共还是私人事务,不征求她们的意见,什么事都办不成,她们通常对部落理事会具有强大的影响。”除非婚期未满一年,或者她要生孩子,或者孩子出生未满一年,妻子可以随时离弃丈夫。不过,她离开时,丈夫有权立即从她父亲那里索回聘金。[③] 在印度西北部省份的农民中,妻子是家中有影响的人物,并非只是苦工。不事先告诉她,征求她的意见,几乎什么事都做不成。如果她受了委屈,部落理事会会保护她。或许总体而言,她的地位并不比世界其他地方处于相似生命阶段的女性差。[④] 在卡蒂人那里,男人在相当程度上要受妻子权威的约束。[⑤] 在比尔人中,妇女“在社会上具有很大影响”,而已婚男人一直有着妻管严的名声。[⑥] “在科尔人、霍人那里,丈夫总是视妻子为
642 伴侣。只要遇到什么困难,就征求她的意见,她也因其性别在所有方面受到尊重”;[⑦]道尔顿上校又讲道:“整体说来,世界

① Prejevalsky, *Mongolia*, ii. 121.

② Marshall, *A Phrenologist amongst the Todas*, p. 43.

③ Macpherson, *Memorials of Service in India*, pp. 69, 132 *sq*.

④ Crooke, *North-Western Provinces of India*, p. 230 *sq*.

⑤ Rowney, *Wild Tribes of India*, p. 47.

⑥ Malcolm, *Memoir of Central India*, ii. 180. Rowney, *op. cit*. p. 38.

⑦ Hayes,转引自:Dalton, *Descriptive Ethnology of Bengal*, p. 194。*Cf*. Bradley-Birt, *Chota-Nagpore*, p. 100 *sq*.

上没有哪个别的国家的妻子受到如此善待。”[①]卡罗人中，“做丈夫的很和善，他们对较弱小性别的行为一般总是体贴而尊重的”。[②] 博戈人与迪马尔人“善待妻女，对她们信任而体贴”。[③] 散塔尔人“尊重家里的女性成员”。[④] 库基人普遍能考虑到妇女；“男人采纳她们的意见，她们有不小的影响。”[⑤]科洪先生注意到，印度支那诸民族盛行两性平等，在佛教传入之前很久就这样了。[⑥]

在尼科巴人那里，“妇女的地位一直都绝不比男性低。她们全方位介入公共舆论，公开探讨与村庄利害相关的问题，她们的意见在决策以前能得到应有的注意。事实上，所有事务都要征求她们的意见，而惧内的丈夫在尼科巴群岛并不罕见。”[⑦]克劳福德先生认为，在马来半岛，“妇女的命运整体上可以说比任何东方国家都要好”；她们与男性“在所有方面都是平等的，这种社会状况令我们吃惊”。[⑧] 在巴厘，妇女与男人完全平等。[⑨] 达雅克人很尊重自己的妻子，总是要征求她的看法；[⑩]他“不是把她当作奴隶，而是当作伴侣”。[⑪] 在巴塔

① Dalton, *op. cit.* p. 194.

② *Ibid.* p. 68.

③ Hodgson, *Miscellaneous Essays*, i. 150.

④ Hunter, *Annals of Rural Bengal*, i. 217. *Cf.* Ymer, v. p. xxiv.

⑤ Lewin, *Wild Races of South-Eastern India*, p. 254.

⑥ Colquhoun, *Amongst the Shans*, p. 234. *Cf.* Fytche, *Burma*, ii. 72.

⑦ Kloss, *In the Andamans and Nicobars*, p. 242.

⑧ Crawfurd, *History of the Indian Archipelago*, i. 73.

⑨ Raffles, *History of Java*, ii. p. ccxxxi.

⑩ Bock, *Head-Hunters of Borneo*, p. 210 *sq.*

⑪ Selenka, *Sonnige Welten*, p. 33. *Cf.* Wilkes, *op. cit.* v. 363.

克人中,已婚妇女常常对自己的家庭具有很大影响。[①] 在印尼的赛朗,她们在所有事务上都与男人具有平等的权利,因而
643 受到善待。[②] 苏禄的妇女“享有支配丈夫的声名,她们由于能影响自己的丈夫而在政治事务中发挥重要作用”。[③]

在美拉尼西亚,妇女通常要辛苦工作,就相当于奴隶;[④] 不过至少有些岛上的妇女情况相当好。在托雷斯海峡西部的岛屿,“妇女看来在多数问题上都有发言权,绝未受到什么压迫和虐待”。[⑤] 在新几内亚的有些地方,她们的地位被描述为很受尊重。[⑥] “她们在家庭事务上很有发言权,有时对丈夫颐指气使”;她们的影响不仅体现在家庭事务上,也体现在国家事务上。[⑦] 在新赫布里底群岛的埃罗曼加,尽管妇女要做所有耕作的苦差事,整体说来她们的丈夫能够善待她们。[⑧] 在所罗门群岛也是这样;[⑨]在新乔治亚的东部地区,她们甚至不必干很多活。[⑩] 在密克罗尼西亚,妇女的地位很高。在玛丽

① Steinmetz, *Ethnol. Studien zur ersten Entwicklung der Strafe*, ii. 299.

② Riedel, *De sluiken kroesharige rassen tusschen Selebes en Papua*, p. 97.

③ Wilkes, *op. cit.* v. 343.

④ Nieboer, *op. cit.* p. 392 *sqq.* Waitz-Gerland, *op. cit.* vi. 626.

⑤ Haddon, in *Reports of the Cambridge Anthropological Expedition to Torres Straits*, v. 229.

⑥ Ratzel, *op. cit.* i. 274.

⑦ Pitcairn, *Two Years among the Savages of New Guinea*, p. 61. *Cf.* Bink, in *Bulletin Soc. d'Anthrop. de Paris*, xi. 392; Hagen, *Unter den Papua's*, pp. 226, 243.

⑧ Robertson, *Erromanga*, p. 397.

⑨ Parkinson, *Zur Ethnographie der nordwestlichen Salomo Inseln*, p. 4.

⑩ Somerville, 'Ethnogr. Notes in New Georgia,' in. *Jour. Anthr. Inst*, xxvi. 405 *sq.*

安娜群岛,“妻子是家庭当之无愧的女主人,丈夫不经她同意不敢处理任何事情”;不仅如此,丈夫据说实际上还受妻子支配,“妇女享有的这些特权,在多数其他国家里,只是男性才有”。[①] 帛琉群岛的妇女在各个方面都与男性平等;家人中年纪最大的男性被称为奥博库(Obokul),如他不听取年纪最大女性的意见就什么事都办不了。[②] 在卡罗琳,女性这一较弱小的性别“在大众眼里与另一性别完全平等”。[③] 在莫特洛克岛民那里,妻子完全独立于丈夫。[④] 在金斯米尔群岛,人们对妇女考虑得很周到:“看起来她们只是在管家”,而所有重活都由男人来干。[⑤] 在莱恩岛民中,“两性之间是平等的;妇女可 644
以投票,可以发表意见,就像男人那样,整体说来是女人裁决问题,除非涉及针对其他岛屿的战争”。[⑥] 在波利尼西亚的许多岛屿,她们的地位也绝不差。[⑦] 在汤加,“有的妇女是贵族,而不管她们的等级地位如何,她们因自己的性别而很受尊重”;她们不需要做苦工或干很不体面的活儿,[⑧]她们的社会

① Moore, *Marriage Customs*, p. 187. Waitz, *op. cit.* v. pt. i. p. 107 *sq.*

② Kubary, *Die socialen Einrichtungen der Pelauer*, p. 38 *sq. Cf. Idem*, 'Die Palau-Inseln,' in *Journal des Museum Godeffroy*, iv. 43; Keate, *Account of the Pelew Islands*, p. 331.

③ Hale, *op. cit.* p. 73.

④ Kubary, 'Die Bewohner der Mortlock Inseln,' in *Mittheilungen der Geograph. Gesellsch. in Hamburg*, 1878-9, p. 261.

⑤ Wilkes, *op. cit.* v. 91.

⑥ Tutuila, in *Jour. Polynesian Soc.* i. 269.

⑦ See Waitz-Gerland, *op. cit.* vi. 120 *sqq.*

⑧ Mariner, *Natives of the Tonga Islands*, ii. 97.

地位并不低于男子。[1] 在萨摩亚,“人们对她们考虑周全……体贴入微,她们不需要做什么遭罪的活儿,而只需做她们本应做的事”。[2] 在马科萨斯群岛的蒂皮谷地,除了宗教禁忌限制以外,妇女可以满足自己任何可能的嗜好;她们不需要做苦差事,“在别的地方从未见过妇女拥有这么大的权力”。[3] 罗尚这样提到马达加斯加人:“这里的男人从不像专制者那样对妇女发号施令;妇女也从不像奴隶那样驯顺。权力的天平甚至向女性倾斜。”[4]在现在的马达加斯加,妇女“不会被轻视,基本上不会被看作比男性低等”,她们也能参与丈夫关心、喜爱的事,与丈夫共享生活,在很大程度上跟我们这里的夫妻关系没什么差别。[5]

最后转向非洲大陆——我们发现,在尼格罗人种里,妇女尽管负担很重,或多或少顺从于丈夫,但她们绝非毫无影响。[6] 埃尔·巴特纳讲:“如果对他们的家庭情况比较熟悉,就能发现,那里跟别的地方一样,丈夫也为裙裾政治支配,多数妇女喜欢向外面摆出姿态,以示她们是一家之主。女人,包

---

① Erskine, *Cruise among the Islands of the Western Pacific*, p. 158.

② Wilkes, *op. cit.* ii. 148. *Cf.* Waitz-Gerland, *op. cit.* vi. 121.

③ Melville, *Typee*, p. 299.

④ Rochon, ‘Voyage to Madagascar,’ in Pinkerton, *Collection of Voyages and Travels*, xvi. 747. *Cf.* Waitz, *op. cit.* ii. 438.

⑤ Little, *Madagascar*, p. 63.

⑥ Waitz, *op. cit.* ii. 117. Ratzel, *op. cit.* ii. 332. Buchner, *Kamerun*, p. 32 *sq.* Möller, Pagels, and Gleerup, *op. cit.* i. 171 (Lukungu). Steinmetz, *Rechtsverhältnisse*, p. 29 (Banaka and Bapuku). Lang, *ibid.* p. 225 (Washambala). Burrows, *Land of the Pigmies*, p. 62 (Niam-Niam). Chanler, *Through Jungle and Desert*, p. 485 (Wakamba).

括姑姨婶们，在所有或重要或不重要的场合，都很有发言 645
权。”[1]按照施魏因特富特博士的观点，芒贝图妇女能在最大程度上独立于丈夫；“如果看到他家有什么东西挺新奇，问男主人可否卖掉，他会回答：‘哦，问我老婆吧。那是她的。’这种回答就能表明男人的家庭地位。”[2]在摩姆维斯人中，“妇女与男子一起打猎，伴随男子上战场，亲自参加战斗，他们与男子地位平等。”[3]在中非的马迪人或莫鲁人部落，“男人敬待妇女，总是让妇女优先，让她们占最好的位置，对她们彬彬有礼”。妇女与男子平等交往，男子向她们征求意见，敬重她们；任何侮辱妇女的行为都要招致报复，侮辱妇女也常常惹起战争。[4] 在霍屯督人家里，女人就是最高统治者，丈夫没什么可说的。“尽管在公开场合男人起突出作用，在家里他们就没那么大权力了，未经妻子许可，甚至不能从奶盆里取走一点酸奶。如果男人在家里老是越权，他最亲近的女性亲属就会罚他付出奶牛和绵羊，奶牛和绵羊要归入妻子的畜群。”[5]在柏柏尔人中，女人对男人有相当大的影响。在加那利群岛的关契斯人那里，女性很受尊重。[6] 在图阿雷格人那里，“女人与

① Büttner，转引自：Ratzel，*op. cit.* ii. 334。

② Schweinfurth，*Heart of Africa*，ii. 91.

③ Burrows，*op. cit.* p. 128.

④ Felkin，‘Notes on the Madi or Moru Tribe，’ in *Proceed. Roy. Soc. Edinburgh*，xii. 329.

⑤ Hahn，*The Supreme Being of the Khoi-Khoi*，p. 19.

⑥ Bory de St. Vincent，*Essais sur les Isles Fortunees*，p. 105. Mantegazza，*Rio de la Plata e Tenerife*，p. 630.

> 男人具有平等地位,即便女人在某些方面不如男人”。[①] 在贝尼阿梅尔人中,丈夫不征求妻子意见、没有妻子的善意支持就什么事都做不成。[②] 纳赫蒂加尔博士讲,住在撒哈拉沙漠的阿拉伯部落民奥拉德苏莱曼人有个很奇怪的现象,那些强盗和杀人犯令人恐惧,他们在自己家里却无权无势。[③] 无论是
> 646 撒哈拉沙漠[④]还是东方[⑤]的贝都因妇女都享有相当大的自由,有时甚至能支配自己的丈夫。

所有这些说法当然并不意味着社会不认可丈夫拥有对于妻子的权力,而是证明,丈夫的权力并不是无限的。事实上,我们的许多权威人士提到了妇女拥有的自由,而不提习俗给予妇女的特权;但正如我们前面看到的那样,习俗性权利或多或少总是受到习惯性做法的影响。还应该补充一下,在许多蒙昧部族,丈夫只在特定条件下才有与妻子离婚的权利;[⑥]而相当多的习俗、法律允许妻子或基于特殊理由与丈夫离异,或只要她愿意就可与丈夫断绝关系。[⑦] 在中非东部的某些地区,若丈夫未能为妻子缝补衣裳,或双方不能两情相悦,就允许离婚。[⑧] 在缅甸的掸人那里,若丈夫酗酒

---

① Dyveyrier, *Exploration du Sahara*, p. 339. *Cf*. Chavanne, *Die Sahara*, p. 181; Hourst, *Sur le Niger et au pays des Touaregs*, p. 209.

② Munzinger, *Ostafrikanische Studien*, p. 325.

③ Nachtigal, *Sahara und Sudan*, ii. 93.

④ Chavanne, *op. cit*. p. 397.

⑤ Wallin, *Reseanteckningar från Orienten*, iii. 151, 152, 269. Blunt, *Bedouin Tribes of the Euphrates*, ii. 214, 226, 228.

⑥ Westermarck, *op. cit*. p. 523 *sq*.

⑦ *Ibid*. p. 526 *sqq*.

⑧ Macdonald, *Africana*, i. 140.

或有其他不端行为，妻子有权与他离异，而且双方结合期间的所有金银财物都归她。[1] 在印度内尔戈里一带的伊鲁拉人那里，是维持婚姻还是分道扬镳，主要由女方来定。[2] 在马德拉斯地区的山地原住民萨瓦拉人中，“妇女只要愿意就可以离开丈夫”。[3] 有些人仓促就下结论，说蒙昧人丈夫整体说来对妻子有绝对的支配权，此说显然与上述材料相去甚远。

经常有人讲，一个族群的文明程度可以用妇女的地位来衡量。不过至少就文明演化的早期阶段而言，事实并不支持这个看法。在几个最低等种族那里，包括维达人、安达曼岛民以及布须曼人，女性的待遇要远远好于许多较高等的蒙昧人和野蛮人。旅行者并 647
非极少看到这样的事——在两个临近部落里，文明发展程度较低的部落在此方面为另一部落树立了榜样。弗里奇博士说：“在布须曼人中，女性是男性的生活伴侣，而在阿班图人那里，女性就是驮兽。”[4]刘易斯和克拉克声称，整体来看，蒙昧部落妇女的地位甚至与部落的道德品质没有必然的联系。他们讲：“印第安人对女性是最温和的，他们非常尊重女性的意见，他们的品德却并非出类拔萃……另一方面，女性地位非常低下的部落，却拥有极高的荣誉感、很大的自由，以及他们那个社会所要求的所有良好品质。”[5]女性的情况或女性的相对独立性不一定能衡量一个民族文化的概貌，

---

① Colquhoun, *Amongst the Shans*, p. 295.

② Harkness, *Description of a Singular Aboriginal Race inhabiting the Neilgherry Hills*, p. 92.

③ Fawcett, in *Jour. Anthrop. Soc. Bombay*, i. 28.

④ Fritsch, *Die Eingeborenen Süd-Afrika's*, p. 444.

⑤ Lewis and Clarke, *op. cit.* p. 441.

通过比较许多低等种族和古代文明民族,我们也能发现这一点。

中国妇女的地位一直低于男性,而中国的圣贤从未慷慨表示要改善妇女的社会地位。[①] 她的孩子必须尊重她,不过反过来她要像孩子那般依从丈夫;[②]依中国社会的尺度,相对于母亲,妻子是极次要的角色。[③] 丈夫委实不拥有对妻子的绝对权力:他不能杀害她,未经她同意也不可卖掉她,[④]除非法律规定的特定因由,
648 丈夫也不能休妻。[⑤] 不过法律规定的这些原因弹性很大;据说,“只要妇女不守妇道,把她赶出门就是公平合理的”。[⑥] 有一本书,可谓中国人道德作品的精华,读者对象主要是儿童,里面写道:“兄弟如手足,妻子如衣服。衣服破,尚可缝,手足断,安可续?”[⑦]另一方面,妇女无论如何也不能合法地断绝与丈夫的关系。[⑧] 孔子讲:“男子者,任天道而长万物者也。女子者,顺男子之教而长其理者也。是故无专制之义,而有三从之道,幼从父兄,既嫁从夫,夫死从子。”[⑨]从前在日本法律里,妇女就是奴仆而不是人。“婚前一直在父亲屋檐下生活,恭敬地对待长辈,她应该把恭敬,而不是爱,带往

---

① Legge, *Religions of China*, pp. 107, 108, 111.

② de Groot, *Religious System of China*, (vol. ii. book) i. 550.

③ Giles, *Strange Stories from a Chinese Studio*, i. 315, n. 3.

④ Doolittle, *Social Life of the Chinese*, ii. 209.

⑤ Medhurst, 'Marriage, Affinity, and Inheritance in China,' in *Trans. Roy. As. Soc. China Branch*, iv. 25 *sq.* Gray, *China*, i. 219. Müller, *Reise der Fregatte Novara*, Ethnographie, p. 164.

⑥ Navarette, 'Account of the Empire of China,' in Awnsham and Churchill, *Collection of Voyages and Travels*, i. 73.

⑦ *Indo-Chinese Gleaner*, i. 164.

⑧ Gray, *op. cit.* i. 219.

⑨ Legge, *Chinese Classics*, i. 103 *sq.*

新家。她必须总是服从，而不能妒忌。不管丈夫把什么人带到家里，她都不能发火。丈夫用餐时她必须恭候。她必须跟在丈夫后面走，而不能走在丈夫旁边。她死了以后，她的子女参加她的葬礼，而她的丈夫不参加。”①日本男人可以凭中国男人同样的理由休妻，②而且，直到1873年，法律仍然规定妻子不能离弃丈夫。③不过，尽管日本妻子是“家里的第一个仆人”，如果她和丈夫生有孩子，教育和大众舆论就会要求敬待她。④ 她被称为“家里最可敬的 649
女士”，据说她的地位比在其他任何东方国家都要高。⑤

在世界各个地方，我们都能看到夫妻关系的规则——丈夫发号施令，妻子应该服从。主对妇女说：“你必恋慕你丈夫，你丈夫必管辖你。”⑥我们不能肯定，在希伯来人那里，丈夫的权力有多大。如果丈夫“发现她有什么不合理的事”，⑦就不喜欢她，丈夫可以因此而休妻，而妻子不能合法地离弃丈夫。⑧ 后来，妻子的地位明显改善。⑨ 按照早期犹太教的观点《便西拉智训》不仅把夫妻关系置于朋友关系之上，还置于亲子关系之上，这无疑是令人惊讶

① Griffis, *Religions of Japan*, p. 124 *sq*.

② Westermarck, *op. cit*. p. 525.

③ Rein, *Japan*, p. 424 *sq*.

④ *Ibid*. p. 425.

⑤ Norman, *The Real Japan*, p. 184. Griffis, *Religions of Japan*, p. 318.

⑥ *Genesis*, iii. 16.

⑦ *Deuteronomy*, xxiv. i.

⑧ Josephus, *Antiquitates Romanæ*, xv. 7. 10. Keil, *Manual of Biblical Archæology*, ii. 175.

⑨ *Cf*. Klugmann, *Die Frau im Talmud*, p. 63 *sq*.

的。[1] 根据《塔木德》,丈夫应当爱妻如己,尊重妻子甚于自己,[2]尽管丈夫要留心不被妻子支配;[3]而妻子也有权在以下条件下与丈夫离婚——如果丈夫拒绝履行婚姻责任,如果他婚后还过着放荡不羁的生活,如果他十年内都是性无能,如果他患有令人无法容忍的疾病,如果他永远离开故土。[4]

在拜火教的《赞美诗》里,圣女被定义为这样的一个人——"思想睿智,言谈举止优雅,为人刚正、有操守,顺从丈夫",而刁蛮的恶妇则"阿谀逢迎、朝三暮四,不顺从丈夫"。[5] 依据婆罗门教法,女
650 人孩提时要听从父亲管教,年轻时要驯顺于丈夫,丈夫死了要服从儿子;"一个女子,什么时候都不能独立。"[6]就是在她自己家里,也不允许她独立自主地做任何事情。[7] 她的父亲,或她的弟兄经父亲同意,可以决定把她嫁给谁,而只要丈夫活着,她就应该服从他。[8] 她不能做任何会惹他不快的事;[9]"忠诚的妻子必须永远像崇拜神那样崇拜丈夫",即使丈夫不具美德,或者对她不忠。[10] 若丈夫沉溺于某种不良嗜好,或酗酒,或染病在身,而妻子对他不尊

---

① *Ecclesiasticus*, xl. 19, 23. *Cf*. Montefiore, *Hibbert Lectures on the Religion of the Ancient Hebrews*, p. 491.

② Deutsch, *Literary Remains*, p. 56.

③ *Beza*, fol. 32 B,转引自:Katz, *Der wahre Talmudjude*, p. 114。

④ Glasson, *Le mariage civil et le divorce*, p. 149 *sq*.

⑤ *Yasts*, xxii. 18, 36. *Cf*. *Dînâ-î Maînôg-î Khirad*, xxxix. 38 *sq*.

⑥ *Laws of Manu*, v. 148. *Cf*, *ibid*. ix. 2 *sq*.

⑦ *Ibid*. v. 147.

⑧ *Ibid*. v. 151.

⑨ *Ibid*. v. 156.

⑩ *Ibid*. v. 154.

重，那么这样的妇人当被遗弃三个月，她的首饰和家具也不再归她所有。[①] 若妻子服从丈夫，她就会在天堂享受喜乐；[②]不过，如果她未尽对他的义务，她就会在现世丢尽脸面，死后就会转世为豺狼，并因自己的罪过而遭受疾病的折磨。[③] 妻子无论如何都不能合法地离婚，尽管她可以对下面这些人“表示厌恶”而不受惩处——疯了的丈夫，或被驱逐、被遗弃的丈夫，阉人，缺乏男子气概的人，身染惩罚罪孽之疾病的人。[④] 还有，如果她被丈夫卖掉或休掉，她永远也不能成为买了她或她被休掉后接受了她的那个人的合法妻子。[⑤] 不过，丈夫也不能不分青红皂白地离弃她。若妻子酗酒、行为不端、反抗丈夫、喜欢与人口角、患有疾病、恶意害人、浪费钱财，可随时休掉再娶；若妻子不育，可在第八年休掉再娶；若妻子所生子女都夭折了，可在第十年休掉再娶；只生女孩的，可在第十一年休妻；而病妻能体贴丈夫并且行为得体的，未经她本人同意不可休掉再娶，并且绝不可怠慢她。[⑥] “百年好合，白头偕老”可看作夫妻 651
之间至高准则的概括；[⑦]丈夫要想自己过得好，就必须敬重和喜爱他的女人。[⑧]《摩诃婆罗多》和《罗摩衍那》里的许多段落都表明，较之于现在依婆罗门教的规矩行事的情况，从前印度妇女所受的

① *Ibid*. ix. 78.

② *Ibid*. v. 155. *Cf*. *ibid*. ix. 29.

③ *Ibid*. v. 164; ix. 30.

④ *Ibid*. ix. 79.

⑤ *Ibid*. ix. 46. See also the note in Buhler's translation, *Sacred Books of the East*, xxv. 335.

⑥ *Laws of Manu*, ix. 80 *sqq*.

⑦ *Ibid*. ix. 101.

⑧ *Ibid*. iii. 55 *sqq*.

社会限制较少，甚至享有相当大的自由；[①]吠陀歌手们不知道，还有什么关系能比丈夫与其殷勤可人的妻子之间的关系更温柔，妻子被赞美为“他的家，他心爱的住处，他屋里的天堂”。[②] 不过要注意，在《吠陀经》里，诸女神是很次要的角色。[③] 在此方面，吠陀人的万神殿与古埃及人的万神殿全然不同，[④]这种差别可能是由于埃及妇女明显占有较高的地位。[⑤]

在希腊，与后来的情况相比，古代与荷马时代的妻子看来更有影响、更独立。[⑥] 在后面这段有历史记载的时期，她的地位变得如家庭苦工一般；她的美德只限于把家庭生活和她的丈夫打理得井井有条，限于事事服从丈夫；低眉顺眼的沉默就是她最好的装饰品。[⑦] 亚里士多德是他那个时代最开明观念的忠实倡导者，他认
652 为，妇女与其丈夫的理想关系应是这样的：“完美的好妻子应该在家里主持家政……而井井有条的妻子会认识到，丈夫的行为就是她自己生活的典范，就是神通过婚姻关系和共同生活给她制定的法律……妻子应该比买来的家奴更顺从于丈夫的驾驭。她确是以

① Zimmer, *Altindisches Leben*, p. 316 *sqq*. Monier Williams, *Indian Wisdom*, p. 437 *sq*.

② Kaegi, *Rigveda*, p. 15.

③ Macdonell, *Vedic Mythology*, p. 124 *sq*.

④ Maspero, *Dawn of Civilization*, p. 101 *sq*.

⑤ *Ibid*. p. 52. Maspero, *Life in Ancient Egypt and Assyria*, p. 11. Amélineau, *l'évolution des idées morales dans l'Égypte Ancienne*, p. 68 *sqq*. Flinders Petrie, *Religion and Conscience in Ancient Egypt*, p. 131 *sq*.。Brugsch, *Aegyptohgie*, p. 61 *sq*.

⑥ Hermann-Blümner, *Lehrbuch der griechischen Privatalterthümer*, p. 64 *sqq*. Mahaffy, *Social Life in Greece*, p. 53.

⑦ Dickinson, *Greek View of Life*, p. 161. Döllinger, *The Gentile and the Jew*, ii. 234. 'State of Female Society in Greece,' in *Quarterly Review*, xxii. 172 *sqq*.

昂贵的代价买来的——为了共同生活和生育子女的缘故，再也没有比这些事情更重要、更神圣的了。”[①]普鲁塔克也认为，丈夫应该支配妻子——但应通过同情心和善意支配妻子，正如灵魂支配肉体，而不能像主人支配奴隶那样。[②] 经妻子建议或请求，法律可把丈夫所做的任何事判为无效，而妻子本人不能依自身喜好做重要交易，不能随意处置超过一蒲式耳大麦价值的东西。[③] 不管希腊丈夫的权力有多大，这种权力都不是无限的。在雅典，若妻子受到丈夫虐待，可以要求离婚，此时她只需要向执政官表明自己的愿望即可。[④]

在古罗马，丈夫对女儿的权力通常——尽管并非总是如此[⑤]——通过婚姻移交给丈夫。[⑥] 妇女通过婚姻就处于丈夫的监护之下，作为妻子她就处于女儿地位（*filia loco*）——在法律上，她成了她丈夫的女儿。[⑦] 罗马的父亲对子女有合法的生杀予夺之权，丈夫自然就对妻子拥有同样的权力。但是，我们不能因为她丧失了所有合法权利就推断她受到了轻慢。相反，她通常在家里受 653
尊重、有影响、地位较高；[⑧]尽管丈夫可以随意休掉妻子，但据说罗

---

① Aristotle, *Œconomica*, i. 7. *Cf*. *Idem*, *De animalibus historia*, ix. i. 2 *sqq*.

② Plutarch, *Conjugalia præcepta*, 33.

③ Isaeus, *Oratio de Aristarchi heredilate*, 10, p. 259. Döllinger, *op. cit*. ii. 234.

④ Glasson, *Le mariage civil et le divorce*, p. 152 *sq*. Meier and Schömann, *Der attische Process*, p. 512.

⑤ Rossbach, *Römische Ehe*, p. 64. Maine, *Ancient Law*, p. 155.

⑥ 或者确切地说，如果丈夫的父亲还活着，就移交给丈夫的父亲（Rossbach, *op. cit*. p. 11）。

⑦ Leist, *Alt-arisches Jus Civile*, i. 175. Maine, *op. cit*. p. 155.

⑧ Rossbach, *op. cit*. pp. 36, 117.

马建城520年内没发生过一次离婚。[①] 正如布莱斯先生指出的那样,法律固然给予丈夫宽泛的权力,"在现实生活中这些夫权却被局限在狭窄的范围内,这里不仅夫妻感情发挥制约作用,相对较小的共同体内的大众舆论也起到了警戒作用"。[②] 逐渐地,帝国内丈夫支配妻子的婚姻形式逐渐被废弃了,丈夫不对妻子发号施令的婚姻则取而代之。结果,丈夫对妻子几乎没有什么权威,妻子婚后转由丈夫支配的局面销声匿迹了,她仍然受父亲的掌控;而正如我们已经看到的那样,后来的法律倾向于完全废除父权,于是她实际上就变得更独立了。[③]

然而,给予已婚妇女如此显著的自由,只是欧洲家庭史上短暂的篇章。基督教从一开始就倾向于限制妇女的自由。信仰基督教的罗马皇帝制定的宪法影响了最后一部罗马法。这部法律就带有反对大安东尼时期法学家——他们把两性平等当作他们平权法案的一项原则——自由学说的印记。[④] 而这种倾向在很大程度上为条顿习俗、法律所支持。在条顿人中,丈夫对妻子的权威一如父亲对未嫁女儿的权威。[⑤] 在特定情形下,这种权威赋予丈夫杀死、卖

---

① Valerius Maximus, ii 1 (*De matrimoniorum ritu*), 4. Aulus Gellius, *Noctes Atticæ*, iv. 3.1.

② Bryce, *Studies in History and Jurisprudence*, ii. 389.

③ Rossbach, *op. cit.* pp. 30, 42. Maine, *op. cit.* p. 155 *sq.* Friedlaender, *Darstellungen aus der Sittengeschichte Roms*, i. 252 *sqq.*

④ Maine, *op. cit.* pp. 154, 156.

⑤ Brunner, *Deutsche Rechtsgeschichte*, i. 75. Stemann, *Den danske Retshistorie indtil Christian V.'s Lov*, p. 323.

掉、休弃妻子的权利，[①]这无疑远远超出了教会所赞成的范围，因 654
而教会就帮助改善条顿国家的妇女地位。但与此同时，教会总体说来要为妇女个人自由以及财产问题上受到的严重限制负责，而直至近些时候妇女还因此受苦。亨利·梅因爵士说："对已婚妇女极不宽容的诸项制度，总是一成不变地因袭教会法，唯教会法是从，或者说这些制度因为与欧洲文明接触得晚而从未剔除自己的古代气息。"[②]

基督教吩咐丈夫要像爱自己的身体那样爱自己的妻子，[③]像尊重弱者那样尊重妻子。[④] 然而，"男人不属于女人；而女人属于男人。男人不是为女人而创生的，而女人是为男人而创生的。因此男人应该支配女人。"[⑤]丈夫是妻子的头脑，正如基督是教会的头脑；因而，"一如教会臣服于基督，妻子在每一件事上也应臣服于丈夫"。[⑥] 我们不好夸大某项教义所施加的影响——这种教义如此合乎男人的自私之心，很容易作为一种神圣武器反对拓展已婚女性权利的几乎所有努力，而圣保罗的上述名言就是如此。在一篇论及早期基督徒中妇女地位的文章里，唐纳森校长写道："我无法看到，在头三个世纪里基督教做了什么积极努力来提高妇女地位，恰恰相反，基督教倾向于贬低妇女的品格并限制她们

① Grimm, *Deutsche Rechts Alterthümer*, p. 450 *sq*. Brunner, *op. cit*. i. 75. Schröder, *Lehrbuch der deutschen Rechtsgeschichte*, p. 303.

② Maine, *op. cit*. p. 159.

③ *Ephesians*, v. 28.

④ 1 *Peter*, iii. 7.

⑤ 1 *Corinthians*, xi. 8 *sqq*. *Cf*. 1 *Timothy*, ii. 11 *sqq*.

⑥ *Ephesians*, v. 23 *sq*.

的活动范围。”[①]而在较晚近的时期，正统基督教一直在反对罗马
655 异教徒发起并不断获得越来越多开明男女支持的这项学说——婚姻应该是夫妻之间基于完全平等的一项契约。

世界各地各族群中已婚妇女的地位因环境和条件千差万别而变化多端，我们在这里不可能一一列举这些条件。这里，我们只考虑其中最重要的因素。

有这么一个假说——妇女的社会地位与追溯血统继嗣的制度相联系。首先我要就此说几句。斯坦梅茨博士试图表明，大体说来，与只通过母亲计算亲属关系的族群相比，在通过父亲计算亲属关系的族群中，丈夫对妻子的权威更大。[②] 但是，斯坦梅茨博士考察的个案太少了，不足以得出什么一般性结论；而且，关于丈夫权利的说法通常含混不清且残缺不全，因此我认为，即便调查到大量的经验事实材料，也难以找到验证这些说法的证据。其次，在同一族群内部，父系继嗣制和母系继嗣制常常纠缠在一起，以至对于血统继嗣制，可称之为父系继嗣，亦可称之为母系继嗣[③]——斯坦梅茨博士在尝试用统计方法处理继嗣问题的时候，一定注意到了这个困难。再者，统计方法一般存在弱点，即存在选择民族志单位的问题——我已在别的地方探讨了这一点。[④] 例如，澳大利亚的各

① Donaldson, 'Position of Women among the Early Christians,' in *Contemporary Review*, lvi. 433.

② Steinmetz, *Ethnologische Studien zur ersten Entwicklung der Strafe*; ii. ch. 7.

③ *Cf.* Westermarck, *op. cit.* p. 99 *sqq.*

④ Idem, 'Méthode pour la recherche des institutions préhistoriques à propos d'un ouvrage du professeur Kohler,' in *Revue internationale de Sociologie*, v. 451.

个部落千差万别，我们该如何处理呢？一定不能一股脑儿把它们算作一个单位；须知，其中有些部落盛行母系继嗣制，其他部落则盛行父系继嗣制。这样一来，我们就得把每个部落本身都算作一 656 个单位吗？如果不这样，我们应该把这些部落划分为多少个群体呢？我的方法是，把属于同一种族、处于同样的文明阶段、生活在同一区域、生活条件也相似，但计算亲属关系的方法不同的群体两两比较。我发现，是按父系还是母系计算亲属关系并不能显著影响丈夫的权威。澳大利亚的情况就是如此。而且，就我所知，印度许多原住民部落盛行父系制度，但同时妻子也有很大权利，甚至是非同一般的权利。在西非黑人中，在诸如实行男性继嗣制度的伊博人部落，妇女的地位并不比只实行女性继嗣制度的部落低；[①]关于实行父子继嗣制度的富拉人，[②]温伍德·瑞德先生讲，那里的妇女"是非洲最专横的"，她们"知道怎么让丈夫拜倒在她们的石榴裙下，怎么把小脚踏在他们身上"。[③] 但是我们有理由相信，男人婚后离家与妻子住在岳父家或岳父所在社群，他对妻子的权威通常或多或少会由于她父亲或亲属而受到削弱。[④] 在苏门答腊，按照称作阿木贝阿纳克（*ambel anak*）的婚姻模式，男子在岳父处生活，他与岳父的关系就介于父子关系与债权人-债务人

① Ratzel，*op. cit.* iii. 124.

② Waitz，*op. cit.* ii. 469.

③ Reade，*Savage Africa*，p. 452.

④ See Mazzarella，*La condizione giuridica del marito nella famiglia matriarcale*，*passim*；Grosse，*Die Formen der Familie*，p. 76；Wilkes，*U. S. Exploring Expedition*，iv. 447 (Spokane Indians). 马扎雷拉博士根据有限的几个案例推断丈夫完全臣服于岳父，不过，这类臣服在实际生活中并不存在。

关系之间。[1] 但要注意,虽然丈夫在妻子家生活,依赖于岳父,但
不一定意味着他在婚姻中毫无权力。在加利福尼亚尤库特人中,
657 就算丈夫在妻子家或岳父家居住,人们也明确地说他对她有生杀
予夺之权。[2] 在托雷斯海峡西部群岛也是如此,尽管婚后男人离开自己家人与妻子的家人一起居住,他对她拥有完全的支配权。“尽管是妻子请求丈夫娶她的,如果她在家里惹了麻烦,他还是可以杀了她,而不受任何刑罚。丈夫支付妻子父亲的聘礼赋予了他对她的所有权利,同时废除掉了她的父亲或家族对她的权利。”[3]

首先,妻子臣服于丈夫,这是由于男人天性就想行使权力;另外一个因由是,在个人自立不可或缺的身心素质方面,妇女天生劣于男性。一般说来,男人的力量比女人大,也更勇敢。因此,他们不仅是妻子的保护者,还是妻子的主人。

性冲动本身就包含着促成男性统治和女性屈服的成分。在求爱期间,动物与人一样,雄性较为主动,雌性较为被动。在交配季节,甚至最胆怯的动物种类都为了争夺雌性进行你死我活的搏斗,而毫无疑问,我们的人类先祖同样也要为了争夺妻子而搏斗;就是到了现在,这种求爱形式在蒙昧人那里也并非罕见。[4] 再者,一般说来雄性追求并试图捕获雌性,而她稍作抵抗之后,最后就向他投降了。于是雄性的性冲动就与赢得雌性的欲望相联系,雌性的性

---

① Marsden, *History of Sumatra*, p. 262.

② Towers, *Tribes of California*, p. 382.

③ Haddon, *Head-Hunters*, p. 160 *sq*.

④ Westermarck, *op. cit*. p. 159 *sqq*.

冲动就与被追求以及被雄性追求到的欲望相联系。因而雌性会从
本能上欣赏雄性力量、男性气概；多数妇女都是如此，蒙昧种族的 658
妇女更是如此——她们像低等的脊椎动物那样，通常优先选择“最有活力、最有攻击性、最勇敢的雄性”。[①] 甚至在男性与女性对抗的时候，妇女也欣赏这种男性力量的展示。据说，在下层斯拉夫人中，妻子不挨丈夫一顿打，心里就不好受；在匈牙利的某些地方，农妇如果不先挨上丈夫的一记耳光，就不会认为丈夫爱自己。在意大利的卡莫拉帮会中，丈夫不打老婆，老婆就会把丈夫看成傻瓜。[②] 有位妇女看鲁本斯的油画《萨宾妇女被劫》时，说：“我想萨宾妇女乐意那样被人劫持。”哈夫洛克·霭理士博士认为，大多数妇女都会这么讲。[③] 这位明智的性心理学研究者还讲：“或许能发现，男人有给自己心爱的女人造成痛苦或假想痛苦的倾向，而在女人那里，我们更容易发现，女人乐于受到爱人的肉体伤害，渴望臣服于他的意志。这样的倾向肯定是正常的。在年轻女人私密的春梦里，常常流露出这种热望——把自己完全交给爱人，听凭他身体的力量和心灵的机智，完全丢掉自我，放弃自己的意志，对他的强悍心悦诚服。”[④]

尽管一定程度的顺服属于女性之爱的正常范围，“女人可能幻想被强迫，被粗暴，幻想不由自主地被劫掠”，但她想要的始终只是

---

① Westermarck, *op. cit.* p. 255 *sq.*

② Havelock Ellis, *Studies in the Psychology of Sex*, ‘Analysis of the Sexual Impulse,’ &c. p. 66 *sq.*

③ *Ibid.* p. 75.

④ *Ibid.* p. 74.

那些在本质上令她开心的事。[①] 如果男性的支配超过了这个限
659 制，女人就不乐意了，她会感受到如担重负、不胜其烦，就会抵制男人施加的强迫。无论如何，在男人欺压女人的极端情形下，社群总体上会同情她，公众对欺压者的憎恶经过长久积累，就逐渐形成了限制丈夫权利的习俗和法律。不过很难期望从社群得到完全的公正。男人是公共舆论的引领者，他们有维护自己性别的倾向。另一方面，受侵犯的妇女会指望得到身边姐妹们的支持，妇女团结起来会影响部落习惯，并最终影响习俗的规则。例如在莫尔兹比港的巴布亚人那里，“男人很少打老婆。如果情急之下犯了这个错误，他也不想被人提醒有过这事。别的妇女通常会就此编一首歌，每当看到他时就会唱几句；因为新几内亚人是最怕受嘲弄的，他举手要打老婆的时候，即便老婆是个悍妇，他也要忍字当头。”[②]在西非富拉人中，如果男人休弃了妻子，村里的妇女就会群起而攻之；这些女人之间的关系，“就像教士们之间那样，既相互厌恶也相互保护”。[③] 其次我们也要考虑到，孩子对母亲的情感与尊敬也会给母亲带来实实在在的权力，而习俗、法律对此没有明确规定。例如在东方国家，母亲总是家里的重要人物。孩子害怕父亲但爱母亲，长大以后他们当然乐意保护母亲

① *Ibid*. p. 85.

② Nisbet, *A Colonial Tramp*, ii. 181 *sq*.

③ Reade, *Savage Africa*, p. 452. See also Möller, Pagels, and Gleerup, *op. cit*. i. 171 (Lukungu); Munzinger, *Ostafrikanische Studien*, p. 324 (Beni Arner).

免受粗暴丈夫的伤害。[①]

常有人讲，妇女的地位以及妇女依附丈夫的程度主要受经济条件的影响。霍尔先生就说，妇女地位关乎“物质安逸问题，尤其 660
是食物来源丰富与否的问题……若男人整天因生存必需品匮乏而辛苦劳作，他们自身就成了艰苦的物质条件的奴隶，那么他们的情感就变得麻木不仁、堕落和反常，正如那些遭遇船难而在救生筏上忍受饥饿折磨的人。在这种情形下，受苦受难的自然是社群的弱者，即妇女、儿童、老人、病人。”[②]关于北美印第安人，有人注意到，在那些妇女能帮助部落获取生活资料的地方，男女较为平等，妇女的重要性与她们参与此类劳动的程度成正比；而在那些主要由男性获取生活资料的地方，妇女就被当作负担。因而，在主要靠鱼类和植物根茎生活的部落，妇女能凭借跟男人一样的技能收获这些食物，妇女的处境就特别好；但在靠狩猎等妇女很少参与的方式过活的地方，妇女就是最受压制的。[③] 格罗斯博士也强调，狩猎群体中妇女地位低，游牧部落里也是如此。他说：“妇女不能参与畜牧，不能参加战斗，不拥有任何可以从粗鲁的牧羊人和强盗那里赢得尊重的东西。”[④]另一方面，格罗斯博士又讲，在较低等的农业部

① *Cf*. Burton, *Sindh Revisited*, i. 293; Urquhart, *Spirit of the East*, ii. 265 *sq*.; Doughty, *Arabia Deserta*, i. 239; Westermarck, 'Position of Woman in Early Civilisation,' in *Sociological Papers*, [1.] p. 160.

② Hale, 'Language as a Test of Mental Capacity,' in *Jour. Anthr. Inst*. xxi. 427.

③ Lewis and Clarke, *Travels to the Source of the Missouri River*, p. 441. Waitz, *op. cit*. iii. 343. Bancroft, *Native Races of the Pacific Stales*, i. 242 *sq*.

④ Grosse, *op. cit*. pp. 48, 49, 74, 75, 109 *sqq*.

落,女性的地位常常较高。种地一般交给女人来干,而在主要靠农业过活的族群,种地并非受歧视的职业——游牧部落则歧视农业。
661 这就给予了妇女一定的地位,因为妇女在提供食物方面发挥着重要作用。[①]

上面这些概括无疑有很大的真实性,但它们并不能普遍地或不加修正地适用于任何地方。有些部族主要靠狩猎或畜牧过活,妇女的地位特别高。例子有很多,我们只提一个——万贝里教授注意到,在过游牧生活的卡拉-吉尔吉斯人中,妇女的地位要高于过定居生活、以农业为生的土耳其人。[②] 事实上,这一一般理论——妇女越是没用,就越受压制——是值得怀疑的。通常的说法是,妇女正是因为被迫去做非常苦的活,才被她们野蛮的丈夫所压迫;但妇女干活并不一定会为她们带来权威,从奴隶制上就能明显看出这一点。但同时,盛行于早期文明的这一观念——某一性别绝不能干涉另一性别的事务,特别是在涉及农业这样重要的职业的时候——可能确实会增强从事这一职业者的影响。进一步考虑耕种的土地常常被视作女性劳动者的财产,[③]我们会认识到,很可能至少在某些情形下,从事农业的习惯对女性的一般处境具有正面影响,同时也提高了妇女的家庭地位。

妻子的地位在各个方面都与人们对女性的一般观念相关。通常的妇女形象就是纤细、娇小、柔弱,没有什么高贵品格可言。[④]

① *Ibid*. p. 182.

② Vámbéry, *Das Türkenvolk*, p. 268.

③ Grosse, *op. cit*. p. 159 *sq*.

④ Crawley, *The Mystic Rose*, p. 204 *sq*.

特别是在文化较发达的民族，人们认为妇女在智力和道德上远远低于男性。在希腊历史上，妇女只需服侍和取悦男人，或者生养孩 662
子。也有这种流行的观念——妇女天生就比男人恶毒、嫉妒、争风吃醋、欲壑难平、恶语中伤、污言秽语、水性杨花和品行不检点。[1]柏拉图把妇女跟儿童、仆人归为一类，[2]说在人类所有职业活动里，妇女都低于男人。[3] 欧里庇得斯在《美狄亚》里写道："女人总是无所作为的，但在谋划人间一切罪恶方面却精明狡诈。"[4]按吠陀歌手的说法，"女人的心思难以捉摸、见识短浅"。[5] 对佛教徒来讲，女人乃蛇蝎祸水，魔鬼把她们散布到人间诱惑男人学坏；女人乃各种魅惑力量之源，世人之心为之痴迷而陶醉于身边这狭小的天地。[6] 中国人有句谚语，意思就是：最好的女孩也比不上最差的男孩。[7] 伊斯兰教宣称，女人堕落的总体状况远比男人糟糕。[8] 在伊斯兰传统里，先知讲："在我给男人留下的祸患里，没有什么比女人更能祸害男人了……女人们，行善布施吧，就是你们的金银首饰也要拿来救济穷人，因为你们中的多数在复活日一定会下地狱。"[9]希伯来人把女人讲成是世上罪恶和死亡之源——"罪恶始

① Dickinson, *op. cit.* p. 159. Döllinger, *op. cit.* ii. 234.

② Plato, *Respublica*, iv. 431.

③ *Ibid.* v. 455.

④ Euripides, *Medea*, 406 *sqq.*

⑤ *Rig-Veda*, viii. 33.17.

⑥ Oldenburg, *Buddha*, p. 165. *Cf.* Kern, *Manual of Indian Buddhism*, p. 69.

⑦ Smith, *Proverbs of the Chinese*, p. 265.

⑧ Lane, *Arabian Society*, p. 219. *Cf.* Doughty, *Arabia Deserta*, i. 238.

⑨ Lane-Poole, *Speeches of Mohammad*, pp. 161, 163.

自女人,因为她我们才死去。"[①]这种观念也传入了基督教。圣保罗说:"亚当未受欺骗,但这被欺骗的女人犯了罪。"[②]德尔图良认为,夏娃犯下原罪之后,人类就面临万劫不复的境地,作为女人,应
663 当衣着朴素,以悲悼、内疚和忏悔洗刷原罪之耻。他指控道:"难道你们不知道,你们每一个人都是一个夏娃?上帝对你们这性别的判决今世犹存;你们的罪孽必定也还在。你们是通往魔鬼之门;你是禁树的解封者,是背叛神之律法的第一人;是你说服了那个连魔鬼也不敢侵犯的男人去犯罪。你如此轻易地毁灭了神的形象,人。就是因为你的背叛,连神的儿子都要死去。"[③]6 世纪末,在梅肯理事会,一个主教甚至提出了这个问题——女人是否真的是人?他做出了否定的回答;但与会的多数人认为,《圣经》已证实,女人尽管有各种缺陷,仍属人类成员。[④] 然而,教会的一些神父仍认真地强调,女性只是现世的存在,在复活日所有女人将成为无性的存在。[⑤]

文明的进步扩大了两性之间的鸿沟,对妇女地位产生了不利的影响,因为较高的文化几乎总是属于男人的。再者,宗教,特别是世界上那些较大的宗教,视女性为不洁之人,这也贬抑了女性的地位。女性在月经、怀孕、生产期间,都被认为受到了污染,她身上

① *Ecclesiasticus*, xxv. 24.

② 1 *Timothy*, ii. 14.

③ Tertullian, *De cultu fœminarum*, i. 1 (Migne, *Patrologiæ cursus*, i. 1305). See also Laurent, *Études sur l'histoire de l'humanité*, iv. 113.

④ Gregory of Tours, *Historia Francorum*, viii. 20.

⑤ St. Hilar., *Commentarius in Matthœum*, xxiii. 4 (Migne, *op. cit.* ix. 1045 *sq.*。). St. Basil, *Homilia in Psalmum cxiv*. 5 (Migne, *op. cit.* Ser. Graeca, xxix. 488).

那有害的神秘能量会危及周围的一切。[①] 产生这种观念的原因似乎就在于，人们对所发生的不可思议之事怀有盲目的恐惧，而看到 664
流血，这种恐惧就达到了顶点。[②] 女性发生了这些事时，就不仅被男性所回避，更被神所回避，原因是显然的——与不洁的女人接触会破坏、毁掉他们的神性。事实上，许多宗教认为女人带来的危险如此之大，以至在它们看来，女性不仅在某段时期是污秽的，而且总是污秽的；基于这个理由，就不许她们参加宗教崇拜仪式。

> 在社会群岛，禁止妇女接触献给诸神的所有祭品，以防受到污染。[③] 在美拉尼西亚，妇女一般不得参加宗教仪式。[④] 在西伯利亚的萨满教徒中，妇女"不许崇拜诸神，不敢在住处的火炉前走过，因为他们认为对神来说火是神圣的"。[⑤] 沃古尔

① Ploss-Bartels, *Das Weib*, i. 420 *sqq.*; ii. 10 *sqq.* 402 *sqq.* Frazer, *Golden Bough*, i. 325 *sqq.*; iii. 222 *sqq.* Crawley, *op. cit.* p. 165 *sqq.*; Mathew, *Eaglehawk and Crow*, p. 144 (Australian aborigines), de Rochas, *Nouvelle Caledonie*, p. 283. Mooney, 'Myths of the Cherokee,' in *Ann. Rep. Bur. Ethn.* xix. 469. Sumner, in *Jour. Anthr. Inst.* xxxi. 96 (Jakuts). Georgi, *Russia*, iii. 25 *sq.* (Samoyedes), 245 *sq.* (Shamanists of Siberia generally); &c.

② 涂尔干教授认为，女性神秘力量的起源可溯及包括经血在内的各种原始观念；蒙昧人和野蛮人对任何一种血都怀有相似的情感(La prohibition de l'inceste et ses origines,' in *l'année sociologique*, i. especially p. 48 *sqq.*)。克劳利先生公允地评论道，怀孕期间没有流血现象，此时一般而言妇女成为禁忌；即使男性害怕女性的血液，也几乎无法避免碰到女性的毛发、指甲、她使用过的东西或占用过的地方；针对这个问题，也要考虑女性这边的立场和角度(*op. cit.* p. 212)。

③ Ellis, *Polynesian Researches*, i. 129. *Cf.* Wegener, *Geschichte der christlichen Kirche auf dem Gesellschafts-Archipel*, p. 181.

④ Codrington, *Melanesians*, p. 127.

⑤ Georgi, *op. cit.* iii. 245. *Cf. Ibid.* iii. 25.

妇女一般不得靠近神像或圣地。[①] 沃加克人妇女不得在给恶神鲁德（*lud*）献祭时在场。[②] 在拉普人那里，妇女不得触摸男巫（*noaid*）的鼓；通常也不许参加献祭仪式；甚至不许往行祭场所那个方向看。[③] 在日本的阿伊努人中，“尽管妇女可以准备献给神的祭品，但不可献祭……相应地，妇女决不可祈祷，
665 也不得参与任何宗教仪式”。[④] 在中国，不许妇女到庙宇里祭拜神佛。[⑤]

古代尼加拉瓜人认为，妇女不应该参与庙宇事务，她们在大型圣地的庙宇外被屠杀作祭品；而她们的肉甚至被认为是不洁的，不能给高级教士吃，因而高级教士只吃男人的肉。[⑥] 在墨西哥，尽管妇女也可在庙宇内做一些临时性事务，但整体而言她们被排除在祭祀事务之外，也不得担任高级教士。[⑦]

按照印度教典，“可以认为，妇女与神圣的经文没有半点关系”；[⑧]她们不具有吠陀经文的知识，这一点，“正如谎言本身没任何真实可言一样，是颠扑不破的法则”。[⑨] 尽管根据

① Abercromby, *Pre-and Proto-historic Finns*, i. 181.

② Wichmann, *Tietoja Votjaakkien Mytologiiasta*, p. 17. See also *ibid*. p. 27.

③ von Düben, *Lappland och Lapparne*, p. 276. Friis, *Lappish Mythologi*, p. 147.

④ Howard, *op. cit*. p. 195.

⑤ *Indo-Chinese Gleaner*, iii. 156.

⑥ Bancroft, *op. cit*. iii. 494.

⑦ Clavigero, *History of Mexico*, i. 274 *sq*.

⑧ *Baudhâyana*, i. 5.11.7.

⑨ *Laws of Manu*, ix. 18. *Cf*. *Ibid*. ii. 66; iii. 121.

《摩奴法典》里提到的一条法令，夫妻应一起参与宗教仪式，[①]但在现在的印度教徒中，夫妻并不共同参与宗教生活；妇女不许背诵吠陀，也不能参加早晚的桑德亚(Sandhyā)仪式。[②] 如果妇女、狗或首陀罗触到了神像，它的神性就毁掉了，敬神仪式就要重新来一遍。若土制的神像这样给弄脏了，就要丢掉。如妇女要在神像前祭拜，就得与神像保持适当距离以示恭敬。[③]

伊斯兰教主要是男人的宗教。尽管穆罕默德并不禁止妇女参加清真寺里的公共祈祷，他还是宣布，妇女最好私下祈祷，因为妇女在场就会激发男人异样的热情，而这个地方本来是男性穆斯林虔心敬拜神明的地方。[④] 伊斯兰教的很多崇拜仪式都绝对排斥妇女参加，如果她们斗胆现身，只要有男性在，她们无论如何都不受欢迎。[⑤]

在基督教欧洲，随着禁欲观念的进步，妇女可以在教堂里与男子保持距离地站着或坐着，也可以经由单独的入口进教堂。[⑥] 她们不得做圣事，不得担任神职。在早期教会里，确实 666
也有“女执事”及神职“寡妇”，不过她们只做教会内低层次、无关紧要的事；[⑦]而就是这样地位并不算高的职位也只向处女

① *Ibid*. ix. 96.

② Monier Williams, *Brähmanism and Hindūism*, p. 398.

③ Ward, *View of the History*, &c., *of the Hindoos*, ii. 13, 36.

④ Lane, *Manners and Customs of the Modern Egyptians*, p. 94.

⑤ Pool, *Studies in Mohammedanism*, p. 39 *sq*.

⑥ Donaldson, in *Contemporary Review*, lvi. 438.

⑦ Zscharnack, *Der Dienst der Frau in den ersten Jahrhunderten der christlichen Kirche*, p. 99 *sqq*. Robinson, *Ministry of Deaconesses*, *passim*.

或年纪大的寡妇开放。[①] 如有需要,一般信徒就可以主持洗礼仪式,但妇女似乎绝不可以做此类事。[②] 按照使徒规则及以后的规矩,妇女也不可在教堂里当众布道;[③]有些异教徒允许此类事情发生,这种做法就受到严厉指责。德尔图良指控道:"异教徒妇女胡闹!她们竟敢讲道、辩论、施魔法、允诺救人,甚至还行洗礼!"[④]6世纪末在欧塞尔举行的一次会议禁止妇女裸手接受圣餐;[⑤]有些经文还要求,在众徒参加宗教仪式时,妇女不得靠近圣坛。[⑥] 中世纪教会如此反对妇女参与圣事,以至毫不犹豫地为自己配置了阉人,这样一来就让大教堂的唱诗班拥有了本来只有女人才可充当的女高音。[⑦]

但这一观念——妇女或是暂时性的或是永久性的不洁,妇女是带有超自然能量的神秘人物——不仅是妇女受贬抑的原因,也使妇女有了对丈夫的隐秘力量,而此力量可能是很大的力量。在我与摩洛哥乡下人一起生活的时候,无论在阿拉伯人还是柏柏尔

① *Ibid*. pp. 113,114,125.

② Bingham, *Works*, iv. 45. Zscharnack, *op. cit*. p. 93.

③ Bingham, *op. cit*. v. 107 *sqq*. Zscharnack, *op. cit*. p. 73 *sqq*.

④ Tertullian, *De præscriptionibus adversus hæreticos*, 41 (Migne, *op. cit*. ii. 56), *Cf*. Tertullian, *De baptismo*, 17 (Migne, *op. cit*, i. 1219).

⑤ *Concilium Autisiodorense*, A. D. 578, can. 36 (Labbe-Mansi, *Sacrorum Conciliorum collectio*, ix. 915).

⑥ *Canones Concilii Laodiceni*, 44 (Labbe-Mansi, *op. cit*. ii. 581,589). 'Epitome canonum, quam Hadrianus I. Carolo Magno obtulit, A. D. DCCLXXIII.,' in Labbe-Mansi, *op. cit*. xii. 868. *Canons enacted under King Edgar*, 44 (*Ancient Laws and Institutes of England*, p. 399).

⑦ *Cf*. Gage, *Woman, Church and State*, p. 57.

人那里，妇女给男人造成的盲目恐惧都给我留下了深刻的印象。人们认为，妇女更精通法术，她们也有很好的机会危害丈夫，因为 667
给丈夫做饭时，她们可以轻易对食物施法。例如，妻子只要把驴子耳朵切掉一块，放到丈夫的食物里就可以了。会发生什么呢？吃了这一小块驴耳朵，丈夫在与妻子的关系中，会变得像一只驴；妻子讲什么，他就做什么，妻子就成了一家之长。我也认为，男人故意不教女人如何祈祷，这样就不致增强她们的超自然力。[①] 在阿拉伯沙漠里，男人也同样害怕女人，她们“偷偷摸摸给你放魔药，给你喝催眠饮料”。[②] 在达荷美，“若妻子神魂附体，丈夫不可斥责或干预妻子；他们也相信，就是在其他时候，若丈夫对妻子棍棒相加，也会使自己陷入危险”。[③] 妇女，特别是老年妇女，经常被视作施展法术的能手。[④] 在古代阿拉伯人[⑤]、巴比伦人[⑥]、秘鲁人[⑦]那里，

① 据说在日本阿伊努人中，女性不许祈祷，这不仅与先祖的习俗相一致，也因为男人害怕女人的祈祷，特别是害怕妻子的祈祷。一个老年人对巴彻勒先生说：“本来女人、男人都可祭拜神灵，参加各种宗教活动；但我们明智、受尊重的先祖禁止妇女祈祷，因为他们认为，妇女会以祈祷对付男人，特别是她们的丈夫。所以我们跟我们的祖先一样认为，最好不让她们祈祷。”（Batchelor, *Ainu and their Folk-Lore*, p. 550 *sq.*。Howard, *op. cit.* p. 195）在散塔尔人中，男人小心翼翼不让妻子知道家神的名字，唯恐她们从神灵那里获得不应得的影响，成为女巫，从而“当家庭失去家神的保护时，她就可以毁掉这个家而不受任何惩罚”（Risley, *Tribes and Castes of Bengal, Ethnographic Glossary*, ii. 232）。

② Doughty, *Arabia Deserta*, ii. 384.

③ Burton, *Mission to Gelele*, ii. 155.

④ Ploss-Kartels, *op. cit.* ii. 664, 666 *sqq.* Mason, *op. cit.* p. 255 *sqq.* Landtman, *Origin of Priesthood*, p. 198 *sq.* Angas, *Savage Life and Scenes in Australia and New Zealand*, i. 317 (Maoris). Connolly, 'Social Life in Fanti-land,' in *Jour. Anthr. Inst.* xxvi. 150.

⑤ Wellhausen, *Reste arabischen Heidentums*, p. 159.

⑥ Jastrow, *Religion of Babylonia*, pp. 267, 342.

⑦ Garcilasso de la Vega, *First Part of the Royal Commentaries of the Yncas*, i. 60.

一如中世纪及之后的欧洲人,我们都更容易发现女巫而不是男巫。在南西伯利亚的托木斯克一带,当地的女巫要远远多于男巫;[1]在
668 加利福尼亚的沙斯蒂卡人中,所有或几乎所有萨满巫医都是妇女。[2] 人们也很害怕妇女的诅咒。在摩洛哥,人们认为,相比被穆罕默德的男性后裔诅咒,被穆罕默德的女性后裔诅咒是更大的灾祸。根据《塔木德》,妻子发火会毁掉家;[3]但另一方面,正是通过妇女,神的赐福才传到家里。[4]《摩奴法典》里写道:“父亲、弟兄、丈夫、丈夫的弟兄们若要自己过得好,就要尊重妇女。在妇女受尊重的地方,诸神欢喜;若妇女不受尊重,则敬神仪式毫无效果。若女性亲属生活在愁苦中,家庭很快就会衰灭;而妇女幸福快乐的家庭则会昌盛。若家中妇女未受应有尊重,她们诅咒家庭,家庭就会完全毁灭,正如被法术所毁。因而,男人要自己过得好,就要总是敬重妇女,在节假日要送妇女首饰、衣服和美味的食物作为礼物。”[5]盖尔人有句谚语——“邪恶的妇女会实现自己的愿望,尽管她的灵魂无法得到拯救。”[6]人们相信妇女具有法力,人们还特别相信妇女的诅咒具有很大效能;我认为,与此信仰密切相关的就是妇女可以充当避难所的习俗。[7] 在摩洛哥的一些部落,特别是在

---

① Kostroff,转引自:Landtman,*op. cit.* p. 199。

② Powers,*Tribes of California*,p. 246.

③ *Sota*,fol. 3 B,转引自:Katz,*Der wahre Talmudjude*,p. 110 *sq*。

④ *Baba Meziah*, fol. 59 A,转引自:*ibid*,p. 112。Deutsch,*Literary Remains*,p. 56。

⑤ *Laws of Manu*,iii. 55 *sqq*.

⑥ Carmichael,*Carmina Gadelica*,ii. 317.

⑦ 关于此种习俗的事例,见:‘Andree, Die Asyle,’ in *Globus*,xxxviii. 302;Bachofen,*Das Mutterrecht*,p. 420 (Basques)。

柏柏尔人和吉巴拉人那里，一个人在某妇女处避难，触摸了她，就可避免受别人的迫害。在平原地区的阿拉伯人中，这一习俗正在消亡，很可能是因为他们臣服于苏丹的统治；但在亚洲某些贝都因人那里，即萨马尔部落那里，“妇女能保护任意数量的人，甚至能保护帐篷”。[①] 在切尔克斯人中，“一个生人，即使他是敌人，或杀了 669
一个亲戚，只要他把自己交给一个妇女保护，或者能用嘴触到某个已婚妇女的乳房，他就会被人当作血亲而受到饶恕、保护”。[②] 比戈尔地区巴里吉斯公社的居民直到近来还保有一个古老习俗——若一罪犯向某妇女寻求保护，就赦免他。[③]

许多文化认可已婚妇女应服从丈夫，我们还要提及使得妇女服从丈夫的另一因素。我们已经注意到，在古代文明中，父亲对自己的孩子具有无限的权力，国家削弱甚至摧毁了氏族纽带，却加强了家庭纽带，社会把以前属于氏族的某部分权力给予了父亲。[④] 这个过程必定也影响到了已婚妇女的地位。丈夫对自己妻子的权力与父亲对自己女儿的权力是密切相关的；因为，父亲把女儿嫁出去，一般而言他也就把自己从前对女儿拥有的父权转移给了女儿的丈夫。

另一方面，我们发现，在现代文明里，随着父亲权力的衰微，丈夫对妻子的权威也变得衰微了。但促成妇女逐步解放的原因多种

① Layard, *Discoveries in the Ruins of Nineveh and Babylon*, p. 318.

② Pallas, *Travels through the Southern Provinces of the Russian Empire*, i. 404.

③ Fischer, *Bergreisen*, i. 60.

④ 见第二十五章，尤其是第 627 页及以下。

多样。生活变得更加复杂了;妇女的职业范围变得更为更宽广;妇女的影响也已相应扩大,从家庭扩大到公共生活。她们日益广泛的兴趣爱好有助于改变她们的臣服状态——她们性别的最初特征。她们受到了更多更好的教育,这使她们更受尊重,也增强了她们的独立性。最后,陈旧的宗教观念施加的影响很可能就是妻子臣服于丈夫的最顽固原因,但这种影响日趋衰微,也就意味着此原因正在消失。

第二十七章　奴隶制 670

本质上，奴隶制是一种产业制度。它意味着强迫劳动超出了家庭关系的底线，奴隶主有权享受奴隶的劳动成果，却无须征求奴隶的同意。我认为，这就是奴隶制的本质所在。但是，与这一权利相关，还存在其他一些几乎没有得到严格界定的权利，在有些情况下，这些权利属于奴隶主，但事情并不总是如此。奴隶主有权要求奴隶服从，他甚至还可以通过程度不一的严厉措施加强这种服从。

但是，他的权威并非绝对，它亦有所限制，尽管这种限制各地不尽相同。按照奴隶制的最常见定义，“奴隶是其主人的财产”。[①] 不过，这种定义欠准确。事实上，对无生命的财产，所有权并不允许所有者为所欲为地任意处置。个人的确可以拥有财物，但法律也严禁个人肆意毁坏。当然，我们也应该看到，尽管所有权有所受限，事实却毫无例外地表明，只有物主才有权处置他的私产。奴隶主处置奴隶的权利并非排除其他可能，习俗、法律赋予了奴隶很多 671
自由。他们的景况与其他任何一件财产的遭遇都迥然不同。在此情况下，奴隶制的主要特点乃是奴隶为其主人从事强制性劳动。

---

① Nieboer, *Slavery as an Industrial System*, p. 4 *sqq*. 尼布尔博士本人是这样界定奴隶制的：“奴隶制是这样一个事实，即一个人是另外一个人的财产或所有物，这种财物有别于家庭所有物。”(*ibid*. p. 29)

诸如卖身为奴的自愿奴隶只不过是奴隶制真相的写照而已。那个通过契约把自己的自由转交给他人支配的人,就定期或永久地把奴隶主对奴隶的支配权安排妥了。如果奴隶制是严格依照双方当事人所签订的契约行事,我就辨不清仆人与奴隶之间到底有什么差别了。

最近,尼布尔博士对奴隶制在蒙昧部族中的分布及其缘由做了细致入微的考察。他的研究表明,奴隶制仅仅拘囿于大洋洲的部分岛屿。澳大利亚并不存在奴隶制。但在马来群岛,奴隶制却广泛流行。奴隶制在印度和印度支那半岛的土著部落十分普遍,在中亚、西伯利亚原始部落(坎查岱人除外)却难觅其踪。在北美,从白令海峡到加利福尼亚北部边界的整个太平洋海岸,奴隶制都曾存在过,除此以外的地区对这种制度则毫无所知。在中南美洲,至少可以零星地发现奴隶制的一些例子;如果我们对南美洲印第安人的了解不那么零散肤浅的话,我们还可以找到更多例子。而非洲的蒙昧人中,只有一两个地方找不到奴隶制存在的确切证据。在几内亚、下几内亚以及刚果周边地区,这种制度曾大范围存在。[①]

奴隶制只能存在于大量需要劳动力,或者周围环境非常适合
672 它生存的地方。某个部落是否实行奴隶制主要取决于该部落的生存方式。狩猎部落基本不存在此种制度。经过观察和研究,斯宾塞先生认为:“在没有工业生产活动的地区,奴隶几乎毫无用处。在狩猎所获甚少的地区,奴隶的价值甚至不如他们所吃的食物。”

① Nieboer, *op. cit.* p. 47 *sqq.*

这种观点是站得住脚的。[①] 更何况，必须从其他民族和部落才能获取奴隶。对为了寻觅猎物四处奔波的猎手而言，根本不可能防止奴隶的逃亡；如果奴隶也从事觅猎，奴隶外逃的情况更难以控制。一般来说，狩猎部落规模比较小。[②] 对这种较小的狩猎社会来说，要保留来自其他部落的奴隶甚至是相当危险的。[③] 另一方面，渔业部落的奴隶制显得相当普遍。这种制度在靠近太平洋海岸的美洲西北部居民的生活中扮演着特别重要的角色。这些部落物产丰富，食物充足，人口众多。他们群体规模很大，过着定居生活，而且贸易、工业均得到较好的发展。结果，在他们看来，奴隶的服务是有用的；同时，奴隶也极少有逃亡的机会。[④]

尼布尔博士所列举的畜牧部落中，仅有二分之一蓄养奴隶；而且，这二分之一的部落中，有些是把蓄养奴隶作为一件奢侈品。对畜牧部落而言，奴隶的劳动无足轻重。畜牧部落的生计更多取决于资本而不是奴隶，需要奴隶干的活并不多，也很容易完成。正如尼布尔所观察的那样，“在以饲养牲畜为生的部落里，没有牲畜就没有资本，也就没有生存的手段”。于是我们发现，畜牧部落存在着明显的贫富差异：贫困者靠为富有者提供劳动力为生。[⑤] 因此，
畜牧部落没有蓄奴的强烈动机，但也没有理由阻止他们雇佣奴隶。673
也就是说，在奴隶制问题上，这些畜牧部落保持着一种微妙的平衡

① Spencer, *Principles of Sociology*, iii. 459.

② Westermavck, *History of Human Marriage*, p. 43 *sqq*. Hildebrand, *Recht und Sitte*, p. 1 *sqq*.

③ Nieboer, *op. cit*. p. 191 *sqq*.

④ *Ibid*. p. 199 *sqq*.

⑤ See also Hildebrand, *op. cit*. p. 38 *sq*.

状态。在任何一方哪怕多了个很小的理由都能改变这种平衡。理由之一是奴隶贸易,理由之二则是与低等种族相邻而居;所有保留奴隶的畜牧部落所在区域都长期而广泛地存在过奴隶贸易。奴隶通常是从奴隶贩子手中购买的,而且这些奴隶在某些情况下原本属于邻近的劣等种族。[1]

在农业社会,奴隶制的盛行更是广泛。与食物来源仍然主要依靠打鱼和狩猎的早期社会相比,这种制度在以农业为本的部落甚是普遍。在农业社会早期,由于生存并不依赖资本,生活资料也很容易获取,没有人自愿为他人所驱使。白芝浩先生认为:"新社会的所有自由人都是很平等的,人人都劳动,人人都有土地;至少在农业社会,资本并无作用,它不能雇佣劳动力,劳作者都是为自己干活。"[2]在这种社会,某人如果要求他人为自己劳动,那么他必须强迫别人这样做,也就是把别人变成自己的奴隶。在大多数蒙昧社会,到处都是肥沃的土地,要耕种粮食满足实有人口的需要绰绰有余,这些地方都存在上述类型的事实。然而,这一点也并非放之四海而皆准。在那些任何一块适合耕作的土地都被人占有的地方,一个没有一点耕地的人离开了地主连基本生活都难以保障;因此,有的是自由劳动力,并不需要奴隶,奴隶制也不可能存在。即使是在没有贫困人口、人人都拥有一份国家资源的地方,使用奴隶也不会产生太大的效用;由于个人拥有有限的资本或有限的
674 土地,他就算雇佣人劳动,也只能雇佣很有限的劳动力。例如,

① Nieboer, *op. cit.* p. 261 *sqq.*

② Bagehot, *Physics and Politics*, p. 72.

很多海岛都不实行奴隶制，一个可能的解释是，全部土地都已经被侵占了，这种情景并不适宜实行奴隶制，自然也就不存在这种社会体制。[①]

以上乃是尼布尔博士通过令人钦佩的苦心钻研得出的主要结论。我认为，他的大多数结论毫无疑问是正确的。然而，我认为尼布尔博士过分强调了经济因素对奴隶制的影响，而忽略了其他因素的作用。奴隶制在野蛮部落的盛行与否及其实行程度如何，还取决于部落从外部社会获取奴隶的能力，取决于它自身社会把内部成员变成奴隶的意愿。由于没有奴隶来源，尽管拥有一定数量的奴隶对原始部落也许是件好事，他们也不可能获得奴隶，这些部落也就不存在奴隶制。只有在非常特殊的情况下，人们才被允许役使自己社群的人为奴。部落内部的奴隶制不仅涉及经济问题，也牵涉道德问题；而是否能够役使部落外部的人为奴隶，则要看能否在部落战争中取胜。

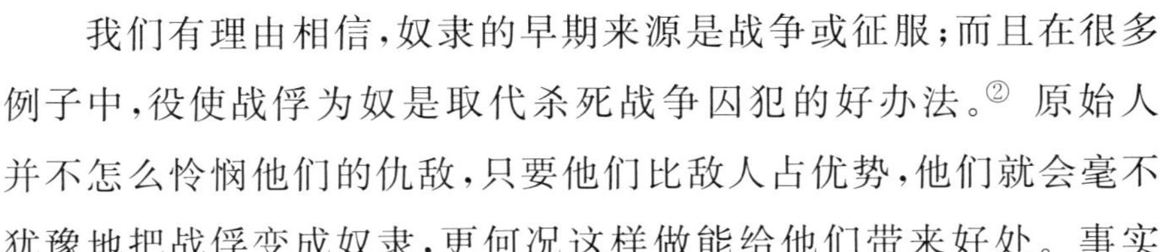

我们有理由相信，奴隶的早期来源是战争或征服；而且在很多例子中，役使战俘为奴是取代杀死战争囚犯的好办法。[②] 原始人并不怎么怜悯他们的仇敌，只要他们比敌人占优势，他们就会毫不犹豫地把战俘变成奴隶，更何况这样做能给他们带来好处。事实

① Nieboer, *op. cit.* pp. 294-347, 420 *sq.*

② *Cf*, Millar, *Origin of the Distinction of Ranks*, p. 245; Jacob, *Historical Inquiry into the Production and Consumption of the Precious Metals*, i. 136; Buckle, *Miscellaneous and Posthumous Works*, iii. 413; Comte, *Cours de philosophie positive*, v. 186 *sqq.*; Cibrario, *Della schiavitù e del servaggio*, i. 16.

675 上,现存的蒙昧部族经常把战争俘虏役使为奴隶。① 俘虏及其后代,连同从外族绑架或购买的人一起,构成了未开化社会奴隶阶级的最重要组成部分。

陌生人的自由几乎很少受到尊重,而按照惯例和风俗,世界各地均禁止驱使同一部落内部的人为奴。只是有时,父亲对子女的权利②、丈夫对妻子的权利都允许前者出卖后者为奴。③ 在很多社

① Rink, *Eskimo Tribes*, p. 28 (Western Eskimo). Petroff, 'Report on Alaska,' in *Tenth Census of the United States*, pp. 152 (Aleuts), 165 (Thlinkets). Richardson, *Arctic Searching Expedition*, i. 412 (Kutchin). Gibbs, 'Tribes of Western Washington and Northwestern Oregon,' in *Contributions to North American Ethnology*, i. 188. Von Martius *Beiträge zur Ethnographic Amerika's*, i. 232 (Guaycurus), 298 (Carajás). Azara, *Voyages dans l'Amérique méridionale*, ii. 109 *sq*. (Mbayas). Lewin, *Hill Tracts of Chittagong*, p. 35. *Idem*, *Wild Races of South-Eastern India*, p. 194 (Toungtha). Modigliani *Viaggio a Nias*, p. 521. Kohler, 'Recht der Papuas auf Neu-Guinea', in *Zeitschr. f. vergl. Rechtswiss.* vii. 370. Williams and Calvert, *Fiji*, p. 25. Polack, *Manners and Customs of the New Zealanders*, ii. 52 ; Hale, *U. S. Exploring Expedition. Vol. VI. Ethnography and Philology*, p. 33 (New Zealanders). Ellis, *History of Madagascar*, i. 192. Andersson, *Lake Ngami*, p. 231; Kohler, in *Zeitschr. f. vergl. Rechtswiss.* xiv. 311 (Herero). Velten, *Sitten und Gebräuche der Suaheli*, p. 305. Baumann, *Usambara*, p. 141 (Wabondei). Felkin, 'Notes on the Waganda Tribe,' in *Proceed. Roy. Soc. Edinburgh*, xiii. 746. Mungo Park, *Travels in the Interior of Africa*, p. 19 (Mandingoes). Rowley, *Africa Unveiled*, p. 176. Tuckey, *Expedition to Explore the River Zaire*, p. 367 (Negroes of Congo). Sarbah, *Fanti Customary Laws*, p. 6. Burton, *Abeokuta*, i. 301. Ellis, *Tshi-speaking Peoples of the Gold Coast*, p. 289. Munzinger, *Ostafrikanische Studien*, p. 309 *sq*. (Beni Amer). Mademba, in Steinmetz, *Rechtsverhältnisse von eingeborenen Völkern in Afrika und Ozeanien*, p. 83 (natives of the Sansanding States). Nicole, *ibid*. p. 118 *sq*. (Diakité-Sarracolese). Tellier, *ibid*. pp. 168, 171 (Kreis Kita of the French Soudan). Beverley, *ibid*. p. 213 (Wagogo). Lang, *ibid*. p. 241 (Washambala). Desoignies, *ibid*. p. 278 (Msalala). Nieboer, *op. cit.* pp. 49, 52, 73-76, 78, 100.

② 见上文第 599 页。

③ 见上文第 629 页及以下。

会，罪犯[①]或资不抵债者有可能被迫成为奴隶。[②]在华盛顿州西部 676

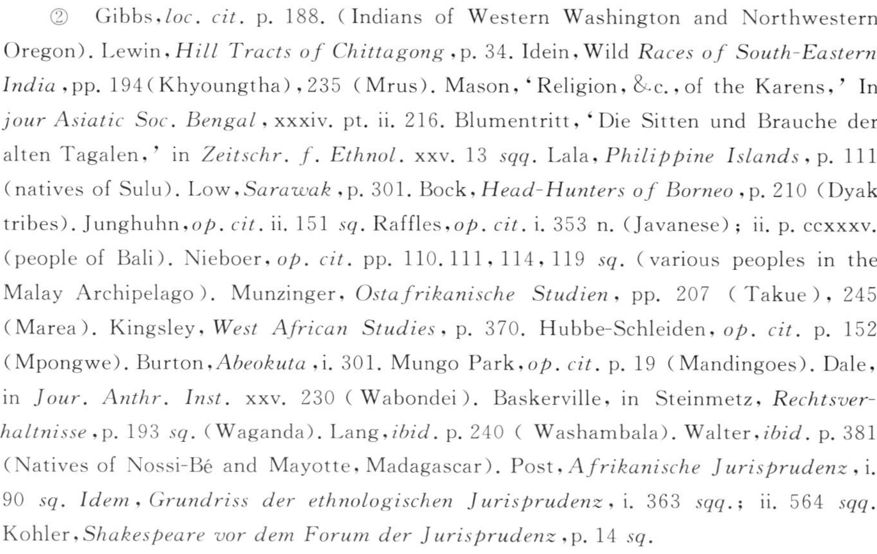

① Butler, *Travels and Adventures in Assam*, p. 94 (Kukis). Mason, 'Dwellings, &c., of the Karens,' in *Jour. Asiatic Soc. Bengal*, xxxvii. pt. ii. p. 146 *sq.*; Smeaton, *Loyal Karens of Burma*, p. 86. Wilken, 'Het strafrecht bij de volken van het maleische ras,' in *Bijdragen tot de taal-land-en volkenkunde van Nederlandsch-Indië*, 1883, Land-en volkenkunde, p. 108 *sq.* Junghuhn, *Die Battaländer auf Sumatra*, ii. 145 *sq.* (Bataks). Raffles, *History of Java*, ii. p. ccxxxv. (people of Bali). Forbes, *A Naturalist's Wanderings in the Eastern Archipelago*, p. 320 (people of Timor-laut). von Rosenberg, *Der malayische Archipel*, p. 166 (Niase). Hickson, *A Naturalist in North Celebes*, p. 194 (Sangirese). Post, *Afrikanische Jurisprudenz*, ii. 87. Paulitschke, *Ethnographie Nordost-Afrikas*, p. 261. Munzinger, *Ostafrikanische Studien*, p. 244 *sq.* (Marea). Petherick, *Travels in Central Africa*, ii. 3 (Shilluk of the White Nile). Bowdich, *Mission to Ashantee*, p. 258 n.* (Fantis). Hübbe-Schleiden, *Ethiopien*, p. 152 (Mpongwe). Burton, *Abeokuta*, i. 301. Tuckey, *op. cit.* p. 367 (Negroes of Congo). Mungo Park, *op. cit.* p. 19 (Mandingoes). Tellier, in Steinmetz, *Rechtsverhältnisse*, p. 171 (Kreis Kita of the French Soudan). Lang, *ibid.* p. 241 (Washambala). Dale, 'Customs of the Natives inhabiting the Bondei Country,' in *Jour. Anthr. Inst.* xxv. 230. Ellis, *History of Madagascar*, i. 193. Velten, *op. cit.* p. 305 *sq.* (Waswahili).

② Gibbs, *loc. cit.* p. 188. (Indians of Western Washington and Northwestern Oregon). Lewin, *Hill Tracts of Chittagong*, p. 34. Idein, Wild *Races of South-Eastern India*, pp. 194 (Khyoungtha), 235 (Mrus). Mason, 'Religion, &c., of the Karens,' In *jour Asiatic Soc. Bengal*, xxxiv. pt. ii. 216. Blumentritt, 'Die Sitten und Brauche der alten Tagalen,' in *Zeitschr. f. Ethnol.* xxv. 13 *sqq.* Lala, *Philippine Islands*, p. 111 (natives of Sulu). Low, *Sarawak*, p. 301. Bock, *Head-Hunters of Borneo*, p. 210 (Dyak tribes). Junghuhn, *op. cit.* ii. 151 *sq.* Raffles, *op. cit.* i. 353 n. (Javanese); ii. p. ccxxxv. (people of Bali). Nieboer, *op. cit.* pp. 110. 111, 114, 119 *sq.* (various peoples in the Malay Archipelago). Munzinger, *Ostafrikanische Studien*, pp. 207 (Takue), 245 (Marea). Kingsley, *West African Studies*, p. 370. Hubbe-Schleiden, *op. cit.* p. 152 (Mpongwe). Burton, *Abeokuta*, i. 301. Mungo Park, *op. cit.* p. 19 (Mandingoes). Dale, in *Jour. Anthr. Inst.* xxv. 230 (Wabondei). Baskerville, in Steinmetz, *Rechtsverhaltnisse*, p. 193 *sq.* (Waganda). Lang, *ibid.* p. 240 (Washambala). Walter, *ibid.* p. 381 (Natives of Nossi-Bé and Mayotte, Madagascar). Post, *Afrikanische Jurisprudenz*, i. 90 *sq.* *Idem*, *Grundriss der ethnologischen Jurisprudenz*, i. 363 *sqq.*; ii. 564 *sqq.* Kohler, *Shakespeare vor dem Forum der Jurisprudenz*, p. 14 *sq.*

和俄勒冈州西北部,如果谁冤枉、伤害了别人而又没能赔偿,他就得做奴隶。[①] 多尔西的巴布亚人的法律规定,谁纵火烧了人家的房子,谁就得和家人一道给受害者当奴隶。[②] 在密克罗尼西亚的莱恩岛人中,低等人如果偷了上层绅士家的食物,就会被判处给后者做奴隶。[③] 有时,一个人会因赤贫而卖身为奴。[④] 但绝大多数部落内部的奴隶是生而为奴的,这源于其双亲的一人或两人是奴隶身份。[⑤]

在描述奴隶制野蛮社会的文献中,奴隶主被认为对奴隶拥有绝对的权力。但仔细考察后发现,即使在这种社会中,习俗和舆论也不允许奴隶主随心所欲地处置奴隶。我们在上文中已经看到,很多案例都明确否认了奴隶主有任意处死奴隶的权利。[⑥] 一个更为普遍的现象是,奴隶主出卖奴隶的权利也有所限制,这有些超乎
677 人们的想象。只有战俘、购买之奴才允许主人随意出卖,在奴隶主家出生的奴隶不能任意买卖。[⑦] 有些案例表明,除非犯罪或行为

① Gibbs, *loc. cit.* p. 188.

② Earl, *Papuans*, p. 83.

③ Tutuila, in *Jour. Polynesian Soc.* i. 268 *sq.*

④ Azara, *op. cit.* ii. 109 (Mbayas). Hale, *op. cit.* p. 96 (Kingsmill Islanders). Burton, *Abeokuta*, i. 301. Andersson, *Lake Ngami*, p. 231 (Plerero). Ellis, *History of Madagascar*, i. 192 *sq.*

⑤ *Cf.* Post, *Afrikanische Jurisprudenz*, i. 89 *sq.*; Mademba, in Steinmetz, *Rechtsverhältnisse*, p. 83 (natives of the Sansanding States); Nicole, *ibid.* p. 119 (Diakité-Sarracitcolese); Baskerville, *ibid.* p. 194 (Waganda); Desoignies, *ibid.* p. 278 (Msalala); Dale, in *Jour. Anthr. Inst.* xxv. 230 (Wabondei); Ellis, *History of Madagascar*, 193.

⑥ 见上文第 422 页及以下。

⑦ Post, *Afrikanische Jurisprudenz*, i. 95 *sqq.*

不端，奴隶尤其是部落内部奴隶一般不能买卖。[①] 在喀麦隆的巴纳卡和巴普库尤，对品行不端的奴隶，奴隶主可以严厉惩罚或赶得远远的，但不能出卖他。[②] 不仅如此，许多案例还表明，主人没有权利享受奴隶的一切劳役和服务，他只能享受其中有限的一部分。在非洲部分地区，奴隶必须在一周内为主人工作几天时间，或规定好给主人工作多少个钟头，工作时间之外他是自由的。[③] 在苏门答腊的巨港高地，奴隶可以经商，他可以为自身利益受雇于他人并出卖劳动力；当他在耕地里干庄稼活时，一半劳动成果归主人，剩下的另一半则归自己。[④] 在允许奴隶拥有个人财产的地区，奴隶可以赎身获得自由，这种情况虽然存在但并不多见，[⑤]更不是普遍现象。[⑥] 通常情况下，因债务而成为奴隶的人还清债务后可以重获自由。[⑦] 法律甚至允许有怨言的奴隶易主。在瓦沙巴拉族，如果奴隶主不能履行对奴隶的义务，奴隶有权向部落首领申诉，如果证明情况属实，部落首领就用一头公牛和两头母牛把奴隶买下来归自

① *Ibid*. i. 96 *sq*. Tellier, in Steinmetz, *Rechtsverhältnisse*, p. 169 (Kreis Kita). Lang, *ibid*. p. 241 (Washambala).

② Steinmetz, *Rechtsverhältnisse*, p. 43.

③ Post, *Afrikanische Jurisprudenz*, i. 101. Mademba, in Steinmetz, *Rechtsverhältnisse*, p.83 (natives of the Sansanding States). Nicole, *ibid*. p. 118 (Diakité Sarracolese). Tellier, *ibid*. p. 169 *sqq*. (Kreis Kita).

④ *Glimpses of the Eastern Archipelago*, p. 106.

⑤ Post, *Afrikanische Jurisprudenz*, i. 111 *sq*.

⑥ *Ibid*. i. 111 *sq*. Tellier, in Steinmetz, *Rechtsverhältnisse*, p. 170 (Kreis Kita). Senfft, *ibid*. p. 442 (Marshall Islanders).

⑦ Post, *Grundriss der ethnologischen Jurisprtidenz*, i. 366. Nieboer, *op. cit*. pp. 38, 432. Nicole, in Steinmetz, *Rechtsverhältnisse*, p. 118 (Diakité Sarracolese). Baskerville, *ibid*. p. 194 (Waganda). Lang, *ibid*. p. 240 *sqq*. (Washambala).

678 己所有。[①] 在有些民族中,奴隶哪怕毁坏别人一点点的财产,或犯下轻微的罪行,就必须转让给那个"受损失的人",从而达到易主的目的。[②] 令人惊讶的是,在许多非洲国家,习俗允许奴隶轻而易举地摆脱残暴而怠慢的主人。[③] 巴雷亚人和巴泽的法律规定,奴隶只要离奴隶主而去就获得了自由。[④] 在东南亚的曼尼普尔人中,如果奴隶从原主那里逃走而选择新主,人们便推测原主肯定虐待了他,逃亡者因此是不会被追究改过的。[⑤]

这样,低等种族的奴隶无论如何不应该被描述成毫无权利的个体。他通常得到主人友善的对待,更常见的情况是,人们把他看成是奴隶主大家庭中地位低下的一个家人。[⑥] 在阿留申人中,奴

① Lang, in Steinmetz, *Rechtsverhältnisse*, p. 242.

② Post, *Afrikanische Jurisprudenz*, i. 102 *sqq*. *Idem*, *Grundriss der ethnologischen Jurisprudenz*, i. 377. Steinmetz, *Rechtsverhältnisse*, p. 168. Pechuel-Loesche, 'Aus dem Leben der Loango-Neger,' in *Globus*, xxxii. 238.

③ See also Post, *Afrikanische Jurisprudenz*, i. 102 *sqq*.; Munzinger, *Ostafrikanische Studien*, p. 309 (Beni Amer); *Idem*, *Die Sitten und das Recht der Bogos*, p. 43.

④ Munzingei, *Ostafrikanische Studien*, p. 484.

⑤ Dalton, *Descriptive Ethnology of Bengal*, p. 51.

⑥ *Ibid*. pp. 51 (Manipuris), 58 (Garos). Lewin, *Hill Tracts of Chittagong*, p. 34 *sq*. *Idem*, *Wild Races of South-Eastern India*, p. 90 (Chittagong Hill tribes). Colquhoun, *Amongst the Shans*, p. 267. Mouhot, *Travels in the Central Parts of Indo-China*, i. 250 (Stiêns). Riedel, *De sluik-en kroesharige rassen tusschen Selebes en Papua*, pp. 194 (Watubela Islanders), 293 (people of Tenimber and Timor-laut), 434 (people of Wetter). Earl, *op. cit*. p. 81 (Papuans of Dorey). New, *Life, Wanderings, and Labours in Eastern Africa*, p. 128 (Wanika). Chanler, *Through Jungle and Desert*, p. 404 (Eastern Africans). Baumann, *Usambara*, p. 141 (Wabondei). Felkin, in *Proceed. Roy. Soc. Edinburgh*, xiii. 746; Baskerville, in Steinmetz, *Rechtsverhältnisse*, p. 194 (Waganda). *Ibid*. p. 43 (Banaka and Bapuku). Mademba, *ibid*. p. 84 (natives of Sansanding States). Nicole, *ibid*. p. 118 (Diakité-Sarracolese). Lang, *ibid*. p. 242 (Washambala). Desoignies, *ibid*. p. 278 (Msalala). Kraft, *ibid*. p. 291 (Wapokomo). Reade, *Savage Africa*, p. 582. Rowley, *Africa Unveiled*, pp. 174, 176. Steinmetz, *Ethnologische Studien zur ersten Entwicklung der Strafe*, i. 313. Nieboer, *op. cit*. pp. 52, 78, 79, 81, 141-143, 305, 439 *sq*.

隶忍受贫穷之苦被视为主人的耻辱。[①] 按照阿萨拉的说法，南美
洲的姆巴亚人“极其爱他们所有的奴隶；他们从来不会飞扬跋扈地 679
对他们发号施令；从来不会惩罚他们；也不会责打他们；也不会卖掉他们，即便他们是战俘……这与欧洲人对待非洲人的方式截然不同！”[②]在西非，“做奴隶并不被视为丢脸，奴隶也不认为低人一等”。[③] 在黄金海岸，当奴隶的有义务随时被遣送到其他地方服侍奴隶主，这虽然是件让奴隶感到不舒心的事，但除此之外，他们的命运通常并不艰难。总体而言，他们的生活要比英格兰的农业劳工好得多。由于奴隶通常被视为家庭成员，在缺少继承人的情况下，土生土长的奴隶甚至可以继承主人的遗产。[④] 在约鲁巴人中，奴隶主通常在遗嘱中立奴隶为其不动产的代理人或总管，令其照管所有家务。[⑤] 在法属苏丹的克雷什基塔人中，主人称呼他的家奴为儿子，奴隶则称其主人为父亲；未成年继承人的自然监护人并不是他的母亲，而是家庭中最年长的奴隶。[⑥] 谈及尼亚萨湖的土著人，麦克唐纳先生评论道，绝大多数奴隶主希望奴隶富起来；这些非洲人说：“他们不就是我们的孩子吗？”[⑦]瓦邦代人“在买奴隶

---

① Veniaminof，转引自：Petroff，*loc. cit*. p. 152。

② Azara，*op. cit*. ii. 110.

③ Ellis，*Ewe-speaking Peoples of the Slave Coast*, p. 219. See also Wilson, *Western Africa*, pp. 179, 180, 271 *sq*.

④ Ellis，*Tshi-speaking Peoples of the Gold Coast*, p. 290.

⑤ MacGregor, 'Lagos, Abeokuta, and the Alake,' in *Jour. African Soc*. 1904, p. 473.

⑥ Tellier, in Steinmetz, *Rechtsverhältnisse*, p. 169.

⑦ Macdonald, in *Jour. Anthr. Inst*. xxii. 102.

时会召唤他的孩子们并告诉他们:‘你们以后要把他当成兄弟。’主人视奴隶为儿子,既不打他,也不约束他的自由。”[①]在马达加斯加,“主人善待奴隶,他们视奴隶为家庭的低等成员,多数奴隶都拥
680 有日常活动自由”。[②] 盛行在马来群岛土著民族中的奴隶制基本上是温和的,奴隶的生活并不艰难。博伊尔先生说,在婆罗洲的大家庭里,我们经常难以区分哪些人是奴隶,哪些人是生来自由的人,后者所获得的尊重和待遇,前者同样可以拥有。[③] 达雅克人的债务奴隶“住在债权人家中,在债权人的耕地上劳作,他们对这种生活状态感到很快乐,他们享受着跟主人一样的自由”。[④] 吉大港山地部落的债务奴隶被视为债权人家庭成员而受到优待,他们从来不会遭受虐待。[⑤] 兴都库什的卡菲尔人的奴隶甚至可以参加每年一次的地方官选举。S. 罗伯逊爵士知道这样一个案例:主人和他的奴隶结拜成了兄弟。[⑥]

部落内部奴隶,特别是出生在奴隶主家的奴隶,通常比来自部

① Dale, *ibid*. xxv. 230.

② Sibree, *The Great African Island*, p. 181. See also Little, *Madagascar*, p. 77; Ellis, *History of Madagascar*, i. 196.

③ Boyle, *Adventures among the Dyaks of Borneo*, p. 284.

④ Low, *Sarawak*, p. 302. See also St. John, *Life in the Forests of the Far East*, i. 83; Bock, *Head-Hunters of Borneo*, p. 210; Kükenthal, *Ergebnisse einer zoologischen Forschungsreise in den Afolukken und Borneo*, i. 276 (Kyans); Crawfurd, *History of the Indian Archipelago*, i. 52; Raffles, *op. cit*. i. 352; Marsden, *History of Sumatra*, p. 253; Junghuhn, *op. cit*. ii. 150 (Bataks).

⑤ Lewin, *Hill Tracts of Chittagong*, p. 34.

⑥ Scott Robertson, *Káfirs of the Hindu-Kush*, p. 100 *sq*.

落外族的奴隶或购买来的奴隶更受优待。[1] 当奴隶为异族所有
时，他们受到奴隶主的压迫最为严重。[2] 我们得知，南美洲的圭库
鲁人，其奴隶的来源有两种：战俘或天生。这意味着这里的奴隶制
与等级森严、僵硬不变的种姓制有着一定的差异。[3] 蒙哥·帕克 681
观察发现，非洲部落内部的奴隶和在主人家中出生的奴隶要比购
买来的奴隶受到主人更仁慈温和的对待。[4] 他说："我获悉，在曼
丁哥人中，如果不把奴隶带到公众面前对他的所作所为进行公开
审讯，奴隶主既不会剥夺奴隶的生命，也不会出卖奴隶给陌生人。
当然，对奴隶的这种保护只限于部落内部的奴隶或家庭内部的奴
隶。"[5]在对刚果的土著部落进行了一番考察后，塔基也得出了几
乎相同的结论。[6] 黄金海岸的奴隶分为三个类型：本部落内出生
的奴隶、从外族输入的奴隶和战俘。第一类和后两类的待遇截然
不同，奴隶主很少关心后两类奴隶的生活。[7] 在谈及中非部落奴
隶制的总体情况时，罗利先生认为，畜牧部落奴隶的遭遇比农业部

---

① Munzinger, *Ostafrikanische Studien*, p. 484 *sq.* (Barea and Kunáma). New, *op. cit.* p. 56 (Waswahili). Baumann, *Usambara*, p. 61 (natives of the Tanga Coast). Sarbali, *op. cit.* p. 6 *sq.* (Fantis). Nicole, in Steinmetz, *Rechtsverhältnisse*, p. 118 *sq.* (Diakité-Sarracolese). Tellier, *ibid.* p. 169 (Kreis Kita). Beverley, *ibid.* p. 213 (Wagogo). Sibree, *op. cit.* p. 256 *sq.* (natives of Madagascar). Post, *Afrikanische Jurisfrudenz*, i. 88 *sq.*

② Mademba, in Steinmetz, *Rechtsverhältnisse*, p. 84 (natives of the Sansanding States). Sibree, *op. cit.* p. 181 (natives of Madagascar).

③ von Spix and von Martius, *Travels in Brazil*, ii. 74.

④ Mungo Park, *op. cit.* p. 262.

⑤ *Ibid.* p. 19.

⑥ Tuckey, *op. cit.* p. 367.

⑦ Ellis, *Tshi-speaking Peotles*, p. 289.

落奴隶更悲惨,因为前者大部分来自战俘,后者大部分来自继承关系而不是战争征服。他还补充道,农业部落中,主人称呼受奴役之人为孩子而不是奴隶,奴隶则称呼奴隶主为父亲而不是主人。[①]在兴都库什的卡菲尔人中,“并非所有奴隶都处于一个等级。据说,部落内部奴隶的地位要比工匠奴隶高得多……部落内部奴隶是与主人生活在一起的。”[②]

文明古国的奴隶制呈现出与低等民族的奴隶制相同的特点。古墨西哥存在着各种等级的奴隶:战争俘虏,被剥夺人身自由的罪犯,被父母出卖的子女以及自卖之人。主人和奴隶之间的关系相
682 当友好。[③] 班克罗夫特先生认为:“所有的记述材料表明,墨西哥的奴隶制中只有中等程度的依附关系。它仅仅包括提供私人服务的义务,即便是这种义务也不需要搞得奴隶没有时间忙活自己的事情。”[④]未经奴隶同意,奴隶主不能出卖他们,除非他们屡教不改地逃跑、造反或作恶多端——这种奴隶被称为戴项圈之奴隶。[⑤]他们的子女出生后毫无例外地是自由人[⑥];而且,一旦奴隶主死亡,这些奴隶也就自然而然地获得自由。[⑦]

中国的奴隶阶级是由战俘、自卖和他卖之人以及奴隶的子女

① Rowley, *Africa Unveiled*, p. 174 *sqq*.

② Scott Robertson, *op. cit*. p. 99 *sq*.

③ Bancroft, *Native Races of the Pacific States*, ii. 217, 221.

④ Bancroft, *Native Races of the Pacific States*, ii. 220 *sq*.

⑤ Clavigero, *History of Mexico*, i. 360.

⑥ Bancroft, *op. cit*. ii. 221.

⑦ Clavigero, *op. cit*. i. 360.

组成。[1] 古代的公共奴隶来源于罪犯，那是惩罚犯罪的一种方式。[2] 刑法法典明文禁止买卖自由人，根据相关条款，即使父母也不能出卖子女，[3]而自愿被卖者要受法律的惩罚。[4] 但是，违反这些法律条文的事经常发生：在生计艰难的情况下，父母为了活下去会出卖孩子；诱拐儿童的事更稀松平常。奴隶制的维持和奴隶供应的源源不绝，均出于这两种情况。[5] 主人并不拥有对奴隶的绝对权力，[6]主人与奴隶的权力关系犹如父子。[7] 奴隶主不会因为诬告奴隶而受罚，奴隶则不能在法庭揭发主人如何虐待他。[8] 一般
来说，中国奴隶过着较舒心的生活。[9] “在中国的‘万户上层家庭’ 683
中，男主人与男仆、女主人与女仆的关系都很融洽。”奴隶们经常就家庭生活如何过得更好提出自己的建议，家庭里的重大事务也在奴隶面前讨论。[10] 中国小说常常把奴隶描写成主人的知己，只有那些本性恶毒的人才会粗暴无礼地对待仆人。[11] 依照《玉历宝

---

① Biot, ‘Mémoire sur la condition des esclaves et des serviteurs gagés en Chine,’ in *Journal Asiatique*, ser. iii. vol. iii. 257 *sqq*.

② *Ibid*. p. 249 *sqq*.

③ 见上文第 607 页。

④ *Ta Tsing Leu Lee*, sec. cclxxv. 291.

⑤ Biot, *loc. cit*. p. 260. Giles, *Strange Stories from a Chinese Studio*, p. 211, n. 8. Gray, *China*, i. 241, 242, 246.

⑥ 见上文第 424 页。

⑦ Gray, *op. cit*. i. 243 *sqq*.

⑧ Biot, *op. cit*. p. 292. *Ta Tsing Leu Lee*, sec. cccxxxvii, p. 373.

⑨ Biot, *loc. cit*. p. 296 *sq*. Giles, *op. cit*. i. 211 *sq*. n. 8. Gray, *op. cit*. i. 245. Wells Williams, *The Middle Kingdom*, i. 413. Douglas, *Society in China*, p. 349.

⑩ Gray, *op. cit*. i. 247.

⑪ Biot, *loc. cit*. p. 296.

钞》,不论错误大小而对奴隶滥施惩罚的奴隶主,在阴间是要遭报应的。[1] 许多旅行者都认为,与欧洲殖民地和美洲的黑奴相比,中国奴隶的境况好多了。[2] 观察家们发现:“奴隶主和奴隶有着同样的血液、肤色,属于同一个人种,受同样的风俗习惯制约,奴隶主若对奴隶采取贪婪、凶恶与残暴的态度,就会受到种种限制。而这一点在美洲是不可能发生的,因为奴隶主与奴隶属于不同种族。”[3]

有人认为古埃及最早的土著居民被其他民族征服并被贬为奴隶。阿梅里诺说:“如果我们查阅遗迹,就会在装点萨卡拉陵墓之墙的油画中发现一类人,即之前玛丽埃特已经提醒注意的那类人……我相信这些奴隶是原始居民的余部,他们是最早定居埃及的人类部落后裔,只是后来被尼罗河谷新来的征服者所取代。”[4]

古埃及的外来征服主要发生在第十八和第十九朝代。在这一时期,人们经常提及把战争囚犯作为奴隶雇佣的事。这两个朝代的每位法老都不厌其烦地述说自己是如何将自己的战利品——那些
684 从战争中俘虏的男奴女奴——奉献给阿蒙神的。这些奴隶有时也会成为法老的陪葬品。在拉凯赫迈尔坟墓中就有些殉葬的奴隶,那是“国王陛下的战利品,把他们带进坟墓是为了修建阿蒙神的圣庙”。[5] 阿梅里诺相信,与希腊和罗马的奴隶制相比,古埃及的奴

---

① Giles, *op. cit.* ii. 377.

② Biot, *loc. cit.* p. 297 *sq.*

③ *Chinese Repository*, xviii. 362.

④ Amélineau, *Essai sur l'évolution des idées morales dans l'Egypt Ancienne*, p. 78.

⑤ 这些观点得益于我的朋友艾伦·加德纳博士(Dr. Alan Gardiner),对此我深表谢意。

隶制要算温和的。[①] 根据《死者之书》，神的同情之心延及奴隶，神不仅严禁任何人虐待奴隶，而且也严禁诱使奴隶主虐待奴隶。[②]

在古巴比伦的迦勒底，位于自由的闪米特人和苏美尔人之
下有这样一个奴隶阶层，它主要由异族战俘及其后代组成，但不
少本族人，如弃婴、被丈夫出卖的妇人、被父亲出售的子女以及
被债权人剥夺自由的债务人等，不断加入到这一行列中来。[③] 他
们的处境显然并不特别艰难。[④] 人们允许他们结婚成家并生育子
女。主人在售卖奴隶时，会尽量避免把奴隶与奴隶子女拆散。[⑤]
他通常让奴隶的子女学点手艺，一旦他们知晓经商之道，主人会以
自己的名义开一项生意让他们经营，挣得的利润也有他们的一
份。[⑥] 为了挣些工资，奴隶可以把自己雇给他人，也可以用其他奴
隶为自己干活。[⑦] 他甚至有权赎回属于自己的自由。[⑧] 奥波特说： 685
“在某些方面，巴比伦法给奴隶的权利比法国民法给我们妻子的权

① Amélineau, *op. cit.* p. 349.

② *Book of the Dead*, ch. 125. *Cf.* Maspero, *Dawn of Civilization*, p. 191.

③ Meissner, *Beiträge zur allbabylonischen Privatrecht*, p. 6. Oppert, 'La condition des esclaves à Babylone,' in *Académie des Inscriptions et Belles Lettres—Comptes rendus des séances de l'année* 1888, ser. iv. vol, xvi. 122. Maspero, *op. cit.* p. 743.

④ Meissner, *op. cit.* p. 7. Oppert, *loc. cit.* p. 121 *sqq.*

⑤ Oppert, *loc. cit.* p. 125 *sqq.*

⑥ Kohler and Peiser, *Aus dem babylonischen Rechtsleben*, ii. 52 *sqq.*

⑦ Oppert, *loc. cit.* pp. 122, 128.

⑧ Meissner, *op. cit.* p. 7. Oppert, *loc. cit.* p. 122. Oppert and Ménant, *Documents juridiques de l'Assyrie et de la Chaldée*, p. 14.

利还多。”[①]

在希伯来人中,奴隶阶级由以下人群构成:战俘[②],从外族或邻近部落购买的人[③],在奴隶主家里出生的奴隶后代[④],被父亲出卖的土生土长的希伯来人[⑤],鳏寡孤独者,因贫困而饱受生活之苦的人及其妻子儿女[⑥],因盗窃他人财物又无力偿还而被官方出卖之人[⑦]。不论出于何种原因,凡剥夺以色列人自由者,或把以色列人当奴隶役使者,以及出卖以色列人者,一律判处死刑。[⑧] 即使是因贫困而失去自由,也不能把以色列人跟外族来的奴隶一视同仁。不能像对待奴隶那样强迫这些以色列人提供服务,只能视他为受雇佣的仆人。[⑨] 他也不应当遭受高压统治。[⑩] 他随时都可以被他的亲属赎回。如果没有人赎回他,七年之后他应当自动地获得自由而无须支付任何代价。届时,主人必须送给他羊群、禾场及酒榨,而不能让他两手空空地离开。[⑪] 相反,从外族来的奴隶不能获得解放,只能永远为奴,他的子孙后代亦如此。但无论如何,奴隶主都不拥有对奴隶的绝对权力。[⑫] 不管他是以色列人还是外族

① Oppert, *loc. cit.* p. 121.

② *Deuteronomy*, xx, 14.

③ *Leviticus*, xxv. 44 *sqq*.

④ *Genesis*, xiv. 14.

⑤ *Exodus*, xxi. 7.

⑥ *Ibid*. xxi. 2 *sq*. *Leviticus*, xxv. 39, 47.

⑦ *Exodus*, xxii. 3.

⑧ *Ibid*. xxi. 16. *Deuteronomy*, xxiv. 7.

⑨ *Leviticus*, xxv. 39, 40, 53.

⑩ *Ibid*. xxv. 43, 46, 53.

⑪ *Exodus*, xxi. 2. *Leviticus*, xxv. 40, 41, 48 *sqq*. *Deuteronomy*, xv. 12 *sqq*.

⑫ *Leviticus*, xxv. 44 *sqq*.

人，他的性命乃至身体都受到法律保护。[1] 如果奴隶从铁石心肠 686
的奴隶主那里逃离出来，不应对其置之不理，人们允许他选择以色列的某座城市过清静日子。[2] 根据我们读过的文献，希伯来奴隶被视为家庭成员，尽管地位低下些，但主人对他们的关照丝毫不亚于对子女的关照。[3]《塔木德》反复劝诫主人要善待奴隶；[4]买卖奴隶虽是一门生意，但不能指望做这个行当的贩子做事像法官那样公允；[5]事实上，人们被鼓励用各种方法解放奴隶，[6]尽管有些拉比声称，把自己的奴隶解放的人违背了《利未记》第二十五章第 46 节的规则——“他们将永远是你的奴仆。”[7]

根据伊斯兰教教义，穆斯林天生是自由的，他们永远不可能做奴隶。莱恩先生说：“为奴者或者是从战场上抓获的，或者是从异国掳掠来的，而且被掠夺的时候就是异教徒，或者是女奴生下的后代——包括男奴、除主人之外的其他人与其结合生育了后代，也包括主人与女奴结合生育了后代，但奴隶主不知道自己就是孩子亲

① 见上文第 424、516 页。

② *Deuteronoiny*, xxiii. 15 *sq*.

③ See Mielziner, *Die Verhältnisse der Sklaven bei den alten Hebrädern*, p. 61 *sqq*.; André, *L'esclavage chez les anciens Hébreux*, p. 149 *sqq*.; Benzinger, 'Slavery', in Cheyne and Black, *Encyclopædia Biblica*, iv. 4657 *sq*.

④ Katz, *Der wahre Talmudjude*, p. 59 *sqq*. See also *Ecclesiasticus*, xxxiii. 31：“如果家有奴仆，要待之如兄弟；因为你需要他，正如你离不开你的灵魂。”

⑤ Benny, *Criminal Code of the Jews according to the Talmud Massecheth Synhedrin*, p. 36.

⑥ Winter, *Die Stellung der Sklaven bei den Juden*, p. 41.

⑦ *Berakhoth*, fol. 47 B，转引自：Hershon, *Treasures of the Talmud*, p. 81。*R. Samuel*，转引自：André, *op. cit*. p. 180 *sq*.。

生父亲的情况。”[①]奴隶应当受到善待,先知说:“虐待奴隶之人不
687 能进入天堂。”[②]主人与奴隶应该有饭同吃,有衣同穿。[③] 主人不能超越权限任意要求奴隶为他做事;奴隶在闷热的夏季和每天最热之时应该休息。[④] 奴隶主可以让奴隶与其喜欢的人结婚,婚后不能将他们分开。[⑤] 一般情况下,主人可以把奴隶送给别人,也可以把奴隶卖掉,但他不能把女奴与其子女拆散。先知说:“任何以赠送、出卖等方式拆散女奴与其子女之人均将受到真主的惩罚。他在复活之日将失去亲戚朋友。”[⑥]女奴为奴隶主生产过孩子,奴隶主本人也承认孩子是他的,他就不能把她转让给别人。如果奴隶主死了,这名女奴有权获得自由。[⑦] 解放奴隶是真主很欣赏的举措之一,此举也是一种赎罪方式。[⑧] 需要补充的是,这些规则不仅在理论上得到认可,而且根植于普通大众的生活实践。在伊斯兰世界,奴隶与奴隶主之间的关系相当融洽。奴隶常被视为家庭成

① Lane, *Manners and Customs of the Modern Egyptians*, p. 116. *Cf*. Munzinger, *Ostafrikanische Studien*, p. 245 *sq*.; Ameer Ail, *Life and Teachings of Mohammed*, p. 376 *sq*.

② Lane, *Arabian Society in the Middle Ages*, p. 255. Lane-Poole, *Speeches and Table-Talk of the Prophet Mohammad*, p. 163.

③ Lane, *Arabian Society*, p. 254. Lane-Poole, *Speeches*, p. 163.

④ Lane, *Arabian Society*, p. 254. Lane-Poole, *Speeches*, p. 163. Sachau, *Muhammedanisches Recht*, pp. 18, 102.

⑤ Lane. *Modern Egyptians*, p. 115.

⑥ *Ibid*. p. 115. Lane, *Arabian Society*, p. 255. Ameer Ali, *Life of Mohammed*, p. 374 *sq*.

⑦ Lane, *Modern Egyptiatis*, p. 116.

⑧ *Koran*, xxiv. 33. Ameer Ali, *Life of Mohammed*, pp. 373, 377. Beltrame, *Il Sènnaar e lo Sciangàltah*, i. 46. Lane, *Modern Egyptians*, p. 119.

员，有时他对家庭事务也能产生很大影响。[①] 在一些国家，出卖奴隶是人们引以为耻的事，除非在绝对必要或奴隶一方犯了弥天大罪的情况下才可以出卖他。[②] 波斯人的风俗习惯要求喜庆之日，如孩子诞生、婚礼等，必须释放一个或几个奴隶，让他或他们获得 688 自由。[③] 诸如奴隶主在遗嘱中吩咐释放奴隶的事情，在波斯和其他一些伊斯兰国家经常发生。[④] 摩洛哥则允许奴隶享有一定的自由，以便他能赚取足够的钱赎回自由。[⑤] 按照伯克哈特的记载，在阿拉伯的贝都因人中，奴隶在服役一定期限后就可以重获自由。[⑥] 获得解放的奴隶并不觉得有辱门楣。有这样一个真实的说法：伊斯兰教国家中出现奴隶制是一件偶然的事，而不是一个"自然而然形成的社会制度"，[⑦]因此，重获自由的奴隶与生来自由之民有着平等的社会地位。毋庸置疑，奴隶可以与原主人的女儿结婚，成为

① Lane, *Arabian Society*, p. 253 *sqq*. Polak, *Persien*, i. 251, 255. Urquhart. *Spirit of the East*, ii. 403. Burton, *Pilgrimage to Al-Madinah & Mecca*, i. 61. Munzinger, *Ostafrikanisclie Siudien*, p. 155. Beltrame, i. 46 *sqq*. Loir, 'L'esclavage en Tunisie,' in *Revue scientifique*, ser. iv. vol. xii. 592 *sq*. Villot, *Mœurs, coutumes et institutions des indigènes de l'Algérie*, p. 250. Meakin, Moors, p. 133. Chavanne, *Die Sahara*, p. 389(Arabs of the Sahara). Pommerol, *Among the Women of the Sahara*, p. 161 *sqq*. Dyveyrier, *Exploration du Sahara*, p. 339. Hourst, *Sur le Niger et au pays des Touaregs*, p. 206 (Touareg). Hanoteau and Letourneux, *La Kabylie*, ii. 143. Reade, *Savage Africa*, p. 582.

② Polak, *Persien*, i. 250. Beltrame, *Il Sènnaar*, i. 47, 248. Munzinger, *Ostafrikanische Siudien*, p. 155.

③ Polak, *op. cit*. i. 250.

④ *Ibid*. i. 250. Meakin, *op. cit*. p. 139.

⑤ Meakin, *op. cit*. p. 139.

⑥ Burckhardt, *Noles on the Bedouins and Wahábys*, p. 202.

⑦ Ameer Ali, *Life of Mohammed*, p. 375.

一家之主。被释放的奴隶的地位可以不断攀升,他们当中有的成为治理国家的高级官员,有的还建立了自己的王国。①

依据《摩奴法典》,奴隶可分为七种,他们分别是:“在某个行伍中被俘虏之人;负责主人日常饮食之人;出生在主人家庭中的奴隶后代;被买来之人;被馈赠之人;从祖先那里继承了奴隶身份之人;作为惩罚而受役使之人。”②上述最后一类包括无法偿还债务或罚款而失去自由者,破坏宗教秩序而失去自由者。③ 奴隶未必来自印度最低等种姓首陀罗,刹帝利可能成为婆罗门和吠舍的奴隶,吠舍也可能成为婆罗门和刹帝利的奴隶。④ 另一方面,虽然为别的种姓服务是首陀罗的职责,但这些人不是奴隶;他们可以根据自己的意愿选择为哪个种姓提供服务,他们有权要求为自己的付出获
689 得足够的报酬。⑤ 在印度,法律没有明确规定一家之主对奴隶的权力范围,但主人被告诫不要与奴隶争吵,即使是受到奴隶的侵犯时,主人也被要求保持克制。⑥ 阿帕斯檀跋格言劝诫说,主人可以随心所欲要求自己和他的妻子儿女节食,但“绝不能以此要求正在工作的奴隶”。⑦ 1893 年,埃尔芬斯通在《印度历史》中这样写道:“主人对待家庭内的奴隶就像对待仆人一样,他们是属于这个家庭

① *Ibid*. p. 375 *sq*. Bosworth Smith, *Mohammed and Mohammedanism*, pp. 206, 211 *sq*.

② *Laws of Manu*, viii. 415.

③ Bühler, in his translation of the *Laws of Manu*, in *Sacred Books of the East*, xxv. 326, n. 415.

④ *Ibid*. p. 326, n. 415.

⑤ Ingram, *History of Slavery and Serfdom*, p. 272.

⑥ *Laws of Manu*, iv. 180, 185.

⑦ *Âpastamba*, ii. 4.9.11.

的，对这个家有归属感。我怀疑买卖奴隶是否真的存在过。很难看清奴隶与自由人之间有什么明显差别。”[1]现代佛教僧侣告诉众教徒，奴隶主可以有五种方式帮助奴隶：“他不能把小孩的活委派给大人，也不能把大人的活委派给小孩，所有的活计安排都因人的力气大小而定；他必须根据奴隶的需要提供食物、支付酬劳；他必须免除患病奴隶的劳动并给他治病；主人不能独享美食，必须与其他人共享，甚至奴隶也可分享美味佳肴；如果奴隶完成原定的服役期或工作了很长一段时间，工作表现也不错，主人必须把他们释放。”[2]

在希腊，特别是古希腊，奴隶通常来源于战俘、被海盗劫掠的人以及被绑架的人；奴隶的身份是世袭的，即所谓世代为奴。[3] 奴隶的另一合法来源便是弃婴（底比斯城内的弃婴除外[4]）和被父母出卖的子女。[5] 在雅典，破产的债务人是债权人的奴隶，这种状况一直持续到梭伦时期；[6]不能履行国家赋予的义务的常住外侨，以 690
及用欺骗手段攫取公民权利的外邦人，可以被出卖为奴隶。[7] 至少在古希腊后期，奴隶的主要来源是蛮族。[8] 事实上，伯罗奔尼撒

① Elphinstone, *History of India*, p. 203.

② Hardy, *Manual of Budhism*, p. 500.

③ Wallon, *Histoire de l'esclavage dans l'antiquité*, i. 161 *sqq*. Richter, *Die Sklaverei im griechischen Altertume*, p. 39 *sqq*.

④ Aelian, *Historia varia*, ii. 7.

⑤ Wallon, *op. cit*. i. 159 *sq*.

⑥ Plutarch, *Vita Solonis*, xiii. 4.

⑦ Wallon, *op. cit*. i. 160 *sq*. Richter, *op. cit*. p. 46.

⑧ Hermann-Blümner, *Lehrbuch der griechischen Privatalterthümer*, p. 86. Richter, *op. cit*. p. 48.

战争结束后,希腊各邦认可了这样一个原则,那就是,来自各邦之间战争的俘虏应当被赎回而不能役使为奴,但这一原则在实践中并未得到真正的贯彻。[①] 我们已经知道,主人并不掌握奴隶的生杀大权。[②] 为逃脱奴隶主的残酷压迫,奴隶建立了庇护所。[③] 如遭虐待,奴隶有权要求被出卖给他人;经主人同意,奴隶可以用自己的私产赎回自由。[④] 而通过解放的手段,他只能暂时达到介于受奴役与完全自由之间的状态;这样,雅典被解放的奴隶比照城邦就相当于外邦,比照他的主人就是客人。[⑤] 家庭内部的奴隶与主人之间往往关系密切,[⑥]但作为一个阶级,奴隶仍受到人们的鄙视,就连柏拉图和亚里士多德也不例外。柏拉图一方面警告他的听众不要傲慢无礼、毫不公允地对待奴隶,另一方面又说,对奴隶应严格要求,应该用命令的方式对奴隶说话,应当惩罚他们的过失,而不要像对待自由人一样对待他们。[⑦] 亚里士多德把奴隶主与奴隶之间的关系比喻成灵魂与身体、工匠与工具之间的关系。他还认为,只有当奴隶不再被视为奴隶而是被视为人类一分子时,奴隶主与奴隶之间才能谈得上友谊。[⑧] 一方面,受奴役总是被当作极不光彩的事;另一方面,别的问题也浮出水面,即奴隶主对奴隶的权

---

① Schmidt, *Ethik der alten Griechen*, ii. 204, 205, 283. Hermann-Blümner, *op. cit*. p. 86 *sq*.

② 见上文第 425 页。

③ Wallon, *op. cit*. i. 310 *sq*. Schmidt, *op. cit*. ii. 218 *sq*. Richter, *op. cit*. p. 140 *sq*.

④ Ingram, *op. cit*. p. 27*sq*. Wallon, *op. cit*. i. 335 *sq*. Richter, *op. cit*. p. 151.

⑤ Richter, *op. cit*. p. 157. Wallon, *op. cit*. 346 *sqq*.

⑥ Schmidt, *op. cit*. ii. 212. Richter, *op. cit*. p. 151.

⑦ Plato, *Leges*, vi. 777 *sq*.

⑧ Aristotle, *Ethica Nicomachea*, viii. 11.6 *sq*. *Idem*, *Politica*, i. 5, p. 1254.

力到底是建立在正义的基础上，还是建立在强权的基础上？对希 691
腊的考察让我们第一次遇到这样一种观点：奴隶制违反了自然规律，正是法律不公正地把一个人变成奴隶，把另一个人变成自由人。[1] 不管怎么说，当亚里士多德声称蛮族由于劣等而天然当受希腊人奴役的时候，他无疑与他所处的时代是大致和谐的。[2]

罗马法学家认为，奴隶制的存在减轻了战争带来的恐怖。他们论证道：把打败的敌人俘虏并保存下来，这是早期奴隶的唯一来源。[3] 但这种制度无论在罗马还是在其他地方，一旦建立起来，本身就包含了不断扩展壮大的种子。根据适用于低等动物后代的原则，“子女随母”（*partus sequitur ventrem*），女奴的子女的命运就与其母亲一样。迟早有那么一天，奴隶的供应量满足不了需求，经常性的奴隶交易就出现了，奴隶交易就是建立在有组织地从外族人手里猎取男子之上的。[4] 只有少量的奴隶源自罗马人自身，比如被父亲出卖的儿童，无力偿还债务者，由于罪大恶极被判处服役的罪犯。[5] 把同胞兄弟变成自己的奴隶并不符合罗马人的初衷。根据古代法律，债务人在其自身被移交给债权人后，应该被贩卖到

---

① *Idem*, *Politica*, i. 3, p. 1253 b.

② *Ibid*. i. 2, 6, pp. 1252 b, 1255 a. See Euripides, *Iphigenia in Aulide*, 1400 *sq*.

③ Hunter, *Exposition of Roman Law*, p. 160 *sq*. *Institutiones*, i. 3.3：“奴隶被称为*servi*，因为将军们乐于卖掉战俘，而不是杀掉他们，这样才能够保留和享有他们的劳动和服务（*servare*）。这些奴隶也被称为武力所得（*mancipia*），意思是说他们是通过武力（*manu capiuntur*）从敌方手中抢夺过来的。”

④ Mommsen, *History of Rome*, iii. 305 *sq*. Wallon, *op. cit*. ii. 46 *sqq*. Ingram, *op. cit*. p. 38.

⑤ Wallon, *op. cit*. ii. 18 *sqq*. Ingram, *op. cit*. p. 39. *Institutiones*, i. 12.3.

国外或说台伯河外。[①] 公元前 326 年,如果债务人是罗马人,则债权人的留置权只限于债务人的物品。不过,这已经是后来的事
692 了。[②] 在异教的帝国时期,禁止父亲出卖生而自由的子女。[③] 最后,以前那种奴隶主对奴隶拥有无限权力的状况得到了改变,奴隶主的权力开始有所限制。我们已经知道,克劳狄乌斯和安东尼·庇护时期,法律严禁奴隶主杀害奴隶。[④] 公元 61 年,《佩特罗纽斯法》严禁奴隶主强迫奴隶与动物角斗。[⑤] 尼禄时期设立专门官员负责审理奴隶主虐待奴隶的行为。[⑥] 安东尼·庇护曾指示,当饱受虐待之苦的奴隶在祭坛或皇帝像处寻求庇护时,他就可以易主;这项待遇还扩展到这样一些例子——奴隶主雇佣了奴隶后发现有失体面,或主奴之间性格不合,都可以沿用前例易主。[⑦] 公开拍卖奴隶时,奴隶对相关权利义务关系提出的要求获得充分尊重,[⑧]在解释和执行奴隶主的遗嘱时,无论怎样分割继承权,同一奴隶家庭的成员不应被拆散。[⑨] 在罗马奴隶制已经丧失了原有家长制色彩——用莫姆森的话来说,[⑩]“多少有些朴实无华的特征”——的时期,随着罗马帝国的兴盛以及日益兴旺的奴隶贸易,大量奴隶输

① Mackenzie, *Studies in Roman Law*, p. 94.

② Livy, *Historiæ Romanæ*, viii. 28. Wallon, *op. cit.* ii. 29, n. 1.

③ 见上文第 615 页。

④ 见上文第 425 页及以下。

⑤ *Digesla*, xlviii. 8.11.2.

⑥ Seneca, *De beneficiis*, iii. 22.3.

⑦ Wallon, *op. cit.* iii. 57 *sq.* Ingram, p. 63.

⑧ Hunter, *Exposition of Roman Law*, p. 159.

⑨ Wallon, *op. cit.* iii. 53.

⑩ Mommsen, *History of Rome*, iii. 305.

入到城市，那些简单朴素、多少能减缓严刑峻法压制的早期生活方式已经发生了变化，这时，绝大部分罗马奴隶的生活极其艰难，无数事例表明，他们遭受了令人发指的摧残。[1] 不过，我们也注意到，从罗马帝国初期开始，城市各处的人们都谴责虐待奴隶的奴隶主，奴隶憎恶他们，不愿意给他们效力。[2] 塞涅卡和其他斯多葛学派哲学家怀着不可抑制的激情替奴隶辩护。他们认为，奴隶也是人，同样拥有做人的尊严和权利，他们和我们同属一个人种，他们也有生老病死——总之，我们的奴隶“是人，是我们的朋友，他们虽 693
然为我们服务，但仍是我们的同伴”。[3] 爱比克泰德则走得更远，他甚至谴责奴隶制，认为不应当保有这种制度。他自己一生的经历或许说明了他为什么产生这种激进的思想。他说：“己所不欲，勿施于人。如果你不愿意做奴隶，你也就不应役使他人为奴。如果你能够迫使他人受奴役，那你自己就已经具备了当奴隶的资格。”[4]这些教诲不可能不对立法和公众情绪产生影响。在斯多葛派哲学观点的影响下，古典时期罗马法官宣称：根据自然法则，所有人生而自由，奴隶制只不过是“国家法律制度的一种，这一制度把一个人变成另一个人的财产，它与自然法则赋予人的权利背道而驰”。[5]

在欧洲，基督教通常被视为缓和并最终废止奴隶制的唯一原

---

① See Lecky, *History of European Morals*, i. 302 *sq*.

② Seneca, *De clementia*, i. 18.3.

③ *Idem*, *Epistolæ*, 47. *Idem*, *De beneficiis*, iii. 28. Epictetus, *Dissertationes*, i. 13. 关于奴隶制的论述，也可参阅：Holland, *Reign of the Stoics*, p. 186 *sqq*.。

④ Epictetus, *Fragmenta*, 42.

⑤ *Institutiones*, i. 3.2.

因。考虑到这一点,我们必须特别注意,罗马奴隶境况的改善主要是在早些时候完成的,基督教根本不可能参与这项事业。而且,在基督教成为罗马帝国官方宗教后的两百年间,对这一话题的立法活动几乎完全中止了。[①] 在查士丁尼的统治下,帝国进行了某些改革:用各种方式促进奴隶的解放;[②]得到释放的奴隶被赋予罗马公民权利(解放前他们处于奴隶身份与完全自由人之间的中间层);[③]尽管法律仍拒绝承认奴隶婚姻的合法性,但查士丁尼赋予了获得释放的奴隶以继承权。[④] 不过,有些残酷的是,奴隶低人一
694 等的地位被认为与先前一样。他属于主人"有血有肉"的财产,他被看成是像土地、衣服、金子和银子等性质上属于有形资产的东西。[⑤] 安东尼·庇护时期的法律规定,奴隶主对奴隶不得过于苛刻,但这一法令的动机并不是出于对人类的福佑和仁慈。[⑥]《查士丁尼法学总论》中说:"制定这项规定有充分的依据,它最大限度地考虑到了公众的福利,那就是不允许任何人虐待或滥用财产,即便这财产为私人所有。"[⑦]

古代曾这么一条原则:"要像别人对待你一样对待其他人。"有意思的是,奴隶制与这一原则之间有龃龉之处。尽管有位异教徒哲学家曾经强调过这一点,但它似乎从来没有出现在任何一位早

① *Cf*. Lecky, *History of European Morals*, ii. 64.

② *Institutiones*, i. 5 *sqq*.

③ *Ibid*. i. 5.3; iii. 7.4.

④ *Ibid*. iii. 7 pr.

⑤ *Institutiones*, ii. 2.1.

⑥ *Cf*. Milman, *History of Latin Christianity*, ii. 14.

⑦ *Institutiones*, i. 8.2.

期基督教著作家的作品里。基督教从创始之日起就认可奴隶制。他们声称的人生来在精神上平等的原则并不意味着现实中每个人的社会地位都是平等的。奴隶制并不阻碍基督徒完成他们负有的义务，也不是通往天堂之路的拦路石，它仅仅是一些外在现象，只是一个名称而已。奴隶只不过是犯有过失的人。[①] 奴隶身份自然是一种负担，但这种负担是加在犯有过失的人身上的。上帝创造人类时，大家都是自由的，没有人是别人的奴隶，直到诺亚诅咒了他那令人厌恶的儿子——含，奴隶制度才出现，那时候的奴隶制是一种公允地惩罚犯罪者的措施。[②] 奴隶自己不应该要求获得自由，[③]不仅如此，当主人赐予他自由时，他也不应该接受。[④] 没有一 695
位神父站出来反对奴隶制，哪怕暗示奴隶制是非法的或是不宜的。[⑤] 早期，奴隶为殉道者所有，修道士、主教、教皇、僧侣和教会也拥有奴隶；[⑥]犹太人和异教徒也有奴隶，只不过他们被禁止获取

① Gregory Nazianzen, *Orationes*, xiv. 25 (Migne, *Patrologiæ cursus*, Ser. Graeca, xxxv. 891 *sq.*). *Idem*, *Carmina*, i. 2.26.29 (*ibid.* xxxvii. 853); i. 2.33.133 *sqq.* (*ibid.* xxxvii. 937 *sq.*). St. Chrysostom, *In cap. IX. Genes. Homilia XXIX.* 7 (*ibid.* liii. 270). *Idem*, *In Epist. I. ad Cor. Homilia XIX.* 5 (*ibid.* lxi. 158). St. Ambrose, *In Epistolam ad Colossenses*, 3 (Migne, *op. cit.* Ser. Lat. xvii. 439).

② St. Augustine, *De civitaie Dei*, xix. 15 (Migne, *op. cit.* xli. 643 *sq.*).

③ St. Ignatius, *Epistola ad Polycarpum*, 4 (Migne, *op. cit.* Ser. Graeca, v. 723 *sq.*). St. Augustine, *Ennaratio in Psalmum CXXIV.* 7 (Migne, *op. cit.* xxxvii. 1653).

④ Laurent, *Études sur l'histoire de l'humanité*, iv. 117.

⑤ *Cf.* Babington, *Influence of Christianity in Promoting the Abolition of Slavery in Europe*, p. 29.

⑥ *Ibid.* p. 22. Potgiesser, *Commentarii juris Germanici de statuservorum*, i. 4. 8, p. 176. Muratori, *Dissertazioni sopra le antichità italiane*, i. 244.

和役使信奉基督教的奴隶。[①] 废除奴隶制的想法如此微弱,6 世纪中叶奥尔良的一次会议甚至明确颁布了奴隶的子孙永世为奴的政令。[②] 另一方面,教会劲头十足地阻止人们役使战俘为奴,但这种努力只针对信奉基督教的战俘。[③] 迟至 19 世纪,才有布维耶主教站出来为被奴役俘虏的权利辩护。[④]

《使徒行传》提醒奴隶注意对奴隶主应尽的义务,也提醒奴隶主注意对奴隶应尽的义务。[⑤] 大公会议和教皇也这样做。甘格拉大公会议在 324 年左右宣布,任何人如果假借宗教名义唆使奴隶藐视主人,将被逐出教门。[⑥] 这一教令被人们看得极为重要,甚至出现在罗马教皇哈德良一世于 773 年呈献给查理大帝的教会法教

696 规摘要中。[⑦] 当然也有许多劝诫奴隶主仁慈对待奴隶的例子。[⑧]

① *Concilium Toletanum IV*. A. D. 633, can. 66 (Labbe-Mansi, *Sacrorum Conciliorum collectio*, x. 635). Blakey, *Temporal Benefits of Christianity*, p. 397. Digby, *Mores Catholici*, ii. 341. Cibrario, *Della schiavitù e del servaggio*, i. 272. *Rivière*, *L'Église et l'esclavage*, p. 350.

② *Concilium Aurelianense IV*. about A. D. 545, can. 32 (Labbe-Mansi, *op. cit.* ix. 118 *sq.*).

③ *Concilium Rhemense*, about A. D. 630, can. 22 (Labbe-Mansi, *op. cit.* x. 597). Gratian, *Decretum*, ii. 12.2.13, *sqq.* Baronius, *Annales Ecclesiastici*, A. D. 1263, ch. 74, vol. xxii. 124. Le Blant, *Inscriptions chrétiennes de la Gaule*, ii. 284 *sqq.* Babington, *op. cit.* pp. 51 *sqq.*, 94 *sq.* Nys, *Le droit de la guerre et les précurseurs de Grotius*, p. 114.

④ Bouvier, *Institutiones philosophicæ*, p. 566.

⑤ *Ephesians*, vi. 5 *sqq.* *Colossians*, iii. 22*sqq.*; iv. 1.

⑥ *Concilium Gangrense*, about A. D. 324, can. 3 (Labbe-Mansi, *op. cit.* ii. 1102, 1106, 1110).

⑦ 'Epitome canonum, quam Hadrianus I. Carolo magno obtulit, A. D. DCCLXXIII'. in Labbe-Mansi, *op. cit.* xii. 863.

⑧ Babington, *op. cit.* p. 58 *sqq.*

正如额我略九世所说："奴隶们已经受过圣泉的洗礼，考虑到他们接受了如此大的恩惠，他们应该受到更自由的对待。"[1]当奴隶从奴隶主那里逃到教会和修道院而受到庇护时，只有奴隶主发誓不再惩罚逃亡者，才能将他们归还给奴隶主；[2]否则，他们将一直留在避难所在地，在那里做奴隶。[3] 我们已经知道，教会将那些杀害奴隶的奴隶主逐出教会几年，以确保奴隶的生命安全。[4] 而且教会禁止将信仰基督教的奴隶出卖给犹太人和异教徒国家。[5] 7 世纪中叶，沙隆大公会议命令，不许将信仰基督教的奴隶卖到克洛维王国范围以外，这样，他们就不可能被俘虏或成为犹太奴隶主的奴隶。[6] 盎格鲁-撒克逊法律也有相似的禁令，不得把基督教徒卖给别国，尤其不能卖给异教徒主政的国家，"为了信徒得到永生，耶稣基督牺牲了自己的生命，由此，教徒有了不死的灵魂"。[7] 牧师们有时反对奴隶交易，但如果被买卖的奴隶是异教徒，他们从不表示愤慨，[8]他们也从未对奴隶主任意出卖奴隶的权利提出过疑问。

① Baronius, *Annales Ecclesiastici*, A. D. 1238, ch. 62, vol. xxi. 204.

② Milman, *op. cit.* ii. 51. Rivière, *op. cit.* p. 306. Du Boys, *Histoire du droit criminel des peuples modernes*, ii. 246, n. 1.

③ 'Concilium Kingesburiense sub Bertulpho,' in Wilkins, *Concilia Magnæ Britanniæ et Hiberniæ*, i. 181.

④ 见上文第 426 页。

⑤ *Concilium Rhemense*, about A. D. 630, can. II (Labbe-Mansi, *op. cit.* x. 596). *Concilium Liptinense*, A. D. 743, can. 3 (*ibid.* xii. 371). Hefele, *Beiträge zur Kirchengeschichte*, i. 218. *Idem*, History of the Councils of the *Church*, v. 211.

⑥ *Concilium Cabilonense*, about A. D. 650, can. 9 (Labbe-Mansi, *op. cit.* x. 1191).

⑦ *Laws of Ethelred*, v. 2; vi. 9. *Laws of Cnut*, ii. 3.

⑧ Hüllmann, *Stædtewesen des Mittelalters*, i. 80 *sq.* Loring Brace, *Gesta Christi*, p. 229. Rivière, *op. cit.* p. 325.

许多作家声称,教会对奴隶制极尽溢美之词;[①]不过,这种说法显然是夸大其词。事实上,在13世纪晚期,奴隶主掌握了对奴隶的
697 生杀予夺大权。[②] 奴隶贸易遍及整个基督教世界,贩卖者和购买者之间买卖奴隶正像商品交易一样合法,也像土地、牲畜等的合法转让一样有效。[③] 除了"奴隶"这个称谓之外,奴隶从主人那里获得的只是生活必需品,他们的劳动收益全数归奴隶主所有;虽然奴隶主出于小恩小惠给予奴隶私产,或者给奴隶固定的生活补贴,但是奴隶因此而积攒的财产并不归自己所有,他们的积蓄最终都属于奴隶主。[④] 除非在类似"冒犯君主罪"[⑤]的情况下,奴隶和被解放的奴隶是不允许对自由民进行犯罪指控的;奴隶也没有资格成为控告自由民的证人。[⑥] 教会承认,自由民的婚姻关系和奴隶的非法同居之间历来就存在明显差异:长久以来,奴隶不许结婚,仅有同居关系(*contubernium*)的权利,而且,他们的结合是不会受到牧师的婚礼祝福的。[⑦] 后来,奴隶间的结合被认可为一种婚姻关系,但他们结婚必须经过主人许可,如有违犯将严惩不贷,有时甚至会

① Yanoski, *De l'abolition de l'esclavage ancien au moyen âge*, p. 74 *sq*. Allard, *Les esclaves chrétiens depuis les premiers temps de l'Église*, p. 487; &c.

② 见上文第427页。

③ Potgiesser, *op. cit*. ii. 4.5, p. 429. Milman, *op. cit*. ii. 16.

④ Potgiesser, *op. cit*. ii. 10, p. 528 *sqq*. Du Cange, *Glossarium ad scriptores mediœ et infimœ Latinitatis*, vi. 451. Robertson, *History of the Reign of the Emperor Charles V*. i. 274.

⑤ Potgiesser, *op. cit*. iii. 3.2, p. 612.

⑥ Beaumanoir, *Coutumes du Beauvoisis*, xxxix. 32, vol. ii. 103. Du Cange, *op. cit*. vi. 452. Potgiesser, *op. cit*. iii. 3.1, p. 611.

⑦ Potgiesser, *op. cit*. ii. 2.10 *sq*.

被处死。[1]

中世纪下半叶，欧洲的奴隶制度逐渐消逝，这通常被认为主要来自教会的影响，但这种说法缺乏充分的证据。[2] 在一定程度上教会鼓励奴隶解放，这固然是事实。尽管奴隶制被视为一种完全合法的制度，但使信奉基督的同道得解放仍被认为是功德无量的事，而且在基督教的准则中有时也强烈推崇这样的解放行动。在6世纪后期，基督教宣称：就像耶稣基督来到世间打破奴隶制的枷锁让我们重获原初的自由那样，对于那些因国家法律而成为奴隶的人，我们也应当仿效基督的做法，让他们获得自由。[3] 此后，这一教条被多次重申，这种情况一直持续到16世纪。[4] 加洛林王朝时期，斯马拉格达斯修道士在他颇有教益的作品中多次表达了这种观点：考虑到是过错而不是天性使他们沦为奴隶，应该给予奴隶自由。[5] 12世纪后期的法国高级教士，特别是赛恩斯大主教，根据教皇亚历山大三世在罗马主持的一次大公会议颁布的教令声称，

698

① *Ibid*. ii. 2.12, p. 355 *sq*.

② Clarkson, *Essay on Slavery*, p. 19 *sq*. Biot, *De l'abolition de l'esclavage ancien en Occident*, p. xi. Thérou, *Le Christianisme et l'esclavage*, p. 147. Martin, *Histoire de France jusqu'en 1789*, iii. 11, n. 2. Balmes, *El Protestantismo comparado con el Catolicismo*, i. 285. Blakey, *op. cit*. p. 170. Yanoski, *op. cit*. p. 75. Cochin, *L'abolition de l'esclavage*, ii. 349, 458. Littré, *Études sur les Barbares et le Moyen Age*, p. 230 *sq*. Allard, *op. cit*. p. 490. Tedeschi, *La schiavitù*, p. 68. Lecky, *History of Rationalism in Europe*, ii. 216, 236 *sqq*. Maine, *International Law*, p. 100. Kidd, *Social Evolution*, p. 168.

③ St. Gregory the Great, *Epistolæ*, vi. 12 (Migne, *Patrologiæ cursus*, lxxvii. 803 *sq*.). Gratian, *op. cit*. ii. 12.2.68. Potgiesser, *op. cit*. iv. i. 3, p. 666 *sq*.

④ Babington, *op. cit*. p. 180.

⑤ Smaragdus, *Via Regia*, 30 (d'Achery, *Spicilegium*, i. 253).

给予所有基督徒自由是良心应负的义务。[1] 德国在中世纪后期汇编的法律条目中说，根据主耶稣的指令，恺撒的归恺撒，上帝的归上帝。这就表明任何人都不是别人的私有财产，但所有人都是属于上帝的。[2] 由于“上帝的爱”，或由于“上帝对世人的拯救”，或由于“灵魂的救赎”，奴隶获得了解放。[3] 比如，我们可以在 7 世纪的修道士马科夫斯关于奴隶解放的论述中发现这样的话：“奴隶主之所以让归属于他的奴隶获得自由，是因为他相信上帝会在来世给
699 他补偿”；[4]是“为了减轻我的罪过，我赐给你们自由”；[5]是“为了上帝的荣光，也为了最后的审判”，诸如此类。[6] 然而，人们赋予这些说法过多的意义，以致在给修道院一本书这样最微不足道的事件发生时通常都说类似的话。[7] 从一些宗教信仰表白书也可以看出，有些奴隶确实被解放了，有些奴隶则“以上帝的名义”[8]被买卖。同时，我们也不能推想，牧师鼓吹解放奴隶仅仅是出于宗教的动机。正如有人已经指出的那样，“既然垂死的信徒通常愿意捐赠给教会一些遗产，让地位卑贱的人获得财物，让他们可以自

---

① de Boulainvilliers, *Histoire de l'ancien governement de la France*, i. 312.

② *Speculum Saxonum*, iii. 42 (Goldast, *Collectio consuetudinum et legum imperialium*, p. 158).

③ Du Cange, *op. cit.* iv. 460 *sqq.* Potgiesser, *op. cit.* iv. 12. 5, p. 751 *sqq.* Muratori, *op. cit.* i. 249. Robertson, *op. cit.* i. 323. Milman, *op. cit.* ii. 51 *sq.*

④ Marculfus, *Formulae*, ii. 32 (Migne, *op. cit.* lxxxvii. 747).

⑤ *Ibid.* ii. 33 (Migne, *op. cit.* lxxxvii. 748).

⑥ Marculfus, *Formulæ*, ii. 34 (Migne, *op. cit.* lxxxvii. 748).

⑦ Babington, *op. cit.* p. 61, n. 6.

⑧ *Formulæ Bignonianæ*, 2, “Venditio de servo” (Baluze, *Capitularia regum Francorum*, ii. 497)：“对买家兄弟的尊贵主人而言，我是行上帝之名的卖家。”

由处置已经获得的财物，这更符合传教士的利益”。通过牧师的影响而获得自由的人也要回报他们的恩人，报答那些给教会捐赠钱财的人，这也是教会坚持解放奴隶的原因。[①] 教会只对解放俗世人家的奴隶感兴趣，如同医师不会服用他为别人开的药物一样，他们极力阻挠自己的奴隶获得自由。教会允许转让那些试图逃跑的奴隶。[②] 506 年召开的圣阿加托大公会议认为，解放修道院的奴隶是不公平的，这样的话修道士就不得不亲自从事辛苦的日常劳作。[③] 事实上，无论在哪里，僧侣的奴隶总是最后一拨获得解放。[④] 7 世纪时托莱多的一次大公会议威胁道：哪个主教释放了 700
属于教会的奴隶而没有用自己的私人财产弥补教会的损失，就会受到诅咒和谴责，他将来要遭到下地狱的惩罚，因为给教会造成损失被认为是对宗教信仰的不敬。[⑤] 而且，依据某些教会规定，任何一个主教或牧师都不许释放一个世代为教会服务的奴隶，除非他带给教会两个价值相当的奴隶。[⑥] 教会不仅力图防止奴隶数量的减少，而且想方设法增加奴隶的数量。他们积极鼓励人们放弃自身及子孙的自由，成为教会和修道院的奴隶，奴隶通过奴役自己的身体——就像奴隶买卖的书面合同中所说的——可以获得

① Miliar, *Origin of the Distinction of Ranks*, p. 274 *sq.*

② Gratian, *op. cit.* ii. 12.2.54.

③ *Concilium Agathense*, A. D. 506, can. 56 (Labbe-Mansi, *op. cit.* viii. 334).

④ Hallam, *View of the State of Europe during the Middle Ages* (ed, 1837), i. 221.

⑤ *Concilium Toletanum IV*. A. D. 633, can. 67 (Labbe-Mansi, *op. cit.* x. 635).

⑥ Gratian, *op. cit.* ii. 12.2.58. Potgiesser. *op. cit.* iv. 2.4, p. 673.

灵魂的救赎。[①] 7 世纪中期的一次大公会议宣布了这样一道教令：牧师若荒淫无度，他的子女就要成为其父辈修行所在教会的奴隶。[②]

在某种程度上，中世纪奴隶制度的消逝更多地归因于王室为削弱贵族势力而做出的努力。[③] 法国国王路易十世和菲利普五世曾发布命令宣布：既然所有人生来是自由的，既然他们所在的王国被称为法兰克人的王国，就应名实相符，只要给付一个合理的赔偿，王国领地内所有的奴隶都应获得自由，这样做是为了给其他封建贵族树立一个榜样。[④] 穆拉托里相信，12 世纪以及以后数百年的战争对于意大利奴隶制的削弱有着无与伦比的贡献，因为战争需要士兵，而士兵必须是自由民。[⑤] 另一些人提到，10、11 和 12 世
701 纪欧洲出现的大饥荒和流行病对奴隶制的消亡有巨大影响。[⑥] 奴隶数量的大量减少还在于奴役战犯的古老办法逐渐为更具人性化的方法取代，就是向奴隶收取赎金代替劳役。中世纪后半叶，这种方法已经成为惯例，至少在对待信奉基督的战俘时普遍采用这一

① Du Cange, *op. cit.* iv. 1286. Potgiesser, *op. cit.* i. 1.6 *sq.*, p. 5 *sqq.* Robertson, *op. cit.* i. 326.

② *Concilium Toletanum IX.* A. D. 655, can. 10 (Labbe-Mansi, *op. cit.* xi. 29).

③ Robertson, *op. cit.* i. 47 *sq.* Millar, *op. cit.* p. 276 *sqq.*

④ Decrusy, Isambert, and Jourdan, *Recueil général des anciennes lois françaises*, iii. 102 *sqq.*

⑤ Muratori, *op. cit.* i. 234 *sq.* *Idem*, *Rerum Italicarum scripiores*, xviii. 268, 292.

⑥ Biot, *op. cit.* p. 318 *sqq.* Saco, *Historia de la esclavitud*, iii. 241 *sqq.*

方法。[1] 但是，欧洲奴隶制度的最终消亡，主要原因还是奴隶制向农奴制的转变。

这种转变可以上溯到奴隶供应量的减少，由于奴隶的数目越来越少，每个家庭都希望无限期地保留自家世代相传的奴隶，为了维持奴隶的数量，就得让奴隶繁殖后代。因此，奴隶的存在及其健康状况对奴隶主来说无疑具有很大价值，他们愿意保有奴隶并让他们活得好好的。奴隶主发现，将奴隶固定在一片土地上是最有利可图的。[2] 而且，土地耕作要求，奴隶主庄园的不同地方都有奴隶居住，当一个奴隶长期在同一个农场劳作，那么他以后无疑更擅长继续经营管理这一农场。他在土地这一不动产上长期耕作，逐渐地，他就由此被视为隶属于土地的财产，被视为土地的一部分。[3]

但是，农奴制本身只是一个过渡阶段，它最终是要向完全自由的身份制度发展。由于大地产所有人无暇监督散落在广阔土地上的众多农奴的行为，刺激他们勤奋劳作的唯一有效手段就是按劳取酬。这样，除了按额发放的生活费用以外，农奴经常得到劳动收 702
益的一部分，这样他们就能够拥有私人财产了。[4] 有很多例子表

① Ward, *Enquiry into the Foundation and History of the Law of Nations in Europe*, i. 298 *sq*. Babington, *op. cit*. p. 147. Ayala, *De jure et officiis bellicis*, i. 5.19. 在16世纪，意大利一些城市的法律条文提到了买卖奴隶的事情，这些奴隶可能是土耳其战俘(Nys, *Le droit de la guerre et les précurseurs de Grotius*, p. 140)。

② Storch, *Cours d'économie politique*, iv. 260. Ingram, *op. cit*. p. 72.

③ Millar, *op. cit*. p. 263 *sqq*.

④ Millar, *op. cit*. p. 264. Simonde de Sismondi, *Histoire des républiques italiennes du moyen âge*, xvi. 365 *sq*. *Guérard*, *Cartulaire de l'Abbaye de Saint-Père de Chartres*, i. p. xli. Dunham, *History of the Germanic Empire*, i. 230.

明,农奴能够用他的积蓄赎买人身自由;①在另外一些事例中,地主则更愿意收取固定地租,其他剩余产品则归农奴所有。这样,地主就不用担心会遭受什么意外损失,他们不仅总是能从土地上获得一定收益,而且往往能获得更多的好处,因为耕作者为了自己收入更多,总是竭尽全力地劳作。② 同时,农奴原有的人身依附关系自然走向终结,因为只要如期交付租金,农奴如何安排自己的活动对地主来说不再具有直接的因果关系。地主也没有理由违背农奴的意愿,强迫他们在土地上长期劳作,因为土地给了他们一些好处,只要地主不赶走他们,他们更乐意耕种那块土地。③ 导致农奴制消亡的另一个因素是,君主总是嫉妒那些拥有大量土地的封建领主,他们鼓励农奴蚕食大地主的土地、削弱他们的权威。④ 我们有令人信服的证据表明,在爱德华三世统治结束前,英格兰的农奴发现,他们已经具备足够强大的力量保护自己的利益了,他们不再像过去那样给地主提供服务了。⑤ 同样地,为了保护自身的利益,德国的封建领主有时为农奴配备武器,这无疑有助于农奴的解放,因为那些学习如何使用武器和被允许拥有武器的人很快就成了受
703 人尊敬的人。⑥ 大量农奴还会逃往具有豁免权的城镇寻求庇护,

① See Vinogradoff, *Villainage in England*, p. 87; Pollock and Maitland. *History of English Law before the Time of Edward I*. i. 36, 427.

② Adam Smith, *Wealth of Nations*, p. 173. Millar, *op. cit*. p. 267 *sqq*. Mill, *Principles of Political Economy*, i. 309, 311. Dunham, *op. cit*. i. 228 *sq*. 关于奴隶劳动效率的低下,也请参阅:Storch, *op. cit*. iv. 275 *sqq*.。

③ Millar, *op. cit*. p. 269 *sq*.

④ Adam Smith, *Wealth of Nations*, p. 173.

⑤ Eden, *State of the Poor*, i. 30.

⑥ Dunham, *op. cit*. i. 229.

以此摆脱被奴役的枷锁;[①]在这些城镇,他们或者立即获得自由,[②]或者经过一定期限——一年零一天,[③]或更长[④]——之后获得自由,后面一种情况更为普遍。此外,在那些自由而富裕的城镇,农奴制消亡得更快,通过示范效应,这些城镇对周边地区农奴的解放起到了间接的推动作用。[⑤] 有些地主由于有人为农奴代祷而释放农奴,教会里的牧师利用每一个机会削弱其强大对手——世俗贵族——的巨大权力,为农奴求情,做他们精神上的支持者。[⑥] 然而,教会在解放农奴方面所发挥的作用甚至不如它在废除奴隶制上的作用。[⑦] 教会声称农奴制是神圣的制度,[⑧]是一所人性的学

① Guibertus de Novigento, 'De vita sua,' in Bouquet, *Rerum Gallicarum et Francicarum scriptores*, xii. 257. 'Fragmentum historicum vitam Ludovici VII. summatim complectens,' *ibid*. xii. 286. Beaumanoir, *op. cit*. xlv. 36, vol. ii. 237. Eden, *op. cit*. i. 30. Laurent, *op. cit*. vii. 531 *sq*. Saco, *op. cit*. iii. 252.

② Laurent, *op. cit*. vii. 532.

③ Glanville, *Tractatus de Legibus et Consuetudinibus Regni Angliæ*, v. 5. Bracton, *De Legibus et Consuetudinibus Angliæ*, fol. 198 b, vol. iii. 292 *sq*. Beaumanoir, *op. cit*, xlv. 36, vol. ii. 237. Pollock and Maitland, *op. cit*. i. 429, 648 *sq*. Grimm, *Deutsche Rechtsalterthümer*, p. 337 *sq*. Laurent, *op. cit*. vii. 532.

④ Laurent, *op. cit*. vii. 532.

⑤ *Ibid*. vii. 533 *sq*.

⑥ Thomas Smith, *Common-wealth of England*, p. 250. Eden, *op. cit*. i. 10. Sugenheim, *Geschichte der Aufhebung der Leibeigenschaft und Hörigkeit in Europa*, p. 109.

⑦ *Cf*. Rivière, *op. cit*. p. 511. 巴宾顿说(Babington, *op. cit*. p. 148 *sq*.),13 世纪英国基督教会的文献档案 D. 威尔金斯的《会议》(*Concilia*)一书卷帙浩繁,达 500 页之巨,我们所能找到的关于非自由民的规则仅限以下几条:无论是自由民还是隶农,在死亡临近时订立的遗嘱,不得有任何违拗和更改;僧侣不得放弃或转让那些不怎么有用的奴隶(*famulos*);犹太教徒不得拥有基督教徒身份的奴隶——据说,这样"等于是对上帝的侮辱,因为上主把隶民看得高于它的国"(*ibid*. p. 150)。

⑧ Adalbero, *Carmen ad Rotberlum regem Francorum*, 291, 292, 297 *sqq*. (Bouquet, *op. cit*. x. 70):"财产、衣服和牲畜等等,所有这些都是被役使的奴隶。因为没有一个体面人不靠奴隶生活……家有三宝,缺一不可。有人乞讨,有人征战,而另有一些人做工,三者同时共在,合为一体,不可分离。"St. Bonaventura,转引自:Laurent, *op. cit*. vii. 522:"主人和奴隶的分别,不仅体现在活生生的俗世制度里,而且根据神的差遣,基督教徒之间也有主人与奴隶的差异。"

校,是一条通向未来荣耀的光辉大道。[①] 教会本身就是最大的农
704 奴拥有者,它竭力坚持保留自己的农奴。[②] 即使是在伏尔泰发出他那强有力的自由呼声之后,在路易十六基于“人性之爱”的理由被劝说放弃“奴役权”之后,教会仍拒绝释放属于自己的农奴。[③] 自由的事业很少获得基督教会的支持,它更多地得到了教会反对者的助益,正是这些富有人情味和正义感的人为废除农奴制做出了巨大贡献。

当农奴制开始在最先进的基督教社会逐渐消逝的时候,一种新型的奴隶制度在欧洲国家的殖民地建立起来。它产生于特别适宜使用奴隶的环境下。雇主可以雇佣奴隶劳动,也可以雇佣自由劳动力,哪种方式对雇主更有利取决于自由劳动力的工资水平,而工资取决于劳动力数量与资本和土地之间的比例关系。在土地肥沃、人口稀少的西印度和美洲南部,雇佣奴隶劳动力比雇佣自由劳动力能够获取更多的利润。因此,奴隶制度在那里得以引进并繁荣起来,想废除那里的奴隶制度是很困难的。[④]

如果从道德角度来考虑,黑奴制度是最令人感兴趣的,因为它存在于高度发达的基督教文明。然而,至少是在英属殖民地和美国,黑奴制确实是我们所知道的最野蛮的奴隶制度。研究

---

① Laurent, *op. cit.* vii. 523.

② Laurent, *op. cit.* vii. 524.

③ Hettner, *Geschichte der französischen Literatur im achtzehnten Jahrhundert*, p. 169. Babington, *op. cit.* p. 108. Sugenheim, *op. cit.* p. 156 *sqq.* Laurent, *op. cit.* vii. 537 *sq.*

④ Mill, *Principles of Political Economy*, i. 311.

这些很有意义的现象，值得我们更深入地考察与此相关的一些立法观点。

正如其他地方一样，美国奴隶的身份是世代相传的。即便女奴孩子的父亲是自由民，这孩子也自然而然是母亲主子的奴隶；而
身份自由的妇女跟奴隶生的孩子却是自由民。[1] 当奴隶贸易被禁 705
止后，自然繁衍成为奴隶的唯一合法来源，即使是生而自由的黑人也是很不安全的，也有被奴役的可能。在英国殖民地和所有蓄奴州（只有一个例外），任何黑人如果不能拿出相反的有效证据，都会被认为是奴隶。[2] 在蓄奴州，一个人可以向众人展览他所监管的具有非洲血统的人，而无须说明他是如何把这个非洲人弄到手以及凭借什么权力把这人变成奴隶的。此外，已知其身份的自由民若被怀疑是逃亡的奴隶，就必须像奴隶一样被出售，以补偿监禁他的费用，尽管他在监禁中已经饱受伤害。由于国会的直接干预，这种做法已经成为法律。这条法律条文被反复运用于实际生活中。冯·霍尔斯特教授说：“在旧大陆的历史上能有多少头戴王冠的暴君，其所作所为的可憎程度堪与这条诞生于民主共和国的法律相

① Stroud, *Laws relating to Slavery in the United States of America*, p. 16 *sqq*. Cobb, *Inquiry into the Law of Negro Slavery in the United States of America*, p. 68. Stephen, *Slavery of the British West India Colonies*, i. 122. *Code Noir*, Édit du mois de Mars 1685, art. 13, p. 35 *sq*.; Édit donné au mois de Mars 1724, art. 10, p. 288 *sq*. 根据马里兰 1699 年或 1700 年判例，所有奴隶的孩子从身份上仍是奴隶，因为他们的父亲是奴隶（Stroud, *op. cit*. p. 14 *sqq*.）。在古巴，贵族家长可以决定后代的身份等级（Newman, *Anglo-Saxon Abolition of Negro Slavery*, p. 17）。

② Stephen, *op. cit*. i. 369 *sq*. Stroud, *op. cit*. pp. 125, 126, 130. Cobb, *op. cit*. p. 67. Wheeler, *Treatise on the Law of Slavery*, p. 5.

提并论?”[1]

奴隶被定义为“主人、持有人、遗嘱执行人和管理者的私人动产”,“这些人可以随意指派奴隶干活,随意把奴隶卖掉”。[2] 在英属殖民地和美国蓄奴州,只要奴隶主乐意,奴隶任何时候都可能被
706 出卖或转让,完全和牲畜及其他私人物品一样。只要债权人愿意,奴隶还有可能按照法定程序被卖出,以偿还健在的奴隶主或已故主人的债务,或者作为遗赠品转让给遗产受赠人。奴隶可以以遗产的形式转让,遗产的法定继承人和受赠人也可随意转让奴隶;在分配不动产的过程中,奴隶如同其他财产一样跟随着不动产走。[3] 在财产分割的过程中,从不考虑奴隶的亲属关系。除路易斯安那州规定十岁以下的小奴隶不允许和他的母亲分开出售之外,[4]没有任何法律反对使奴隶妻离子散的野蛮行径。[5] 只要是法律所不禁止的行为,奴隶主就一定不会错过。弗吉尼亚可谓罪恶奴隶制臭名昭著的温床,在那里,一个奴隶家庭被分开贩卖到全国各地。[6] 然而,所有这些只能在英属殖民地和美国蓄奴州发生。在

① von Holst, *Constitutional and Political History of the United States*, i. 305.

② Brevard, *Digest of the Public Statute Law of South-Carolina*, p. 229. Prince, *Digest of the Laws of Georgia*, p. 777.在法国《黑人法令》(Édit du mois de Mars 1685, art. 44, p. 49; Édit donné au mois de Mars 1724, art. 40, p. 305)中,奴隶被视为“动产”(*meubles*)。

③ Stephen, *op. cit.* i. 62. Stroud, *op. cit.* p. 84. Goodell, *American Slave Code in Theory and Practice*, p. 63 *sqq*.

④ Peirce, Taylor, and King, *Consolidation and Revision of the Statutes of the State* [*Louisiana*], pp. 523, 550 *sq*.

⑤ Stephen, *op. cit.* i. 62 *sq*. Stroud, *op. cit.* p. 82.

⑥ Pearson, *National Life and Character*, p. 210.

西班牙、葡萄牙和法国殖民地的农场和种植园中，奴隶是真正的不动产，他们隶属于他们耕作的土地。正如土地所有者不得随意转让土地，对奴隶的处置也受到管制和约束，债权人不能扣押或没收奴隶，债务人也不能为了偿还债务而出卖奴隶。[①] 至于出售同一家庭的奴隶，《黑人法令》明确规定："如果丈夫和妻子，连同他们处于青春期前的孩子，属于同一个主人，则在占有和售卖中，不得将他们分开。"[②]奴隶是不允许签订契约的，即便是司法意义上的婚约也不行。男女奴隶之间的结合，即便被承认是婚姻，在本质上也跟罗马时期的奴隶同居关系一样毫无神圣意义可言，他们也不享受任何公民权。[③] 任何时候奴隶主都可以将做奴隶的"丈夫"和 707
"妻子"拆散，只要奴隶主愿意，他可以和这个奴隶的"妻子"发生性关系，而这样做只能称为彼此合意的"通奸"，她生的孩子毫无保留地都属于奴隶主所有。"一个奴隶对孩子的法律权利并不比母牛对小牛的权利多"。另一方面，性道德规范在奴隶身上通常起不到强制作用。他们放纵性欲并不会被训诫，他们通奸不会受到惩罚，他们重婚也不会被告发。奴隶在性行为方面的无节制甚至被认为是理应如此。我们获悉，即便是在清教徒的新英格兰，牧师和治安法官家的未婚女奴生了小孩，不论小孩是黑皮肤还是黄皮肤，都没

---

① Stephen, *op. cit.* i. 69.

② *Code Noir*, Édit du mois de Mars 1685, art. 47, p. 51; Édit donné au mois de Mars 1724, art. 43, p. 306.

③ Cobb, *op. cit.* p. 240 *sqq*. Stroud, *op. cit.* p. 99. Goodell, *American Slave Code*, p. 105 *sqq*. Wheeler, *op. cit.* p. 199. 路易斯安那民法典中说："未经主人许可，奴隶不得结婚；即便他们结婚，其婚约不具有任何法律效力。"(Morgan, *Civil Code of Lousiana*, art. 182, p. 29)

有人会询问他们的父亲是谁。这些事情就像牲畜繁殖羊羔猪崽一样,并不会引起人们过多的注意。至于种植园奴隶的性关系,普遍的说法是,那里的奴隶“就像牲畜一样群居和乱交”。[①]

虽然奴隶被视为私人动产,但奴隶主并不能随心所欲地对待他们。我们已经注意到,奴隶的生命在某种程度上是受法律保护的,尽管这种保护很不充分。[②] 任何毁伤奴隶生命的奴隶主都将受到轻微的处罚。[③] 法律也注意禁止奴隶主从事有损社群和国家
708 的活动。在奴隶主看来,教黑人读书识字是一件可怕的事情。1768 年,威廉·诺克斯写过一本小册子,评论“向外地传播新教福音的上层社会”,他在其中谈到,“教育使得他们不再乐于从事劳作,也不再适合劳作”,而且,如果在黑奴中普及阅读能力,无疑会引起黑奴的普遍反抗,奴隶主将会成批地被屠杀掉。[④] 我们接触到的一些蓄奴州的法律条文也反映出类似的恐惧。根据 1740 年南卡罗来纳州的《黑人法案》,谁教奴隶书写,谁就会被处以一百英镑的罚款;[⑤]后来,人们认为这种处罚太宽大,就加重了处罚措施。

---

① Goodell,*American Slave Code*,p. 111.1835 年,浸礼教牧师会接到这样一个质询:“为了防止未来发生的性交合,就得让这些奴隶夫妇分居,但他们并不情愿,这样的话是否该允许他们再婚呢?”牧师会的答复是:“客气点说,像我们这些奴隶这样的情况,要让他们分居的唯一办法就是死亡。要避免再婚,他们须经受得住更深重的苦难和更强烈的诱惑才行,而且教会还责怪他们**太听主人话了**。”这段话不经意间透露出这样一个事实:奴隶之间的同居与苟合是奴隶主驱使造成的,这样他们才能源源不断地拥有这笔动产(Goodell,*Slavery and Anti-Slavery*,p. 185)。

② 见上文第 428 页及以下。

③ 见上文第 517 页。

④ Knox,*Three Tracts respecting the Conversion and Instruction of the Free Indians and Negroe Slaves in the Colonies*,p. 15 *sq*.

⑤ Brevard,*op. cit*. ii. 243.

1834 年的一条法令禁止任何人教有色人种阅读和书写，对违反者的处罚将不仅是金钱方面的，还将判处六个月以下的监禁；如果违犯者是有色人种，还将受到五十鞭以下的笞刑。[1] 佐治亚州 1770 年的一条法令规定，奴隶不得接受读写教育；1833 年，该州将同一法案的适用范围从黑奴扩大到一切有色人种。[2] 在路易斯安那州，让奴隶接受教育者将被处以一个月以上、十二个月以下的监禁。[3] 北卡罗来纳州允许奴隶熟悉一些数学方面的知识，但严格限制他们接受阅读和书写教育。[4] 亚拉巴马州反对奴隶接受最基本的阅读教育，还禁止任何有色人种——无论是自由民还是奴隶——学习如何阅读和写作，甚至不许他们学习拼写法。[5] 在以上各州，禁令不仅适用于奴隶主，也适用于其他人。而在弗吉尼亚州，只要奴隶主高兴，他可以教给奴隶一些东西，其他人却不能这样做。[6]

此外还有另一种观点认为，奴隶主的权力受到了不同寻常的 709
限制。在许多情况下，不允许他释放奴隶，如果他要给奴隶自由会遭遇很大的障碍。北卡罗来纳州曾经有这样一条规定：除非有立功表现，奴隶不得被释放。[7] 但这一规定在 1836—1837 年《修正法案》中变成了这样："只有在非常特殊的情况下才可以给予奴隶

---

① McCord, *Statutes at large of South Carolina*, vii. 468.

② Prince, *op. cit.* pp. 658, 785.

③ Peirce, Taylor, and King, *op. cit.* p. 552.

④ *Revised Statutes of North Carolina passed by the General Assembly at the Session of* 1836-7, xxxiv, 74, cxi. 27, vol. i. 209, 578.

⑤ Clay, *Digest of the Laws of Alabama*, p. 543.

⑥ *Code of Virginia*, cxcviii. 31 *sq.*, vol. ii. 747 *sq.* Stroud, *op. cit.* p. 142.

⑦ Stroud, *op. cit.* p. 233.

自由,但被释放的奴隶,不论是男是女,一个人还是许多人,都必须在九十天内从准予其自由的地方离开,并且有生之年不得回到本州。”[①]《路易斯安那州民法》规定,每个奴隶要到三十岁后才有可能获得自由,且在释放前至少有四年表现良好。事实上也有例外发生,那就是如果奴隶曾经救过主人或主人孩子的命,他就可能在任何年龄获得自由。[②] 根据 1852 年的一条法令,每个获释的奴隶必须在十二个月内被驱逐出美国。[③] 在其他几个州,解放奴隶同样遭到各种各样规定的阻挠。[④] 在《解放奴隶法案》颁布之前,英属西印度各地奴隶的解放就遇到过许多限制。[⑤] 根据 1802 年圣·克里斯托弗岛通过的一项法案,只要不是当地土著居民或居住期不足两年,任何奴隶要获得自由必须由奴隶主缴纳一千英镑的税金,而对身为岛内土著或定居两年以上的奴隶而言,只需支付一半的价钱。法案的拟定者可谓深谋远虑。他们考虑到这样一种情况:有的奴隶主不愿意通过合法渠道花费五百英镑或一千英镑的代价让一个奴隶解放,他可能会在有生之年通过不行使作为主人
710 的权力,使奴隶获得事实上的自由。因此,立法者规定,“假如奴隶主以书面契约或其他方式免除了奴隶的劳役,或者由治安法官证明,奴隶主丝毫未行使对奴隶的所有权,并花费自己的钱财供养着

---

① *Revised Statutes of North Carolina*, cxi. 58, vol. i. 585.

② Morgan, *Civil Code of Louisiana*, art. 185 *sq.*, p. 30 *sqq.*

③ *Ibid.* Stat. l8th March, 1852, § 1, p. 29.

④ Brevard, *op. cit.* ii. 255 *sq.* (South Carolina). Prince, *op. cit.* p. 787 (Georgia). Stroud, *op. cit.* p. 231 (Alabama). Alden and van Hoesen, *Digest of the Laws of Mississippi*, p. 761. Haywood and Cobbs, *Statute Laws of the State of Tennessee*, i. 327 *sq.*

⑤ Cobb, *op. cit.* p. 282.

这个奴隶，那么，这个奴隶将会在一个月内由当地首席行政官公开拍卖，谁购买了这个奴隶，谁就是他或她的主人，而拍卖所得款项一律上缴殖民地国库”。[①] 在圣·文森特，需向国库缴纳一百英镑才能让每个想要获得解放的奴隶成为自由人。[②] 在巴巴多斯岛，如果谁想解放一个奴隶，就需向他居住地的教会委员会缴纳五十英镑。[③] 西班牙法律中关于奴隶解放的条款与此迥异。根据1528年的一条法令，一名服务了一定年限的黑人奴隶可以缴纳一部分钱而获得自由，钱的数额不得少于二十马克，具体数量由王室贵族和官员确定。[④] 1540年的一条法令，大意是：“任何黑人奴隶（无论是男是女）或其他肤色的奴隶，只要表现良好，享有不错的口碑，就可以当众要求获得自由，他们的要求应当受到重视，他们的声音应当有人倾听，应当公正地对待他们；应当注意的是，不要因为他们要求自由而受到主人的虐待。”[⑤]不仅如此，一个希望更换主人的奴隶可以说服任何人按估价购买他，可以要求甚至强迫尽快实现这种转让；[⑥]如果奴隶主残忍地对待奴隶，法官将剥夺他对这些奴隶的所有权。[⑦] 而在大多数英属殖民地和美国蓄奴州，当奴隶受到虐待，感到有必要解脱痛苦和寻求保护时，他们并没有更换主人

---

① Stephen, *op. cit.* i. 401 *sq.*

② Cobb, *op. cit.* p. 282 *sq.*

③ Moore, *Public Acts passed by the Legislature of Barbados*, p. 224 *sq.*

④ Helps, *Spanish Conquest in America*, iv. 373.

⑤ *Recopilacion de leyes de los reinos de las Indias*, vii. 5.8, vol. ii. 321.

⑥ Barre Saint Venant，转引自：Stephen, *op. cit.* i. 119 *sq.*。

⑦ Edwards, *History of the British West Indies*, iv. 451.

711 的法定权利。[①] 对这一规则[②]而言,很少有例外发生,即使有也很少有实际价值。

这种奴隶制比古今任何一个异教徒国家的奴隶制都残酷,至少在英属殖民地和美国蓄奴州是如此。这一制度不仅得到基督教国家政府的认可,而且得到天主教徒[③]和新教徒大多数牧师的支持。废奴运动初期,教会承认奴隶制度是一个极大的罪恶,但在做出这种判断之后,他们就认为自己已经尽职尽责了。他们否认自己对奴隶解放有任何责任,他们甚至否认自己有起诉奴隶主的权利。但事情并未到此为止。听之任之的哀叹逐渐变为一种借口,

① Stephen, *op. cit.* i. 106, Stroud, *op. cit.* p. 93.

② Morgan, *Civil Code of Louisiana*, art. 192, p. 33. Morehead and Brown, *Digest of the Statute Laws of Kentucky*, ii. 1481. Edwards, *op. cit.* ii. 192(Jamaica). Stephen, *op. cit.* i. 106(some other British colonies). 在法国岛屿,黑奴受到主人的残暴虐待是有违皇家法令的,高等法院将废除奴隶主对奴隶的所有权,奴隶即便不能获得自由,至少不再受欺凌(*Code Noir*, Édit du mois de Mars 1685, art. 42, p. 48 *sq.*; Édit donné au mois de Mars 1724, art. 38, p. 303 *sq.*);法庭在裁决这类案子时也会把受苦受难者从奴役状态解放出来(Stephen, *op. cit.* i. 119)。

③ 有人把罗马天主教牧师描绘成热忱的废奴主义者(Cochin, *L'abolition de l'esclavage*, ii. 443; de Locqueneuille, *L'esclavage, ses promoteurs et ses adversaires*, p. 193),这一努力显然缺乏事实依据。在美国天主教圈子里,固然有一些人提倡奴隶解放,但他们为数不多(Goodell, *Slavery and Anti-Slavery*, 195 *sq.*; Parker, *Collected Works*, vi. 127 *sq.*)。南卡罗来纳州查尔斯顿天主教的掌门人英格兰德博士向公众表明,天主教会一直毫不妥协地与蓄奴制结为盟友(Parker, *op. cit.* v. 57)。在巴西,牧师不仅拥有奴隶,而且把奴隶当作货物一样买卖,他们丝毫不会为此感到于心不安(da Fonseca, *A esravidão, o clero e o abolocionismo*, pp. 28, 33)。布维耶主教写道:"奴隶应该服从他们的主人,对主人更多耐心、更多忠诚,尽职尽责地做好主人交待的事情,直到他们被赋予自由。记住:现在的日子是暂时的,未来的生活才是永恒的。"(Bouvier, *op. cit.* p. 568)

借口逐渐变为堂而皇之的理由。[①] 有人认为,《圣经》中并没有哪些地方禁止奴隶制度;相反,《旧约》和《新约》都承认奴隶制的合理性。作为信徒的先祖和上帝的朋友,亚伯拉罕拥有自己的奴隶;
《圣经》指导希伯来人如何从邻国获得奴隶;圣保罗和圣彼得在对 712
奴隶主和奴隶提出警告的时候,希望他们处理好彼此的关系;就连救世主自己也未对奴隶制度有任何谴责,虽然当他在世时奴隶制的罪恶已经相当严重。如果奴隶制是罪恶的,那么期待全能的上帝在最后的启示中对此置下只言片语,难道很过分吗?[②] 上帝不仅允许奴隶制存在,而且认为它是永恒存在的,[③]在天堂那里也是合法的;[④]认为保留这一制度是一项宗教义务,[⑤]它不能够被废除,因为"上帝保证这一制度的实施"。[⑥] 从某些材料看,上帝认为含的子孙是可憎的,这个该死的种族应当做奴隶,这就是奴隶制的基础。从另一些材料上看,奴隶制度被认为是把那些非洲黑人置于基督教保佑之下并走上文明境界的必经之路。[⑦] 这样,"解放奴隶"被抹上了对上帝不忠的污点,废奴运动被贴上了企图散布怀疑

---

① von Holst, *op. cit.* ii. 231 *sqq.*

② Barnes, *The Church and Slavery*, p. 15. Birney, *Letter to the Churches*, p. 3 *sq.* Bledsoe, *Essay on Liberty and Slavery*, p. 138 *sqq.* Gerrit Smith, *Letter to Rev. James Smylie*, p. 3. Cobb, *op. cit.* p. 54 *sqq.* Goodell, *Slavery and Anti-Slavery*, pp. 154-156, 167, 176, 181, 184, 186, &c. Parker, *Collected Works*, v. 157.

③ Thornton,转引自:Goodell, *Slavery and Anti-Slavery*, p. 147. Fisk,转引自:*ibid.* p. 147。

④ Bledsoe, *op. cit.* p. 138.

⑤ Smylie,转引自:Gerrit Smith, *op. cit.* p. 3。

⑥ 转引自:Goodell, *Slavery and Anti-Slavery*, p. 347。

⑦ Barnes, *op. cit.* p. 16.

主义罪恶的标签。[1] 南卡罗来纳州州长麦克达夫认为,没有任何其他制度能比奴隶制更准确无误地符合上帝的意愿,每个社群都应将那些宣扬废奴、扰乱社会的家伙处死;即使牧师不支持,“考虑到这些坚持废奴的人是整个人类的敌人”,也应该把他们处死。[2]确实有些宗教言论被引证,用以支持废除奴隶制。其中有些说法认为,奴役他人与造物主赋予人类的不可剥夺的自由权利完全不
713 符,更明显背离了“基督之爱”的律令。[3] 许多牧师也加入了废奴主义者的行列。但到了 19 世纪中叶,似乎只有教友派和联合兄弟会才认为,教会拥有奴隶和参与奴隶交易是一种罪过。[4] 有一种很公正的说法认为,美国教会是“奴隶制度的坚固堡垒”。[5]

没有人推想对奴隶制的这一态度是出于宗教热情。道德史上经常提到这样一些例子,只要宗教领袖们高兴,宗教就可以被用作支持某个社会制度的工具。许多牧师和修道士本身就是奴隶拥有者,[6]教会基金主要依赖奴隶及其创造的财产,[7]官僚们自然希望和那些自己所属教区内更重要的大人物保持友好关系,而这些人通常就是奴隶拥有者。根据亚当·斯密的观察和研究,宾夕法尼亚州的教友派信徒之所以下决心解放所有的奴隶,是基于这样一

① *Ibid*. p. 18. Newman, *Anglo-Saxon Abolition of Negro Slavery*, p. 56. Bledsoe, *op. cit*. p. 223.

② Newman, *op. cit*. p. 53. von Holst, *op. cit*, ii. 118, n. 1.

③ Gurney, *Views and Practices of the Society of Friends*, p. 390. 'Anti-Slavery Declaration of 1833,' 转引自:Goodell, *Slavery and Anti-Slavery*, p. 398。Birney, *Second Letter*, p. 1.

④ Parker, *op. cit*. v. 56.

⑤ von Holst, *op. cit*. ii. 230.

⑥ Barnes, *op. cit*. p. 13. Goodell, *Slavery and Anti-Slavery*, pp. 151, 186 *sqq*.

⑦ Newman, *op. cit*. p. 53.

个事实：当地的主要作物是玉米，仅仅靠种植玉米无法养活那么多奴隶；“要是奴隶劳动创造的财富相当可观，释放奴隶的做法是绝对不会得到同意的。”[①]

殖民地的奴隶制是如何建立起来的？废奴过程中遇到哪些困难？如何认识与之相关的法律条文？为了找到这些问题的答案，我们不仅应当看到经济因素和奴隶主自私自利的动机，而且应当看到另外一个同等重要的因素，那就是社会缺乏对有色人种的同情——整个社会对有色人种的厌恶不仅确确实实存在，有时甚至走向病态。有些人认为，黑人是没有灵魂的，他们几乎等同于动物。[②] 黑人即使获得了自由，也只能是贱民，要遵守特别的法令和
规则。路易斯安那州的法律规定：“身为有色人种的自由民永远不 714
许侮辱或殴打白人，也不能享有与白人同等的地位；相反，在任何情况下他们都应向白人表示臣服，对白人讲话或回答白人提出的问题时要毕恭毕敬，如有冒犯，将视情节严重程度处以罚款或监禁。”[③]《黑人法令》禁止白人和黑人通婚，违者“当受惩罚及任意罚金”。[④] 北卡罗来纳州的《修正法案》规定：“如果一个自由身份的白人（无论是男人还是女人）与一个印第安人、黑人、黑白混血儿或者任何第三代以内的混血儿结合，无论该有色人种及其后代是自由人还是奴隶，他或她必须按照县法庭的判决缴纳一百美元的罚

① Adam Smith, *Wealth of Nations*, p. 172.

② von Hoist, *op. cit.* i. 279. Malloch, ‘How the Church dealt with Slavery,’ in *The Month*, xxvii. 454.

③ 转引自：Stroud, *op. cit.* p. 157。

④ *Code Noir*, Édit donné au mois de Mars 1724, art. 6, p. 286.

金给县财政。”[1]在密西西比州,如果一个自由的黑人或黑白混血儿行使了牧师宣讲《福音书》的职责,他将遭到三十九鞭的笞刑。[2]北方的有色人种不允许进高中和大学受教育,不允许进神学院学习,不允许进当地有名望的教堂,不允许进入市政厅,他们没有选举权,也不许进入埋葬白人的公墓。[3] 一位英国作家这样表述盎格鲁-撒克逊人对于黑人的厌恶之情:“我们憎恨奴隶制,但我们更憎恨黑人。”[4]在西班牙和葡萄牙,种族隔离情绪并没有如此强烈,因而奴隶的待遇要好得多。[5]

这样,在具有道德意义的其他一些问题上,我们会看到与前述判断同样的区别。一般来说,一个族群只能奴役别的社群和种族及其子孙。剥夺一个人的自由就等于对他造成伤害,无论何时,只
715 要这种行为引发了人类的同情和愤恨,都被认为是犯错;然而,当人们对这种行为的受害者不寄予同情的时候,没有人会认为这样做有什么不对。因此,奴隶制的兴起和成长固然仰赖那些有利于奴隶劳动的经济条件,同时也要看到,奴隶制的兴衰总是受到利他品格与情感的制约。当这种情感充分、广阔而有力的时候,人们根本无法容忍奴隶制的存在。在奴隶制存在的地方,同样的因素也对奴隶的生存状况产生影响。我们已经注意到,土著奴隶的待遇要比外来奴隶好一些,在奴隶主家中出生的奴隶要比俘虏和购买

① *Revised Statutes of North Carolina*, lxxi. 5, vol. i. 386 *sq*.

② Alden and van Hoesen, *op. cit.* p. 771.

③ Parker, *op. cit.* v. 58. Goodell *Slavery and Anti-Slavery*, p. 200.

④ Seward,转引自:Newman, *Abolition of Negro Slavery*, p. 54。

⑤ Couty, *L'esclavage au Brésil*, p. 8 *sqq*.

的奴隶享有更好的待遇。国家的发展通常与奴隶的苛刻待遇相伴而生；这是因为人类的早期生活简单而朴素，这种情况使得奴隶与奴隶主之间并不存在十分明显的雇佣关系，他们在生活方式上的差距也不明显，而财富和奢侈生活的介入逐渐摧毁了这种平等关系。此外，富有国家拥有的大量奴隶不仅对奴隶主构成威胁，对国家安全也是一种可怕的力量，因而有必要严格监控奴隶的行为，让他们完全顺驯。[①]

在许多方面，奴隶的处境受他们自私自利的主人的影响。约翰·穆勒讲道：“在古代，奴隶市场的供应全靠战俘和从边缘地带零星分散的部落掠夺而来的外族人。一般来说，通过自然繁殖增加奴隶数量的做法更有利可图，这就需要奴隶主善待奴隶。由于这个缘故，再加之别的一些因素，古代奴隶的处境要比现代殖民国家的奴隶好得多。”[②]伯克哈特在讲到贝都因人的情况时说：“奴隶受到友好的对待，很少有奴隶挨打的事，因为对奴隶严厉了会使得
他们逃走。”[③]有些迷信也有助于改善奴隶的命运。在西非，“奴隶 716
主对奴隶的权威主要受制于他对魔法的恐惧。如果奴隶主对待奴隶不仁慈，对奴隶的惩罚失当，那个奴隶会施展法术，奴隶主将遭受各种各样的危害。”[④]正如《旧约》箴言篇所说：“不要非难主人的

① Millar, *op. cit.* p. 256 *sqq*.

② Mill, *Principles of Political Economy*, i. 307.见上文第 701 页。

③ Burckhardt, *Bedouins and Wahábys*, p. 103.

④ Wilson, *Western Africa*, p. 271. See also *ibid*. p. 179; Cruickshank, *Eighteen Years on the Gold Coast*, ii. 180 *sqq*.; Du Chaillu, *Explorations and Adventures in Equatorial Africa*, p. 331; Landtman, *Origin of Priesthood*, p. 198, n. 2.

奴仆,以免他诅咒你;要是你对奴仆不好,你自己就会感到有罪。"[①]对残忍的奴隶主而言,这些话与迷信有着同样的威慑作用。我们在《使徒宪章》中可以看到这样的字句:"你的男仆或女仆和你一样信奉同一上帝,你不得在精神上折磨他们,以免他们因痛苦而抱怨你,从而也避免上帝对你发怒。"[②]

第一卷结束

① *Proverbs*, xxx. 10.

② *Constitutiones Apostolicæ*, vii. 13.